精装典藏

迷失的盛宴

中国商业保险史 1919—2023（上）

陈恳 著

天津出版传媒集团

天津人民出版社

图书在版编目（CIP）数据

迷失的盛宴：中国商业保险史：1919—2023：上、下 / 陈恳著. -- 天津：天津人民出版社, 2024.6
ISBN 978-7-201-20402-4

Ⅰ.①迷… Ⅱ.①陈… Ⅲ.①商业保险－经济史－中国－1919-2023 Ⅳ.①F842.9

中国国家版本馆CIP数据核字(2024)第075532号

迷失的盛宴：中国商业保险史：1919—2023
MISHI DE SHENGYAN: ZHONGGUO SHANGYE BAOXIAN SHI: 1919—2023

出　　版	天津人民出版社
出 版 人	刘锦泉
地　　址	天津市和平区西康路35号康岳大厦
邮政编码	300051
邮购电话	（022）23332469
电子信箱	reader@tjrmcbs.com
责任编辑	李　羚
特约编辑	李姗姗　钱晓曦
装帧设计	王梦珂
制　　版	浙江大千时代文化传媒有限公司
印　　刷	杭州钱江彩色印务有限公司
经　　销	新华书店
开　　本	710毫米×1000毫米　1/16
印　　张	40.25
字　　数	700千字
版次印次	2024年6月第1版　2024年6月第1次印刷
定　　价	138.00元（上、下册）

版权所有　侵权必究
图书如出现印装质量问题，请致电联系调换（0571-86535633）

推荐序一

保险的世界：有精彩，有无奈

谢志刚

上海财经大学教授、博士生导师

  14 年前的 2009 年 9 月，我以"保险的水，真的很深"为题，为《迷失的盛宴》写推荐序，文中宣称要与这本书的作者和读者一道，探讨保险的水究竟有多深，深在何处？

  转眼间，陈恳的这本颇有影响的书要出第三版了，新版补充记录了从 2014 年至 2023 年这 9 年间中国保险业发生的一系列重要事件及其背景，并邀请我更新之前的序文，也就是兑现之前的承诺，与读者分享自己关于"水有多深，深在何处"的个人心得。

  这不是一道容易完成的作业题，也不是一件容易推掉的事。毕竟，作为保险圈中之一员，需要从自身做起，维护自己起码的信用。

  说这是道难题，只需做个简单对比。

  一是将 2009 年或 2014 年之前的中国保险业状况与最近这 9 年（2014—2023 年）的实际情况进行对比，业内人士自然能明白，保险这潭水越来越深，而且凶险难测，而这一幕幕均已被陈恳记录在《迷失的盛宴》第三版里，正好可以给读者提供一些印证，或是帮助我们追溯所走过的路程，复盘过往经历。

二是将作者本人记录和描述新版内容的文字风格与之前的旧版内容进行比较。我阅读了新增内容，发现陈恳不仅在叙事和描述上更加朴实稳重，而且能够"跳出保险看保险"，能够从整个中国金融市场体系，尤其是从资本运作的视角审视保险事件，这要比之前大多就保险论保险的思路宽广许多，而这种视角和思路也更让我们确信，保险的世界真不简单。

难归难，作业题还是得完成。实际上，我从事保险精算教育和研究二十多年，一直在做这道题，一直在探索保险业的运行机制与规律，也一直在以各种形式分享着自己的认知。尤其是从 2018 年 3 月开始，我与好友谢跃等资深从业者一道发起"茶道燕梳"公益平台，将中国的保险视作中西文化相互交融及其演变的动态结果，汇集业内经营者与研究者的经验和思想，以多种方式进行交流和分享，促进对保险规律的更好把握。

当然，这道作业题不会一蹴而就，而是一件长期乃至永恒的任务。一方面我们的研究对象——保险，本身在不断演变，另一方面我们自己的认知能力也在不断积累和进步，因此，我们在不同时期对保险规律的认知也会不同。

当下，我确实不太乐观，正如我 2021 年初在"茶道燕梳"活动上所"妄言"：

"全社会，从上至下，尤其是保险相关领域的引领者和从业者，很快就能感觉到，需要开始重新思考商业保险在我国社会存在的理由或（和）找到存在的方式！"

学者负责"理由"，业者探索"方式"，两者相辅相成，缺一不可。

我通过"茶道燕梳"平台将这道作业题细化为"保险业需要研究的十个问题"。这十个问题涉及支撑我国保险业健康发展的三个重要方面：理论基础、行业运行规则，以及企业经营与管理模式。

理论基础最为重要，因为它将影响甚至决定制定监管规则和管理方法的合理性与科学性，而本该由学者负责完成的保险理论基础恰恰是最薄弱的。因此我提出的前三个问题都是针对保险理论基础。

第一个问题，保险的初心和本源究竟是什么？当我们呼吁"保险姓保、保险回归保障本源"的时候，对这句口号的来龙去脉与合理性曾有过系统地论证吗？比如，寿险的本源与非寿险的本源有无差异呢？

第二个问题，保险是经营风险的行业，理论基础是风险理论，但保险业赖以成立的"风险理论"具有一套完整的理论体系吗？比如，核心和基本概念——风险的定义，与风险管理的实践协调一致吗？

第三个问题，全社会当前都在强调"要守住不发生（区域性、行业性）系统性风险的底线"，但究竟怎么守？统一按照国际货币基金组织（IMF）、国际清算银行（BIS）和金融稳定理事会（FSB）指定的方向，针对系统重要性金融机构（SIFIs）进行监管就能守住底线吗？理念、规则、模式、产品与服务，哪个更具有"系统重要性"？实际上，这个问题的解决也依赖于上一问题的答案。

合理制定行业运行规则，既需要有理论支持，也需要在实践中不断完善，这是保障市场主体有效经营的基础设施建设，直接关系到行业的长期健康发展。但以我的认知判断，这方面还有很长的路要走，还有很多具体而繁重的工作需要完成，为此，我以提问的方式罗列了四项工作。

第四个问题，我国1995年颁布实施的《中华人民共和国保险法》（简称"保险法"），是否应该像银行业那样，写成《保险合同法》与《保险监督管理法》两部法律，从而避免具有"私法"属性的前者和"公法"属性的后者之间的诸多矛盾？

第五个问题，现在强调"严监管"，首先应该明确设定监管目标，但我国保险业的监管目标究竟是什么？是要"保护消费者的合法权益不受侵害"还是要"维护行业健康发展"？监管目标用"既要……又要……也要……还要……都要"这种句式来表达是否合适？

第六个问题，关于保险公司的组织形式，一方面是按《中华人民共和国公司法》制定的《中华人民共和国保险法》，仅适用于有限责任和股份制两种公司类型，另一方面是市场上已经有相互制保险公司，甚至还有网络互助平台也在实际经营保险业务，这种现象已属于法律滞后及掣肘形态，而我国深化体制改革的趋势也要求进一步探索国有资本、民间资本和国际资本的有效合作模式，因此，是否可以立法允许更多的公司组织形式，比如有限责任与无限责任股东同时存在的"两合制"？当然，这有点超越了保险业的范畴，但却是保险业的责任。

第七个问题，关于保险公司资产和负债的核算与评估规则，在什么程度上需要将"通用的（general accepted）"资产价值核算规则与"谨慎的（prudential）"负债评估规则协调一致？尤其是考虑到保险业务类型的复杂性、核算规则的复杂性及其对应的管理成本，应该如何与行业的实际发展相平衡，如何与欧美的规则变革节奏趋同？

企业经营与管理模式，直接受行业规则的约束和影响，包括公司治理结构和议事程序都会有章可循，从形式上看，保险公司能自主发挥的空间相对较小。但实际上，公司与公司之间，由于股东背景及其资本属性等方面的不同，各自的经营风格和管理模式仍有较大差异。

第八个问题，保险企业普遍采用的、对各级员工业绩进行量化管理及考核的方法，简称"KPI"，它的本质含义是什么，在哪些情景下适用，而在哪些情景下则适得其反？这个问题当然不仅仅是保险企业的问题，我只是希望保险企业能更早洞见这个问题的本质，率先摆脱其束缚。

第九个问题，银保监会合并[①]后，银行监管与保险监管的理念和方法进一步趋同，都强调风险监管。但在具体业务流程上，两者之间却有巨大差异，从而导致各自的风险构成及其特征差异，那么，是否可以明确界定这些差异？比如，银行业和保险业都统一使用"信用风险（credit risk）"和"操作风险（operational risk）"的术语，并制定或正在制定相应的管理指引，但我们能否具体明确相同概念名称下的内容差异包括哪些？内容差异所对应的管理差异又是什么？

第十个问题，这是基于多家保险公司在 2020 年 6 月曝出的"航延险骗保事件"而提出的，说的是科技赋能，并非仅仅赋予保险公司，同样可以赋予诈骗分子。科技赋能是双刃剑，深究起来，这其实也是一个全社会都需要深入思考的、关于"互联网+"与人性之间的关系问题：如何构建这样一条生态链——链上的要素包括公司管理、行业治理、公约法理、社会伦理，进而促进社会和谐？

篇幅所限，无法罗列更多重大理论和实际问题，比如以全国各地正在积极探索的"惠民保"为例，研究商业保险与社会保险之间的融合空间和明确边界问题，等等。

我相信，以上罗列的十个问题，可以看作"水有多深，深在何处"的另一种具体表述方式，更是我给自己、给读者、给保险业同人的作业题，而陈恳陆续更新并再版的、记录我国保险业真实历史事件的这本书，肯定能为我们完成这些作业题提供一份有益的参照。而这些作业题及其答案，又为我国保险业的建设和进步提供一份参照。

特别想借用齐秦谱写并演唱的那首《外面的世界》来说保险世界：

保险的世界很精彩，保险的世界很无奈……天空中虽然飘着雨，我读着《迷失的盛宴》，期盼着你的未来。

谢志刚

[①] 2018年3月，中国银行业监督管理委员会(简称"银监会")与中国保险监督管理委员会(简称"保监会")合并为中国银行保险监督管理委员会（简称"银保监会"）。

推荐序二

温故而知新

谢跃
保险行业资深人士、"茶道燕梳"平台创始人

中国保险业经过 40 年跌宕起伏的发展,一不小心从零起点,干到了世界第二。

作者从一个观察者和研究者的视角分别写了三版《迷失的盛宴》,从 2008 年开始,每过几年梳理一次,坚持了 14 年之久。

这是一份情感。作者学的专业是保险,又做过保险专业记者、财富管理公司的高管,看到保险行业日益壮大,新老朋友们不断拼搏,对于行业潮起潮落的牵挂,都是基于这份情感。

这是一种坚持。事情一旦起了头,就持之以恒。写作是一件苦差事,能坚持 10 年以上就更为难得。

致敬躬身入局者

"天下事在局外呐喊议论,总是无益,必须躬身入局,挺膺负责,方有成事之可冀。"

我们这些躬身入局者,自觉或不自觉地参与了一项伟大的事业,

不管是因为"误入歧途",还是热爱,都贡献了自己的一分力量。这么多年,不断有人跟我说保险不好做,我反过来问他们,什么又好做?

保险难做在于你要把一项保证卖给别人,这项保证别人还不一定用得上;保险好做在于基本上没有原材料、存货管理,没有现金流的压力,而且趋势上在我国还是朝阳产业。在保险业发展的过程中,公司起起落落,经营管理者上上下下,这些都是行业浩荡向前洪流中的点点浪花。

成功者为公司的发展做出了大的贡献,实现了自己的人生价值,为行业提供了宝贵的经验。

失意者为公司试错出了力,为自己的失败买了单,为行业以后少走弯路排了雷。

得意时不忘形,失意时不气馁,迎接一次又一次的挑战。

已经离开了行业的人,会把保险行业的强项和优势嫁接到新的领域,在新的岗位上不断创新创造。新加入的人毅然成为一波波向前推进的后浪中的一员,充满着朝气,充满着希望。

要特别提到的是在保险业功成身退、"光荣退伍"的一群人,是他们为中国保险业的崛起开疆拓土、建功立业。因为他们的辛劳付出,才有了今天百花齐放的景象。

所有躬身入局者都以一己之力,为波澜壮阔的中国保险发展史添砖加瓦,才让作者有"料"可写。

能"入选"本书的人和事,都是保险这片"江湖"上的"大人物"和"大事件"。这段历史成就了各路英雄豪杰。正因为有了他们,世界保险史才有了"中国地位";正因为有了他们,中国保险史才如此波澜壮阔,行业不应忘记他们。

写当代史是最难的,有些事刚刚过去,有些事才刚刚发生,有些事正在进行,关键是当事人大都健在。

"公说公有理,婆说婆有理",怎样讲述取决于角度。书中提到的人和事,可能会引起一些"不舒服",甚至一些"不满意",读者们可以通过各种途径向作者反映,以便作者在下一版时予以修订斧正。

今天的事到了明天,就是昨天的事,而昨天的事就成为故事里的事。而"故事里的事,说是就是,不是也是;故事里的事,说不是就不是,是也不是"。

温故而知新

作者帮我们从浩如烟海的资讯中梳理、提取、总结了行业的成功与失败。如果我们不读、不思考，这本书就是一摞废纸；如果我们不断地去学习、去实践，这本书就是一座宝库。

现在是一个信息爆炸的时代。每天人们在"快餐"阅读上花掉了很多时间。真正能安下心来读书的人不多了，读这种"类历史"性书的人更少，而恰好这些读书人，才是行业的未来和希望。

作者凭一己之力来写这本书，肯定不全面，难免有疏漏。真正要把知识变成自己的思想，形成自己的观点，还是要靠读者自己的思考和实践。

"以客户为中心"体现在写与读上就是"以读者为中心"，读者想通过这本书了解什么？大家也可以通过各种渠道反馈给作者，我们的行业公益学习、社交平台"茶道燕梳"也会在读书会活动中安排作者与大家见面，进行面对面地交流，以使这本书越来越贴近读者。

中国保险业正在经历转型攻坚期，相信本书能够为行业注入一些新能量！

谢　跃

自序：问保险百年，谁主沉浮

一个人可以改变世界。

斯蒂芬·茨威格在《人类群星闪耀时》的自序中这样写道："那些平时悠然缓慢地先后发生和同时发生的事，都被压缩在某个独一无二的短暂时刻，它将决定一切，也将改变一切……它决定了一个人的生死、一个民族的存亡，甚至整个人类的命运。"

14 个传奇的人，14 个影响人类文明的奇点！

一个人可以决定一个企业，影响一个行业，甚至折射一个时代。这个人，就是那颗闪耀的明星。

2009 年 6 月辞世的美国著名社会学家阿锐基，于其著作《漫长的 20 世纪：金钱、权力与我们社会的根源》中谈到，资本主义世界的体系中，兴起和衰退已经形成规律，从十三四世纪意大利热那亚开始，不断在荷兰、英国和美国演绎，此起彼伏。

曾经辉煌而历经沉沦的东方古国，承接谜一般的兴衰规律，仅用半个甲子的时间，在改革开放中创造了这个国家百年奋斗史上的奇迹。

2021 年，中国国内生产总值（GDP）114.4 万亿元，位居全球第二，仅次于美国。

中国经济奇迹的洪流，裹挟着稚嫩的中国商业保险滚滚前行。短短40多年，中国保险强势登上世界500强的舞台——2021年《财富》世界500强，共有8家保险公司上榜——中国平安（第16位）、中国人寿（第32位）、中国人保（第90位）、中国太保（第158位）、泰康保险（第343位）、中国太平（第344位）、新华人寿（第415位）、中国再保险（第497位）。

什么是中国商业保险的向上力量？

溯源与回顾，过去40多年的风起云涌绕不过去，并由此上溯至20世纪20年代。只有纵切中国商业保险百年的历史断面，或者才有可能逼近真实，尽管以此归纳总结出结论，依然困难重重。

20世纪70年代之前，冷战坚冰割裂世界。

1972年，美国总统尼克松首次访华，中美关系破冰。

1975年的一天，一架专机降落在首都机场，舱门打开，走下一位50岁的美国商人，悄悄叩响"红色中国"的大门。

17年之后，他获得中国市场唯一一张寿险独资牌照；甚至30年后，在他被老东家抛弃之时，2005年他依然被中国相关方面授予"马可•波罗奖"，表彰其为促进中美交流做出的贡献。他被中国前WTO谈判代表龙永图称为"中国真正的好朋友"。

这个人就是莫里斯•格林伯格（Maurice R. Greenberg），美国国际集团（AIG）前总裁兼首席执行官，全球保险行业的风云人物。

龙永图曾评价说："AIG之所以出名，就是因为格林伯格。"对于中国，尤其是上海，格林伯格和这家公司对其有着特别的中国情结，因为这里留有AIG创业发家的"根"。

前缘难续。1958年之后，中国就不再有商业保险。之后的20年间，保险公司关门歇业，人才散失殆尽，仅有境外业务延续。这几乎就是一片商业保险的不毛之地！

传奇恰恰就此写下。

就在这片土地上，此后短短40余年间，中国商业保险不仅被唤醒，而且诞生了超越AIG的"中国巨人"。

究竟是什么力量导演了这样的惊天大逆转？

《通往奴役之路》的作者、诺贝尔经济学奖得主哈耶克认为："休谟希望得到的和平、自由与公正，非来自人们的善良品性，而是来自（健全的）制度——这一制度使得即使是坏人，在他们追逐各种事务以满足自己的私欲时，也为公共的好处做了事。"

时势造英雄。2009年春节，我与谢志刚教授，于其宽阔书房的一角，喝着普洱茶，一起讨论吴晓波老师的《激荡三十年》，尝试以不同的视角，描绘中国商业保险行业的激荡30年。

英雄亦造时势。如果说哈耶克解释了时势的力量，还有一个刺激的问题——是哪些"英雄"呢？40年间于中国商业保险的博弈中，这些人有过怎样的拼搏和奋斗？

时不我待，这些人正在悄然隐去。

2009年5月13日，我回母校上海财经大学参加许谨良教授从事教学生涯30周年研讨会。许老师是上海财经大学复校后的第一批研究生（1979—1982年），亦是中华人民共和国成立后首批派往国外进修保险的教师之一（1983—1984年，他被公派去美国天普大学和北美洲保险公司进修）。回国之后，许老师就开始从事保险研究和教学，再未选择离开。谁料想，再一次见面，却是他的告别仪式。2016年，许老师意外离世。

过去40年叱咤中国市场的第一代拓荒者，例如马鸣家（2016年离世）、王宪章（2020年离世）等先后辞世；再如唐运祥、戴凤举、王国良等都已经让出身位多年，再如中国人寿的杨超、太保人寿的金文洪、华泰财险的王梓木、大家保险的徐敬惠等已经开启退休生活；即使梅开二度者，例如中国平安的任汇川、太平人寿的张可、友邦保险的李源祥等，亦要珍惜光阴。

继续留在舞台的中心，初心如磐、奋斗不止者，除了平安的马明哲、泰康的陈东升、友邦的谢仕荣等，诚不多矣。

蓦然间，一去40年！在《李鸿章传》中，梁启超读李秀成被擒后写就的数万言时，大兴感叹，"刘兴骂项，成败论人，今日复谁肯为李秀成扬伟业、发幽光者！"

于是，我执意收拾那些时光的碎片——

梳理20世纪20年代以来，特别是1978年至21世纪第二个十年中国商业保险的变迁历程，为千百万的从业者以及从业过的幽光者记叙，追寻推动中国商业保险发展的向上力量，希望理想主义永放光芒！

筚路蓝缕 40 年

40 年，一段光辉岁月。

相映成趣的是，以人力为王的制造业，打遍天下无敌手；而保险业以数量庞大的保险代理人"人海战术"为核心发展路径，亦同样创造了中国保险规模增长以及全球市值的奇迹。

改革开放之初，决策者都信奉以市场换技术，甚至以限定合资公司形式"偷师"。不过，都鲜获成功，典型的如中国的汽车工业。而中国的合资寿险公司似乎重蹈覆辙，成为非洋非土的"四不像"。

倘若穿透市场喧哗的表面，可以看到行业肌体的深处沉积着三个方面的矛盾，它们成为中国商业保险的"灰犀牛"：

（一）30 年的资本与 100 年的行业

历数行业特性，尤其是寿险行业，并非一个短期能够赚"快"钱（所谓开业即赚钱，多半就是一个"会计神话"），但同时又对资本消耗巨大的行业。

依次登上舞台的，首先是 20 世纪 80 年代初中国人民保险公司的"行政资本"；1986、1988 年，国有企业资本聚合成立股份公司；1992 年，友邦打响境外资本第一枪；1996 年，保险行业掀起第一次扩容潮，民营资本首次"随风潜入夜"；及至 2004 年，以及 2014—2016 年，保险行业阔绰地发放了两次牌照，异军突起的民营资本上演大戏不断。资本的腾挪与博弈成为这个行业最为神奇的运作，其操盘者亦成风云人物。

盘点进入行业的资本，各有特色。

国有保险资本，近水楼台先得月。因缘牌照便利，不管是投资股市，股改上市，还是并购金融牌照构建金融集团，皆有先机。但是，对于这部分资本而言，需要解决干部能上能下、收入能高能低的激励问题，同时与市场和国际接轨，目标是成为一家现代公司伦理治理下的企业。

逐利而生的民营资本，早期或为资本运作现金流，或为炒作牌照而来。如果民营资本能从小利资本变大利资本，能从自律资本变成他律资本，能从"一言堂"资本变专业资本，能从"老板"资本变"合伙人"资本，拥抱监管，良性治理，分享共赢，真正打造百年老店，善莫大焉！前途无量！

国际巨头的专业资本，称"我们长期看好中国市场"。不过，或因被并购（例如安泰、恒康和康联保险），或因主业更换（例如花旗银行的旅行者保险），或因经济危机（例如 AIG）等，外资也并非一成不变。

（二）规模全球第二与行业形象整体不佳

过去40年，国内的保险行业创造了增长奇迹。

1979年国内恢复保险业务。1980年只有一家保险公司，保费收入仅4.6亿元。2004年4月，保险业总资产突破1万亿元大关。

2008年，保险公司达到115家，保险公司的总资产超过3万亿元。

2021年12月末，中国保险业共有保险法人机构235家，总资产共计24.89万亿元，连续4年保持全球第二大保险市场地位。

截至2022年12月底，根据原银保监会发布的数据，中国保险业资产总额为27.15万亿元，再上一个台阶，依然是全球第二大保险市场。

与此相对应的，却是保险行业形象的整体不佳。

过度营销，产品性价比不佳，以及历史上发生多次的产品危机，都曾伤害过行业的口碑。第一次产品危机为2001年的"投连险危机"，第二次为2006年的"重疾险危机"，第三次为2007年的"交强险危机"。第一次险情源于销售误导，股市下跌，投连产品的收益达不到销售时承诺的预期；第二次则是质疑重疾险"保死不保生"，理赔有陷阱；第三次危机则是对于交强险"暴利"的质疑。"外行看不懂，内行讲不明"的保险，于公众的眼中猫腻多多。

更大的危机潜伏于曾经失衡的产品结构。

整个行业热衷于叫卖保障功能极度退化的"投资型"保险产品，抢存款、冲规模，只"做大"不"做强"。产品失衡，行业大起大落，退保现金流风险加剧。

证券市场火爆，非标资产刚兑，投资收益尚可之时，矛盾会被掩盖。一旦潮水退却，证券市场"牛熊切换"，非标资产违约，以及长期低利率诱发新的利差损风险时，所有的暗礁均将暴露。

（三）监管的矛和盾

综合金融或者金融控股是金融家们的梦。保险、银行、AMC（资产管理公司）等都在这条道路上疾行，"渐入藕花深处"。

综合金融之后，更为跨界的影子银行，以及科技公司或者互联网平台公司的金融化，使得原来泾渭分明的金融业务，边界变得不清晰，引发各种乱象：以创新之名行套利之实，即所谓"通道业务"和"多层嵌套"；保险干信贷的事，信息中介变身信用中介，等等。市场的变化倒逼监管的升级。

从监管的目标看，中国的保险监管始终面对一个两难的选择题：既要监管，又要发展。其实不独保险监管，国内之金融监管都面临着这个"二元困境"。两个目标有协调共进的一面；但是，也有冲突矛盾的一面。

在 2009 年的第一版中，我曾经提出过一个"超级监管"的问题。"监管的矛，面对分业的盾，酝酿一个超越银行、保险和证券的超级监管似乎势在必行。但是，这远非简单将所有的监管重新收回曾经独此一家的中国人民银行，即便如此，此亦非彼，而更类似螺旋式上升；更不消说，抑或还有其他的超级监管形态。"

2009 年 7 月 28 日，中美战略与经济对话（S&ED）第二天，中国人民银行行长周小川在会后的"吹风会"上称，"未来中国将扩大跨行业监管力度"，其中美联储成为"系统性风险监管者"的主张值得借鉴。

2017 年，国家决定设立国务院金融稳定发展委员会；2018 年 3 月，整合原银监会和保监会，新成立银保监会；原来"一行三会"的格局，演变为"一委一行两会"。

超级监管终于水落石出。

2023 年，金融监管再度"豹变"。5 月 18 日上午，国家金融监督管理总局正式揭牌，中国的金融监管格局正式进入中国人民银行、国家金融监督管理总局和证监会——所谓"一行一局一会"为主线的全新时代。

1978 年至今，中国的商业保险风雨兼程了 40 余年。假想一个场景，如果此刻我们正站在中国商业保险的"风陵渡口"，回望过去 40 年，浩浩汤汤，水大鱼大；展望未来 100 年，浩浩渺渺，沧海桑田。

居安思危，中国商业保险的风险在哪里？真正的危险或许是：

我们不再谦虚，而是莫名骄傲，夜郎自大；

我们不再开放，而是墨守成规，故步自封；

我们不再赤诚，而是老于世故，精于权谋；

如果我们失去了求索已知世界的学习之心，失去了探索未知世界的好奇之心，那么这个行业就失去了有趣的灵魂。

寿险代理人："保险铁军"的贡献和出路

"每 50 个中国人中，就有一个卖过保险。"

2007 年，中央财经大学郝演苏教授曾做出一个惊人的估计——寿险业在中国发展的15年间（1992—2007年），总计有2500万人做过，或正在做保险营销。

从1992年，上海友邦率先引入代理人制度之后，这个制度如野草般生长，野火般燎原。

如"蚂蚁雄兵"般的他们成为"保险铁军"，创造了中国寿险业务之发端，同时亦见证了这个行业的辉煌。他们手中的个险期缴业务成为保险业务中的"软黄金"，持续为保险公司提供最为得意的内涵价值。

"没有个人营销，就没有中国保险业的今天！"

然而，数量上，代理人越来越多，似乎人人都可以卖保险；代理人队伍大起大落，2015年无门槛疯狂扩编，2019年超过900万人，2021年降至500万人；底层保险代理人赚钱不如快递小哥，生存困难；人口红利消失，部分中心城市，人力扩张困难；"拉人头""自保件"和"关系单"等"缘故业务"之后，代理人开发新客户困难。保险代理人团队及其服务模式都亟待升级——突破困局，闯出新路。

保险开放：外资巨头的中国路线图

中国内地市场未开放之前，所有的保险巨头无一例外做着一场"美梦"。全球最后一个保险市场的洼地，超过10亿的潜在保险客户，不断演绎的经济增长神话。这样的憧憬于20世纪90年代之后，愈发急切。

保险行业监管部门一度设立了一道特别的门槛——"532"。这道门槛规定，外资保险公司要在中国内地开展寿险业务的必要前提是：注册资本金不得低于50亿美元、公司营业满30年，并且在中国内地开设代表处满2年。

这样的规定，堵住了中国港澳台地区多数保险公司的财路，却没有挡住欧美一流保险公司挺进的步伐。但凡能够第一批进入中国内地市场的，无一例外均是欧美之保险巨头，例如安联、安盛、荷兰国际集团、美国大都会以及纽约人寿等。

这个阶段除了友邦拥有一张独资寿险牌照之外，其他的巨头进入中国寿险市场均采取合资寿险公司的方式。合资公司发展的初期，股东双方都按照合资合同，各自委派自己的高管人员；股份和高管均"一半对一半"。实践证明这种"一半对一半"的治理模式，貌合神离，难以形成合力，股东之间更难言互补、尊重与理解。

"合资困境"成为中国市场最为深沉的叹息。

如何破解"合资困境"，市场先后发展出了以下两种解法。

第一种，合资变内资。例如 2009 年 7 月，光大集团与加拿大永明金融达成重组协议。重组之后，光大永明的注册资金将从 12 亿元人民币增至 30 亿元人民币，没有同步增资的永明金融股份摊薄至 20%，光大永明成为一家外资参股的中资寿险公司。

第二种，伴随中国内地保险市场全面对外开放，合资公司变身为 100% 外资的公司，例如安联保险。2008 年底从安联泰国公司调入中德安联的新任 CEO 柏思安在接受媒体采访时表达了一种心态："我们对盈利目标不会具体设定为几年，但一定要有很好的业绩，很多说法是寿险公司 7 年要盈利，但我们愿意乘以 2，也就是用 14 年的时间进入盈利周期。"

坚持就会胜利。2021 年 11 月，继友邦之后，中德安联成为国内第二家外资独资寿险公司。

未来的日子，吸引境外巨头，留住专业资本，持续推进保险开放，为行业点燃专业主义的灯火，依然是一件富有启迪意义的事情。

让理想飞一会

这是一个容易被误解，也被多次误解的行业。

改革开放之初，保险业务员外出销售保险，被误以为卖保险箱。20 世纪 80 年代，深圳市一名公安局局长，面对"新生儿"平安保险之时，觉得非常不可接受："怎么可能有两家保险公司呢？如果有两家公安局，谁管谁啊？"

虽历尽坎坷，却不能忽视这个行业的成长和变迁。如何解释中国商业保险的崛起？根据制度经济学的经典理论，既可以将中国商业保险 40 年的巨变归因于制度变化，也可以解释为中国 14 亿人口的刚性需求。

我们需要关注到这个行业数量庞大的从业者，记叙他们的故事。

当然，这样的记叙挑战非常大。其中很多人依然还在行业中，很多公司还在进化的过程中，是非功过难以定论——好的，可能变坏；坏的，也可能存有人性的光辉。加之视角不同、标准不同、时间不同、阶段不一，其实难有定论。

如此浩大的一次梳理，对于我个人，仿佛攀登一座高峰。

我既不是学文学或历史专业的，也非新闻专业出身，文字上难言珠玉之美；在保险专业上虽有粗浅的涉猎，但难登大雅之堂。

我大学时候的专业为货币银行和保险。恰逢第一次保险偿付能力监管体系征求意见，在上海财经大学谢志刚教授的引领下，参与了些许研究；后因缘际会成为一名财经记者，见证了中国保险行业从半封闭走向开放乃至挺进全球资本市场之风云巨变。后来离开财经媒体，进入 21 世纪之初刚刚兴起的中国财富管理行业。换了一个山头，回首再来看中国商业保险的发展和演化的趋势。行文至此，不禁心头一热，突发一问："怅寥廓，问苍茫大地，谁主沉浮？"

陈　恳

2023 年 5 月修订于上海

上卷

前　传　"冒险王"传奇（1919—1949）　/ 001

　　保险招商局：折腾的"官督商办"　/ 005

　　第一华资寿险：成也政经，败也政经　/ 009

　　太平样本：从民营至国营　/ 013

　　人保的前30年："四起三落"　/ 016

第 1 章　冰河初开（1978—1991）　/ 019

　　格林伯格破冰，中美保险昙花一现　/ 026

　　正青春，青葱的中国精算童话　/ 029

　　创平安，马明哲开亿兆传奇　/ 032

第 2 章　友邦回家（1992）　/ 037

　　"All Is Greenberg"　/ 039

　　保险铁军：寿险代理人肇始　/ 043

　　商战第一例，平安狙击友邦"老保单"　/ 046

　　"士大夫"下海，"92派"创业　/ 047

第 3 章　蹒跚学步（1993—1995）　/　051
　　　　平安"偷"师　/　053
　　　　人保破"规"　/　058
　　　　第一部《中华人民共和国保险法》：规范追赶实践　/　061

第 4 章　利差损毒丸（1996—1999）　/　063
　　　　利差损毒丸　/　066
　　　　首轮"扩军"的红与灰　/　069
　　　　保险第一大案：接管永安　/　071
　　　　泰康的健康基因　/　072
　　　　麦肯锡开药方，洋大夫成外脑　/　076
　　　　太保进化（1）：王国良治乱　/　079

第 5 章　壳公司困局（2000）　/　083
　　　　投资型保险"分三国"，国寿分红意外爆款　/　085
　　　　"银保"崛起，升级知易行难　/　088
　　　　四家"壳"公司浮沉　/　091
　　　　"到大陆去，赚 500 万"　/　095
　　　　平安"毕业生"：保险行业的"黄埔军校"　/　097
　　　　太保进化（2）：产寿分家　/　101

第 6 章　投连之殇（2001）　/　105
　　　　投连之殇　/　109
　　　　平安的分业抗战　/　113
　　　　车险一次费改：抢跑者出局　/　116
　　　　WTO 焦虑症候群　/　118

第 7 章　股改探路（2002）　/　121
　　　　友邦的玻璃天花板：十年拓荒，正广还乡　/　125

华安李光荣：外行的干法 / 130

第 8 章　境外上市（2003） / 137

"做大，还是做强"之辩 / 140

中再改革"一拖六"：大格局与小弯路 / 142

人保股改：先嫁靓女 / 147

国寿重组：人造美女 / 150

第 9 章　猛士为牌照狂！（2004） / 157

格林伯格：法不容情 / 161

平安合股基金解密 / 164

新华：开业赚钱的会计神话破灭 / 173

猛士为牌照狂！ / 176

合众戴皓："京圈"地产商跨界 / 183

新理益刘益谦：常识比知识重要 / 186

第 10 章　问诊"合资病"（2005） / 189

"合资病" / 193

"合资病"样本：中保康联如何病入膏肓 / 197

险资入市悖论：牛市浇油，熊市抽薪 / 198

保监干部下海潮 / 200

第 11 章　争夺广发（2006） / 203

"国十条"狂想曲 / 205

重疾险"保死不保生"？ / 208

世纪并购，争夺广发 / 211

螳螂捕蝉：新华局中局 / 217

太保进化（3）：寿险贱卖风波 / 220

第 12 章　牛市呓语（2007）／ 225

　　"半分天下"有杨超 ／ 228

　　吴焰：人保奇遇记 ／ 232

　　"中国人寿，三年九十" ／ 236

　　太保进化（4）：A股上市 ／ 238

第 13 章　金融海啸（2008）／ 243

　　退保！现金流惊魂 ／ 246

　　境外投资富通集团：平安的百亿学费 ／ 248

　　新中再，汇金说了算 ／ 252

　　AIG 的次贷危机 ／ 254

　　都邦保险争夺战 ／ 256

第 14 章　变卖 AIG（2009）／ 261

　　变卖 AIG ／ 266

　　中华联合：巨亏暴雷 ／ 271

　　解植春：写"万言书"，治"合资病" ／ 273

　　好险！神秘资本欲吞南山 ／ 276

第 15 章　1 年 1 万亿（2010）／ 281

　　秦晓离职 ／ 284

　　友邦单飞 ／ 286

　　张峻拿下生命人寿 ／ 290

第 16 章　疯狂的安邦（2011）／ 295

　　五大行圈地保险 ／ 298

　　新华人寿逆天上市 ／ 300

　　疯狂的安邦：殷鉴不远 ／ 304

　　平安造梦"万佛朝宗" ／ 307

第 17 章　投资新政（2012） / 309

人保集团，老子上市 / 313

汇丰功退平安，泰国首富接盘 / 314

强人王滨，三年再造太平 / 316

复制巴菲特，复星的保险梦 / 318

下卷

第 18 章　互联网+保险（2013） / 321

保险接班人 / 324

"明天系"肖建华浮出水面 / 327

第 19 章　新"国十条"（2014） / 331

新"国十条" / 336

中国人寿：变阵和出海 / 340

平安再推员工持股计划 / 342

正德人寿：内外折腾 / 344

阿里巴巴娱乐宝："假"保险，真融资 / 345

安邦抢投华尔道夫 / 347

给股东写一封长信 / 349

第 20 章　买买买（2015） / 353

安邦上哈佛 / 358

万科一战宝能 / 363

险资救市，引火烧身 / 365

PE 工厂谋金控，九鼎收购富通保险 / 375

亚洲第一，中再香港上市 / 379

3000 亿中保投落户上海 / 381

第 21 章　野蛮人（2016） / 385

　　争议的 51% / 389

　　万科二战宝能 / 392

　　保险牌照值万金 / 398

　　接管生命人寿 / 404

　　老爷子康典：进退识潮流 / 407

　　证监刘士余，发飙"妖精论" / 410

　　浙商财险踩雷侨兴债 / 414

第 22 章　监管拆弹（2017） / 419

　　万科三战宝能 / 425

　　安邦不"安" / 429

　　保险"F4"换将 / 431

　　平地惊雷！项俊波被查 / 435

　　混改的大机会 / 437

　　众安高价上市 / 439

　　中植系再添保险 / 441

第 23 章　银保监大整合（2018） / 445

　　巨变！超级金融监管 / 452

　　接管安邦 / 458

　　啃骨头，清理违规股权 / 459

　　分化：冰火两重天 / 463

　　保险和 AMC：共生共荣 / 471

　　刘益谦大赚天平 / 474

第 24 章　安邦变大家（2019） / 477

　　靠天吃饭，投资多收了三五斗 / 483

　　门庭冷落，保险牌照降温去火 / 485

内地"高"客踩雷香港投连险 / 489

安邦保险是大家的 / 492

万峰：老将 + 新公司 / 494

民企新光：保险抵债，绝地自救 / 500

高盛和中国保险的大时代 / 502

招行痛斥：银保"小账"惹大麻烦 / 506

平安陆金所割席 P2P / 507

第 25 章　保险抗疫（2020） / 511

保险抗疫：平凡亦英雄 / 520

服务"一带一路"，再保"拼团"共同体 / 523

险资梦断蚂蚁上市 / 524

安邦接管回头看 / 532

任汇川、李源祥：追寻第二人生 / 536

泰康止损阳光城 / 541

人保百亿黄金骗案 / 544

第 26 章　友邦的野心（2021） / 549

养老布大局 / 554

白马平安失蹄 / 557

回主业，AMC 出清保险牌照 / 562

中国缘，百年安联的耐心 / 564

率先模仿，泰康"双创"25 年 / 569

颠覆！特斯拉搞车险 / 572

友邦的野心 / 574

第 27 章　金融豹变：总局挂牌（2022—2023） / 581

3 万亿榜样：联合健康 / 590

白雪烈焰，梓木退休 / 594

哲学老师张可，蝶变保险通才 / 599

陈东辉的再保马拉松：从 1.0 到 2.0 / 601

安心财险：初心第一，业务第四 / 603

永安宫斗：不争业务争口气 / 605

致　谢　大时代、奋斗者和世纪保险的未来猜想 / 608

PREQUEL

前 传

"冒险王"传奇
(1919—1949)

1919年1月5日，李大钊在《每周评论》上发表《新纪元》一文。但是，中国却未有新气象。4月，巴黎和会上，中国外交全面失败。

5月4日，北京学生3000多人在天安门前集合，焚曹汝霖宅，痛殴章宗祥。北洋政府派军警镇压，捕去学生32人。青年们的热血喷涌而起，五四运动席卷中国。在动荡的第一次世界大战中，民族意识觉醒，间歇掀起抵制洋货运动，逆流而进的民族商业迎来一次小小的春天。

纷纷扰扰的乱世，并没有打断一个青年的远东冒险梦。

这一年11月，冷冬，上海。

纷杂喧嚣、熙熙攘攘的码头，涌动着头戴西式圆礼帽和中式破毡帽的人群。

一艘来自日本的汽船正停泊靠岸，川流不息的人群中，不声不响地走下一位27岁的美国白人青年，这个年轻人名叫科尼利厄斯·范德·史带（Cornelius Vander Starr）。

上海，这个远东第一大都市，被称为"冒险家的乐园"。谁也不会预料到，这位囊中羞涩的年轻人日后会成为一个庞大金融帝国的缔造者，而东方的上海将成为史带传奇般事业的起点。

12月12日，到上海一个月后，史带选择在南京路和四川路交叉口，创立一家只有两间房子和两个雇员的保险代理公司，并将其命名为美亚保险公司（AIU，即American International Underwriters）。这之前，这位白人小伙子在旧金山只卖过冰激凌和汽车保险。

创业之初，美亚保险公司主要代理一些美国公司的水险和火险业务。1921年，经营颇有起色的史带，在上海创建了友邦人寿保险公司（Asia Life Insurance Company），这是一家可以向中国本地人士提供寿险的外资公司[①]。

---

① 1889年英商永福人寿保险公司制定了《1846—1900年华人死亡率经验表》后，洋商逐渐开始承保华人寿险业务。彼时，华人对寿险的接受程度并不高。

向中国人抑或本地人销售寿险，此前被认为几乎不可能，仿佛将鞋子卖给不穿鞋的人，或者类似把梳子卖给和尚。

冒险是有回报的，上海地方志记载："截至1936年（民国二十五年）底，友邦的保单准备金7208624元，有效保额59599470元，其中华人投保占90%，且大半系从内地招来。"

这件事情也暗示另外一点，史带不是个墨守成规的人。成立友邦之后，史带开始了最初的本土化进程，他邀请了几位颇有名望的人加入他的董事会。选聘当地人担任领导工作，这后来成为AIG全球业务的标准流程之一。

那个时候，友邦最受欢迎的产品是一种20年的储蓄保单。[①] 出人意料的是，跨过半个多世纪的漫长时间之后，居然还有精明的上海客户在20世纪90年代拿出50年前的老保单要求再次回到上海的友邦保险支付，上演了一出不大不小的"老保单被拒赔"事件。

这是金融巨擘友邦的全部起点。

1927年，史带将友邦人寿迁入外滩17号的"字林大楼"，即今日之友邦大厦。

"外滩"这个词，其实也引自西方。外滩当年的开发者们大都是暴发户，可是他们的大楼却力求有贵族气派。他们把东方殖民统治城市的近水滩涂称为Bund，所以"外滩"由此而来。

到1941年，史带已经在中国创建了8家保险公司（含合资公司）。业务最好的时候，这些公司占据中国保险市场三分之一的份额。据1936年《中国保险年鉴》资料，美亚保险公司每年营业额达800余万元，其中属于华人方面的业务，以及华商保险公司的分保费约占70%以上（见表1）。

表1　1924—1934年美商美亚保险公司盈利情况

（货币单位为规元银[②]）

年份	盈利	年份	盈利	年份	盈利
1924	333000	1928	726000	1932	848000
1925	415000	1929	690000	1933	838000
1926	536000	1930	707000	1934	734000
1927	660000	1931	821000		

资料来源：上海市地方志办公室。

[①] 友邦彼时经营的保险包括终身保险、限期缴费终身保险、储蓄保险、儿童教育保险、三益保险、双倍还款保险、定期付费休养年金、担保还款及终身休养年金、人身意外保险等业务。

[②] 即规元。1933年以前，上海通行的一种记账货币。规元只作记账之用，以上海银炉所铸二七宝银折算使用。记账单位是规元等，交易主要是银圆、银角、铜圆。

1941年，珍珠港事件爆发，日军占领上海租界，勒令上海的英、美、法等国家的保险公司停业，友邦的远东业务被迫中断。不过，二战期间，史带另辟蹊径，积极抢占之前被德国和意大利主导的拉美市场。

二战后期，史带旗下的AIU紧紧跟随英美占领军的脚步，迅速挺进日本和欧洲大陆的市场。战争虽然让史带的公司遭受了一定的损失，但是也创造了其全球市场布局的巨大机遇。

二战之后，史带马上开始重建远东的业务，友邦成为首家在上海恢复业务的外资公司。

不过，短短几年，中国的政经格局发生根本性变化。1949年，史带将上海的业务重心转移至香港。1951年6月，友邦停业，撤离上海。

友邦离开时，走得太过"匆忙"。

《保险中国200年》一书披露，朝鲜战争爆发之后，1950年12月16日美国政府宣布管制中国在美国的公私财产。作为对应措施，上海市政府12月30日宣布，对美亚以及北美洲两家美商保险公司实施军管。不过，军管后发现，美亚保险公司水险自留额高达旧人民币[①]332亿元，而交验的准备金仅旧人民币5000万元。1951年1月3日，上海市人民政府命令美亚按照营业准备金的四分之一的标准作为最高自留额。此后，美亚收入骤减，不得已于4月1日申请停业。

撤出上海后，史带在美亚保险公司、美国友邦保险公司等的基础上，又组建美国国际集团（AIG）。

20世纪五六十年代，动荡的国际局势曾经让史带的公司遭受损失，例如古巴的革命，以及第三世界国家资产国有化运动。但是，这未改变AIG多元化、全球化，以及不断商业创新和商业冒险的策略，尤其到了史带的继任者格林伯格这里，"冒险"已经成为AIG个性的一部分。

尽管史带在亚洲、拉丁美洲及中东等地都获得了不小的成功，但是其在美国本土的业务，却迟迟未有大突破。数据显示，2006年，AIG的总资产为美国市场第三，但是其有效契约仅排名第九。

创业型的史带在个人生活方面不算成功。44岁时，史带经历了一生之中唯一的一次婚姻——妻子名叫玛丽。结发15载之后，妻子背之而去，和一个俄国画家再度结合。1968年圣诞节前夕，76岁的史带因为心脏衰竭在纽约的家中去世。

---

① 以第一版人民币为单位的面值，指中国人民银行1948年12月至1953年12月发行的人民币。

> ### ▶ "传媒人"史带
>
> 鲜为人知的是，史带还是一个出色的传媒人。除了保险主业，史带还投资于房地产、汽车、报社等行业。
>
> 1930年，史带以2500美元的高价收购了一家英文报纸《上海晚报》(Shanghai Evening News)，将其更名为《邮报》(Post)。后来，史带还曾创办一份带有插图的杂志《北方》(Norte)。尽管这些出版物都给他带来了丰厚的利润，但是史带对出版的兴趣已经超越了利润本身。
>
> 1935年1月，由卢斯创刊的《财富》(Fortune)杂志刊登了一篇文章，介绍了6位居住在上海并且名震上海的外国人，史带就是其中之一。《财富》饶有兴趣地观察到，史带从来没有想过要学习中文，但是他对中国却是无所不知，更以善于和中国人共事而闻名。
>
> 抗日战争期间，史带还利用旗下的媒体，帮助美国的情报机构收集情报，协助抗日活动。"世界各地的记者们都喜欢打探消息，这纯粹出于一种好奇心理。所有报纸自然就成为情报收集的最佳掩体。"

保险招商局：折腾的"官督商办"

史带创业之时，中国的现代商业保险并非一直空白。

鸦片战争之后，现代保险的鼻祖——海上保险，由于贸易等需要已经被引入中国。颇为特别的是，当时中文其实并没有对应的词语，只能音译"insurance"为"燕梳"。

1872年（同治十一年），中国的洋务派采取"官督商办"的经营方式，创办了从事航运业的轮船招商局。轮船招商局是中国近代洋务运动中最大的经济实体，总局设在上海。

毋庸讳言，轮船招商局（简称"招商局"）是中国近代工商业的先驱。130余年来，招商局曾组建了中国近代第一支商船队，开办了中国第一家银行、第一家保险公司、第一家电报局，修建了中国第一条铁路等。

招商局开办的保险公司成为中国近代民族保险业的先行者。

不过，开办轮船招商局，成败的关键在于资金的筹集，虽然名曰"招商"，但对于身居庙堂的官员来说，如何"招商"显然是一个难题。

直到 1873 年，招商局的资金捉襟见肘，尚不足 20 万两白银。从 1872 年 11 月到 1873 年 5 月，所招商股不过 6 万两，其中 5 万两还是李鸿章的"私房钱"。不得已，李鸿章只得将招商局由官办改为"官督商办"，委任唐廷枢为总办，徐润为会办，牵头招商。

唐廷枢幼年在香港马礼逊学堂学习，曾任港英政府翻译、上海海关翻译、怡和洋行买办。怡和洋行是老牌英资洋行、远东最大的英资财团。其副手徐雨之（即徐润，号雨之）不仅是同乡（广东香山，今珠海人），而且同样出身外资买办。

放弃外资待遇，加入官有企业的唐、徐到任之后，对招商局开始进行新一轮招股，拟定首期招股 100 万两白银，徐润本人首先附股 24 万两，又广招亲友入股，这在商界和社会上引起巨大反响，100 万两很快招齐。之后，招商局决定再招 100 万两。徐润又认股 24 万两，两次累计 48 万两。唐和徐的贡献可见一斑。

这种结合表面上堪称完美：一方面，唐和徐既懂如何打理生意，又能撬动民间资本；另外一方面，招商局独享多个看似业务稳定、利润丰厚的政府专营权力，例如漕运。但是，唯一的缺陷就是公司治理，"官督商办"的制度劣势最后逼迫唐和徐都不得不选择黯然离开。然而，和所有的恋爱类似，一开始，官方和职业资本家的合作还算融洽。

很快，从事航运的招商局就发现，保险成为束缚自己的一个瓶颈。此时的中国保险市场为外商或者其代理人买办独霸，对中国船只及其运载货物，或采取高费率政策，船舶险费率竟高达 10%，或借口轮船悬挂龙旗或鱼旗等不予承保。

矛盾激化只是硬币的一面，保险行业表面的"利润"（其实是充沛的现金流）亦使得招商局不能忽视。

1875 年 11 月 4 日，《申报》发表一家中国保险公司的募股声明："中国于保险一事向未专办。现在轮船招商局之船货均归洋行保险，其获利既速且多。是以公司集股由唐景星（唐廷枢）、徐雨之（徐润）二君总理其事，设立保险招商局，仿照各保险行章程办理，不特商局轮船货物可以酌量保险，即洋商船投局请保者，均可照章承保，以广招徕……本局今议酌中办法，集股一千五百份每股规银一百两，共成保险本银十五万两……议自光绪元年十二月初一日（1875 年 12 月 28 日）起至二年十二月（1876 年 1 月）底止，试办一年。每号轮船只保船本一万两、货本三万两为度。如投报（保）之数，逾此定额，余向洋商保险行代为转保（即再保险），庶有划一限制。至各局账目总归上海保险招商局，周年汇算结总，倘有盈绌，集众公议，照股均派，各无异言。"

1875 年 12 月 28 日，保险招商局落地。同日，《申报》发表《华人新设保险局》的评论，为之鼓与呼。

保险招商局的开局颇有气魄。

保险招商局公布的第一批办理保险业务的地方，包括镇江、九江、汉口、宁波、天津、烟台、营口、广州、上海、福州、香港、厦门、汕头等13个口岸；第二批为台北、淡水、基隆、打狗（现高雄市）这4个口岸，以及新加坡、吕宋（菲律宾）、西贡（今越南胡志明市）、长崎、横滨、神户、大阪等国外口岸。

初试啼声的保险招商局即引起外商的警觉。英国驻上海领事麦华陀在1875—1876年商务年度报告中指出，在保险业有两件大事值得注意，其中之一即一家与中国招商局有关纯属华商的保险公司成立。

翌年7月，唐廷枢等再次集股25万两白银，创办了仁和保险公司，开办一年利润率高达30%～40%；1878年又集股20万两白银，开办了济和船栈保险局，后增资扩股改名为"济和水火险公司"。

不过，这两家公司，以及之前的保险招商局，其全部的股款均存入了轮船招商局。在"官督商办"的体制下，轮船招商局长期占用这两家公司的资金，同时其人事间多有争斗。

最为激烈的是1883年，这一年爆发了中法战争，法国军舰驰抵吴淞，上海人心惶惶，爆发了金融风潮，商号、钱庄接连倒闭。

依靠钱庄借债度日的轮船招商局资金链几近断裂。《中国保险史》记载，恰在此时，徐雨之（徐润）挪用公款16.2万两，投机地产失败东窗事发，另外一个总办，洋务运动的另外一个风云人物盛宣怀借端发难，向南、北洋大臣力诋唐、徐主持下的轮船招商局。

有史料研究描述，于招商局成立后半年（同治十二年，即1873年7月18日），盛宣怀奉李鸿章委派为该局总办之一。此前一年的1872年（同治十一年）9月，招商局尚未正式成立，李鸿章已先委朱其昂为总办。1873年（同治十二年）6月又委唐廷枢为总办；7月中徐润、盛宣怀同时加入，虽然职掌略有不同，名义俱为总办。但是，到任之后，盛因和其余总办积不相能，时生龃龉，被李鸿章调往鄂皖赣一带办矿。

不过，这一次危机让盛宣怀抓住机会，重回历史舞台的中心。

事变之初，唐廷枢正在美洲考察，回国后深感进退维谷。这次斗争的结果是，徐润被清政府革职，唇亡齿寒的唐廷枢于1885年夏引咎离开招商局，盛宣怀主持轮船招商局和保险公司，同时成为轮船招商局举足轻重的大股东。

颇为唏嘘的是，1892年，花甲之龄的唐廷枢病逝于天津，身后"家道凋零""子嗣靡依"。招商局从公积金中拨银1.5万两，"以示格外体恤"。

盛宣怀掌握局面之后，1886年2月仁和、济和两家保险公司并为"仁济和保险公司"。拥有资金股本100万两白银，成为当时有相当规模和影响的华资保险公司，其业务范围也开始从海上转向陆地口岸，承办各种水险与火险业务。

但是，制约仁济和保险公司发展的公司治理问题未能解决，从1888年起轮船招商局由"官督商办"进入"官办"阶段，其股金仍然为轮船招商局占用。

随着轮船招商局的整体衰落，仁济和保险公司受到很大影响。到了1920年，轮船招商局亏银达2000万两之巨。仁济和保险公司虽几经改革未见成效，遂缩小业务范围，停办火险业务。1934年10月2日，仁济和保险公司退出上海保险同业公会，迁移至上海北海宁路56号，停业清理，落下帷幕。

尽管招商局创办的保险公司未能逃脱历史的大浪淘沙，但是这样的抱负却在20世纪80年代激励了另外一批创业者，他们缔造的保险公司20年后居然成为全球估值最高的保险公司之一。尤其巧合的是，创办之初，他们面对着与仁济和保险公司类似的治理困境。幸运的是，适逢国策变化，加之巧妙腾挪股权，他们没有重蹈覆辙。

▶ 1919年之前的上海华资保险公司（1805—1911年）

1805年（嘉庆十年），英商在广州创建谏当保安行（Canton Insurance Society，"谏当"实为"广东"之音译），是外商在中国设立的第一家保险公司。

鸦片战争后，上海开埠，外商云集，洋行林立，上海一跃成为中国商业保险的中心。1865年（同治四年），华商首创上海义和公司保险行。1875年（光绪元年）成立保险招商局。

至1911年（宣统三年）止，上海先后有华商保险公司33家，其中在上海创立总公司的有22家，占总数的66.7%；总公司在香港创立，设上海分公司的9家，占27.3%；总公司在新加坡和小吕宋创办，设上海分公司各1家，占6.1%。按其资本性质全属民营公司。按经营险别分：水火险19家，占57.6%；专营水险3家，占9.1%；专营火险6家，占18.2%；专营人寿保险4家，占12.1%；兼营水火险和人寿险的1家，占3.0%。其中大都因缺乏专业技术或不善经营，又受外商保险抑制等原因而先后宣告歇业。

◆ 资料来源：《上海地方志》。

第一华资寿险：成也政经，败也政经

现代商业保险追随海上贸易来到中国，因此最初的业务大多限于水险（海上保险）和火险（财产保险），人寿保险的规模比财产保险小得多，公司主体也以外商产险公司为主。

不过，历史曾留给中国的民族保险业一个短暂的春天。

民国初期，由于第一次世界大战的爆发，欧美列强被卷入战争，无暇东顾，中国的民族工业迎来一个小高潮，带动了中国的民族保险业的兴起。同时1919年五四运动爆发之后，市场支持民族工商业，纷纷抵制洋商。

1912年到1925年，陆续设立的华商保险公司共有39家，经营寿险的有19家。不过，邯郸学步的华商保险公司由于不懂保险尤其是寿险的基本规律，经营风险巨大，先后停业的公司约占三分之二。

其中亦有例外，比如吕岳泉创办的华安合群保寿公司（简称"华安合群"）。吕不仅开创了民族保险的一个小高峰，同时成为华人寿险公司的第一传奇。吕岳泉极有商业天分，举一个例子，吕岳泉将自己的公司称为"保寿公司"，从名字上投合当时国人避讳死亡的心理。

吕岳泉本人就是一个传奇。

吕岳泉出身于上海浦东川沙的普通船家，当时家里只有两间草房，全靠父亲给人撑船谋生。12岁时，吕岳泉被带到上海一个英国人家里去当用人。这家主人恰好是当时英国永年人寿保险公司的一位业务经理，机敏的吕岳泉由此进入保险行业，当了一名营业员。随后永年保险把业务扩展到南京，他又当上了南京分公司的经理。

这并不是一个美差。

显然，身处中国内陆的南京不如上海开放，知晓保险的人尚不多，而了解寿险的人则更少。初到南京，走马上任的吕岳泉，直接面对一个难题——如何打开局面。

出身草根的吕岳泉深知政经的奥秘。

他想方设法结交两江总督端方，动之以情，晓之以理。而曾经游历欧美，粗有保险理念的端方，最终被说动，带头购买了吕岳泉的保险，南京业务由此迅速打开。同时，吕岳泉还结交了张謇、虞洽卿、朱葆三等一批当时的商界巨头。

不仅如此，在藏龙卧虎的南京，胆大心细的吕岳泉悄悄接触尚处秘密的同盟会。这次政治投资，使得吕岳泉获益匪浅，民国初年的政要几乎皆成为其朋友，或者和其有直接联系。后来，吕成立寿险公司，包括黎元洪、张学良等民国政要先后为其题词道贺。

民国建立之初，把握历史机遇的吕岳泉毅然辞去在永年保险的职务，跑到上海，拜访原江浙联军总司令徐绍桢。恰逢徐也刚辞去南京卫戍总督职务，响应孙中山实业立国的号召，想在实业界有所作为。两人相谈甚欢，商定由徐出面，约请国内政界、商界名流，集资规银20万两，筹办寿险公司。

一时间，华安合群的股东名流荟萃。

前两江总督端方首先认股，徐绍桢本人认缴规银1万两，四川总督王人文认缴规银2万两。北洋首领冯国璋不仅自己认缴了股份，还允诺随时可以其名义开具介绍信招揽股东。工商界巨子张季直（即张謇）、朱葆三、桑铁珊、顾棣三等纷纷积极参与。不到半年，股本已缴足20万两规银。

20万两资本的保险公司在当时保险界算是中等实力，一般洋商保险公司的资本在30万～50万两，但在华商保险中名列前茅。

1911年6月1日，华安合群在上海外滩30号开幕。徐绍桢任董事长，吕岳泉任总经理。开张之日，孙中山、黄兴等民国开国元勋都派人来致贺。吕岳泉深谙中国政经之道，和黎元洪、冯国璋、张学良、陈其美、王一亭等社会名流交谊甚深。

华安合群甚至还上书革命后上台的袁世凯："今欲开通社会，维系信用，不得不赖在上者赞助扶持"，"倘蒙钧座赞助，则公司事业之扩充，当易如反掌。"

1916年，华安合群还约请到前大总统黎元洪出任名誉董事长。通过接近权势人物，华安合群最大限度地扩大了公司的业务空间。

而吕岳泉从一个贫苦出身的用人，一跃而成当时第一华资寿险公司的总经理，成为颇受人瞩目的商界新星。

除了拓展非凡人脉，吕岳泉力改华资公司管理的软肋。

华安之前，曾有华兴、华通、福安几家华商保险公司，都因不明白寿险原理，加之管理不善，无一而成。

吕岳泉受春秋战国借用"客卿"兴邦的启发，高价聘用了永年保险的老搭档英国人郁赐当总司理，第弗利斯当计算师（即精算师），负责寿险管理中的保险费率、责任准备金、退保金计算等技术问题。同时吕岳泉还特别为两个外国高层管理人员精心配置了年轻的助手，并面授机宜，让他们边工作，边偷师。

这种请"外脑"的做法，80年后为另外一个保险草根传奇——平安的马明哲所复制。

1919年的冬末,华安合群在上海一地的保户已达到三四千户,吸纳资金100余万两。伴随规模的扩张,华安合群的投资也开始启动。

彼时,中国的房地产业如旭日初升,上海、汉口、广州等大城市的繁华日胜一日,华安的投资重点首先瞄准这几大城市的房地产开发。

1922年,吕岳泉用50万两白银,购下上海静安寺路一块约10余亩的土地。次年,他又在汉口五族街购地10余亩;在广州泰康路珠江大桥东买下一块6余亩土地。同时,在南京白下路等处,华安也零零星星吃进了少量地皮。不出所料,这些地皮逐年升值,华安投资貌似赚钱甚巨。

在总部所在地上海,华安合群的手笔更大。

随着上海市中心西移,静安寺路日益繁华。吕岳泉决定在这里兴建一幢国内一流的欧美风格大厦。他投资白银10万两,请美国著名建筑师哈沙德设计,招标委托上海江裕记营造厂承建。1926年5月,公司在静安寺路104号建成8层总公司新址,取名华安大厦。华安大厦成为当时该区域最高的建筑物,它以精美的构思、豪华的设施,轰动了大上海。

由于华安大厦的标杆作用,公司业务更加红火。几年中,投保户增加到几万户,吸纳资金达500万~600万两。

1930年,吕岳泉将华安大厦东侧余下的一块空地以白银61万两卖出,售价超出整块地皮总买价16%以上,此举让华安合群大赚一笔。第二年,华安合群把原资本20万两折成银圆,增资到50万元,此时的华安合群达到了鼎盛时期(见表2)。

表2 1912—1931年华安合群保寿公司保额及保费一览表

年份	有效保额/元	新保费/元	续保费/元	保费合计/元
1912	1660616.44	97496.40	—	97496.40
1913	3080102.74	113392.71	49846.69	163239.40
1914	4531164.38	135062.49	133329.59	268392.08
1915	6026052.05	166900.90	180444.48	347345.38
1916	6979804.11	122020.33	241362.81	363383.14
1917	7392163.01	151611.34	282825.34	434436.68
1918	7642724.70	127441.08	343184.34	470625.42
1919	9277952.49	198814.73	387868.67	586683.40
1920	10390141.10	184745.35	524543.59	709288.94
1921	11517683.56	192463.00	568746.37	761209.37
1922	12258317.81	175489.95	636466.70	811956.65

续表

年份	有效保额/元	新保费/元	续保费/元	保费合计/元
1923	13060706.85	187813.73	667138.36	854952.09
1924	14410587.52	226451.52	684062.03	910513.55
1925	15166949.32	232645.51	732007.55	964653.06
1926	15621361.64	209410.33	798123.03	1007533.36
1927	15147046.90	176670.02	816986.88	993656.90
1928	15890328.93	220445.30	838986.78	1059432.08
1929	17298148.25	228019.32	897700.92	1125720.24
1930	18579229.80	273857.31	931529.99	1205387.30
1931	19965042.24	310154.22	962647.53	1272801.75
合计	19965042.24	3730905.54	10677801.65	14408707.19

资料来源：《上海地方志》。

1931年是一个转折。

时局飘摇，吕岳泉备受恩泽的政经气数渐失。1931年发生了震惊中外的"九一八事变"，1932年，日军又在上海挑起战火，战争引起社会动荡，工商业者和中上层人士被迫离开上海，华安合群的客户人数直线下跌。

1937年7月，日军大举侵略中国，华北、华东相继沦陷。华安合群在当地的分支机构全部停业，几乎陷于灭顶之灾。上海总公司虽栖身在租界"孤岛"之内，但四周日军大兵压境，营业也完全停顿。1939年，吕岳泉被迫把华安大厦租借给香港商人开设金门饭店。

另外，吕岳泉把吸纳的寿险资金多数投向了房地产和有价证券，战争引起房地产和有价证券抛售成风，市价大跌，公司投资收益丧失殆尽。战火导致币值迅速跌落，原定的保户保费、公司的满期款和赔款等，都因币值变化太快，根本无法计算。吕岳泉无奈只得下令关闭公司，期待抗战胜利。

值得一书的是，这一期间，日伪方面几次派人来拉他以所谓的"优惠条件合作"重新开业，吕岳泉都予以拒绝。

等到抗战结束，内战兀然重开，国内严重通货膨胀。吕岳泉根本无法恢复公司营业，只好把广州、汉口等地房地产陆续出售，维持员工生存。

1948年冬，保险业的传奇吕岳泉到香港后就患病不起，1953年11月，吕岳泉病逝于香港的寓所。

太平样本：从民营至国营

和华安合群同一时期，中国保险业还出现了一个新形势，就是银行业投资办保险并蔚然成风。

1926年以后的10年间，由私营银行和官办银行投资设立的保险公司共有12家。业务上，银行与保险具有天然的联系：银行所经营的贷款业务，贷款户的货物或不动产抵押都必须投保以资保证。

正是在这样的背景之下，继1926年东莱银行设立安平水火保险公司之后，私营的金城银行于1929年投资100万元（实收50万元）开设了太平水火保险公司（简称"太平保险"），设址于上海江西路212号金城银行大楼。

1917年创立于天津，后将总部迁到上海的金城银行，是当时中国最著名的私营商业银行。其储蓄存款总额一直雄居当时中国私营银行榜首，与大陆、中南、盐业三家北方银行合称"北四行"。

太平保险董事长、总经理由金城银行总经理周作民兼任，丁雪农任第一协理，王伯衡任第二协理。

周作民为国内著名的银行家。1917年5月金城银行成立后，周作民掌总经理印，历32年之久，并担任董事长10多年。经营方针上，周作民模仿日本三井、三菱，以银行为核心，控制一些工矿、交通和贸易企业等，成为著名的金融巨子。

太平保险以太极图形为商标，取"生生不息"之意，并打出了第一个谐音广告"太平保险，保险太平"。

1933年，金城银行邀集交通、大陆、中南、国华等四家尚未涉足保险业的银行加入太平保险，资本额扩大为500万元（实收300万元）。一时声势浩大，金融界为之瞩目，太平保险从此步入大型华商保险公司的行列。同时，将公司名称中的"水火"两字删去，改称"太平保险公司"，并添办人寿、意外等保险险种。

鉴于寿险业务的特殊性，1933年9月，太平保险公司决定人寿保险部之会计独立，这一决定极有远见。

1937年1月11日，国民政府修正公布"保险业法"及"保险业法施行法"，实行分业经营，规定同一保险业不得兼营损失保险与人身保险，在保险业法施行前兼营者，应于保险业法施行后两年内依法改组。

由于提前准备，只用一年时间，1938年12月30日，太平人寿保险有限公司就正式公告改组成立。到1938年底，太平寿险的有效保额已达700万元。

同时，从1934年起，3年间太平保险公司陆续收购了几家华商保险公司，开始向集团化的方向迈进。例如，1934年初，丰盛保险公司因经营不善，将大部分股份售与太平；1935年5月，东莱银行加入成为太平保险公司的第六个股东。同时，东莱银行创办的安平保险公司经营上发生困难，亦由太平接收合并。1936年，中国垦业银行投资开办的中国天一保险公司因无人管理，也以低微的价格转让给太平保险公司接办。

不过，和一般的合并不同，上述三家公司对外仍保留原来的牌号，各地的分支机构及代理处仍继续营业。

1935年，太平设立太平安平丰盛总经理处，次年改为太平安平丰盛天一总经理处（简称"太安丰天总经理处"），统辖四公司的一应事宜。总经理处设在太平保险总公司内，太平保险公司总协理兼任太安丰天总经理处总协理。这样，太平只需用一套管理人员来处理四个公司的业务，这种欧美托拉斯性质的管理形式，在当时中外保险公司中独树一帜，为业界所瞩目。

除在上海设总公司外，太平保险公司还在京、汉、津、哈、鲁、粤等六大区域的大中城市广设分支公司或代理处，最鼎盛的时候，全国代理网点总数达900余处。太平保险公司还跨越海洋，在中国香港、新加坡、西贡、雅加达、马尼拉等地设立了分支公司。

数年间，太平保险公司成为全国最大的华商保险公司之一。到1939年底，太平人寿的有效保额增至法币1000万元，1941年底，太平人寿的有效保额达法币3500余万元。至此，太平人寿已成为华商保险业中规模最大、实力最强和市场份额占有最多的民族保险公司。

从1929年11月太平保险创立，到1938年底分设太平人寿，公司整整用了九年时间。这九年中，1933年增资扩股、1935年开始集团化经营、1938年创设太平人寿，基本上是三年跨一台阶，发展之迅猛，实为当时所罕见。

不过，1949年成为一道分水岭。

近1949年，中国的保险行业整体衰败。1946年9月至1949年5月，物价骤涨1.051亿倍（见表3）。保户对金圆券已失去信心，即使有投保意向，也只愿以外币保额投保和计算赔款。

汇集当时多家华商保险的华商联合分保集团管理层悲叹："金圆券发行未久，遽尔贬值，嗣后是否有保持稳定之可能，无人敢逆料，倘法币末期之困难情势重演于今日，则恐我保险业将濒于危殆。"

《中国保险史》记载了当时国内保险市场的混乱不堪,于现今似乎依然有启示:(1)追求保费数量,忽视业务质量;(2)违反公平竞争业规,擅自提高经纪人、代理人佣金或延期收缴保费;(3)个别公司不按规定签发外币保单;(4)极少数公司私立暗账,偷税漏税。

表3 纸币发行与物价指数(1937—1948年)

年份*/年	已公开发行的纸币+/百万元	物价指数≠（1937年1—6月=100）
1937	2060	100
1938	2740	176
1939	4770	323
1940	8440	724
1941	15810	1980
1942	35100	6620
1943	75400	22800
1944	189500	75500
1945	1031900	249100
1946	3726100	627210
1947	33188500	10340000
1948	374762200	287700000

*：在每个日历年的年底,除去1948年,该年的数据分别为6月和7月。

+：1937—1945年参考杨格:《中国与援助之手,1937—1945年》,第435—436页。1946—1948年参考张嘉璈:《恶性通货膨胀:中国的经验,1939—1950年》,第374页。

≠：在每年底,除去1937年(1—6月的平均数)和1948年(7月)。1937—1945年中国未被占领地区主要城市平均零售价格指数参考杨格:《中国与援助之手,1937—1945年》,第435—436页。1946—1947年：全中国。1948年：上海参考张嘉璈:《恶性通货膨胀:中国的经验,1939—1950年》,第372—373页。

1949年5月,上海解放。

根据上海市军管会发布的训令,包括太平保险公司在内的64家华商保险公司和42家外商保险公司获准恢复营业。此后十余年间,保险市场进行了大刀阔斧的改革,而顺势而为的太平保险公司在其中扮演了重要角色。

在对私营保险公司"限制、利用、改造"的政策主导下,1951年下半年,上海25家私营华商产物保险公司开始酝酿合并问题。同时,天津的三家私营保险公司也派代表赴上海联系,表示愿意合并。这28家私营保险公司分别组成太平和新丰两家保险公司，由有国营背景的中国人民保险公司投入一半以上的资金。

1955年11月11日，中国人民保险公司由其上海分公司提出了《关于公私合营太平、新丰保险公司合并的方案》，建议两公司合并后将业务重点放在国外，成为中国人民保险公司领导下的一家专业性保险公司。

民营保险的历史被暂时中止，这也伴随一个时代的结束。

1956年8月1日、2日，太平、新丰两公司在上海《解放日报》刊登联合启事，宣告："自1956年8月1日起，我两公司合并为公私合营太平保险公司，并将合并后机构迁移北京办公，两公司原在上海机构同时撤销。"

中国人民保险公司上海分公司亦同时刊登通告，"同意接受该两公司在上海地区签发的保险单尚未满期的保险责任"。太平、新丰两保险公司的合并、迁京、停办国内业务，标志着中国保险市场从此进入国家专营（人保独家经营国内业务）的时代。

根据两公司最后一次董监事会议的决议，新的公私合营太平保险公司的任务是：加强国外分支公司的领导，积极开展境外业务，继续为侨胞服务和替国家积累外汇资金。

太平保险公司自此移师境外，这一去就是45年。

45年后，另外一位国内保险业的强人将"太平保险"和"太平人寿"两张牌照再度唤醒，以当时极为稀缺的内资保险公司身份"复业"，重返内地市场，翻开新的一页。

1949年之后，还有一家得以延续其之前名字的华商保险公司——中国银行旗下的"中国保险公司"，至今于境外市场，仍然可见"中保"名称。

人保的前30年："四起三落"

对旧中国私营保险的改造只是春花一枝，同一时期，长期雄霸中国保险市场的市场主体迅速分化，各奔东西。

所谓的"官僚资本保险"，很短的时间就被接管；而外资保险则用3年左右的时间全部撤离了中国市场——1949年外商保险公司保费收入占全国保费收入的62%，1950年为9.8%，1951年为0.4%，1952年仅为0.1%。到1952年底，外国在华保险公司陆续申请停业，撤出中国保险市场。

不破不立。

1949年9月25日，中国人民银行在北京主持召开了第一次全国保险工作会议。

10月1日，中华人民共和国成立当天，中央批准了人民银行关于成立中国人民保险公司的请示。同一天，参加第一次全国保险工作会议的代表，留下了一张珍贵的合影。

10月2日，时任财经委副主任的薄一波同志给中国人民银行行长南汉宸写信，信中说："汉宸同志，中央同意搞保险公司。"

1949年10月20日，中国人民保险公司（简称"人保"）举办成立庆典，为中华人民共和国成立后第一家国营保险公司。总经理由人民银行副行长胡景沄兼任，副总经理为孙继武，办公地点在北京西交民巷108号。①

百废待兴，刚刚成立的人保人才稀缺。非常之时行非常之法。1950年11月，天津印钞厂职工训练班改为人保培训班，全体学员奉命调往该公司工作。

1984年12月至1990年7月曾担任人保董事长兼总经理、党组书记的秦道夫就在其中。

他曾回忆当日的情形："1950年12月，我从天津市乘火车到北京。下车后我肩上扛着一捆行李，手里提着一个小包，走出了前门火车站，穿过正阳门，越过棋盘街，来到西交民巷中国人民银行人事处报到。人事处负责人看了我的介绍信后说，你就到保险公司吧。中国人民保险公司办公楼在人民银行对面，西交民巷108号。我出了银行大门，过了马路就来到保险公司人事处。我的保险生涯从此开始。"

这一进门就是46年！秦道夫后来还担任中国《保险法》起草小组组长，于1996年离休。

纵观前30年，人保经过了"四起三落"：从中国人民保险公司成立到1952年的大发展是一起；1953年停办农村保险、整顿城市业务，是一落；1954年恢复农村保险业务、重点发展分散业务是二起；1958年停办国内业务，是二落；1964年保险机构升格、大力发展国外业务是三起；1966年"文化大革命"中，保险被视为"封资修"，几乎停办了国外业务，是三落；1979年恢复国内保险业务，是四起。

1958年12月，人民公社化后，国内保险业务被财政部决定停办。停办的逻辑简单而明了——人民公社"一大二公"，吃饭都不要钱了，人民的生、老、病、死，以及社队企业的意外损失统统可以由国家集体包下来。保险不过是将"左边口袋的钱，转到右边口袋"，即所谓"倒口袋"而已。

实际上，1949—1958年的10年中，保险公司共收保费16亿元，支付赔款8.8亿元，拨付防灾费用2000多万元，上缴国库5亿元，保险公司累计公积金4亿元。1958年底，

---

① 王安：《保险中国200年》，北京：中国言实出版社，2008年，第51页。

全国设有保险机构 600 多个，职工近 5 万人。

1959 年，和新中国同时诞生的中国人民保险公司从财政部划归中国人民银行领导，取消了保险公司建制。对于中国取消国内保险，同样坚持社会主义意识形态，实施计划经济的苏联"老大哥"，觉得"很新鲜"，这其中意味深长。

不过，境外保险业务由于可以赚取当时紧缺的外汇，以及对外经济和政治联系的需要，继续保持。

1966 年，"文化大革命"开始后不久，境外业务与再保险也几乎全部停办。

1969 年，中国人民保险公司机构被精简，其境外业务由 13 人的"保险业务小组"负责"守摊和收摊"，包括 9 名正式员工，4 名临时人员。

1958 年至 1978 年，对于保险业来说，是一段尴尬的空白期。不仅业务停滞，而且人才散失殆尽。直到改革开放 20 余年之后，发端南粤深圳的平安保险，以其实战中培养的人才，成为国内保险的"黄埔军校"。

CHAPTER 1

第 1 章

冰河初开
（1978—1991）

1978年，中国金融破冰。

1978年3月，中国人民银行与财政部分设，初步恢复了银行原有的功能。当年11月党的十一届三中全会后，中国社会拉开了经济变革的序幕。

春天的气息涌动，传递至边疆。

贵州，贵阳。

尚在粮店工作的年轻人谢跃，为单位设计建造了一个茅厕。他认真丈量了每个蹲位的距离，确保人不会掉下去，而且会感觉舒服。多年后，冬日暖暖的阳光洒进窗台，浓浓的普洱茶馥郁醇厚，已经是资深保险人的他，依然可以清晰回忆起那茅厕的模样。

黑河，黑龙江最北。

一则消息，搅动了一位下乡10年的上海知青的心。1977年，中国恢复高考。对于没有放弃书本且意志坚定的年轻人，这是一丝希望的星火。1978年，他参加了高考。根据教育部的记录，1978年全国高考有610万人参加，只录取了40.2万人！

考上大学，重回上海，就职于上海政府经济管理部门，这一位青年实现了人生最重要的"鱼跃"。10余年之后，他成为太平洋保险工号006的员工。再过10年，年轻人不再年轻，他既是太平洋保险创业的元老，亦成为太平洋人寿的领军人。这位年轻人就是金文洪。

同年出生，同样草根，生于上海崇明岛的杨超，也在20世纪70年代末开始了自己的金融之路。

1976年，杨超成为中国银行上海分行的一名普通的行员。毕业于上海外国语学院（今上海外国语大学）的他有同龄人不具有的优势——外语。1981年，杨超留学英国。没有人知道这个囊中羞涩的中国青年当初面对发达资本主义世界时候的感受，除了亲历者本人。回国后，杨超出任中国人民保险公司上海浦东分公司总经理。20余年之后，杨超最终坐定中国最大寿险公司的头把交椅，而青涩只留于回忆。

20世纪80年代，一些未来将影响中国保险市场格局的人，此刻正隐匿于芸芸众生之中，过着与保险无关的小日子。

1986年夏天，长江、淮河发大水。

作为安徽省委办公厅秘书的马蔚华，骑着自行车在合肥的省委大院里进进出出，时刻准备着下到长江、淮河一线去支持抗洪防汛工作。

而远在南国的31岁的马明哲正在为能否重开招商局100年前的保险公司而冥思苦想。作为一名普通的社保公司干部，马明哲还记得1986年的夏天，他乘渡轮到香港去见时任蛇口工业区招商局常务副董事长袁庚时忐忑不安的心情。

再如陈东升，这位著名的"92派"①企业家，20世纪80年代正在对外经济贸易部（2003年被合并为商务部）、国务院发展研究中心等处干活，其受《财富》杂志启发而首创的"中国500家最大企业"评价，为他积累了最初的企业资源。

抓住机遇，成立国内第一家专业车险公司——天平汽车保险股份有限公司（简称"天平车险"），以法人股囤积而威震江湖的刘益谦"刘老板"此时尚在摆摊。1984年，刘老板在上海老城隍庙的豫园附近租赁了一个十几平方米的商铺，干起了百货批发兼零售。同时成为"改革开放后，上海市第一批有牌照的出租车司机"，完全没有点滴的金融相。

1979年10月4日，邓小平同志在省、自治区、直辖市党委第一书记座谈会上强调指出"必须把银行真正办成银行"。在该思想指导下，国家当年相继恢复了中国农业银行、中国银行、中国建设银行三大国营银行（中国工商银行于1984年成立）。

留存不多的老保险人开始鼓动、串联，向上反映，写信给人保总公司、中国人民银行总行、财政部乃至国务院，要求恢复国内保险业务。

1979年4月，国务院批转《中国人民银行全国分行行长会议纪要》（简称"会议纪要"），摘掉了压在保险头顶的政治帽子，"逐步恢复国内保险业务"。会议纪要通过半年后，1979年11月19日至27日，在停办20年之后，全国保险工作会议在北京召开，东拼西凑，共有130多人参加，其中就包括时任人保副总经理的宋国华（人保总经理由冯天顺担任）。

---

① 指受邓小平1992年南方谈话影响而下海创业的企业家，其中多数为青年政府官员和知识分子。

宋国华是会议的主要发言人之一，但是他其实很踌躇。

需要解决的问题很简单，只有一个，即说明"保险必不可少"。但是，这并不容易，因为当时的政经气氛尚未完全解冻。

他引用《资本论》中"在资本主义生产方式消失后，补偿损失的保险基金仍需继续存在"，以及《哥达纲领批判》中论述社会主义社会总产品的分配公式，即应该从社会总产品中扣除"用来应付不幸事故、自然灾害等后备基金或保险基金"等，以此说明保险的必要性。

虽然恢复保险业务箭在弦上，但是"计划"的烙印明显。"为了使企业和社队发生意外损失时能及时得到补偿，而不影响财政支出，根据为生产服务、为群众服务和自愿的原则，通过试点，逐步恢复。"[①]

恢复保险不是为保险的真意——分散风险，而是为了"不影响财政支出"。

根据中国人民银行发布的《关于恢复国内保险业务和加强保险机构的通知》[（79）银保字第16号]，"（保险公司）受保险总公司和中国人民银行的双重领导。业务上以保险公司总公司领导为主"。保险官办官管色彩浓重。

会议整整开了8天，最终明确：1980年，京、津、沪3市可以在全市逐步展开保险业务；省和自治区原则上可以各选择3到5个大、中城市试办，省和自治区首府所在地和个别工商业比较集中的大城市可先走一步。

这一目标其实有点冒进，因为当时的保险行业是"三无"——无机构、无人员、无办公用房。连人保总公司都缺乏人手，经多方动员归队的"老保险"只有两三人，不得已还从江苏、上海借调了几名"老保险"才算开张；办公地点落脚于北京西城区西交民巷22号，直到1986年阜成门的新大楼落成。

思想的禁锢被打破之后，中国社会到处焕发出勃勃生机，保险行业亦不例外。

实际上，恢复的速度比预想的快得多。

1979年11月，中国人民保险公司上海市保险公司黄浦区办事处办理了上海复业之后的第一张保单——上海港务局港内驳船运输公司投保的一份国内货物运输险。这份保险约定从1980年1月1日起生效，合同期1年。

1980年1月3日的《解放日报》刊发了上海国内保险复业的新闻报道。根据报道，当时恢复办理的业务有企业财产保险、家庭财产保险、机动车辆保险、国内货物运输保险及船舶保险等5个财险险种。并且在1979年12月25日以前，"已经预先办好手

---

① 《中国保险年鉴》编辑部：《改革开放为中国保险事业注入新的生机》，《中国保险年鉴1981—1997》，北京：中国保险年鉴社，2001年。

续的就有267个单位，保险金额达11亿元，保费收入达274万元"，引领全国风气。

到1980年底，大部分省、自治区、直辖市都恢复了保险公司分支机构。各级机构总数达到311个，专职保险干部已有3423人。

人事级别上，人保直属于中国人民银行，为局级专业公司。而各地保险公司相当于当地中国人民银行"处一级企业单位"，尚达不到"局级"。多年以后，地方的保险公司才升格成为所谓"局级单位"。

职位分配上，保险公司省（市）分公司经理可由中国人民银行省（市）分（支）行一位副行长兼任，副经理应配备处长或者副处长级干部。各分（支）公司内部可以根据业务和人员编制情况，分设若干科（股）。

1982年12月，国务院批准了《中国人民保险公司章程》，同时成立人保董事会、监事会。颇有戏剧色彩的是，这一市场化的公司治理结构并非出于市场本意，而是"对外交流的需要"，其实质依然是计划的要求。因为对外需要才成立公司董事会，这在中国国有企业治理变迁历史中也是值得书写一笔的趣事。

翌年7月28日，人保在北京召开董事会和监事会成立大会，宣布了公司章程。其第一条规定："中国人民保险公司是中华人民共和国的国营企业，是经营保险业务的专业公司。"第四条规定："中国人民保险公司的资本金为人民币5亿元。"

5亿元资本，成为1978年之后中国保险行业的资本原点。

"资本"和"资本金"首度出现在复业后的国内保险行业。而资本及其背后的资本大鳄们未来将成为中国保险行业走向的决定力量之一。

1984年12月，人保迎来新"当家"。

于香港创立中国再保险公司（香港）[①]的秦道夫被调回北京，担任人保的总经理，至1990年卸任。而卸任之后，他还担任过中国第一部《保险法》起草小组组长。

人保公司制之后，上收了部分权力。但是转轨时期，对于中国经济"一放就乱，一收就死"的悖论，保险行业没能例外。弊端逐渐显露，例如总公司统收统支、统一核算、统一缴税，对分支公司管得过多，统得过死；地方各级保险公司的责、权、利互不挂钩，不负盈亏责任，不担风险；分配上又存在干多干少一个样、干好干坏一个样的平均主义。

当时国有企业的体制病，人保也都有。

[①] 这是中国人在境外创办的第一家专业再保险公司。

改革这些弊端，当时最为流行的做法便是"放权让利"，搞承保，保险行业也放出了类似的绝招。

1984年12月，人保召开了全国保险工作会议，历时9天，通过了"放权让利"方案。核心的内容包括"两改进""四下放"。

"两改进"中，一是改进了核算管理办法，总公司和分公司实行两级核算，自负盈亏。总公司以前积累的保险准备金，也按照1984年的业务量，按比例"分家"给各个分公司；二是改进了利润留成办法，利润留成比例由5%提高至7%。

"四下放"中，第一下放了业务经营自主权，分公司可以自己开发产品；第二下放干部管理权，总公司只管省一级；第三下放了自有资金运用权；第四下放了财务费用管理权。

"放权让利"之后，地处改革开放前沿的人保深圳分公司，成为人保系统内第一家"独立核算、自负盈亏、自主经营、自担风险、实行分保制度的公司"。

但是，这样的做法，依然引起争论。

例如分保规定，1984年12月26日，秦道夫在全国保险工作会议上总结时称："分保，即各省级分公司至少将30%的业务分给总公司，自留业务最多为70%。在讨论中多数同志认为这个比例是合适的，也有的同志认为分给总公司的比例过高，分公司得利减少，因此建议实行二八开分保。"

再如，既然总公司和分公司之间实行了独立核算，那么市、县公司和分公司之间是否也可以照此办理呢？

不过，"由于保险的特殊性，保险基金宜于适当集中，而不宜于过分分散"，同时"有的市、县公司领导力量薄弱，业务和财会人员不足，业务水平偏低"，这一想法被否决。

不能否认，这样的做法，对于激发保险公司分公司的积极性起到过正面的作用。同时，1987年起，中央财政和地方实行分享利润的做法，对保险公司的所得税和调节税，中央和地方各得50%，另外地方还可以得到近10%的营业税。这样的分配机制，极大地刺激了地方扶持保险公司的力度。

但是，伴随时间推移，这种简单"放权让利"的改革越来越显现出其缺点。

例如，部分分公司成为一个"独立王国"，水泼不进，针扎不进。同时由于下放了自有资金运用权，保险资金一度出现了"乱投资"的风潮，制造了中国保险行业一笔大大的坏账。

20世纪90年代初期的那场经济过热浪潮，也冲晕了保险公司的头脑。

无人管教、无法可循的保险公司，盲目投资于房地产、有价证券、信托甚至委托贷款。当年海南房地产的泡沫中，亦有保险资金的部分"功劳"。

因此，后来的保险公司总公司，又收回了很多的权限，例如产品开发权和资金投资权等。

从放到收，再到放，最后又收，中国的保险行业经历多次似乎重复，但又不同的螺旋式进化。

20世纪80年代的中国商业保险，确切地说是人保一家公司的生意。不过，独家垄断的时间并不算太长。1982年，香港民安保险公司经中国人民银行批准，在深圳设立了分公司，打破了中国人民保险公司独家经营的传统格局。

这仅仅是一个开始。

1985年3月，国务院颁布《保险企业管理暂行条例》。根据该条例，1986年7月，中国人民银行批准成立了新疆生产建设兵团农牧业生产保险公司。颇有意味的是，这个国内保险行业较早的管理文件其实是由人保代为起草的，人保为自己埋下了打破自身垄断的碑石。

随后，两家银行——中国工商银行和交通银行分别在深圳和上海，发起成立了日后国内第二大和第三大的保险公司——平安保险和太平洋保险。

回顾整个20世纪80年代，尽管中国保险行业开始苏醒（见表1-1），但是其实仍然处于"冰河世纪"。不仅规模小，主体少，而且业务单一，经营落后，整个行业的规模甚至不及四大国营银行一个分行的资产规模大。

表1-1 1980—1990年国内保险业务情况

单位：亿元

年份	保费收入	赔款	年份	保费收入	赔款
1980	2.90	0.06	1986	42.32	18.89
1981	5.32	1.56	1987	67.14	24.06
1982	7.48	2.45	1988	94.80	36.80
1983	10.15	3.78	1989	123.00	51.90
1984	15.06	5.96	1990	155.70	68.30
1985	25.70	12.50	合计	549.57	226.26

数据来源：《中国保险史》编辑委员会：《中国保险史》，北京：中国金融出版社，1998年。

刚刚恢复的中国保险业，很快就为自己的冲动和不专业付出了巨大的代价。

为赚取当时紧缺的外汇，同时急于向世界表明自己的存在，人保开始大量开展境外业务，1980年至1984年达到顶峰，每年新接和续转的业务达到1000多笔。

殊不知，这些业务中有些是风险极高的"毒药"，尤其是来自美国的责任险业务。根据美国著名咨询公司Tillinghas的报告，美国责任险的赔款最终会达到2000亿美元，其中60%的赔款来自石棉污染，而保险公司则要承担50%的石棉赔款。

一般而言，责任保险是以索赔发生为承保基础，即保险人只赔付保单年度内收到的索赔；而人保分入的业务是将责任保险的保险责任期限扩展至超过保单年度。这样，即使保单到期，责任却远没有结束，即所谓"长尾业务"。

这些"长尾业务"成为中国保险行业第一笔大的坏账，其负面影响此后绵延近20年！

1992年，人保总公司再保部成立理赔小组，专门处理美国的责任险赔案。由于美国责任险太不确定，人保倾向于壮士断腕，一次性结清。自1991年至2005年上半年，人保以及后来的中国再保险集团结清了大小赔案100多个，结清并结束合同2100多个。最大的一个赔案涉及300多个合同，美方索赔4800万美元，最终以2800万美元结清。

2006年之后，由于大案多数被结清，"长尾业务"坏账的负面影响才得以逐渐消除。

格林伯格破冰，中美保险昙花一现

1972年，尼克松首次访华。中美外交破冰之后，一个美国商人兴奋不已。1975年，他迫不及待地乘专机飞抵北京。

尽管冷战已经有些许解冻的气息，但是这人的行程仍显得颇不寻常：他不是来游长城、看兵马俑的，而是来与人保谈生意的——商讨索赔与再保险协议。这结下了他与中国保险乃至中国经济改革的不解之缘。

1980年，这个生意人的冒险获得了丰厚的回报。他打破了"红色中国"的坚冰，联手当时中国唯一的保险公司——人保，成立了1978年之后中国第一家合资保险公司，名曰"中美保险公司"（简称"中美保险"）。

这位不凡的美国商人，就是大名鼎鼎的美国国际集团（American International Group，简称"AIG"）的掌门格林伯格。他未来将行走于中国政商两道，数度于关键时刻挺身而出，名动"保险江湖"。

格林伯格是美国前国务卿基辛格的老朋友，据称也是在基辛格开设的咨询公司咨询时间最长、付费最多的客户。1982年，格林伯格还聘用基辛格担任他的国际参谋，每年向基辛格支付数百万美元的咨询费用。而基辛格恰是打破中美关系坚冰的关键人物。

其实在20世纪80年代早期，已经有近10家的外国公司在北京设立联络处，开始打探中国市场的消息。即使到2003年，中国保险密度为287.44元，保险深度为3.33%，依然远低于世界平均水平。

当时很多公司的联络处设在北京友谊宾馆等多家特许宾馆内。外国保险公司的"饭店联络处"，也成为当时中国保险市场的一景。

但是，除了这位美国商人，多数人直到20世纪90年代中后期才陆续获得一纸牌照。相较中美保险，时间上晚了至少15年！

1980年9月，AIG和人保各出资250万美元，在百慕大注册了中美保险，各占50%股权，开始在纽约（1982年设立）和香港（1985年设立）经营业务。

格林伯格一出场就直指中国政经高端。

1984年5月1日，格林伯格夫妇和董事弗里曼乘坐专机到达北京，第二天参加中美保险股东及董事会。5月3日，拜会时任国务院副总理田纪云；5月4日，与时任中国人民银行行长陈慕华会谈。被接待的规格之高，由此可见一斑。

但是，中美保险成立之初，合资双方其实是各怀心思。这家背景非凡的公司，最终的命运却是昙花一现。

对于格林伯格而言，中美保险就是其曲线进入中国市场的跳板。格林伯格一直期望中美保险能够开拓中国内地市场。

不过，这和与中方共同开拓美国及境外业务的初衷背道而驰（根据1980年9月27日双方签订的股东协议，公司的业务方针是经营美国、加拿大的保险业务和世界性的再保险业务，以及双方同意的与中国贸易与商业活动有关的保险业务）。美方挺进中国市场的企图与当时我国的政策直接对撞。

矛盾由此展开。

1986年2月27日，人保在一份汇报材料中写道："近年来，由于美国保险市场竞争激烈，业务质量不好，各保险公司均无利可图，美方又不愿意承保小额的当地业务，因此，以美国业务成本高、不赚钱为理由，美单方面决定缩小甚至停做美国业务，把注意力转向中国保险市场，并且派员在我国一些对外开放城市活动，拟先打进经济特区和开放城市。"

但是，中方绝不会因为合资公司不赚钱就打破不开放的铁律，而且中方其实也有自己的考虑。

上述材料提及："关于外商在我国设立机构经营保险业务问题，国务院办公厅曾发文批转中国人民保险公司《关于发展涉外保险业务增加外汇收入的报告》，第五条中已明确，'除国务院批准者外，一般不允许外国保险公司来华开业，以免大量保险费外汇外流'。"

当时特殊情况下的外汇政策，成为格林伯格越不过去的"五指山"。争执在所难免，这成为有据可查的中国合资保险公司争斗第一案，亦可以对应现时中国企业之境外并购风险。

中方抱怨称："1984年起，美方态度急骤改变，借美方管理纽约分公司的便利，违背双方协议精神，独断专行，在处理业务、人事和财务方面，漠视我方权益，对方将大量质量差劣的业务合同转入合营公司，因而导致中美保险业务上大量亏损。继而又单方面决定收缩纽约分公司并裁员，停做美国地区业务和国际再保险业务，使业务活动接近停顿，机构处于接近散伙的困境。"

1984年，双方增资250万美元，并于1985年在香港开设分公司，但之后矛盾并没有缓解。

中方指责称："（美方）仍以美、加市场不佳为借口，停止在美国承保业务，甚至以增加保费三四倍方式逼我驻美使馆领馆的房屋、汽车的保险停保或者转保，造成使馆的困难和有关经纪人的不满，也影响中国的信誉。"

对于格林伯格期望的进入中国市场，中方则坚决认为应该缓行："多年来，保险行业一直是西方发达国家在国外获取非贸易外汇的重要渠道，为此许多发展中国家纷纷采取限制外国保险公司进入境内营业的措施。目前我国如允许外国公司进入境内开设机构营业，对于引进外资和外国先进技术并无益处。相反，必然要引起大量保险费外流，对我积聚外汇资金不利。"

不仅如此，中方的汇报还揭了美亚财产保险有限公司（简称"美亚保险"）的"老底"。美亚保险是AIG在海外经营财产保险、责任保险、短期意外健康保险等非人寿险业务的保险机构。中方认为美亚保险曾经就是一个"皮包公司"："美亚保险是1919年在上海起家的美商公司，经过30多年的经营，该公司由一个皮包公司发展到新中国成立前夕的亿万资产保险公司，1951年才撤离上海。目前该公司正想尽办法，回来开设机构经营保险业务，当他们发现我们并不支持其来华设立机构的时候，便采取不合作态度。"

中方认为，双方已经"同床异梦"，但是，"我方不宜主动提出拆伙"，不过"要做最坏的打算，考虑散伙"。

不过，对于这段争论，除了中方略有记载之外，丝毫不见美方的观点。

几经博弈之后，中美保险终于被股东抛弃。1994年，中美保险散伙，投资的1000万美元打了水漂（成立后合资双方都有增资）。

不过，这种结局已经无关痛痒。

散伙之时，中美保险的纽约业务被美方以1美元买断，而香港的业务由人保接手。不料，接手之后中方才知道其中暗藏"地雷"——香港工程劳工险，其后续责任大大超出预期。这些业务先由人保承接，分家之后转至中国再保险公司，成为中国保险业的一笔坏账。

正青春，青葱的中国精算童话

市场层面，我国国内保险开始恢复，但是专业层面，商业保险的核心无人知晓。

1949年之前，中国曾有三位号称"精算师"的人才——获得北美精算学会准精算师资格。巧合的是，三人在1924年至1925年期间同在美国密歇根大学学习人寿保险精算学，师从精算学术权威詹姆斯·格罗威教授。

第一位名叫陈思度，广东人。陈思度留学回来后任华安合群人寿保险公司寿险计核员，后又兼任太平人寿保险公司精算师，著有《人寿保险责任准备金》两册。中华人民共和国成立后，任永安人寿保险公司精算师至去世。

第二位为陶声汉，曾任职中国保险公司副经理、中国人寿保险股份有限公司（简称"中国人寿"）经理兼精算师，20世纪50年代在人保主持人身保险工作（人身保险处处长）。国内保险业停办后从事教育工作。改革开放之后，他以80余岁的高龄笔耕不辍，撰写了多部人寿保险精算方面的专著和论文，填补了精算研究几十年来的空白。1994年逝世，享年95岁。

第三位为李守坤，河北人，曾任宁绍人寿保险公司秘书长兼精算会计主任，该公司后因通货膨胀而濒临瘫痪，李守坤因擅长精算又被中国保险公司聘任，1948年病故。

1949年之后，新成立的人保基本没有人寿保险业务，财产保险和人身意外保险也带有浓厚的"计划色彩"，精算技术可有可无。1958年至1978年，国内保险业务全部停办，精算没有存在的土壤。

1983年，成为国内保险精算一个新的起点。

这一年，人保上海分公司的乌通元兼任了人保总公司的境外机构精算师，成为保险业恢复后第一位从事精算实务工作的人。乌通元号称"精算师"，他的任职也是因为"对外交流的需要"。

改革开放之后，人保的涉外业务发展更快，逐步在中国香港、澳门地区，以及新加坡、英国等地增设了一些境外机构，根据当地的保险行业管理惯例，公司需要指定精算师签署有关报告。

1983年11月，另外一个幸运儿被人保派至美国友邦保险有限公司（简称"友邦"）香港总部学习精算实务，为期半年。1988年，他将自己的讲义整理成书——《寿险基础数理》，据称这是国内第一本精算教材。

这个幸运儿就是万峰。此后，他"26年来，一天也没有离开过寿险"，2007年，万峰出任国内最大寿险公司——中国人寿的总裁。

实务先行之后，精算教育于国内渐次开花。

1987年10月18日，大洋彼岸，和中国精算有缘分的美国北美精算学会在加拿大蒙特利尔召开年会，会上讨论了一位华人教授提出的关于支援中国开展精算教育的建议。

一个月之后，1987年11月27日，北美精算学会会长英格汉先生与这位华人教授一道，赴南开大学签署了关于联合培养保险精算研究生的协议书，并于1988年9月开办了首届精算研究生班，中国正式开始引进美国的精算教育。

这位首开内地精算教育先河的华人教授就是段开龄先生。对于段开龄先生，保险的圈外人士知之甚少，不过其先祖赫赫有名——段先生为北洋政府段祺瑞后人。

由于这段渊源，南开大学亦成为精算师的摇篮。

引入境外精算教育10年之后，1997年6月，从英国学成归来的学子——谢志刚选择以另外一种方式推动精算教育。

他于上海财经大学创立中国第一种精算专业刊物《精算通讯》，坚持发行十余年之久。谢志刚教授和其研究团队，持续追踪、研究保险监管最新发展，专注保险公司偿付能力，成为国内著名的保险监管"智库"之一。

借鉴境外的精算职业体系，中国于20世纪末设计了自己的精算师考试和制度，"中国精算师"成为保险"皇冠上的明珠"。

1999年11月20日,保监会公布通过首次"中国精算师"资格考试的43人名单。在第一批"中国精算师"中,南开大学毕业生占据半壁江山(见表1-2),而这首期精算师后来多数成为中国寿险行业的高管。

表1-2 首批中国精算师名单及获得资格时就职的单位

姓名	毕业学校	就职单位	姓名	毕业学校/地区	就职单位
傅安平	南开大学	保监会	陈尉华	复旦大学	太平洋保险
丁昶	南开大学	保监会	郑韫瑜	复旦大学	太平洋保险
詹肇岚	南开大学	中国保险学会	赵晓强	中央财经大学	中国再保险
弋雪峰	南开大学	中国人寿(深圳)	利明光	中央财经大学	中国人寿
黄慎平	南开大学	中国人寿(澳门)	崔丹	中央财经大学	中国人寿
包虹剑	南开大学	太平洋保险	龚兴峰	中央财经大学	新华人寿
李俊	南开大学	太平洋保险	杨智呈	中央财经大学	新华人寿
沈成方	南开大学	平安(总公司)	赵建新	中央财经大学	泰康人寿
任广通	南开大学	平安(总公司)	李志远	华东师范大学	中国人寿(上海)
陈兵	南开大学	平安(总公司)	陆万春	华东师范大学	平安(上海)
牛增亮	南开大学	平安(总公司)	齐美祝	湖南财经学院	太平洋保险
谭宁	南开大学	平安(总公司)	王臻莹	湖南财经学院	上海社保局
刘开俊	南开大学	泰康人寿	娄道永	上海财经大学	中国人寿(上海)
张晟	南开大学	泰康人寿	姚众志	中国人民大学	天安保险
李秀芳	南开大学	南开大学	刘君怡	南开大学	平安(总公司)
胡敏	复旦大学	友邦(上海)	洪令德	美国	恒康人寿
林红	复旦大学	友邦(上海)	麦建源	英国	中保康联
陈海峰	复旦大学	友邦(上海)	尹奇敏	加拿大	金盛人寿
余跃年	复旦大学	友邦(上海)	黄振国	中国香港地区	挚城顾问
蔡廉和	复旦大学	友邦(上海)	周希贤	中国香港地区	友邦(深圳)
王龙根	复旦大学	中宏人寿	殷晓松	澳大利亚	友邦(广州)
黄文军	复旦大学	中宏人寿			

资料来源:《精算通讯》第2卷第2期。

回顾这段经历,多数人感慨万分!

2007年9月,在第八届中国精算师年会上,第一批中国精算师之一、曾任联泰大都会人寿保险有限公司（简称"联泰大都会"）副总经理的包虹剑就动情地回忆："回顾我们这一代精算人员的成长过程，既让人感觉到机遇对我们的无限青睐，也有岁月如斯的无奈。"

创平安，马明哲开亿兆传奇

1986年，对于年轻的马明哲而言，意义非凡。

1986年夏天，马明哲第一次坐轮渡到香港，去面见当时被蛇口人看作"神"一样难以见到的、时任蛇口工业区招商局常务副董事长的袁庚，推销自己的保险公司设想。

作为蛇口区一名普通的社保公司干部，马明哲尽管已经实现人生的超越，但是和蛇口的掌舵人相比，马明哲彼时只能高山仰止。

1955年底出生的马明哲，祖籍吉林，父亲是军人，马明哲随父南下广东湛江，而母亲属于归国华侨。马明哲的人生轨迹极有典型意义：生于抗美援朝结束后，成长于三年困难时期，读书时赶上了"文革"，上过山下过乡，当过知青。

但是，马明哲不走寻常路。

在那个汽车极为稀缺的年代，他居然学会了开车。医生、司机和猪肉佬是那个时代的"三大宝"，司机的身份让人眼热。

"开车是个辛苦的活，而且经常要为建设工地拉炸药，很危险，很多人都不愿意干。我却喜欢。"马明哲表示，"当时世界是封闭的，我却能开着车跑到广州、佛山、番禺、韶关，看到外面的情况。"

不过，马明哲并没有止步于司机。

平安的内部刊物《中国平安》记载了一个他的小故事："我小时候读书没机会学英语，但是英语非常重要，怎么办？学，不懂就问。20多年前，我从26个字母学起，把《新概念英语》里近万个单词，都记在一张张小卡片上，一张卡片记10个单词，10张卡片一小捆，每天带几捆在身上。后来，一捆捆卡片装了一个大纸筐。当时，谁问我哪个单词在《新概念英语》第几页第几行，我都可以大概告诉他。"

知青返城潮中，会开车的马明哲回到了湛江地委公交系统政治部，以工代干，有了干部身份。因为这个身份，到了1983年，马明哲转到中国改革开放的前沿蛇口工业区。

1983年，尘土飞扬的蛇口，发生了几件大事。2月，时任中共中央总书记的胡耀邦视察蛇口；4月，蛇口工业区第一届管委会由民意推选的15位候选人进行答辩；5月，袁庚忙着处理工业区内港资企业凯达厂的劳资纠纷。

这期间，或许只有少数人注意到了初来乍到的马明哲。

1985年，蛇口工业区社保公司成立。1986年，马明哲已经由社保公司经理助理升任副经理，主持社保公司工作，这是马明哲主创平安保险公司的起点。

此时的马明哲已经接触到了商业保险，"当时国家法律规定所有在华的外资企业都必须买保险。但那时候中国保险业刚刚恢复，提供给所有外资企业的保险只有一个产品，而且价格贵、服务态度差。社会又有需求。我便下决心搞一个保险公司"。

1986年，马明哲从招商局漫长的历史长河中寻找到了机会。

面见袁庚，成为马明哲的又一次鱼跃。

"小马是哪个单位的？我见过，面熟。"见面之后，笑眯眯的袁庚试图让马明哲轻松下来。马明哲则把准备多日的关于重操旧业、创建一家现代商业保险公司的必要与前景，表述得简明扼要。而有实干家之称的袁庚很是赞同。

"袁董，你写信，我去跑。"灵机一动的马明哲抓住了机会。

随后，袁庚给当时国务院财经小组副组长张劲夫，中国人民银行行长陈慕华、副行长刘鸿儒等写信，希望能够延续保险招商局百年的薪火，成立一家新的保险公司。

"一可为蛇口工业区的发展提供金融保障，又可突破中国金融体制的计划限制，探索股份制保险公司的道路。"袁庚在信中写道。

未成曲调先有情。

1987年的一天，香港太平、民安两家保险公司递过来的名片启发了开始筹办新公司的马明哲，这家将要成立的保险公司被以"平安"命名。"平安"二字正合传统文化，暗扣保险理念。此后，营销口号"中国平安，平安中国"让这家公司占尽口彩。

不过，即便怀揣袁庚的亲笔书信，申请牌照之路也并不平坦。多次被驳之后，马明哲决定直闯中南海找张劲夫。临行之前，招商局北京办事处的人一本正经地告诉马明哲："到了中南海，可千万不要随意停留，也一定不要把手揣在兜里。否则，很容易会被当成特务，藏着的机枪就会伸出来！"

马明哲信以为真，于中南海始终战战兢兢，亮着双手，不敢稍有停留。[①] 这成为艰难申请过程中的一段小插曲。

见张劲夫的经历，让马明哲印象深刻。

---

① 王禾生：《大道平安》，北京：中信出版社，2008年第14页。

"也许是天意，领导接见了我这样的小人物，张劲夫当场就批示我的建议（设立新保险公司）可行。我着急地问，是否可以由我直接带回去；他说，这东西怎么能带呢？"

1988年3月21日，马明哲们的奔走[①]终有花开。中国人民银行同意蛇口工业区社会保险公司（受当时政策所限，招商局集团不能直接"露面"）和工商银行深圳信托投资公司分别出资49%和51%，合资成立平安保险公司，注册资本4200万元。

这一张牌照于当时极为珍贵，不仅成就了中国第二大保险公司未来的路，而且第二批新牌照的批准要等到8年之后的1996年。

马明哲认为，平安之所以能够获得牌照，是占了天时、地利与人和。"首先是改革开放提出外商来投资的需求，这是核心，没有这种需求国家是不会批准的，这也是所谓的天时；而深圳作为特区有地利之优；我以招商局重操旧业为理由，打动了袁董，并获得支持。"

4月15日，平安赚取了第一笔保费43998元。

5月27日，平安开张。马明哲开始了中国保险史上一段著名的"马氏传奇"。

对于袁庚，马明哲感恩备至。对于网上流传的，马明哲曾为袁庚司机，因此受到额外恩惠的传言，马明哲幽默地谦虚道："袁董那时候就是个神啊，能在电梯遇到都是荣幸。我在上山下乡时确实做过司机，这在当时还是选拔去的，但我哪里有给袁董做司机的荣幸？"

平安保险成立前一年，即1987年，招商局下的另一家金融机构——招商银行成立。人们曾如此描述这两家深圳金融机构的"穷"出身："蛇口中心区的招商路不过数百米，马路南头，招商大厦敦敦实实地盘踞着，招商银行在一楼，像个现在的支行；马路北头是平安保险，也在一楼，像个专卖店或事务所。"[②]

马明哲就职平安第一任总经理。在招兵买马的过程中，有很多来自原人保的科长、处长掰着手指头算了算马明哲的行政级别："哎呀，他马明哲才顶多是个科级干部嘛。"

不过，成立之初的平安获得了部级领导的敲打——成立之际，陈慕华还通过其他人特别转达一句话："希望把平安办成改革的产物，而不是改革的对象。"

此后的20年，平安借外资，用洋人，搞股份制，做员工持股，坚持金融控股，尝试海外上市。马明哲善用他山之石的本领有口皆碑，他那句"有桥就走桥，没必要

---

① 时任招商局副总车国宝亦为平安牌照奔走良多，而招商银行的牌照和车国宝直接相关。
② http://finance.sina.com.cn/money/insurance/bxdt/20090104/10585711430.shtml。

摸着石头过河"的"过桥论",成为不可复制的业界经典。[①]

创业之路,筚路蓝缕。

1988年平安刚刚成立之时,计划经济体制刚刚向市场经济体制转变,改革开放尚处于初始阶段,整个国家的政策法规、人民意识、社会环境都较落后。不要说是平安,甚至有不少人都不知保险为何物。保险业务员外出销售保险,对方还以为是卖保险箱的。

这样的笑话不仅平安遭遇过,很多恢复国内业务之后第一代的保险人都有类似的经历。对于平安而言,打开局面更难。

彼时,整个商业保险市场刚起步不久,人保还处于独家垄断的状态。对于初来乍到的平安,深圳市一位公安局局长觉得非常不可接受:"怎么可以有两家保险公司呢?如果有两家公安局,谁管谁啊?"

不过,平安硬是"虎口夺食"。

平安"经营方式比较灵活,业务发展很快",成立后7个月的保费收入就为600万元,至1990年已经达到5962万元,增长了近9倍。

这背后的秘诀其实也简单,彼时的平安洋溢着一种创业的精神。

孙建平(后曾担任平安产险副总经理)回忆,到平安报到的第二天,深圳代理处的主任孙兵(后离开平安,曾出任新华人寿总裁)指着窗外的国贸高楼,说:"这半个月先跟着我跑。我们这半个月的任务就是摸情况,从51层深圳房地产公司开始,一直到最底层。"

再如孙建一,来平安之前,孙建一已经是武汉人保的一位年轻的副总,但是到了平安就从业务员做起。

马明哲亲眼见,当时财务部一位20多岁的经理,拿出一张八分钱的邮票和信封冲孙建一说:"哎,老孙头,帮我寄封信。"孙建一应道:"好,我去。"随即走路去了邮局。

对于"老孙头",孙建一曾有一自我说明。

他在《"老孙头"自白》一文中写道:"想当初,当科长,主任找我谈话,'你现在职务高了,要去掉小孩子气,拿出工作魄力来'。当副总,组织部找我谈话,'你是最年轻的局级干部,不能骄傲'。在人保系统开会,便觉得是小孩参加大人聚会。

[①] "过桥论"意味着,如果这河上有桥,付点过桥费就可以跑过去,那何必冒着危险、花费时间摸着石头过河;马明哲还有一句仿"猫论"的名言,"不管洋猫、土猫,抓到老鼠就是好猫",这成为平安海外吸收人才和智力的逻辑原点。

而到平安，称呼多了，叫'老孙'还嫌嫩，后面加了个'头'，'老孙头'，索性倚老卖老。"

当时生活条件艰苦，员工全部住在6～8个人一间的集体宿舍，有的甚至睡在办公室。有员工到北京出差，甚至被老鼠咬伤脚趾。那个时候平安几乎每个业务员身上都怀揣"三宝"——地图、名片和公司的营业执照复印件（因为担心被误解为当时流行的"皮包公司"）。

马明哲回忆，当初骆鹏（1985年毕业于北京大学法律系，曾任平安产险副总经理兼北区事业部总经理）来平安应聘，在公司碰见田地［后离开平安，曾出任东方人寿股份有限公司（简称"东方人寿"）董事长］，而两人之前也认识。骆鹏问田地："怎么你也在一楼办公啊？"马明哲坦言，那时哪有所谓一楼，整个平安也就在一楼一个小小的地方，只有600平方米，除洗手间和楼梯就只有400多平方米，还赶不上现在平安大学的一个大教室！

于艰难困苦之时，马明哲为平安画了一个大大的饼。

1995年，马明哲曾向公司1000名员工赠送了一本书。这本书的名字是《亿兆传奇》，讲的是我国台湾国泰人寿保险股份有限公司（简称"台湾国泰"）的创业发展历程。台湾国泰用30年时间，成长为台湾最大的保险企业，总资产达到近3500亿新台币（折合人民币1000亿元左右）。

除了书，马明哲还在每本书里都附了一封短信。

信中，马明哲激扬不已："我们一定能够创造出比'台湾国泰'更壮观的奇迹。再过10年、20年，我们希望同样的历史，由平安人来创造。"

当时看来遥不可及的梦想，于10年之后果真成为现实。

2005年，台湾国泰总资产大约是4600多亿元人民币，如果单纯按保险业务计，剔除银行资产后，台湾国泰的总资产和平安相差不多（平安的总资产为3000多亿元）；从公司市值看，台湾国泰和平安均已是千亿市值公司，而后者的成长性更好。

不过，在马明哲实现"亿兆传奇"之前，尚有多个磨难等着他，其中就包括分业之争、投连风波，甚至包括针对其个人财富神话的质疑等。

中国保险业自诞生以来，一直就陷于一个怪圈中：理论与实践脱节，发展与规范脱节，监管与市场脱节，走一步算一步。

这个怪圈，年轻的平安同样会亲历。

CHAPTER 2

第 2 章

友邦回家
（1992）

"AIG returns to its roots."

1992年，AIG的年报以黄色的标题，骄傲地书写道。1992年9月25日，AIG的全资子公司友邦获得一纸牌照。当年12月11日，其上海分公司开业，营运资金1210万美元，办公室设在南京西路1376号上海商城5楼，总经理徐正广。

尘封50多年之后，友邦打破了中国内地寿险市场的坚冰，成为20世纪50年代以来，第一家在中国内地开业的外国保险公司，并保持这一殊荣长达20年。

回归者友邦却激起了异见。

人保内部曾经撰写一个报告认为"（开放）时机不成熟"。时任人保上海分公司总经理何静芝还曾上书高层，建言寿险开放只能采取合资形式，因为"中国人的养老钱怎么能够掌握在外国人手中"。另外一层意思，何静芝并没有说出口，那就是担心内地的保险行业竞争不过外国保险公司。

但是，决策层站得更高。

1992年3月，时任国务院副总理朱镕基在保险行业的一个会上表示，我们得让外资方进来，带着他们先进的管理和技术；当然你得让人家进来后有钱赚、有甜头，人家才会来。

这场争论如何结局其实已经无关紧要，重要的是，中国内地商业保险市场的大门就此徐徐打开。虽然自友邦之后，再无一张独资寿险牌照批出，但是合资寿险公司喷涌而出，成为外资挺进中国市场的主要形式。

开放十余年后回头看，何静芝认为，现在完全可以尝试外资独资的模式，一则事实证明了中资公司的学习能力，二则可以让外资不变形地引入自己特色的东西，不要一合资之后就走样了。

开放之初，市场可没有如此坦然。

彼时，友邦就是一头狼，而且是突然闯入羊群的野狼。它引入的寿险个人营销策略，锋利无比，开启了中国内地保险营销的一个新时代。这成为当年影响中国内地保险行业的最大事件。

对于友邦而言，阔别近50年之后回到上海有特别的意义——这块长江下游的三角地是其创始人史带的发迹之地。

史带开拓了友邦的事业，但是真正让它如日中天的却是另外一位强人——格林伯格。这也是史带晚年所做两件最为重要的事情之一：钦定格林伯格（Maurice R. Greenberg）接班，另外一件则是将个人之全部财产捐赠给史带基金会。

"All Is Greenberg"

格林伯格生于1925年，出身平凡。

为改变命运，17岁时，他投身军营，并参加了著名的诺曼底登陆战，退伍后进入纽约法学院学习。不过，格林伯格没有成为律师，而是"卖起了保险"。1960年，他被友邦的创办人史带看中并委以重任，这也成为其命运的真正转折，此时的格林伯格年仅35岁。

1967年，格林伯格接班成为AIG新掌门。

接班后的一年，AIG上市，市值仅为3亿美元。

由AIG前高管执笔的《友邦背后的金融帝国》中写道，在1968年的时候，AIG充其量只不过是一家在亚洲、拉丁美洲和欧洲等地销售美国其他保险公司保单的保险代理公司。此外，虽说那时它还在中国香港地区以及日本、菲律宾等地有自己的保险业务，并持有国内一些公司大部分的股权，但从各方面来说，它跟哈特福德金融服务公司、纽约人寿保险公司和波士顿人寿保险公司等保险巨头还相距甚远。而到了世纪之交，AIG早已超越了旧金山公平人寿保险公司、约翰·汉考克互助人寿保险公司、美国安泰保险金融集团（简称"美国安泰"）、圣保罗旅行者保险公司、大陆保险等其他30年来一直傲视保险业的多家巨头。

自1967年至2005年，格林伯格先后担任AIG总裁兼首席执行官、董事长兼首席执行官。近40年中，AIG发展成为历史上最大的保险公司之一，并为其股东创造了巨大的价值。

格林伯格，这个倔强老头在因为会计丑闻卸任之前，领导AIG成长至市值高达

6000多亿美元（截至2004年12月31日）。

格林伯格的强势和掌控能力非同小可。有人说，其实AIG有另外一个表达，"All is Greenberg"。

但如此性格并不妨碍格林伯格的商业天赋。其实，友邦能够率先打开中国寿险的大门并非依靠史带的积累，反而是拜格林伯格本人超凡的政治和商业嗅觉所赐。

20世纪70年代，当国际战略投资家们还没有把中国纳入视线范围的时候，格林伯格就已经提前感受到了一个大国的开放前奏。

1975年，格林伯格第一次访问中国。这一年，AIG率先与人保商讨索赔和再保险协议，成为与中方合作的首家美国保险机构。之后的30多年里，他每年都要造访中国几次。

"你不能忽视这样规模的国家。"

首次访华后，格林伯格通过与人保合作，一点一点地试探、熟悉、渗透中国的市场。如前所述，1980年，AIG和人保合资成立了中美保险。虽然中美保险因为意见分歧无疾而终，但是这并不妨碍格林伯格的判断和执着。

不仅如此，格林伯格运用其超凡的政治敏感力，数度于关键时刻脱颖而出。

1989年，许多外国公司撤离中国。但AIG不仅没有从中国撤资，反而增加了对华投资。20世纪90年代以来，当中国在为加入世界贸易组织（WTO）几经挫折的时候，格林伯格四处发表演讲，倡议美国政府给予中国永久性最惠国待遇，并尽快完成与中国的"入世"谈判。

2003年，中国遭遇"非典"，格林伯格再次来到中国，并向全世界呼吁，中国值得投资。

行走于中国政商两极，格林伯格成为中国最善于讲政治的外国人之一。在上海，史带基金会赞助了一家儿童医院。在北京，格林伯格从一位巴黎古董交易商手中买到了北京颐和园的原始雕刻门，将其归还。

1990年，时任上海市长朱镕基决定创建上海市市长国际企业家咨询会议，每年举行一次。格林伯格抓住机会，担任会议首任主席。该会议主要是向市长提供有助于提高上海经济发展水平、加速上海经济改革和发展的信息与建议。

除了上海，1994年、1999年，他还分别当上了北京和广东的"洋顾问"。1997年，格林伯格荣膺上海市荣誉市民殊荣。不仅如此，格林伯格亦为中国香港特别行政区国际顾问委员会及新加坡金融管理局国际咨询会成员。

1992年，友邦如愿以偿地回到上海，而且重回史带创业的外滩大楼。总结自己花费 17 年的时间获得一张牌照的经历，格林伯格认为："对于中国人来说，耐心要比压力更加有效。"

16 年中，友邦在中国已拥有 8 个分支（上海、北京、深圳、广东、江苏、东莞、江门、佛山）机构。作为中国唯一一家外资寿险公司，友邦在保险竞争最激烈的上海一直保持着外资中的龙头地位。此外，其经营财产保险的美亚保险也是最大的外资产险公司。

成也格林伯格，败也格林伯格。

这种独特的资本结构其实是一把双刃剑。好的方面，友邦从制度的源头上解决了公司治理问题，避免了重蹈合资寿险公司的覆辙。坏的方面，独资的方式，使得友邦每开一个分公司均是一个独立的主体。一家公司七八个儿子，不仅成为市场的奇观，也妨碍了友邦内部的整合。

2005 年，格林伯格因会计丑闻黯然下台之后，AIG 在中国的人脉关系受到了非同寻常的破坏。而友邦在中国接连遭遇地下保单质疑、团险牌照失手、重疾险风波等系列挫折。

2005 年 10 月，就在格林伯格被迫辞去 AIG 董事长后不久，时任上海市长韩正说，格林伯格是中国的"老朋友"，他的继任者马丁·苏利文（Martin Sullivan）是"新朋友"。

但是，中国人似乎更愿意和有 30 年交情的老朋友待在一起。《华尔街日报》的记者曾经见证过一个细节，一次跨国公司 CEO 聚会上，AIG 新任首席执行长马丁·苏利文一刻不闲地跑东跑西，忙着去和与会的中国官员寒暄应酬。但是在房间的另一头，另一位来自美国的大腕级人物却完全是一副众星捧月的架势，一批和他相识数十年的中国老朋友正和他聊得热火朝天。毫无悬念，他就是格林伯格。

卸任之后，AIG 遇到了一个尴尬的竞争对手。

自 2005 年起，格林伯格出任美国史带投资集团（C. V. Starr Company，简称"史带集团"）董事长兼首席执行官，领导史带集团在全球范围内从事产业投资。史带基金会是美国最大私人基金会之一，现有资产约 35 亿美元。

2007 年 9 月，保监会批复三家境外保险机构在国内的办事处申请，其中就包括格林伯格掌管的史带集团，格林伯格另起炉灶之心似乎显而易见。

作为对应，《华尔街日报》曾报道，AIG 启动了一项复杂微妙的工程，请这些重点机构和相关人士把以前邀请格林伯格担任的顾问或者会员身份交给现在的 AIG 高管苏利文或者 AIG 中国业务高管谢仕荣（Edmund Tse）。

后格林伯格时代，AIG 和友邦何去何从？仅仅 3 年之后，2008 年，AIG 这只超级恐龙却不得不面对生死考验，这绝对超出彼时任何最悲观的预期。

> ### ▶ 谢仕荣：把友邦带回老家
>
> 2019年，在"百年友邦：每一刻，为更好"暨2019年友邦中国媒体见面会上，友邦保险非执行主席谢仕荣回忆了一段年轻时候的往事。
>
> **一、拿牌照**
>
> 1983年，谢仕荣调回中国香港，当时他是美国友邦保险第一位华人总裁。当年AIG总裁格林伯格已经开始不断地访问中国内地，希望能够说服中国内地把保险业开放，让外国公司进来带动保险业的发展。
>
> 格林伯格每次访问中国内地的时候，都希望谢仕荣陪他，一道拜访上海、北京的高级官员。因为谢仕荣稍微可以讲讲普通话，做他的翻译。
>
> 在谢仕荣调回香港以前，格林伯格已经花了很多工夫。20世纪80年代AIG和中国人保（PICC）建立了很好的合作关系，AIG是PICC的再保险公司。1980年AIG和PICC成立了一家中美保险公司，这家保险公司在香港注册，AIG和PICC轮流做公司的董事长和主席，谢仕荣后来做过这家公司的董事长。
>
> 格林伯格和20世纪90年代的上海市政府有良好的合作关系，因此上海也是最支持AIA（美国友邦保险有限公司，是AIG的全资附属公司）进入中国内地市场的。上海在1990年成立了一个上海市市长国际企业家咨询会议，格林伯格为首任主席。那个会议每年举办一次，内容主要是看看国外的企业家对中国内地有什么建议，推动中国内地的开放进程。第一次的会议主题是怎么把金融开放带到中国内地来，帮助中国内地金融业改革转型。
>
> 谢仕荣回忆，他们搜集了很多资料，第一次会议非常成功，他们的提议也非常好。在当年市长会议的晚宴上，市政府告诉大家，希望让他们进来在上海成立公司。
>
> 不过，当时国内依然有一些反对的声音，经过一年多的努力，最后还是要经过国务院的同意才能够拍板。
>
> 国务院相关领导1992年上半年在欧洲访问，谢仕荣希望能和他们会面。经过协调后电话通知格林伯格，只给他15分钟在伦敦见面。谢仕荣他们就马上飞到伦敦，结果那个会面差不多历时1个小时。相关领导回国以后正式拍板，于是谢仕荣在1992年拿到牌照。
>
> 谢仕荣回忆，1992年拿到牌照是10年努力辛劳的成果。当年他还满头黑发，拿到牌照时，感觉非常兴奋。

二、回老家

拿到牌照的第一件事情就是,希望再回到发源地上海。

谢仕荣回忆,"回老家"是一位20世纪40年代在中国内地,后来到美国做事的老同志想出来的,我们觉得非常有意义。

"我是中国人,中国人对祖业非常重视,无论任何情况,都不能抛弃我们的祖业。"

谢仕荣回忆,AIA开业完成以后,1993年他们就想到要去找当年史带先生办公的外滩大楼。结果真的找到了,即外滩17号大楼。

当年大楼有点残旧不堪,但是整个结构还是非常好,因为当时各方面的建筑材料都很好。AIA想把这个大楼重新拿回来,作为AIA的总部。

于是,谢仕荣就找市政府协商。

后来市政府有一个定论:整个外滩要维持原貌,不能拆建重改。谢仕荣回忆,这正合自己的心意,维持原貌,公司就有这个历史在。

前前后后谈了差不多6个月,但是没有达成。谢仕荣觉得不继续很可惜,于是锲而不舍地谈,还请市里帮忙。幸好双方多年以来建立了相当良好的友谊,在上海市政府的支持下,最后给了AIA 30年租期。

谢仕荣认为,不管怎么样,都应该拿下来。因为一栋老的大楼和历史上的友邦总部,不是金钱可以衡量的。

拿下来之后,这栋楼被改作AIA中国总部,同时改名为"友邦大厦"。1996年签约,经过18个月的重新装修,1998年5月正式开幕。

"至此,我们终于重回外滩的友邦总部",谢仕荣回忆道。

保险铁军:寿险代理人肇始

友邦打开了一个潘多拉魔盒。

1992年,友邦率先将寿险代理人机制引入中国内地,并在当年底培养出内地市场第一批36位寿险营销员,成为上海滩最早的"跑街先生或者小姐"。

友邦上海的第一任总经理徐正广曾回忆:"到了上海后,我们即开始了白手起家的筹建工作。首先选定上海商城556室100多平方米的房间作为最初的办公场所,然后又开始招募培训内勤员工和外勤代理人、建立各项管理制度。

"1992年11月19日，我在上海波特曼酒店租用的一个会议室里首次给第一批36名刚招募的准代理人上了第一堂课。

"令我深有感触的是，上海青年真的非常优秀，这批36人中原先有的是机关公务员，有的是大中学教师，有的是企事业单位工作人员，也有的来自外企单位，他们积极好学，敢于也善于接受新鲜事物。"

这也改变了中国寿险的商业模式。

"1992年，美国友邦保险公司落户上海，带来了寿险营销个人代理制。到1994年底，友邦保险公司共招收保险营销员近5000人，业务量超过1亿元人民币。1995年美国友邦又获准在广州开展寿险业务，当年公司营销队伍就发展到8000人，新单标准保费收入近3.88亿元人民币。"

代理人制度仿佛一颗原子弹，引爆了中国内地的寿险市场。友邦引入内地市场的代理人制度，其实是复制中国港澳台地区和东南亚的个人营销模式，这一模式在台湾地区取得了巨大成功，内地亦一样。

友邦之后，其他保险公司纷纷效仿，在极短的时间内，这一制度被快速复制，带动了中国寿险业超常规发展，保费收入快速超过产险，改变了产险和寿险的市场格局。

代理人的奇迹不仅在于规模，而且更在于实在的利润——仅仅用了3年，上海友邦就实现了盈利，而普通保险公司的盈利周期在5～7年。

"从1996年以来，中国寿险市场保费收入以平均每年40%的速度增长，这主要归根于寿险的个人营销。尽管银行保险业务突飞猛进，但个人代理销售仍处于市场主导地位。2002年，个人险仍占全部寿险保费收入的80%以上。2004年，全国的寿险代理人大军已扩充到了150多万人。"

2007年6月底，全国共有保险营销员170万人。保险营销员共实现保费收入1634亿元，接近总保费收入的44%。2007年底，这一数字达到了创纪录的190万人。

其实前后进出的人远不止这些。

2007年，中央财经大学教授、保险行业的著名学者郝演苏估计出了一个惊人的数据：按照该行业每年70%的人员淘汰率，寿险业在中国发展的15年间，总计有2500万人做过或正在做保险营销。

"相当于每50个中国人中，就有一个卖过保险。"数字虽可能有出入，但是代理人制度的影响可见一斑。

内地寿险市场第一代"外援"，平安人寿首席顾问黄宜庚如是称："个人寿险营销员的贡献非常了不起。全国个人寿险营销员大概有135万人，每天都拿着包去拜访客户，一日一访，一天可以拜访100万户家庭，一个月可以拜访3000万户家庭，一年可以拜访36500万户家庭。他们一年给36500万户家庭带来信息，走遍大街小巷。"

有人曾这样直言不讳地描述了寿险代理人对保险行业发展的贡献："没有个人营销，就没有中国保险业的今天！"

不能否认，做代理人的确改变了很多人的命运。

1996年，一位名叫季金秀的女工进入友邦上海分公司，成为一名寿险代理人。她原来是上海凤凰自行车厂的下岗工人，这次重新就业给她和她的家庭经济上带来了巨大转机。

"（进入友邦的）第一个月就收入2000多元。由于人缘关系好，业绩不错，一年后她就升职为主任，后来出国旅游都有好几次。"

进入友邦后，季金秀的收入很快成为家庭收入的主要来源。"一般一个月都有五六千元，七八千、上万元也是有的。"季金秀的家人回忆。

因为保险而改变人生的不胜枚举，太保（中国太平洋保险）寿险亦有一例。从下岗女工到保险业务员，从太保集团"杰出员工"到第二届全国"十大保险明星"，太保寿险吉林九台支公司的刘玉辉不仅通过保险改变了自己和家庭的命运，也开启了自己助人为乐的善意人生。

郝演苏教授曾回忆，保险代理人素质最好的时期是1994—1997年（当时做代理人有两类，一类是大学毕业生；一类是下岗工人，素质都相对较高）。那个时候，保险业刚刚起步，高收入吸引了很多优秀者。另外，代理人制度刚引进不久，谁也搞不清这是个什么东西，大家都跃跃欲试。他给营销员做培训的时候，下面坐的不乏博士生、硕士生。但1997年中国保险市场全面扩张后，情况就变了。大批人涌入这个行业的同时，也看到了代理制下的残酷现实，高素质者纷纷退出了这个行业。

除了经济相对不发达的地区，中心城区出现了保险的"空心化"——没有城市人愿意做保险，代理人招不到人，留不住人，也无法成功展业。

百万代理人大军已经成为支撑中国寿险行业的三大支柱（个险、银保和团险）之一，客观而言，百万大军也解决了百万人的就业生计，这或许是中国寿险行业最大的贡献之一。

保险的监管部门也曾经设想过代理人的转型。

思路是用3～5年的时间，对现有的营销人员按照市场规律进行人员精简、逐步分流。分流的方式有三种：一是保险公司留一部分；二是专业中介公司，特别是经代公司（保险经纪公司和保险代理公司的简称）吸收一部分；三是允许业绩特别突出、有一定实力的，自愿组建合伙制代理企业，或者依法设立个人代理企业。

商战第一例，平安狙击友邦"老保单"

1995年，落地上海的友邦遭遇第一次的公关危机——老保单事件。

这一年，一位精明的"老上海"拿出中华人民共和国成立前投保上海友邦的寿险保单，要求时下的友邦给予赔付，不料却被友邦拒绝。友邦认为，现在的友邦与彼时的友邦没有法律上的继承关系。

不过，媒体却兴奋异常。友邦、纠纷、外资巨头、背信弃义、世道变迁，所有的元素都好像一部好莱坞的大片，紧紧扣住媒体的心弦。

面对危机，友邦倨傲不下，"不要向媒体低头"，以硬对硬。

法理上讲，友邦或许是对的。但是，情大于理的氛围，使得友邦陷入"赖账"的指责之中。

当风波越来越大之后，友邦吃不住，最后还是偷偷用30万元私了。

友邦的固执、傲慢、不肯变通、前倨后恭的应对方式，几乎要了其一半的命——市场份额下降近一半。

而友邦的对手平安，却活用了友邦的固执，发动了一场针对友邦的营销暗战。平安的代理人拿着友邦的负面报道，到处散发，极大地扰乱了友邦的营销节奏。

除了与人保短兵相接之外，这是市场化的平安对同样市场化的友邦的一次极富有想象力的"偷袭"。

平安半渡而击，不算仁义，却成为国内保险商战的经典案例之一。为挽回其信誉损失及重建美誉度，友邦至少用了两年时间。这两年中，友邦丢失了自己在个险市场领先的市场份额。

1995年保费收入近3.9亿元，市场占有率23%；但到了1996年其保费收入负增长，跌到3.8亿元，市场份额则剧跌至13%；1997年，保费收入反弹至4.6亿元，但是已经不复市场主导者之地位，市场份额进一步下跌至8%，这几乎是迄今为止友邦在上海份额的最低点。

反观对手平安保险。

1995年，平安上海寿险的保费收入才仅仅2.7亿元，到1996年就猛增到9.5亿元，市场占有率达到了33%。1996年10月，平安盘点其业绩时就惊喜地发现，"打倒友邦"不再是一句富有感召力的口号。

其实，多位亲历的人士回忆，友邦是有机会逃过一劫，甚至化危机为商机的。例如，友邦顺势通过媒体发起一场声势浩大的老保单寻找活动，则可以短时间扩大友邦的影响力。实际上，经历几十年的世事变迁，就算上海人精明绝顶，究竟还有多少老保单存世呢？而这是花多少广告费都买不到的宣传效果。

但是，如果仅仅把这种滑落归结为一个价值30万元的"老保单事件"，或者说是外资"水土不服"，其实有失公允。

从产品角度，友邦始终坚持预定利率4%~5%的寿险保单，和中资公司8%~9%的高价保单相比，价格上显然无法与其竞争。友邦虽然避免了利差损，但是投保人却没有得到实惠。

"市场是积极的，经营就不能消极"，否则"经验主义害死人"。

"士大夫"下海，"92派"创业

改革开放的胆子要大一些，敢于试验，看准了的，就大胆地试，大胆地闯。

1992年1月18日至2月21日，邓小平视察武昌、深圳、珠海、上海等地，发表著名的"南方谈话"。随后，中国经济体制改革委员会（简称"国家体改委"）颁发了两个规范性文件——《有限责任公司暂行条例》和《股份公司暂行条例》，由此"掀开了中国企业进步的革命性篇章，真正地影响了中国企业未来的发展"。

10月，中共十四大正式确立了市场经济体制改革目标，由此结束了"姓资姓社"争论，改革进入以制度创新为主要内容的新阶段。

1992年，"弃官从商"、下海办公司成为趋势，与20年之后的报考公务员热潮大相径庭。"92派"企业家应运而生。

这是中国企业家的第三拨。第一拨来自草根，20世纪80年代草根民营企业艰难成长，企业家如梁稳根、郑永刚等，经历了一段艰苦的积累，带领企业逐渐成为民营经济的中坚；第二拨源自国企或集体经济的改制转型，代表人物有鲁冠球、柳传志等，他们顶着"红帽子"游走在体制的边缘，后以《中华人民共和国公司法》为基础，完成了制度性的产权变革。在"92派"之后，还有一拨WTO外贸型民营企业以及互联网行业的创业者，后者的代表人物有李彦宏、马化腾、马云、刘强东和王兴等。

作为"92派"名词的发明者，陈东升认为，《有限责任公司暂行条例》和《股份公司暂行条例》在中国"具有划时代的意义"，其意义甚至与1978年关于农村经济体制改革的文件等同。

"现在人们很少提起这两个文件，但我记得，因为当时我是最敏感的，是这两个文件的受益者。当年想创立企业可是不知道资本从哪儿来，有了这两个文件后，我就可以去募集资金，可以依据一种商业模式来寻找投资人投资。

"嘉德拍卖（即中国嘉德国际拍卖有限公司）、泰康人寿都是在这两个暂行条例后成立的。我对这两个文件印象深刻，当时天天把它们揣在怀里。办嘉德拍卖时，我要起草公司的章程、治理结构，基本上是按那两个文件来起草的。所以，从1992年开始，中国才有了真正意义上的企业的创新。"陈东升说。

与上一代多乡镇企业出身的企业家相比，这些放弃体制内身份的人，显然都是那个时代的精英。他们大都受过良好的教育，具有本科、硕士甚至博士文凭；他们对经济问题有广阔的视野，对当时中国最需要什么有良好的感知，甚至直接参与过政策的制定；他们多数为官期间曾到国外访问，对于西方市场经济有感性认识；下海的时候，他们的同事好友仍在政府部门工作，可以了解很多关键性信息；当他们决定干的时候，"做老板"已经被认可，私人企业在法律上已被容许。所有这些条件使他们相较于上一代企业家有着巨大优势。

经济学家张维迎认为，这拨来自体制内的创业者之所以能够成功，是因为有制度上的保障——公司可以真正私有；再者，他们起初从事的产业都是高附加值的，诸如金融服务、地产、咨询，甚至高科技。

张维迎说："当他们开始从商时，这些部门还不发达，所以有利可图。因此他们在几年内积攒了一个普通乡镇企业家或许需要数十年才能积累的巨大财富。"

尽管驾驭了非同一般的资源，拥有远超同龄人的视野、天分甚至是勤奋，但是创业依然非常不容易。

据当时人事部门统计，1992年辞官下海者有12万人，不辞官却投身商海的人超过1000万人。然而，最后成功的所谓"92派"企业家屈指可数。

"92派"下海选择保险行业的，有两位比较出名，一位是泰康人寿保险股份有限公司（简称"泰康人寿"）的陈东升，一位是华泰财产保险股份有限公司（2011年更名为华泰保险集团股份有限公司，简称"华泰财险"）的王梓木。

王梓木成为"老板"的路径和别人不一样。他干过农活、养过蜜蜂、编过一本《民法通则讲话》，还在那时刚刚成立不久的国家经贸办（后更名为"国家经贸委"）工作过一段时间。

下海前，朱镕基和王梓木进行过这样一次谈话。

朱镕基问："你在经贸委干得好好的，为什么要去筹建保险公司？"王梓木于是把自己的想法一一道来："中国保险业还很落后，需要加快改革和发展，而建立有中国特色的现代企业制度也需要有人来实践，闯出一条可行的道路来。"

朱镕基又问王梓木："你的股本金从哪来的？"王梓木就给朱镕基列出股东名单，都是国有大企业。

"国有企业赚点钱可不容易，你别以为国有企业的钱都是天上掉下来的，你不怕搞丢吗？"朱镕基反问道。王梓木就讲了一大堆办好公司的理由。

最后，王梓木问朱镕基："您对我还有什么要求和希望？"

朱镕基则回答说："我就一个希望，别等出了事想起找我。"[①]

2008年，王梓木给时任国务院国有资产监督管理委员会（简称"国资委"）主任李荣融写了一封信。信上说，华泰财险成立12年，是中国唯一自成立起就连续盈利和分红的保险公司。除分红外，公司的净资产是当年股本金的3倍，还没计算进无形价值。王梓木说，自己对得起朱镕基总理，没有把国有企业的钱搞丢，还真正实现了保值增值，也没有去给朱镕基总理"找事添乱"。

而陈东升则为泰康人寿奠定下坚实的基础，使泰康人寿在中国保险公司中名列前茅。而他本人，也在《财富》2012年中国最具影响力的50位商界领袖排行榜上排名第19位，并登上了2004年《财富》杂志封面。

当然，"92派"并不都是喜欢干保险的，也有"玩票"的。比如当时的北京万通实业股份有限公司（简称"万通"）投资天安保险（即天安财产保险股份有限公司，简称"天安保险"）。

据万通董事长冯仑回忆，彼时的万通扩张得非常快。通过杠杆收购和连环控股的方式，万通投资了武汉国际信托投资公司（简称"武汉国投"），投资了三个信用社（天津一个，南宁一个，兰州一个），还投资了华诚财务公司、天安保险、陕西证券和民生银行。一时间，万通成为最引人瞩目的民营企业。

[①] https://news.ifeng.com/history/zhiqing/mingrenlu/200911/1111_6855_1430466.shtml。

但是，万通用于投资的资金都是以将近 20% 的年利率短期拆借来的，如果没有 60% 以上的毛利，投资肯定是亏的。越投，口袋里的钱越紧；越紧，就越要向金融机构去高息拆借。结果雪上加霜、饮鸩止渴，公司不堪重负，走到了崩溃的边缘。

那之后，万通明白了绝不能用借来的高利贷投资，救治自己的唯一办法就是先卖东西还债，压缩公司成本，甩掉包袱，然后再增资扩股，引进不需要还的资本金。

于是万通就开始大踏步地向后撤，退之再退，直到卖无可卖、退无可退：卖了武汉国投，收回了北京、天津和武汉场内证券回购的席位，将三个信用社归入当地的合作银行，卖了陕西证券，用天安保险抵债，宣告华诚财务公司破产，把东北华联也卖了。

CHAPTER 3

第 3 章

蹒跚学步
（1993—1995）

改革开放之初,上海是最早的试点城市,外资巨头和牌照掮客们纷纷重兵于斯地,因缘于此,上海成为最初10年中国保险生态最为完整的一个地区。

这个10年,寿险进步最快,最意气风发。丝毫没有夸张,彼时之上海就是整个中国寿险的一个缩影。而来自台湾保险市场,曾官拜平安人寿总经理的黄宜庚[①],将1992—2001年的上海寿险分为三个阶段。

1992—1996年,萌芽期。友邦打开了寿险代理人营销的潘多拉魔盒。本土玩家们——人保、平安、太保纷纷觉醒,学习、复制,以至滥用"代理人模式"。开据点、设机构、拉队伍,寿险规模迅速扩大。萌芽时期,也是英雄辈出的年代。平安人寿深圳、上海和北京三地的首任"封疆大吏",都先后成为寿险市场叱咤风云的领军人。

1997—1999年,震荡期。中国人民银行的七次降息打断了中国寿险业的发展节奏,突如其来的利率风险也打乱了本土玩家们的节奏。面对降息,无知者无畏的本土玩家们不仅没有"斩立决",反而视其为抢占地盘的好机会,疯狂地做业务,甚至通宵开门收单。恶果很快显现,"利差损"成为各家保险公司最为头痛的顽疾。

2000—2001年,调整期。面对利率风险和利差损的"双重围困",各家公司均希望以新产品突破重围,于是,分红、万能、投连这三大投资型产品先后落地。其中以平安之投连的业务发展最为惊心动魄。

如果撇开简单地域的局限,这三个阶段亦可以视为解构中国寿险最初10年的逻辑和时间标点。

---

① 黄宜庚,1994年6月来到中国大陆"淘金",为大陆寿险早期高级"外援"之一。

平安"偷"师

1993 年被平安称为"人寿险年"。

1992 年 7 月时,马明哲发现一个奇怪的现象:台湾地区市场有两家几乎同时起步的保险公司——台湾国泰人寿保险股份有限公司(简称"台湾国泰")和台湾富邦财产保险有限公司(简称"台湾富邦"),风风雨雨 30 年后,台湾国泰竟然在规模、利润和市值上都比台湾富邦提升一个数量级。

于是,马明哲向台湾国泰请教,而台湾国泰亦很坦诚地告诉马明哲,这是因为台湾国泰做寿险,而台湾富邦干产险。寿险的蛋糕要远远大过产险,在国际上也是如此。

回到大陆之后,马明哲马上将平安的业务向寿险倾斜。搜罗了几个搞过团险业务的人,平安的寿险队伍很快上马。

不仅如此,马明哲还力排众议,于 1994 年启动了产、寿分家。面对分家时的阻力和怀疑,马明哲曾经断言:"我相信我们的选择是对的。我们这次的改革,就是吸收最根本、最基础和最本质的东西,相形之下,以前那些都可称之为皮毛。"事实证明,"老马"的判断是有预见性的。

正如马明哲所料,产、寿分家的"核裂变",极大地解放了寿险的生产力。

除了公司体制改革,平安还开始引入"外援"。

1994 年,平安力请黄宜庚等有经验的台湾保险职业经理人加入。初来乍到的黄宜庚在平安的讲授,颇有戏剧性。

第一天听众屈指可数,第二天需要撤掉隔小空间的屏风,第三天人已经挤到走廊。黄宜庚当时谨慎地预言:"我大胆预测,三年后,大陆寿险业务将会超过产险;到 2000 年,大陆寿险的保费会达到 1000 亿元左右。"

这在当时,简直就是一个天文数字。除了马明哲,极少有人相信,有人甚至把肚子都笑疼了。不过,此后市场的发展,一一应验了这位"黄大师"的预言。

以平安为例,此后数年,平安寿险迅速在上海等战略要地反超中国人寿、友邦。实施寿险战略之后,平安保费收入从 1993 年的 5.5 亿元,猛增到 1996 年的 97.1 亿元,其中寿险保费收入高达 71.9 亿元。

而黄宜庚亦因此扶摇直上,历任平安寿险协理[①]、总经理、首席顾问等职务。

---

① 平安初期几乎照搬台湾市场的寿险体制,包括使用"协理"等浓烈台湾色彩的职务称谓,"协理"相当于公司副总。

▶ 龙腾、逐鹿与鲑鱼洄游

1995年初，平安与台湾地区国华人寿保险股份有限公司（简称"台湾国华人寿"）正式签订合作协议，台湾国华人寿以营销顾问的形式协助平安进行寿险业务建设。2000年，平安进一步推出"龙腾计划"，拟邀台湾岛500名保险人员西进，将其直接推到业务一线。

跟随平安的脚步，太保推出"逐鹿计划"，也旨在吸引台湾市场的营销人才。这一段时间是台湾保险人才到大陆淘金的黄金时间。

但是，不管是"龙腾"，还是"逐鹿"，都存在一个致命的问题：费用昂贵。太保曾经算过一笔账，"逐鹿"的代价不小，费用包括招聘费、培训费、补助再加上不菲的底薪（资深督导底薪每月4.2万元，高级督导底薪每月3.6万元）等。仅仅招聘和培训，太保每月为每个留在大陆的台湾干部就要花费10多万元。运营过程中，问题更为严重，一般的子公司每月可以支配的灵活费用也就是4万多元，一名督导的薪水就要占到3万多！

同时，伴随着本地人才的快速成长，一段时间之后，"鲑鱼洄游"现象此起彼伏。同时，代理人队伍大进大出，大浪淘沙式的"台湾模式"越来越显示出其粗放的一面。

事实上，"台湾模式"的复制效应已经让位于本地精英人才的崛起及保险营销模式的创新。"不论学历、不论年龄，只要勤奋就能成功"的传统代理人模式正日渐消失。而银保、网络、电话、中介等新兴保险销售模式异军突起，多元行销模式带来的硕果开始让市场意识到，在这个渠道为王的时代，"一条腿"走路的传统行销理念或将终结。

黄宜庚之后，平安致力于引入国际人才，尤其是高端人才。如2000年9月，原安达信会计师事务所（简称"安达信"）最年轻的高级合伙人汤美娟加盟平安，担任首席财务官，成为当时平安"国际化团队"旗帜性人物。进入之初，她公开称自己的目标是："要经过三年左右的努力，将平安预算管理提高到国际水准，逐步向AIG看齐。"

至2003年，平安最高层的10位执行官中，有5位是境外人士，除顾敏慎、杨文斌外，还有总精算师斯蒂芬·迈尔（原美国林肯国民集团高级副总裁）、首席财务官张子欣（原麦肯锡董事、亚太地区金融及电子商务高级主管）、首席稽核官吴冠新（原美国联合保健亚洲有限公司首席执行官）。

寿险线则人数更多，除平安寿险总经理黄宜庚外，还包括平安集团市场总监兼寿险副总潘宏源[原台湾安泰人寿保险公司（荷兰国际集团在台的子公司，简称"台湾安泰"）首席市场官兼战略发展副总]、寿险培训总监尤金·威尔逊（原AIG大中华区教育培训部副总裁）等，大大小小共计350多人。

1993年、1994年，除了一纸牌照之外，平安面临的情况是老股东不愿意再投资、新股东更是不愿意冒险。恰恰这一年，经过整整一年的马拉松式谈判，1993年12月17日（2004年完成持股手续），摩根士丹利和高盛获准各自出资3500万美元入股平安，各持有5.56%的股份，拉开了平安引进境外投资的序幕。[①]而外脑（境外人才）、外资（境外投资者），以及外体（境外机制）成为成就平安的著名"三外"法则。

▶ 茶水间的逆袭：孙建一回忆两次引资

"每一项条款几乎都是吵架吵出来的。"最后敲定"摩高"的孙建一回忆。

谈判之初，平安只跟摩根士丹利接触。第六个月，与摩根士丹利的谈判陷入僵局。关键的分歧在于摩根士丹利提出的入股条件。

第一，摩根士丹利要求平安一定要聘请国际会计师，财务一定要透明化；第二，员工持股计划方面，每次发新股认购价格不能太低；第三，平安中高层管理人员薪酬要披露；第四，5年后，摩根士丹利可以退出，如果平安上不了市，要按一定价格买回股份。

这些均是国际私募股权投资基金（简称"PE"）投资的基本手法，但是，不知PE为何物的国内企业显然吃不了这个"人参果"。

灵机一动，平安找来摩根士丹利的"死对头"高盛加入谈判，以增加讨价还价的筹码。这次谈判持续了18个月。开始，平安与摩根士丹利、高盛两家分别谈，试图利用双方竞争争取有利条款。后来，摩根士丹利和高盛发现形势不利，摒弃前嫌，合到一块来和平安谈，甚至放出话来，要谈就一起谈，要么就不谈。

最后，平安与摩根士丹利、高盛在深圳香格里拉酒店展开"决战"。

这场谈判持续了24个小时，从前一天上午10点开始，孙建一带队的小组一直与摩、高两家的谈判专家唇枪舌剑。

最艰难的是合同的最后一条：如果双方就合同条款产生异议，将交由谁来仲裁。当时中国政府规定，不管外资还是合资企业，任何纠纷都必须在中国外贸促进会下的仲裁委员会解决；而对方则希望能够在纽约大法院或第三方仲裁。

[①] 到2004年，"摩高"（即摩根士丹利与高盛）获得了20倍回报，摩根士丹利亚洲总裁兼投资银行部主管白德迈（Michael Berchwold）说，在中国，平安是一个绝无仅有的投资机会。

> 次日凌晨5点，谈判已接近破裂。
>
> 双方休息。在茶水间，孙建一和高盛项目负责人不期而遇，孙用一个比喻挽救了危局："在美国，青年男女结婚前要做财产公证，而在中国，双方结婚前都会信誓旦旦，绝对不会去做婚姻存续期的财产分配。先结婚再谈恋爱，还是先谈恋爱再结婚？这是由两国文化差异决定的，也是我们谈不拢的关键。"
>
> 最终，谈判峰回路转。
>
> 引入"摩高"之后，平安管理层的视野更加开阔，平安的国际化正式起步，并于1997年引入"洋大夫"麦肯锡。
>
> 同时，因为有了引入"摩高"的经验，2002年10月，平安引入汇丰之时，则要轻松得多。实际上，经过8年的快速发展，平安的魅力大增，主动向平安示好的有汇丰、花旗和慕尼黑再保险公司。三者中，以汇丰出价最高，也很有诚意，双方10个月的谈判基本上在波澜不惊中顺利结束。
>
> ◆资料来源：余彦君：《专访平安孙建一：他代表平安与摩根士丹利"谈恋爱"》，《晶报》，2008年8月15日。

鱼和熊掌不可兼得。

境外人才的"挤出效应"不能忽略，在"外脑"春风得意之时，平安先后有多位参与创业的本土高管挂冠而去。这些点燃薪火的创业者，日后都成为中国寿险市场上的"巨头"。

以田地、何志光和刘经纶为例。

田地受命于深圳试验寿险，为平安寿险的元老之一，先后担任过平安寿险深圳分公司和广州分公司总经理，去职平安后曾筹备民生人寿。遇事不顺后，1997年转而筹备东方人寿。何曾料想，东方人寿资本金被大股东德隆挪用，东方人寿迟迟难以开业，田地英雄无用武之地，此为保险行业一叹。资本之变幻莫测，远非分公司开疆拓土般干脆。

除了深圳，上海也被认为是具有价值的市场。

1994年，曾任人保广西分公司副处长的何志光一人怀揣平安总部拨的80万元支票，单枪匹马来到上海打江山。酷热的7月，成为平安寿险在上海的起点。

创业总是让亲历者难忘。一次加班，一直干到凌晨，加班者饥肠辘辘，一位伙计连敲了十几家商店的门总算弄来了三碗面条。由于太过兴奋，回到屋里才发现没拿筷子。看着热腾腾的面，几位好汉都急不可耐，几分钟面就下肚。吃完之后交流经验，才发现一个用的是牙签，一个用牙刷，还有一个用的是梳子。

创业者们的激情和想象力无与伦比。可惜的是，这三位仁兄究竟是谁已经不可考据。

当时，友邦已经开展寿险一年多，业务员多达1800人，保费规模逾亿元，几乎一手独占了上海的个人寿险市场。不过，平安的到来使得友邦遭遇强劲的对手。

1994年9月，在越学农、牛增亮、全丹颂（后任太平人寿上海分公司副总，此后就任合众人寿浙江分公司总经理）等主管的带领下，平安人寿上海营销部第一批65位营销员在两个月内，保费收入170万元，人均保费逾2万元。1994年底，时任上海市副市长徐匡迪闻悉平安创业故事之后，赞曰"果然平安"。仅仅五六年之后，上海寿险市场就格局大变：从1999年开始，平安人寿成了上海滩的老大；2000年，平安人寿上海分公司保费收入超过40亿元，约占平安人寿全部保费收入的20%。

1999年，已经成为平安人寿协理的何志光突然离职，随后参与太平人寿的复业。追随而至的是平安人寿上海分公司两位副总，分别是分管个险的郑荣禄和分管团险的严峰。

完成深圳和上海的试验之后，受过培训的干部奔赴各方。刘经纶成为平安人寿北京市场的开拓者。刘经纶，曾为人保江西人险部总经理，1993年加盟平安。1994年，刘经纶和何志光一样，单枪匹马北上，创立了平安人寿北京分公司。

在刚到北京的那段时间，举目无亲又投身异地的刘经纶，工作吃住都在招待所里。这位精明瘦弱的江西人经常一个人孤零零地待在北京中航大厦的一个房间里思考，又常常冷不丁地双手插兜，紧锁眉头地踱来踱去，被部下称为"雾都孤儿"。

就是这个"孤儿"，实现了平安人寿北京分公司保费收入连续三年翻番，以及市场占有率持续三年超过50%的骄人业绩，在北京寿险市场创造了"平安神话"：刘经纶和他的团队第一年做了5个亿，第二年10个亿，第三年20个亿。

1998年，他再次作出人生的重大选择：离开平安，再度创业，加盟尚处稚嫩期的泰康人寿，成为泰康人寿总裁兼首席运营官。

刘经纶三次创业的经历似乎印证了一句老话：芝麻开花节节高。倘若时光能够倒退，刘经纶一定属于风投最为喜欢的那种经理人：既有实力，又有运气。

1994—1995年，平安完成了产、寿的战略分设。仅仅一年时间，寿险业务从最初的几十人，发展至上万人，遍及20多个大中城市。

1996年，平安保费收入首次突破百亿，员工达到5万人，在不到10年的时间内，从一家区域性保险公司成长为中国第二大保险公司。

此时的马明哲只有 41 岁。

尝到甜头的平安，和市场上其他竞争者一样，不顾一切地扩大市场规模，保费收入以年均 50% 以上的速度疯狂推进，2001 年更是达到了 70.03% 的高增长。

但是，在这场粗放式的业绩爆发中，地雷也深深埋下。

人保破"规"

人保亦不甘落后。

身处市场开放前线的人保（上海）率先行动。1994 年年中，首批 40 余名寿险专职代理人已上岗 2 个月，而且"业务发展态势良好，同时第二批代理招聘工作已经开始"。人保已经意识到，"专职代理人制度具有灵活、高效、渗透力强的特点，因此推行专职代理人制度是开拓分散性业务的有效途径"。

不过，首批人保的代理人都已经无据可考，不知其最后的命运。

这个起点并不比平安晚太多，而主导这些试验的恰是人保（上海）当时的领军人何静芝。

1969 年，刚刚从一所军事院校毕业的何静芝，进入中国人民银行国外部保险科（外称 PICC）工作。"从 1969 年到 1979 年，我整整打了 10 年保单。"何静芝这样描述她最初的保险生涯。1992 年，何静芝上任人保（上海）总经理。

1996 年，根据分业监管的要求，人保"产、寿分家"。

"干部队伍中，多数人不愿意分出去，而愿意留在产险。因为产险家大业大。"何静芝回忆称，分家之时，人保（上海）是按照保费规模分人员和资产，当时寿险只有产险的三分之一，因此分得的家当有限。

对于她自己，外界曾经传说她并不情愿，但是经当时的人保总经理马永伟（后任保监会主席）力劝，她还是去寿险担任了总经理，其副手则去产险做了"一把手"。

对此，何静芝自己回忆，"准确地说是坦然，并非外界所说，不愿意去寿险"。但是，考虑到上海的地位，以及激烈的市场竞争，为避免分家影响业务，人保（上海）的确是人保系统内最早确定产、寿公司"一把手"的分支机构，当年 4 月即初步分工完毕。

其中亦有例外。

"一个电脑部的干部认为，寿险可能比产险更需要计算机，因此主动要求到寿险。"

短短一年后，这位人士就为自己的明智而庆幸。

分家之时，何静芝这样勉励自己和下属："产险和寿险是一根藤上的两个瓜，一个大，一个小，迟早会一般大。"彼时，何静芝还没有绝对的底气说"超过产险"，而最大胆的预测也是"几年之内超过产险"。

人保寿险（上海）的业务是怎么起步的？

"1995年（人保）开始专门研究分析寿险代理人营销机制。由于多种政策原因及限制，人保公司当时只在上海一地开展了营销试点工作。"

何静芝回忆，此期间原任人身险副处长的蔡文亮为试点的负责人。为试点便利，何静芝特别成立一个单独的部门，独立运作，方便办事。

这段时间，激情燃烧。

1995年4月3日，一位由中学老师转行到人保寿险卖保单的代理人，在日记中记录了第一天上班的心情："（星期一）今天，我怀着喜悦的心情去保险公司报到，一进大门，那份浓烈、繁忙而又紧张的氛围深深地吸引了我。

"（4月6日，星期四）今天，我去了位于福建中路上的公司。对于刚刚展业不久的我而言，一切都充满了新奇、踊跃和踌躇。

"（4月9日，星期日）早晨，我如约去见了客户，原本想投保的他又由于储蓄及其利率而变得徘徊不定。但他在听了我对保险和储蓄的比较后，考虑再三，最终还是填下了我毕生第一份投保单。此时此刻的我就犹如天空中自由翱翔的雄鹰，心情舒畅无比……

"（4月10日，星期一）通过这几天的展业，我深深地体会到中国的保险市场很大。许多人并不知道自身还需要保险，尤其对于我们人保的高额寿险并不清楚，这使我看到了保险的发展前景，我也庆幸自己能够成为一名保险公司的员工。为了让更多的人知道自身生命的价值，知道生命保险的意义，我会更加不懈地努力工作。它是我终生无悔的抉择。"

曹青杨在《布局：中国寿险市场十年之鉴》中回忆："我还记得在上海分公司对面街道里那个简陋的职场，四五百名营销员分上、下午轮流开晨(夕)会，地方虽然拥挤，但人气很旺。尽管只有很少的同样缺乏经验的管理人员，且只有一个主险，但每过几天就可以看到新的业务纪录出现。

"我在1995年上半年第一次去上海考察，协助分公司开展营销业务，当时手里能参考的只有平安和香港宏利的营销管理规定。当时营销员的考核、晋升规定很简单，险种也只有一个每三年返还10%保额的'为了明天'长期险种。同一市场上的友邦、平安成为我们当时竞争的对手，也是最主要的学习和模仿对象。"

所有的努力都不会白费。

谁能料想，人保（上海）产、寿险分家之后仅一年，即1997年，寿险的保费就超过了产险。

不过，当时财政部的一纸规定，限制了人保寿险的手脚。财政部规定，所有的保险佣金不能超过总体保费收入的4%～5%，这和友邦动辄30%～40%的佣金相去甚远。因此，如果要支付35%的佣金，只有缩减其他业务开支，支援代理人。

因此，1994—1996年这3年，人保寿险的步子都不大。转折点是1996年年中在上海召开的人保寿险的营销工作会议。

这次会议最初不是计划在上海，而是在广州召开。但是，精明能干的何静芝把握了机会，给刚刚上任不久的人保寿险总经理何界生打电话，争取到在上海召开，因为上海已经试验了两年。

会后，人保各分公司均到上海分公司学习考察，而上海分公司亦将所有资料制作成三寸盘，毫无保留地传授给员工。1996年下半年，人保寿险几乎所有的分公司都轰轰烈烈地干起了寿险营销，很快就拉起了一支庞大的销售队伍。

同时，由于整个人保寿险都起来了，财政部便改变了此前的规定，将寿险营销费用和其他费用分开。

束缚人保寿险的桎梏不复存在，这家国有企业终于可以和外资的友邦、股份制的平安同台搏杀了。1996年年中，因为分家的缘故，人保寿险（上海）被平安寿险（上海）超过；但是分好家之后，年底人保寿险（上海）又重新超过了平安寿险（上海）。

1997年，似乎是完美之年。

这一年，全国的寿险营销员从1996年的12万人迅速上升至25万人，寿险保费收入从40亿元一下升至200多亿元。

"从1997年开始，中国大陆寿险总保费首次超过产险总保费，达到600亿元，个人营销业务在1997年占到寿险总保费33%的份额。"[1]

同时，媒体上经常可以看到招募寿险代理人的广告，"百万年薪不是梦"等广告用语撩动人心。1997年初的一则广告招来了100多位报名者，这成为日后代理人招募

---

[1] 曹青杨：《布局：中国寿险市场十年之鉴》，长春：长春出版社，2005年版，第5—7页。

再也无法超越的数字。

"大城市的街道上，常常可以看到各家公司的营销员，坐在印有公司标志的小方桌后面接受路人咨询、发放险种宣传单，普通百姓也开始真正关心起寿险产品。很多营销员都非常忙碌，很多人业务量都很大，一个月可以达成四五十张单。"[①]

寿险让代理人真正赚到了钱。

1997年10月下旬，中国人民银行宣布下调银行利率。这期间，寿险产品的高预定利率使得它忽然变得极富吸引力，诱发了投保狂潮。当时送上门的业务都应接不暇，保险公司的收银台天天要到深夜才能关门，有的甚至昼夜不关。

1997年11月的最后一周，很多公司一天的保费收入就超过千万，营销员人均业绩是平时的几十倍。

这成为中国寿险营销史上的第一次，但非最后一次的狂热。1997年的"暴饮暴食"使得寿险营销在随后的两年多时间里一直"消化不良"。

第一部《中华人民共和国保险法》：规范追赶实践

这期间，我国第一部保险法诞生。

1991年10月17日，中国人民银行成立以秦道夫、李嘉华、王恩韶为组长的"《保险法》起草小组"，负责起草中国保险法草案。

1995年6月30日，保险行业大法出台。《中华人民共和国保险法》（简称《保险法》）在制定过程中，主要参照了日本的保险法和我国台湾地区的相关保险规定。按照专业说法，其内容可以分为保险业法和保险合同法。前者管保险公司，后者则管保险合同。

20世纪90年代初期的中国大陆保险市场尚处于稚嫩期。自1980年恢复保险业务到1995年《保险法》颁布，仅有10多年的实践。

这为此后的修改埋下了伏笔，比如当时主流的金融监管观点认为分业更有利于控制风险，因此《保险法》第九十一条第（二）款规定："同一保险人不得同时兼营财产保险业务和人身保险业务。"

这样规定事出有因。因为财险具有补偿性，人身险中的寿险则具有储蓄性，禁止

---

① 曹青杨：《布局：中国寿险市场十年之鉴》，长春：长春出版社，2005年版第7页。

两者兼营可以防止将寿险资金用于财险补偿，从而规避风险。

再者，20世纪90年代初期，保险资金"乱投资"并加剧经济过热的风险已经初露端倪。因此，监管部门踩了急刹车。

1995年《保险法》第一百零四条规定："保险公司的资金运用，限于在银行存款、买卖政府债券、金融债券和国务院规定的其他资金运用形式。保险公司的资金不得用于设立证券经营机构和向企业投资。"

按照现在来看，不管是房地产，还是参股金融机构，均是时下保险公司最为眼热、不断冲关、希望有所突破的投资领域。

但在当时，这些投资被严令禁止，防止了保险资金滥用的风险。但这是一个悖论。10年一个轮回，10年间保险行业螺旋式上升，看似回到起点，其实是新的质变。

严格的投资限制，表面上保证了资金的安全，但是也扼住了保险行业的喉咙。

由于投资渠道受限，保险资金的投资回报长时间萎靡于5%之下，远低于其时寿险产品6%～8%的保底利率。1996年步入降息通道之后，巨额的利差损让整个行业不堪重负。

同时，这样的规定也并未防住汹涌的暗流。特别是资本大鳄进入保险行业之后，如何监管成为保险行业一场没有硝烟，也难言结束的战争。

上帝关上一扇门，却打开一扇窗。"国务院规定的其他资金运用方式"留下一道"后门"，这也成为部分"优势公司"利用政策"便利"攫取超额利润的法宝之一。

CHAPTER 4

第 4 章

利差损毒丸
（1996—1999）

1996—1999年，整个保险行业躁动不安。

躁动不安的中国保险业，在此期间制造了史上最大的一批坏账——"利差损"，成为长时间危及行业的毒瘤。1996—1999年，无知而蛮干的中国保险行业的主色调是暗红色。

1996年，中国保险业开始实施财险和寿险分业经营。原人保一分为三，成为中保财产保险有限公司、中保人寿保险有限公司（即之后的中国人寿）和中保再保险有限三家公司，共同组成集团公司。

1996年，保险行业迎来第一次"大扩军"。此时，一纸保险牌照依然极为稀缺，市场中渴求者甚众。在100多份牌照申请中，中国人民银行只批准了其中5张。不过，这5个"幸运儿"后来却多不幸，除了泰康人寿和华泰财险表现稳健，其余或经营几度浮沉，或股权易手他人，或高管不得善终，陷入了一个匪夷所思的"怪圈"。

1996年11月，在友邦进入中国4年之后，加拿大宏利人寿保险公司（简称"加拿大宏利人寿"）拿到了中国市场的入场券。随后中宏人寿保险有限公司（简称"中宏人寿"）闪亮登场，成为首家中外合资人寿保险公司。

开业之时，时任国务院总理李鹏和时任加拿大总理克雷蒂安莅临开业典礼，并主持剪彩仪式。两位总理同时主持开业，时至今日，这项纪录尚未有人超越。加拿大宏利人寿吹响了国际保险巨头挺进中国市场的集结号。不过，此时外资寿险巨头已经不复 AIG 之运气，只能以合资公司的形式进入中国市场。

中宏人寿的股东架构是一个特别的案例，其中方股东为一家非保险机构。另外一个特例是1999年成立的金盛人寿保险有限公司（简称"金盛人寿"），股东为法国安盛集团和中国五矿集团。

早期中国寿险市场的开放模式中，更为常见的是海外寿险巨头携手国内保险公司的"保—保"模式。这样的设计，显然沿袭了产业政策的开放逻辑，即以市场（合资）换技术。

1998年10月，两家"保—保"模式的公司先后成立。全球最大保险集团之一的德国安联保险集团（简称"安联集团"）进入中国，和大众保险股份有限公司（简称"大众保险"）合资成立安联大众人寿保险公司（简称"安联大众"），注册资本2亿元。旋即，太保和美国安泰组建太平洋安泰人寿保险公司（简称"太平洋安泰"），注册资本金5亿元，成为当时注册资本最大的合资寿险公司之一。

此后，2000年6月，中国人寿和澳大利亚康联保险集团（简称"康联集团"）组建中保康联人寿保险有限公司（简称"中保康联"）。2001年2月，恒康人寿和天安保险合资成立了恒康天安人寿保险有限公司（简称"恒康天安"）。

合资就是一场博弈，尤其以"保—保"模式为甚。

外方最垂涎的就是管理权；而中方引入外资的潜意识就是为了"偷师"，论熟悉程度、学习能力，当然以内行——国内保险公司最优，因此"保—保"模式自然成为市场开放的首选。

不过，第一批合资公司遭遇的最大挑战不是"内战"，而是股东，或者说股东策略的变化。上述6家公司中，4家公司的股东横遭更替。例如安联大众的中方股东大众保险最终退出；太平洋安泰被荷兰国际集团收购，并形成了两个安泰一南一北的尴尬局面；康联集团开业后不久便被澳大利亚联邦银行吞并，保险不再是新股东的重点业务；最不走运的是恒康天安，其外方股东恒康人寿被加拿大宏利人寿收购，直接和中宏人寿在上海"撞车"。

同时，由于中国人寿和太保先后上市，旗下的合资寿险公司亦因为竞争关系而被预期转手他人。

最早一批进入中国市场的外资巨头，多受困于合资模式，遭遇成长的烦恼。而这6家幸运的先行者，多数成为难言成功的小白鼠。第一批合资公司始终没有找到真正打开中国市场的金钥匙，不仅保费规模长期落后于纯外资的友邦，和中资公司更没有可比性；就算合资同业，先行者也是不断被其他新的合资公司赶超。

1998年11月，国务院成立了中国保险监督管理委员会（简称"保监会"），保险行业的监管进入一个新的时期。

不同公司的新篇章在1999年之后书写不同，有的发展向上，有的向下。

利差损毒丸

1996年5月，肇始中国人民银行八次降息，1年期存款利率从1993年的10.98%降至冰点2002年的1.98%。快速的降息打得稚嫩的保险行业晕头转向，导致中国寿险行业出现巨额亏损。

中国保险行业的三大不良资产，首先是20世纪80年代的"长尾保单"，其次是20世纪90年代初期的"乱投资"，但是负面影响最大的是最晚产生的"利差损"。

所谓"利差损"，简而言之就是给客户的回报过高，超过了保险资金的投资收益，使得保险公司出现巨额的亏损，最终影响保险公司的偿付能力，危及公司、客户和市场等三方参与者。

造成利差损有两方面的原因，一方面是预定利率偏高，另一方面则是投资收益偏低。由于投资渠道的限制，以及投资结构的不合理，2005年之前，国内保险资金的投资收益连续下滑，其中有2年的整体投资收益率连续低于3%的"警戒线"。见表4-1和图4-1。

表4-1　1993—2004年1年期定期存款利率与寿险产品预定利率变动情况

时点	1993年7月	1996年5月	1996年8月	1997年10月	1998年3月	1998年7月	1998年12月	1999年6月	2002年2月	2004年10月
存款利率/%	10.98	9.18	7.47	5.67	5.22	4.77	3.78	2.25	1.98	2.25
预定利率/%	9.00	10.00	8.80	7.50	6.50	4.50	4.50	2.50	2.50	2.50

资料来源：魏华林、冯占军：《中国寿险业当前面临的利率困境及策略选择》，《经济评论》，2005年第4期。

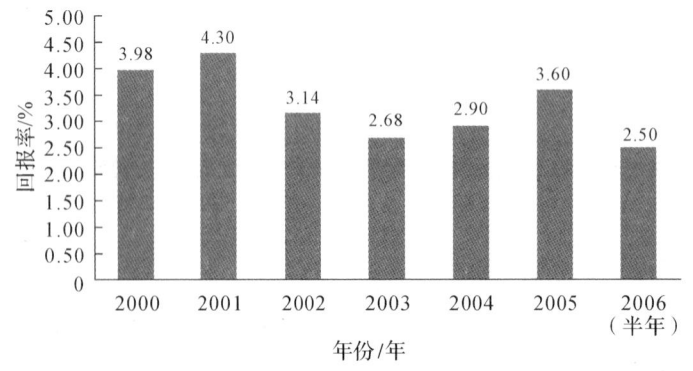

图4-1　保险资金整体投资回报率

数据来源：保监会数据。

最为尴尬的是，多数保险公司以及保险高管，不仅没有利差损的意识，甚至认为降息之后，寿险产品收益率偏高，是做业务的最好时机。

例如，1997年10月23日，中国人民银行最大幅度降息，一下子下降了1.80%。人保寿险的多数分公司"一把手"喜上眉梢，认为这是做业务的最好时机。同年11月，第一次全国金融工作会议召开。因为听说中国人民银行将会在12月暂停旧保单业务，这些分公司的"一把手"，甚至要求总公司去游说，延长这一期限。

不过，这个市场也有少数明白人。

镇守人保寿险（上海）的何静芝真着急了，她意识到"老业务亏得不得了"。不过，总公司却迟迟没有叫停业务的指令。而10月28日何静芝就要离开上海，迫不得已，于离开前的一天，何静芝自己叫停上海分公司开发的产品（此时的人保寿险上海分公司尚有部分产品开发权，产品也分为总公司产品和分公司产品）。

虽然后来发现，业务部门还是偷偷多做了几天；但是，到10月底，人保寿险（上海）基本叫停了全部业务，防止风险进一步扩大。

事情过去之后，时任人保副总经理的吴小平路过上海，曾经感叹，只有上海才这么焦急，其他分公司都认为这是良机。

不仅人保寿险，平安人寿也是最大的受害者之一。

马明哲后来在投资者说明会上回忆这段时间称，平安1994年6月开始做人寿业务，1996年至1999年6月期间销售了高利率保单，这些高利率保单的平均利率为6.90%。2007年3月，中国国际金融有限公司（简称"中金公司"）的研究报告称："平安人寿仍将长期受利差损保单的困扰。根据平安的测算，在目前的投资环境和投资假设下，这些保单所隐含的亏损超过200亿元，而峰值时（2050年前后）的亏损将在400亿元左右。"

中国第三大保险集团——太保集团由于在公司发展初期"重产险、轻寿险"，寿险业务的发展一度相对迟缓。因此，发育相对落后的太保寿险侥幸躲过一次大的劫数，其利差损亏损规模显著少于平安寿险。不过，太保寿险背负的利差损，让其引入外资的过程分外曲折，绝境与重生，几度反复。

面对频繁降息，以及持续加大的利率风险，整个保险行业手足无措——除了停售，毫无办法。这期间唯一的武器就是监管部门不断发文下调预定利率。

1997年10月23日，在中国人民银行第三次降息之后，监管部门第一次启用预定利率武器。当年11月7日，当时保险业的监管部门——中国人民银行下发了《关于调整保险公司保费预定利率的紧急通知》，通知规定："将人寿保险业务的保费预定利率上下限调整为年复利 4.00% 至 6.50%。……各经营人寿保险业务的保险公司应立即对人寿保险业务的预定利率按以上规定进行调整，自 1997 年 12 月 1 日起新签发的保单必须符合以上规定。……各经营人寿保险业务的保险公司应立即对人寿保险业务的预定利率按以上规定进行调整，自 1997 年 12 月 1 日起新签发的保单必须符合以上规定。"

此时，保险公司们已经疯狂了近一个月。

形成对照的是，这场狂热中，友邦没有参与。

"这种事情不但在中国大陆发生，在中国台湾地区，在新加坡、美国等地都曾发生过。这种情形下，我们受到的冲击是不大的，因为我们懂得用长远的眼光来做。"当时友邦（上海）的负责人徐正广颇为自得。

此后中国人民银行又多次降息，原设定的预定利率上限又不够用了。1999 年 6 月 10 日，中国人民银行第七次降息。刚刚成立一年多的保监会吸取教训，没有给"抢购潮"留下丝毫投机的机会。同一天，保监会下发《关于调整寿险保单预定利率的紧急通知》，通知规定"将寿险保单（包括含预定利率因素的长期健康险保单，下同）的预定利率调整为不超过年复利 2.50%，并不得附加利差返还条款"。

通知同时严令："自 1999 年 6 月 10 日接到本通知时起，各公司不得再签发预定利率超过上述规定的寿险保单。各公司务必将本通知于 1999 年 6 月 10 日内传达到各分支机构。"

至此，国内寿险行业"卖得越多，亏得越多"的情形才得以扭转。

2003 年，高盛发布了题为《中国保险业——成长前景、创造价值的关键在改革》的研究报告，对中国市场的利差损进行了估计。报告称，"中国保险业正展现出创造价值式的快速增长，有望在 2010 年时跻身全球五大保险市场行列，但巨额利差损仍是悬于这个繁荣行业头上的达摩克利斯之剑"。

高盛预计，中国人寿、平安和太平洋三大寿险公司的潜在利差损约 320 亿～760 亿元人民币。后来这三家公司上市后披露的数据显示，这其实是一个相当保守的估计。

面对利差损的压力，各家公司自寻解药。中国人寿靠剥离的"美容手术"，把包袱留给了母公司和财政部；而市场化的平安和太平洋则不得不苦练内功，自我消化。

硬币总有两面。

1999 年后，由于预定利率保持不变，投保人获得的回报相对偏低，香港等地的高回报保单乘虚而入，内地市场成为这些"地下保单"倾销的区域。[1] 根据重灾区之一的广州的保监局 2003 年的调查，"以普通寿险为例，地下保单给保户的回报率是 5%，而内地同业给保户的只有 2.5%；又比如投连，内地的回报率是 3%～7%，地下保单可以高达 20%"。这样，"地下保单"每年至少使得广东少收入保费近 100 亿元。

首轮"扩军"的红与灰

1996 年，在 100 多张牌照申请中，中国人民银行史无前例地批准成立 5 家中资保险公司，其中 3 家是总部设在北京的全国性保险公司：华泰财险、泰康人寿和新华人寿；另 2 家是总部分别设在西安和深圳的区域性保险公司：永安财产保险股份有限公司（简称"永安财险"）和华安财产保险股份有限公司（简称"华安财险"）。

中国保险业迎来首轮大"扩军"。

新公司虽然以国有资本为主，但是民营资本首度挺进保险业，翻开了保险资本暗战中新的一页。

新华人寿就是其中一个缩影，几乎同时遭遇上述三重困境。

1996 年创办时，新华人寿共有 15 家发起股东，包括东方集团、宝钢集团等。但事实上的大股东为国有企业的新产业系和民营东方系的几家公司。[2]

2007 年 11 月的《中国经营报》披露，1996 年 10 月，新华人寿刚成立时，外资苏黎世保险公司就同新华人寿创始大股东（即东方集团）秘密签订了《股权买卖与合作合同》。这份合同分为 A 合同和 B 合同，此外还签订了《特别合同》《信托合同》《质权设定合同》等一系列文件。

报道称，合同签署于 1996 年 10 月 30 日，苏黎世保险公司一方的合同签字人是时任苏黎世保险公司资深董事法兰克·施符龄（Frank Sriflik）和时任北亚/太平洋区负责人舒伯特（Roobert Sinler）。签约后两周，也就是 1996 年 11 月 12 日，苏黎世保险公

---

[1] 确定寿险产品的价格有四个重要因素，分别为预定利率、费用率、死亡率（健康保险为疾病发生率）和退保率。通俗地说，预定利率为保险公司提供给投保人或者消费者的回报率，预定利率越高，投保人获得的回报越大，但是相对地，保险公司则要承担更多的利率风险。

[2] 2006 年 6 月，新华人寿公开的股东信息显示，新华人寿股东按持股比例分别是：苏黎世保险公司、隆鑫集团、宝钢集团、新产业投资股份有限公司、东方集团、北亚实业集团、海南格林岛投资有限公司、神华集团等 15 家股东。

司马上兑现合同承诺，先行支付的 1.425 亿元人民币立即进入了新华人寿大股东境外账户。

《中国经营报》报道称，到 2006 年底，苏黎世保险公司通过"隐性持股"（10%，后因扩股稀释至 7.5%）、高调参股（10%）和低调回购（10%）三种方式，已累计持有新华人寿股权比例达到 27.5%，成为新华人寿真正的外资大"老板"。

此时，苏黎世保险公司让人代持其实属于无奈之举，因为监管规定"单一外资持有金融机构股权不得超过 10%"。想进入中国市场，又要规避监管，便提出了"股份代持"的办法。

除了外资，新华人寿的内资股东也几度变换。矛盾激化之时，股东分裂为两大阵营，互有攻讦。新华人寿的股东之争尚未散去，前任董事长关国亮又因为挪用保费东窗事发，身陷囹圄。

不仅寿险，产险也难逃魔咒。

1996 年 8 月 29 日，华泰财险在北京高调亮相，一度相当生猛，曾较长时期排在人保、太保、平安之后，成为全国第四大财产保险公司；这家公司还打响了车险费率市场化的第一枪，但是由于不熟悉车险的市场规律，结果是"吃不了兜着走"。

2002 年，华泰财险开始转型，车险由"粗放"收缩为"精选"，保险规模整体下降，转型成为一家健康的小公司。2007 年，华泰财险在全国 42 家有业务统计的保险公司中排名第 13 位。同时，保险已经不再是主力，而华泰投资发展有限公司（简称"华泰投资"）开始担当大梁。

偏安深圳，1996 年 10 月创立的华安财险亏损最多。

2005 年 5 月，《中国经济时报》报道，至 2002 年，华安财险已经形成了 1.35 亿元的不良资产，亏损总额高达 1 个多亿；注册资本金只有 3 个亿，不良资产加亏损基本等于注册资本金了；保费收入负增长已经达到 70%，更要命的是现金流已成负数。

"没有现金流动的保险企业，说它是濒临死亡一点也不过分。"

2002 年下半年，华安财险由原来的国有企业转为民营企业，由资本市场著名的特华投资控股有限公司（简称"特华投资"）实际接盘，揭开了华安巨变的下半场。

最为不济的是 1996 年 8 月开业的永安财险，开业一年半就被行政接管，成为第一家被强制行政接管的公司。

保险第一大案：接管永安

1997年12月1日，中国人民银行陕西省分行突然对永安财险进行行政接管，接管期限为1997年12月1日至1998年5月31日。

时间上，距离永安财险成立一年半。一年半的时间里，财险究竟发生了什么？

调查显示，财险的经营存在两大问题：其一是违规经营，即未有牌照异地展业；其二是资本金不足，有的股东达不到股东资格，有的股东资本金未到位。

公开资料显示，永安的主要股东为国家电力、电子、邮电、有色金属、航空航天等行业的国有大型企业集团和骨干企业，注册资金为6.8亿元人民币。

但这并不是真相。

永安被接管前，陕西省相关部门的一份调查触目惊心，永安注册资本为6.8亿元，实际到位不足1亿元。在永安的10余家股东中，只有西安飞机制造公司注资1000万元，彩虹集团注资6800万元，西北电力管理局注资1000万元，因而实缴货币资本仅为8800万元，远远达不到保险法规定的2亿元最低限额。①

接管永安财险之后，中国人民银行立即撤换了永安财险的董事长王建才，并罚其在11年内禁入中国金融业。公开资料显示，1999年6月至2000年4月，这位永安的前董事长因刑事案件被关押。

不过，谁也没有料到，王建才会在10年之后卷土重来，重新争夺永安财险的控制权，并差一点引发永安财险的二次行政接管。

被接管之后，原来的14家旧股东中，除了上述3家（西安飞机制造公司、彩虹集团和西北电力管理局）出资公司得以保留外，另有9家公司参股，全部注入货币资金，注册资本减为3.1亿元。②

接管10个月之后，1998年9月1日，中国人民银行陕西省分行发布公告，宣布结束对永安财险的接管。

在短短两年时间内，永安经历了成立、整顿、接管、延长接管、重组，震惊保险界，同时也震惊整个金融业。

---

① 《保险管理暂行规定》（1996）第五条规定，"在全国范围内开办保险业务的保险公司，实收货币资本金不低于5亿元人民币；在特定区域内开办业务的保险公司，实收货币资本金不低于人民币2亿元"。

② 罗健：《永安保险二次创业》，《中国保险报》，1998年11月27日。

但是，永安财险股权纷争并没有结束。

2006年4月20日，原始股东彩虹集团，以及新进股东深圳发展银行和福建实达信息技术有限公司3家股东，向保监会申请，要求立即对永安财险进行行政接管。这3家股东号称共持有永安55.55%的股份。

大股东请求监管机构对公司进行行政接管——永安财险又创造了一个历史。

追踪此事的《21世纪经济报道》披露，上述3家股东提交的报告显示，永安财险过半股权存在极大争议，以及公司出现重大经营问题，因此要求保监会对永安予以行政接管。

报告称，由于股东难以确定，公司经营处于严重不正常状态，股东大会也一直未能召开。另外，由于永安财险成立之初的股东——西北石化设备总公司有意重新控制永安，而西北石化的实际控制人王建才（持有西北石化58%的股权）曾因虚增股本金被监管部门禁入中国金融业11年。对此，报告称"深表忧虑"。

媒体还披露一个惊人的细节，"永安成立于1996年8月，实际控股股东为西北石化及其关联公司，西北石化控制人王建才担任永安第一任董事长"。

股权之争再度牵扯出10年前的公案。

根据《21世纪经济报道》的调查，事发之时，彩虹集团和深圳发展银行分别是永安财险的第一、第二大股东。永安财险其他的股东包括陕西省财政厅（10%）、陕西省电力建投公司（占10%）、陕西国际信托投资股份有限公司（占3.55%）、中国西北电力集团公司（占3.23%）、西安飞机工业集团公司（占3.23%）、宝鸡商场集团股份公司（占6.45%）等，这些股东均属国资系统。

丝毫不见所谓"西北石化"的影子，似乎又是一例灰色的代持股案例。

时隔10年之后，永安财险再度在"资本"和"控制权"上纠葛不清。这种矛盾恰是中国保险行业另外一道鲜为人知的"暗流"，剪不断，理还乱。

泰康的健康基因

5张新牌照中，硕果仅存的就是泰康人寿。二度创业、"卖相"英俊的陈东升创造了一个奇迹。

1992年5月，国家体改委下发《股份有限公司规范意见》和《有限责任公司规范意见》，自此，定向募集从而建立股份有限公司真正可以成为现实，拉开了中国企业界著名的"92派"创业的序幕。

是年，陈东升怀揣筹建人寿保险公司的计划找到了当时在中国人民银行总行任职的任道德，两人一拍即合，成为泰康人寿最早的创业者。这位生性耿直的四川人，面对着舍与得的抉择。

任道德回忆道："从某种程度上说，面临正式加盟泰康的选择时还是有一些患得患失。毕竟在交通银行，我是副局级干部，干得还不错。'下海'来泰康，马上就成了'三无干部'——无主管、无级别、无挂靠单位，思想上确实有过复杂的斗争，但我最后还是被陈董的真诚打动。"

于泰康人寿之前，任道德已经有多年的金融行业从业经验，曾任交通银行天津分行副行长。更早之前，任道德先后在中国人民银行综合计划司、调查统计司、办公厅工作。加入泰康人寿之后，任道德长期分管泰康人寿的财务和投资。

任道德之后，王玉泉、马云（后任泰康人寿副总裁、泰康养老金公司董事长），以及创建平安北京分公司的刘经纶亦加盟。

不过，"泰康"并不是这家新公司最初的名字。"四方人寿"是陈东升最初的一个设想，这份创意稿至今仍然保留在泰康总公司的展览室。后来，陈东升希望把"四方"改为"南山"，取"寿比南山"之意。谁料，台湾市场已经有一家名叫"南山人寿"[①]的公司。

重新翻字典，不到一个小时，陈东升就把新公司的名字定为"泰康"，谐音太康——太康为我国夏商时代一个皇帝的年号，暗含"国泰民康"之意。

名字尚可以翻字典，但是牌照才是真正横亘于前的一道鸿沟。1993年到1996年，市场共提出100多家保险公司、30多家寿险公司的牌照申请。僧多粥少，竞争可以想象。

幸运的是，1996年，泰康人寿获得了一纸宝贵的牌照。

泰康人寿认为其获得监管垂青的原因有三：其一，泰康是第一家申请专业寿险的公司；其二，发起股东实力雄厚，包括中国国际旅行总社等大型的国有企业；其三，陈东升本人有创建嘉德拍卖的管理经验。

1996年9月16日，泰康人寿举办开业庆典仪式。签发了两张保单，陈东升是0001号，任道德是0002号，买的是"永相伴"保险。

陈东升当时说："这两张保单是要进入泰康博物馆的。"

20世纪90年代中期的中国寿险行业，仍然没有改变粗放式经营的路子。铺摊子、上规模、先跑马圈地，谁管赚不赚钱。面对如此市场格局，泰康人寿做出了如下的判断：

[①] AIG在台湾地区的寿险公司名为"南山人寿"。

有规模最大的公司，有最富创新的公司，唯独没有以专业化为导向的寿险，这成为泰康人寿创业的一个逻辑原点。

不过，这句话远不如"创新就是率先模仿"有名。陈东升曾说，泰康是左眼看友邦，右眼看平安，两只眼睛看世界。

除了战略前瞻，泰康人寿最为可贵的在于财务稳健——十余年来，泰康人寿没有一笔呆账、坏账，堪称一个不大不小的奇迹。首先泰康人寿建立了稳健的财务制度，实行财务收支两条线和全面预算管理。不仅如此，分管财务和投资的任道德"上上下下都是坦坦荡荡的，不挟个人的任何私利"。

"我们的股东中，有战略投资者，有财务投资者，也有短期投资者，也曾有人想把泰康作为提款机。如果顾及情面，买他的基金，以托管方式委托理财……但是陈董坚持两个原则：第一，合规；第二，资产一定要在我们的控制之中。"任道德回忆。

在外界的印象中，泰康人寿特别偏好来自荆楚大地的湖北籍干部。而陈东升本人亦是湖北人，难免让人有遐想。

这既对，也不对。陈东升希望"找最好的葫芦画最好的瓢"，这是其用人的思路之一。

1997年第四季度，泰康人寿当时有3家分公司争取筹备开业，人们普遍看好上海、广州这样的经济发达地区。未承想，第一家开业的居然是位于中部地区、经济相对逊色的武汉分公司。

泰康人寿武汉的领军人，恰为辞官"下海"的厅级干部胡昌荣。时至今日，很多武汉的老保险人还记得1998年泰康人寿的千人大招聘。这个有"挖角"嫌疑的做法，吸引了2700多人前来应聘，一下子引起轰动。

这还不是胡昌荣最大的贡献。

4年之中，胡昌荣为泰康人寿培养了大批本土的中高层管理者，这些来自湖北的"子弟兵"迅速成为各个分支机构的领军人物，例如泰康人寿福州分公司、重庆分公司的总经理都曾来自武汉分公司。甚至在胡昌荣上调北京之后，武汉分公司仍然运转畅通，业绩于泰康人寿体系内部名列前茅。

2000年，胡昌荣出任泰康人寿总公司副总裁兼人力资源总监。

胡昌荣任内，泰康人寿先后从境内外成功地引进了首席精算师（尹奇敏）、首席信息官（王道南）、首席训练官（曾恩明），以及几十名总公司部门和分公司总经理。湖北人胡昌荣不折不扣地成为泰康人寿最大的"组织部长"。

2000年之前，因为严格的控制政策，泰康人寿只有北京（营业总部）、武汉、广州、沈阳、成都和上海等6家分公司，同时，老实的泰康人寿也没有异地偷偷作业的"小动作"，因此整体发展并不快，也落后于同期、同城诞生的新华人寿。

这场"'泰康—新华'德比"[①]，新华人寿一度领先，规模上，其曾经牢牢占据保费第四的座椅。但是公司间的"德比"不是短跑，而是长跑，新华人寿恰恰输在内功。

中国的寿险公司，规模和偿付能力总是一对矛盾。

虽然发展相对慢一拍，偿付能力压力同样存在。1999年，泰康保费6.31亿元，公司总资产18.9亿元，资本饥渴成为第一次私募的初衷之一。2000年11月21日，泰康引入瑞士丰泰人寿、苏黎世洛易银行、新加坡新政泰达投资和日本软库银行集团4家外资股东，注册资本从6亿元扩充至8亿元。泰康的偿付能力达到惊人的736%。

其实，瑞士丰泰人寿并不是第一家"提亲者"。彼时之寿险市场，牌照尚属稀缺，因此有超过100家的外资公司到泰康人寿做审慎调查，包括欧洲、北美、日本等地很多著名的寿险公司。

不过，与泰康人寿接触的顶级美国公司都希望未来能在泰康人寿有更强的"话语权"，这和陈东升心中"保持经营权的完整性和独立性"差别较大。因此，与美国公司的接触几乎都止于原则层面。而来自欧洲的瑞士丰泰人寿则更为善意，最终如愿以偿。

2001年，受惠于监管部门的政策，泰康人寿一下子获批18家分公司、138家中心支公司，分支机构迅速燎原全国。2003年，泰康人寿全国机构战略布局完成。快速扩张难以避免地留下后遗症。尽管泰康着力控制成本，开办一家分公司的费用从初期的2000万元降为400万元；但是由于铺设机构多，运营投入加大，加之开办费用和运营成本一次性摊销计入成本，泰康人寿在2001年、2002年出现亏损。

而年均30%的增长，也极大地消耗着泰康人寿的偿付能力。

2003年，泰康人寿的偿付能力巨幅下降至114%。陈东升不得不再度考虑如何应对快速增长之后公司偿付能力不足的问题。2004年，泰康人寿抓住政策的变化，首发了国内第一支次级债，规模13亿元，极大地舒缓了公司的偿付能力压力。

此后，次级债亦成为中国保险公司账面改善偿付能力的法宝之一。不过，中国的寿险行业还需要寻找一条可持续发展的健康的偿付能力路径。

2004年，陈东升登上了《财富》杂志中文版的封面，其评选词为："2004年度中国商人，富有激情但不失稳健，立志要将泰康人寿带进世界500强。"

这是一个意外。

[①] 体育术语，两支位于同一地区的球队比赛。这里指泰康与新华为同城竞争。

1988年开始做杂志，并且模仿《财富》500强排序方法的陈东升，或许没有预料到自己的照片会在16年之后出现在《财富》的封面之上。

其实，泰康人寿并不是陈东升的第一次创业。市场有谚巧妙地总结了陈东升的三大事业：陈东升史无前例地赚了三种人的钱，古人、今人和未来人。

赚古人的钱是指陈东升创办的嘉德拍卖，拍卖当然是和古人、古物相连的；赚今人的钱是指陈东升出任董事长的宅急送，宅急送是现货买卖，赚现在的钱；赚未来人的钱就是指泰康人寿，寿险公司当然是赚未来人的钱。

麦肯锡开药方，洋大夫成外脑

在寻找保险业经营真谛的过程中，麦肯锡就是中国保险行业的一面镜子。

1996年，平安的高管们已经察觉，公司业务高速增长的背后暗藏着管理滞后的危机。但是，把脉之前，是否需要请"洋大夫"，这在平安内部引发了争论。

平安寿险董事长王利平曾回忆："当时做出聘请麦肯锡的决策是非常艰难的。许多人怀疑，花数千万元请来的洋大夫，能对平安业务起到多大的促进作用。"

马明哲的账算得更细："只要我们加强管理，通过麦肯锡咨询，保单持续率提高1个百分点，营销员脱单率降低1个百分点，或者全国700多个机构平均每年每个机构节约成本3万元，或者少1个机构发生重大失误，这些费用1年就赚回来了。"

1996年底，以张子欣、吴岳翰为首的麦肯锡工作组在诊断了平安的投资体系后，开出了第一剂药方：建议改变组织构架，把投资分成战略性资产分配、战术性资产分配、投资风险控制三个部分；建议公司加大资金力度，成立结算中心，实行统一管理；建议公司停止放贷和实业投资，所有资金投向国债，信托全部转向清理资产、回收贷款，简称"清收"。

仅仅第三项建议，平安就获益甚巨。

当时国债利率高达10.98%，免交所得税。实业投资的话要有20%的回报才能与之相当。于是，平安把到期收回的贷款和分公司上划的保费共计100多亿元资金全部购入国债，缓解了巨额利差损的压力。

此一役成为平安津津乐道的妙手之一。"麦大夫"乍一出手，就旗开得胜。

随后，"平安的抱负（战略规划）""平安寿险的流程改造""人力资源项目"等相继展开。平安成立了以王利平为负责人的发展改革中心，发展改革中心既是战略研究中心、管理改革中心，也是推广执行中心、人才培训中心。中心成为"平安的改革发动机"，地位之高，作用之大，可见一斑。

马明哲曾经评价"麦大夫"（平安内部有时也称其为"老麦"，而把发展改革中心戏称为"小麦"）的医术："我们请麦肯锡来做，一般分为三个阶段：设计方案阶段，它拿出一个全球的最佳典范，做出发展趋势的预测，同时分析现状，告诉你怎么走这条路；第二个阶段，做一个行动方案，怎么去实现，需要什么资源；第三个阶段是提出试点，做推广。我们任何产品在全国推广，都是先做一个省，再做三个省，再做五个省，然后在全国推。"

和麦肯锡合作的最大意义是改变了平安的观念，让平安的视野开阔了很多，把平安的思维提高到了一个新的高度。1997年之前，平安是粗放式管理；1998年之后走上了专业化、精细化、规范化的路子。就如请医生来做一次体检，并开出处方来，我们知道了潜在的问题，明白自己是在沙滩上盖楼——那只好推倒，重新打地基。

"与麦肯锡公司的合作不仅是获得诊断、规划和方案，更重要的是培养了一批具有现代管理意识的干部。"

所言非虚。例如任汇川——平安新生代高管中的领军人物。1998年，入职不过6年的他便得以参与麦肯锡为平安提供的咨询项目，参与了整个财险的组织架构设计、流程再造、客户群分类等一系列改革方案的制订和执行，官拜发展改革中心副主任，为日后的崛起奠定了雄厚的基础。

实际上，连"麦大夫"团队中的主要成员张子欣、吴岳翰都最终加盟平安。

但是，麦肯锡也并非上帝。

平安还保留着一份清醒。"并不是任何药方都是符合中国水土的，在很多改革项目上，平安也都进行了自己的消化和解读。"

此后，很多保险公司希望复制平安的用法，最终是画虎不成反类犬。

2003年人保上市前，麦肯锡同样为其开出了药方，其中之一是，对于业务部门，应该按照流程进行部门设置。人保照单全收，大刀阔斧地进行改革，按照业务流程设置了产品开发部、承保管理部、团险营销管理部（面向企业客户）、个险营销管理部（面向个人客户）和理赔管理部，分管承保、展业和理赔的业务环节。

分支机构层面则建立所谓的"三个中心"，即财务中心、业务管理中心、客户服务中心。

"三个中心"模式帮助人保财险在管理上实现了"四个分离，三个集中"：业务拓展与实务管理的分离，展业与理赔的分离，查勘定损与理算赔款的分离，保费收入与支出的分离；以及资金的集中，数据的集中，查勘、定损、理赔的集中。

这样的分权现在看起来"很雷，很国际"。

但是，2004年，《21世纪经济报道》采访的一名杭州老人保的员工，却讲述了"三个中心"的另外一面。

在这样的体制下，业务人员认为，自己仅仅是把业务拉进来，是否承保、怎样理赔都不是自己所能决定的，利润当然不能由其负责；承保人员则认为，自己仅仅是按照规定进行承保而已，也不能对利润负责；而定损和理赔人员则认为，自己也是按章办事，同样不能对利润负责。

"这样，以利润为中心的考核机制实际上被合理地规避了。"

不仅如此，"业务人员针对承保人员进行'内部公关'；定损员、修理厂和出险车主'合作'，超额赔偿，甚至故意制造假赔案的暗流却在滋长""这样的体制使得对车险每一个经营环节进行精细化经营和管理的设想落空"。

这是第一篇对于人保"麦肯锡药方"进行反思的文章，于人保体系内部掀起了巨大的波澜。

"麦肯锡药方"也逃不过"三年之痒"。2005年下半年开始，人保内部新的改革动议宣布停用麦肯锡的方案，变按流程设置部门为按产品线设置部门。

2006年，麦肯锡方案基本被推翻。重组后，人保设置了六大产品线部门，即车险部、财产险部、责任信用险部、意外健康险部、船舶货运险部和能源及航空航天险部。形式上，似乎又回到了事业部制的老路。

对于"麦大夫"的覆辙，业内曾经颇有争议。

一种观点认为，"麦大夫"没错，其实是人保的国企气质、执行不力导致了最终的结局。一位名叫"姚述臻"的网友在中国保险网论坛发表自己的观点称："试想想，连新入职员工培训都没有或者缺乏，怎么可以梦想原来的工作人员一夜之间便成为符合国际管理要求的人？……这样的改革方案交给这样素质的人去执行，怎么可能不冒巨大的风险？"

另外一种观点认为，"麦大夫"显然有问题，好比为一个体弱多病的老人（平安则是一个青年小伙），于盛夏猛开一剂补药，即使不死人，也会十去七八分。

孰对孰错，这是一个悬念。

太保进化（1）：王国良治乱

从 1998 年开始，太保这家公司就不断地探寻进化之路。此后十年为其发展之关键，横亘了多个大事件，例如拯救太保、分业之变、凯雷投资集团入股、战略回归、组织再造、集团上市等。

所有的片段浇筑在一起，铺就太保涅槃之路。十年或能洗尽铅华，还原一个真实的太保。太保十年之变，需从 1998 年王国良履新开始讲述。

王国良，1950 年生，曾任交通银行总行信托部副总经理、综合计划部副总经理、综合计划部总经理。青年时，就读于南京大学中文系。不过，王国良曾经笑言《红楼梦》没看多少，《资本论》却通读了几遍。

表面上，身为国内三大保险公司之一的"一把手"，是一件令人艳羡之事。实际上，此时的太保乱象丛生——截留保费、坐支保费、乱投资等行业恶习，太保皆有感染。

王国良回忆称当年刚接手太保时，最怕的就是家中的电话响起，因为当时的太保员工资质很差，"每天打来的电话都是报丧的"。

纷乱有源头。太保发端于 1988 年成立的交通银行（简称"交行"）保险部。经过三年的运作，1991 年成立了中国太平洋保险公司（见图 4-2）。

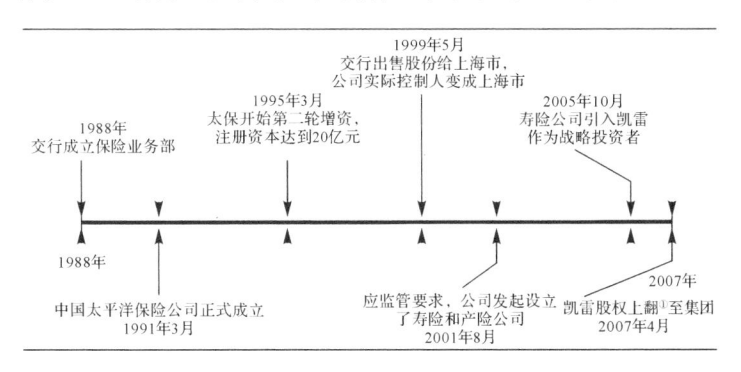

图4-2　太保历史沿革

---

① 上翻：指公司在获得更高估值的情况下，将股东持有的股份转换为更有价值的股份。此处即凯雷从寿险的股东变成太保集团的股东；从持有寿险公司的股权，转为持有太保集团的股权。然后太保集团上市。

太保复制了交行的体制，这是一个极具中国特色的公司股权结构变迁路径。

由于交行当时实施的是"二级法人"制度，即各个分行均有自己的股东，甚至总行还晚于部分分行例如上海分行成立。这样的股权结构使得早期总行对于分行的约束力，除了业务指导之外，基本落空。

交行尚且如此，太保亦未能幸免。有数据显示，至1998年前后，只有20亿元资本金的太保，却背负着沉重的不良资产，实际坏账已达35亿元。

属虎的王国良上台之后，强势推行"三集中"——资金、财务、业务集中，积极改造太保，使之成为"一个法人"。公司计财部门对全公司进行了全面的清产核资，从每一幢办公楼、每一辆车，到每一张办公桌、每一台电脑，桩桩件件都被详细登记在案。

这些"斩立决"的举措迅速遏制了风险，使得太保各地公司从胡来乱做到相对有序。一位当年太保分公司的"一把手"回忆，1998年之前，基本"听不到总公司的声音"，但1998年之后，情况就完全不一样了。

不仅如此，王国良主政的前几年，太保壮士断腕、暴风骤雨式地推进业务整改。

"严格整顿机构网点，对保源不足、管理不善、连年亏损的机构网点坚决予以撤并""清理整顿保险中介机构，坚决停止与非法中介机构的业务往来""果断停办了一批质量差、风险高的业务，同时积极开发万能寿险、安居家财保险等有效益的产品"。

同时，1997年起，太保每年均花费不菲从全球再保险公司购买巨灾超赔保险，这使得太保的财务趋于稳健。例如，1998年夏天，长江、嫩江、松花江流域发生特大洪涝灾害，太保的赔付额虽然高达6000万元，但是幸于该再保险安排，太保能够从海外摊回300万美元的分保。

2008年的汶川大地震，亦因为购买巨灾超赔保险，太保独立支持了当地最大的一笔保险赔案。

不过，业务的整改也影响了太保的保费规模，1998年太保保费收入124.71亿元，比1997年有所下降；但是利润达到3.8亿元，比上年增长60%，成为当年保险行业的一匹"黑马"。

三年左右，太保面貌一新。

2000年末，太保规模与利润比翼。这一年，其保费收入达到了152.5亿元，同比增长22.06%，实现利润5.4亿元。其中资产收益率超过1.7%，资本回报率达26%。

不能否认，王国良的"强人政治"以及"快刀斩乱麻"式的改革，于危险之时拯救了太保。同样不能忽略的是，这样的干法不可能保证每次决策都对，例如，日后惹了是非的复旦大学太平洋金融学院（俗称"太保学院"），就是在一次饭局中谈及并最终实施的。

2003年9月，太保和复旦大学签订协议，达成合作办学意向。但是当时的监管规定是不允许保险公司进行实业投资的。2008年，复旦太保学院被教育部取消了招生资格，2011年正式撤销。

言及复旦"太保学院"，有一个人就不能忽略，那就是润泰集团总裁尹衍梁。尹衍梁，1950年8月出生，祖籍山东日照。润泰早年以纺织业起家，20世纪80年代，台湾地区金融服务业开始对大陆开放，而尹衍梁也正由此时涉足金融业。尹氏最为大陆民众所熟悉的就是经与其老师南怀瑾商量之后设置的光华教育基金会，以及遍及全国30所重点大学的光华奖学金。1994年，尹衍梁捐赠1000万美元，兴建北京大学光华管理学院。1997年，尹衍梁捐赠200万美元，参与兴建上海交通大学安泰经济与管理学院。

正是在与尹衍梁的饭局中，王国良与尹衍梁明确了投资教育一事。

不过，命运不再给予时间。2006年8月2日，声言"搞保险的人也是经常准备跳黄浦江的"的王国良，从浦东的太保转任浦西的上海仪电控股集团，与太保身隔一条黄浦江。当时震惊全国的上海社保案正愈演愈烈[1]，各种流言纷纷。王国良并不改其强人本色，坚决回击称，"太保和福禧（投资）没有任何的经济关系"，不仅如此，"太保没有一分钱假账"。

敏感之时，一些熟悉的朋友、下属、客户纷纷电话至王国良家中问候，其中第一个打来电话的是当年的第一任秘书。风暴过后，所有的传言化为无形。王国良开始独守一份宁静，甚至买好宣纸，准备"重操"青年时的中文学业。

---

[1] 2006年上海社保基金案：时任上海市劳动和社会保险局局长违规挪用、侵占社会保障基金，涉案金额达百亿元人民币，众多官员牵涉其中。

CHAPTER 5

第 5 章

壳公司困局
（2000）

2000年，借力投连险，平安步步紧逼，攻城拔寨；而竞争对手中国人寿连连败退，先后失守上海等多个重镇。

平安兵临城下，中国人寿内部则引发了一场要不要推投连险的大争论。对于饱受降息折磨的寿险行业而言，投资型保险好像一剂补药，不仅能解"利差损"之饥渴，而且可以于短时间内做大资产管理规模。

不过，投资型保险是一把双刃剑。2001年，领跑的平安就不得不自饮苦酒，并酿成一次危机。而中国人寿（简称"国寿"）由于采取了更为保守的分红险策略，侥幸躲过一劫。

2000年，成立逾一年的保监会四处"开机构"。4月25日、26日、28日，保监会上海、广州和北京办公室分别挂牌成立。到年末，保监会已在13个中心城市设立了办公室、办公处或特派员办事处。和保监会相呼应，11月16日，中国保险行业协会在北京成立。时任人保总经理的唐运祥当选为首届协会会长。

2000年6月16日，我国第一家保险经纪公司——江泰保险经纪有限公司在北京揭牌。之后，6月29日、7月26日，长城保险经纪有限公司和东大保险经纪有限公司分别在广州和上海成立。至年底，有30多家保险代理公司、5家保险经纪公司获准筹建。

不过，在相当长的时间内，中介都未能成为主力军，更和人们对其承担保险营销转型的期望相去甚远。保险中介的真正价值要等待一家名为"泛华"的保险中介公司上市，以及数家PE资本投资另外几家保险中介之后，才被市场于蓦然间发现。

10月，面对脚步声越来越近的WTO，保监会一口气批准了4张只能合资的寿险牌照——民生人寿、东方人寿、生命人寿和恒安标准人寿（简称"恒安人寿"）。

围绕这4家公司，中国寿险市场又一次上演了激烈的资本暗战。东方人寿更因为深陷金融巨鳄德隆集团的财务危机，开业石沉大海，几乎成为"牌照标本"，更使得坚持其中的职业经理人"出师未捷身先死"。

与资本同舞的还有北京的同城"德比"兄弟：新华人寿和泰康人寿。8月30日，新华人寿向苏黎世保险公司、国际金融公司、日本明治安田生命保险公司等外资机构招募24.9%股份的协议在上海签署。

泰康人寿不甘落后，11月21日，泰康人寿宣布其境外募股落幕，境外股东包括瑞士丰泰人寿、新加坡政府直接投资有限公司等，泰康人寿的资本金因此达到20亿元，超过新华人寿的16亿元。

中资保险公司引入外资，表面"三得利"：资金、技术和公司治理。但是为话语权和分配权的博弈，可致三种结局：上局，众股平等，和谐治理；中局，一股独大，稳定向前；下局，祸起萧墙，纷争不断。

引入外资之后的泰康人寿，取上中局；而同城的新华人寿，却得下中局。颇有意趣的是，这两家同时开业公司之间的"德比"，横穿整个20世纪，于21世纪的第四个年头才彻底分出高下——泰康人寿胜出。然而，新华人寿经历全面危机、"国有"之变之后，反而先泰康人寿一步登陆资本市场。

胜出的泰康人寿，宛如小乔初嫁。

2008年，泰康人寿挟2006年、2007年A股市场的"暴利"，以雷霆万钧之气势，喊出了"越洋计划"，规模上超过一直稳居第三的太平洋人寿，成为中国第三大的寿险公司。但是，功败垂成，2008年8月之时，"年轻气盛"的泰康人寿却因为投资型产品的规模与结构失衡，而被监管部门"轻轻地"敲打。

投资型保险"分三国"，国寿分红意外爆款

1999年开始，面对降息之痛，以及巨额利差损，中国人寿、平安人寿、太平洋人寿三大公司各自寻找突围方向。

不约而同地，三大公司都推出了"保险保障偏低，投资风险部分或者全部由投保人承担"的投资型产品，成为各家公司"上规模、冲保费"的利器。同是投资型产品，三巨头的偏好不同：国寿最保守，选择分红；平安最激进，借助投连；太保则居于中游，启用万能。

不同的风险选择，亦决定了各自的命运。长远而言，这类产品，尤其是一次性缴费的趸交产品，成为保险行业可持续增长的一剂毒药。

无一例外，投资型产品都以火爆开头。

2000年，太保开发了国内第一款万能寿险——"太平盛世·长发两全保险"，该产品以其缴费方便、保障灵活、投资保底等卖点，切中市场的需求，仅4个多月，保费收入就达5.3亿元。截至2006年，该万能账户累计资金已超过30亿元，2006年平均结算利率达到6.5%。而参与开发首款万能险的陈尉华，后来成为中国共产党第十七次全国代表大会代表（2007年），上海金融系统唯一的北京奥运会火炬手（2008年）。

但是，中庸的万能险并不是最火爆的创新产品。

1999年10月，平安推出国内第一个投资连结保险，其热销情况一度让竞争对手中国人寿各省市场频频告急。

根据上海保险同业公会的统计，从1999年起，平安（市场份额42%）就超过中国人寿（37%）成为上海市场的霸主。到2001年，中国人寿的份额更是惨跌至23%，而平安寿险的市场份额已经升至51%。

面对平安的压力，中国人寿何去何从？

中国人寿内部争论激烈。有亲历者称，时任中国人寿产品开发部总经理李良温坚决反对推出投连险，李良温后来成为中国人寿主管精算和产品开发的副总经理。

中国人寿产品开发部副总经理彰井泉曾吐露选择分红险的缘由："1999年寿险经营形势严峻，居民储蓄存款利率七次下调，保监会出台了寿险产品预定利率的规定，中国人寿也推出了系列保障型产品，但市场不认可。经过市场调研，中国人寿将产品创新的重点定位于分红保险。"

2000年年中，中国人寿个险渠道开卖第一款分红险——中国人寿"千禧理财"，拉开了中国人寿著名的"分红险风暴"。其风头因远远胜过传统型的保险产品而成为新宠。

分红保险，是指保险公司在每个会计年度结束后，将上一会计年度该类分红保险的可分配盈余，按一定的比例，以现金红利或增值红利的方式，分配给客户的一种保险。

从全国市场看，2001年分红保险实现保费收入163.03亿元，占全年业务保费收入的46.57%。保监会亦专门点道："寿险分红险产品已成为新的业务增长点。"

再接再厉，2001年7月，中国人寿开发了银行渠道销售的国寿鸿泰两全分红保险（简称"国寿鸿泰"），并于当年9月推向市场。到年底不满3个月的时间里，便成功实现保费收入49.4亿元的好成绩。

中国人寿部分分公司更是迭创神话。例如，山东省仅国寿鸿泰一项就创下10天收入保费10.5亿元的纪录；而经济相对落后的陕西省也在短短的7天时间实现收入保费 7.5 亿元的奇迹。

事后统计，2002 年上半年，国寿鸿泰实现保费收入 340.8 亿元，而当时中国人寿的全部保费收入不过 733 亿元，该险种实现的保费收入占公司全部保费收入比例接近 50%，成为有据可查的销售最多的单一寿险产品之一。

国寿鸿泰的卖点突出，迎合当时的市场——保本；免税（免交利息税）；红利回报；上不封顶；保险保障（死亡风险保障）；等等。

分红险极大地放大了中国人寿的规模。2002 年，中国人寿分红保险业务保费收入共计 666.8 亿元；截至 2007 年 10 月底，七成业务为分红险的中国人寿总资产已突破 1.23 万亿元，可运用投资资金已超过 1 万亿元。

继国寿鸿泰之后，中国人寿先后推出国寿鸿祥、国寿鸿鑫、国寿鸿瑞等系列分红保险，业内称之为国寿"鸿系列"。通过"鸿系列"分红保险，中国人寿一举扭转了节节败退的颓势，并小胜平安一筹。

从 2001 年下半年起，资本市场低迷，保险资金投资收益下降，误导行为终于导致投连险的退保风波，平安备受挫折。到 2004 年 2 月，根据上海保险同业公会的统计，在上海寿险市场，中国人寿的份额重新上升为 32.3%，平安降为 28.75%。

不过，中国人寿并没有获得全胜。一方面这批以 5 年期为主的分红险，将导致中国人寿在 2007 年、2008 年面对最大的支付洪峰。

另一方面，分红险的分红难言满意。2007 年 2 月 27 日到期提取时，国寿鸿泰的购买者拿到的利息和分红，比当时的国寿鸿泰 5 年期宣传表上的利息加分红共 2043.48 元，少了 896.98 元，这一数值甚至少于同期的银行存款利息！换句话讲，除了少量的死亡保障之外，这笔钱存银行还比保险合算。

分红险的销售过程中，部分代理人甚至宣称：买分红险就是买中国人寿的原始股，而且每年还可以分红。

投资型保险的崛起，彻底颠覆了保险尤其是寿险行业的产品格局。

根据《2007 中国保险市场年报》，截至 2007 年末，投连险占寿险公司保费收入的比例为 8%，万能险占比 17%，分红险占 44.9%，三者相加，投资型产品的占比已高达 70%。

但是，以投资型保险为主的产品结构，容易导致保费规模的巨幅波动，进而影响保险公司现金流的稳定。实际上，投资型产品在火爆两三年之后，与一场寿险负增长不期而遇。2004 年上半年，上海等市场先后出现寿险负增长现象，为这种失衡的结构敲响了警钟。

如出一辙，台湾市场也出现了投资型产品投诉大幅增加的问题。第一类是过分强调高报酬，且诱导保户可提前赎回，完全未将资金可能被套牢风险告知保户；第二类是因保单费用结构不合理，保户不明了初年度所缴的保险费被扣除高额的附加费用，等接到保单账户价值的通知后，才发觉投资金额大幅缩水。

"银保"崛起，升级知易行难

除了投连，平安于20世纪末的另外一个创举就是引入银行保险（简称"银保"）。2000年8月，平安率先在银行柜台推出了分红型储蓄保险"千禧红"，由此拉开了银保之巨幕。

1996年，平安在上海成立银行保险部；1998年，在深圳总部成立代理部；2000年10月，银保市场开始真正启动；2001年第一季度，即完成全年指标（5亿～6亿元），全年进账20余亿元，占平安寿险的近1/3，一举成为平安寿险的三大支柱之一。

2002年，平安已经将四大国有商业银行和10余家股份制银行"一网打尽"，全国共有合作签约银行网点10000多个。仅网点数量而言，平安达到了一个高潮。

紧随平安，中国的寿险行业掀起了大干银保的热潮。

2001年11月，刚刚复业的太平人寿，借银保之力快速攻城略地，刮起了一阵"太平旋风"。2002年，复业后第一个完整经营年度，太平人寿即实现银保保费收入11.6亿元，创立了新公司低成本高速度进入市场、取得规模效应的一道典范。

2002年，国内寿险总保费收入同比增长16.56%，而银保同比增长达到400%，实现保费收入388.42亿元，占人身险保费收入的17.07%；2003年，银保实现保费收入764.91亿元，已占人身险保费收入的25.92%。[①]

三分天下之势铸成。

2003年1月1日后，监管层放开银保代理中"1+1"模式的限制，一个银行的网点可以销售多家保险公司产品，保险公司之间的竞争愈演愈烈，导致了手续费的恶性竞争，甚至形成一些手续费支付的"潜规则"。同时，银保产品和销售同质化，例如

---

① 从2002年第三季度开始，银保保费收入全面超过团险保费收入，从而使寿险公司形成个险、团险和银保三大销售渠道的架构。

产品多数属于储蓄替代型产品，期限短、保障低；且销售主要依托银行储蓄柜台和人员，无法深入。

在"银行—保险公司"的零和博弈中，掌握资源的银行往往占主导地位。

回溯银保在中国发展的10余年，银保升级转型总是知易行难——或者转型不成，重拾旧路；或者一收了之，银保硬着陆。前者似乎不胜枚举，后者案例如平安。

数据显示，早在2001年，平安银保的合作者就已经包括中国工商银行、中国农业银行、中国银行、中国建设银行、中国邮政储蓄银行、中国光大银行、中国民生银行8家银行，覆盖全国136个城市中的17540个银行网点，而银保专管员队伍也达到近千人。

巅峰之时，平安的银保业务平台资金高达百亿元。

2003年10月17日，马明哲和时任中国银行行长的刘明康交换了一纸昂贵的8年"婚约"——3年之内，平安将得到中国银行70%的优质网点独家销售其保单（第一年40%，第二年50%，第三年达到70%）；由平安出资，与中国银行总行共建银行保险部；中国银行将成为平安的主办行，到2003年底，平安全国机构的资金清算和结算将统一到中国银行账下；中银国际控股有限公司（简称"中银国际"）将得以与平安的三大外资股东——摩根士丹利、高盛以及新加盟的汇丰并肩成为平安境外上市的主承销商；双方交叉销售（保险、证券等）产品；协议为期8年。

原本秘密的协议被媒体曝光之后，震动行业。平安和中国银行之约，颠覆了此前简单销售的银保合作模式，惊动了其他三大行，同时为日后当红之银行保险公司埋下伏笔。

不过，8年太长，只争朝夕。

这张"婚约"太"贵"，后来并没有实现。2004年开始，平安自身也对银保进行了重新定位和转型；2005年，中国银行在香港成立了中银保险股份有限公司（简称"中银保险"），开始向保险业进军。

随着2004年的战略调整，平安银保几乎被腰斩。2004年、2005年，平安银保规模保费收入分别同比下滑55%和28.2%，总规模也从2003年的百亿元之上直落到2005年的52.24亿元历史低点，进而维持于所谓"盈亏平衡点"的60亿元左右。2007年，略有反弹。根据平安的年报数据，2007年，平安银保规模为72亿元，同比增长16.5%。

诚然，利润相对不高的银保被大幅裁减无可厚非。不过，硬着陆亦有负面的影响，其中尤以银保队伍流失、客户关系易分难合最为伤痛。

银保转型十年，筚路蓝缕。究其缘由，乃是没有资本整合下的转型，注定难以汇成燎原之烈火。

转机出现在 2008 年 1 月 16 日。这一天，保监会和银监会签署了《关于加强银保深层次合作和跨业监管合作谅解备忘录》。政策松动之后，资本层面的整合难以避免，银保转型即将超越修补的阶段，而进入一个更为开阔的维度。

▶ 梁家驹探路新银保

传统银保收缩之时，平安却开始尝试新的增长路径。

平安在深圳建行启动了 IC（IC, insurance consultant, 保险顾问）计划，即保险公司把顾问式销售派驻银行网点，销售保险产品。2004 年 10 月开始，当时平安有 6 名 IC 经理进驻建行深圳分行 6 个网点的贵宾理财中心。

这背后的设计师就是华人寿险业达人之一的梁家驹。2004 年，儒雅清癯的梁家驹，从平安创业元老王利平手中接过寿险的教鞭，掀起了平安高管人才国际化的一个高潮。如今，平安前 100 位高管中有超过 60 位来自境外，他们带来的是平安内部体制的国际化。

鲜为人知的是，梁家驹是"非典"横行之时，马明哲挺进重灾区香港，亲自进行猎头的结果。

值得马明哲冒险的梁家驹，是华人保险圈最资深的人士之一。

1975 年，梁家驹即在保险行业开始其从业生涯，就职于美国友邦保险公司。1989 年已经成为美国友邦保险公司副总经理的梁家驹，转任台湾南山人寿，最终职位为南山人寿总经理，南山人寿实际为 AIG 在台湾市场的寿险公司。1996 年到 2003 年梁转就职英国保诚集团，为保诚大中华区执行总裁。2004 年受马明哲力邀加入平安，2006 年起分别出任公司常务副总经理和首席保险业务执行官至今。

进入平安之后，梁家驹改良平安的银行保险模式，引入昔日在英国保诚时所创立的"渣打模式"，即平安在深圳与建设银行合作的 IC 模式，而香港汇丰保险通过这种模式用 3～5 年的时间超过了友邦，成为当地寿险市场新契约销售的第一。

两年之后，IC 计划持续向前，推广至建行深圳分行的 20 多家支行网点。

2006 年初的启动仪式上，仅限于深圳一地的实验，居然吸引了平安董事长马明哲与时任建行行长的常振明联袂出席。几乎与此同时，有关建行和平安可能成立银保公司的传言不胫而走。

颇有趣味的是，马明哲于现场大爆私料，称常振明和梁家驹之间其实早有渊源。因为 2000 年前后，时任保诚大中华区执行总裁的梁家驹，与当时代表中信集团的常振明经过最后 40 分钟的谈判，最终敲定保诚与中信之间合资信诚人寿的协议。

梁家驹有言，IC 经理的产能很高——普通的业务员达到 4000～5000 就已经相当不错，而 IC 经理一般都能够做 3 万～4 万。2008 年，平安的 IC 试验扩大到 4 个城市，包括青岛等。除了 IC，平安还在江苏南通试点 FPM（financial planning manager，财务规划经理）模式。

四家"壳"公司浮沉

2000 年光景，中国内地市场一纸牌照尚属难求。

这一年 8 月，新华人寿以每股 5.2 元的高价，出让近 25% 的股份给以苏黎世保险公司为首的外资公司。如此高价，并非新华人寿价值几何，而是稀缺牌照的溢价。此时，中国正处于加入 WTO 的艰苦谈判之中，开放与否尚存巨大的变数。

2000 年 10 月，一下子有 4 家新寿险公司拿到筹建批文，成为保险行业最为特殊的"壳"公司。这 4 家人寿保险公司分别是总部设在天津的恒安人寿、设在北京的民生人寿、设在上海的东方人寿和生命人寿。

此次获准筹建的 4 家公司中，民生人寿、生命人寿和恒安人寿其实是"老面孔"，其筹备时间均已超过 5 年。这 3 家公司几乎是和新华人寿、泰康人寿、华泰财险同时筹备的。1996 年上半年，当时的保险业监督机关中国人民银行批准了新华人寿、泰康人寿和华泰财险的建立，但并未批准民生人寿和生命人寿的筹建。

其背后的原因就是永安财险的接管。曾任生命人寿监事会主席的张洪涛接受《经济参考报》采访时回忆："中国人民银行原来是打算在 1996 年下半年批准我们（生命人寿）成立的，但后来发生了永安财险被接管的变故，为了审慎起见，监管机关放缓了中资保险机构扩容的步伐。"

张洪涛曾为中国人民大学财政金融学院保险学系主任、国发资本市场研究中心主任。她是保险行业少数横跨学界与商界的人。颇令人意外的是，当生命人寿真正开业之时，她已经和生命人寿无缘。不过，2004 年，张洪涛东山再起，再度获得一张保险牌照，并成功筹办了新公司正德人寿保险股份有限公司。

"壳"公司是和WTO谈判的产物。

当初，在关贸总协定谈判的过程中，在讨论第六项"影响服务贸易的政策"第二款"合资伙伴的选择"时，中国政府提出外资保险公司选择合营的中方公司，必须是非银行金融机构。鉴于国内符合条件的企业相对较少，因此，保监会提出组建"壳"公司的建议，并获得国务院有关部门同意。

但是，这4张牌照有着致命的缺陷。

根据批复，这4家保险公司仅具有与外资公司在境内合资设立保险公司的资格。换句话讲，这4家公司拿到的只是筹建成立的资格，准确地讲是合资的资格，而不是营业资格。所以，这4家寿险公司在成立之后，必须先与外国寿险公司合资成立一家新的合资公司，然后才能以合资公司的名义开业经营。

这4家公司的筹备工作，不约而同地一再延期，最终止于延长期的最后时刻。引入外资之前，中方股东未战先乱。

民生人寿曾经是最让业内看好的"小天鹅"。资料显示，民生人寿是由全国工商联牵头，由中国万向控股有限公司、中国泛海控股有限公司、江西汇仁集团、山西海鑫钢铁有限公司、东方希望集团有限公司和四川新希望农业股份有限公司等民营企业作为发起人而设立的。21家股东中，民营企业所占比例在90%以上；公司8.3亿元注册资本中，民营资本的比例在80%以上。

民生人寿是中国第一家以民营资本为投资主体的全国性专业寿险公司。其独特的治理结构，被外界期许能够打破国企的沉闷，以及克服外资的水土不服。比照其同门兄弟，民生银行已经是当下最为活跃和积极的商业银行之一。不过，这样的股权结构，决定了"（民生人寿）没有一股独大，但是谁说了也不算"。

4张牌照中，恒安人寿先行一步。

恒安人寿由天津经济技术开发区总公司、天津经济技术开发区投资有限公司、天津正信投资有限公司等11家股东发起组建。2001年11月8日，恒安人寿获批成立，资本金6.51亿元。2001年12月13日，恒安人寿更换中方"大老板"。第一大股东，天津经济技术开发区总公司（以及泰达集团有限公司、泰达建设集团有限公司）被改组成为"泰达投资控股有限公司"。

2001年12月28日，东方人寿和生命人寿也同时获准成立。而半年之后，2002年5月27日，保监会才正式批准民生人寿成立。

不仅如此，寻找外资之路更为艰难。

"2001年9月17日，中国完成加入WTO的多边谈判是一个分水岭，之前是外资上门求亲，之后是我们主动攀亲。"一位当年的亲历人士称。

2001年9月17日公布的WTO协定中，对国内合资伙伴的身份限制却被取消，"壳"公司遂陷入了一个尴尬的境地。

除了牌照之外，经营权亦是中外博弈的焦点。

此前的合资寿险公司，多数以中方出让全部的经营权为代价；但是这对于4家壳公司而言，放弃很困难，甚至共享也几无可能。因为但凡共享经营权的合资公司，往往因为内部"杯葛"，干不成任何事情。无奈之下，"壳"公司们只能寻求政策解脱。2002年9月，国务院有关部门调整政策，同意外资公司参股"壳"公司。

紧接着，民生人寿和生命人寿率先突围。

2003年1月3日，民生人寿与新加坡亚洲联合控股有限公司签订入股协议，新加坡亚洲联合参股民生人寿5%的股份。但是该公司仅为新加坡第五大保险公司，在当地保险市场的占有率为10%。

2003年6月，日本Millea控股有限公司（简称"Millea控股"）以合每股3.13元人民币的价格认购生命人寿24.9%的股份。Millea控股旗下的两家公司——东京海上火灾保险株式会社和Millea亚洲有限公司分别获得生命人寿12.45%股份，持股数量分别为169094540股和169094541股，共出资1.28亿美元，折合人民币10.59亿元。

此时的生命人寿，注册资本金达到13.58亿元人民币，所有者权益超过20亿元人民币，成为国内当时新成立的保险公司中资本最高的公司，风头无两（见表5-1）。

但是，由国企、民企和投资管理公司组成的生命人寿，其整合难度非常大。

短暂平衡之后，生命人寿的部分股东一度希望转手股份。其中，武汉武新实业有限公司（简称"武汉武新"）和北京丰利投资有限公司（简称"北京丰利"）无意间成为率先浮出水面的两家公司。市场曾经猜测，这两家公司的幕后老板均为香港知名富豪郑裕彤。

2005年年中，香港"小超人"李泽楷旗下的盈科保险集团有限公司曾经希望斥资5亿港元收购生命人寿22.09%股份，这部分股权全部来自武汉武新和北京丰利（后者持有生命人寿8.84%的股份，两者合计22.09%）。

不过，这项交易最终没有获得监管部门的同意。其中关键的难题在于，生命人寿外资持股的比例已经达到保监会制定的红线。

表5-1 2006年6月生命人寿股权结构

公司	变更前 持股比例/%	变更前 股份	变更后 持股比例/%	变更后 股份
广东省广晟资产经营有限公司	13.25	180000000	3.31	45000000
大连实德集团有限公司	13.25	180000000	不变	不变
北京首钢股份有限公司	13.25	180000000	不变	不变
武汉武新实业有限公司	13.25	180000000	不变	不变
Millea亚洲有限公司	12.45	169094541	不变	不变
东京海上火灾保险株式会社	12.45	169094540	不变	不变
北京丰利投资有限公司	8.84	120000000	不变	不变
巨能实业有限公司	7.07	96000000	不变	不变
龙赢投资有限公司	3.98	54000000	不变	不变
合升实业发展有限公司	2.21	30000000	0.00	0
瑞德实业发展有限公司	0.00	0	2.21	30000000
深圳市国利投资发展有限公司	0.00	0	9.94	135000000
合计	100.00	1358189081	100.00	1358189081

这4家公司中，只有恒安人寿一家按照标准流程做完了动作。

2002年7月，恒安人寿与欧洲最大的互助保险公司——英国标准人寿保险公司在天津签署了一纸"婚约"。双方各出资6.51亿元人民币，各占50%的股份比例，公司的注册资本金为13.02亿元人民币。

4家公司中，东方人寿开业旋即被停业，命运最为悲惨。2004年，来自中国台湾市场的台湾人寿，原本已经铁定携2.6亿元新台币入场，参股东方人寿。但是，控制东方人寿的德隆系突然崩盘。2004年8月，东方人寿受牵连，成为第一个被保监会勒令停业的保险公司。

东方人寿成立之初，德隆系旗下3家上市公司重庆国际实业投资股份有限公司、湘火炬汽车集团股份有限公司和新疆天山水泥股份有限公司"潜入"东方人寿，其中ST重实（即重庆实业）出资4000万元、湘火炬出资6000万元、天山股份出资5000万元，各占5%、7.5%、6.25%的权益。德隆通过旗下这三家公司，实际上间接持有东方人寿18.75%的股份。

案发之后才发现，东方人寿基本被掏空——东方人寿的注册资本金8亿元中，约

7亿元委托给德隆系的证券公司理财，几乎血本无归。2007年报显示，东方人寿的两家股东，潍柴动力（湘火炬重组为潍柴动力）和ST重实对于东方人寿的委屈略有表述。潍柴动力称，"由于东方人寿在中富证券、德恒证券、恒信证券进行的理财业务面临重大风险，已停业"；ST重实称，"东方人寿等均为德隆国际控制的关联企业，因德隆国际及其关联企业涉嫌违法违规经营，财务状况严重恶化，已被华融托管"。

诞生于牌照稀缺的年代，4家"壳"公司生而富贵；但是为合资而生的初衷，使得其命运增加了悲剧色彩。

日后的引资过程中，这成为与外资博弈的"软肋"，甚至是被要挟，4家公司在谈判中始终不处于主动地位。特别是加入WTO大局初定之后，牌照的价值更急速贬值，"壳"公司招亲外资之路，一度举步维艰。

即使开业之后，这4家公司多数亦不得"和谐"。其中，东方人寿"失身"德隆，至今有名无实；民生人寿一度"鲁难未已"，不复民生银行之神奇；生命人寿高管纷争，而幕后推手重重；恒安人寿虽完成合资，却表现平庸。

"到大陆去，赚500万"

距离加入WTO的时间越来越近，"借桥过河"论大行其道。

1999年6月，时任国务院总理朱镕基延揽香港证监会（香港证券及期货事务监察委员会，简称"香港证监会"）前主席梁定邦担任中国证监会（中国证券监督管理委员会，简称"证监会"）首席顾问，并公开呼吁，希望在美华侨、留学生及其他港台人士到内地工作。

朱镕基对梁定邦说："你在香港拿多少工资，我就给你多少工资。"一石激起千层浪，中国加入WTO的预期，令香港、台湾地区心潮澎湃。

"台湾服务业正在发生一次人才板块大移动，向一边的大陆靠拢！第一批登陆大陆的是保险从业人员，接下来可能还有金融、证券……对岸业者已经把桥搭好，正用力招手，把台湾的服务业精英吸引过去。"台湾岛内的媒体《商业周刊》煽情地写道。

此外，台湾岛内媒体还观察到，早期到大陆发展的保险业人士，目前多半已拥有一片天。

例如，"黄宜庚已经是中国第二大保险的业务大统帅，麾下统率平安的25万名业务员"。与黄宜庚同期到大陆的台湾伙伴，以担任平安保险理赔部门主管董秉坤的际遇变化最大。"董秉坤 7 年前还仅是台湾国泰的课长，若一直留在台湾国泰，现在最多只能当个经理。"一位台湾国泰的中阶主管如此形容同命不同运。

"黄宜庚"效应魅力无穷。

"今年（2000 年）以来，已经有三批共百名的台湾保险业务主管，渡海到广东深圳的平安总部报到；明、后两年，平安还要找更多像黄宜庚这样的人，到平安位于全中国的共 2000 处营业点，率领千军万马。"

除了平安保险，"包括大陆的太平洋保险公司、中宏人寿、中国人寿等前几大保险公司，也都大胆开出价码，勇于来台抢人"。

2000 年之前，赴大陆保险市场"拓荒"者，大都是极高阶管理者。2000 年开始，大陆对台湾人才的需求更明确：要大量能带兵打仗的中阶业务主管；其中尤以 10 年以上年资、有带"兵"管理经验的"处经理"最为热门。

协助平安保险面试人才的中间人介绍，平安 1999 年推出一项"投资联结险"，恰巧碰上股市牛市，产品拉出长红，业绩带动组织，业务员在短短一年内由 15 万人膨胀到 25 万人。

"千军易得，一将难求，平安现在即面临兵多将乏的境况。"以每位处经理旗下带'兵'100 名来算，光是平安，少说就需要 500 名台湾精英，几乎都是最为热门的"处经理"。

"到大陆去，赚 500 万！"成为一句富有煽动力的口号。

一些专事挖人的公司开出了"月薪新台币 12 万元（折合人民币 3 万元）、未来年薪千万的诱饵"。

最大的激励还是在组织增员的利益。

台湾媒体记录了一个经典案例：一位 42 岁、在台湾年收入百余万元新台币的台湾国泰离职员工，在平安受训完毕，分配至大陆东南沿海一台商聚集的城市担任业务主管，在一个半月的时间内，业务队伍就由 200 人扩增到 400 人，年收入可达新台币 300 万元；未来两年，年收入更将达新台币 500 万元。

林重文描绘，中宏人寿规划一个处经理有 500 名增员，上海一名业务员的月薪在人民币 4000 元左右，如果佣金是 5%，每个月就有人民币 10 万元的收入。

"如果第一年没有做到 500 人、5 年内年薪没做到 2000 万（新台币）的话，这种人我不要。"林重文接受采访时笑言。

诱惑台湾人才的不仅有高薪，更有极为广阔的前景。

有来自台湾的保险业者如同呓语般算账：以大陆目前 13 亿人口、每人 1 张保单来计算，还有11.7亿张保单待开发；如果需要20年时间达成100%投保率的话，每年平均有5850万张的保单可以做。

"每天光是签单，就可以签到手断掉！"

不过，这些中间人以及赴台湾揽才的合资公司高管都预计，大陆保险市场对台湾人才的需求，只有近5年；一旦本地的人才衔接上来，台湾人才的黄金时期也就过去了。

"平安保险2000年台湾去的100人，都被分配在沿海地区；现在去的还能挑选城市，5年内不想来的，5年后也不用来了。"即便如此，这样的估计依然还是过于乐观。

同时，大陆公司虽然花了高价，但是未必能够挖到干才。以当时岛内一般的行情来看，走经营组织路线的相对成功的处经理，年薪都在500万元新台币左右，甚至可以到上千万元新台币。"现在，在台湾做得不错的处经理，还舍不得割舍利益过去。"美商大都会人寿保险股份有限公司（台湾）资深副总经理陈亦纯接受采访时吐露真言。

一位负责挖人的中间人也私下坦陈，愿意抛下台湾、到大陆寻求发展的，多半并非"一军"，而是在台湾过得不如意的"二军"。不少没有管理经验的台湾寿险业务员，想趁年轻去大陆发展。

同时，如果片面认为"人多好增员"，亦是幻觉。大陆即使好增员，但每个增员能争取到的保单额，也只有台湾的四分之一。"除非你能够增员到16倍，否则根本就不划算。"

"如果不是来发展组织，而是来冲业务的人，我会劝他不要来。"太平洋安泰总经理张全福告诫。

时任友邦中国区总经理徐正广警示，台湾的保险人员要有一个认知，大陆对人才的淘汰是很严格的，可能会刷掉七成，只留最强韧的三成继续打拼。他就曾碰到一个四五年前被平安请来做业务员的女孩子，哭诉着说不知该不该回台湾。

徐正广说，来大陆就要做到本地化，做不到本地化的话，"就变成脱壳的蜗牛，也回不去，只好流落在此"。

平安"毕业生"：保险行业的"黄埔军校"

2000年，金盛人寿数百名代理人，随销售主管集体跳槽到另一家保险公司，这成为至今行业所知最早的保险行业群体性"挖角"事件。

同一年，于广州开业的信诚人寿保险有限公司（简称"信诚人寿"），也因为挖角同业，掀起了一场巨大的风波。

自此，"挖角"这一外来词在国内保险行业大行其道。

存在即合理。"挖角"大行其道，自有其庞大的市场基础。

截至2001年底，中国共有保险公司52家[①]；到2007年底，这一数字上升至110。短短六七年间，几乎增加了一倍。同时，相对于银行业和证券业，保险业的人才积累最为薄弱。

人才，是保险业赖以生存和发展的血脉。因其极度匮乏，行业上演了一场空前激烈的人才掠夺战。不仅中、高阶管理人士流动频繁，而且一家公司的营业部被另一家公司成批地挖走也不是奇闻。

其实，"挖角"是一把双刃剑。对于被"挖角"者，冲动是魔鬼，这些新的冒险机会，成为部分职业经理人的职业坟墓。而对于"挖角"者，通过"挖角"，公司虽然可以迅速拉起队伍、做进保费，但是，此前"挖角"的公司，很快可能变成被"挖角"的对象，而通过"挖角"建立起来的队伍，其本身的流动性就是很强的。

因利而来，就也会因利而去。通过"挖角"，保险公司除了强化非健康的兄弟袍泽之谊外，很难建立属于自己的企业文化。仿佛建立在沙滩上的大厦，当潮水退去，一切均将复原。

和广州一样，面对业内频繁的"挖角"，上海、江苏、北京的各家公司都求助于同业公会或者行业协会，各地公会也出台了各种各样限制恶性"挖角"的所谓"自律公约"。

在"挖角"大战中，平安最受伤。

最为市场化的平安成为中国保险行业的"黄埔军校"，遍布于行业的人才成为平安对中国保险行业的最大的贡献。巧合的是，每次平安人才有大流动，均对应新保险牌照的派发。

第一次是1996年，中国人民银行批准了泰康人寿、新华人寿、华泰财险、永安财险、华安财险等5家新公司。之前，内地只有5家保险公司——人保、太保、平安、天安保险和大众保险。

第二次是2000年前后，生命人寿、民生人寿、东方人寿和恒安人寿4家"壳"公司破土而出。几乎同期，太平人寿和太平保险以"复业"的名义获得了当时依然稀

---

① 其中国有独资保险公司5家，股份制公司15家，中外合资保险公司19家，外国保险公司分公司13家。

缺的保险牌照。

第三次是 2004 年，监管部门一口气批准了 18 张以上的新牌照，再度引发平安后起人才的纷飞。

这三次牌照的派发，以及随后兴起的各地分公司扩张浪潮，诱发了平安内部的中高层人事动荡，亦铸就了平安"黄埔军校"的人才地位。

新华人寿在组建之初便向孙兵伸出橄榄枝。作为平安第二号人物，时任常务副总经理的孙兵毅然离开，出任新华人寿总经理。随同孙兵一起离去的还有平安总部总经理助理兼北京分公司总经理孙伟光等多名大将。

同一时期，曾任平安寿险协理和北京分公司总经理的刘经纶也另觅新主，就任泰康人寿总裁。

孙兵等人的出走，引发了平安的第一波人事地震。追寻孙兵等人的脚印，2000 年前后，平安内部发生了高管创业高潮的第二波。

其中引人瞩目的有李钢和赵卫星。

平安集团副总李钢，自其参与创建平安直至离任，从来都是风头很劲。1995 年，美国林肯金融集团（简称"林肯金融"）曾以数十万美元的年薪，盛情邀请这位当时平安最年轻（30 多岁）的高层管理干部加盟。不过，当时的李钢却婉拒林肯金融并成为平安集团副总，分管寿险和投资。

但是，1997 年底，李钢被安排调任平安足球俱乐部董事长。当年最热闹的事情是，平安足球保级之时，据称李钢携巨额现金至现场，大喊"冲啊"，激励士气，最终保级成功。

1999 年底，"保级将军"李钢作别平安，出任筹建中的生命人寿的董事长。颇有轮回意味的是，时隔不久的 2000 年初，平安将林肯金融的斯蒂芬·迈尔（Stephen Meldrum）和斯蒂芬·克林顿（Stephen Clinton）招至麾下。有意思的是，此二人正是当初代表林肯金融力挖李钢的直接当事人。

就在李钢宣布"不玩了"的时候，平安高层人员中就相继有寿险协理何志光、黄萍，产险协理蔡生等宣布离开。何志光其后参与太平人寿的复业，率领太平人寿打下江山；蔡生则先就职于华泰财险，后栖身华安财险，经历了这家公司从国有股份制至民营股份制的全部变化。

2000 年前后，还有一位平安的"巨头"离开，这便是平安第三任常务副总经理赵卫星。自 1990 年加盟平安，赵卫星就一直掌握着平安的财政大权和财务细节。但是，2000 年上半年，赵卫星分管的财务工作被转交给平安从香港引进的安达信高级合伙人汤美娟负责；分管的投资工作则由安信基金管理公司原董事长徐建军负责。2000年6月，赵卫星辞职，赋闲在家。2000年国庆之后，应人保原总经理唐运祥力邀，赵卫星加盟人保，先后任人保财务部总经理和人保副总经理，2004年后又参与新公司国民人寿保险股份有限公司（简称"国民人寿"）的筹建。

瓜儿连着藤，藤儿牵着瓜。赵卫星走后，他原先分管的财务和投资两个部门人员也纷纷跳槽。

除了寿险，平安产险也相继生出诸多人事变故：产险协理袁力出走平安，转任保监会要职；车险总监藏家瑞改投华泰财险；产险上海总经理许跃宁出任国内首批公估公司之一上海大洋保险公估有限公司董事长。华泰财险也有多位原平安人入职。

同时，也许为弥补本土人才留下的空当，抑或是因为境外人才动了本土人才的奶酪，无论如何，从1996年开始，先后共有50多位境外专业人才进入内地平安保险的管理层。包括台湾市场的培训人士、以张子欣为代表的麦肯锡成员、香港寿险精英梁家驹、纯正的老外总精算师斯蒂芬·迈尔、前首席财务官和总经理汤美娟等。

2004年香港人梁家驹的入场是其中一个高潮。

这些外援的身影也曾经闪烁：平安产险陈强（原为美国环球保险台湾分公司总经理）、平安证券总经理叶黎成（原为唯高达证券行政总裁）、平安信托董事长童恺（原为高盛执行董事）、平安银行行长陈昆德［原为中国信托金融控股公司(台湾)副总经理］、平安资产管理杨文斌（原为安泰日本首席投资执行官）等等。

鼎盛之时，平安保险总部的财务、精算、IT、培训、投资、营销等主要业务门市部的负责人都由境外人士担任。彼时，内地保险业90%的境外专家在平安。当然，这些外部引入的人才薪酬高达数百万港币，甚至超过美国财富500强企业的顶级管理人员。不过，马明哲认为这些付出是值得的，"他们为平安带来的收益够平安为他们发500年工资"。

同时，相对于频繁变动的本土将领们，进入平安体系的境外人才，除少数之外，更愿意守住自己的"一亩三分地"。这显然亦是一个重要的考虑。

平安2007年回归A股之时，马明哲认为平安的第三大投资亮点是"国际化、专业化的管理团队"。根据平安的推介资料，目前平安集团和寿险公司高管层面，都是外资团队占60%，本土人士占40%。

不过，马明哲撇清，除境外人才外，平安也注意培养本地的精英，只不过方式有异，"平安不是把人送往境外，而是在实战中培养。每一个境外人才签约之时，都有一条，要指定培养3～5个本地的人才"。

太保进化（2）：产寿分家

2000年是一个转折。

和中国保险行业"先产险，后寿险"的进化类似，最赚钱的寿险业务，起始并不是太保的重点。受惠于母体的恩泽，太保最初的业务主要来自和交通银行信贷相关的财产保险业务，因此产险业务理所当然地成为太保的重心，后者以此为起点，发展成为国内第二大的财产保险公司。

但是，随着平安和中国人寿先后引入个人寿险营销，太保被动地跟随发展寿险业务。唯一区别在于，由于产险业务赚钱，太保的"一把手"们把更多的精力放在赚钱的业务上，寿险业务的发展相对迟缓。

类似的瓶颈，中国人寿和人保分家之前一样遭遇过。

但塞翁失马，焉知非福。正是由于当年"重财险，轻寿险"的业务策略，发育落后的太保寿险其利差损亏损规模显著少于平安和中国人寿。例如，从准备金余额占比上来看，2006年平安的占比是37%，太保是24%。从有效业务价值来看，2007年中期，平安利差损保单的有效业务价值为-164亿元，而太保这一数据为-28.73亿元。

1999年，由于分业的要求，交通银行将其全部股份转让给上海市政府，并渐次过户给相关的上海企业。除了太保，这一时期，"听话"的交通银行还将另外一个"儿子"海通证券一同转交。痛失证券和保险业务，交通银行数年后追悔莫及。

太保独立之后，寿险业务的"利差损"已经被发觉，而同期财险业务盈利颇丰，太保内部甚至引发了究竟要不要发展寿险业务的争论。与此同时，更贴近市场的平安发力投连险，太保的市场份额被动下滑。

太保寿险的春天还要等待。

2000年，太保自身的分业方案获得批复。2000年9月10日至12日，太保召开了一次分业经营机构体制改革暨思想政治工作会议，分业改革进入实质性的深水区。

分业背后实质是人、财、物的分割，将之和政治思想工作会议一起捆绑，协调的难度可见一斑。而关键时刻还得依靠觉悟和党性。

和中国人寿类似，由于产险的利润好、待遇高，多数管理干部和员工都不愿去前途未卜的寿险，至少不会主动要求去。最后的结果并不令人意外，当时多数的"一把手"不知道怎么干寿险，均留在了产险公司。不过，也有少数例外者，例如日后主政太保寿险福建分公司的朱健。

分业之后，太保寿险发展很快，远远超过保守者们的乐观预期。太保个人代理人数量由2001年底的14万人，迅速上升至2002年底的21万人。

创业之时，总是激情澎湃。

分业之时，从新疆分公司履新福建分公司"一把手"仅仅两年的朱健，面临着一个艰难的局面。彼时于太保寿险系统内，福建分公司排名倒数，只有400多名营销员。

出路只有一条：扩大队伍。干劲冲天的朱健成建制地拉平安的人。但是，太保的工资不高，朱健只有曲线救国：画愿景，给帽子。

即便如此，干部还是不够用，分支机构干部尤其匮乏。非常之时，行非常之法。一日，下乡选才的朱健行至福建漳州诏安县的一家四川饭馆吃饭，谈及扩张分支机构的"宏图"，邻座"偷听"的一"客官"深被感染，大胆地问："我行不行？"

经过简单交流，朱健确认，骑公安的摩托车"转悠"的这个人比较特别，可能有一定的社会关系和基础。于是，朱健给了他一个小山头，负责当地招兵买马，同时公司加派一个主训作为支持。果不出所料，这位"客官"半年之内就拉起了200人的队伍。

另一日，朱健到福建漳州云霄县发展机构。司机买烟之时，朱健问老板有无人推荐。老板说："巧了，正好有一个亲戚，退伍军人，已经在中国人寿干了3年保险。"不多时，进来一个仪表堂堂的年轻人，二十七八岁。凭直觉，朱健认为这个"亲戚"可以塑造。

但是，一辆破旧的桑塔纳，60块的街边旅店，以及过于简化的面试场景，却让面试的对象起疑：谁见过如此的分公司总经理？会不会是骗子？

后来，这位仁兄的叔叔果真至太保漳州分公司核实朱健的身份。确认无误之后，这位仁兄才欣然接受职位，成为云霄县县级营销服务部的负责人。

在那个创业的年代，这样的非常规做法，让朱健、福建分公司，以及太保寿险打开了一片天空。两年间，福建分公司从400人增长到9000人。

太保寿险快速的发展，亦留下偿付能力不足的后遗症。因此，2003年"新疆会议"成为一个小的拐点。时任太保寿险董事长的洪涛，开始雷厉风行地推行利润考核，要求做内含价值[①]高的业务，种下了太保寿险业务调整的种子。

数年之功，后任继之，此时的做法使得太保上市之时，寿险部门能够拿出行业内最优质之业务结构——传统险，其利润最好，占比最高。

但是，就在当时，究竟什么叫内含价值，几乎所有的分公司总经理都一脸茫然。

---

① 保险独有概念，指充分考虑总体风险的情况下，分配给适用业务的资产所产生的股东现金流价值。

不过，总公司高管中有一个明白人，这就是太保寿险的总经理金文洪。由于金文洪一直负责太保寿险的引资事宜，和外资持续数年的谈判中，对于外资认为什么最有价值，专业于财务的金文洪心领神会。

于太保内部，金文洪的工号为0006号。如此靠前的号显然暗示，金文洪是一开始就参与太保筹建的员工。金文洪的人生轨迹代表了一类上海人——下乡，上大学，到政府工作（或者事业单位）。这一类人，恰恰为过去十余年上海之领导力量。不过，金文洪的特殊性在于，他曾经在远离上海数千公里的黑龙江的最北端黑河，有过十年的知青生活。十年平凡生活而不改读书的梦想，斯人之个性可见一斑。

金文洪曾经用苹果树来比喻寿险的业务，用农民和果农来形容寿险公司，极为精到。

他说，趸交业务好比农民种麦子，每年种一次收一次，年年都得辛苦；期缴业务好像果农种苹果树，树种好了，年年都可以丰收。但是，种苹果树也得小心。寿险的利差损就好比烂苹果树，尽管它每年也结果，但结的都是烂苹果，不仅不能吃，而且还有毒。

考核的指挥棒改变之后，分公司们纷纷行动。其中，以吉林分公司最"有主意"。这家分公司在小个子"一把手"王恩怀的带领下，以企业文化建设为纽带，经七八年时间的洗礼，经历前后两任领导的勠力同心，打造了一个以传统期缴业务为核心、适当兼顾规模、健康而和谐的分公司。

尤其值得一提的是，王恩怀于任上树立的业务员典型——九台支公司总经理刘玉辉，以"夸不倒""长行善"成为保险行业著名的常青树式的典型。曾经历下岗失业的刘玉辉，不仅用保险改变了自己以及更多学历不高的人（下岗职工和种地农民）的命运，而且用保险之互助共济的功能实践自己的善行，成为当地的有名人物，还曾受到保监会主席吴定富的热情款待。

不过，调整之过程远非一帆风顺。

实际上，2004年、2005年乃是太保寿险压力最大的年头。受历史的利差损、快速增长的规模双重煎熬，太保寿险偿付能力跌破底线。2004年8月，太保寿险收到警告。翌年，保监会再出黄牌。仅2004年，太保寿险的偿付能力就存在90.16亿元的缺口。

偿付能力不足，给太保寿险的品牌和业务拓展带来极大的负面影响。同时，太保寿险还不得向股东分红，也不得增设包括营销服务部在内的分支机构。

太保面临着双重困境。

而救赎之路并不太顺利。早在2001年,市场即传言太保与澳大利亚安保集团（AMP）缔结"秦晋之好"。不过,由于AMP自身投资出现问题,最终未能开花结果。直到2005年底,太保集团与凯雷共同出资66亿元人民币（其中凯雷出资4.1亿美元）对太保寿险进行注资,这才减轻了太保寿险的偿付压力。

CHAPTER 6

第 6 章

投连之殇
（2001）

2001年的"9·11"恐怖袭击事件，让全球保险行业惊魂未定。

美国世贸中心刚刚倒塌，市场就纷纷担忧全球保险业可能遭受重创。悲观的观点认为，整个保险业蒙受的损失将超过千亿美元。不过，三年之后，拜美国联邦政府的巨灾补偿基金所赐，实际的数字只有300亿～400亿美元，远比预计的要少。

2001年12月11日，中国加入了WTO。保险成为率先全面开放的金融行业，外资巨头从来没有离中国市场的大门如此之近。在多年沉寂之后，外资不断积蓄着冲关乃至"红"遍中国的扩张冲动；内地的民众开始憧憬外资银行、保险的优质服务；而中资保险公司们感受到了前所未有的竞争压力。

2001年，中保集团[①]旗下的太平人寿内地复业，凭借银保利器突破重围。

继友邦之后，太平人寿成为又一家依靠业务模式的创新而一鸣惊人的公司。复业的第一个完整财年（2002年），太平人寿就揽进了11亿多元的保费收入，这相当于一般中资寿险公司开业五六年的战绩。其中，银保几乎占比接近80%。初尝甜头的太平人寿进而于2002年初确立了"以银保为突破，以团险业务为重点，以个人业务为基础"的业务策略。

不过，由于银保模式门槛不高，太平人寿的领先优势并未维持太长时间。两三年之后，银保几乎成为所有寿险公司闭着眼睛都能做的销售产品，并因价格战甚嚣尘上

[①] 1931年，中国保险（控股）有限公司（简称"中保控股"）的前身——中国保险股份有限公司成立于上海。1949年10月，人保成立，中国保险股份有限公司经改造成为其全资附属公司，并停办境内保险业务（境外业务继续经营）。1998年，国务院将人保旗下的境外经营性机构划归中国保险股份有限公司，与早6年成立的香港中国保险（集团）有限公司（简称"中保集团"）实行"两块牌子，一套班子"的管理模式。2002年8月，中国保险股份有限公司更名为中保控股。中保控股，是隶属于国务院的国有控股金融保险集团，总部设在香港。

而沦为少数公司努力削减的劣质业务。

值得一提的是太平人寿挺进银保的股权伏笔。中国工商银行（亚洲）有限公司，通过参股太平人寿姐妹公司——同属中保集团成员的太平保险，与后者形成银保市场早期中国内地唯一一例有间接股权关系的"银行—保险同盟"。

数年之后，当安联集团入股中国工商银行之后，其在中国的合资寿险公司中德安联人寿[①]（简称"中德安联"）亦复制类似的股权纽带。

不过，太平人寿和工商银行可能走得更远。一个版本是，工商银行、太平人寿的母公司中保集团，以及外资股东富通集团三方成立一家新的合资公司，由新公司全资持有太平人寿、太平保险、太平养老保险与太平资产管理4家公司的股权。

在价格战的摧残之下，保险公司支付的费用节节攀升，简单的5年期趸交投资型产品事实上已经只有微利，甚至无利可图，更遑论期限更短的趸交产品，除非投资收益出现类似2006年、2007年的重大逆转。但是，由于"银保渠道+投资型保险"可以迅速做大规模，亦有新、老公司乐此不疲。

2001年，发端于1999年、2000年的投资型保险突飞猛进。

这一年，投资联结和分红类新产品保费收入412.3亿元，占寿险保费收入的32.2%，同比增加28.8个百分点。异军突起的投资型保险迅速带动当年的保费收入，达到2109.36亿元，同比增长32.2%。

时任保监会主席的马永伟颇为欣慰："（这）是近年来增长速度最快、经济效益最好的一年。"32.2%的增长速度是过去8年，仅次于1997年的第二高增长（见表6-1）。

2001年，资本市场先扬后抑，投资型保险随之潮起潮落。

表6-1　1994—2001年中国保费收入

年份/年	1994	1995	1996	1997	1998	1999	2000	2001
保费收入/亿元	498	615.7	765	1080	1247	1393	1595.9	2109.36
同比增长/%	—	23.6	24.2	41.2	15.5	11.7	14.6	32.2

数据来源：保监会。

特别是平安的投连险，从上半年的天之骄子，跌落为下半年的过街老鼠，诱发了

[①] 2006年3月20日，安联大众正式启用新名称"中德安联人寿"。

中国市场第一次保险产品公共危机。[①]

"投连危机"是划在中国寿险业的一道深深的伤痕。对于始作俑者平安而言，投连是一杯先甜后苦的酒，所经历的是一段无法回避的记忆，或许也是一个洗心革面的起点。

这一年，互联网泡沫的破裂，使得 1999 年、2000 年兴起的各类保险网站和互联网公司，或者倒闭，或者梦碎，或者转型以求生存，比如平安花费 2 亿元轰轰烈烈创办的网站"PA18.com"。

2000 年，尽管平安已经成立 12 年，但是马明哲一直保持低调形象，与媒体避不见面。这一年，马明哲为一个网站破了戒，这就是平安"新概念 PA18"金融电子商务网站。

2000 年 8 月 18 日，PA18 成立时热闹非常。

"保险业巨头平安花费 2 亿元巨资打造，聘请麦肯锡亚太区合伙人、董事张子欣出任 PA18 网站首席执行官"等新闻，一时间吸引了网络业和保险业注意。而与 PA18 同时成立的泰康在线以及太保网，更是把整个 8 月变成了保险公司触网月。

电子商务诱惑难挡。

在成立之初，PA18 是一个独立运作的实体，甚至专门成立了"平安信息网络有限公司"。与 PA18 同时成立的，还有位于苏州、号称投资 3 亿元打造的平安保险"95511 电话中心"。这两个项目上线前后相隔不过半个月。

然而，两年后，当"95511"隆重庆祝自己两周岁生日时，同样成立两周年的 PA18 网站却是一片静悄悄。

PA18 的影子在平安内部确实越来越淡。除了名为 PA18 的网站仍在运作之外，在平安内部已经找不到以 PA18 命名的职能部门，也不再有冠以 PA18 字样的职务。独立的财务和人事部门早已被总公司收回，IT 部门被搬到总公司技术中心。

对此，曾经意气风发的张子欣解释说，2001 年，董事会经讨论决定：将 PA18 纳入集团整体业务。

"2001 年上半年是我们最感受挫折的时候。坦白地说，是因为我们摸索了很久之后，一直没有那种真正摸到路的感觉。"当时的 PA18 副总裁顾敏回忆说，"我们毕

[①] 2006 年被称"保死不保生"的友邦重疾险，以及 2007 年被质疑暴利的交强险，是国内保险行业另外两起著名的产品危机。

竟是在一家传统企业里做电子商务,所有工作,都要从企业整体的角度来看。如果不能真正在业务中体现出来,就算 PA18 上市了,按照当时的市场情况,整个网站的价值可能最多几亿美元。而如果将电子商务纳入集团业务后,能给平安的业务带来哪怕是几个百分点的提升,这个价值也相当大了"。

回首这一段,马明哲认为:"麦肯锡建议平安应该在网络方面发展,张子欣成立了一个 IT 公司负责做这个项目。现在回过头来看我们那时候行动得太早了,当时中国互联网行业还不成熟,人们还不接受这种消费模式。"

但是同时,平安收获了更为值钱的人才。

"虽然这个网络项目因时机不成熟,被暂且放下,但我想,我们能不能把张子欣的团队变成平安的团队?我对张子欣说,你们过来,成立一个信息管理部,和 IT 整合在一起,开始他们就不同意。后来张子欣被我说服了,张子欣再说服其他人,我们把张子欣的一套人马变成了平安的员工,张子欣担任集团副总,还包括现任平安集团副总经理兼首席市场官吴岳翰、集团总助顾敏、首席信息官罗世礼。"马明哲说。

投连之殇

接连的降息风暴,打得稚嫩的寿险业晕头转向。新产品开发赶不上降息的脚步,中国的寿险行业面临两难抉择:继续卖单,利差损越卖越大;收手不卖,庞大的销售队伍面对无米之炊,甚是难以为继。

头悬两把达摩克利斯之剑,平安的马明哲苦寻解脱之法。

1997 年左右,来自海外的总精算师、平安所引以为傲的"外脑"利伯祥拍马赶到,向马明哲献上了一计。他向马明哲介绍了海外市场方兴未艾的投资连结保险。

这种新型投资型保险的奥妙在于兼顾保险和投资,不仅可以迎合中国投资者既要保障又要赚钱的心思,而且由客户完全承担其中的投资风险,平安不用再为利差损发愁。相反,只要做好服务,就可以赚钱。

同时,由于当时的股票市场正处于牛市,保险资金借基金间接入市的大门洞开,平安似乎已经看到一个无比光明的"钱"途。

于是,一个名为"凤凰计划"的投连险考察研究项目新鲜出炉。在中国传统文化里面,凤凰是一种高贵的吉祥鸟,同时"凤凰涅槃"也寓意着死而复生、活得更精彩辉煌。

名曰"凤凰计划"，平安的苦心可见一斑。不过，这只凤凰不仅没能浴火重生，反而带来了一场火灾。这是建言的利伯祥和纳谏的马明哲没有想到的。这是后话。

两年之后，1999年10月22日平安推出了内地第一份投资连结保险——平安世纪理财投资连结保险（简称"世纪理财"）。这是：保监会破天荒地以"会"的名义批准的一款新型寿险产品，而且可查资料显示，似乎仅有这一次，通常寿险产品审批或者报备只需要下面的专业部门就可以完成。

投连一诞生就成为"明星"，一扫此前寿险产品设计的呆板。

产品结构上，平安的投连于保险行业中引入"伞形"投资账户——即同一险种旗下设立多个投资账户，供不同客户按投资需要和风险承受能力加以选择和转换。这种结构类似于基金行业的"伞形基金"①，但是平安无疑比中国基金业领先。

运作模式上，投连险把保费分为两个部分，一部分用于购买保障，另外一部分进入投资账户，其风险和收益都由客户承担。

这样的设计使得平安完全可以挣脱利率变化的束缚，从而赚取稳定的无风险利润。毫无悬念地，于上海试销的投连成为平安攻城拔寨的利器。

2000年的中国股市基本上是一个单边上扬的市场，上证综合指数全年上涨了51.73%，深证综合指数全年上涨了58.07%。2001年上半年，股指依旧震荡盘升，上证指数半年间上涨6.97%，创下2249.77点的历史新高。

投连巧遇牛市，威力大增。受A股市场的刺激，平安投连险的账户收益率仿佛被打了一剂兴奋剂，连创新高。例如，设立于2000年10月31日的平安发展投资账户②，截至2001年6月30日，投资账户投资单位卖出价为1.1946元，与设立时相比，增长率为19.46%，与2000年底相比，上半年净值增长率为8.81%。

有数字为证。1999年上海寿险年终盘点，平安保费收入首次超过中国人寿近34亿元（占42%），中国人寿30亿元（占37%），太保约6亿元（占7%），友邦约10亿元（占12%），中宏人寿8000多万元（占1%），太平洋安泰约3000万元（占0.4%）；2001年末算账，平安保费收入高达65.6亿元，市场占有率51%，中国人寿剧跌至23%，友邦（14%）与太平洋（10%）则不分伯仲。

时任中国人寿上海分公司总经理的何静芝曾说，形势真正急转直下是在2000年，暗指投连。显然，火爆的投连成为颠覆上海滩保险市场格局的关键。这也为当时所谓

---

① 指一个母基金下再设立若干个子基金，各子基金独立进行投资决策的基金运作模式。
② 平安为客户提供了"平安发展投资账户""平安基金投资账户"和"平安精选权益投资账户"三个投资账户，风险和渠道各不同。

的"两何之争"[平安(上海)的何志光和中国人寿(上海)的何静芝]画上一个阶段性的分号。

时任保监会副主席吴小平说,平安这是在第一个吃螃蟹,第一个吃螃蟹的人意味着可能尝到甜头,也可能被螃蟹夹到。

一语成谶。

平安是先尝到了甜头,后来却被螃蟹夹到!

于上海试点之时,投连尚在掌控之中。第一批700名投连销售人员都是平安的精英,具有3年以上的司龄和保险从业经历。他们一旦被发现违规销售,将立即被取消销售资格。同时,平安还安排100%售后电话回访,设计了第二道防线。

在上海试点之后,投连如野草般疯长,北京、南京、宁波等21个省会和中心城市先后开始上演投连大戏。久违的"排队买保险"场面再度显现。

2001年12月,平安PA18网站公开的统计数据显示,"世纪理财"的月收益率最高为4.87%,运作14个月已累计为客户创造16.14%的收益率。如此骄人的业绩,一直是平安的业务员游说客户最有力的佐证。

盛况之下,平安部分销售员的说辞开始变形——收益被放大,风险被缩小。

一些不恰当的信息到处流传,例如,"一次性投入5万元,每年预期回报率如果是20%的话,30年后,连本带利将达1068.23万元"。销售乱象愈演愈烈。

到了2001年下半年,在清理银行违规资金、国有股高价减持、问题股地雷集中引爆等一连串打击下,股市大幅下跌,上证指数半年间狂挫25.79%。市场转头向下,投连账户也出现不同程度的亏损。数据显示,2001年,发展账户亏损454万元,其中基金投资亏损305万元;基金账户亏损6655万元,其中基金投资亏损1972万元。

2001年10月,保监会发布针对新型寿险,例如投连、万能和分红保险的公告,提醒消费者要认真了解产品特性,清醒认识自己将要承担的风险。这被认为是监管部门"对投连产品的风险性给予严重警告"。

2001年12月6日,《南方周末》发表了记者杜卫东撰写的调查《平安"世纪理财":被隐藏了的亏损真相》。该文称,如果扣除买卖价差等各种费用,"0.67%的人赚了,99%以上客户至今入不敷出"。尽管对于其计算的方法,保险公司并不完全认同,但是,投连险亏损的情况引起了市场极大的关注。

人潮又涌向平安福州分公司。不过,这次客户不是为抢购,而是要求退保。平安福州分公司的第一次"退保事件"被炒作得沸沸扬扬。

很快，投连"退保风"吹遍了整个市场。到 2002 年上半年，投连险降幅高达 36.04%，全国投连险退保率为 4.9%。

平安的声誉备受影响，保费规模大幅下滑。面对这场可能危及公司生存的危机，平安不得不壮士断腕，除了拿出巨额真金白银进行补偿，马明哲亦亲自坐镇处置。在 2002 年泰国芭堤雅明星高峰会上，马明哲以"百年老店，诚信为基"为题做演讲，对平安在投连中的失误做深刻反省。

平安总部成立了直接向马明哲汇报的危机处理小组，各地分支机构高度戒备，成立以"一把手"为责任人、由总经理室直接领导的投连专项工作小组，每天一会，发布投连简报和动态报告。同时启动中国保险史上最大规模的客户回访，逐步释放了风险，集体性诉讼案件得以避免。

对于投连之殇，平安认为是"在一个不恰当的时机，一群不恰当的人，卖给了不恰当的客户"。但是，这是全部真相吗？

实际上，就在媒体追打之时，曾经有友邦的精算师撰文质疑称，就产品本身而言，投连同样存在重大的瑕疵——平安的获益可能多于客户。数据显示，第一代投连的费用普遍偏高。例如，主险合同包括 5.26% 的买卖差价、每月 0.1% 不等的资产管理费、投资账户转换费（首次转换免费，第二次按投资单位的 1% 取，不得超过 100 元）以及退保费等。

这些费用远远高于开放式基金。或许有鉴于此，此后的新型投连险，绝大部分都大幅降价，部分公司的买卖差价甚至为零，完全和开放式基金类似。

由于初始扣除的费用偏高，如果按照标准缴费，客户第一年能够进入投资账户的资金相当有限。这样，即使平安在 2000 年和 2001 年上半年的投资赚了大钱，客户能够分享到的仍然是少部分。高费用显然会侵蚀客户中短期的投资回报。

2003 年 5 月，保监会下发《个人投资连结保险精算规定》。平安等开办投连险的公司先后停止了原保单的销售。至此，第一代投连产品折戟沉沙，淡出市场。

投连危机是中国保险史上第一次因为产品问题而引发的公共危机。

经年之后，中国人寿的分红、友邦的重疾险，以及财险行业的交强险，分别因为"分红不如存款""保死不保生"，以及"交强险暴利"说而备受质疑，并掀起巨大的风波。

时过境迁，马明哲对于当年的投连危机亦有检讨和思考。马明哲曾在平安学院的讲话中回忆："当时整个公司陷入了上下各自为政、政令不通、指挥失灵的状态。现在回想起来还是令人极为心痛！

"事实上，公司在推出投连产品之前，是提前考虑到产品风险的。但问题在于我们在执行方面出了问题，我们最终还是高估了自己的能力，高估了我们这支队伍。……那时候，由于队伍执行的偏差，公司与客户之间产生了许多争议，一些客户对我们不再理解、不再信任，甚至发生了些不理性行为。一边是上海分公司遭到近百名客户群诉围攻，一边是北京方面有客户到保监会门口静坐，而保监会连连来电通知哪些地方又出了问题。

"为最大限度挽回、重塑客户对平安的信任，公司上下一心，群策群力，推动实施了'百万客户大回访计划'。……前后我们总共回访了全国104万名投连客户。"

平安的分业抗战

分业经营是一把刀。

1993年，国务院颁布了《关于金融体制改革的决定》，明确对银行业、证券业、信托业和保险业实行"分业经营、分业管理"的原则，以整顿1992年下半年开始出现的金融秩序混乱、金融市场失控的局面。

1995年10月1日出台的第一部《保险法》也明确："同一保险人不得同时兼营财产保险业务和人身保险业务。"此时内地保险主体尚少，需要"动手术"的便是4家综合性保险公司：中国人民保险公司、中国太平洋保险公司、新疆兵团保险以及平安保险。

1996年，中国人保改组中国人民保险集团，其下分设中保财产、中保寿险和中保再保险3家子公司。1998年，人保再度改革，被一拆到底，形成三家完全独立的公司——中国人民保险公司、中国人寿保险公司和中国再保险公司。

2000年前后，新疆兵团保险和太保紧随其后，做完分业手术。新疆兵团保险改为新疆兵团财产保险公司（简称"新疆兵团财险"），在把原有的寿险业务消化完毕后，成为专营财产险业务的公司，同时业务经营范围由兵团范围扩大到全疆。

太保仿照人保，一分为二。太保改为中国太平洋保险集团（简称"太保集团"），并发起设立太保寿险和太保产险，注册资本均为10亿元。太保分业极大地解放了寿险的生产力，寿险业务发展迅猛。统计显示，截至2001年11月底，太保集团实现保费收入204.2亿元，比2000年同期增长47.9%。其中，财产险保费收入78.6亿元，同比增长24%；人身险保费收入125.5亿元，同比增长68.3%。

同为股份制公司，平安要固执得多。

几乎和规定出台同时，1993年，马明哲就在平安内部提出了平安走综合金融集团化的发展道路。年底，外资股东高盛、摩根士丹利的加盟，极大地开阔了平安的国际化视野。① 但是，平安做金融控股、搞综合金融集团的战略设想，和监管层分业经营的思路背道而驰。

宏观层面，1994年到1997年，分业经营的原则并没有得到坚决的贯彻和执行，通过假回购、真拆借，大量银行资金进入股市，引发股市波动。于是，1997年，决策层再次强调"分业经营、分业管理"。

平安心仪的模式是集团控股模式，即由一个集团公司（或控股公司）全资拥有（或控股）产、寿子公司和投资子公司，由集团控股公司对业务、财务、投资、人事、计划和风险内控等重大决策进行统一管理的分业模式。②

这和监管层的要求相悖。

平安从1996年即开始着手分业准备，但是方案并未顺利通过，1998年和1999年分业方案更是两度被驳回。

平安集团现任副董事长孙建一回忆当时的压力："分业的时候，保监会召集全系统开会，监管领导当众批评对分业执行不力的平安，马总回来说，大家的眼光齐刷刷地向我射来，但我觉得很坦然，我相信综合金融是国际趋势，对平安也是有利的，那就坚持吧。虽然事后证明平安是对的，但这一挺7年的艰难常人无法体会。"

面对困境，马明哲的策略是一个字"拖"。不仅"拖"，平安还不放过吃"窝边草"的机会。1996年，平安完成对中国工商银行珠江三角洲金融信托的收购，并更名为平安信托；同一年，更在信托公司名下正式成立平安证券。

不过，"拖"亦有代价。

当时马明哲求见监管部门的领导，曾遭遇提出"只谈五分钟"都遭拒的尴尬。同时，平安分业没有完成之前，监管机构一直不审批平安新的分支机构。1994年至1998年期间，平安经中国人民银行当地分支机构批准，在郑州、太原、兰州及部分中心城市设立了分支机构。但是保监会成立后，只核准了其中少部分分支机构开业，仍有43家分支机构不能恢复业务。直到分业改革完成之后，这些遗留机构问题才一并解决。③

---

① 在无参照先例的情况下，平安历经了长达两年之久的谈判，在一片争议中引进了摩根士丹利和高盛两家股东。当时国务院的批复是，不允许外资向平安派入董事，外资代表只能以"观察员"的身份列席董事会，这成为内地金融机构引进外资的初始模式。

② 日后回归A股之时，集团高度控股子公司的模式被认为是平安的卖点之一。

③ 引自《中国平安保险股份有限公司分业经营实施方案》。

跨过20世纪，宏观环境天翻地覆。

1999年10月22日，经过25年12次的尝试，美国国会最终决定废除《格拉斯－斯蒂格尔法》及《银行控股公司法》，取而代之以新法案《金融服务现代化法》。新法案允许美国金融公司及所属子公司、分公司从事任何跨行业、跨部门、跨地区的金融业务，而不受到法律约束，从而结束了美国半个多世纪分业经营的局面，宣告混业经营的正式到来。

同时，中国加入WTO在即，本土金融企业即将被卷入更大的开放与竞争的形势，鹿死谁手尚难预料，监管层的思路从"管制"防风险，开始向"促进发展"转变。

2001年12月7日，保监会同意了平安按保险集团模式进行分业改革。2002年4月2日，平安分业改革开始进入实际操作阶段。平安成为最后一家完成分业经营的保险公司。2003年2月，中国平安保险（集团）股份有限公司挂牌，平安金融控股架构正式确立。经过8年的"磨蹭"，平安终于获得了一张完全的金融控股牌照，成为当时继光大集团、中信集团之后第三家金融控股集团。

2003年底，平安集团凭借平安信托，和汇丰联手收购了福建亚洲商业银行（后平安取得控股权），更名为"平安银行"。平安成为国内首家并购银行的保险公司。

但是，无人可为"花无缺"。随后于广发银行的世纪之争中，平安最终不敌花旗银行和中国人寿，成为其实施银行战略以来最大的挫折之一。

平安之计划中，自2001年起，未来3～10年，银行和资产管理业务将成为平安新的利润增长点；未来5～15年，消费信贷、年金、健康险、第三方资产管理等业务将成为新的利润增长点。

平安保险综合金融的协同效益也开始显现。2004年到2005年，平安寿险交叉销售平安产险8.73亿元和13.38亿元。同期，平安产险交叉销售平安寿险5.40亿元和2.52亿元。

但是，究竟要不要综合化？ H股上市之时，平安亦无数次被专业投资者问及，全球已经不流行综合金融了，平安为何还要做？

马明哲对之曰，根据"国情、司情和做法"，"公司已经拥有庞大的客户群、销售渠道，并建立了良好后台，拥有了成本和品牌的优势"。

天下大事，从合至分，再至于合，中国的保险业经历了一个轮回。面对混业，乃至更为摩登的称谓"综合经营"的趋势，一个横跨分业监管鸿沟的超级监管呼之欲出。

1998年，英国以及日本将国内金融业的多个监管者合并为超级监管机构后，丹麦、冰岛、韩国、挪威、瑞典和德国等国也纷纷开始效仿此种单一金融监管模式。2008年，华尔街深陷次贷危机，握有更大权力的美国联邦储备委员会（简称"美联储"，

FED），一定程度上成为美国金融业的超级监管者。

中国市场 2006 年也曾讨论建立一个规格高于一行三会（中国人民银行、银监会、证监会和保监会）和财政部门的"金融监管协调委员会"的计划。

车险一次费改：抢跑者出局

2001 年 10 月 1 日，全国车险市场产品费率改革试点正式启动，改革突破口选在广东省。

和其他商品价格改革类似，中国商业保险产品和费率的管理经历了从无监管，至严格监管，再到逐步放松监管，之后可能又部分收紧的过程。

时值中国加入 WTO 前夜，选择中国改革开放最前沿的广东，监管层显然受到"春天的故事"的影响，期望拉动一场全国的变革。由于机动车辆保险在整个财产险中占有极大比例，也是各家财险公司利润的主要来源，车险改革牵一发而动全身。因此，国内之车险改革也选择了先试点、后推广的渐进式改革策略。

保监会的决心很大："我国将在广东省进行车险费率改革试点，车险费率由保险公司自主制订、监管部门审查备案。即从 10 月 1 日起，广东省的同一家保险公司，在不同城市可以实行不同的车险费率。在同一城市，各保险公司也可以实行不同的费率标准。"

但是，中国的产业发展常常陷入一个"怪圈"：一放就乱，一收就死。2001 年试点、2003 年正式推广的车险费率市场化没能逃脱这个魔咒。

2001 年 12 月 18 日，新进广东市场的华泰财险打响了车险降价的第一枪，就此拉开了持续半年之久的车险价格大战。华泰财险的方案是：将市场车险客户大致分为三类，第一类是党政机关公务用车，车险费率一律调低至 55%；第二类是事业单位、银行系统（均系国企）等单位自用车辆，下调至 35%；第三类是个人用车等非营运车辆，下浮 25%，出租车等营运车辆费率不变。

但是，出人意料的是，大幅降价并没有吸引保户蜂拥而至，业务量反而下降了 10%，保费收入下降了 50%。其中的原因在于车险的客户其实是掌握在中介渠道手上的，华泰财险的折扣表面上让客户得利，其实是让中介受损，显然中介不会把业务"卖"给华泰财险。

掌握客户资源的中介成为中国车险行业的一个"寄生虫"，他们挟市场以令公司，吃拿卡要，拖欠保费，提供虚假信息（应收账款问题和客户资料失真是埋藏在车险经营中的"两大毒丸"，但是其鲜为外界知晓），甚至内外勾结，理赔时跑冒滴漏，但是只卖保单的保险公司却不得不低头，长期以来无力改变现状，直到各家公司被迫加强电话直销的渠道才略有改观。

吃了大亏的华泰财险，后来在掌门人王梓木的带领下，洗心革面，远离车险，专心投资实业，略有小成。

一家专业车险公司的高管曾经开玩笑，车险就好像中国的"哥德巴赫猜想"，谁能破解，谁就能获得诺贝尔奖。

广东试点之时，一边是华泰财险的明折，另外一边其他公司表面上没有参与打折，但都加大了"回扣"的比例，打起了暗折。

明争暗斗，剑拔弩张，一场血雨腥风的价格大战拉开了帷幕。6折、5折、3折、最后打到了2.8折。市场用"割肉""出血""自杀"来形容2002年初广东市场的车险价格战。

2.8折的车险是否能够使保险公司盈利？显然不能。粗略估计，车险综合赔付率平均在45%～60%，税收总计大致为6.5%，保险公司平均费用率大致为15%，车险代理手续费低水平估计为15%～20%，剩下的即为最大的折扣空间。

费率市场化之后，车险行业逼近全行业亏损的危险境地。同时，2001年、2002年，受银行汽车信贷的支持，新车新手大量上路，风险集中爆发，这成为压垮中国车险行业的最后一根稻草——全行业亏损成为挥之不去的艰难宿命。人保财险上市之后，第二年就交了不及格的成绩单，盖拜车险亏损所赐。

和彩电业的价格不同的是，保险的亏损会在一段时间内被隐蔽，产生一种可怕的"假盈利"幻觉，这种幻觉使得保险公司在价格战中异常勇猛。对于保险公司而言，虽然每个月需要支付一大笔理赔费用，但只要所收入的现金高于理赔费用，它仍然会打价格战，饮鸩止渴，并以此恶性循环。

保险公司和行业协会想到了用所谓商品行业的"价格同盟"来应对愈演愈烈的价格战。《中国保险报》报道，当年短短的6个月里，广东车险5次发起价格同盟，5次均因内部出现"叛徒"而告吹——谁叛变，谁得益；早叛变，早得益。在极端的情况下，下午缔结同盟，晚上修改政策。"囚徒困境"成为车险价格同盟挥之不去的魔咒。

价格同盟不行，各公司又搞起了"自律公约"，其核心条款是：保险公司给予中介的手续费将不超过保费的15%；将组成"广州地区车辆保险协调领导小组"，统一协调和研究机动车辆保险业务中各种违规、违法、损害消费者利益的现象和行为。但是，

"自律公约"也没能管住市场。

价格同盟和自律公约均落空,但是广东车险改革事关全局,监管部门不得不出手。2002年7月、8月两个月,深圳、广东、成都、北京等地保监办携手出击。

对于车险费率的市场化,一直都有不同的声音。

某保险公司的一位车险负责人认为:"中国的财险业就像一个还没有出过门的孩子,如果家长一下子把他推到大门外的闹市上,他将会感觉无所适从……韩国在1994年就推出了车险费率的市场化,但直到2002年才把车险费率全面放开。所以费率市场化是应该有一个过程的,不要过快。"

同时,费率放开后,各个保险公司应该有一支完整的精算队伍,掌握大量的数据进行反复核算,但目前国内没有任何一家保险公司具有这样的实力。而盲目地在费率上进行价格竞争无疑是一种"自杀"行为。

在不同的声音中,车险费率改革试点跌跌撞撞走到2003年。

2003年1月1日起,全国各财产保险公司开始实行由各公司自主开发厘定的车险条款费率。4月1日,车险原统颁条款停止使用。2003年、2004年,在恶性竞争之下,全国的车险几乎都处于亏损的状态。

国内第一家专业车险公司——天平车险的第一任总裁谢跃认为,费率市场化之前,国内车险经营基本是全行业盈利,因为盈利的奥秘在于保险主体垄断和保险价格垄断,保险价格由监管部门统一制定。占垄断地位的保险公司可以通过提价扭亏为盈,有规模就自然产生利润。

车险改革并非一无是处。

车险费率市场化迫使各家公司都关注非寿险精算,引进非寿险精算人才,极大地促进了中国非寿险精算事业的发展。例如,平安保险公布了该公司制作的中国第一份完整的车险精算费率表。该费率表是在平安保险自身经营数据的基础上,参照国外先进模式和经验制成,是中国车险精算系统与国际水平的"第一次亲密接触"。

WTO 焦虑症候群

2001年完结的WTO谈判打开了两扇门,一扇是中国的门,一扇是世界的门。

保险先于其他金融行业"打印"了开放的时间表,而此前限制外资发展的画地为牢和时间枷锁均被打破。

多年之后，保险行业回首，WTO金融开放首先做出牺牲的就是保险，而保险之中，产险的牺牲最大。因为寿险没有开放外资独资牌照，而产险则几乎都完成了本地独立法人改造。不过，极为幸运的是，产险中唯一没有开放的业务领域便是法定保险——交强险，外资公司不得车险之门，避免了中资产险的倾巢之覆。

面对WTO的压力，国内保险行业加快了对内松绑的步伐，内资的中小保险公司迎来一次机构扩张的热潮。

提前一年，这样的准备就已经"随风潜入夜"。

加入WTO前夕，保监会一次性批准新华人寿、泰康人寿、华泰财险等3家中资保险公司在国内筹建300多家分公司和中心支公司。其中，新华人寿获准筹建25家分公司、105家中心支公司，泰康人寿被允许在省会城市筹建18家公司、138家中心支公司，华泰财险也取得了18家分公司和22个中心支公司的筹建许可。

截至2002年4月底，最终获保监会开业许可的仅占总数的23%，包括新华人寿的7家分公司、18家中心支公司，泰康人寿的11家分公司、38家中心支公司，华泰财险的1家支公司。这样的扩张速度，前所未有，同时也激起保险行业激烈的人事动荡。

寿险以新华人寿和泰康人寿两者为典型。

二者于2001—2002年之间，抢在WTO之前，借审批闸门猛然放开的契机，疯狂地跑马圈地，扩张分支机构，成为形式上的全国性保险公司。其中，2001年新华人寿只有4家分公司、9家中心支公司，但经过2002年一年的跑马圈地，到2003年底，新华人寿拥有了29家省级分公司、89家中心支公司、460家营销服务部，同时还有4家分公司还在筹建，基本完成全国布局。

如此"暴饮暴食"，对于两家年轻的公司而言，其结果似乎都是消化不良。受制于人才的紧缺和资本的局限，此后的消化、调整，以及财务压力持续经年。

产险以华泰财险为代表。2002年，华泰完成了7家分公司和10家中心支公司的筹建工作，这是华泰财险分支机构建设速度最快的一年。截至2002年底，华泰财险已经在全国25个城市设立了分支机构，完成全国布局。

但是，在主业车险上，华泰财险却栽了一个大跟斗。

2001年，华泰财险发起的降价盛宴，最终成为无米之炊。"一方面是不懂车险市场的规律，另外一方面市场的时机也不对。彼时混乱的车险市场环境，会让任何一个冒进者都'吃不了兜着走'。"

吃一堑，长一智。2002年，华泰财险于财险公司中首次引入美国 ACE 集团[①]作为国际战略合作者，这成为华泰财险转型的拐点。此后，华泰财险的治理结构和考核标准都发生转变，车险业务的策略也由"粗放"收缩为"精选"。伴随着策略的变化，华泰的保费规模自然整体下降，增长趋缓。根据保监会的数据，2007年，华泰财险在全国42家有业务统计的保险公司中排名第13位，低于多家开业一两年的新公司。

华泰财险转型成为一家"小而健康"的公司，并成为监管部门放心的"好学生"。

不过，保险主业表现得平庸，并不妨碍华泰投资的异军突起。从另外一个角度，或许恰恰是因为主业的一般，才使得华泰投资从一开始就获得了业内少有的重视，并被赋予了令同业羡慕的独立地位和发展空间，成为一只彻彻底底披着保险"羊皮"的基金"狼"。

失之东隅，收之桑榆。

---

① 一家崛起迅速的跨国金融保险企业，其前身可以追溯到1792年建立的北美洲保险公司。1897年，北美洲保险公司在上海通过代理人开办保险业务，成为第一家在中国承保的美国保险公司。

CHAPTER 7

第 7 章

股改探路
（2002）

2002年，中国金融机构大改革的前夜。

这一年的1月，人保和中国人寿两大国有旗舰公司先后宣布：经过一年多的积极探索，这两家公司的股份制改造工作将于年内启动。

整体而言，快速增长的国内保险行业，面临着资本金短缺、偿付能力不足、不良资产难以消化、历史包袱沉重等困难。

非改革无以自新。

就国内金融体系改革的先后顺序而言，保险先于银行。一则是为银行探路，因为后者才是中国金融的核心和本体，其改革只能成功，不能失败；二则国内保险市场的开放也先于银行业，保险先改革是现实的决策。

路在何方？

国有企业"一股就灵"的老路显然不能重复；痼疾难除的体制和机制如何翻新，重重的挑战如何克服，这些问题都困扰着当时的决策者。

2001年之前，国有独资金融机构的改革模式尚处于争论阶段。而财政部等有关部委曾对三家国有独资保险公司——人保、中国人寿、中国再保险——进行股份制改造的方案争执不下。

三种方案，即分别成立保险控股公司模式、国家保险控股公司模式和分拆重组模式，尤其以方案一与方案三之间的争论最为激烈。前者是将三家原国有独资保险公司分别改为控股公司，非经营性资产留在控股公司，经营性资产注入股份有限公司，吸引民营资本和外资参股，改制成为三家保险股份有限公司；后者主张将人保、中国人寿按区域进行分拆重组，分别吸引民营资本和外资参股，组成若干个完全独立的股份制保险公司。

2001年4月16日、19日、24日三天，人保、中国人寿和中国再保险相继将股份制改革方案锁定在第一种模式。重组、改制（引入战略投资者）、上市，后来都成为国有商业银行改革的标准三部曲。

不过，因为改制和上市，外资巨鳄可以轻易挺进中国金融的垄断部分，最终都赚得盆满钵满，从而引爆关于国有资产贱卖的巨大争论。

事后回顾，2002 年启动的国有保险改革，恰逢其时。行业内部，2002 年和 2003 年，中国保险行业分别增长 44.7% 和 27.1%，分外吸引眼球；外部环境，国际资本依然对中国保险充满想象，同时境外资本市场处于 1997 年东南亚金融危机以及互联网泡沫之后的上升期；同业之间，如果保险公司的改制上市落在银行、证券业的后面，在国际资本市场就难有重要影响。

幸运的是，两家国有保险公司先后于保险业 2004 年底市场全面对外开放之前，实现了境外挂牌上市。形式上，国有保险股份制改革圆满落定。

就在国有保险剑指境外之时，多家保险公司却在为 A 股上市折腾不已。"中国保险第一股"的广告彩头，诱惑难挡。

媒体将 2002 年命名为"保险公司上市年"，并猜测，寿险方面，新华人寿和太平洋保险将是保险"第一股"最有力的竞争者；产险方面，华泰财险则可能是最佳选项之一。

然而，实际的上市进程，却渐渐变为"踏步观望"。

2001 年 5 月，太保集团宣布结束上市辅导期，成为内地第一家号称结束上市辅导期的保险公司。随后，刚成立 6 年的新华人寿也对"保险第一股"志在必得。该公司前任董事长关国亮言之凿凿，虽然新华人寿不是第一个完成上市辅导期的保险公司，但新华人寿上市辅导已于 2001 年 8 月结束，而且该公司上市进展在同业中最快，已上报上市申请材料，是第一家递交上市申请材料的保险公司，且获得保监会和证监会的认可。

2003 年 6 月 4 日，新华人寿获得了保监会极为稀缺的一纸批文——"同意新华人寿上市"，A 股市场上的"保险第一股"呼之欲出，这是新华人寿历史上离上市最近的一次。

产险方面，华泰财险 2002 年上半年曾发布拟上市公告，并称已接受辅导期超过半年。之前，同位于上海的两家财险公司——天安保险和大众保险宣称，两公司也已于 2001 年底结束了上市辅导期，正积极准备上市。

大众保险常务副董事长杨国平颇为自信，认为大众保险连续 6 年盈利，有可能成为国内"保险第一股"。

不过，这也成为大众保险此后再也无法逾越的一个高点。从发端上海、扩张机构于长三角、上市冲刺第一家保险公司，到出现巨额亏损，甚至商谈出卖自己的股份，大众保险10年的发展轨迹好像一条倒扣的抛物线，令人唏嘘。

另外一艘航母——平安的上市历程一波三折。

平安曾想将寿险业务在香港上市，但随后被取消，因为马明哲对于分拆上市不感兴趣。

此后，分业成为平安上市的最大障碍，而分业是上市的前提。玩不成分业，平安就不能上市。2002年，分业完成。平安集团控股公司下设寿险子公司、产险子公司和证券子公司，证券公司下控信托公司。

平安将以集团公司形式上市，而不再是某个子公司率先上市。2003年，平安才正式启动上市之路。不过，由于坚持集团上市，牵扯保险、银行、证券等诸多行业监管，加之外资持股比例超过25%、员工合股基金的处理等问题，平安特殊的发展轨迹决定了上市时候的挑战前所未有。

拜旗舰（人保和中国人寿）、外援（外资保险公司）、劲旅（平安和太保）三大势力的全力打拼，2002年前三季度，中国内地保险市场保费收入达到2000亿元，继续保持着30%以上的增长速度。

不过，2002年亦有不和谐的音符。

3—4月，经济学家茅于轼向媒体公开质疑航空人身意外保险（简称"航意险"）存在700%暴利。

茅于轼先算了一笔账：现在我国每年乘飞机的旅客数大约有8000万人。假定每人都买保险，每张保单20元，8000万人的销售收入就有16亿元。而这两年民航的安全纪录非常好，假定一年下来有100人死亡，每人赔20万元，100人共赔2000万元，即使再加上其他零星的索赔2000万元，加起来一共4000万元，再把销售成本算上，假定每张保单是2元，成本就是1.6亿元，总成本加起来一共是2个亿。16亿元的销售收入，2亿元的成本，14亿元的利润，也就是说，我国目前航意险的利润能达到700%左右。

面对质疑，保监会的人士给出另外一个账单。航意险算上保单费、公司管理费、代理人手续费和机场摊位费能占到收入的30%，再加上20%的法定再保险、6.5%的营业税、1%的保障基金、5%的巨灾再保险及溢额再保险和30%的各种准备金，利润在10%左右，比其他意外险高，但并非暴利。

值得一提的是，这两种算账的方法将在 2007 年市场质疑交强险暴利的时候再度交锋。

实际上，对于多数的保险公司来说，由于恶性竞争，航意险最大的意义仅在于在机场设立了一个"活"广告，而非保费收入，因为多数的保费实际上进入了机票代理商的腰包，或者成为机场的场地租金。不过，保险公司内部少数的投机者，的确利用第一种算法，通过手工的假保单，自开保险公司而大发横财。

在国内保险业务恢复超过 20 年之后，保险依然不能摆脱"内行说不清，外行听不懂"的知识困境。

或许是因为茅于轼先生名气太大，"暴利论"之后航意险不得不变相降价——虽然 20 元保费不变，但保险金额由 20 万元上升为 40 万元。同时，由于其他替代产品的兴起，航意险日渐式微。

2002 年 10 月，一位"关键先生"——湖北人吴定富回归保监会，担任主席。此前的 1998 年 11 月至 2000 年 1 月，吴定富担任保监会第一副主席。回归后的吴定富开启了中国保险行业监管和发展的一个新阶段。

友邦的玻璃天花板：十年拓荒，正广还乡

2002 年 6 月 7 日，友邦（北京）开业，友邦的布局再下一城。

颇为意外的是，谢仕荣罕见地将上海主要班子（徐正广、刘明亮、谢树锦和刘也）都邀请到北京，商谈上海分公司的事情。此期间，徐正广提前退休一事被悄然议定。

6 月 30 日，原计划 2003 年 12 月退休的徐正广，"突然"给友邦（上海）全体同人发了一封邮件，"由于身体健康的原因，我将于 7 月 1 日离开友邦上海分公司总经理的职位，提前退休返回台北"。

耕耘 10 年之后，徐正广已经成为上海寿险业界最资深的人物之一。而市场不知的是，徐并非学保险出身。身为台湾桃园客家人的徐正广，从医药学院毕业后，转投收入高一倍的寿险，进入台湾南山（即友邦在台湾的分公司）当了一名寿险代理人。

"那时真是什么都不懂，就这么傻傻笨笨地改行做保险，傻傻笨笨地接受培训、推销保险。"徐正广自嘲。

十余年之后，已经成为台湾南山人寿保险股份有限公司（简称"台湾南山"）副总的徐正广，"傻傻笨笨"地到了上海，开始其在大陆的事业，寿险代理人制度由此发轫。

2002年7月1日，为友邦（上海）打拼了整整10年的徐正广将"权杖"交到了来自友邦香港总部的陈润权手中。

离开友邦（上海）之后，"身体良好"的徐正广奔走两岸，辗转多家公司担任顾问，例如中意人寿保险有限公司（简称"中意人寿"）特别顾问等，甚至还一度受中保康联董事长何静芝之邀，拟重返上海滩。

友邦进入上海之时，市场尚无真正的寿险管理人才。除了徐正广，当时友邦（上海）先后从台湾南山调来了几位主管级的人物，包括刘明亮（Michael Liu，字贤达，后任友邦中国北区副总裁）、吴信玉［1996年从台湾南山人寿来到友邦（上海），担任培训部和市场部高级经理］等。

刘明亮回忆，"当年在台湾南山，我们共有七个兄弟，徐总是老大，我们曾经是最让台湾南山人羡慕的小团体"。

10年之后，当年的"小兄弟"各奔东西。

先徐正广一个月，刘明亮提前退休。更早之前，1998年1月1日，吴信玉离开友邦出任太平洋安泰副总经理。吴信玉离开友邦（上海）的理由，"其中之一是他当时在友邦的待遇居然比部属香港人还要低，这是他不能谅解的"。

吴信玉的离开曾经让刘明亮不能释怀，"当年为了吴信玉跳槽去太平洋安泰，我跟他4年没有见面"。但是，等到刘明亮退休之时，吴信玉却打电话给刘："胖子，我是信玉，4年不见面了，你不要挂我电话。"[①] 兄弟之情不言而喻。

离开友邦之后，徐正广和刘明亮曾商量做一个代理公司，最终无疾而终。2006年，61岁的徐正广二度出山，出任"老东家"友邦（江苏）总经理，而其友邦（上海）的部分老部下，又投奔他而去。

恩怨情仇，如逝水乎。

徐正广的离开揭开了友邦人事变动的盖子，2002年、2003年友邦相继经历人事震荡（见表7-1）。

此前，碍于徐正广等老班子的栽培不方便离开的人，此时再也没有心理上的歉疚感。徐正广被迫提前退休之前，一种乐观的判断认为，"经过十年发展，内部工作流程、组织结构都已成熟，不会因为一两个人的离开而出现混乱"，这显然是误判。

---

① 马斌：《刘明亮：友邦"老爷子"回首三进三退》，原载《21世纪经济报道》，2005年7月。

表7-1　友邦中国2002—2003年中高层人员变动（不完全名单）

姓名	友邦时职务	离职时间及离职后情况
徐正广（中国台湾地区）	上海分公司总经理	提前退休（2002年6月）
刘明亮（中国台湾地区）	北区副总裁	台湾宇宸管理顾问机构董事长（2002年6月）
谢树锦（新加坡）	上海分公司副总经理	中意人寿北京分公司（筹）总经理（2003年4月）
刘也	上海分公司助理副总经理	太平人寿南京分公司总经理（2002年7月）
薄卫民	友邦香港（中国内地首位北美精算师）	中意人寿北京分公司（筹）总经理助理（2003年9月）
李达安	中国区营运总监	提前5年退休（2003年9月）
李筑（外勤）	南浔一处营管处总监	安联大众代理人销售总监（2003年7月）
黄宝亨（中国香港地区）	广州分公司总经理	离职（2003年3月）
何锡坚	广州分公司副总经理	平安寿险广州分公司副总经理（2002年底）

资料来源：《英才》2003年第12期。

在2004年市场对外资全面放开之后，友邦的经理人亦有不少转投其他公司门下。例如黄金财，后曾担任意大利忠利保险公司东南亚区首席运营官；司存伟，后曾就职安联大众上海分公司总经理等。

> **链接：徐正广的后任者们**
>
> 徐正广离开之后，接任者先后两任都坐在"火山口"上。
>
> 2003年8月，担任友邦保险上海分公司总经理刚刚一年的陈润权被宣布调任台湾南山人寿。主管南山人寿财务、行政及运营等工作，并担任COO（Chief Operating Officer，首席运营官）一职。
>
> 陈润权经历了徐离职引发的后遗症，其治下近一年的时间内，上海友邦内外勤员工大量流失。
>
> 陈之后的接任者为鲍可维。

鲍可维，1984年进入香港友邦保险控股有限公司。1999年8月，友邦深圳分公司获准开业，鲍可维受命出任第一任总经理，经历了创业的全部过程。这期间表现卓著。2000年友邦深圳分公司保费收入2400万元，2001年收入6600万元；在2002业务年度，友邦深圳分公司再一次实现了100%的业绩增长。人力由创业之初的20名员工已经扩张成3000人的员工和代理人队伍；2000年的3位MDRT（Million Dollar Round Table，美国百万圆桌协会）成员，到2002年已经被改写成43位。

不仅如此，有明星相的鲍可维，不仅有香港演艺圈的诸多朋友，而且其本人更酷爱F1运动。

鲍可维主政之后，业绩一度大为好转。

对于鲍可维的逆势成长，市场多认为其得益于顺应市场的产品策略。2003年11月下旬，鲍可维上任后不久，一直对投资型产品持有负面评价传统的友邦，改弦更张，推出了万能寿险产品——友邦智尊宝终身寿险。高峰之时，"万能寿险每月保费收入占友邦（上海）50%左右"[①]。

但是，到2006年初，友邦（上海）又现疲态。

2006年9月初，鲍可维突然离职，由中宏人寿保险有限公司原助理总经理兼宁波分公司总经理张剑锋接任其位。

不过，11月1日，鲍可维重回友邦深圳分公司担任总经理一职。

友邦的人事震荡，制造了一个新的名词——"玻璃天花板"，并揭开了外资或者合资公司中鲜为人知的一面。

"玻璃天花板"意思是指，虽然公司高层的职位对某个群体来说并非遥不可及，却无法真正接近。

内地寿险行业开放初期，本地人才几乎为零，因此，熟悉中华文化，能听得懂普通话的香港、澳门、台湾地区，以及马来西亚和新加坡等市场的专才，便成为外资和合资公司之首选。

这形成了内地寿险业独特的"人力金字塔"：塔尖为外资老板，中间管理层为境外华人专才，下端为数量众多的本地管理干部和营销团队。各家公司虽略有不同，但是结构雷同。

这种"玻璃天花板"的问题其实可以粉饰。例如，外资通常会称，自己的公司

---

① 黄蕾：《友邦鲍可维：今年有10个以上团险作后手》，《国际金融报》，2005年2月18日。

98%乃至99%的员工都是本地人士。但数量上的绝对优势，并不能掩盖决策权的旁落。

本地干部不断成长，被压抑的才干迟早会像火山一样喷发，先行的友邦不过率先遭遇这样的困境而已。实际上，徐正广提前退休之时，友邦（上海）内部的变革压力积蓄已久。

1999—2001年，上海寿险年均增长维持在30%以上，2001年，受平安投连的刺激，甚至高达50%。这期间，友邦（上海）的保费收入增长始终徘徊于20%～25%。同时，代理人规模踯躅不前，甚至有业内人士直指称5000人是友邦（上海）的外勤瓶颈。与此同时，同城的合资公司太平洋安泰势头生猛，几乎要力压友邦而上。[①]2002年和2003年，太平洋安泰新单连续2年超过友邦，可惜后来策略调整，导致骨干流失，很多业务虎头蛇尾。

一位曾亲历这段历史的友邦前高管说，当时友邦连续业务下滑，完不成预定的计划。不仅友邦高层，甚至连友邦（上海）内部也认为，可以换一换团队。

就连友邦引以为傲的代理人团队，其时也面临一个很大的瓶颈。首先，团队的士气正在下降。友邦强调稳健，过于冷静，一旦士气下来之后，想上也上不去；但是作为销售团队来讲，士气是非常需要的。变得过于冷静是友邦最大的损失，这和平安攻击性的、不太讲规则的文化存在很大的差别。前面的亲历人士回忆。其次，公司没有办法帮助代理人成长。传统的以销售技巧为导向的培训已经无法满足代理人的需求。

还有一种市场观点认为，友邦2002—2003年的人事动荡，牵扯到上海分公司干部与中国区之间的权力分割和争斗。

成立所谓中国区之前，友邦的分支公司其实是扁平的。1992年，友邦上海分公司成立；1996年，第二家分公司在广州成立；1999年，深圳分公司、佛山支公司也相继开业；2002年，北京分公司、苏州分公司，以及东莞、江门支公司落成。这8家分支公司各自为政，自成"诸侯"，直接向友邦在香港的总部汇报。各个分支公司全部独立经营、独立核算，相互之间并没有任何隶属关系。

从2001年起，友邦香港总部开始规划中国区，其职能是制定总体策略、统一内部产品开发与行政流程，并支持中国内地各分支机构的运营等，分支机构的权限被部分上收。成立中国区之后，上海分公司、深圳分公司等对中国区汇报，中国区对友邦香港总部汇报。和格林伯格一样，友邦非执行主席谢仕荣也是一个强势之人。

2002年8月，徐正广离开一个多月之后，来自友邦韩国公司的朱凯宁（Kenneth

---

① 赵守兵、刘平：《解密友邦》，北京：中国发展出版社，2007年版，第72页。

Juneau）成为第一任中国区执行副总裁，实为中国区"一把手"。

不过，最初几年，中国区却是一个火山口，频繁换将。第一任总裁朱凯宁只待了一年，第二任罗伯特·托马斯（Robert Thomas）也不过两年。友邦的一个公开解释称，"跨国公司高层职业经理人经常轮值，这在友邦是正常的人事调动"。

2005年12月，友邦第三任中国区总裁华毅安（Ian Watts）踏上上海滩。华毅安曾担任印度Tata AIG人寿的董事总经理，该公司是AIG与印度首屈一指的大公司Tata Sons建立的合资公司。华毅安在任期间，该公司新单保费年增长率连续3年超过100%。

上任之初，华毅安希望"第三任"会是个"幸运数字"。这点迷信似乎起了作用，华毅安在位至2008年6月左右。

2008年初，华毅安极为精辟地总结，过去15年来，友邦，这家目前为止最为成功的外资寿险公司，最大的挑战以及最大的成功都来自"本土化"。

2008年6月，华毅安离开上海，交棒至友邦中国区新总裁陈荣声。陈荣声在友邦任职近20年，曾任美国友邦资深副总裁暨亚太区（日本和韩国除外）寿险管理部负责人。2007年担任台湾南山执行副总经理，负责销售与市场业务。

上任之后，陈荣声对媒体表示，"未来我们将继续回归保险本质，以保障型产品为主导""保险公司的竞争非常拥挤，服务和创新将是我上任后的两项主要工作内容"。此番表态，实际上是对于前几任着力投资型产品策略的否决。

华安李光荣：外行的干法

2002年，一家名为特华投资的公司携其关联企业，从深圳华侨城集团、深圳机场集团、三九企业集团等数家国有股东手中获得华安财险70%的股份。华安财险成为国内第一家民营控股的保险公司。

对于华安财险的原投资者而言，当年费尽心机，而今落得保本收场。数据显示，这70%股权的总体转让价格为2.9亿元，仅比1996年入股时溢价2000万元，相当于每年的资本平均回报率约1.2%，甚至远低于银行存款利息。

特华投资和这些国有股东不同，特华投资的大老板为李光荣，李光荣本人持特华投资80%股份。收购结束之后，原定李光荣出任华安财险董事长，但是李光荣此时因涉及经济诉讼而转任副董事长，成为幕后的运筹帷幄者。

无论文章、思想还是手段，于国内保险圈中，李光荣都是一个有个性的老板。

李光荣，湖南南县人氏。1998年成立特华投资之前，李光荣历任湖南省人民政府财贸办财金处科长、中国银行湖南省分行证券部经理、湖南大学科技开发公司副总经理、广东国际信托投资公司深圳公司总经理助理、光大银行广州分行业务发展部总经理。

广州为李光荣发家之福地，他于资本市场淘得了真金。不过，2000年移师北京之后，李光荣和特华投资获得了更大的发展空间。资料显示，特华投资以投资银行业务为主，下设特华发展研究中心、特华医药技术咨询与信息工程研究所等7家子公司，公司对各子公司实行控股经营。

或许源于对资本市场的自信，在2002年首次与华安财险员工见面的大会上，李光荣就豪言："特华投资有非常强大的资源，这些资源可以好好地送华安财险一程，至少可以使华安财险的资本金做到20亿、保费做到50亿~80亿，当然，前20亿由我来做，后50亿~80亿由大家做。"

但此时的华安财险疲弱不堪，几近破产的边缘。其简单的会计报表显示，2002年亏损8000多万元。实际上，真实的情况远比会计报表上反映的严重。2005年5月，《中国经济时报》介绍了当年的危机，"（2002年华安财险）有1.35亿的不良资产，亏损总额高达1个多亿；注册资本金只有3个亿，不良资产加亏损基本等于注册资本金了；保费收入负增长已经达到70%；更要命的是现金流已成为负数"。

这成为特华投资进入的一个契机。

不过，2002年7月，江湖传言"特华投资入主华安财险就是要把华安财险转手卖掉"。李光荣针锋相对："你的眼光真对，特华投资进来就是为了卖，但是我一块八毛钱一股买进来，是想卖一块钱一股呢，还是想五块钱一股卖出去？"

特华投资第一战就是改造烂尾楼。

华安财险现在总部所在的华安财险大厦，原来是一个产权、债权关系错综复杂的烂尾楼。面对困局，李光荣对合作伙伴直言不讳："我不信任你，我不相信你能干起来，要干，你就全部让我干。如果不同意，我找人查账，今天是咱们最后一次见面。"

谈了5个小时后，对方全部接受了李光荣的方案。

将其接管并盘活之后，现在华安财险拥有这座价值超过百亿大楼的所有权，此外还与外资合作经营着一家准五星级大酒店。

不过，改造华安财险的过程远比建造华安财险大厦艰难。开始阶段，特华投资的改造思路是与人为善，提高待遇。但是，历时两三年之后，始终不见太大起色，公司亏损加剧。

眼见事情不成，身居幕后的李光荣被迫走上台前（2004年底）。

2005年，华安财险以惊人的速度进行扩张。该公司新筹建的12家省级分公司，在一个多月的时间内全部开业完毕，平均不到4天就新开张一家。新开的12家分公司加上原有的11家老机构，华安财险在全国已拥有23家省级分公司。

李光荣笑谈自己为"开业董事长"。但是，外延式的扩张不能完全解决华安财险的问题。2005年之后，华安财险借力公司稽核队伍，强力整治内部的贪腐。李光荣不仅是一个资本强人，而且铁腕治军。

华安财险在内部掀起了一场稽核风暴，保险行业的一些黑恶规则浮出水面。

2005年、2006年，华安财险稽核调查部已将14人移送司法机关，同时要求26家分公司"一把手"将身份证复印件交给总部所在的深圳市罗湖区公安局。一旦违规事件被稽核核实，这些名义上被召至总部开会的地方"诸侯"，"将在酒店门口直接面对守候的警察"。

华安财险内部对于这支特殊的队伍更是赞不绝口。

"2007年，华安财险稽核调查部在稽核调查、非现场稽核、独立复勘、应收追缴、技术情报、连锁营销服务部建设等几大战场，通过大量艰苦卓绝的工作，共为公司挽回经济损失1.74亿元，处理处罚58人次，移送司法机关案件41起。"

2005年初，于华安财险的全国工作会议（华安财险内部称为"深圳明华会议"）上，确立了"风险可控下的规模扩张"的战略。李光荣提出，用3年的时间，使华安财险成为资产规模和盈利水平双双进入全国前五强的全国性保险公司。

具体为，3年之后，华安财险的收入规模为100亿元，其中50亿元来自车险、财产险等传统产品，另外一半来自理财险等创新产品。另外，3年之后，华安财险的综合成本率控制在96%，资本利润率达到15%以上。

但是，讲这话时，包括特华投资的子弟兵在内，其实相信的人并不多。

保监会数据显示，截至2006年7月底，华安财险收入保费仅为15.59亿元，市场占有率1.69%，居财产险公司第9位。

不过，强人李光荣自有撒手锏。于资本市场长袖善舞的李光荣，自然没有忘记资本市场，他认为"保险市场的体系是以资本市场为轴心的"。华安财险获得了一张特别的新产品通行证——"华安金龙理财险"（简称"华安金龙"），这款通过银行渠道发售的与银行利率保持联动的理财型保险产品，保监会只批给了华安财险一家，并为华安财险带来滚滚财源。

李光荣称："2004年7月，经过多番努力和充分准备，华安金龙获得保监会批准开始正式发售。理财险的销售，增加了公司市场份额，壮大了公司经营实力，为公司的资金运用提供了稳定、低成本的现金流，为公司的规范经营和创新发展赢得了时间，更为重要的是，通过理财险产品的销售和给付，我们积累了一大批优质的客户资源。"

其赚钱的模式并不复杂。

据《经济观察报》调查，华安金龙是一个3年期非寿险的投资保险产品，每份5000元，家庭财产赔付保险金额为10000元，3年定期保本利率为2.55%，比同期存款年利率高出0.03个百分点。

而按照银保产品的惯例，业界估计，此保险产品的总体成本平均在4%（包括赔付、3年定期保本利率2.55%及支付给银行的销售手续费用）。伴随股权分置改革的实施，证券市场于2005年下半年摆脱了长达四年的熊市。深谙资本市场的华安财险抓住了难得的历史机遇，获取了高额的投资收益，彻底甩掉了沉重的历史包袱，2006年华安财险实现了全面盈利。

2006—2007年，华安财险资产规模飞跃式发展，从2006年6月的94.85亿元快速扩张到2007年10月的350亿元。

按照李光荣披露的数据，华安财险的350亿元资产规模在产险业已经排名第三，而华安财险的盈利能力排名可能更靠前。

理财险为华安财险赢得了机会，但是华安财险的主业车险惨不忍睹。2006年3月，董事会"亮剑"，提出要坚决铲除车险业务毒瘤。此举实为迫不得已，李光荣直斥车险是"亏得没底"的业务。

所谓"车险业务毒瘤"，特指在开展车险业务过程中，普遍存在着以牺牲公司利益来攫取个人或小团体利益的现象和机制，如我们耳熟能详的高退费、假赔案、手续费过账等，甚至市场中形成"只要与车险打交道的各个环节都有钱赚，就是保险公司不赚钱"的畸形现象。

对此，华安财险的顾问管理咨询公司——德国罗兰·贝格管理咨询公司认为，导致这种窘境的原因主要有四个方面：同质化产品过多、激烈的价格战、高昂的分销成本，以及高企不下的赔付率。据悉，由于中介渠道（如汽车经销商、房地产商）占据了财险公司销售的主导地位，因此保费的30%被中介商吞噬。销售渠道过于单一，导致不少利润流向中介机构。

但是，铲除毒瘤可能要保险公司的命。

由于车险业务是滋生毒瘤的母体，铲除毒瘤的过程不可避免地会伤及业务本身。

毒瘤不断蚕食着华安财险本就不健康的躯体，试想，如果赔付率达到80%，加上高额的手续费、退费和运营成本，综合成本至少在130%，这种业务意义何在？

因此，华安财险提出，"要求分公司将80%以上赔付率的业务全部砍除，力争实现车险盈利"。

不过，调整的结果并不令人满意。2006年底，实践证明铲除车险业务毒瘤在某种程度上是失败的，"野火烧不尽，春风吹又生"，这些毒瘤就像韭菜一样，割了又长。

2007年1月6日开始，华安财险实施彻底的规范经营，华安财险的车险、财产险、人身险等业务必须严格遵守保监会"15%"和"4%"的规定，不允许任何形式的其他外部成本和费用处理方式。

铲除车险业务毒瘤，实施彻底规范经营，都是一种"放弃"。壮士断腕之后，李光荣寻找华安财险的生存空间，"万店计划"成为华安财险新的突破口。2007年，华安财险出台以建设连锁式营销服务部为标志的营销变革战略。不得已发力直销，是李光荣对于现有保险营销体制的惨痛反思。

自20世纪80年代末"保险代理人"制度建立以来，保险市场形成了以中介代理为主体的营销体制。这种销售体制以"手续费""退费"等赤裸裸的金钱利益作为联系保险人和被保险人的纽带，在"拜金主义"影响下，中介队伍的趋利性使"手续费"和"退费"逐步蜕变成带有浓重洗钱色彩和灰色收入性质、侵占保险人和被保险人权益的非法所得。

这种以"代理制"为主体的营销体制，割裂了管理链条的两端，形成"两个远离"：即保险公司远离客户和保险公司总部远离承保理赔一线。第一个远离导致保险公司丧失了市场把握能力；第二个远离使得保险公司丧失了风险管理能力。

于是，华安财险开始"离市场更近"，于社区中开门店。

按照华安财险的规划，到2008年底，华安财险将在全国开设2000家连锁门店，5年内达到10000家，即所谓的"万店计划"。

按照此计划，保险连锁店将遍布全国主要城市的大小社区。华安财险将成为中国拥有金融网点最多的金融机构，这将成为华安财险"万店计划"最为诱人之处。如果这些网点越过分业的边界，可以销售其他的金融产品，从"华安财险"进化为"华安金融"，其渠道价值无可限量。

但是，挑战也并不小。按照目前每个门店4～5名人员的配置，华安财险还面临巨大的人员缺口。2008年上半年，华安财险在全国范围内大规模招兵买马。李光荣估计，5年内将累计招收6万～8万名高校毕业生，且计划斥资数亿元用于门店员工培训。

同时，由于分业的限制，单个门店的产品尚少，同时居民对于门店还比较陌生，短时间能否实现盈利尚不能明确。由于华安财险的"万店计划"策略坚持以购买产权店面为主，这将极大地耗费资金。据估计，华安财险的"万店计划"总共投入的资金在 100 亿元以上。

这笔巨资从何而来，也将极大地考验华安股东们的钱袋深度。

2007 年，华安财险期望通过"借壳上市"进入资本市场，不过这一鱼跃化龙的计划最终未能实现。同时，2008 年，无比喧哗的 A 股市场，突然变成全球最会"跳水"的市场，如果熊市持续几年，将对华安财险赖以发家的理财险模式提出严峻的挑战。

在这个资本市场的冬天，华安财险和其他公司一样，感受到的是刺骨的寒。但是，这似乎动摇不了李光荣的梦想。李光荣说，"建设连锁式营销服务部是大势所趋，这个平台今后还要做成一个金融综合服务平台"，华安财险向"金融控股集团发展的目标不能等"。

或许不管是何种结局，李光荣及其华安财险，对于中国保险市场都是一个独特的标本。

2009 年 2 月 1 日，农历春节后的第一个工作日，华安财险副董事长、总裁蔡生主持新春晨会："2009 年，华安财险将继续坚持连营核心发展战略，科学发展保险业务，开源节流，规范经营。"

2009 年，品尝了资本市场的苦与涩、起与落之后，华安财险重新回归常规保险业务，以常规业务哺育资产管理业务，"在保证自身盈亏平衡甚至微小亏损的基础上，为公司的资产管理提供稳定、充足的现金流"。

12 年一个轮回！

CHAPTER 8

第 8 章

境外上市
（2003）

2003年初，保监会令人耳目一新。

2003年1月下旬，于当年的全国保险工作会议上，新任保监会主席吴定富首倡"做大做强"。"做大做强"，以及"又快又好"，如同"解放思想"对于中国经济一样，成为影响中国保险行业发展的标志性语言之一。

就在2003年，保监会升格为正部级单位，成为与银监会、证监会平行的专业监管机构。经历了半年多的机构改革后，保监会扩编暂告一个段落，下设部门从原来的14个增加为18个，新增发展改革部、资金部等四部。

值得一提的是，新设之发展改革部负责保险公司的重组、改制、上市等重大资本活动，直接影响着中国保险行业的格局。其部门负责人为原平安高管袁力，袁力后来升任保监会的主席助理。

2003年3月24日，保监会发布2003年第1号令——《保险公司偿付能力额度及监管指标管理规定》（简称"1号令"），偿付能力为保险监管三支柱之一。

2003年之前，中国的偿付能力监管其实相当尴尬——"无法管，也不能管"，因为两大国有保险公司——中国人寿和中国人保首当其冲的偿付能力不足，总不至于要求这两家公司停业或者破产。1号令让两大巨头如坐针毡，催使其加快境外上市的步伐。伴随1号令的强力推行，一些表面光鲜的"豆腐公司"轰然落地，例如号称连续盈利的新华人寿，从而引发了保险行业的"偿付能力风暴"。

同年1月1日，修改之后的《中华人民共和国保险法》正式施行。[①] 新法规定，法定分保每年降低5%，直至最后取消，这砸了国内独家经营法定分保生意的中国再保险的"铁饭碗"。

---

① 新《保险法》是2002年10月28日第九届全国人民代表大会常务委员会第三十次会议通过的。

中国再保险业非改不可。

2003年，中国人保、中国人寿和中国再保险三家公司的股改重组方案先后实施，前两者于年内实现了境外上市，解决了偿付能力不足的问题。

多年以后，回溯改革的逻辑，国有保险公司规模大，市场份额超过70%，为保险市场的主要问题。

股改、上市，打通了保险的任督二脉。中国人保、中国人寿，包括翌年上市的平安，三家公司共筹集资本金487亿元。其他股份制保险公司通过增资扩股等方式，补充资本金100多亿元。截至2005年底，保险业资本金总量达到1097亿元，是2002年的2.6倍。

2001年10月1日，车险费率市场化拉开帷幕，广东消费者可以自由选择由各家保险公司自己制定的车险条款和费率。不过，这项改革被证明是一个早产儿，遭遇全行业亏损之后，迅速走上了回头路。2006年开始，自由定价的车险逐渐回归大一统车险旧模式。从试点、推行，至政息，前后不过三四年时间。

和车险相关，车贷险的风险全面爆发。

由于同业恶性竞争、银行逆选择、购车人道德风险，以及中间商渔利，加之保险公司自身放弃风险管理，2003年5月开始，有财险公司陆续退出车贷险市场。8月后，北京、广州、上海、深圳、苏州、杭州等地市场相继追随。翌年1月15日，随着保监会下发的一纸通知，旧版车贷险走到了尽头，留下一地鸡毛。

根据"重灾区"之一广州的保险同业公会的统计，2003年第一季度，广州地区的财产保险公司车贷险业务的赔付率高达135.57%，个别公司甚至高达400%。初次尝试信用保险，保险公司就为自己的"很傻，很天真"付出了代价。

2003年"非典"时期，24家保险公司突击设计51项"非典保险"或服务。庆幸的是，这些拍脑袋想出来的产品，实际赔付并不多。

"非典"肆虐之时，马明哲偏向虎山行，"冲过"重重检疫关口，深入"重灾区"香港，去"猎"一个人。这人就是时任英国保诚集团大中华区执行总裁的梁家驹。到会面的地点香格里拉饭店，两人相视一笑。马明哲没有戴口罩，梁家驹也是，而身边的服务员却戴着双重口罩，惊异地注视着两个不怕死的人。马明哲和梁家驹都感动不已，后面的事情顺理成章，2004年，梁家驹加入平安，成为平安高管人才国际化的一个小高潮。

而对于引入高端人才，马明哲有一股狠劲。例如，直至2014年仍担任深圳平安银行行长的理查德·杰克逊一开始一点面子都不给猎头公司，猎头公司也下苦功，最终老板亲自出马，以诚动人。

"后来，我建议他去上海看看。于是理查德带太太到了上海，我们专门叫几个英文好的老总陪着他。经过了差不多一年才谈下来，真是很难。钱并不能决定一切，关键是事业、环境。"马明哲如是回忆。

2003年7月，美国《财富》杂志对2002年全球500强企业再排名次，中国人寿首次入列，排名为第290位。这是我国保险企业第一次入选。而全世界进入500强的保险公司共有48家，中国人寿列第32位。

成为世界500强也是平安的梦想。

2003年的最后两个月里，中国保险行业无限风光。人保财险和中国人寿先后成功登陆境外资本市场，为"境外上市年"暂时画上句号。

截至2003年10月，保险业资产总额为8319.23亿元，接近万亿元大关。

但是，高速增长的背后隐忧亦存。保险的另外一个轮子——投资没能跑起来，2003年，中国保险行业投资收益仅有可怜的2.68%，只比1年期银行存款利率略高，创下近10年的最低点。长期追求数量而忽视质量、追求保费而忽视利润、追求单纯模仿而忽视创新的粗放经营模式没有根本性扭转。

"做大，还是做强"之辩

2003年1月24日下午，2003年全国保险工作会议如期于北京召开，新任的保监会主席吴定富，发表了近三个小时热情洋溢的"施政演说"。

吴定富说："在5到10年的时间内，要真正把中国保险业做大做强，冲出亚洲，走向世界。我们中国的保险业应该也有能力为世界的保险业做出贡献。"

而到该年底，两家国有保险公司先后境外上市，其中中国人寿还是在中国香港、美国纽约两地上市，"冲出亚洲，走向世界"的梦想，形式上得以实现。

这次会议勾画的蓝图，包括放宽保险资金投资、设立保险资产管理公司、新批保险公司、保险公司上市、鼓励保险到中西部等，皆成为后来中国保险发展的主轴。

但是，这次会议最富影响的是"做大做强"这四个字。它不仅是这一会议的主题词，而且成为决定中国保险行业走向的战略因素之一。

"做大做强"有其深刻的行业背景。

中国长期以来形成的以银行为中心的金融体系，使得中国金融的三支柱——银行、证券、保险中，保险的影响力最不济，声音最弱小。要改变命运，唯一的办法似乎只有快速发展。

不可否认，"做大做强"的战略将中国的保险行业带到一个前所未有的高度，开创了中国保险行业近30年之最大变局。但是，实施过程中，"做大做强"被片面理解、片面执行。因为"做强"难，但是"做大"易。

而要"做大"无外乎两种路径：一是做大资本，二是做大规模。前者一方面催生了保险公司上市的热潮，新的保险主体不断涌现，民营资本得以大踏步挺进原本相对封闭的保险行业；后者使得投资型保险风生水起，保险加入对居民巨大储蓄额的争夺中。

但是，片面做大，负面影响突出。

民营资本持续注资的能力相对较弱，而短期要求回报的心情迫切。公司层面上，保险公司从传统的内部人控制，演变为资本控制，公司治理乱象不断。同时，保险不做保险，而做理财，不仅偏离了保险的核心业务，而且使得保险业的发展走上了一条高风险、不可持续发展之路。

这样的风险并非没有征兆。

2004年4月14日，《中国保险报》第二版，发表了一篇类似评论的文章《保险业：做大做强还是作秀》，该文对于"片面做大"提出了批评。

但因为文字过于辛辣，再者标题容易产生歧义，这篇意在帮忙的文章，却帮了倒忙，《中国保险报》内部不得不做出相关的人事调整。

同年10月，《21世纪经济报道》资深记者马斌依据中央财经大学郝演苏教授的一份课题报告，形成文章《保险"泡沫"真相》，再度指向寿险行业的产品结构。

该文认为，"2003年中国保险密度大约40%有'泡沫'嫌疑"。据中国保监会统计，2003年我国实现保费收入3880.4亿元，同比增长27.1%。其中，人身保险实现保费3011亿元，同比增长32.4%。2003年的人身险保费中，分红保险业务的保费收入为1670.01亿元，占人身保险费收入的55.48%。此外，2003年还有约94亿元的万能寿险和投资连结保险产品的保费收入。

郝演苏的报告称，按照美国和中国香港地区对于上市保险公司保费收入的统计口径，2003年保险费收入要进行两次剥离：第一步是1670.01亿元的分红产品的非风险保费业务收入；第二步是94亿元的投资连结保险和万能寿险业务中的非风险保费业务收入。

郝演苏指出:"假定按照7%的标准,对包括分红保险、投资连结保险和万能寿险在内的1764亿元新型保险产品平均提取其中具有保险保障功能的风险型保费收入,则为123.48亿元,而2003年对国民经济和国民人身保障最具有真实意义的风险保险费收入仅为2239.88亿元(3880.4亿元-1764亿元+123.48亿元)。如果将其与全部保险业务收入之差的1640.52亿元均视为'泡沫',占当年保费收入比例达42.28%。"

"保险泡沫论"亦在当年引发了一场大讨论。

表面上,这是一场统计口径不同之争;实际上,这是两种不同发展模式和发展标准之交锋。就保险泡沫争论之时,寿险业务结构明显不合理:短期分红型产品占比过高和趸交业务占比过高。

这种结构其实是对保险资源的一种过度开发,未来的业务成长难以持续。果然,2004年,寿险行业就遭遇了一次罕见的负增长;同时,由于低下的投资收益率降低了产品的吸引力,退保率上升、续保率下降。退保加之满期给付两大支付高峰叠加,有可能导致保险公司现金流严重不足,诱发流动性危机。

此后,为从思想上彻底纠偏,保险的监管者们于"做大做强"之后,又增加了四个字"又快又好"。"做大做强"和"又快又好"合在一起,成为中国保险行业区别于银行和证券而独具特点的发展战略。

中再改革"一拖六":大格局与小弯路

2003年1月1日,修改后的《保险法》正式实施。

这是《保险法》1995年颁布以来的第一次修改,定位为"适应我国加入WTO的形势和需要,履行我国有关承诺"。过于简单的目标,甚至应急式的做法妨碍了本次修改的彻底性。但是,本次修改砸了一家公司的饭碗。

本次修改之后,"法定再保险比例自2003年1月1日起由20%,逐年减少5%,2006年全部取消"[①]。

以法定再保险业务为口粮的中国再保险(集团)股份有限公司(简称"中再集团")仿佛预见到了最坏的结局——2003年至2006年4月间,法定分保将以平均每年30亿至50亿元的幅度递减,2002年法定分保费约为180亿元,2003年约为150亿元,2004

---

① 2002年10月28日,保监会保监发〔2002〕109号文件《关于法定再保险有关政策的通知》。

年约为110亿元，2005年约为60亿元，2006年为零。①

根据中再集团2002年的统计，其全年再保险收入为191.78亿元，其中，法定再保险收入179.12亿元；2003年，再保险业务收入为194.72亿元，其中，法定再保险为165.89亿元，同比下降13.23亿元。

同时，由于再保险的理赔有"滞后效应"，一方面是收入不断减少，另外一方面是支出不断增加。不仅承保利润将消耗殆尽，如果没有其他资金补充，中再集团的现金流就会枯竭，从而出现保险行业最为危险的信用危机，类似银行的"挤兑"。

这一切其实早有伏笔。

1995年实施的《保险法》把法定分保比例降为20%，同时预留了商业再保险的空间，"保险公司可以在分业经营的原则下经营分出保险和分入保险"。

1996年7月，原中国人民保险公司改制，成立中保再保险有限公司（简称"中保再"），该公司为中保集团下属的专门经营再保险业务的全资子公司。戴凤举成为中保再保险有限公司总经理，兼中国人民保险（集团）公司副总经理。此后近10年（至2005年6月）中保再的大事，戴凤举都是主要的推动者和亲历者。

1996年版的中保再定位有二：一方面承接原中国人民保险公司再保部的再保险业务，另外一方面统一经营法定分保业务。前者是一笔坏账，特别是20世纪70年代末80年代初原人保分自美国的责任险。内部估计这些业务亏损近24亿元，直到2000年中再才卸掉这个沉重的亏损包袱。

公司成立的第一年，中再共实现分保费收入79.35亿元，1998年增长到122.52亿元，增长54.4%。

这成为中保再的业务家底。

1999年3月，中保再独立门户，成为国务院直属的专业再保险公司，即中国再保险公司（简称"中再公司"）。

彼时，中再相当乐观。2000年4月，中再的掌门人戴凤举底气十足地说："按净保费规模计算②，中再目前已位居世界同行前20强之列，这里，我们可以向诸位大胆

---

① 王安：《保险中国200年》，北京：中国言实出版社，2008年版，第270页。
② 2000年，中再保险公司实现分保费收入140.43亿元，同比增长18.61亿元，增长幅度为21%。部分保费收入中，法定财产险业务115.36亿元，法定人险业务20.04亿元；境内商业财产险业务1.02亿元，商业人身险业务3700万元；境外商业财产险业务3.64亿元。（数据来源：黎宗剑：《中国再保险的历程》，中再集团网站。黎宗剑曾任中再集团办公室副主任）

地承诺，请不要担心我们的偿付能力。"

诚然，一手握法定分保的剑，一手拿商业再保险的饼，戴凤举似乎有理由独享一份怡然自得。

不过，由于市场的变化太快，戴凤举似乎过于乐观。此时，中再的商业险收入仅占法定险的零头；于行业内部，法定分保遭遇中国式的执行难，除去航空航天、核电站等特殊险外，1997 年，我国大陆市场非法定分保费 1.1 亿美元，其中分给国内公司不足 500 万美元；1998 年，非法定分保费 7200 万美元，分给中资保险公司不足 250 万美元。

同时，法定分保取消的进程比预期快。

2003 年 4 月，于全国再保险公司工作会议上，保监会副主席冯晓增称："为了促进竞争，保监会正在对以下几个问题进行研究，一是法定再保险职能的执行主体。现在这一执行主体是唯一的，即中国再保险公司。未来保险市场中，有无必要或可能打破这一垄断局面，增加法定分保再保险业务的执行主体，引入法定再保险竞争机制？""二是法定分保条件[①]。今后在竞争的市场中，还有无必要制定法定分保条件？"

或许连保监会也没预料到，中国再保险市场的开放会"被迫"来得更快、更猛烈。2001 年中国加入 WTO 后，中再独享法定分保蛋糕的"特权"失去了存在的基础，2002 年通过的《保险法》（修正），为这一变化加上了钢印。

市场开放的洪流不可阻挡。甚至连冯晓增本人也在 2005 年 6 月"下海从商"，从保监会副主席转任位于香港的中保集团董事长，从监管者变成被监管者。

对于中再而言，失去法定保险就像昔日中国企业改革打破"铁饭碗"，其彷徨和无助可以想象。

其实，中再的困境不限于业务。2000 年 4 月，中再的注册资本为 30 亿元，但是，实际上"实收资本没有全部到位"。至 2001 年，实收资本只有 13 亿元，资本公积[②]为 3.15 亿元。

由于一半以上的资本成为空账，中再其实是一个资本发育不良的早熟孩子。缺少资本，中再就无法提高承保能力，扩大业务规模。同时就短期而言，期望财政不断补充资本金亦是空中楼阁。

---

① 比如，20% 的比例，以及国内优先分保的要求。
② 企业在经营过程中由于接受捐赠、股本溢价以及法定财产重估增值等原因所形成的公积金。

引入资本迫在眉睫。

2000年，中再曾经提出一个有趣而大胆的设想——把"客户"变成股东，用股权锁定利益。一荣俱荣，一损俱损。

现在回首，这个设想似乎有点天真。因为公司有大有小，有国有也有民营，各自的诉求并不一定，用类似行政的手段去解决一个商业问题，难逃以偏概全的困境。

事实的进程也表明，这一设想无疾而终。但是，该设想并非完全被抛弃，最后的股改中，中再的确引入了非金融的民营资本。

2000年8月7日，中再出炉了第一套方案。该方案和之前的设想类似，包括财政持有的国家股、国内各家保险公司参与的法人股、向社会公众和非保险企业发行的公众股。第一套方案独特之处在于，拟在公众股中划出10%由中再公司的职工认购，成为中国证券市场特色的内部职工股。实际上，不管职工持股，还是管理层持股，因为涉及国有资产问题，在中国的金融改革中常常不能公开实施，即使实施之后，也可能为将来埋下地雷，甚至成为私分国有资产的"罪状"。

这也成为中国金融产权改革的一个雷区。显然，第一套方案的"饼"因为诱人而吃不到。

2001年4月24日，中再提出第二套方案。首先是对中国再保险公司现有的资产、业务、机构、人员进行剥离重组，改组中国再保险公司为"控股公司"，同时，控股公司与其他保险公司和非保险企业共同发起设立中国再保险股份有限公司。改制之后，股份公司实现国内上市，发行公众股。第二套方案中，内部职工股不再被提及。

虽然第二套没有进一步的音信，但是巧合的是，它却和人保最终的改制方案类似，因此，很难说是这一方案产生了影响，还是两者互相影响。此为一个意外的插曲。

一年之后，中再设计了第三套方案。内容大致为，中国再保险公司组建为中国再保险（集团）公司，以投资人和主发起人的身份控股设立中国财产再保险股份有限公司（简称"中再财险"）、中国人寿再保险股份有限公司（简称"中再人寿"）和中国信安财产保险股份有限公司（"信安"后更名为"大地"，简称"信安财险/大地财险"），同时全资拥有中国保险报社，控股华泰保险经纪有限公司，参股中国保险管理干部学院。

该方案和随后国务院批准的方案相去不远，成为中再"一拖六"模式的雏形，也是中再所谓"二次创业"的起点。

2003年农历羊年春节前夕的1月31日，国务院批准中再股份制改革方案。

戴凤举形容，"我们面临的形势就像解放军即将进城一样"。"进城"的前10天，1月21日，听闻风声的中国再保险公司成立股改领导小组，由赵凤祥、姚和真、刘金屏、沈喜忠、张泓、周德英、蒋明、蒋志喜、冯宏娟9人组成，其中赵凤祥任组长，姚和真任副组长。此外，刘金屏任信安财险筹建组组长，蒋明、和春雷任副组长。

这些人士成为决定中再走向的"关键先生"，其中数位人士先后位至新公司的董事长和总经理等。他们的命运沉浮成为观察中再的一个窗口。

第三套方案的亮点是大地财险，中再以此挺进直接保险市场。该公司成为中再旗下最为鲜活的部分之一，其总裁蒋明原为中国再保险公司上海分公司总经理。被称为"中国人保改良模式"的大地财险，吸引了大批原中国人保的干部加盟。其低成本快速扩张的模式（例如每家分公司的筹建时间限定为两个月，筹建小组控制在4~5人内，筹建一家分公司的投入不超过200万元等），使得大地财险在很短的时间内达到100亿元的规模。

数据显示，2007年，大地财险保费收入突破100亿元，达到100.7亿元，同比增长58.3%，稳居市场第五位。大地财险成立4年，实现4级跳，保费收入从15亿元、38亿元、63亿元跃升至100亿元；保单年度精算终极赔付率从2004年的69%下降到2007年的60%。大地财险号称打破了产险公司"一年发家，两年发财，三年亏损"的"中国式怪圈"。

快速扩张之后，由于迟迟得不到资本金补充，2008年，大地财险的偿付能力被曝出现不足。

其实，大地保险并不是中再系统中最早暴露短板的公司。

第一家暴露于媒体狂轰滥炸之下的"中再系"公司是中再人寿。2003年2月，在中国再保险公司工作会议上，戴凤举称"股改后集团肩负四大重任"，其中之一便是"管理好资本金，进行《保险法》规定的投资"。

2003年12月22日，中国再保险（集团）公司（财政部出资39亿元）成立。同一天，旗下中再财险和中再人寿挂牌。

中再人寿有一个中西合璧的股东结构，7家股东中，除了中再（集团）公司（持股45.1%），还有国际金融公司（持股7.5%）、日本的东亚再保险株式会社（持股10%）、新加坡的新政泰达投资有限公司（持股7.4%）、中国福禧投资控股有限公司（持股10%），以及两家民营企业——天津泰心北信医疗产业投资有限公司（持股10%）和上海宜利实业发展有限公司（持股10%）。

中再人寿董事长姚和真曾评价自己的股东："IFC（Internation Finance Corporation, 国际金融公司）是对公司治理结构要求最严的，因此，谈判进行的时间最长，也最艰难。""民营企业对再保险的了解不是太专业，但它们对政策、机会的领悟非常到位，认为能介入国有金融大企业的体制改造，是一种难得的机遇。"

2004年，中再人寿曝6亿元（后追回1亿多）左右的委托理财款身陷即将崩盘的汉唐证券有限责任公司（简称"汉唐证券"），而其时资本金不过8亿元。

面对改制后高速增长的业务规模，中再自身的资本瓶颈越来越紧。

2004年，中国再保险及下属再保、直保子公司共实现保费收入205.95亿元，其注册资本金与自留保费比已经达到1∶5。而外国的再保险公司，如慕尼黑再保险公司、瑞士再保险公司权益性资产，2004年分别为114亿美元和94.7亿美元，它们的当年保费收入分别是131.7亿美元和119亿美元，自留保费占资本金的比例也远远低于我国规定的1∶4。[①]

破解这一难题，还需强人。未来有一位强者，将把中再带上一个前所未有的新台阶——亚洲最大再保险公司。不过，在2003年，被戴凤举称为"后生可畏"的此公尚身处中再体系之外。

人保股改：先嫁靓女

人保的改革，打破了国有保险公司多年积蓄的"坛坛罐罐"。这之前，人保已经经历两次大的改制。

1996年，分业大势下，人保一分为三。中国人民保险公司重组为中国人民保险（集团）公司，下设中保财险、中保寿险和中保再保险等三家全资的子公司。

1998年，人保集团再度分拆。集团公司撤销，旗下三家公司分别独立门户，成为中国人保、中国人寿和中国再保险三家单独的公司。

2000年8月，原保监会副主席唐运祥走马上任。这一年9月，中国人保将股份制改造列入日程表。对于这家上有31个省（自治区、直辖市）分公司、下有4000多个乡镇代办处的超级国有公司，其改制是一项浩大的工程。

人保的重组改制棋分三步：第一步全面重组；第二步整体改制，最终设立股份公司；第三步境外上市。

2002年，中国人保对全系统4500多个分支机构进行了全面"盘点"，清理家底。

---

① 卓志、张国威：《论中国再保险业的转型与发展》，《保险研究》，2006年10月。

2002年12月23日，国务院正式批准人保的股改方案——设立人保控股、人保财险和人保资产。

这样的腾挪既便于不良资产的处置，又实现了主业和辅业的分离。

1996年原人保分家之时，来自境外的不良保单已经剥离给了中再；而本次改制，则是要解决剩下的部分，例如乱投资时代遗留的大量"三产"乃至坏账等。

股改开始之后，新人保金蝉脱壳，所有的坏账均被剥离。中国人保控股公司将经营原中国人民保险公司的非保险资产，并代表国家持有中国人民财险公司和资产管理公司股权。人保控股公司在全国各省（自治区、直辖市）和单列市设立办事处或工作处，其中如广东省将设立中国人保控股公司广东省办事处和深圳办事处，负责省内与保险业务无关资产。

而原中国人民保险公司与保险直接相关的资产将划入人保财险，并且由其承担境外上市的重任。将优质资产剥离出来上市，是国内A股市场初期最常见的操作手法，同样应用于境外市场，并且屡试不爽。

人保资产将负责托管运营人保财险的资金运作，以及政策允许时受托管理其他社会资金，这成为中国人保布局混业经营的重要策略。

2003年7月20日，"中国人民保险公司"这个已经使用了54年的保险品牌被"中国人保控股公司"代替。同一天，中国人保控股公司全资发起设立中国人民财产保险股份有限公司和中国人保资产管理有限公司。

这家中华人民共和国成立20天后问世的新中国第一家保险公司，形式上翻开了新的一页。重组之后，人保控股公司的注册资本金为155亿元人民币，股份公司为80亿元人民币，总资产600亿元人民币；人保资产管理公司注册资本金仅为1亿元人民币。

改制之后，掌门人唐运祥豪言，在未来10～15年内，中国人保控股公司将发展成为综合性多元化的国际金融集团。此时，谁也没有料到，"控股"这种貌似先进的架构会被抛弃，2007年年中，人保控股复名为中国人民保险（集团）公司。[①]

公司改制的同时，人事布局也完成了。

原人保总经理唐运祥，改任人保控股公司总经理兼人保股份公司、人保资产公司董事长；原人保副总经理王毅，任人保股份公司副董事长、总裁；原人保资金运营部总经理张鸿翼，担任人保资产公司常务副总裁，主持日常工作。

[①] 人保发展历程中，曾经使用过"中国人民保险公司""中国人民保险（集团）公司""中国人保控股公司"等名称。

作为新人保的开山元老，三人的际遇各有不同。唐运祥完成人保财险境外上市之后，于2007年开始退休在家。

2008年4月，因为中国出口信用保险公司（简称"中国信保"）爆发风险，王毅被空降至该公司，担任党委书记、总经理，以一种完全出人意料的方式离开人保。而原中国信保党委书记、总经理唐若昕被免职，成为保险行业少数被罢官的高管之一。

张鸿翼则是三人中最早黯然离开的，接任者为原泰康人寿副总裁任道德。任道德是泰康人寿的创始人之一，在泰康人寿一直分管投资、财务等重要部门，功勋卓著。

2003年11月6日，中国人保财险正式在港挂牌，募集资金54亿港元。人保上市成为当时全球最大IPO（initial public offering，首次公开募股），人保改革看似完美收官。

但是，这次改革留下了后遗症。

2008年初，人保回归A股之说甚嚣尘上。其中关键的争议就在于究竟是集团整体上市，还是旗下子公司人保财险单独回归A股。

表面上，这是人保在短期和长期利益、局部和整体利益之间的权衡，实质是公司战略决策的选择，而随着平安集团的上市，整体分配战略资源的模式已经成为行业共识，让无数董事长心动不已。

同时，超常规发展的人保寿险需要的资本金越来越多，尽管集团公司把这些资金摊派到财险和资产管理公司，但还是捉襟见肘。例如，2007年6月，人保寿险完成增资改制。人保集团、人保财险和人保资产分别为人保寿险注入资金9.69亿元、8.12亿元和2900万元，人保寿险从一个区域性外资寿险公司变身为全国性寿险公司。至2007年底，人保寿险的省级分公司从最初的4个迅速增加至29个。

人保集团的最新数据显示，2007年人保寿险实现保费收入44亿元，是2006年的5倍，人身险保费在人保集团总保费的占比首次突破10%。2008年实现过百亿的保费收入是基本目标。百亿保费要求更多的资本注入以维持偿付能力，显然，集团的奶水已经无力喂养快速长大的寿险公司。

从另外一个角度看，今日之困境其实是为当初优质资产轻装上市的政策买单。不仅如此，上市之初，风光的人保或许没有预计到，伴随车险费率市场化的展开，以及新公司的竞争，老弱的人保会经历一次业绩的大衰退、骨干的大流失。

上市后的第二年，2004年人保财险的市场份额和投资收益双双下降。其中，市场份额已经是连续三年下降：从2002年到2004年，中国财险在非寿险市场的市场份额依次为70.5%、66.8%、58.1%。而2004年投资收益仅为3.04亿元，总投资收益率0.6%，净投资收益率2.5%，这拖累净利润下降为2.08亿元。

不仅如此，2004年，中国财险交易类及非交易类证券的净亏损为9.48亿元，较2003年度的净收益2.60亿元减少12.08亿元，中国财险认为其主要原因是：中国证券市场持续下跌，导致交易类基金投资未实现收益减少9.37亿元，交易类债券投资未实现收益减少0.77亿元。

市场不好是可以预见的，但是这样差的成绩单完全超乎人们的想象。

国寿重组：人造美女

人保财险最大IPO的纪录仅保持了一个月。一个月后，2003年12月中国人寿上市，成为当年全球最大的IPO。

但是，中国人寿重组之前，没有人敢断言其能在境外上市成功。

2000年，王宪章受命于危难之际，成为中国人寿掌门人。就任时，中国人寿背负着数百亿元的利差损，公司保费负增长10.63%，偿付能力严重不足。与此同时，中国平安和外资保险企业兵临城下，虎视眈眈。面对如此严峻的形势，王宪章需要突破重围。

和人保一样，中国人寿一样受累于历史负担。不同之处在于，中国人寿最大的坏账不是乱投资，而是数额不清的巨额利差损。

利差损究竟有多少？

很长一段时间这都是一个难解之谜。上市之时，中国人寿的公司招股书披露了接近真相的数字，按香港会计准则计算的中国人寿集团（公司）[①]合并报表股东权益为负1764亿元，其中主要即利差损所造成。

如何破解千亿利差损，成为决定中国人寿重组成败的关键。

和中国人保类似，中国人寿的股改方案也是将总公司分为存续公司和股份公司，对资源进行重新配置。不过，中国人寿的"整容手术"更复杂。

2002年12月23日，中国人寿的股改方案获得国务院批准。半年之后，中国人寿保险股份有限公司（简称"中国人寿股份"）成立。2003年9月30日，中国人寿股份与母公司中国人寿集团签订了重组协议以及相关的四个协议，协议的生效日期为

[①] 公司源自成立于1949年的原中国人民保险公司，1996年分设为中保人寿保险有限公司，1999年独立并更名为中国人寿保险公司。2003年，经国务院同意、中国保险监督管理委员会批准，原中国人寿保险公司进行重组改制，变更为中国人寿保险（集团）公司。

2003年6月30日。

根据重组协议，中国人寿集团将把1999年6月10日以后签订的保单以及相应的资产（转移保单和转移资产）投入新设立的中国人寿股份，中国人寿股份向母公司发行200亿股作为支付的对价。①

所转移的保单包括三部分：一是所有依据1999年6月10日及以后中国保监会批准或备案的保险条款订立并在1999年6月10日以后签订的、1年期以上的长期保险合同；二是1999年6月10日以后签订的一年以内的短期保险合同；三是前两项的附加保险合同，以及相应的再保险合同。三项合计共4457万份保单。中国人寿股份接受在2003年6月30日（重组生效日）与转让资产和保单相关的所有权利和利益，并将承担转让资产和保单相关的所有债务与责任。所有未转移的保单（共计6861万份保单）以及其他非核心业务留在了集团公司。

表面上，利差损剥离给了母公司。实际上，仅仅依靠中国人寿集团公司是无力承担的。由于中国人寿国有独资的性质，财政部最终出面。中国人寿集团与财政部决定成立一个特殊目的基金（special purpose fund），来解决其未来面临的偿付能力不足问题。该基金将由集团公司和财政部共同管理，并设立基金管理委员会。委员会由财政部以及中国人寿集团的2～3名代表组成，负责基金的管理。遇到特定重大项目，将由财政部批准。一旦非转移保单下的所有给付责任都已满足，或者经基金管理委员会同意，特殊目的基金将解散。

该特殊目的基金的资金来源将包括集团公司保留的保单所对应的投资资产、非转移保单续期保费收入、中国人寿集团所能享受的部分所得税退税、特殊目的基金投资所得的利润、集团公司从股份公司所获得的现金股利、集团公司出售股份公司股票的所得，以及财政部在特殊目的基金出现亏损时注入的资金。

财政部在文件中承诺，如果基金出现亏损，财政部将以注资方式提供支援，保证非转移保单持有人应该获得的给付和赔偿。

不过，这个基金从成立之初就注定会入不敷出。2005年7月18日，中国保监会主席吴定富在2005年上半年保险市场运行情况分析会上首次公开披露了保险业13个风险点的研究进展。其中，"防范和化解中国人寿集团利差损风险"赫然在列。②

---

① 对价：又称约因，指当事人一方获得利益时，必须付对方相应的代价。从法律上看，是一种等价有偿的允诺关系。

② 同时提及的还包括"防范和化解中再集团法定风险准备金不足的风险""防范和化解太平洋寿险公司偿付能力不足的风险"。

解决利差损之后，中国人寿的境外上市悬念不多。

中国人寿路演之前，还发生过一个小插曲。由于这是中国寿险企业首次赴香港、纽约两地上市，多数媒体对上市流程并不熟悉。同时由于境外证券监管机构对境外发行上市前的信息披露有严格限制，因此，中国人寿上市前一直保持沉默，以致引发媒体颇多猜测，甚至对境外审查过程中的必要质询产生误解，误传为中国人寿境外上市受挫、时间后延等。

2003年12月1日，中国人寿上市路演开始。路演兵分两路，红队由总经理王宪章带领，黄队由副总经理苗复春带领。在12天时间里，两支路演团队日夜兼程，行程覆盖亚洲、欧洲、美洲21个主要城市，包括香港、新加坡、伦敦、纽约等国际著名金融中心。通过一对一的形式与92家大型国际机构投资者进行了会谈，召开了6次大型推介会和1次记者招待会，与600多位投资者代表和30多家新闻机构的记者进行了交流。

这后来亦为中国金融业境外路演的基本路线图，包括交通银行等在内的境外上市无不部分重复中国人寿的足迹。

面对国际投资者，媒体记录了一个潇洒的王宪章。曾任香港中保集团董事长的王宪章，着深蓝色西装，初用中文演讲，后来干脆用英文。

王宪章后来回忆："有一位机构投资者初期投下了1.3亿美元的订单，但路演后一见到我们，订单立即增加到3亿美元。他说，就是想看看管理层有没有现代意识，买公司就是买管理层。"

由于是首家中国内地寿险企业境外上市，对于中国人寿，投资者普遍存在疑问。香港联交所（香港联合交易所有限公司，简称"香港联交所"）和美国证券交易委员会（SEC，简称"美国证监会"）向中国人寿的提问超过1600个，其中一半问题涉及1999年之前的老保单。

中国人寿得以过关，最终还是借助于国家信用：老保单由财政部和中国人寿集团共同兜底。

中国人寿上市之时，香港三位亿万富翁李嘉诚、李兆基、郑裕彤通过各自旗下公司"狂吃"中国人寿，总额达到5亿美元，相当于中国人寿计划筹资额的17%。

李嘉诚旗下的长江实业集团有限公司与和记黄埔有限公司分别购买了价值1亿美元的中国人寿股票，恒基地产主席李兆基个人投资2亿美元，而新世界发展有限公司主席郑裕彤也通过他的私人投资公司周大福投资1亿美元。根据招股说明书，三富豪共持有中国人寿约 10.7 亿股，占 H 股的 14.4%，而这三家企业投资者都同意在 12 个月的禁售期内绝不出售。

上市之时，中国人寿定价每股 3.625 港元，接近相关价格区间 2.98 港元至 3.65 港元的上限。在美发行存托凭证 ADR 定价为 18.67 美元（每单位 ADR 对应 40 股 H 股），国际配售部分获得 24 倍的超额认购，香港公开发行部分超额认购高达 168 倍。

这一价格，现在来看，简直就是送钱。

低价格上市，为金融企业贱卖论之争埋下伏笔。不仅如此，2006 年中国人寿回归 A 股之时，发行价为 18.88 元，发行市盈率高达 97.8 倍（以 2005 年利润和发行后总股本计算）。中国金融只拥有内地市场的定价权、境外市场几无话语权的短板暴露无遗。

2003 年 12 月 17 日，中国人寿成功在纽约和香港上市，筹集资金 34.8 亿美元，成为内地第一家在两地同步上市的金融企业，该 IPO 规模也是 2003 年国际资本市场最大一宗。

通过改制上市，中国人寿实际偿付能力额度由 294.56 亿元增加到 581.77 亿元，最低偿付能力由 2.8 倍提高到 5.575 倍。

由于带领中国人寿成功上市境外，王宪章本人上榜当年"经济年度人物"。

担任"经济年度人物"评委的博鳌亚洲论坛秘书长龙永图曾这样评价："我推荐王宪章，很少有人知道，人寿保险曾经是我们入世谈判最困难的领域，但在中国加入 WTO 以后，王宪章和他的团队顶住了国外保险业的激烈竞争，保住了我们中国寿险业的半壁江山，作为谈判代表我感谢他。"

中国人寿上市之后带来了巨大的财富效应。

一年之后，2004 年 12 月下旬，中国人寿策略投资者所持股票禁售期届满之时，坊间传出富豪郑裕彤掌控的周大福以每股 5.35 港元出售 1.07 亿股中国人寿股份（比中国人寿招股价高出 47.38%），套现约 5.7 亿港元，获利约 2 亿港元。

2005 年 1 月 28 日，外电援引消息人士称，长江实业在 5.15 至 5.3 港元之间对中国人寿进行了抛售，总值达 1.46 亿美元，长江实业此举获利颇丰。

财富增值可见一斑。

其实，三位富豪中，郑裕彤很早就介入了内地的保险企业。例如平安保险、生命人寿等，都闪烁着（过）他或者其代理人的身影。从一个角度讲，郑裕彤是少数利用内地保险市场嬗变的机遇而赚大钱的香港富豪之一。

除了三位富豪，赚大钱的还有投行。

值得一提的是，中国人寿董事长王宪章曾在中国人寿纽约上市当日，以 23.25 美元的开盘价购买了 100 份中国人寿股票，两年半后竟然溢价 320%，为他带来了 7439 美元的收获。

上市之后两年，带领中国人寿实现境外上市的掌门人王宪章，2005 年因年龄而辞职，转往中国保险行业协会就任。之后，于北京开始过退休生活。

上市只是一个开始。

虽然一个拥有 3400 多个遍布全国的分支机构、2 万多个代理机构和 60 万名代理人的国有企业，在短短几年内完成重组改制上市实属不易，但要想真正脱胎换骨，从管理体制和公司治理上实现彻底转型，更是一个艰巨的过程。只是王宪章迈出了第一步。

但谁也没有料想，中国人寿上市之后，麻烦不断。2004 年 1 月 30 日召开的全国审计工作会议上，审计署审计长李金华的报告称："通过对人寿保险公司资产负债损益情况的审计，查出非法代理、超额退保等不正当竞争问题金额 23.8 亿元；以出借、投资等方式违规运用保险资金 25 亿元；私设'小金库'3179 万元。审计还发现违法犯罪案件线索 28 件，涉案金额 4.89 亿元。"

该审计结果掀起轩然大波。

这一消息披露后的第一个交易日，中国人寿 H 股大跌 4.4%，收盘 5.4 港元，中国人寿 ADR（美国存托凭证）下跌了 7.4%。

尽管中国人寿 2003 年 12 月在香港和纽约进行首次公开募股 IPO 之际，其招股说明书中罗列了 19 页的风险因素，包括"应该注意，本公司乃一家中国公司，所处的法律和监管环境在若干方面和其他国家不同"。巧合的是，该警告在内地第一家境外上市银行交通银行的招股说明书中被再度提及，似乎成为一个中国特色的惯例。

不过，这个挡箭牌不顶用。

2004 年 3 月 16 日，一家美国律师事务所米尔贝格（Milberg）号召 2 月 3 日前持有中国人寿股票的美国投资者进行集体诉讼登记，指控中国人寿在募股期间没有披露可能对美国小股东不利的事实。

这似乎是中国金融企业遭遇的第一次集体诉讼危机。

2004 年 4 月 27 日，中国人寿收到美国证交会发出的非正式调查函，要求中国人寿提供与上市有关的文件和资料。

非正式调查函把事情的影响扩大了。实际上，美国证交会对上市公司进行非正式调查是很普遍的，被调查公司也无须因此做公开披露。但是由于国内媒体的专业欠缺，这一调查被无形放大了，即使2004年4月26日美国证交会发给中国人寿的函中明确表示，该调查不应被理解为美国证交会或其人员认为已经发生了任何违法事件。

关键时刻，中国人寿的母公司代"子"受过——审计署发现的问题乃是中国人寿母公司造成的。

2004年2月3日，中国人寿向香港联交所递交的声明中辩称，2003年中国人寿保险（集团）的账目已经过审计，但涉及的期限截至2002年末，距公司2003年6月30日的重组相距6个月之久。

2004年4月7日，中国人寿在香港发布公告称，审计署2004年3月30日向公司控股股东中国人寿保险（集团）公司做出审计决定书，原中国人寿保险（集团）公司其前身应缴纳税金和罚金总计约为人民币6749万元（约815万美元），其中罚金为1109万元。

中国人寿公告称，根据公司与集团公司2003年9月30日订立的重组协议，集团公司将承担审计署审计决定中涉及原中国人寿的一切责任。当日，中国人寿股票大涨5.64%，报收5.15港元。

绵延两年多，2006年6月7日，中国人寿终于收到美国证交会执法局的公函，称针对中国人寿的非正式调查已经终止，且未向证交会建议采取任何执法行动。

此时，王宪章已经届满退休，2005年6月，杨超从王宪章手中接过帅印。2006年1月9日，杨超不再担任股份公司总经理一职，改由原中国人寿资产管理有限公司董事长兼总裁吴焰继任。

从63岁的王宪章到55岁的杨超，再到44岁的吴焰，半年时间里，中国人寿的掌门人的年龄跨越了20年。

CHAPTER 9

第 9 章

猛士为牌照狂！
（2004）

2004年的初春，中国的寿险行业经历了一次意外的负增长。

负增长从上海发端。1月，上海寿险市场出现了罕见的同比下降。上海保监局的数据显示，截至2004年1月，上海保险市场上人身险保费收入20.4亿元，同比减少2.6亿元，减幅为11.37%。

这也是上海首次出现产、寿险增幅倒挂现象，以往通常是寿险保费增幅远远高于产险增幅。

就全国数据，2004年全国寿险保费收入同比增长了7.2%，大大低于过去10年的平均水平，并且和GDP的增长背道而驰。[①]

负增长让行业百思不得其解。从统计的角度看，同比增长小，是因为前一年的基数太高。拜分红险所赐，2003年，全国保费总收入达到3880.4亿元，同比增长27.1%。

时任上海保险监管局局长孙国栋认为，上海寿险出现的负增长，属于保险业转型期的"阵痛"。

尽管如此，保险行业的资产规模依然超过了万亿，这在中国保险行业史上尚属首次。

2004年4月，保险业总资产突破1万亿元大关，到2004年10月，这个数字跳至1.1万亿元。从1979年开始，中国保险行业用了25年的时间，实现了资产过万亿元的目标。

2004年，一个纵横近40年的保险"巨头"麻烦不断，翌年黯然离场——执掌AIG的格林伯格因为会计丑闻而被迫下台，隐喻着一个大时代似乎结束。

这还不是真正的危机。4年之后，次级贷款引发的华尔街金融海啸几乎让这家百年老店遭受灭顶之灾。唯一要检讨的是，危机的种子其时就已经种下，号称"财务稳健"

[①] 一般认为，GDP增长与寿险保费增长的理想弹性系数应为1∶1.5～2。例如，GDP增长8%左右，保费增长速度应为12%～16%。

的 AIG 奈何彼时没有警觉。

2004 年，一个年仅 25 岁名叫"刘芳"的年轻女孩亦震动国内财经界。她被号称拥有 34 亿元的纸上财富，成为平安保险上市之后诸多造富神话中的一朵浪花。不过，后来的事实表明，她不过是一个财富的马甲，或者媒体的误会。

普通的出身，巨额的财富；境外的富豪，境内的新贵；不知情的代持者，神秘的持股会。所有的一切，如同一出悬疑剧，平安演绎了一幕地地道道的中国式"财富门"。

2004 年 10 月 24 日深夜，保监会开闸保险资金投资股市。根据当时的估计，有近 550 亿元的保险"长钱"整装待发。

和乐观的预期相悖，挺进 A 股市场的保险资金只是保险资产的战术性配置，远非战略性投资，熊市时不会救市，牛市时也不会刹车。账户和仓位数据的蛛丝马迹都暗示，牛市时扬汤止沸，熊市时釜底抽薪，才符合这部分保险资金的资本本性。而所谓实施资产负债匹配，希望这部分战术配置资金长期价值投资，只是单相思者的镜花水月。

2004 年，承人保资产管理公司初试啼声之后，保险资产管理公司再度集中孵化，成为保险行业布局综合金融的重要棋子。至 2006 年太平资产挂牌，保险市场形成了所谓"9 + 1"格局，包括中资的人保、人寿、平安、中再保、太保、新华、泰康、华泰、太平，以及外资的友邦保险资金运用中心等，这些资产管理公司掌管着中国保险行业 90% 以上的保险投资。

有基金人士预言："基金和保险资产管理公司必有一战！"此话不久，华泰资产管理（原华泰财险投资部，于 2005 年正式成立）等公司，就穿上保险外衣，借银行渠道，发行了类基金的产品。

不仅保险资产管理公司，2004 年 12 月，友邦也动了基金公司的奶酪。该月中，号称国内首个"基金中的基金"——"友邦金中金 1 号优选平衡组合投资账户"（简称"金中金"）由友邦上海、北京、深圳等 6 个分支机构首发，并由当地的中国银行网点高调揽客。

造化弄人。由于资本市场的不景气，银保渠道销售的友邦"金中金"，在推出后销售并不尽如人意，上柜仅仅 2 个月便草草收摊。

不过，2004 年券商的行业风险整体浮出水面，多家保险公司的资金意外失足问题券商，暴露出保险投资不为人知的另外一面，敲响了类似"牛奶中不要加三聚氰胺""做食品不能不安全"的道德警钟。

2004年是中国的证券行业最黑暗之时，问题券商的地雷先后引爆，殃及保险行业，而保险投资的黑箱也浮出水面。

虽然《保险法》有严格的限制，但是保险资金还是陷入了危险性游戏。

2004年6月，市场传出中国人寿被托管在闽发证券的4.12亿元国债无法转出。8月，新华人寿与南方证券又暴露问题，震荡接连不断。

10月21日晚，中国人寿在香港联交所网站发布消息称，该公司一项高达4.46亿元的国债投资未能收回。截至2004年12月31日，中国人寿为这笔账面价值为4.12亿元的国债，计提了3.2亿元的减值准备，做好了这些投资全军覆没的打算。

9月10日，中国财险发布公告称，其在汉唐证券的账户内存有总面值3.565亿元的国债和5685万元的现金。2004年9月3日起，汉唐证券的资产由中国信达资产管理公司托管经营。当年，中国财险为此计提了0.78亿元的减值准备，不过计提比例远低于中国人寿。

汉唐证券的受害者还包括中再人寿，这家公司有4亿元左右的委托投资款陷入其中，占其注册资本金的一半。

保监会曾于2000年5月9日下发《关于暂不允许委托证券公司管理运用资产的通知》。因此，几乎所有的保险公司都声称，自己的这些钱，并不是委托理财，而是"托管"，或者被券商挪用保证金。

一朝被蛇咬之后，保险资金信不过券商的通道，担心直接的股票投资又落空。因此，在真正的A股交易之前，保险和证券双方针对独立交易席位展开激烈的博弈。

2004年，多家新保险公司横空出世，争先恐后充当"第一"：中国第一家专业性股份制农业保险公司（上海安信农业保险）、中国第一家相互制保险公司（阳光农业相互制保险）、中国第一家专业健康保险公司（中国人民健康保险公司，简称"人保健康"）以及中国第一家专业养老保险公司（平安养老）相继成立。

一个鲜为人知的细节是，此前呼声很高、表现积极的太平人寿意外失手，将第一家养老公司的称号拱手相让，或许印证了一句古话：满招损，谦受益。

不过，囿于定位（例如农险），或者政策不配套（例如企业年金），这批新公司"活着"并不容易。

2004年12月11日，经过3年过渡期之后，保险市场彻底开放。而监管部门抢在全面开放之前，于尘封8年之后，发放了18张以上的新保险牌照，成为一场职业经理人和资本之双重暗战。对于部分职业经理人而言，新公司的诱惑其实是一剂"毒药"。

格林伯格：法不容情

这一年，有一位全球保险的"巨头"，饱受诉讼之苦。

对于美国华尔街的金融玩家来说，美国纽约州前总检察长艾略特·斯皮策（Eliot Spitzer）是著名的"煞星"。这位仁兄借力电子邮件等新手段，传讯和调查了一大批金融巨子：沃伦·巴菲特、格林伯格、迪克·格拉索（纽约证券交易所前董事会主席兼CEO）、桑迪·韦尔（花旗集团前董事会主席兼CEO）。被他"痛下杀手"的500强大鳄包括：美国国际集团、花旗银行、美林、安然等，成为"华尔街头号公敌"。

这一年他的目标对准了保险。

他指控马什①公司（Marsh & McLennan Companies, Inc., MMC②，简称"马什公司"），这家有着130多年声誉的全球最大的保险经纪商，在帮助公司客户选择保险公司的过程中操纵投标、虚假报价，并接受保险商巨额回扣。其核心在于保险公司向保险经纪商支付"或有费用"（contingent fees），即生意成交后的佣金。

传统模式下，经纪公司根据客户的不同需求推荐保险公司。交易一旦成功，经纪公司会从客户支付的整体费用中扣除一部分作为给自己的佣金（commission），其余作为保费交给保险公司。

"或有费用"模式下，除了传统的佣金，保险公司则以额外的"或有费用"作为对经纪公司的奖励。但是，这种报酬会导致利益冲突——经纪公司究竟是为保险公司，还是为客户服务？这显然背离了保险经纪的立业之本。

"潜规则"被曝光之后，保险业人人自危。而法庭上，斯皮策颇为挑衅地说道："相信我，这只是开端。"

斯皮策的起诉书中还提到了几家最大的保险公司，包括安达保险公司（ACE）、AIG、哈特福德（Hartford）、慕尼黑美国风险伙伴公司（Munich American Risk Partners）等。

不仅如此，斯皮策还将矛头指向了美国保险的"第一家庭"。

斯皮策发难短短11天之后，马什公司的首席执行官杰弗里·格林伯格（Jeffrey

---

① 马什于中国亦有保险经纪业务，不过其名字翻译为"达信"。达信（北京）保险经纪有限公司是中国第一家外商独资的保险经纪公司，其总部在北京。

② MMC旗下子公司包括：达信保险顾问有限公司（Marsh）——保险经纪和风险咨询公司；佳达再保险经纪有限公司（Guy Carpenter）——风险与再保险专业公司；德安华公司（Kroll）——风险咨询公司；美世公司（Mercer）——人力资源及相关财务顾问与服务公司；以及奥纬咨询公司（Oliver Wyman）——管理顾问公司。

Greenberg）辞职。杰弗里·格林伯格恰为 AIG"老板"莫里斯·格林伯格（Maurice R. Greenberg）长子。他自 1967 年老格林伯格担任 AIG 首席执行官以来，就没有离开过这家公司的权力中心。

老格林伯格一家是"一门三杰"。

除了长子，其次子埃文·格伦·格林伯格（Evan Glenn Greenberg）亦是保险公司高管，出任百慕大保险行业翘楚 ACE 公司的总裁兼 CEO。

巧合的是，ACE 亦被纳入斯皮策的起诉书。不过，斯皮策眼中真正的"大鱼"是格林伯格。

2005 年 2 月，AIG 接到了斯皮策一纸传票，宣称公司涉嫌通过与"股神"巴菲特旗下的通用再保险公司（General Re）之间总额为 5 亿美元的有限保险①（finite insurance）进行财务欺诈，美化会计报表，并涉嫌欺诈投资者。

面对斯皮策的穷追猛打，AIG 迅速商业化地"舍车保帅"。

3 月 14 日，AIG 的执行董事们解除了格林伯格的首席执行官职务，实际上，这些执行董事基本上都是格林伯格一手提拔的。两个星期后，在斯皮策的高压下，董事会宣布解除格林伯格董事会主席一职（见表 9-1）。

表9-1 美国国际集团卷入的部分诉讼事件

2005年4月	SEC的一份调查显示，格林伯格在辞职前2天，将其持有的4140万股公司股票转到妻子名下，据估计这部分股票大约价值22亿美元。
2005年3月	莫里斯·格林伯格辞去首席执行官职务，2个星期后辞去非执行董事长。
2005年2月	AIG与"股神"巴菲特旗下的通用再保险公司签订于2000年的一份合同被怀疑这是一份虚假的再保险合同，实质目的并非转移风险，而是一种粉饰AIG公司财务状况的欺诈手段。
2004年10月14日	纽约州总检察官对美国最大的保险经纪商马什公司的投标操纵行为进行调查，AIG卷入其中。杰弗里·格林伯格（莫里斯·格林伯格的大儿子）辞职。
2004年10月	AIG向美国证交会和司法部缴纳1.26亿美元罚款了结PNC公司融资官司。
2002年	SEC调查发现，AIG帮助PNC转移7.62亿美元债务和不良贷款。
1998年	AIG旗下公司为手机销售商亮点公司提供了一种可回溯保单，帮助其年度亏损正好可以控制在先前宣布的1800万美元内。

数据来源：公开资料。

---

① 一种相对复杂的金融衍生产品。实际操作中，承保人为公司客户或另一家保险公司提供一定期限内的有限保险。规定期限内，投保人向承保人支付总额与最大投保额相近的保费。如果期满后未发生赔付，保险公司就会将全部或大部分保费退还给投保人。作为补偿，承保人会获得一笔酬金。

平心而论，相比格林伯格创造的辉煌业绩，AIG 在斯皮策、联邦检察官，乃至美国证交会联合调查下暴露的虚报利润之类的丑闻似乎有点微不足道。

亦有另外一种观点认为，"为了股票价格，他（格林伯格）可以做任何事情"。格林伯格深谙华尔街的规则，在这个股东金钱权益至上的"粪坑"里，只有永远满足股东们无法遏制的欲望和信心，否则再大的金融帝国都会全盘崩溃。在华尔街的眼里，只有代表金钱的数字，没有其他，而格林伯格无疑是他们中的佼佼者。对于以"We know money"（我们知道钱）为 Slogan（标语）的 AIG 来说，格林伯格的结局真是绝妙的反讽。

戏剧性的是，2008 年 3 月 10 日，已经成为纽约州州长的斯皮策因涉嫌嫖妓的丑闻被美国《纽约时报》网站报道。报道一出，仅仅 90 分钟后，斯皮策便不得不召开记者会向公众致歉。两天之后，斯皮策正式辞职。这位哈佛法学院毕业、律师出身、曾任纽约州总检察长，掀翻无数金融"巨头"的仁兄，自毁长城，短短 3 天便结束了他 15 个月的州长生涯。

不过，就在格林伯格离职之后，AIG 的某些不近情理的做法，让人心生凉意。2005 年 7 月 8 日，格林伯格掌控的 SICO 公司（即 Starr International Co., SICO, 史带国际）向法院起诉 AIG，要求 AIG 归还其占有的艺术品和斯塔尔的其他物品，这些东西的总价值超过了 1500 万美元，其中包括一幅凡·高的名画。

从 AIG "下课"后，格林伯格出镜率仍然很高，亦曾经考虑通过 C. V. Starr 和 Starr International Co. 等平台在中国、日本、韩国等地展开投资。即使离开 AIG，格林伯格依然是"老板"，亦有通道影响这家公司。

格林伯格掌控着三家以创始人史带命名的公司：C. V. Starr（C.V. 史带）、Starr International 和 Starr Foundation（史带基金会）。这三家公司宛如三驾马车，代表着声望、权力和金钱：史带国际是 AIG 的最大股东；C.V. 史带是一家同 AIG 有很多业务联系的保险经纪公司；而史带基金会则是美国最大的基金会之一，曾经代表 AIG 进行慈善活动。

这些公司和 AIG 之间存在独特而复杂的股权安排。根据美国国际集团 2003 年的委托书所显示的数据（见表 9-2）来看，格林伯格本人和整个管理层在 AIG 直接拥有的股票并不多，分别只占 1.74% 和 2.07%。

表9-2 格林伯格实际控制AIG的股份

持有者	AIG股票 数量/股	AIG股票 比例/%	Starr的股票 数量/股	Starr的股票 比例/%	SICO股票 数量/股	SICO股票 比例/%
格林伯格	45307097	1.74	4000	16.41	10	8.33
管理层	54093471	2.07	18000	73.85	50	41.67

数据来源：AIG 2003年的委托书（proxy statement）。

但是，史带国际公司和C.V.史带这两个"模糊不清"的公司却不是这样。

《财富》杂志资深记者卡罗尔·卢米斯曾经调查，史带国际拥有AIG股份的16.2%，是AIG最大股东。约300名被集团视为特别宝贵的人才，得到集团奖励的一种形式奇特的限制性股份，如果他们留在公司直到65岁，他们将一直拿到这样的奖励。C.V.史带是一家私人控股公司，控制了AIG2.4%的股票。大约40名AIG最宝贵的人持有这家公司的股票。这两个公司都对公司股票的持有者（即AIG的精英人物）出售股票进行了严格的限制，通过这种方式，AIG一方面可以牢牢控制高级人才的流失，另一方面可以保证控股权，防止被收购。

媒体的报道还讲述了另外一个故事，1955年建立的史带基金会的全部资产都是AIG的股份，大约占AIG股份的2%，这里的主管也几乎全部是前AIG的高管。

最为惊诧的是，平安保险似乎学习了AIG的员工持股模式，掌握了四两拨千斤的控制术，实现了管理层对于公司的控制，并打开了财富之门！

平安合股基金解密

1988年3月，平安保险创办时，注册资本为人民币4200万元，只有2家股东——深圳蛇口社会保险公司（持股51%，代表招商局）和中国工商银行深圳市信托投资公司（持股49%），公司为全民所有制企业。

2002年6月26日，保监会以一纸批复（保监变审〔2002〕54号）确认，平安的发起人为5家：工商银行、招商局蛇口工业区有限公司（简称"招商局"）、中国远洋运输（集团）总公司（简称"中国远洋"）、深圳市财政局、深圳市新豪时投资发展有限公司（简称"新豪时投资"）。

然而，短短 4 年之后，平安的发起股东多数物是人非。除了新豪时投资之外，其余已经不在大股东之列（见表 9-3）。

表9-3　截至2006年12月31日平安前十大股东

序号	股东名称（注）	持股数量/股	股份类别	占类别股比例/%	占总股本比例/%
1	汇丰保险控股有限公司（FLS）	618886334	H股	24.19	9.99
2	香港上海汇丰银行有限公司（FLS）	613929279	H股	23.99	9.91
3	深圳市投资控股发展有限公司	543181445	内资股	14.94	8.77
4	深圳市新豪时投资发展有限公司	389592366	内资股	10.71	6.29
5	源信行投资有限公司	380000000	内资股	10.45	6.13
6	深圳市景傲实业发展有限公司	331117788	内资股	9.11	5.34
7	深圳市深业投资开发有限公司（SLS）	301585684	内资股	8.29	4.87
8	广州市恒德贸易发展有限公司	200000000	内资股	5.50	3.23
9	深圳市武新裕福实业有限公司	195455920	内资股	5.37	3.16
10	深圳市立业集团有限公司	176000000	内资股	4.84	2.84
	合计	3749748816	—	—	60.53

注：上表中股东性质含义为：SLS，国有法人股股东（State-own Legal-person Shareholder 的缩写）；FLS，境外法人股股东（Foreign Legal-person Shareholder 的缩写）；未标注者为社会法人股股东。

其中还有奥妙。

显而易见地，汇丰保险控股有限公司、香港上海汇丰银行有限公司同受汇丰控股的控制而形成关联，两家公司合计持有发行人 19.9% 的股份；深圳市投资控股发展有限公司、深圳市建设（集团）有限公司（第 27 大股东）之间因存在控制关系而形成关联，两家公司合计持有发行人 8.96% 的股份。

关联交易远不止这些。

其中，新豪时投资、景傲实业与深圳市江南实业发展有限公司（简称"江南实业"）之间因实际出资人存在重叠而形成关联，3 家公司合计持有发行人 13.88% 的股份。这 3 家公司合并为平安高管和员工的持股平台。

欲解开平安股权之谜，必须从头梳理。

1988年3月，平安保险草创。4月28日，平安保险一届一次董事会在蛇口举行，会议确定当时的中国工商银行深圳分行行长刘鉴庭为董事长，马明哲为总经理。

1992年，股东已经从2家变5家，分别是招商局、工商银行、中国远洋、深圳市财政局和平安员工合股基金。

合股基金首登舞台。

平安员工合股基金成立于1989年，1992年改制为职工合股基金公司，1997年更名为新豪时投资。坊间曾经臆测，新豪时投资乃意取马明哲之姓。因为新豪时投资的英文为New Horse，而Horse的中文意思为"马"。

平安A股的招股说明书称，"平安职工合股基金公司投入资本22362883.55元，占公司权益总额的10%"。其中的细节是，1992年12月31日，中国平安员工持股方案获中国人民银行深圳经济特区分行批准。平安职工合股基金公司于当年度出资2236.3万元，购买中国平安10%的股份；次年再次出资4196.1万元，认购1398.8万股。

这种做法其实风险很大。

不过，平安职工合股基金公司设立之初，不少员工并没有认为这是一个发达的机会，甚至不愿意参与。例如，平安一度把增资扩股作为业务考核指标分派到各个分支机构，要求各机构必须完成规定的募股额，否则影响机构负责人年度考核。

1993年1月1日，平安在全国范围内定向募集法人股，以6元的招股价扩股49%。股东数目由原有的5家增加到114家。

1993年12月，摩根士丹利和高盛各自出资3500万美元溢价入股平安5.56%的股份（1997年，两公司持股比例各增到7.63%。至平安上市前一度各占6.86%的股权）。

不过，直接持有股份的并非摩根士丹利和高盛。1994年，摩根士丹利及高盛分别通过摩氏实业发展（深圳）有限公司及广东国际信托投资有限公司出资，成为保险行业"代持股"的又一典型案例。

1994年7月，平安开始对下属的大连、广州、北京、上海、天津、青岛等6家分公司进行资产一体化改造（即将具有独立法人地位的6家分公司吸收合并为公司全资附属机构），将在当地入股上述6家分公司的股东转换为公司股东。截至1995年4月，公司完成资产一体化工作。

1992年至1995年间，根据中国人民银行的要求，平安清退不合格股东并退回认股款。1995年12月6日，平安股本增加到15亿元人民币，股东单位为54名（见表9-4）。

表9-4 截至1995年12月31日平安前九大股东

序号	投资者名称	注册资本 金额/元	比例/%
1	招商局蛇口工业区有限公司	266809271	17.79
2	工商银行	396068347	26.40
3	中国远洋运输（集团）总公司	173288029	11.55
4	深圳市财政局	121392110	8.09
5	深圳市新豪时投资发展公司	138247736	9.22
6	摩氏实业发展（深圳）有限公司（摩根士丹利）	120191723	8.01
7	广东国际信托投资有限公司（高盛）	120191723	8.01
8	深圳市思特电子工程公司	6828399	0.46
9	深圳石化集团股份有限公司	1707100	0.11

数据来源：平安A股招股说明书。

1997年，平安实行股份制改造，中国远洋、深圳市财政局、工商银行、招商局和新豪时投资为五大发起人。

同时，1997年，平安进行增资。当时平安拟将股本从15亿股增扩至25亿股，其中包括2.8亿股外资股。但是，直到1997年4月3日，2.8亿股外资股未能募到，除此之外，公司增扩的7.2亿股内资股全部到位（见表9-5），增资价格1.76元，发行人实收资本达到人民币22.2亿元。

表9-5 1997年平安增资的认购情况

序号	投资者名称	增资前 股数/股	比例/%	认购股数/股	增资后持股比例/%
1	招商局蛇口工业区有限公司	266809271	17.79	109134878	17.09
2	中国远洋运输（集团）总公司	173288029	11.55	70881255	11.10
3	深圳市财政局	121392110	80.90	49653871	7.77
4	深圳市新豪时投资发展公司	138247736	9.22	56548447	8.85

续表

序号	投资者名称	增资前 股数/股	增资前 比例/%	认购股数/股	增资后持股比例/%
5	摩氏实业发展（深圳）有限公司	120191723	8.01	49162868	7.70
6	广东国际信托投资有限公司	120191723	8.01	49162868	7.70
7	深圳市物业发展（集团）股份有限公司	3892188	0.26	1592049	0.25
8	深圳市江南实业发展有限公司	0	0	269558894	12.25
9	深圳市莱英达集团有限责任公司	0	0	6004900	2.77
10	佛山市财政局	0	0	3300000	0.15
	合计	—	—	720000000	

数据来源：平安A股招股说明书。

其中，新豪时投资再度认购5654.8万股。

引人注意的是江南实业，这家公司大手笔认购近2.7亿股，持股比例为12.25%。不过，此时的江南实业并不是后来所谓的平安高管集体持股平台。

转机出现在2005年6月。这个时候，原江南实业股东三水健力宝健康产业投资有限公司之关联公司无力偿还兴业银行广州分行4.35亿元到期贷款。作为中国平安部分高管代理人的中国平安副总经理王利平以代偿贷款条件，受让前者20.4526%的江南实业股份。6月20日，王利平与中国平安89名高级管理和关键岗位人员签署《委托持股及管理公约》，确立高管层委托其持有江南实业，从而间接持有中国平安的内资股份。

2006年，受托人王利平再度受让原景傲实业持有的江南实业42.8874%股权。此时，平安高管群体对江南实业的控制权已达63.34%，持股框架搭建完成。而景傲实业也是一家颇有神秘色彩的持股公司，它将成为平安第三个员工持股平台。

1997年的这次增资，前五大股东中只有工商银行碍于政策限制未有参与。

2002年，中国工商银行、中国远洋、招商局先后减持平安股权，平安的十大股东中，除深圳市政府旗下的深圳市投资管理公司外，其余几大股东持股比例都不超过10%。而这些交易，成为资本大亨们分享平安创富神话的最后良机。

2002年10月，汇丰斥资6亿美元，认购2.46亿股，参股平安10%，折合每股认购价20.13元。汇丰在深圳市投资管理公司之后成为平安第二大股东（其时第三大股东为江南实业）。

2003年，为上市之前摊薄每股股价，平安将公积金转增股本[①]，10股送10股。汇丰的成本下降至每股10.06元。

2004年，平安发行H股13.8亿股，每股发行价10.33元，同时原发行的外资股转为H股。注册资本变更为61.9亿元。2004年6月，平安上市后股权摊薄，汇丰斥资12亿港元增持平安股权至9.9%，成为中国平安第一大股东。

2005年5月9日，汇丰从摩根士丹利和高盛手中购买9.91%平安股权，从而使持股比例跃升至约19.9%。摩根士丹利和高盛当年分别以区区3500万美元入股平安，退出时溢价达20倍，堪称其在中国最成功的投资之一。

如前所述，除了新豪时投资和江南实业，景傲实业为平安员工持股之另一平台。不过，景傲实业的身世最为独特。

成立于1996年末的景傲实业其实是因原两大股东深圳景鸿投资发展有限公司（出资20%）和深圳傲实装潢设计有限公司（出资80%）而得名。1999年10月15日，深圳工会企业管理委员会批复平安信托工会与平安证券工会分别受让上述两家股东全部股份，自此景傲实业为员工受益所有权计划的集体参与人全资所有。2004年12月，在受让江南实业所持有的中国平安3.31亿股权后，景傲实业成为名副其实的平安内部员工持有平台。

2006年11月，深圳正直方实业发展有限公司将所持5%新豪时投资股份亦转让予景傲实业，后者又因此间接持有上述部分的中国平安股权。

自此，新豪时投资与景傲实业的最终股东变成中国平安工会、平安证券工会和平安信托工会3家。

2007年3月1日，中国平安通过增发11.5亿新股回归内地后，新豪时投资与景傲实业的内资股身份获得流通可能，此时两者合计的7.21亿股，占中国平安73.45亿总股本的9.81%。

当然，作为平安众核心高管，其比一般员工还是多一个通道——借道江南实业。

至此，平安的股权腾挪大致厘清。

此时，可以简略地回顾平安五大发起人的命运。除了员工持股的新豪时投资坚持至今，并获得巨额财富之外，其余四家股东均在平安上市之前，全部或者部分出售了

[①] 公司将资本金转化为股本，并不会改变股东的权益，但增加了股本规模，因而结果与送红股相似。

自己的股份。

最早的发起股东工商银行因为分业的变故，不得不于2000年将其持有的3.9亿股转手给深圳市投资管理公司，拱手让出第一大股东的位置。

另外一家发起股东招商局也在2002年平安上市前夕，出售了自己的股份。这一年，招商局将持有的平安股份转让给三家，分别为1.4亿股给宝华投资、1.9亿股给源信行投资、4400万股给上海银峰投资。这笔交易让招商局错失分享平安上市后巨额财富的机会，但是使得接盘的三家公司几乎是一夜暴富。同时，由于宝华投资和源信行投资的身世扑朔迷离，引发了一次媒体关于影子富豪的大调查。

2002年，五家发起人之一的中国远洋也转手了部分股份，接盘者分别为广州市恒德贸易发展有限公司（简称"恒德贸易"）1亿股、中投创业投资有限公司6645万股、天津泰鸿投资集团有限公司7771万股。具体的交易价格至今仍是一个谜，不过，几乎可以确定的是，恒德贸易实际与香港富豪李兆基及其五弟李兆楠渊源颇多。

2003年，深圳市财政局将其持有的1.7亿股转手深圳市深业投资开发有限公司，名义上亦退出平安大股东之列。

从一家只有2家股东的国有公司，成为一家汇丰参股并占第一大股东的混合所有权公司，平安的股权之跃，不可谓不惊险。

这惊险一跃的背后，是多少创富的神话。追查这些暴富者的来龙去脉、资本手法、隐身之术，以及真实身份，成为2004年媒体最为热衷的话题。

首先是平安的高管们，不过，其实"马明哲们"拿得的股份并不多。

据中国平安A股招股说明书，中国平安的17名董事、监事和高管人员共持有4.47%的员工投资集合权益单位和26.54%的江南实业股权，而新豪时投资与景傲实业合计持有中国平安9.81%的股权；江南实业则持有中国平安1.89%的股权。

据《21世纪经济报道》调查，平安的员工投资集合（新豪时投资和景傲实业）受益单位的份额自2001年10月后，未再增加。截至2006年末，该公司员工投资集合有18969名权益受益人，共持有4.31亿份权益单位。其中，马明哲在员工投资集合中占比1.10%，占平安现有股本总额的0.1%。

不过，平安保险的高管们尚有另外一个平台——江南实业。其中马明哲持有5.86%，孙建一持有3.83%，副总经理陈克祥持有3.81%。将员工投资组合与高管持股两者合计，所涉17名高管人员共间接持有平安1.64%的股权。

因此，2008年6000万"高薪风波"之时，当被问及为何不像王永庆那样不领工资,马明哲坦言,"王永庆不领工资,因为他是老板,而我是打工的。我是职业经理人,肯定是要领薪酬的,最重要的是我的贡献和表现对得起这份薪酬"。

马明哲多次在内部会议上表示,"我个人的股份不多,但我非常满足,因为我最在意的,是全公司有近19000万名员工持有公司股份。合股基金是我个人生涯中最大的成就之一"。

▶ 平安上市,"潇洒走一回"

2004年6月24日,中国平安,这家内地市场化程度最高的保险公司,在香港联交所成功上市,于全球发行集资净额约为143亿港元,毫无悬念地成为2004年度亚洲最大规模的IPO。

上市的历程远比想象中艰难。

媒体事后称,平安上市需要突破四大政策藩篱,有的甚至是禁区:一是内地首家金融控股集团实现境外上市;二是员工法人股,即平安员工通过员工股权计划间接持有平安的股权,而同城兄弟招商银行在2002年上市前,就因政策禁令全数回购了以前发售的员工持股;三是允许外资策略投资者在上市后将外资股转为H股,摩根士丹利和高盛分别设定禁售期一年,汇丰设禁售期三年;四是上市以后H股与策略投资者的外资股总比例将达到48%左右,但是平安仍要保留中资企业身份。

平安启动上市计划之时,香港市场已经错过了2003年的火爆。

3月2日,平安向香港联交所递交上市申请时,恒生指数由14000点左右震荡下滑;5月平安上市前夕跌至11000点左右。同期中国人寿遭遇美国集体诉讼案,又为中国企业境外IPO泼了一盆冷水,中国概念股还处于低迷时期。

6月7日,马明哲率领红队,张子欣率领蓝队,正式开始全球路演。为期12天的路演中,平安路演团共举行超过100场推荐会,会见了400多位基金经理,回答了投资者数千个问题。

其中绕不过去的就是投连风波和利差损。平安招股书显示,假设以12.5%贴现率贴现,精算师估计以前发售的高利率保单的现值为 −221亿元。

6月19日,红、蓝两队会师纽约,依据承销团提供的簿记内容确定价格。考虑"为投资者留下一些赚钱的余地",平安的定价为10.33港元,对应的市盈率为24.7倍,高出全球多数同业。值得一提的是,这一价格略有超过汇丰在平安上市前除分红后的每股成本约9.5港元。

> 2004年6月24日10点，马明哲在电子交易操作界面上输入了2318的股票代码，屏幕上出现开市价及第一笔交易：10.50元，高于招股价10.33元。
>
> 面对国际投资者和媒体，马明哲用一句歌词回答记者关于股价的问题："股价起落很正常，我们是潇洒走一回。"

平安的影子富豪，是市场关注的另外一个焦点。

而2004年真正造成轰动的，是平安的另一大自然人股东，一个年仅25岁的神秘女性——刘芳，以34亿元的身家，排名2004年胡润百富榜第16位。对于刘芳，胡润的简历中仅有寥寥数语："刘非常神秘，但在2004年夏天平安保险上市后登上财富舞台。"

工商登记资料显示，"刘芳，女，1979年6月7日出生，高中学历，家庭住址是北京东城区某街道"。

媒体按照工商登记中的住址，找到刘芳家。"这是个非常狭窄拥挤的小四合院，不到100平方米的空间里住着4户人家，外加门脸处开的一家破旧的刀削面馆。房屋年久失修，满是油毡和水泥修补的痕迹，过道中瀰热的空气令人喘不过气。"

邻居们告诉前来探寻富豪的媒体，刘芳已经搬走，"她爸是出租车司机，叫刘振江；她妈在一个机械厂当工人，两人都退休了"。

至此，刘芳显然不是这笔巨额财富的真正拥有者。

同时，另外一个神秘人士浮出水面——郑建源。郑建源乃是源信行投资有限公司（简称"源信行投资"）的创始股东之一和法人代表。此时，市场更多相信郑建源是这笔财富的实际控制者。2003年，郑建源被胡润贴上了中国第六大富豪的标签，身价高达33亿元。

但是，也有很多人认为郑建源本身只是一个SPV（special purpose vehicle，特殊目的公司），是一个代人持有的"壳"。市场猜测，郑裕彤才是幕后真正的大老板。香港的媒体称，"郑建源成立宝华投资，专为城中富豪在内地寻找项目投资"。

但是，如果认为郑建源和刘芳一样只是一个马甲，亦不合事实。

香港媒体调查，2004年7月平安于香港上市；2004年末，原本住在太古城的郑建源，即以9280万港元购入渣甸山独立屋轩德荪道12号；而2007年2月，平安保险A股上市前一个月，他更花1亿4500万港元买入旁边11号的独立屋。

郑建源除了豪买独立屋，更爱买车，名下便有5辆名车，包括过百万元的法拉利，以及 4 部共过 200 万元的平治（即奔驰），车牌数字同是 1898。

资本变幻何其多！

除了郑建源的宝华投资和源信行投资两大平台，郑裕彤还有另外一条通道曲径通幽。2000 年前后，武汉武新一举获得深圳市联合投资有限公司、深圳市社会保险管理局等 10 家公司总数高达 9700 万股的平安股票。武汉武新一战成名，成为平安保险完成公司规范登记为股份有限公司后最大的买家之一。

武汉武新出身显赫，早在 1992 年，香港珠宝大王郑裕彤的中国香港新世界与武汉建设投资公司各出资 50% 成立了武汉武新，由郑裕彤之长子郑家纯担任董事长。虽然武汉武新的股权几经辗转，但是仍未脱离郑裕彤财富体系。同时，通过武汉武新，郑裕彤还持有另外一家公司生命人寿超过 10% 的股份，为大股东之一。

事实上，曲线持股平安的香港富豪，岂止郑裕彤一人。被香港财经界尊称为"四叔"的恒基地产主席李兆基，也通过五弟李兆楠进入 A 股市场，平安保险十大股东之一的恒德贸易恰为李兆基兄弟的平台。

2007 年度"胡润百富榜"，李兆楠身家高达 160 多亿元，排名第 34 位。

2008 年 3 月 3 日，恒德贸易所持这部分禁售股份解禁。平安发布的一季报显示，恒德贸易持股已由原来的 2 亿股减至 1.2 亿股，仅此一项，套现超过 50 亿元。

新华：开业赚钱的会计神话破灭

2004 年，新华人寿厄运连连。

年初受困于寿险市场负增长，新华人寿的经营遭受严峻考验；8 月，传出新华人寿 6 亿元资金受困于破产券商南方证券，同时新华人寿连续 8 年盈利的业绩遭遇"会计造假"质疑。

2004 年，曾被认为铁定上市的新华人寿，在上市门口摔了一跤。

除了这些，新华人寿高管的变化也引起波澜。市场传言，新华人寿总裁助理林克屏辞职，参与筹备联合人寿（后更名为合众人寿）。林克屏亦是一位新闻人物，是少数"市长"级别转型的官员。他原为平安人寿长沙分公司总经理，平安总公司个险部总经理，在任职平安之前曾任湖南省永州市副市长。2001 年初，新华人寿以重金将林克屏挖角，出任总经理助理兼北京分公司总经理，此后林还出任过新华人寿广州分公司总经理一职。

所有这些，都不如新华人寿偿付能力不足的打击大。

2004年9月，《新快报》报道称，"8月27日结束的'全国寿险公司偿付能力监管研讨会'上传出消息，新华人寿由于连续8年偿付能力严重不足，中国保监会已下发监管意见书暂停其新开分支机构"。

该报道还称，"这些公司可能没有足够的赔偿和给付能力"。

在偿付能力不足问题曝光之前，这家中国第四大的寿险公司风头正劲。同一年，新华人寿还号称，开业以来连续8年盈利，创造了中国保险业的一个赚钱神话！

从不亏钱的公司居然偿付能力不足，这显然与常识相悖。

就在偿付能力问题曝光前后，坏运气如同多米诺骨牌，一个紧接一个。气急败坏的新华人寿不是反省，而是利用媒体专业知识的欠缺，偷换偿付能力的概念，虚张声势，强烈反击所谓"不实传言"。

新华人寿借用普华永道中天会计师事务所2003年对新华人寿的审计报告称，"新华人寿2003年资产总计为243.79亿元，负债合计229.16亿元，公司的资产大于负债，有足够的能力履行合同约定的赔偿和给付能力"。

不仅如此，新华人寿还提供有利于自己的资料，2001—2003年其资产负债的数据如下：2001年度，资产总计59.93亿元，负债合计45.7亿元；2002年度，资产总计127.65亿元，负债合计113.46亿元；2003年度，资产总计243.79亿元，负债合计229.16亿元。

同时，新华人寿2001—2003年税前利润情况分别是0.21亿元、1.62亿元、2.19亿元。

借助上述数据，新华人寿企图为自己开脱。

新华人寿其实已经部分得逞。迫于压力，《新快报》公开向新华人寿道歉并发布澄清文章，为自己的非专业报道付出了代价。①

诚然，不能说偿付能力不足的公司就会立即出现支付危机，这是《新快报》报道的瑕疵，但仅仅因为净资产为正就认为偿付能力充足，亦是谬论！

实际上，保险公司的实际偿付能力不是资产减去负债，而是"认可资产"减去"认可负债"的差额。其中，认可资产不等于资产负债表中的资产，实际计算中还可能低于资产，因为部分资产是要打折计入认可资产的。因此，用所谓净资产（资产减去负债）的概念，来代替偿付能力，甚至说明偿付能力充足，显然有偷梁换柱之嫌。

---

① 2005年4月，新华人寿又通过措辞严厉的"声明"，反击媒体关于"新华人寿搁置国内A股上市计划"的报道。

同时，如果一家保险公司连续多年盈利，基本是不会出现偿付能力缺口的，因为公司完全可以用盈利来进行弥补。假设连续盈利却出现偿付能力危机，或者只能暗示一个问题，就是所谓连续盈利可能是一个虚假的会计报表游戏。

此后三年，新华人寿的走势也表明，媒体的报道除了专业上的瑕疵之外，并没有言过其实。

例如，2006年，新华人寿向保监会提交的2005年偿付能力数据仍然没有"及格"——"新华人寿向中国保监会提交的2005年偿付能力报告表明，其偿付能力充足率为61.32%，偿付能力严重不足"。

2006年6月28日，保监会向新华人寿下发《中国保监会监管函》（〔2006〕4号），作出三项决定，其中第三项明确规定："在你公司偿付能力额度达到我会规定之前，不得向股东分红，不得增设包括营销服务部在内的分支机构。"

媒体的报道被一一印证。

但是，如果遮住偿付能力的瑕疵，新华人寿则是一番歌舞升平的景象。

根据新华人寿的数据："2005年，公司实现保费收入210.8亿元，同比增长12%；市场份额达到6.1%，稳居寿险市场前列。截至2005年底，公司总资产达605亿元，总体实力持续提升。目前，新华人寿在全国拥有34家省级分公司，166家地市级中心支公司，779家营销服务部，内外勤员工近14万人。"

颇有意味的是，8月26日在银川召开的"全国寿险公司偿付能力监管研讨会"上，共有3家公司被点名，除新华人寿之外，还有太平洋寿险和中国人寿集团。后两者的偿付能力问题皆源于巨额的"利差损"，太平洋寿险通过痛苦的再造，已经获得新生；中国人寿集团却使得"利差损"长期成为悬于其上的"堰塞湖"。

一位精算师分析，新华人寿面对的偿付能力问题，首先源于其不合理的产品结构——以趸交为主的银行保险及团险业务占据新华人寿产品篮子的大半。尽管个人业务增长较快，但是总体规模仍然偏小。

以2001年开业的上海分公司为例，2006年1月至11月，新华人寿上海分公司个险收入保费8477万元，团险2.18亿元，银保13.95亿元。其中，个险的新契约仅为3400万元，团险的短期业务仅为1838万元，而团险趸交则高达1.53亿元。

从2000年开始，新华人寿保费收入每年都以超过100%的速度增长，2001年达到22.98亿元，2002年达79.83亿元。尤其是2002年，新华人寿银保增长达1200%之多，甚至超过了2001年的保费总收入。

经过 2 年的疯狂发展，2003 年，新华人寿保费收入暴增至 171.85 亿元，市场份额由 2002 年的 3.51% 上升到 5.7%。但是，这样的产品格局对于资本的数量要求颇高，成为压垮新华人寿偿付能力的最后一根稻草。

业务结构的短板仅是硬币的一面。

新华人寿偿付能力不足还可能和该公司急速扩张、过快消耗有关联。保险市场全面开放前夕，新华人寿曾经有一年内筹建 25 家分公司和 105 家支公司的纪录。筹备一个分公司的费用在几百万元至千万元不等，如果分支机构扩张太快，可能对总公司形成财务压力。

实际上，扩张的态势并未伴随全国布局的基本完成而停止，只不过其方向由纵向演变为横向——新华人寿将搭建金融控股平台。

而新华人寿原董事长关国亮曾面对媒体大谈，"以新华人寿为核心成立新华保险集团已经获得批准。在我们的 2007—2009 年的发展计划中，完善集团战略规划方面不仅要做大格局，而且也要做出参股、并购银行和证券公司的规划；不仅要做好保险控股公司的规划，而且也要做出金融服务集团的规划"。

前摩根士丹利董事、总经理兼亚太区首席经济学家谢国忠曾说："过去 20 年，中国企业家最大的问题就是面对的诱惑太多，很难不分心。"

回首新华人寿的偿付能力危机，表面上是为单一的业务结构以及过快的机构扩张买单；其实，这背后还隐藏着更大的秘密，而这些秘密将在关国亮倒台之后陆续曝光。

猛士为牌照狂！

"狼真的来了！"

2004 年，经过 3 年短暂 WTO 过渡期之后，保险市场将于年底彻底开放。而面对境外"巨型航母"的竞争，除了少数公司外，多数底气不足。

实际上，2003 年之时，外（合）资保险公司的数量已经超过中资。外资保险主体从 1992 年的个位数，迅速增加到 2003 年末的 37 家，分支机构达到 67 家，外资或合资保险公司主体的数量已占全国保险公司的一半以上。

其间，除 1996 年当时负责保险监管的中国人民银行批准了新华人寿、泰康人寿、永安财险、华安财险和华泰财险 5 家保险公司之外，1996 年至 2004 年，这 8 年间，中资牌照一纸难求。

即使有新的中资公司出现，其实亦是另辟蹊径。例如，2000年10月，1998年设立的保监会又批准4张有瑕疵的牌照，即专为合资而设的"壳"公司——民生人寿、生命人寿、东方人寿、恒安人寿。再如，2001年底的太平人寿与太平保险，这2家公司均以复业的名义回归内地市场，打了一个漂亮的擦边球。

因此，面对即将到来的全面开放，发放新的牌照、引入新的资本、保险市场对内开放成为应有之义。

年初之时，政策暖风频吹。

监管部门表明了开明的态度，"将完善保险市场准入机制，批设新的保险公司，为保险市场注入活力。有侧重地批设专业性养老保险公司、健康保险公司、农业保险公司，支持保险公司和其他各类投资主体参股或设立再保险公司"。

数据显示，1996年以来，保监会已接到设立保险公司申请24家，资金200多亿元。"2004年保监会审批新保险公司没有数量限制，将是成熟一家批一家，预计将新批设10多家保险公司。"

市场热烈追捧。

到2004年3月，排队申请牌照的数字就已经上升为28家，涉及资金274亿元。

多年之后回首，这些资本"肚子"里至少隐匿着三种盘算。

其一，巨大的市场空间想象和高额的投资回报诱惑。例如，投资平安保险的中国远洋在6年间年年分红，投资回报率超过400%；最初参与发起平安保险的招商局，在2002年退出时获得了10倍的收益；首都钢铁2001年出资1.8亿元参与生命人寿，2年后其可分享的所有者权益达到2.75亿元，是投资额的152.8%。

这仅仅是表面，即使暂时不赚钱，保险公司特有的充沛现金流，也让长袖善舞的"资本巨头"们垂涎欲滴，这是其二。

最最不济，稀缺之保险牌照亦可转手他人，炒牌照亦成为部分资本的小算盘，此为其三。

2004年3月15日，保监会发展改革部召集这28家公司筹备组负责人开会。不过，这次会议存心要给热心淘金的"资本们"泼冷水，敲警钟。

第一条就是关于投资风险的提示，与会的负责人被告知，"对投资回报周期要有心理准备：从国际经验看，新设立的寿险公司一般要经过6至7年经营才能盈利"。

同时，"保险资金运用受到严格监管，保险资金包括各项准备金、资本金、营运资金、公积金、未分配利润和其他负债,以及上述资金形成的各种资产必须在法律规定的渠道、比例范围内进行运用"。

监管部门显然希望传递两个信息:一是保险行业不是暴利行业,二是保险资金不是想用就用。不过,此后的事实表明,被"热晕"的"资本们"只有少数听进去了,其余或者心存"上有政策,下有对策"的侥幸心理,或者根本就是为"炒牌"而来。

经过勘酌和挑选之后,2004年6月、7月间,保监会集中新批了18家以民营资本为主体的中资保险公司牌照。其速度之快与数量之多,前所未有。这18张牌照包括了8家寿险、3家健康险、7家财产险,即所谓"8+3+7"格局。

> **▶ 链接:保险牌照三次"扩容"纪录**
>
> 1996年,首次扩容,中国人民银行批准了新华人寿、泰康人寿、华泰财险、永安财险、华安财险5家保险公司。
>
> 2000年10月,4家专为合资而设"壳"公司——民生人寿、生命人寿、东方人寿、恒安人寿。
>
> 2001年,暗度陈仓,太平人寿与太平保险于内地复业。
>
> 2004年,中国保监会8年来首度解禁中资牌照,一次性批筹18家中资保险公司,即所谓"8+3+7"。
>
> 2005年11月,长城人寿在京开业,截至年底中国共有保险机构93家,其中保险集团和控股公司6家,财险公司35家,寿险公司42家,再保险公司5家,保险资产管理公司5家。
>
> 2006年11月,正德人寿开业。
>
> 2007年1月,华夏人寿于西安开业;5月,长江养老挂牌开业;11月,国华人寿开业,成为中国第52家寿险公司。至此,中国保险公司达到104家,2004年保险公司大扩容基本收官。

除了上述18家公司之外,此后还有新公司陆续获得筹备牌照,包括当年12月批筹的阳光财险,以及2006年2月开始筹建的幸福人寿保险等。不过,其数量和速度均不如这18家公司。同时,由于批筹时间集中于2004年,阳光财险也被纳入广义的18家公司中。

由于新批公司较多,同一时期内居然有两三家公司都以"阳光"为名,难辨雌雄。

"真假阳光"成为那个癫狂年代的一个小插曲。新牌照掀起一场血雨腥风的资本暗战。

而看似新鲜诱人的新牌照更成为很多保险高管的职业毒药，只不过品尝的时间早晚而已。年轻而脆弱的高管们，第一次体验到资本的善变、贪婪、狡诈甚至是凶恶。

除了民营资本，2004年，国有公司和健康的"优等生"们也获得了应有的垂青。

6月7日，太平人寿发起的专业年金公司——太平养老获得"准生证"。同日，"优等生"华泰财险的董事长王梓木也接过了寿险公司的筹建牌照。

与此同时，中国人寿、中国人保、中国再保险也紧锣密鼓地筹建新的子公司：以寿险为主业的中国人寿瞄准财险公司；经营财险的中国人保眼热寿险和健康险公司；而已有财险公司的中国再保险则觊觎寿险公司及资产管理公司……

最终，除了中国再保险，其他公司几乎都如愿以偿，甚至超过预期。

至今回首，18家新公司中的8家寿险公司，只有3家公司未改名，即华夏人寿、国华人寿、国信人寿。而未改名的3家公司中，国信人寿已经被勒令停业，成为内地保险商业史上最短寿的公司。

而且除更名外，多数寿险公司都曾经历痛苦不堪的股东更迭。最后开业时的股东和批筹时的股东，几乎就是两拨人。

例如，新公司之一的国民人寿，不仅股东更迭，而且名字也易名为"嘉禾人寿"。

公开资料显示，国民人寿最初由北京物美投资、北京康平创业投资、华美现代流通、嘉德拍卖、北京和康友联、中诚信6家企业发起，注册资本5亿元人民币。

深究渊源，能够把这6家企业串联起来的，除了商场的"利"，更有校友之"义"。嘉德拍卖的老板陈东升，以及中诚信董事长毛振华等，皆出身于著名学府武汉大学。鲜为人知的是，陈和毛都曾经师从著名经济学家董辅礽。

但是，这样的"义利组合"亦没有走到最后。

开业之时，改名"嘉禾人寿"的国民人寿，股东已经替换为北京中关村科学城、联想控股、重庆国际信托投资等6家企业。

"义利组合"只是一种形态。

更有资本市场的"系公司"或者"族企业"，携关联企业或者暗藏幕后，或者跃居前台，于资本层面实现"控盘"。

例如，零星的信息暗示，异常低调却极度活跃的所谓"明天系"就曾经染指过至少一家新寿险公司，其中就包括命运多舛的国信人寿。

能够领衔筹备之人，俱为保险行业之风流人物。

例如国民人寿之筹备负责人马鸣家，他曾担任中国人民银行保险司司长，被称为

"中国保险监管第一人"。获得新牌照之时，马虽已退休在家，但还是再度出山。高管方面，国民人寿亦汇聚了能人。2000年之前，赵卫星曾经是平安保险集团的第三任常务副总经理，主管极为核心的财务和投资。获得牌照之后赵卫星开始担任国民人寿总经理一职。而总精算师，则由先后参与两张生命表[①]编制工作、曾经担任东方人寿总精算师的詹肇岚出任。

再如，原人保副总经理乔林被国华人寿股东邀请来担任董事长这一重要角色。开业之时，多位高层莅临，时任上海市人大常委会主任龚学平罕见地为这家新保险公司揭牌开幕，时任上海市常务副市长冯国勤代表市政府发来贺信，乔林个人的影响力可见一斑。

新批筹的财产保险公司，亦有强将参与。

例如，第一家专业车险公司天平车险的总裁谢跃，此前是第二大财险公司太保财险的总经理助理，分管核心业务——车险，谢跃还兼任中国保险行业协会产险工作委员会车险工作部执行部长。这位车险行业著名的思想者，初到天平车险，即以"非核心业务外包的低成本车险模式"惊艳市场。

除了这些，保险新锐们亦不甘落后。

例如，太平人寿副总经理严峰，这位保险行业的年轻人，于当年的4月中旬左右低调辞职，转而负责筹备国信人寿。于此之前，严峰在太平人寿曾分管银行保险和团险业务，而银行保险是太平人寿发家的一大法宝。太平人寿之前，严峰曾担任友邦（上海）助理副总裁、平安集团团险事业部主持工作的副总经理。

18家批筹公司中，国信人寿的管理团队被公认为是"好组合"：不仅严峰少壮得意，而且几位副总均在业内颇有影响。例如刘也，原为友邦上海分公司助理副总裁，是该公司最资深的本土人才，此后还一手开创了太平人寿在江苏的事业。

国信人寿选择的商业路径亦是严峰最为熟悉和擅长的——银保。

借严峰于银行圈的丰厚资源，国信人寿成立之初，在2005年北京首轮银保网点切分大战中以93个网点的战绩初步告捷。稍假时日，又一个太平人寿式的崛起神话指日可待！

即便如此，国信人寿仍旧功败垂成。2005年7月，国信人寿宣布停业，开始遣散

[①] 生命表以年岁为纲，全面完整地反映了某一国家和地区一定人群从诞生直至死亡的生死规律，为人寿保险业务奠定了科学的数理基础。

员工，进入清算，最终"销声匿迹"。

资本和高管的暗战，成为国信人寿分崩离析的根本症结之一。资本此时认为，筹备已经结束，牌照实际上已经到手，因此不再需要原来打天下、拿牌照的人，而需要自己控盘甚至操盘了。

但是，谁能料想，性格刚毅的严峰激烈反抗，最终鱼死网破。换一个角度，如果当时严峰为个人利益顺服，或许还可以享受高管待遇，而国信人寿依然存在，甚至于短时间扩大规模。但是，非善的资本种子一旦发芽，迟早会盛开恶之花。

这样的冲突，其实一开始就种下了。因为多数新公司的筹备组与股东往往一开始就是"两张皮"，前者因拿牌有功顺理成章位居董事长或总经理，或者将公司视同己出；后者在掏出真金白银、投入资本之后，很难设想会愿意将公司控制权拱手让人，甚至还希望从中渔利。

2004年5月16日，张维功，这位保险监管系统内最年轻的局级干部，辞去广东省保监局党委书记、局长职务，星夜赶往北京，下海创业。

初到北京，股东们给的待遇不低：星级酒店办公，专门配备奥迪车，还有诱人的股权激励。但是，怀揣憧憬的张维功一行很快发现筹建中的公司与自己所想以及之前所谈相去甚远——两个股东实际控制了公司超过一半的股份；资本回报率也和以前说定的不一样。

表面上，此时的张维功进退维谷，不过，张维功的坚韧个性决定了他的命运。搬出星级酒店，退掉奥迪车，两手空空的张维功拿出积蓄，携几个不愿意"被遣散"的兄弟，开始艰难地找钱过程。

没有保监会的批文，没有股东的初始支持，捉襟见肘的窘迫，让这帮创业者备尝艰辛——连打印4毛钱一张的A4纸，时间长了都担心承受不起。

当张维功和团队接触的企业达到389家时，中国石油化工集团有限公司（简称"中石化"）成为透过厚厚云层的第一缕阳光。

与中石化的最初接触始自2004年6月15日，但当张维功最终见到中石化总经理陈同海时，已经是10月23日。"原定5到10分钟的见面延长到了40分钟，"张回忆说，"入股的所有事宜一下子谈妥。"

接下来的时间里，多家国字号大企业成为张维功的股东，包含中石化、南方航空、中外运、中国铝业、广东电力五大企业，前四家甚至为国资委直接主管的大型央企。

弃民营而就国有，张维功认为，"国企对于金融保险业的投资都是战略投资，非短期套现"。2004年12月24日,阳光财险获得了保监会的筹建批文。张维功回忆:"当时我很麻木,只有几分钟的高兴,之后就沉浸在了痛苦的回忆中。"

2005年9月,阳光财险开业,注册资本金11亿元,是我国18家公司中注册资本金最高的一家(见表9-6)。

表9-6 阳光保险原股东构成

股东	持股/元	占比/%
中国石油化工集团有限公司	2亿	18.18
中国南方航空集团有限公司	2亿	18.18
中国对外贸易运输(集团)总公司	2亿	18.18
中国铝业集团有限公司	2亿	18.18
广东电力发展股份有限公司	2亿	18.18
北京长安金泰物业发展有限公司	5000万	4.55
其他公司	5000万	4.55
合计	11亿	100

资料来源:保监会公开资料。

开业之后,阳光财险开始飞一般地野蛮生长。截至2008年2月,在短短两年半的时间内,阳光财险已在全国设立30家省级分公司。

其中,张维功非同一般的政经嗅觉功不可没。例如,早在2006年,阳光财险就向保监会递交了寿险的筹建申请。但是递交后不久,"国十条"(《国务院关于保险业改革发展的若干意见》,简称"国十条")的利好出台。张维功灵机一动,迅速调整策略,向监管部门递交了一个名为"阳光保险发展战略及设立寿险公司"的请示。2007年3月28日,保监会正式同意组建阳光控股公司和在此基础上组建阳光人寿保险公司。

2007年6月22日,阳光保险控股获批成立;同年底,阳光寿险成立。

不仅如此,2008年1月23日,阳光保险控股更上一层楼,更名为阳光保险集团(注册资本为人民币13.5亿元),阳光保险成为保监会直管的7家保险公司之一,同时也成为中国113家保险公司中的7个保险集团之一[①]。

"弃民营,换国有"的策略转换,似乎成为张维功起死回生的关键之役。一个细节是,阳光财险是7家党委由中国保监会直管的保险公司之一,这也是保监会成立以

[①] 目前保险业的7家控股(集团)公司为中国人保控股公司、中国人寿集团、中国再保险集团、中国保险控股公司、太平洋保险集团、平安保险集团以及中华联合控股公司。

来唯一由保监会党委直管的保险公司。

经历漫长的筹备之后，2007年11月26日，第52家寿险公司国华人寿在上海开业。至此时，除了最为难产的公司，国华人寿几乎是最后一家开业的公司，也为这18家新公司画上了一个并不算圆满的句号。

新公司们艰难的筹备历程，让保监会提高了保险公司股东的门槛。"必须具有战略投资目的，且有可持续出资能力"，成为两道关键的大闸门。

合众戴皓："京圈"地产商跨界

新牌照也成为阳光资本家们的舞台。

2005年2月3日上午，武汉香格里拉饭店内，合众人寿保险股份有限公司宣布开业，成为18家公司中第一家开业的寿险公司。

不过，这没有成为焦点。它的掌门人，一位坐在轮椅上的年轻的福布斯富豪戴皓，却吸引了市场的目光。

他是谁？他的钱从哪里来？他为何会伤残？作为新闯入者，神秘的戴皓成为猜想的中心。

开业现场，他以一种异常坚强的姿态震动全场，他坚持站了起来，面对所有的宾客和员工。

戴皓曾称其人生梦想是：40岁之前做实业家，40岁之后做金融家，再之后做慈善家。这个梦想之路至少走了一半。所有的新公司中，戴皓是屈指可数的自己控股、直接运筹帷幄的"老板"之一。

开业之后，戴皓身上的神秘色彩渐渐褪去，一道更清晰的线条勾勒出其人生轨迹。

戴皓，1964年生。1984年，戴皓从黑龙江大学哲学系毕业后，于哈尔滨工商部门工作近10年。1994年4月，戴皓正式辞职，开办哈尔滨中大城市信用社；同一时间，哈尔滨金福典当行亦告成立。

这是戴皓金融领域之初体验。

1999年12月，戴皓担任董事局主席兼总裁的中发实业集团在北京组建北京永泰房地产有限责任公司（简称"北京永泰"）。2001年12月，北京永泰开发投资近50亿元、占地103万平方米的北京郦城开盘。

获得这片土地的开发权，其实并不复杂。因为绿化改造，这片土地被附加多个条件，多数开发商认为不可能有商业价值，除了少数艺高胆大者，这就包括戴皓。

凭此一役，北京永泰迅速跃居京城同业50强之第七名。北京永泰则恰恰是发起设立合众人寿的最大法人股东，股权占比接近20%。到2004年，中发实业集团已经拥有28亿元净资产，控股企业5家，参股企业8家。

然而，人生变幻无常。

2002年1月4日，东北刚下了新年的第一场大雪，戴皓乘坐的越野车翻到路边10米多深的沟里。此后，他再也无法站起来。

严重的创伤、漫长的治疗（从2002年1月到2003年10月）都没有摧毁戴皓的意志，却可能使他比一般富豪体验了更多名利与人生的辩证思想。

"上帝给你关上一扇门，但同时他会为你打开一扇窗。"

戴皓的金融梦曙光乍现。

合众开业之时，猛挖平安战将，成为业内又一个"小平安"公司。

第一任大将是原平安上海分公司总经理梅新，他成为这家新公司的常务副总经理。

梅新，贵州人。其职业生涯始于中国人保贵州分公司，后转战中国平安，担任核保部总经理。1998年初，梅接棒何志光，成为中国平安上海分公司当家。2003年7月，梅新离开掌舵6年的平安（上海），前往后援中心，出任后援中心副总经理。

或许"姻缘"后援中心这段经历，让合众人寿成立之初即确定了后台集中的模式，梅新在平安后援中心时的3位助手，包括首席核保、首席核赔等，已经投奔合众人寿，在其后援中心担任要职。

这成为日后合众人寿引入外资之时重要的卖点之一。

除梅新外，构成合众人寿总裁室成员的还有副总吴传明，以及丁庭炎、曾海燕、刘校君等多位助理总裁。其中，颇有营销口才的吴传明以前曾是泰康人寿江苏分公司总经理、泰康人寿河南分公司总经理（2000－2004年）。再往前，吴传明曾在中国平安（1993－2000年）待过7个年头。

重新出山的是原平安财险湖北省分公司总经理丁庭炎。与梅新和吴传明不同，丁庭炎是土生土长的武汉人，除行业经验外，就职中国平安之前，已经官至武汉江夏区区长，在当地颇有名望。

好景不常在。

开业不到一年，合众高层已经经过一轮洗牌：前任常务副总经理梅新离职，出任人保健康险上海分公司总经理；原副总经理丁庭炎已经于 2005 年年中时离开，后任长城人寿总经理助理兼任湖北分公司总经理；原分管个险的副总经理吴传明转而分管银行保险和办公室。

第二任来头更猛。

2005 年 10 月，平安人寿副总经理丁当、广州分公司总经理胡国萍、黑龙江分公司总经理夏树海前赴后继，辞别平安，并随即加盟合众人寿，在业内轰动一时。

这 3 人均为平安体内之 A 类干部。

丁当 1992 年加盟平安，随后坐镇深圳和北京。2003 年，平安将全国市场划分为北区、中西区、南区、东区四大事业部，丁当遂成为镇守北方大营的统帅。

加盟平安之前，丁当其实是一位文学青年。原名丁新民，诗作曾被收入《后朦胧诗全集》（1993）和《〈他们〉十年诗选》（1998）。

而 1995 年，华东师范大学教师的胡国萍，曾感到自己已"看不懂外面的事"，郁郁之中辞去教职，加入平安上海分公司的营销部，从一般的试用员工做起，渐次擢升。

胡离开平安前的最后业绩则是，将具有"A 类集中营"之称的广州分公司业绩提升为全系统前三强。此前，平安广州分公司业务一直不好，甚至排在友邦、信诚之后，胡执掌之前，已有四五位平安 A 类干部在此英雄折腰。

而夏树海亦是业务拓展型的干将。2002 年，夏树海把原本排名倒数的内蒙古分公司，做到了平安系统前十。2003 年底，夏调任黑龙江分公司总经理，迅速扭转这家分公司积弱的境况，系统排名迅速上升。

3 人到任之后，丁当成为合众人寿新总裁；胡国萍任副总裁，分管个险；而夏树海任总裁助理，兼任北京总经理。

不过，丁、胡、夏 3 人组也未能持久。

2007 年初，丁当挂冠离去，随后数月间，夏树海和胡国萍先后离开。不过，丁当和夏树海均未去别处，重回老东家平安（经历了 2004 年的新公司浪潮之后，一个奇怪的现象是，部分离开平安的人才又开始回流，即所谓的"倦鸟归巢"）。而胡国萍则转投新公司国华人寿。

虽然前后两任来自平安的高管内阁先后倒台，幸运的是，这并没有阻断合众人寿的业务发展。2006 年，合众人寿保费收入 16.19 亿元，于全国 40 余家寿险公司中跃居第 10 位。

2007 年 4 月 6 日，意大利欧利盛金融集团（简称"欧利盛金融"）以每股 6.5 元的价格，总计约 8.6 亿元人民币，购入合众人寿增发的 19.9% 股份。这一价格创下了中资保险公司首次境外引资的最高价。欧利盛金融隶属于欧洲第三大银行、意大利第一大银行——意大利联合圣保罗银行，是欧洲最大的资产管理公司之一。

欧利盛金融的交易极大地刺激了另外一家日本公司。紧随其后，太阳生命保险株式会社以每股 8 元，总计 2.69 亿元的代价，购得 3393 万股合众人寿股权，占比 5.09%。

合众人寿此次交易，成为全球金融危机之前，中资公司最为合算的股权买卖。越是在危机中，愈显示出其商业价值！

高价入股只是一面，引入外方之后，原来合众人寿单极的公司治理局面被打破，这对于一家民营保险公司而言，可以形成更为规范的行事规则。

新理益刘益谦：常识比知识重要

刘益谦亦是一位资本奇人。

和戴皓相比，刘益谦至少有两点不同。

戴皓发家于房地产，而刘益谦却从资本市场攫取了巨额的财富；戴皓为大学毕业生，而刘益谦则崛起于市井。

不过，最终殊途同归。

刘益谦有身体异征，其右手大拇指比左手大拇指粗壮。不过，这并非生而有之。

1963 年，刘益谦生于上海老城厢一个普通的家庭，初中毕业后便踏上社会，跟一个做皮包生意的亲戚学做皮具制造，每天用锥子给皮革钻眼、引线、缝制。由于右手大拇指使用频繁，日积月累，居然比左手大拇指粗壮得多。

1984 年，刘益谦在上海老城隍庙的豫园附近租赁了一个十几平方米的商铺，干起了百货批发兼零售。经营百货期间，上海街头的出租车零星出现，刘益谦买了两辆出租车，一辆自己开，一辆雇人开，同时从事个体出租生意。

20 世纪 80 年代后期，刘益谦开始了其非同寻常的金融投资，初试国库券。彼时国库券发行困难，虽然利率高达 10% 以上，可还是没人买，负责发行的银行只好打折促销，最低甚至打到 7 折。

虽然不懂金融，但是并不妨碍刘老板的投资。业内曾经评价称："（刘老板）无知识，有常识。"

所谓常识，指的是刘的商业嗅觉。当时的刘算了一笔账，"利息加折扣，一张

100元的国债，一年下来变成了140元，40%的收益相当不错了"。

再一个案例是买画。1994年，著名画家陈逸飞的一幅名为《山地风》的油画被一个神秘买家以286万元买下，创中国当时油画拍卖的最高价，而买者正是刘益谦。

但是，刘益谦并不懂画。事后有人问他，难道不怕被骗？刘答，人多，争之；价愈高，愈不怕。

还有一个案例。2014年4月，刘益谦在苏富比香港拍卖会上以3630万美元（约合2.3亿元人民币）买下了"玫茵堂"鸡缸杯（明成化斗彩鸡缸杯），并用这只杯子饮茶自拍，成为市场上最豪横的自拍照之一。

刘益谦曾说过："股票要买便宜的，艺术品要买贵的。"

让刘益谦一飞冲天的则是1992年上海发行的"股票认购证"，炒认购证既是刘益谦积累亿万身家的关键一役，亦是他最引以为豪的"思考致富"的经典案例。

作为上海滩第一批认购证的炒家，刘真正花钱购买的只有100张，花费3000元，其他的成千上万张都是他"空手"套来的。

他回忆称，当时大多数人炒认购证的目的是赚取差价，没有搞清楚这个东西的真正价值实际上在于中签后可以认购股票，因此中签率才是关键。

"我经过调研和简单计算，大约算出这个中签率是10.3%，这也就表示理论上100张认购证至少有10张会中签，而每1000张理论上都会多出3个中签机会。当时每100张认购证成本价3000元，最高炒到了19000元，明天就要摇号，今天我以每100张2万多元的高价大量收购，但是我并不交付现金，而是与卖家约好，明天摇号结果出来后再交款。实际情况是，每一张中签的认购证已经炒到了3万元。那么，我花20万元买的1000张认购证，理论上至少中100张，价值300万元。"

而不交付现金，等摇号结果出来后再交款，本质上就是一种杠杆比例超高（接近于无穷大）的期权交易。

一位券商的分析师总结刘益谦的股市炼金术：凭借着超凡的市场感悟，在别人还处于观望时，敢于抓住时机大胆低价介入股票一级和一级半市场，然后耐心等待时机，一旦流通机会来临便及时套现赚取巨额价差。

2000年1月初，刘益谦成立了新理益投资管理有限公司，目的就是收购法人股，因为自然人不能从事法人股交易行为。接下来的两年里，刘益谦指挥着新理益四处出击，通过协议受让或竞拍方式大量收购上市公司法人股。截至2004年12月31日，新理益位列前十大股东地位的上市公司就有10余家，股份总量约2.5亿股。

不过，刘益谦只是判断对了一半。2002年，国有股启动未几就被迫暂停，此后便是茫茫的熊市。

神奇之处在于,刘益谦在此期间不仅号称转型实业,而且成功坚持至股权分置改革,迎来了中国证券市场上一波罕见的牛市。

对于资本和实业,刘老板亦有自己的常识:资本运作就是"钱—钱",没有中间过程,也就意味着"钱生钱",一方面有着高效率,一方面存在着高风险;而实业则是"钱—物—钱",有一个中间过程,决定了搞实业通常效率较低,但相对风险也较小。

而他本人亦抓住18家新保险公司成立的机会,一跃成为涉猎2家保险公司的金融资本家。

和戴皓不同,刘益谦虽然参与这2家保险公司,但是均不出面:天平车险由其多年好友胡务担纲董事长,而国华人寿则依然由乔林带领,只不过总经理换成付永进;和戴皓相似,刘益谦旗下的公司亦经历人事阵痛(见表9-7)。

表9-7 国华人寿和天平车险股东对照

国华人寿股东			天平车险股东		
股东名称	出资/万元	出资比例/%	股东名称	出资/万元	出资比例/%
天茂实业集团股份有限公司	11994	19.99	天茂实业集团股份有限公司	11000	20
上海汉晟信投资有限公司	11400	19	上海益科创业投资有限公司	11000	20
上海日兴康生物工程有限公司	11400	19	海南浦海实业有限公司	11000	20
上海合邦投资有限公司	11400	19	海南华阁实业有限公司	7464	13.57
海南博伦科技有限公司	8106	13.51	上海日兴康生物工程有限公司	6960	12.66
海南凯益实业有限公司	5700	9.5	海南陆达科技有限公司	6140	11.16
			海南中皓实业投资有限公司	1436	2.61
合计	60000	100		55000	100

数据说明:天平车险股东数据截至2008年4月17日;国华人寿股东数据截至2008年9月12日。

CHAPTER 10

第 10 章

问诊"合资病"
（2005）

2005年，中国保险全面开放元年，合资公司老板们忙碌不堪。面对中国市场的真实需求和激烈竞争，表面看，合资公司拿到了牌照，距离市场如此之近；精神上，却又离市场那么远。

能够进入中国市场的，无一例外均是境外之保险巨头，身世显赫。例如，安联集团、法国安盛集团、荷兰国际集团、美国大都会人寿保险公司以及纽约人寿保险公司等。但是，于合资的模式下，其市场表现与外方、中方合作者，以及市场的期望大相径庭。既做不大，也做不强。合资公司迄今没有诞生"恒星"，虽然间或曾经有"流星"飞过。

光鲜的"强强联合"却制造不出一个伟大的企业，"合资病"成为中国市场最为深沉的嗟叹。

2005年，安联集团和大众保险的"姻缘"走到尽头，无力持续注资合资寿险公司的大众保险选择离场，将股份转手新东家中信信托。一个维系6年之久"婚姻"的失败完结，昭示了"保—保"合资模式的基本失败。

回望近10年之合资历程，得失参半。

客观讲，合资模式减缓了境外巨头给国内保险公司造成的冲击，争取了学习时间和市场空间。20世纪80年代至90年代，很多外资为中国的保险公司、保险从业人员无偿地举办过多种培训，但是这只是为了获得监管部门及政府的青睐，图一张牌照而已。

但是，借合资的桥，以市场交换技术，培养本地保险人才，尤其是高端人才的目标，没有完全实现。

具体至管理权，合资公司或者中外各半，但是冲突不断；或者旁落外资，但是水土不服。真正于中国市场赚钱的外资，不是成立合资公司，而是参股中资保险。如何突破合资瓶颈，亦将是 21 世纪中国保险最大的悬念之一。

一个公司折射一个行业的命运！

2004 年，农业保险巨头安盟保险集团挺进中国腹地，但是，2005 年 1 月至 7 月，其全部保费收入仅 77.7 万元。

77.7 万元，如果这是一位跨国公司在华高管的年薪，还勉强称得上体面，但这却是一家跨国公司——安盟保险中国（成都）公司 2007 年 1 月至 7 月的全部收入。反观国内之专业农险公司，如果没有高价策略，没有政府补贴，以及不做打擦边球的非农险业务，纯粹农险业绩同样不容乐观。

2005 年，保监会建立了保单持有人的最后安全网。

2005 年 1 月 1 日，保险行业实施《保险保障基金管理办法》，为一般的保单持有人提供最低的赔款安全保障。长期以来隐含的国家信用——"金融机构破产，国家财政兜底"在保险行业被打破，尽管国有公司仍然可以拿它说事。不过，这也给部分代理人另外一个误导的话术：保险公司不会破产，即使破产了，还有国家保险保障基金负责。其实，保险保障基金只是提供有限度的保护，绝非幻想中的全部。

除了保险保障基金制度，2005 年 9 月底，保监会发布了《人身保险内含价值报告编制指引》，将"内含价值"这个洋概念请进中国，希望改变以"保费论英雄"的野蛮生长状况。

2005 年，三大国有公司几乎同时换帅。

先行告别的是王宪章，实现中国人寿上市鱼跃之后，王宪章可谓功成身退，由更为年轻的杨超接手。

之后，保监会副主席冯晓增下海中保控股，接任董事长一职（同样亦为中保集团董事长），总经理由原副董事长兼副总经理林帆继任；中国再保险集团总经理戴凤举退休离职，其职位由原保监会财险监管部主任刘京生接手。

多名监管官员"下海"，成为当年津津乐道的一个话题。

在冯晓增任期，香港上市的中保国际控股有限公司（简称"中保国际"。中保控股、中保国际、工商银行是太平保险三大股东）业绩超过预期，股价亦创造上市以来的高点；而刘京生则上下腾挪，为中再引入中央汇金投资有限责任公司（简称"汇金公司"）巨资立下汗马功劳，不过，亦埋下新股东和高管冲突的伏笔，致使刘京生的职业生涯横遭挫折。

2005 年，A 股市场和企业年金两个新业务都对保险打开了大门。

2005年2月16日，华泰财险在股市投下第一单。随后，太平、泰康人寿、新华人寿、平安、中国人寿等多家公司鱼贯而入，响应号召，纷纷下单。

伴随着证券市场的好转，直接投资股票带来巨大的收益。2005年，保险行业的平均投资收益率上升为3.6%，其中保险资金投资股票的平均收益率达6%，其中最好的股票投资收益率近20%。

2005年8月，中国劳动和社会保障部（2008年撤销，建人力资源和社会保障部）公布了期待已久的企业年金管理机构的名单，太平养老和平安养老获得受托人和投资管理人双资格。不过，由于国内税收优惠难落实，仿美国401k退休计划[①]的企业年金征途漫漫。

新制度让上海、深圳等地的地方企业年金走到尽头，而失去监督的前者，更是诱发了一个惊天的社保大案。

2006年，中国再保险市场全面开放；此前一年，再保险市场暗流涌动。这一年11月10日，逡巡于中国门外多年的全球最大的保险市场伦敦劳合社成立一家再保险公司的计划获得批准。

伦敦劳合社本身就是一个传奇。它从一家名为劳埃德的咖啡馆演变而来，1871年，经议会通过法案，劳合社正式成为一个社团组织。这是劳合社最为奇特之处，它不是一家公司，更确切地说是一个保险市场，与纽约证券交易所相似，只向其成员提供交易场所和有关的服务，本身并不承保业务。

历史上，劳合社设计了第一张盗窃保险单，为第一辆汽车和第一架飞机出立保单；在近代，劳合社又是计算机、石油能源保险和卫星保险的先驱。劳合社设计的条款和保单格式在世界保险业中有广泛的影响，其制定的费率也是世界保险业的风向标。劳合社对保险业的发展，特别是对海上保险和再保险做出的杰出贡献世界公认。

急于占据先机的并非只有劳合社，10天后，瑞士再保险公司作价68亿美元收购通用电气公司旗下大部分保险业务，同时瑞士再保险公司宣布了亚太区重大人事调整，委任6名亚太区业务要员，布局中国市场。

面对海外巨头的压力，中再对之"二次改制"。所谓二次改制的核心是扩大集团资本实力，并引进国际战略投资者，实现公司上市。

---

① 401k退休计划是美国在20世纪80年代对私人企业退休金制度改革的产物，这之后形成了由雇员和雇主共同负担退休福利的格局。

"合资病"

2004年12月11日,中国内地市场的大门轰然打开。

中外资竞争的战线由上海、北京这样的大城市向二线城市蔓延,例如南京、杭州、青岛、成都等。岁末统计,北京市是当年竞争主体增加最多的地区,全年新增主体13家,其中外资10家,中资3家,中英人寿和中意人寿管理总部相继从广州迁往北京。此外,江苏(4家)、山东(2家)、浙江(2家)、四川(2家)、湖北(2家)、福建(2家)等二线区域,也是外资挺进的重点区域。

截至2005年12月底,名列《财富》世界500强企业中的40多家境外保险公司,已有27家在中国设立了营业机构,外资保险公司数量已经达到40家。有19个国家和地区的128家外资保险机构在华设立了192个代表机构和办事处。

2005年是中国内地保险市场全面开放的第一个年头,外资们"喧嚣"地开了一个头。

但是,毫无悬念,这个市场依然是中资公司的天下,外资公司的表现令人失望。

客观地讲,就全国市场而言,合资公司的占比并不高,毕竟合资公司的分支机构和中资公司比较,存在巨大的差距。但是即使聚焦分析开放较早的城市,例如上海、深圳、广州和北京,合(外)资公司的份额也没有超过30%(见表10-1、图10-1)。

表10-1　2006年主要城市外资保险公司发展情况

城市	外资保险公司 保费收入/亿元	同比增长/%	市场份额/%	外资非寿险公司 保费收入/亿元	同比增长/%	市场份额/%	外资寿险公司 保费收入/亿元	同比增长/%	市场份额/%
北京	87.3	-60.8	21.2	0.2	—	0.1	87.1	-60.9	26.8
上海	78.1	34.2	19.2	12.5	25.0	11.8	65.7	36.1	21.7
广州	38.0	27.9	2.9	3.0	38.0	6.0	35.0	27.2	28.3
深圳	16.2	73.4	12.0	1.6	16.4	2.7	14.6	83.0	19.4

资料来源:保监会、平安证券。

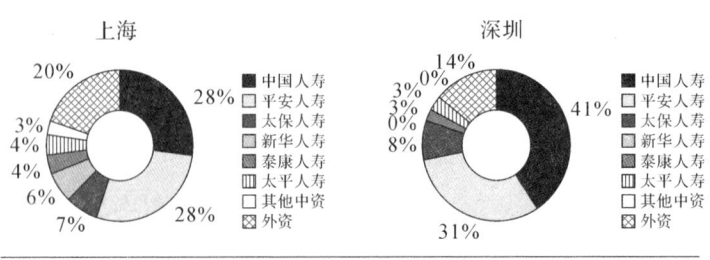

图10-1 外资寿险在上海和深圳的市场份额未超过30%

和亚洲其他开放市场一样，外资不仅不会成为这个市场的主导，连强强联手的"保—保"模式、资源嫁接的"保—企"模式都没有能够走出困境。

"保—保"模式为合资公司最早的形式之一。

这是一种典型的"师夷长技以制夷"的思路，既希望引入境外的资金和先进技术，又希望发展民族企业。合资成为最佳选择，尤其是保险公司对保险公司的合资（见表10-2）。

表10-2 主要合资寿险公司

合资公司	外方股东	中方股东
金盛人寿	法国安盛集团	中国五矿集团
瑞泰人寿	瑞典斯堪的亚保险集团	北京国有资产管理公司
中美大都会	美国大都会集团	首都机场集团公司
中英人寿	英国英杰华集团	中粮集团
信诚人寿	英国保诚集团	中国中信集团公司
中宏人寿	加拿大宏利人寿	中国对外经济贸易信托投资公司
中意人寿	意大利忠利保险公司	中国石油天然气集团
首创安泰人寿	荷兰保险（荷兰国际集团旗下保险公司）	北京首都创业集团
海尔纽约人寿	美国纽约人寿保险公司	青岛海尔集团
海康人寿	荷兰AEGON保险集团	中国海洋石油总公司
招商信诺	美国信诺北美人寿	招商局关联企业
广电日生	日本生命保险相互会社	上海广电（集团）有限公司
光大永明	加拿大永明人寿	中国光大集团
恒安人寿	英国标准人寿	天津泰达投资控股有限公司
太平洋安泰	荷兰国际集团	太平洋保险集团
中保康联	澳大利亚康联集团	中国人寿
恒康天安	美国恒康人寿	天安保险
安联大众	德国安联保险集团	大众保险
中法人寿	法国国家人寿	国家邮政局

资料来源：国务院发展研究中心金融研究所，2005年3月9日。

但是，事实证明，这些"保—保"模式成立的公司，均命运多舛。

中保康联未战先乱；安联大众协议分手；恒康天安沦为弃儿；太平洋安泰一度奋勇争先，但是股东战略调整，公司转型不成，功亏一篑。

中国市场之"保—保"模式几乎全军覆没，股权更迭，或者大股东策略变化成为主因（见表10-3）。

表10-3 合资寿险公司股东更迭

公司	中方股东变动	外方股东变动
中保康联	国寿上市，中方出让股权	康联保险被并购
恒康天安	—	恒康被宏利并购，与中宏人寿两张牌照冲突
联泰大都会（原花旗人寿）	—	2005年1月花旗集团出售旅行者保险给美国大都会人寿（MetLife）
中美大都会	—	大都会购入旅行者保险，两张牌照冲突
首创安泰	—	ING（荷兰国际集团）并购安泰，两张牌照冲突
太平洋安泰	太平洋上市，中方拟出让股权	2000年7月，安泰人寿被ING收购，两张牌照冲突
瑞泰人寿	—	2006年，原外方股东瑞典斯堪的亚保险集团被英国耆卫集团全面收购
安联大众	大众保险退出，中信信托接盘	—
中法人寿	邮政另起炉灶，自办独资寿险公司	—

资料来源：公开资料整理。

除此之外，市场多认为其败因之一在于平分管理权，一山不容二虎。有了这一前车之鉴，外资此后更愿意选择和国有大型企业合作，这样既可以受益于国企的政府资源，同时又可以独占公司的经营权。

例如信诚人寿，虽然中、外股份各占50%，但经营权几乎全部攥在外方手中。中方除派驻董事长、副总经理及两名董事之外，高管层从管理系统、业务系统到行政系统，全部由英国保诚集团控制。再如海尔纽约人寿，对于海尔集团而言，合资公司只是它的一个投资项目而已，海尔集团几乎没有派一兵一卒介入纽约公司的经营管理。

"保—企"模式中，最为特别的是航空公司参与保险行业（见表10-4）。

表10-4　航空公司参与的保险公司

航空公司	保险公司	形式	时间
中国国航	中航三星	合资，韩国三星人寿	2005年5月，注册资本：2亿元
东方航空	国泰人寿	合资，台湾国泰人寿	2005年2月
南方航空	阳光财险	内资，参股	2005年7月，注册资本：11亿元
海南航空	新光海航人寿	合资，台湾新光人寿	2008年4月，注册资本：8亿元

资料来源：公开资料整理。

这样的模式堪称天作之合——航空公司拥有大量的优质客户资源，寿险公司未来源源不断的现金流亦是航空公司所需，而且似乎可以根治"保—保"模式的症结。

不过，亦不尽然。

数据表明，航空公司进入寿险就是一个真实的谎言。目前没有一家成功的航空公司合资的寿险公司，参股财产保险更是与初衷相离。

"保—企"模式也没能逃脱合资病的魔咒。长期担任合资公司"副班长"的广电日生就是一个典型。和所有的外资寿险公司一样，广电日生同样拥有一个显赫的出身。外方股东日本生命保险相互会社（简称"日本生命"）2000年的寿险保费收入曾为全球第一，总资产为世界第四。

表面上，广电日生是一家中外双方各占50%的合资寿险公司。但实际上，其主要管理层多来自日本。开业之初，除董事长宋涛、助理总经理郑洲（同时兼任党支部书记和人事总务部总经理）、精算部总经理刘开俊外，其余高管人员均由日本生命派驻，并担任一些重要部门的负责人。

尽管其中多位高管都会中文，但真正能够和中方的员工以及代理人交流的并不多。同时，由于管理人员多来自日本，日本企业常见的等级观念也或多或少地被引入了广电日生的管理中。

"由于沟通障碍以及文化差异，外方与中国本地的管理干部有时管理理念有冲突。"

虽然高管多数来自日本，但是广电日生的管理团队并没有太多的决策权，重大的策略都需要经过日本生命保险相互会社总部同意，决策流程冗长不堪。

广电日生尝试改变，例如邀请友邦（上海）前本土高管刘也加盟。

即使雇用了本地的管理人员，也不意味着本地化。本地人士虽进入了管理层，但是其不能参与决策。既要本地化，又要保持控制权，两难之下，多数外资寿险公司都玩起了平衡术——选择中国香港、台湾地区，抑或是马来西亚的保险职业精英，担任合资公司的总经理。18家外资寿险公司中，除安联大众等少数外资公司外，多数都选择这种折中模式。但是，短暂的平衡难以持久。一旦外来的总经理发生异动，其带来的或者培养的团队也随之分化。

13年前，首家外资保险公司友邦进入上海，尝试解决本地化的问题。不幸的是，一个轮回过去，本地化仍然困扰着外资寿险公司。除了本地化难题，合资公司还面临着诸多问题：比如治理冲突，由于合资双方意见难合，人、事、财事务等多有冲突；又比如业务限制，以及新开分支机构审批速度不快。这些都限制了合资寿险公司的发挥。

穷则思变。

走过漫长"婚约"之后，多家老牌合资酝酿股权之变。

2005年11月18日，安联大众中方股东易主，中信信托接手大众保险49%的股份，结束了安联集团和大众保险这场历时6年10个月"婚姻"。安联大众是中国第一家获准开业的欧洲合资寿险公司，由安联集团和大众保险合资组建，于1999年1月25日在上海正式开业。

一段失败"婚姻"的完结，却可能成为中德安联向上的一个拐点。

"合资病"样本：中保康联如何病入膏肓

"既不是外企，也不是国企，即使是国企，至少也有规则吧，但是中保康联就是没有游戏规则。"

从成立的第一天起，中保康联就遭遇某种死循环：股东抛弃，高层更迭，员工流失。

2000年6月15日，中保康联成立，注册资本金为2亿元，中方出资1.02亿元，占51%股份；外方出资0.98亿元，占49%。

"凭借中国人寿丰富的本地经验和澳大利亚联邦银行先进的运营技术，中保康联将托起您美好的人生。"公司简介中的这段煽情告白，迄今为止没有蜕化为现实，这段看似郎才女貌的"婚约"并没有演绎出市场的童话。

"最差的时候，可能每月只有10万～20万元的保费收入。"

这并不意味着中保康联没有机会。2000年8月，中保康联和上海银行签署了一纸协议，希望通过银行卖保险。中保康联几乎摸到了成功的门。作为银保先行者的平安，其实也是在2000年8月左右开始尝试通过银行销售其寿险产品"千禧红"，并一炮而红。

第一个败笔源于微妙的人事安排。

根据合资的协议，中方委派副总经理、财务总监和市场总监；外方委派总经理、首席精算师和IT总监。由于中方多占1%的股份，所以董事长由中方担任。正是这样一个看似公平的、AA制的人事制度，悄然埋下了纷争的伏笔。

更为不祥的是，就在新公司行将开业的时候，康联集团发生重大并购。2000年6月，澳大利亚联邦银行购并康联集团。因此，最终出席开幕仪式的外方主角换成了澳大利亚联邦银行。而澳大利亚联邦银行的主业并非保险。

股东更迭绝对不是好兆头，而高管也是创纪录地更换。

开业后，中保康联的第一任总经理为赵国贤，但是，就在中保康联正式开业两个月后，即2000年10月，赵国贤闪电般辞职。开业两个月就更换总经理，中保康联不经意间创造了一个纪录。

情急之下，外方也找不到合适的人选。于是，康联集团原北京首席代表澳大利亚人查尔斯·布伦特（Charles Brent）临危受命。查尔斯·布伦特擅长公共关系，为康联集团赢得寿险牌照立下了汗马功劳。但查尔斯·布伦特领军后，业务也是难见起色。

一年后，查尔斯·布伦特也选择去职。接任者为在台湾寿险界有一定声望的陈履洁，陈为前国民党政要陈诚之子。一年多以后，没有能够让中保康联起死回生的陈履洁，也最终黯然离开。

外方频繁换将的原因，在于没有找到信得过的本土化的人。

不单是外方，中方的管理层也没能够稳定。中方委派的财务总监和市场总监也先后选择离去。3年后，连中方股东也要抛弃合资公司。2003年，中保康联的中方股东中国人寿完成股份制改造，并成功在香港上市，宣称计划上市后3年内出售合资企业的所有权益。

险资入市悖论：牛市浇油，熊市抽薪

2005年，纷争多年的保险资金直接入市，终于苦尽甘来。2月16日，华泰财险投下所谓股市第一单。

不过，关于第一单其实存有争议。3月7日，太平人寿、泰康人寿、新华人寿、平安保险、中国人寿资产管理、太平洋保险集团、中再资产管理等几家保险机构相继杀入二级市场。保险资金入市激活了沉疴已久的股市，3月8日，上证综指放量上涨24点，一举突破1300点。

保险资金入市乃是一把双刃剑。

2006年、2007年和2008年，暴涨暴跌的股票市场，着实让保险公司们承受着"天上、人间、地狱"的心跳体验。2008年股市掉头向下之后，保险投资哀鸿遍野，净资产大幅缩水，甚至危及保险行业的偿付能力。

对于引入保险资金直接入市，监管层曾经善意地认为，号称长期投资的保险资金将会成为稳定市场的重要力量。

数据表明，泡沫之时，保险资金借助规模优势，强取豪夺新股利润，使二级市场火上浇油；危难之时，作为一个商业资本，保险资金堪称投资市场的"范跑跑"。

例如，据万得资讯公司（Wind资讯）的统计，中国人寿2005年第四季度持有49只股票，到2006年初已经抛售31只，留下18只，简单换股率为63.26%。2006年第一季度中国人寿持有的43只股票中，只有16只股票保留到了第二季度，其余27只股票悉数被抛出，简单换股率为62.79%。如果加上第二季度中国人寿增加的新股，这两者相加得出的换股率将超过100%。

由于中国人寿盘子大，其一举一动备受瞩目，媒体热炒"中国人寿引领短线王"的新闻。

有媒体选取2007年10月16日到2008年4月10日这一段时间上海证券交易所出售的赢富（TopView）数据发现，对于保险、社保等席位而言，趋势投资显然多于价值投资，波段操作常用于长期投资。这些资金已成为抛空中石油以及做空权重股的最大"空军"之一。

除了保险资金直接入市，2005年另外一件大事便是保险资金全托管。

于证券行业出现全行业风险之后，业内曾经有戏言称，保险业很可能重蹈覆辙。实际上，就在风险券商崩塌后，保险资金的风险已经暴露冰山的一角。2004年，先后有中国人寿、中国人保"失陷"闽发、汉唐等券商公司。

长期以来，保险公司的资金运作是封闭的，好像一个阳光透不过的黑箱。连一向被认为安全的协议存款其实也有猫腻，例如以协议存款之名暗中操作的"委托贷款"。即使是真实的协议存款，也有保险公司在将资金存入银行以后，又利用存单抵押贷款，再把资金套出来，游离于监管之外。

如何规避类似证券业的系统性风险？监管祭出保险资金全托管。

所谓全托管，就是保险资金交由第三方（银行）进行托管，以防止风险。全托管分为两类："全金额"托管和"全过程"托管。"全金额"托管是将保险公司总部统一归集的资金，实施第三方独立托管。而"全过程"托管则更进一步，是从保费收取开始，按照不同保险产品，分别开设账户、快速上划资金，将资金归集到总公司托管账户，做到统一资金调度、统一资产配置、统一投资运作、统一收益分配。

全托管被认为是"一项重大的制度安排"，重要性甚至和偿付能力监管比肩。

2005年初之时，已有风吹草动。

10月，保监会于吉林召开动员大会。吉林会议第一次完整地抛出了保险资金全托管的设想，并披露了初步的时间表，即"保险资金全托管工作于9月启动，年内完成30家左右公司的全金额托管试点工作，2006年底前实现保险资金全金额托管，2007年底前实现保险业全行业全过程托管"。

11月，瓜熟蒂落。

华泰财险和工商银行缔结了首张试点协议，落下了第一单。

但是，对于全托管，保险业内部争议颇多。第一个拦路虎就是成本。按照最便宜的价格，保险资金的托管费率为0.01%～0.02%，即使按照0.02%的标准，万亿保险资金支付的托管费也需要2亿元左右。

首批30家试点的公司中，既有规模数以百亿计的中型保险公司，也有资产十几亿元的小公司。

相对而言，合资保险公司和中小型的保险公司比较积极，而大型保险公司则顾虑较多。特别是对于"全过程"托管，大型保险公司认为实施有一定难度。

面对大型保险公司的顾虑，以及市场上的异议，保监会期望"柔手"化解。首先推动"全金额"托管，解决总公司资金第三方监管的问题；然后推动"全过程"托管，约定2年为期，留下调整时间。

保监干部下海潮

2005年5月27日，香港的中国保险（控股）董事长之职由原保监会副主席冯晓增接任，原董事长杨超北上就职；中国再保险集团总经理之职由原保监会财险监管部主任刘京生接任，戴凤举离任。

稍早一些时候，保监会原监察局局长陈默辞职。对于他的去向，市场尚在猜测之中时，5月20日，保监会网站公布消息，批准太平保险有限公司聘请陈默担任副总经理的申请。

陈默，就读于西南财经大学金融专业，1984年毕业后被分配到中国人民保险公司工作，之后进入保监会，离职前任监察局局长一职。

6月，广东保监局原副局长曾祥威辞职的消息亦不胫而走。曾祥威也是"老人保"，彼时一直负责国际业务，2000年调任广东保监局任局长助理，2001年升任副局长，后分管财险。

短短十几天的时间里，已经有5名副局级以上的监管机构的官员挂冠"下海"，一时间，在中国保险业界掀起了一股保险高官"下海潮"。

更早之前，前有中国保监会原副主席唐运祥出任中国人保控股公司总经理，后有广东保监局原局长张维功出任阳光财险，以及北京保监局原副局长傅安平加入人保寿险筹备组、后任人保寿险副总经理等。

纯官员出身下海的似乎只有刘京生。

1978年至1996年，刘京生在中国人民保险公司及中国人民保险（集团）公司工作，其间赴英国4年。

刘京生其实是一位资深的监管官员。尚在中国人民银行保险司监管年代，刘就已经位居副司长，负责财产保险、再保险和保险中介的监管工作。成立保监会之后，刘京生于2000年筹备保监会北京办事处，任主任，后为北京保监局局长，2003年成为保监会财产险部主任。

当时，保监会只有3个办事处，分别是北京、上海和广州。主政之官员分别是刘京生、周延礼和魏迎宁。时下，周延礼和魏迎宁已经成为保监会副主席。刘京生的起点可见一斑。离开保监会之后，刘京生平稳过渡，主政中再，直至"因个人原因辞去董事长"。

下海相对于从政，自有不同的体验。

"从我个人来讲，一直有愿望去企业。我在机关事业单位里干了23年，是该换一换角色了。人生还有多少个23年？"傅安平如此表露心迹。

对于傅安平这样的技术官员，企业是有需求的。傅安平是南开大学首届精算专业的硕士研究生，也是国内首批精算师。虽然一直从政，但是都没有远离其专业。傅安平先后参与筹建了中国人民银行保险司、中国保监会，参与了新中国成立以来第一部《保险法》的起草与修订工作；参与了《中国人寿保险业经验生命表（1990—1993）》的研制工作；主编、翻译著作12本，发表论文40多篇，承担过20余项国家科研课题。

还有地方的监管官员称："我们地方监管的保险公司都是些全国性保险公司的分

支机构，它们总经理的收入也是我的五六倍甚至七八倍。"

但是，市场也极为担心，官员下海导致政企不分、监管虚化。台湾地区相关从业规定中有"三年休息期"一说，即保险监管人员在卸任三年后才能到保险公司担任高级管理人员，其他部分国家和地区也有类似规定。

不过，大陆保险市场的特殊情况是，除了少数人之外，大多数人尽管离开监管岗位，也没有离开国有保险体系。彼时须经保监会进行人事任免的保险公司共有6家，分别是中国人寿、中国人保、中再集团、中保控股、中国信保以及民生人寿等。

而保监会成立之初，几乎70%的官员都是从保险公司挑选，保险公司和保险监管部门之间本来就有渊源。对于多数人而言，所谓"下海"，其实是"回归"。

CHAPTER 11

第 11 章

争夺广发
（2006）

市场迎来第二个"春天"。

2006年6月26日,国务院出台《国务院关于保险业改革发展的若干意见》,简称"国十条",解决了困扰保险业已久的根本性问题,打开了中国保险业向上的天空。

不过,在真正腾飞之前,国内保险业仍需向下夯实基础。

平安迈出了关键性的一步。历时5年,投入数十亿元,可以容纳1.2万人的平安上海后援中心于2006年投入应用,负责平安遍布全国的3000多家分支机构的包括信息录入、财务、核保、理赔、服务等在内的后援业务。而控制风险、降低成本、提高服务效率成为该中心题中应有之义。

该中心亦是目前全国第一家大型综合性后援中心,总体规模位居亚洲首位,成为平安金融的核心竞争力之一。

2006年,保险投资获得巨大突破。

多家商业银行的股权被保险公司收入囊中。中国人寿入股广发银行,中国平安成功竞购深圳商业银行,而中国银行、工商银行等新上市银行股也被巨额保险资金持有。

2006年1月至6月,保险资金半年的投资收益率达到2.5%,比2005年同期增长0.86%,这也是近几年来保险资金在半年度投资中取得的最高收益。其中,债券类投资收益超过2%,基金投资收益超过9%,股票投资收益超过10%。

7月1日,机动车交通事故责任强制保险(简称"交强险")正式施行,我国首个强制性责任险上路"行驶"。翌年,这一强制保险制度将引起轩然大波,被市场质疑"暴利"无比,演变为第三次保险产品危机。

借"交强险"的东风,保险行业协会统一了商业保险的条款。从2003年之前的统一条款和统一价格,到2003年费率市场化之后的"百花齐放",再到2006年回归至相对统一的A、B、C三个条款,车险经历了一个螺旋式的轮回。

其间伴随着的是从整体盈利到"全行业亏损"——青红未褪的费率市场化让保险行业体味了"由治而乱"的苦涩。

2003 年，费率在市场化之后，经过一个较明显的降价过程，车险于 2004 年、2005 年连续出现全行业亏损。

随后峰回路转。作为中国财产险市场的第一大险种，车险即将经历第二次大转折。大乱之后能否大治？这成为新车险留给市场的一个巨大悬念。

8月7日，保监会发布了我国首部规范健康保险经营行为的法规——《健康保险管理办法》，并于9月1日起施行，同时叫停了"返还型健康险"。不过，借健康险之名销售理财险的"擦边球"没有禁绝，甚至在 2008 年大行其道。

2006 年，一篇《在中国千万不要买大病保险》的网络文章和深圳多个投保人对重疾险的集体诉讼，引发了关于重疾险"保死不保生"的争论，并迅速席卷全国。重疾险成为继平安投连之后，又一个挨砖头的险种。最后，监管部门不得不出面为重疾险"正名"，并启动了重疾险行业标准定义的制定工作。

2006 年 12 月 11 日，中银保险在北京推出国内首款"白话版"车险条款，采用通俗易懂的"白话"来描述合同双方的权利和义务，有望开启保险行业"白话文运动"。不过，这样的努力，似乎口惠而实不至。

2006 年，保监会尝试通过制度规范——《保险营销员管理规定》，对全国近 150 万名保险营销员进行全程动态监管，从而改良国内沿用了 14 年的保险营销模式。但是，这一改造绝非一朝一夕之功！

"国十条"狂想曲

久旱逢甘霖。

"国十条"授予了保险行业一柄新的尚方宝剑，保险行业的天空从来未有如此高远。

这把尚方宝剑得来不易。

2006 年春节过后不久，保监会协调中央财经工作领导小组办公室、中央农村工作领导小组办公室、发展委、财政部、劳动和社会保障部等 14 大强势部委，组成起草小组，草写"国十条"，最终还是由保监会捉刀《国务院关于保险业改革发展的若干意见（代拟稿）》，并上报国务院。

"国十条"文件下发之前，5月31日，国务院第138次常务会议专门听取了保险工作汇报，原则通过"国十条"；6月26日，保险工作座谈会同日召开，国务院领导出席会议，还邀请各个部门以及各地分管金融负责人参加。

"听一次汇报，发一个文件，开一次会议"，成为当年保险行业的"三个一"工程。

回溯中国改革开放以来各个行业的发展，两个轮子必不可少，一个市场，一个政府。只有两个轮子都转，这个行业才能获得快速发展。

经历20多年的"进化"之后，保险市场的轮子已经飞速运转，超百万人的销售大军活跃于城乡，上亿人购买了各种形式的保险产品，但是，保险行业遭遇的问题，似乎没有办法于保险体系之内解决。

于国家的高度，保险究竟如何定位？于保险行业的角度，如何突破压在头上的"三座大山"——保险投资局限、综合经营桎梏、保险行业形象不良？

和"新兴贵族"证券基金，以及"地主老财"银行相比，保险还是让人说不清、道不明。

2006年年中出台的"国十条"不仅为保险正名，突出保险的社会稳定功能（保险业是金融服务业及中国社会保障制度的重要组成部分，对发展稳定和谐的社会有着重要的作用），而且"要将保险教育纳入中小学课程，普及保险知识，提高全民风险和保险意识"。

"国十条"打开了保险投资的一片天空。

"国十条"规定，"在风险可控的前提下，鼓励保险资金直接或间接投资资本市场，逐步提高投资比例，稳步扩大保险资金投资资产证券化产品的规模和品种"。

"国十条"一落地，A股市场马上笑脸相迎。

周一（6月26日），上证指数上涨27.74点，深成指数上涨90.67点，大盘已经连续"8连阳"。市场当时估计，仅仅依托"国十条"，保险业将给证券市场带来不少于600亿元的资金。

保险资金获得了其他行业不能比拟的投资路线图，保险资金投资不动产、创业投资、参股商业银行，以及境外投资不再成为禁区，综合金融的布局也不再遥不可及。

就在"国十条"正式颁布的第二天（6月27日），中国人寿就"迫不及待"地出资46.45亿元人民币购买中信证券定向发行的5亿股股权，完成了中国证券市场史上最大的一笔股票投资交易；中国人寿保险（集团）和中国人寿保险股份有限公司，还以每股9.29元的成本分别认购1.5亿股和3.5亿股，成为中信证券第二大和第五大股东，这笔交易让中国人寿在牛市中赚得盆满钵满。

2006 年开始，中国人寿加大对股权投资的力度。这样的调整，使得中国人寿最大限度分享了近两年超级牛市的盛夏果实。

"国十条"颁布的第三天（6 月 28 日），平安保险开启接力跑。香港平安资产管理公司获准成立，并第一次明确提出保险、银行、资产管理将成为平安三大业务支柱的战略架构。

马明哲表态，"作为国务院批准的三大综合金融集团，中国平安将继续推进综合金融试点建设"。

而国内最大的寿险公司当然不能落后。时任中国人寿总经理的吴焰则称："除了抓紧筹建财产险公司和养老保险公司外，还要关注和把握金融综合经营的机遇，抓紧战略性介入与保险业发展紧密相关的银行等其他金融领域，逐步建立起'主业特强、适度多元'的现代金融保险集团。"

然而，除了金融控股目标，保险行业还有更敏感的内部问题要解决。

2006 年 5 月 20 日，保险公司治理结构培训班于深圳平安保险金融学院内开班，这是第一次由保监会直接举办的高规格的培训班。

"学生"囊括了中国保险行业所有的"牛人"，包括中资保险公司董事长和总经理、各保监局主要负责人以及保监会机关各部门主要负责人等，共计 124 人。所有与会者被要求特别关上手机与商务通，离开数字和报表，暂别商场，走进课堂，参加 3 天的闭门学习。

时任保监会主席吴定富更是于开班和结束两度发表主旨演讲，触及敏感的治理问题："当前，我国保险公司治理结构建设取得了初步成效，但仍然存在一些突出问题。一是国有保险集团或控股公司仍为国有独资企业，公司治理结构还没有建立起来。二是国有控股的股份制保险公司股权高度集中，仍带有较浓的行政色彩，市场化选聘机制尚未形成；董事会职能尚未落实到位，不能对公司管理层进行有效指导和监督；与控股公司或集团公司关系尚未理顺，缺乏有效的决策协调机制。三是股份制保险公司股东行为尚需规范，一些股东对保险经营特点认识不充分，有的盲目追求控制权，有的急功近利，追求短期利益，有的甚至利用不正当关联交易，侵害公司利益。董事会制度不健全，有的保险公司董事长习惯于'首长制'和'一把手'决策，不能保证董事会内部的制衡；有的保险公司董事会议事规则和操作程序不规范，难以保证董事会决策的公正性和科学性；有的保险公司董事素质不高，一些董事对其承担的责任、权利和行为规范认识比较模糊。四是一些新成立的保险公司对公司治理结构的认识不到位，重视不够。"

话音落地未多时，当年10月，新华人寿的关国亮就因为违规投资、"内部人控制"，以及股东间的博弈被赶下台。

保险行业资本多元化的今天，仅仅依靠偿付能力和市场监管，都不足以防范保险公司内部系统性的违规违纪风险——或者大股东"一言堂"，或者公司"内部人控制"——保险公司的公司治理突围困难重重。

解药在哪里？

自2004年，国际保险监督官协会首次提出将公司治理、偿付能力和市场行为并列为保险监管的三大支柱之后，中国的保险监管也迅速从市场行为监管，过渡至以"偿付能力为核心"，再到和国际接轨的三支柱模型。显然，公司股东间的制衡、股东与高管之间的信托责任，以及健康的治理机制成为救命之良药。

不过，与"国十条"明确的安邦定国的国家战略相对照，商业保险的保障功能尚不足，特别是在2008年初的雪灾，以及年中的汶川地震中，保险所发挥的补偿作用依然有限。这要等两年之后才能切身体验。

而在这个夏天，光荣和梦想属于中国的保险行业。2006年11月底，保险业共实现保费收入5177.4亿元，同比增长13.8%。这是保险业年度保费收入首次突破5000亿元。

重疾险"保死不保生"？

2006年，一篇《在中国千万不要买大病保险》的网络文章，引发了关于重疾险"保死不保生"的争论，并迅速席卷全国。

这篇文章的核心质疑点其实包括两点：一是重疾是不是保死不保生；二是如果是这样，便宜得多的定期寿险就可以替代昂贵的重疾产品，保险公司不仅涉嫌误导，而且获得了难以想象的暴利。

这篇文章影响很大，在深圳市场引发首例针对保险合同而非实际理赔纠纷的保险诉讼。2006年1月20日，6位深圳投保人认为，在签订保险合同时，友邦（深圳）没有履行如实告知义务，合同中一些条款明显有失公平。因此请求法院撤销与友邦保险签订的一份名为"守护神两全保险及附加重大疾病保险"的合同。

这次友邦几乎是代行业受过。

重疾险发端于南非。1983 年，南非的马里尤斯·巴纳德（Marius Barnard）医生与当地一家保险公司合作设计了一款保险产品，将冠状动脉搭桥术、恶性肿瘤、急性心肌梗死以及脑卒中 4 种常见重大疾病，加入寿险的条款责任。如果生存期内发生责任内重疾，就按一定比例，提前给付身故保额。这笔保险金可以用作治疗、康复的费用，也可以用于补偿收入损失。

世界上首款重大疾病保险问世了，马里尤斯·巴纳德医生因此也被称为"重疾险之父"。

本质上，重疾险不是"死亡险"。

重疾险设计的基本原理是保障被保险人身染重疾后需要的巨额治疗费用。通常而言，纳入保险范围的应该是经过治疗就能够延长生命，不至于短期就死亡的疾病。因此，重疾险所承保的重大疾病必须有一个合理的存活率。否则，就同一般的死亡保险几乎没有区别。设计重疾险的基本原则包括生存给付、身患重大疾病，同时需要花费大量费用等。

但是，生存给付和重大疾病之间本身就可能存在一定的矛盾。因此，境外市场选择重疾极为小心。日本重疾险一般只承保 3 种大病（癌症、脑卒中和急性心脏病），最多也只增至 5 种（增加糖尿病和肾透析），而中国台湾市场最初只承保 7 种大病，后来增至 15 种左右。

显然，这和大陆动辄承保二三十种甚至 40 种大病的做法相去甚远。

大陆市场的重疾险可分为三个阶段，第一阶段是单一的癌症保险；第二阶段承保 7 种重大疾病；第三阶段增至 20 种以上。

承保疾病迅速增加，既有市场需求因素，更有市场竞争因素，保险公司都希望制造一些营销的噱头。因为市场竞争，保险公司需要不断增加重疾的种类，制造营销卖点；但是，同样因为市场竞争，保险公司又不能大幅提高保费。

两难之下，保险公司只能借助非常之法。

第一种拆病法，把一大类疾病细分，分裂出多种疾病。表面上疾病数量增加了，但是保费可以不增加。

第二种引入发病率小的怪病。例如有保险公司承保象皮病。象皮病学名淋巴丝虫病，是一种由丝虫引起的亚热带慢性人体寄生虫病。对于多数国土位于亚热带之外的我国而言，象皮病的发病率很低。此时，尽管疾病数量增加，但是保费只会少许增加。

第三种引入死亡率高的绝症，或者其他保险保障的风险。例如失明，失明是全残的一种，定期寿险中也承保该风险。尽管疾病数量增加了，但是一般而言，类似条件下，定期寿险（承保死亡和全残）的费率小于重疾险，因此增加的费率也不多。

从字面上看，保险公司确实扩大了保障的范围，但是投保人真正所能享有的保障权益并没有实质上的提高。例如，有保险条款规定承保"I型糖尿病"（胰岛素依赖性）。临床经验表明，患此种疾病多数是少儿，成人基本上不会。成人一般患II型糖尿病，但是II型糖尿病不在条款之内。

承保疾病数量的超速增加导致两个恶果。一是增加了代理人向客户解释的难度，影响营销成效。而增加病种实际上是在增加保险公司的风险，华而不实的"空壳条款"，则成了投保人质疑的软肋。

此次友邦保险的遭诉即是一例。诉讼一直延续几个月，最后以"私了"告终——原告代理律师于4月3日向法院撤销了起诉，开庭前双方达成庭外和解。

但是，友邦的重疾险究竟是不是"保死不保生"呢？

根据友邦保险上海分公司的理赔数据，2005年1月至10月，友邦重大疾病保险赔付336万元左右。其中，癌症（直肠癌、肺癌、宫颈癌、胃癌、乳癌、肝癌、甲状腺癌、鼻咽癌等）及心脏类疾病等发病率较高疾病的赔付位居前列。

另外，300多万元的理赔中，7%左右的赔付是身故赔付，其余均是在被保险人仍然生存时给出的。

这成为唯一可信的重疾险理赔数据。

而根据卫生部（2013年撤销，现为国家卫生健康委员会）2005年6月发布的《2004年中国卫生统计年鉴》，癌症、心脏疾病、脑卒中等仍然是对我国人群威胁较大的疾病，因此承保这些疾病的大病保险有可取之处。

不过，重疾险风波已经远不是友邦一家公司的问题。

最后，保监会和保险行业协会都不得不出面为重疾险"正名"，并于4月启动了重疾险行业标准定义的制定工作。7月，保险行业协会初步完成了26种重大疾病的标准定义，并根据行业理赔经验初步选出影响最大的7~10种重大疾病，确定为重疾险产品必须包含的"核心疾病"。

半年之后，2007年4月3日最终出台的《重大疾病保险的疾病定义使用规范》，对25种最常见疾病的定义有了统一标准。重疾险须包括6种疾病：恶性肿瘤、急性心肌梗死、脑卒中后遗症、冠状动脉搭桥术（或称冠状动脉旁路移植术）、重大器官移植术或造血干细胞移植术、终末期肾病（或称慢性肾功能衰竭尿毒症期）。

此次定规之后，中国成为继英国、新加坡、马来西亚后，第四个制定并使用行业统一重疾定义的国家。

世纪并购，争夺广发

2006年，为争夺广发银行，花旗银行、法国兴业银行和平安展开了明争暗斗，演绎了一出金融业的世纪资本战争。

广发银行宛如一个有瑕疵的中国青花瓷瓶。

这家1988年9月成立、中国最早的全国性股份制银行之一，其真正的大老板为广东省政府。截至2004年底，广发银行总资产3445亿元，各项存款余额3005亿元，各项贷款余额2157亿元。

但是，该行核心资本充足率只有不到3%，不良资产率却接近20%。中国由地方政府控股的全国性股份制商业银行多数未能摆脱地方之习气，几乎都陷入了类似广发银行的困境。

1995年以前，广发银行一直实行多级法人制，总行对各分支行控制力微弱，各市县财政和专业银行在各地分支机构掌有大权，在某些地方，广发银行一度充当"二财政"的角色。

1996年10月，广发银行从中国人民银行手中收购破产的中银信托，实际背负了40亿元的债务。作为回报，承担"试验"的广发银行，则获得由地区性银行扩张为全国性银行的机会。

但是，形式的扩张并没有改变银行粗放经营的做派。最终，巨额的不良资产将广发逼到绝境，同时也迎来重大的转机。

2006年12月11日，中国入世五周年，标志着中国加入WTO过渡期将结束，中国的银行业将全面开放，外资巨鳄们摩拳擦掌。对外资巨鳄们来说，他们不缺资本、不缺技术，但是网点尚是"木桶的短板"。

截至2006年9月末，广发银行在全国共设立27家直属机构、502家营业网点，其中广东省内营业网点339家，初步形成了全国性、城市化大商业银行的格局。这成为对外资的致命诱惑。

而且外资参与工商银行、建设银行、中国银行三大行重组，以及汇丰参股交通银行后获得暴利神话，也激励着外资们奋勇争先。

除了外资，经历 20 年的金融发展之后，国内亦诞生了一个能够收购广发银行的本土金融机构——中国平安。其时的平安正在构建银行支柱的路上极速前进。2005 年 7 月 5 日，平安银行总部正式落户上海，其中平安持股比例达到 73%，汇丰持股 27%。

而随着平安银行的挂牌，平安保险成为继中信集团和光大集团之后的第三家具有证券、保险、银行、信托等多张金融牌照的大型"金融航母"，平安集团也成为国内首家以保险为主业的跨行业金融控股集团。

梦想虽然伟大，但是此时平安的银行战略是畸形的，平安银行像一个头大身小、发育不良的"大头娃娃"。

2007 年 8 月，平安集团从全球重金礼聘了豪华的高管团队，其中至少 500 万元的薪酬让业界大开眼界。豪华团队中既有花旗老将理查德·杰克逊，以及同样花旗出身的鲍艾礼（Ali Broker，深圳平安银行财务总监），还有林小燕（曾担任浦发银行个人银行市场企划部总经理）、方乃贞之类的国际金融专才，更有来自招商银行的常务副行长陈伟、来自华夏银行的副行长叶望春（曾任华夏银行总行营业部总经理）、来自平安集团的副行长谢永林、来自中信银行的副行长雷志卫等本土金融干将。

鲜为人知的是，理查德·杰克逊原为花旗韩国联合银行行长，2005 年 10 月被平安"挖角"，2006 年 3 月被聘为首席金融业务执行官，火线加入对广发银行之争夺。

不过，这样的"国际纵队"注定难以协调。一年之后，或者工作调整，或者个人原因，部分人选择离开，部分人的权限发生变化。离开者包括主管零售银行的副行长林小燕，以及原为花旗银行（日本）运营与技术主管伊姆兰·易卜拉辛（Imran Ibrahim）等。

人已到位，牌照亦不缺，但是没有机构。

不管是最早的福建亚洲银行，还是随后的深圳商业银行，都无法在短期内承载平安银行的世纪梦想。

遍及全国的广发银行，成为平安梦想最好的寄托者。而环顾当时之中国金融，类似广发银行的机会几乎已经绝迹。撇开四大国有商业银行和第五大的交通银行，全国性股份制商业银行中，深圳市发展银行已经易手新桥，没有境外战略投资者进入的只剩下四家。其中包括出身显赫的中信银行和光大银行，而自认出色的招商银行则根本对引进战略投资者不感兴趣。

唯有广发银行。

但是，巨额之不良贷款，以及潜在的隐性债务，成为横亘于广发银行重组之前的最大障碍。公开的数据显示，2003 年底，广发银行五级分类下的不良贷款高达 357 亿元，不良贷款率18.53%，拨备率不足3%，资本充足率3.8%，位列股份制商业银行之末。

此时，深圳蛇口式的改革思路出现，（政府）不给钱可以，给政策就行。可以突破政策的底线，成为广发银行重组的一道免死金牌。

广东省政府明确了自己的底线：不承诺剥离不良资产的情况下，将持股比例、控股权、管理权等向投资者敞开。不良资产最后由政府、老股东、投资者团队共同分担。

此前，国内金融的重组均是"先剥离、后注资、再引资"，这种"先打扫干净房子再请客人"模式为后来外资的暴利以及"贱卖论"争论埋下伏笔。

2005年5月，广发银行正式开始重组，引来境内外一片关注。允许外资参股突破政策上限的"魔力"无穷，境外投资者蜂拥而至。先后有40多家境内外潜在投资者表达了投资意向。擦出"绯闻"者甚众，包括凯雷集团（Carlyle Group）、摩根大通合作人有限责任公司（J. P. Morgan Partners LLC）、德意志银行和星展银行等。

2005年7月，广发银行向其中20多家发出了正式邀请。经过讨价还价以及评比筛选之后，只有3家投资者团队进入最后一轮竞投阶段，分别是花旗银行团队、法国兴业银行团队，以及平安保险团队。

2005年11月底，广发银行召开临时股东大会，现有股东历年累积的资本公积和盈余公积全部用于弥补亏损，并重新计算持股量。原有股东的35亿元股东权益按照竞标方的出价——约两倍净资产溢价，折合成约18亿股，在重组后（股本是125亿元）持有15%的股份。

这意味着，广发银行可以卖出85%的股份，足以绝对控股一家银行！

2005年12月28日，花旗等3家投资者团队向广发银行递交了最后报价。

花旗出价最高，抢得"沙发"。但是，广发银行之竞争并非简单的价高者得。

按照花旗财团方案，花旗集团占40%，凯雷占9.9%，其余中资投资者，中粮集团、中国普天信息产业集团公司（简称"中国普天"）、中国节能投资公司（简称"中国节能"）和中信信托，要求的持股比例各为8.775%。[①]

这个安排刺穿了现有监管的底线：参股国内银行的外资总体持股上限为25%，单一实体持股上限为20%。否则，广发银行将会被视同由外资金融机构来进行管理，而这显然又是花旗不愿意看到的局面。

[①] 于晓娜、孙铭：《老布什写信助推广发行竞购 以个人名义力荐花旗》，《21世纪经济报道》，2006年3月19日。

2005年，还发生了一件火上浇油的意外事件。

这一年，中国著名的国有企业中国海洋石油总公司收购美国石油公司优尼科公司的计划，曾在美国国内激起关于"经济安全"的深度忧虑，而导致其最终失利。国内政经气氛悲愤交织，关于经济、金融安全的讨论不绝于耳。

3月14日，在两会记者招待会上，国家领导人首次为金融改革定调，商业银行改革的过程中将坚持两条原则：第一，国家绝对控股，保住对经济命脉的控制权；第二，防止国有资产流失。

花旗的原方案显然与第一条相悖。

相对张扬的花旗，法国兴业银行则打合规牌：法国兴业银行一直打着"遵守政策""稳定团队"和"长期承诺"的旗号，希望树立一个"无意控股广发银行"的战略投资者形象。

"我们的诚意无可争议，有关部门应当认真考虑这一情况。"法国兴业银行中国区总经理普瓦耶接受媒体采访时称。

初始方案中，法国兴业银行希望外资持股比例为24.838%，其中法国兴业银行为24%，法国国家开发银行（Proparco）占0.838%。[①] 后者是一家国人极不熟悉的私人投资公司，不过，后来因为被银监会认定不合格而被要求退出。

面对两家出钱比自己多的外资，平安巧甩民族牌。实际上，自2006年初荷兰银行退出竞标团后，平安就没有了竞购伙伴。平安几乎以一人之力，独自抵挡风雨。

这样三足鼎立的局面造成了一个微妙的博弈关系：花旗团队出价最高，但突破了外资持股比例限制；法国兴业银行团队未超过所需的外资持股上限，但报价稍低；平安保险作为内资，没有任何政策障碍，但报价最低。

不仅如此，原本是一宗商业买卖，却掺入了政治的催化剂。

2006年1月底，距离2005年12月28日3家投资团队开标已经过去近一个月，一封来自美国的信通过外交途径被紧急送到中国外交部美大司（北美大洋洲司），并被外交部迅速转给银监会。

"我也在做一件自己前所未有的事。"

这是一封来自美国前总统老布什的"求情信"。信中，老布什自言，"以个人名义力谏中国政府支持美国公司对广发银行的收购努力，我诚恳地认为，这将有利于中

[①] 于晓娜、孙铭：《老布什写信助推广发行竞购 以个人名义力荐花旗》，《21世纪经济报道》，2006年3月19日。

国及中美关系的全面发展"。

他推荐花旗集团和凯雷集团是由于对这两家公司非常熟悉。"据美国驻华大使雷德先生告知，他已与中国银行业监督管理委员会主席就美国花旗集团拟收购广发银行事宜进行过接触。另据我了解，我所熟知的凯雷也将与花旗集团共同参与此事。"

不过，老布什仍然澄清，他的推荐是以个人的名义做出的，并非受令于美国政府或者是他的儿子——美国时任总统布什。

同时，他宣称本人在这笔交易中也不会获得任何财务上的好处。不过，公开的媒体资料显示，这位前总统老布什是凯雷股东，曾担任凯雷高级顾问，其间接的经济联系不言而喻。然而，颇有戏剧色彩的是，不知何故，凯雷最后退出了这场世纪盛宴，老布什的推荐落空了一半。

花旗方面，这样的游说贯穿始终。7月26日，美国商务部副部长拉文在上海访问时还表示，希望中国政府在广发行重组问题上，优先考虑花旗集团。此时距离最后要约提交不足一月。甚至9月，美国新任财长保尔森访华时表示，一直在关注花旗集团收购广发银行一事。

而且为促成此交易，2005年12月16日，美联储甚至解除了对花旗集团海外并购的禁令。

法国兴业银行方面，法国总统希拉克乃至欧盟，也曾对此交易有所游说，但是力度上显然逊美国人一筹。

商业还是归于商业。

及至2006年5月，外资银行入股中资银行比例不得超过25%（单个不得超过20%）的讯息明确之后，花旗和法国兴业银行急忙变阵。

法国兴业银行又以最快的速度递交了新的标书，将拟持股比例降至20%。调整之后，法国兴业银行的中方伙伴名单中增加了大连实德以及吉林信托投资，后两者的广发银行持有比例均为10%，法国兴业银行、宝钢集团、中石化的持有比例为20%，剩余5%则由加拿大魁北克储蓄投资基金持有。

花旗的变阵颇受周折。

但是，这次调整为另外一个保险巨头——中国人寿制造了机会。同时保险"国十条"的及时出炉，也使得中国人寿参股的制度障碍不复存在。

6月初，花旗与中国国电集团公司（简称"国电集团"）、中国人寿达成战略合作协议，约定将一起竞购广发银行股权。花旗集团将持股比例下调为20%，凯雷持股比例调整为5%，国寿集团和国电集团各持20%，剩下的20%由中粮集团持有。

不过，市场怀疑，花旗和战略投资者之间有默契，团队成员只作为战略投资者，行使股东分红权益，而将广发银行的实际控制和管理权交给花旗集团，同时花旗将保持未来政策松动时增持的权利。

事后的安排也表明，花旗获得了对广发银行绝对的经营控制权。董事会16个席位，花旗占6席，行长由花旗派人担任，花旗派出"重兵"担任主要部门业务主管。

9月，花旗的团队意外生变，凯雷已决定退出。一个传言称，凯雷不满自己仅持有5%的股权，因而萌生退意。同时传出，花旗集团旗下的Associates First Capital（第一联合资本）将加入花旗竞标团，计划持有广发银行5%股权。

实际上，第一联合资本并不合适。第一联合资本是花旗集团6年前收购的子公司，这实际使花旗集团牵头的财团获得广发银行25%的股权。事实表明，这部分股权后来为IBM（国际商业机器公司）信贷所获得。

当两家外资做到表面合规之后，平安似乎离目标越来越远。

失之东隅，收之桑榆。在广发银行的收购大战中似乎处于劣势的平安，并未停止其收购银行的举动——深圳市商业银行最终成为平安囊中之物。

7月中旬，保监会主席吴定富罕见地表示，保监会支持中国平安收购深圳市商业银行，中国人寿参股广发银行。就在此时，市场甚至传出，平安退出广发银行的竞购。

然而出人意料的，8月上旬，原本出价最低的平安放手一搏，修改其广发银行竞购方案，将向广东省政府捐赠现金数十亿元人民币，以解决广发银行的坏账问题。

这使得平安与前两者在数字上的差距不远。

不过，这一奇招无助于改变结果。2006年8月31日，花旗等3家投资者团队向广发银行提交了具有法律约束力的最终要约。

广发银行按照"报价选高不选低、条件选好不选差、报价和条件要完美结合、对广发银行未来持续发展有利"4个方面的标准，选择花旗投资者团队首先进行最终签约性谈判，另外两个团队作为备选团队。

2006年11月16日，广发银行与花旗团队签署股份认购协议及相关附属协议。这之前仍有波折，2006年10月，花旗集团的重要中方合作伙伴——中粮集团突然退出。不过，这一空缺很快由中信信托和普华投资填补。

这场超过一年的世纪大战，最终以花旗之险胜而画上一个句号。

对于参股广发，花旗唯一道德上的歉疚就是浦发银行。

2006年初，花旗终结了和浦发银行签订的排他性协议，这份排他性协议规定："花旗银行及其子公司不得购入任何中国境内银行（浦发银行、浦发银行子公司以及花旗在中国境内设立的实体除外）的股权或股本经营权。"

转身广发银行之后，花旗和浦发银行合资的信用卡单元处境尴尬。因为广发银行本身有信用卡牌照，而且经营不错。

不过，花旗和广发银行之间的蜜月并没有持续太长的时间。

2007年3月28日，辛迈豪担任广发银行行长100天。此前一周，花旗派出的工作小组提出的广发银行中期战略规划具体框架又一次被否决了。在过去的100天里，这已经是第二次。

花旗的"蜜桃"何时能够成熟，这是一个悬疑剧。

螳螂捕蝉：新华局中局

2006年10月8日，保监会宣布暂停新华人寿的关国亮履行董事长职责，工作移交给总裁孙兵，关国亮的权力实际上被终止。

震动中国保险行业乃至中国金融管理高层的关国亮一案爆发。

然而，就在两天前，针对媒体有关高层人事震荡的报道及传言，新华人寿还不遗余力地"正式作出回应"，说保监会对该公司不过进行了例行检查，"并强调目前该公司日常经营运行良好，发展局面稳定"。

纸包不住火。

3个月之后，关国亮的董事长职务被正式免除。

2006年12月27日，新华人寿第三届董事会第十八次会议上，关国亮的董事长职务被免，总裁孙兵代行董事长职权。

一年之后，关国亮被刑事侦查。

2007年11月20日，中国保监会公告称，新华人寿原董事长关国亮因涉嫌违法犯罪问题，已被移送司法机关处理，公安机关已对其立案侦查。

当天上午，保监会还召开新华人寿股东和中层干部会议，通报关国亮累计违规挪用资金130亿元，须承担违法违规的主要责任，已于11月16日下午被司法机关"采取强制措施"。

关国亮成为保险行业内极少数被刑事调查的董事长之一。该纪录直到2008年，才被中国出口信用保险公司（简称"中信保"）的"一把手"唐若昕打破，后者担任中信保党委书记兼总经理近7年,而前者不仅任职长达近10年,而且是当仁不让的"新华王"。

关国亮,哈尔滨人。1983年毕业于东北财经大学,先就职于黑龙江省财政厅,又于1992年"下海"加入民营企业东方集团实业有限公司。东方集团上市后,关国亮曾任职总会计师和副总裁。

1998年,借大股东东方集团之力,关国亮出任新华人寿董事长。由此,拉开了新华人寿的"关国亮时期"。

这一时期,新华人寿有过表面的辉煌。开业即盈利,并年年赚钱;距离上市一步之遥,几乎成为保险第一股;力压同城兄弟泰康人寿,保费规模行业排行第四。

2000年,新华人寿还高溢价实现资本国际化,四家外资股东取得了24.9%的股权,当时四家外资的持股情况为:苏黎世保险公司10%,国际金融公司、日本明治安田生命保险公司和荷兰金融发展公司分别为6%、4.4%和4.5%。

鲜为人知的是,新华不仅是关国亮"内部人控制"行为的典型,而且股东亦分裂为"倒关派"和"挺关派"。

新华人寿的本届董事会早在2005年12月即告届满,但是迟迟未有新的改选。两派的斗争让关国亮成为真正的"孤家寡人"。其核心之处在于,关国亮挪用保险资金违规投资,侵害国有股东和外资股东的利益,使得宝钢集团和苏黎世保险公司等结成坚决的"倒关阵营";而关国亮欲摆脱老东家东方集团,从"管家"变"老板"的种种布局,使得原来提携关国亮的大老板张宏伟与之交恶(见表11-1)。

表11-1 新华人寿股东(截至2006年)

中资股东	隆鑫集团有限公司	东方集团股份有限公司	海南格林岛投资有限公司
	宝钢集团	神华集团有限公司	中国中小企业投资有限公司
	新产业投资股份有限公司	东方集团实业股份有限公司	中国石化仪征化纤股份有限公司
	北亚实业(集团)股份有限公司	北京市太极华青信息系统有限公司	
外资股东	苏黎世保险公司	国际金融公司	日本明治安田生命保险公司
	荷兰金融发展公司		

资料来源:公开资料整理。

如何突破新华人寿的治理困局？

旧有股东利益难以调和，而引入新股东则可能火上浇油。新华的整顿表面上陷入一个僵局。此时，2005年成立的保险保障基金意外出马。

2007年5月18日，新华人寿的15家股东收到了来自中国保监会的一则书面通知。通知称，将动用保险保障基金，购买隆鑫集团有限公司、海南格林岛投资有限公司、东方集团实业股份有限公司所持新华人寿的股权。这三家股东分别持有新华人寿10%、7.51%和5.02%的股权，合计持有22.53%股权，共2.7亿股。

《财经》杂志注意到，此次股权定价为每股5.99元，较之原股东当年平均3元的入股价有近1倍增幅。购买总共动用保险保障基金超过16亿元，在2006年底总规模达80亿元的保险保障基金中占到两成。

这是保监会首次动用保险保障基金。随后6月，保险保障基金又以相同价格收购了东方集团（持股8.024%）。至9月，中国中小企业投资有限公司持有的9012万股股份（占总股本7.51%）已全部转让给保险保障基金。

至此，保险保障基金已经持有超过38%，问题股东的股份多数被收购。完成收购之后，除保险保障基金之外，苏黎世保险公司等外资股东合计持股24.9%，宝钢集团持有17.273%，其余为上海亚创控股有限公司9%、北亚集团5.683%、仪征化纤1.502%、太极华青1%以及新产业投资股份有限公司（简称"新产业"）0.751%。此后，持股略有调整，仪征化纤和新产业先后退出，股东中出现新面孔博智资本公司和中国石化集团资产经营管理有限公司。

但是，对于新华人寿的争夺并没有结束。例如，保险保障基金如何退出一直是一个悬念。

2008年，保监会第二季度新闻发布会上，保监会发出了声音："保险保障基金持有新华人寿的股权是阶段性的，在各方面条件成熟以后，保险保障基金将按照有关的规定进行股权转让，从新华人寿退出。同时，保监会还将进一步加强监管，按照有关的法律法规改组董事会，完善公司章程，使董事会能够正常运作。"

与此同时，多家保险公司，包括平安、人保以及中再在内，都曾经对新华人寿的股权表示出特别的兴趣。

再起波澜的是，2008年年中，注册资本1亿元的保险保障基金被批准成立，原由保监会财务部管理的超过100亿元规模的保险保障基金将交由基金公司运作。

更为诡谲的是，关国亮被移交给司法机关的消息传出之前不久，某财经媒体突然爆出了一份早在 1996 年就秘密签订的有关新华人寿股权的代持合同，称外资第一大股东苏黎世保险公司通过股权代持已实际控制新华人寿股权达到 27.5%，从而逾越了监管层规定的外资持股不超过 20% 的政策"高压线"。

关国亮事件中的另外一条主线意外走光。这份尘封了 11 年的合同被披露，而且爆料者对其条款内容了如指掌，如果不是内部人，做到的难度相当大。

种种迹象不免让人联想，这似乎是关国亮被移强制之前的最后一搏。神秘合同透露的信息显示，苏黎世保险公司十余年不停追索，暗中交易，规避政策限制，力图获得新华人寿控制权的努力和决心，亦是外界所不能想象的。

此时，回首关国亮事件的起始，不妨做几个假设推理。

如果不是关国亮意图从"管家"变"老板"的努力，关可能不会失去自己的权力基础。

如果不是苏黎世保险公司等股东持续不断地检举，关国亮断不会失势，而强人所谋划的新华控股、财险公司等蓝图可能已经实现，尽管这些可能是一个个漂亮的肥皂泡，如同新华人寿之连续盈利。

而如果不是保险保障基金的强势介入，今日之新华可能早就落入苏黎世保险公司的棋局之中。后者才是苏黎世保险公司不断追索的目标，而检举不过是其中的一种手段，如同始于 1996 年的代持。

好一个螳螂捕蝉，黄雀在后！

太保进化（3）：寿险贱卖风波

2006 年，刚刚引入外资的太保寿险风波再起。

这一年 8 月 1 日，《21 世纪经济报道》发表一篇调查《"凯雷门"：太保寿险被指低估近百亿》，文章认为"凯雷外资团的出价仅相当于太保寿险合理估值的 35.9%"，于业界内外掀起轩然大波。

其时，中国金融业正陷入"贱卖论"的巨大漩涡之中，外资通过入股国内垄断的金融行业，短期获得暴利的事实，激起广泛的质疑和争论。而太保内部，已经调职的前任董事长王国良此时也被传言牵连上海社保案。

内外交困。

于此危急时刻，温文尔雅的金文洪①一脱上海式低调，挺身而出，携纪委书记、办公室主任等少数随从约见重要媒体，说明引资真相。

"我对今天所说的事实和数据负全部法律责任。"金文洪开门见山地说。作为这段历史重要的当事人，金文洪是中方谈判小组的负责人。

随后，金文洪开诚布公地讲述了太保寿险的引资历程。严密的逻辑、清晰的数据、有理有据的陈述，怔住了心存挑战的《21世纪经济报道》的记者。

"当我们财务遇到困难、偿还能力遇到困难的时候，没有一家公司愿意帮我们承担。"金文洪说道。

金文洪回忆，1999年开始的太保引资之路持续了6年。这期间，太保寿险先后与18家公司进行接触和磋商，最终和其中8家公司进行了深入的洽谈，这8家公司分别是美国安泰、AMP、荷兰国际集团、花旗、AIG、台湾国泰、美国保德信金融集团（简称"保德信"）、凯雷等。

博弈的焦点就是利差损。

"深入谈下来，大概有三种情况：一种情况以花旗为代表的公司，要太保寿险把老业务全部拿掉，剩下的什么价钱都可以；第二种，就是要求分期付款，10年每年支付4000万到5000万美元，并且中途随时可以中止合作；第三种就是AMP和凯雷提出的保留老业务，一次性付款，股权投资成为股东的模式。"

其中，AMP是在2001年谈的，当时的评估价值是4亿美元。5年以后，凯雷入股时候的估值还是4亿美元。

虽然估值一样，但是其中保险资金投资回报假设不同。"太保寿险同AMP洽谈时，设定的保险公司的投资收益为6%～6.5%，而在凯雷入股的时候，则参照平安和中国人寿上市时的假设，设定为4.4%～4.5%。"而投资回报是决定保险公司价值的最重要的因素之一，虽然估值的数字一样，但是由于凯雷的投资回报低于AMP，实际的估值还是高于后者。

金文洪之勇敢举动，为太保赢得了市场理解和主动权。自此之后，再无舆论纠缠于太保贱卖之话题，太保发展的外部环境为之一新。

引入外资之后，寿险先行启动变革。

太保寿险招赘凯雷之时，保监会副主席魏迎宁对此事曾转述过自己的两点意见，一是公司的治理结构如何改善；二是如何提高经营管理水平。因为如果不能转变盈利

---

① 2006年7月，金文洪成为寿险公司董事长，并兼党委书记。

模式，新注入的几十亿元资本金，也可能只能维持几年。

凯雷参股之后，于制度层面，太保寿险在董事会下设立管理委员会，寿险董事长金文洪兼主任。管理委员会旗下成立了经营管理委员会，具体操刀太保寿险的日常经营与管理。

同时，太保寿险还引入了多位境外高管，构成了管理的国际团队。其中，经营管理委员会主席由华人保险圈富有影响的"大人物"潘燊昌担任。

1947年8月，潘燊昌出生于香港，祖籍广东省中山小榄镇。28岁时仅用3年考取香港第一张英国精算师执照。40岁只身赴台创办安泰人寿，花18年缔造了台湾最大的外商保险公司。

任职安泰期间，潘燊昌多次来往于两岸间，商谈太保与安泰的合资事宜，与历届太保高层均有密切接触。由于合资公司太平洋安泰早期激越的市场表现，以及潘燊昌旧部张全福、陶孟华、蔡康（首创安泰前负责人）、葛熙诚等，加上曾担任中国平安市场总监、原台湾安泰人寿干将潘宏源的铺垫和影响，潘燊昌虽未曾亲自出手操盘，却早已声名在外。

2000年7月，他一手打造的台湾安泰人寿被荷兰国际集团（ING）收购，他曾经一度情绪低落，但又很快调整过来，留任并升至ING大中华区总裁，成为该集团唯一的华人董事。

2006年3月，59岁的潘燊昌从台湾ING安泰退休，却同时开始另外一段冒险。

"Patrick（潘燊昌英文名），有一个和我当初改革IBM一样的机会，你要不要去？"凯雷董事长郭士纳曾对潘燊昌说。

这个机会就是太保。2006年上半年，经凯雷提名，中外双方同意，潘燊昌成为太平洋保险经营管理委员会主席。

和中国商业保险传统的领导做派迥异，潘燊昌其实是一个性情领导，其畅销书《听老板的就错了》和《胆大包天》，书迷众多。而太保员工的体验更加真切，潘燊昌是一股清新的风，不论演讲还是授课，都不同于此前。

入乡随俗。

潘燊昌亦很快适应了太保之"稳健"文化，不再过多复制当年于台湾安泰之时妖艳的服饰、夸张的表演，以及满场尖叫的热烈气氛。

经营管理委员会中另外一位来自外方的副主席为David Wolf,中文名字为郎大伟（见图11-1）。郎大伟在太保的工作时间并不长，2007年下半年离开了太保寿险，但是被公认为"劳模"。

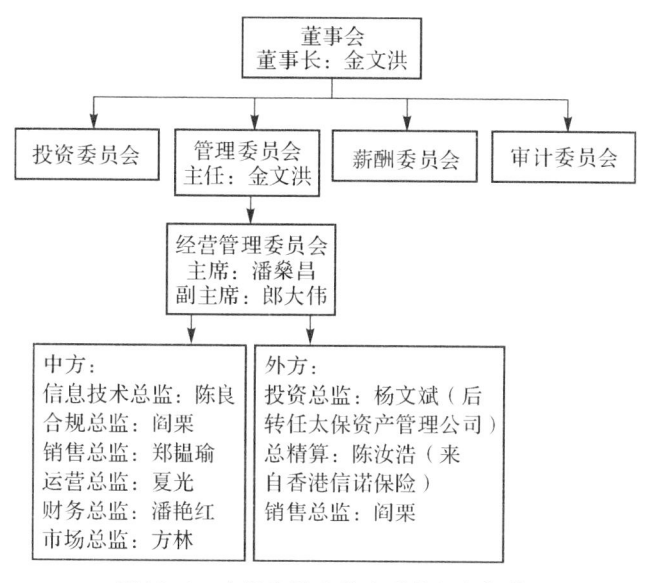

图11-1　太保寿险合资之后的组织架构

上层建筑只是一面。

2006年10月，太保内部还举办了太保分业以来首次中层干部海选，为三家分公司重庆、湖南、贵州挑选总经理。"海选"这条绿色通道，将过去10多年沉淀的金字塔式的晋升程序，轻轻越过。

消息传开之后，共有47名中高层管理人员报名成为"吃螃蟹的人"。经过初期筛选，47人被淘汰一半以上，剩下20人挺进设在上海的擂台，于10月13日和14日进行最后的对决。

初试阶段，20人先后接受了3个评委小组的严格面试和评审。每个人15分钟演讲，内容包括自我介绍、竞聘方向和工作设想。

根据全体评委的测评和无记名投票，计算得分高低，前六名闯关进入了最后的决赛。复试阶段，太保寿险的核心高管倾巢而动，金文洪、潘燊昌、郎大伟等人悉数到场，进行最后的挑选。

巧合的是，6人一分为二，3人为分公司副总，3人为中支公司总经理，其中就包括原湖北荆州中心支公司总经理阳新云，这个自信的湖北人，给现场的公司高层留下深刻的印象。

郎大伟问：分支公司最大的风险是什么？

阳新云答：业务规模，尤其是核心业务规模小，产生利润不足以养活自己。

陈良：如果不能够做"一把手"，当个副职如何？

阳新云颇有自信地婉拒：我是一个优秀的"一把手"，是一个不合格的"二把手"。

韩德：业务最大的问题是什么？

阳新云答：队伍专业化程度不够。

潘燊昌问：平常看什么书？

阳新云答：潘主席的书都看过，主要看管理类的书籍。

不过，复试结束之后，结果并没有当场宣布。

6位候选人，特别是3位级别稍低的中支公司总经理带着满腹的怀疑，乘车前往机场。路上，3人心情复杂，虽然奋力一搏，但是相对于3位副总，还是底气不足。

然而，最后的榜单大出怀疑者预料。3位中支的负责人，阳新云、原长沙分公司副总经理程宜、原洛阳中心支公司总经理徐丰收3人全部胜出，实现由"校"而"将"的晋升。

获悉自己中了"状元"之后，阳新云仅用8个字"珍惜信赖，不负所托"表达决心。海选之后，三人就马不停蹄地赴重庆等地就任了。履新一年，阳新云交上了一份有亮点的成绩单。2007年，太保重庆分公司实现总保费收入9.3亿元，同比增长53%，完成任务140%，标准保费6.45亿元，同比增加90%。

据不完全统计，截至2007年1月，太保寿险共调整了23位中层干部的职务，这还不包括从外方引入的管理人士，以及从寿险调往集团的干部。分析这份名单，包括四川、北京、湖北、江苏、河北、山东、广东等在内约13地"封疆大吏"被调换。

"新管理层的用人之道更为民主和开明。"

不仅如此，对于少数出现严重经营问题的分支机构，太保寿险痛下狠手，整个公司的干部都先"归零"，再重新竞聘上岗。

除了人事调整之外，太保寿险还对考核机制进行了合理的改革。而体制和机制的变革成为太保寿险重组后最重要的功课。

CHAPTER 12

第 12 章

牛市呓语
（2007）

2007年，中国保险业最出彩的一年。

全年保费收入7035.8亿元，同比增长25%。中国保费收入世界排名第9位，比2000年上升了7位，平均每年上升1位。保险公司总资产达到2.9万亿元，是2002年的4.5倍。

同时，长期压在保险行业头顶的投资乌云似乎烟消云散。截至年底，保险资金运用余额2.7万亿元，资金运用收益超过前5年的总和，达到2791.7亿元。2007年保险资金投资收益率为10.9%，投资收益率为历年最高。

除了股权投资，保险资金直接或间接大手笔投资地产。

2007年，中国人寿和平安相继回归A股，制造了一个股价飙升的神话。年底，太保集团完美收官，扬起上市的旗帜。至此，中国四大保险公司，悉数完成上市历程。2007年中国金融大舞台上，保险业已然成为主角之一。

资本市场经历前所未有之大牛市，亢奋的市场几乎让所有人疯狂。行业研究员们火上浇油，"中国人寿，三年九十（指股价3年内能涨到90元）""珍贵稀有，限量珍藏""牛市时尚"等煽情多于理性的言语扑面而来。但是，2007年10月之后的巨幅调整，不仅让这些牛市呓语成为永远的笑谈，更让人感到利欲世界的癫狂不堪。

11月26日，国华人寿于上海开业，成为中国第52家寿险公司。至此，中国保险公司的数量已经达到104家，上海保险机构突破90家，仅人寿公司就已达40家。除了极个别之外，与国华人寿同期获批的近20家新公司陆续开业，2004年保监会推出的保险公司大扩容政策也基本收官。

同一年，为争夺企业年金的资格，保险公司大战银行、证券和信托，终于成为第二批企业年金基金管理机构资格审批中最大的赢家。

2001年，外资分公司改制为子公司（简称"分改子"）获得巨大的突破。在华的

14家外资财险公司,几乎全数获得"分改子"牌照。唯一的失意者是友邦,其"分改子"要求惨遭拒绝。祸不单行,同样出身美国最大寿险业者的中美大都会与联泰大都会双双发力,借投连险东风,在2007年7月,将友邦外资老大的地位一举颠覆。

而汇丰则获得垂青,成为首家获准在内地筹建保险公司的外资银行。汇丰将与神秘富豪郑建源持股的国民信托,借道2003年签署的《内地与香港关于建立更紧密经贸关系的安排》,筹建合资保险公司,双方各持有50%股权。

不过,2007年保险行业再次面对一次新的产品公共危机——交强险被质疑存有400亿元的暴利。

一位质疑交强险的律师算了一笔账:中国机动车保有量已达1.48亿辆,按保守数字1亿计算,只要投保率达到80%,每年交强险的保费收入就能达到800亿元。而根据公安部公布的交通事故统计,赔付额最高每年也只有177亿元左右。余下的620多亿元,扣除税金、管理费、手续费(合计不会超过200亿元)后,还会有400多亿元的结余。由此,交强险一年暴利400亿元的结论出炉。

交强险暴利争议超出业内最坏的估计,以至于当时专心在上海攻读博士的原天平车险总裁谢跃匆匆赶往北京,帮助保险行业协会救火,成为保险历史上独一无二的所谓"交强险新闻发言人"。

2007年11月30日,保监会发布了普华永道咨询公司出具的交强险专题财务报告:2006年7月1日至2007年6月30日,全国交强险业务承保各类机动车5755万辆,保费收入507亿元。截至2007年6月30日,已经终止保险责任的保费227亿元,尚未终止保险责任的保费280亿元。交强险赔款支出139亿元,各类经营费用141亿元,投资收益14亿元。

其结论是,从2006年7月到2007年6月,交强险首年财务报告汇总出现账面亏损39亿元。

不过,这份报告被极端地批评称为"一本糊涂账"。为什么保险公司的经营费用如此之高,居然超过了赔额?保险公司是不是将其他商业保险的经营费用摊到了交强险里?

幸而,经过监管和保险行业协会全力扑火,并引入第三方的会计数据,保险业得以暂时渡过眼前的难关。

2007年12月14日14时30分,北京会议中心,交强险费率调整听证会召开,这是中国金融行业第一个全国性的听证会。来自中国保险行业协会的8名代表、22名听证代表和15名旁听代表,就"机动车交通事故责任强制保险费率调整方案"发表意见。

听证会讨论很是激烈，代表们的意见也集中在"保费过高，保障过低"，无责赔偿等问题上。不过，几乎所有代表都赞同降低保费、提高保额的做法。根据新方案，家庭自用汽车的费率将由目前的1050元保最高限额6万元，调整至950元保最高限额12万元。

唯一让人费解的细节是，倘若真如年报披露，绝大多数经营交强险的保险公司出现账面亏损，为什么保险公司还要下调费率？

"半分天下"有杨超

半分天下中，有杨超。

2007年1月9日，中国人寿正式登陆上海滩，成为内地资本市场保险第一股。而身居幕后指挥这场旷世江湖风云起落的，恰为一位上海人——祖籍上海崇明的中国人寿"掌门人"杨超。

2000年3月至今，杨超见证或者直接"导演"了中国资本市场多部资本大片，包括中国保险第一股——中保国际香港上市，太平人寿和太平保险借"壳"回归等。

这还仅仅是序曲。

2005年5月，这位横跨内地、香港两地资本市场的"超人"履新中国人寿之后，一场深刻改变内地保险资本版图，并影响未来10年内地寿险格局的资本"大戏"由此上演。

2000年3月，50岁的杨超任中保国际董事长，同时还担任中国保险股份有限公司及中保集团之董事长兼总经理。

彼时，谁也不会料到，杨超本人将经历中国保险的一个资本时代。

2000年6月29日，中保国际成功上市，成为第一家上市的保险公司，同时也完成了第一次资本涅槃。

此举宛如闪电一击。

中保国际于2000年2月18日在香港注册成为有限公司，并通过重组，于2000年5月26日成为中国国际再保险公司和华夏再保险顾问有限公司两家公司的100%控股股东。至最后的上市，前后不过4个月而已。

但是，即使上市之后，中保国际也是颇为单薄——中保国际旗下的公司仅有前述两家公司。截至2000年12月31日，中保国际的保费收入仅为6.91亿港元（1999年为

6.443亿港元），较1999年增长7.2%，其中再保险保费收入6.834亿港元（1999年为6.401亿港元），经纪佣金收入760万港元（1999年为420万港元）。

与此相对应，中保国际的股价也持续徘徊底部。

寻求突破成为杨超的必然选择。"拓展中国国内保险业务是本公司的发展战略重点。"杨超曾称。

但是，拓展内地业务首先要解决稀缺的牌照问题。幸运的是，杨超不仅解决了牌照的问题，而且一下子就获得了两张——经营寿险的太平人寿和经营产险的太平保险。

2001年5月23日，中国保监会批准"太平人寿与太平保险正式全面恢复境内业务"。中保国际的母公司——中保集团将分别投资5亿元人民币，于上海和深圳设立太平人寿和太平保险的方式。

"复业"不仅拉长了公司的历史，容易形成品牌，更重要的是，"复业"解决了名分的问题，太平人寿和太平保险都可享受中资保险公司的待遇，而不受外资在公司资本结构、产品以及地域上的限制。

而借"壳"太平人寿和太平保险，以杨超为首的中保国际展开了系列资本腾挪。

复业4个月后，2001年9月6日，上市的中保国际宣布，以5.2亿港币的价格向母公司中保集团收购刚刚获准内地复业的太平人寿62.5%的股权。

仅仅1个月之后，尚在襁褓中的太平人寿"炒"了一次牌照，闪电般引入了外资——2001年10月19日，富通集团以8800万美元的高价入股太平人寿24.9%的股权。

这似乎和杨超本人之境外经验和国际资源关系良多。

2001年之后，以银行保险为业务突破口，并经历多次增资扩股，太平人寿已经成为国内居于"第二集团"的寿险公司。2006年太平人寿基本实现了财务打平的目标。受此带动，中保国际的股价与年初比较，业已翻番。

而2005年5月，当杨超辞别香港、北上北京之时，其身后的国有企业中保控股已经是枝繁叶茂。

2005年重回北京之后，杨超一扫中国人寿昔日之守势，面对平安的步步进逼，针锋相对地提出了重点超越的战略，要求在上海、北京等重点区域，均各个击破，规模超过平安。

业务的争夺仅仅是一个方面，资本的对决则更为惊心动魄。

2006年初，一场世纪并购吸引了全世界的眼光——花旗、法国兴业银行和平安领衔的三方竞购团队分别出价241亿元、235亿元和226亿元，竞标购买广发银行85%

的股权，以期望控股这家拥有全国牌照的股份制商业银行。

这场世纪大战中，平安坐拥地利，巧打广东牌和民族牌；花旗借力人和，连老布什也为其书信游说；而法国兴业银行则倚重天时，希望以德服人，峰回路转。

本来这是一场和中国人寿无缘的争夺。

风云突变。

花旗原来的算盘是，计划持有广发银行40%的股份。但是，这一方案遭遇政策难题——按照当时外资投资国内银行的股权管理规定，外资投资比例上限是25%，单个实体的投资比例不得超过20%。

因此，花旗被迫调整计划，而一直身处竞争之外的中国人寿抓住了机会。

2006年6月，新一轮报价结束之后，中国人寿加入了花旗的战车，承接了花旗让出的20%的广发银行股份，获得了和自己的最大对手——平安，在这场世纪并购大战中直接对话的机会。

2006年11月16日，尘埃落定。

花旗集团与IBM信贷、中国人寿、国电集团、中信信托、普华投资等国内外投资者团队出资242.67亿人民币，认购重组后的广发银行85.5888%股份。其中，拟持股比例为：花旗集团20%、中国人寿20%、国电集团20%、中信信托12.8488%、普华投资8%、IBM信贷4.74%。

广发银行一役，狙击平安，仅仅是两大巨头龙虎斗的一个例子。

和马明哲一样，杨超也认准了保险业多元化的道路。2005年，中国人寿明确提出了"主业特强、适度多元"的发展战略。而2006年的保险"国十条"更是彻底拆除了压抑保险行业多年的投资"天花板"。

不过，此时的平安似乎已经占尽了先机。

2003年、2004年之前，中国人寿几乎就没有股权投资，而平安已经拥有几乎完整的混业经营平台——寿险、财险、证券、信托、银行、养老金公司和资产管理公司等，以及超过10年的混业经营经验。

不过，携上市之后千亿资金的中国人寿，并不缺乏构架大型现代金融保险集团所需要的本钱。对于杨超而言，中国人寿是最大的舞台；而对于中国人寿而言，杨超则是最好的导演。

接任中国人寿新"掌门"之后，杨超率先把目标瞄准了财险公司。

总部位于老家上海的大众保险一度成为中国人寿希望并购的目标。但是，由于价格上的巨大分歧,最终两者分道扬镳。

不过,2006年3月13日,中国人寿集团和中国人寿就设立财产险股份公司达成初步协议。注册资本为人民币10亿元,中国人寿拥有40%的股份。大约10天之后,2006年3月21日,中国人寿与集团公司、资产管理公司订立发起人协议,设立一家专业养老保险公司,注册资本人民币6亿元,中国人寿占55%的股份。

至此,中国人寿的保险版图渐臻完整。

但得陇望蜀,中国人寿随后便出手了国有大银行的IPO。例如,2005年经过特批,中国人寿在中国建设银行首次公开募股时,作为财务投资认购了该行2.5亿美元的股票。再如,2006年10月全球最大的IPO——工商银行上市的盛宴,中国人寿也没有缺席。

除了银行业,中国人寿对重新火爆的证券业也投入巨资。2006年6月,中国人寿集团与中国人寿分别认购1.5亿股和3.5亿股中信证券股份,成为中国证券业迄今最大的股权投资项目。

对此,证券研究员们认为:"中国人寿还比一般的保险公司享有更优厚的投资便利。不仅能参与建设银行、中国银行、工商银行的IPO认购,还成功参与了广发银行的竞标,独吞了中信证券的增发,大举参股南方电网等,这种投资便利非一般金融企业能比。"

中国人寿巧打"国有"牌,参与各种大型国有公司的重组和整合,于资本市场上四处获益。而系列的股权投资让中国人寿获益颇丰,多数研究员均认为,2006年其来源于股权投资的收益将至少超过12%(见表12-1)。

表12-1　2005—2006年中国人寿股权投资项目

名称	投资数额	占股比例/%	时间	股份性质
中国建设银行	9.7亿港元	0.19	2005-10-27	H股
中国银行	11.75亿港元	0.16	2006-06-01	H股
中国银行	3.8亿元人民币	0.05	2006-06-28	A股
中信证券	32.53亿元人民币	11.74	2006-06-28	A股
广发银行	56.71亿元人民币	20.00	2006-11-16	战略投资者
中国工商银行	59.3亿港元	0.58	2006-10-27	战略投资者、普通投资者
南方电网	350亿元人民币	31.94	2006-12-07	财务投资者
合计	523.79亿元人民币(港币1:1折算)			

对于中国人寿和杨超而言,其庞大金融帝国的梦想究竟何时止步,这是未来5年

留给中国保险市场最大的悬念。

不断突破现有政策限制，成为中国人寿获得超额收益的来源之一。例如入股中信证券，以及参股广发银行等，无不需要政策上的配合。根据公开的统计，2006年国寿投资控股有限公司（简称"国寿投资"）风光无限，几乎每月都有重要斩获。不过，问题的另外一面是，如此暴利的"政策红利"能持续多久？

2007年以来，中国人寿没有延续2006年的风头，其参与的大项目数量骤降。不仅如此，中国人寿投资甚至无缘京沪高速铁路的投资计划。

公开的数据显示，中国平安牵头保险团队组成保险投资计划，保险团队集体出资约计160亿元，占总股份13.93%，为第二大股东。其中参与发起京沪高速铁路股权计划的保险公司有太平洋保险、泰康人寿和太平人寿，参与认购方包括中国财险、中再集团、中意人寿三家保险公司，独缺中国人寿。

不过，2007年末，中国人寿参与VISA（维萨）股票公开发行，认购金额近3亿美元。这是继中国平安投资富通集团股票之后，国内保险业第二笔较大规模的境外投资，也是国内保险公司首次大规模投资于纽约股市。

同时，由于VISA的股价自IPO以来飙升了36%，因此中国人寿已达到账面利润1.08亿美元。不过，3亿美元的规模显然和350亿元入股南方电网的手笔不可同日而语。

生活中，杨超是一个精打细算的上海人。很多人知道，杨超喜欢喝干白，原因很简单——货真价实。杨超自己说："吃饭花的都是自己的钱，如果喝干红，一瓶酒动辄几百块钱，干白则不过几十块钱，而且很少有假酒。"

吴焰：人保奇遇记

吴焰到人保纯属偶然。

2007年全国保险工作会议之前，市场已经有传言，中国人寿和中国人保两大国有保险公司即将换帅。

消息灵通的媒体获悉，中国人寿董事长杨超将转任中国人保，代替行将退休的老将唐运祥。而中国人寿集团副总经理吴焰将升任中国人寿集团总经理。

消息放出当天，中国人寿A股股价下跌6%，后又下跌0.3%。而人保控股旗下的上市公司人保财险却应声上涨。

换帅如换刀，因为新帅上任之后，一般都会带来新气象。而本次人保换帅，既承接唐运祥的顺利退休，更为提振上市后走势相对疲弱的人保。

但是，不到一个星期，主角大翻转。

2007年1月26日中午11点，保监会副主席周延礼来到中国人寿，宣布集团公司副总经理吴焰另有任用，股份公司日常工作暂时由现任公司副总万峰主持。

同一日下午2点，周延礼来到人保，宣布吴焰担任人保控股公司党委书记、总经理，原人保控股公司党委书记、总经理唐运祥至此退休。

不到46岁的吴焰，意想不到地来到与新中国同岁的人保，成为保险行业少有的少壮派"老板"之一。

翻开吴焰的简历可以看到，吴焰历任共青团中央组织部副部长、组织部党组书记、全国金融青联主席和共青团中央金融工委书记等职，2003年任中国人寿资产管理有限公司总裁，管理着保险业内最大的保险资金。

和中国人寿比较，吴焰面对的人保，大而不强。

2005年，人保控股完成在保险领域的全面架构，下辖产、寿、健康、资产管理和经纪等8家子公司。但是，无一例外，除了人保赖以生存的主业财险之外，其余业务彼时尚处于萌芽阶段。

而且部分牌照还存有瑕疵，例如人保寿险居然是一张合资牌照。这家所谓"经国务院批准以国字头命名"的合资公司，由中国人保控股公司、住友生命保险公司、亚洲金融集团、泰国盘谷银行等共同合资组建，注册资金10亿元。不过，不仅合资寿险尚无成功的先例，而且合资牌照受限诸多。

"近两三年如果发展得好、发展得快，我们就有机会与国内大型金融保险集团一争高下，否则就会被甩出第一阵营，逐步丧失在行业中的主导地位和话语权，就会被边缘化。"吴焰如此评估当时的形势。

吴焰为人保梳理了另外一条发展路径："中国人保要成为大型金融保险集团，不仅要特别关注传统的非寿险业务，而且必须走财产险、寿险、健康险和资产管理综合经营的道路，加快拓展人身险、资产管理等新兴金融保险业务。"

续前任之力，1月29日，人保资产完成增资改制，注册资本增加到8亿元。新公司的股权结构中，人保控股仍为最大股东，持股41%，人保财险持股20%，国际战略投资者慕再资产持股19%，人保寿险和人保健康各持股10%。

有过中国人寿资产管理经验的吴焰，眼光自有独到之处。

"人保资产管理今后不能停留在对现有保险资金的运用上，而要把一般性资金运用与战略性资产配置结合，把资金运用与实现人保控股的发展战略目标结合，依托资金运用和资本运作,给整个人保控股坚强的发展支持。"这埋下了人保突进股权投资的伏笔。

此后,吴焰展开系列资本手笔。上任之初,吴焰布局中国人保整体上市,计划2008年完成上市工作。不过,2008年惨淡的A股市场,却让雄心勃勃的中国人保遭遇困难,上市计划也只能一拖再拖。

但这并不妨碍人保于资本市场水落之后拾贝。2007年6月中旬,人保控股复名"中国人民保险集团公司"。复名重拾"中国人民保险公司"的金字招牌,而且相对于"控股","集团"二字突破简单的股权关系而上升到"基于股权关系的战略协同和资源整合",亦为未来之集团上市落下重要一子。

2007年7月,重新改制后的人保集团出资5000万元设立人保投资。打造人保集团存续资产管理平台和资本运作平台,后者的定位比肩平安的PE投资(私人募股权投资)部门。

人保投资出手不凡。2008年6月,人保与齐鲁证券达成参股意向,人保投资持有2.64亿股齐鲁证券,占后者总股本的4.62%。

在与华闻系的争夺中更是一战成名。

2007年9月,经过两次收购之后,中国人保控股了一家投资公司——广联(南宁)投资股份有限公司(简称"广联投资")。

11月19日,作为中国华闻投资控股有限公司(简称"华闻控股")小股东的广联投资,在北京正式起诉华闻控股,以重组协议侵犯小股东的合法权益为由,请求法院判决3月提出的华闻控股重组引资协议无效,掀起了"华闻之争"。

对于人保来说,借道广联投资发动诉讼,意在华闻控股。盖因"华闻系"下属上市公司以及金融资产的诱惑无限,"华闻系"的价值凸显。11月15日,在华闻控股股东大会上,广联投资要求行使优先增资权[1]。要求被拒之后,于是出现了广联投资控告起诉华闻控股的一幕。

不过,之后还是和为贵。

2008年7月1日,华闻传媒和新黄浦一起发布公告称,两公司实际控制人华闻控股于6月30日完成股权变更,人保投资正式入主,持有华闻控股55%的股权。

通过华闻控股,人保控股了华闻传媒和新黄浦两家上市公司,同时将触角延伸至这两家公司拥有的各种金融和非金融业务。

---

[1] 唐君燕:《新华闻之争:幕后推手人保金控路径曝光》,《经济观察报》2007年12月9日。

房地产行业方面,"华闻系"不仅在海南、上海等地拥有一批房地产项目,并且拥有上市公司新黄浦;金融方面,"华闻系"拥有2家信托公司(中泰和国元)、1家证券公司(联合证券)、1家基金公司(大成)、3家期货公司(华闻、迈科、瑞奇)。

中国人保初步形成一个拥有保险、信托(中泰信托)、证券、基金、期货等多种类金融业务经营资格的综合金融公司。其拥有金融牌照的数量和种类,甚至超过综合金融的先锋平安保险。

于保险本业方面,吴焰连施妙手。

2007年6月26日,人保寿险成功完成增资改制,注册资本增至27亿元。更为关键的是,通过股权回购计划,人保集团持股保持51%,人保财险占比28%,人保资产占比1%,其他外资股东持股比例降至20%,人保寿险由一家区域性的合资公司一跃转型为一家全国性的中资寿险公司。由合资公司变身中资公司,史上仅此一例!

与此同时,2003年起担任中国人寿副总经理的李良温(54岁)被招至麾下,出任副董事长和总裁,初步完成对于人保寿险的人事布局。

7月,人保寿险筹建上海等25家省级分公司获得批准。至2008年1月10日,第25家省级分公司河北分公司开业,人保寿险于短短半年之间实现全国布局,其中筹建时间最短的只有35天。

吴氏刀法,不仅气势磅礴,而且迅猛如电,令人眼花缭乱。非厚积者,难以薄发。至2007年底,人保寿险实现保费45.9亿元,实现了400%以上的增长,公司保费规模在全国50家人寿险公司中排名第9位,成为业内保费增长最生猛的公司。

至2008年年中(2008年6月的数据),人保集团重点发展的三大领域中,传统强项财产险继续保持市场持续领先,创立仅3年不到的人保寿险位列市场第六。同门兄弟,国内第一家专业健康险公司的人保健康,则提前两年半实现"保费收入、资产双双逾百亿"的目标,保费收入在54家人身保险公司中排名第七名。

宛如打入一剂兴奋剂,吴氏的"人保速度"令人瞠目。

但是,做大易,做强难。2007年,人保寿险(或曰"人民人寿")保费收入45.9亿元,其中银保产品收入就达30亿元,而人保健康上海分公司2008年上半年实现的36亿元保费收入中,33亿元来自银保渠道,占比高达92%。

催肥两家公司的秘密武器,前者是已经全国大卖的"常无忧健康增值计划(3年期)",后者则为一款名为"鑫荣年金"的万能产品。这两款产品的共同特点是:保证收益,盯住同期存款,比存款略高,免利息税。于熊市气氛下,自然大卖不已。

硬币的另外一面是,由于其收益偏高,同时需要支付银行较高的渠道费用,除非再遇大牛市，否则，发行之保险公司可能再遭"利差损"梦魇。

建立于银保基础上的繁荣，宛如沙滩上的城堡，如果不能实现快速转型，或者"软着陆"，就可能是一盘散沙。即便人保通过收购获得其他金融牌照，如果不能实现有效整合，未来仍然可能尾大不掉，进不得，退亦难。

"中国人寿，三年九十"

中国人寿回归A股市场，场面华丽无比。

"全球最贵的寿险股仍将享有估值溢价"，中信证券1月5日的一份报告称。

中信证券上述报告认为，"无论是以P/E（市盈率）、P/B（市净率）还是P/EV（价格和内含价值比）等指标来看，公司股票估值已经处于全球首位，公司凭借其占全球市场中独一无二的本土市场地位将能获得这种溢价。我们认为本土市场合理风险贴现率应在9.5%～10.5%，投资收益率可上调0.5%～1%，新业务乘数在35～40倍，预计2007年每股评估价值合理区间在35.11～39.41元，首日上市价预计在33～38元"。

中国人寿上市首日（1月9日）表现火爆，开盘37.0元，最高冲至40.20元，尾盘报收38.93元。

这还不是最高，一家券商奏响了中国人寿的最强音——"中国人寿，三年九十。"

这家券商预测：中国人寿1年目标价为35元，3年合理目标价为90元，这意味着如果投资者有幸以18.88元申购到该股，持有3年的回报率将高达377%！可以超过股神巴菲特的金手指。

不过，就在内地喧嚣不已之时，香港投行纷纷看空。

瑞士信贷给予目标价16.50港元。按照1月10日H股股价23.85港元计算，中国人寿H股有30%的下跌空间。

瑞士信贷代表着外资投行中最坚定的看空声音。即使是最看好中国人寿的里昂证券，给予中国人寿H股的估值也仅为35.70港元——这意味着A股还有接近4元的下跌空间。

1月10日，中国人寿港股的投资者分歧明显。

雷曼兄弟、花旗银行、摩根士丹利、瑞士信贷以及瑞士银行等的席位均只在卖方阵营中出现，而买方阵营的铁杆支持者则主要以内地或者香港本地小券商的席位为主。

甚至中国人寿A股保荐机构之一的中金公司的席位也一度出现在卖方阵营中。

1月18日，中金公司出炉的研究报告认为："（中国人寿）A股股价已经失去基本面支撑。"作为中国人寿A股上市的主承销商之一，中金公司的"倒戈"，无异于向这场估值论战中投入一颗重磅炸弹。

同一报告亦指出："A股市场未来3年即使每年指数翻倍也无法使中国人寿的投资收益率达到10%以上。"因为"人寿保险公司投资收益率高低的基调是由债券收益率决定的，寿险公司的投资组合中债券等固定收益类投资通常要占60%~80%的比例"。

不过，考虑彼时极度爆棚的市场信心，中金公司略有保留，"尽管从基本面的角度来分析，我们相信中国人寿A股目前股价已失去支撑，但A股市场充裕的流动性和中国人寿相对的稀缺性还有可能在短期内继续推高中国人寿A股的股价"。

这一时期，《21世纪经济报道》一篇名为"中国人寿魅影：被遮蔽的另一半"的文章，揭示了中国人寿利润神话的背后：金融机构的运作并不神秘，其实就是依靠一定的渠道或者成本获得资金，然后投资于收益率更高的领域，赚取"差价"。对于银行是"存贷差"，而对于保险公司则是"利差益"。

中国人寿是如何实现低成本的呢？

这不是中国人寿的能力，而是拜监管规定所赐。

保监会对于预定利率有一个上限的规定。根据保监会《关于调整寿险保单预定利率的紧急通知》（保监会〔1999〕93号），寿险保单预定利率的上限不超过2.5%。根据中国人寿的招股说明书，截至2006年6月30日，中国人寿平均的定价利率为2.24%。受制于定价上限，中国人寿能够以较低的成本获得资金。

但是，预定利率上限是一把双刃剑，一方面提高了保险公司收益率，另外一方面可能负面影响保单的销售，导致保费收入的增长"可能让市场失望"。

不幸的是，这样的声音很快被淹没于牛市的喧嚣中，中国人寿的股价也涨到了匪夷所思的75.98元。

和讯网保险频道曾经做过一个有趣的调查："您愿意做中国人寿和平安的股东还是客户？"其结果是希望当股东的人合计达到近80%，更有31.14%的人只愿意当股东（见表12-2）。

表12-2　和讯网关于做中国人寿和平安的股东还是客户的调查

选项	比例/%
只当它们的客户	6.42
只当它们的股东	31.14
既当股东又当客户	48.80
既不当股东，又不当客户	13.64

当然，当股价砸下来之后，美丽的中国人寿套牢了无数迷信"三年九十"的投资者。牛市可以做梦，可以说梦话，但是一定不能把梦话当真。

太保进化（4）：A股上市

2006年年中，太保更换主帅，换来新的希望。

2006年8月初，高国富成为太保新一任董事长。当年刚满50岁的高国富被寄予厚望，他曾担任过上海万国证券公司代总裁，上海久事公司副总经理、总经理，以及上海市城市建设投资开发总公司（简称"上海城投"）党委书记、总经理。

丰厚的政经从业经历，使得外界对于高国富"拿政府项目"的能力格外看好。

媒体言之凿凿，"例如高国富曾掌管的上海城投拥有上海世博土地控股有限公司31.9%的股份，而后者受上海市政府委托，负责收购储备和经营管理世博会控制区域的地块及一系列土地开发利用、工程建设。于2010年举行的上海世博会将创造的保费约1亿元的保险商机，正成为众多保险公司争夺的目标，太保无疑占有先天的优势"。

不过，出人意料的是，经过一个多月的调研，高国富首先出手的，不是保险业务或者投资项目，而是正本清源，直指太保的战略，成就了太保战略的一次大回归。

2000年至今，仅仅从公开的资料看，太保的战略就发生了至少3次大的调整。

2000年前后，太保的战略异常简单，即"产险上市，寿险合资"。这一战略极贴合太保的实际情况。因为太保旗下的寿险公司和产险公司，相当长的时间以来都是产险的经营优于寿险。

不过，2001年太保产、寿险分业之后，提出了一个更具诱惑的目标——"集团上市，寿险合资"。平安保险的经验表明，集团上市有利于资源配置。不管是外资参股，还是境外上市，平安都把它限于集团层面，旗下子公司绝无参股或者合资之可能。

但是，太保集团上市和寿险合资存在冲突。因为寿险合资之后，寿险的投资者和集团，以及集团股东的利益是不一致的，导致这两个战略目标无法共存。

就在寿险频频"相亲"之时，优质的产险也开始尝试引入外资——"集团上市，寿险合资"的战略，进化为"集团上市，产、寿险分别合资"。

加入了产险合资的目标后，太保战略的矛盾越来越明显。甚至于2006年年中，太保依然在为"尽快完成太平洋产险引进外资工作"，以及"要积极推进太保集团整体上市"而奔命，上市先机丧失殆尽。

高国富到任之后，8月8日、18日、25日三日，太保集团的"巨头"们，畅所欲言，定位太保的"集团定位与运营模式"。

"太平洋保险要成为以保险业为主、兼营其他金融业务、面向国际的金融控股集团。"剔除了教育等枝蔓，太保回归金融、回归保险的战略再度被明确。

高国富解释其逻辑，"保险是我们的看家本领，是长远发展的重要基础，也是我们的专长。放弃保险，我们就放弃了根本"。

高国富颇为惋惜地称："无论是起步做寿险，还是5年前的分业，我们都在前面；但今天与平安相比，我们确实落后了。"

"未来的3至5年可能是我们保险行业发展最好的时期之一。面对这样好的时机，我们绝不能失手，一旦失手，要想翻身就不是三五年了。"

战略回归的同时，太保集团发起了2002年之后的一笔大私募。

2007年6月，中国保监会批准太保集团增资扩股的计划，总股本由43亿股增至67亿股。

本次私募可以分为两个阶段：首先是对原有股东进行定向募集，资本金由43亿元扩大至53.6亿元左右；随后对凯雷定向增发，总股本增至67亿元。实现凯雷和保德信持有的24.98%的寿险公司股份上翻，对应持有太保集团19.9%的股份。

同时，太保集团向太保产险和太保寿险进行了增资，分别注资约7亿元和20亿元。

太保此次私募可谓一箭三雕。

其一，赶在上市之前，扩充集团的资本实力，不仅有利于上市，同时能够在保持发行计划不变的情况下，卖出更多数量的股份；其二，实现了凯雷的股份上翻，扫清了集团整体上市的最大障碍；其三，既增强了产险和寿险子公司的资本实力，又加强了对其的绝对控制。本次增资后，太保集团控股太保产险和太保寿险的持股比例分别为98.14%、97.83%，控制力远胜于前。

2007年6月，"相亲者"澳大利亚保险集团（IAG）发布了关于搁置和太保集团就入股太保产险谈判的公告。至此，困扰太保经年的战略冲突问题完全消弭殆尽。

意外的收获是，这期间"兼营其他金融业务"的太保捕到一条大鱼。

2007年5月19日，长江养老保险公司（简称"长江养老"）正式开业，而太平洋资产管理公司成为其第二大股东，实现了保险资产管理公司直接参与股权投资的突破。

公开资料显示，长江养老注册资本为人民币5亿元，股东包括上海国际集团、太平洋资产管理公司、上海世博集团、上海汽车工业总公司、宝钢集团等11家中央及上海国有大企业。

这是一笔好买卖。

因为长江养老不但整体承接了上海超过150亿元的地方企业年金存量，而且部分上海的镇保（城镇企业职工的社会保险）资金也委托其管理，这部分资金估计高达数百亿元。照此规模，长江养老几乎一夜之间就成为国内规模最大的养老保险公司，并且极有可能实现开业就盈利。

战略回归余音未了，太保集团启动了自2000年以来最大的一次组织架构改革——在农历春节前悄然降临，2007年3月底左右基本落定。

这次组织架构的再造，希望能够再造公司的"核心价值观"，并且实现"集团化、扁平化管理"。

但是，这毕竟是一场可能引起波动的大动作，因为太保已经8年没有对组织体系动"大手术"，而这样的调整必然会触及某些个人的晋升算盘。

平衡这些问题，无疑需要智慧和勇气。

2007年12月7日，太保展开A股路演。上海路演之时，高国富称："未来5年之内，太保集团将专攻保险主业，不走多元化的金融集团路线。"

这区别于国寿的卖点"政策"和平安的卖点"团队"[1]（见表12-3）。

高国富表示，专注保险更有利于提升太保的集团价值。因为中国的保险市场还有很大的潜力，太保应能够分享到保险市场快速增长的红利。另外，多年以来，太保也是以保险见长，其人才积累也主要是保险。

根据太保上市的资料，太保集团上市之后，旗下只有纯粹的保险系资产，包括寿

---

[1] 中国人寿借国有保险公司之独特地位，能够获得政策上的额外"溢价"，例如获准投资中信证券等；而地处深圳的平安则不一样，其更为贴近市场的机制，使得平安汇聚了一干国际化的团队——平安返回A股的端口，已经引入了超过60位境外的高管，而其搭建的银行管理团队亦被业内评价为"奢华"。

险公司、产险公司、资产管理公司、合资寿险公司和布局于境外的香港公司。

表12-3 三大保险集团发展战略对比

公司名称	战略定位	进展
中国人寿	主业特强，适度多元	正在加快混业布局，通过多种渠道向银行、基金、证券、信托等业务扩张
中国平安	多元化的金融保险集团	完成对深圳商业银行和平安银行的整合后，银行、证券、资产管理等业务对利润贡献明显上升，金融混业初显成效
太保集团	专注保险主业	未来5年内专攻主业保险，不走多元化的金融集团路线

资料来源：根据公开资料整理。

不过，"当然，我们也并不排除在这样一个战略选择过程中，会对银行、证券、基金做一些财务性投资"。

其实，对于究竟是坚持专业还是布局多元，保险行业的理论界与实务界都存在广泛的争议，其争论的核心问题无外乎"多元化是否能够产生协同效应""多元化是否能够实现规模经济""多元化是降低管理成本，还是增加管理冗余"等。

时至今日，这场争论尚没有结论。既不能认为一种战略一定胜于另外一种，也不能因为国际保险公司鲜有多元化成功案例而断定多元化之路在中国市场是一条死胡同。专业化、多元化之争，在竞争战略中已经持续百年，可能还将延续下去。

或许，只有适合的才是最好的。

而"业务结构均衡，提升空间较大"也成为太保的卖点之一。

路演之后，市场对于太保热烈追捧，询价对象普遍给出了25元以上的高价。最后上市定价为30元。当时，国寿和平安的价格都位于50元之上，太保的定价并不冒进。

12月25日，圣诞日。

当天9点28分，高国富敲响了2007年资本市场的最后一锣。太保集团A股在上海证券交易所闪亮登场，开盘价格为51元/股，较发行价30元上涨70%。

至此，中国三大保险公司，中国人寿、中国平安和太保集团先后成功登陆A股。萦绕中国保险行业十余年的上市梦想，不仅逐一实现，而且开启了一个从"产业保险"跃进"资本保险"的新时代。

当日，上海市常务副市长冯国勤祝贺道，"2007年1月9日，中国人寿回归A股市场，敲响了资本市场的第一锣；今天，中国太保又敲响了资本市场的最后一锣"。

他称赞道，中国太保成功登陆A股是公司发展史上的重要里程碑，也是上海国际金融中心建设的一件大事。

临近上市首日，曾在上海工作多年的保监会副主席周延礼也寄予厚望，作为第一家整体上市的保险集团，太保集团整体上市体现了A股市场的价值，也必将强力带动保险板块实力的增加，为其他保险公司上市起到示范效应。

对此，高国富则用"忐忑不安，无比激动"来形容当天的心情。

他坦言："整体上市，我们是有压力的。但经过前一阶段的路演和集团务虚会，我们相信能够把这份压力转变为动力，用我们的创造回报投资者的信任。"

上市之后，A股市场开始步入深度调整。

不过，在2008年半年报中，低调的太保却用实在的业绩"惊"动市场。

率先公告业绩的中国人寿、中国平安表现不妙：中国人寿利润同比下降近四成，而平安则下降一成多；太保却表现惊艳，上半年净利润同比增长44%，远远超出了所有投行的预期。

资本市场大牛转大熊，也打乱了太保的计划。

受困"H股发行价不低于A股发行价"的硬约束，2008年9月14日的期限一过，太保H股发行搁浅，其外资股东凯雷打通H股的退出通道尚需要时日。

2009年，太保终于完成H股香港上市；2020年，太保发行沪伦通全球存托凭证（GDR），并在伦敦证券交易所上市。由此，太保成为第一家在上海、香港、伦敦三地上市的中国保险企业。

CHAPTER 13

第 13 章

金融海啸
（2008）

2008年，保险行业经历了冰火两重天。

疯狂的市场创造了无限的可能，2007年中国平安股价逼近150元，成为全球第一保险牛股。

2008年初，行业尚沉浸于2007年的迷晕之中。毫无征兆地，平安通过了天量的增发计划，计划融资规模逼近1600亿元，同时启动超过200亿元的境外并购——购入富通集团4.18%的股权，并将其旗下的富通投资管理公司更名为平安富通。

这无疑是中国本土金融的新标杆！20年前，当马明哲起家蛇口社保公司之时，谁又能想象得到呢？

2008年，马明哲成为"6000万先生"——合法合规但是不合情理地获得了巨额的年薪。时至今日，即便是市场化改革30年后，大众依然无法接受巨额年薪，哪怕它是市场化的。市场惊呆了，转而用脚投票，股指下泻，万亿市值灰飞烟灭。

2008年初似乎有些不好的征兆。

年初的雪灾，年中的汶川大地震。

汶川地震，直接经济损失逾8000亿元。尽管太平洋保险等商业保险公司尽力赔付，获得来自保险业的赔付也仅有18.06亿元，无异于"杯水车薪"。国内巨灾财务体系的"阿喀琉斯之踵"，暴露无遗。

半年之后，形势越发不好。

7月初，保险行业的偿付能力亮出红灯。据监管部门的初步测算，截至6月底，偿付能力不足的保险公司为12家，比年初增加2家，其中个别公司偿付能力严重不足。此前6月10日，因偿付能力不足，大地财险被保监会叫停上海、江苏、浙江、江西、湖南5家分公司的非车险业务，直至11月21日才被解除限制。

9月，美国"两房"（"房利美"和"房贷美"）由政府接管，雷曼兄弟申请破产，国际著名投行——美林公司将自身卖给美国银行，AIG被美国政府救助。一场巨大的金融海啸席卷全球，横扫投资银行、商业银行等金融机构的同时，保险业也被裹挟其中。

金融危机导致资本市场大幅下挫，三大保险A股的三季报显示，在投资项目减值损失进行计提后，中国太保净利润同比下降32.6%，中国人寿同比下降46.9%，中国平安受伤更深，因为计提富通投资的巨额损失准备，亏损7亿元。

业绩波动尚可以弥补，而制度变化则可能改变中国商业保险的版图。

2008年1月16日，银监会与保监会正式签署《中国银监会与中国保监会关于加强银保深层次合作和跨业监管合作谅解备忘录》，银行业和保险业可以互相跨过分业的边际——保险投资银行，银行参股保险，银保"联姻"冲击银保格局。

除了占得先机的平安银行之外，其他银行业也大举挺进保险。

5月6日，招商银行发布公告称，有意收购招商信诺50%股权；北京银行10月20日亦称，垂青首创安泰中方股权；同时，中国工商银行、中国建设银行、交通银行等试点银行已向保监会提交投资保险公司的股权计划，加上已经拥有中银保险的中国银行，国内五大商业银行除正在改制的农业银行之外，均"亮剑"保险。

于保险行业偿付能力水位整体下降之时，9月，偿付能力监管新规上路。

9月1日，《保险公司偿付能力管理规定》正式施行，已实施5年的《保险公司偿付能力额度及监管指标管理规定》同时废止。这一监管新规的主要变化是监管措施分类原则产生变化，由此出现"分类后的统一监管"：保险企业偿付能力状况今后按照偿付能力充足率"不足类"（偿付能力充足率在100%以下）、"充足Ⅰ类"（偿付能力充足率在100%至150%之间）、"充足Ⅱ类"（偿付能力充足率在150%以上）三大类进行分类监管。

同月，中国保险保障基金公司挂牌，市场化运作进程刚起步，而其持有的新华人寿股权去向成关注焦点。2007年5月，保监会首次动用保险保障基金受让股东暗战不停的新华人寿22.53%的股权。2008年7月，保监会保险保障基金再次接手新华人寿股权并增持至30.554%，成为新华人寿第一大股东。

投资瓶颈上，保险资金欲破政策之南墙。

于8月和12月讨论的《保险法》二度修订，首次规定保险资金可用作不动产投资，亦为泰康人寿等先行者将长期保险资金导入养老事业，建立遍及全国的养老体系打下政策基础。

11月7日，监管部门发出激动保险资金市场的声音——保险公司投资非上市企业股权已经获批，主要包括基础设施投资和非上市企业股权两大部分。以非上市企业股权投资为主体的股权投资领域，此次向保险资金全面开闸。

此前，保险资金已经有突破。6月，由平安资产、太平洋资产、泰康人寿资产管理有限责任公司（简称"泰康投资"）和太平资产共同发起设立的险企组合将募集资金160亿元人民币，投资京沪高速铁路股份有限公司股权，占总股份13.93%，成为京沪高铁的第二大股东。

携资金以令"诸侯"，对于保险公司而言，拥有长期稳定投资回报的京沪高铁是一条"黄金线路"。而2009年，十年一遇的创业板，更让身处笼中的保险资金"垂涎不已"和"浮想联翩"。

2008年10月27日，北京市人民检察院第二分院向北京市第二中级人民法院（简称"北京二中院"）提出公诉，指控新华人寿前董事长关国亮涉嫌职务侵占300多万元，挪用资金2.6亿元，北京二中院当日正式受理并立案。一个月之后，关案正式开庭。旁听者，除了国家安全部、保监会资金部和新华人寿法规部等部门的相关人士之外，还有关国亮的结发妻子王玉蓉等12名家属。

之前，在2008年第一季度的新闻发布会上，监管人士称"地雷"已经被排除——新华人寿被挪用的大部分资金已被追回，剩余部分已通过资产抵押等方式进行了保全，进一步处置之后，被挪用的资金能够全部收回。

退保！现金流惊魂

2008年，整个行业走了一次鬼门关。年中盘点，保险偿付能力骤降；步入下半年，退保风潮风起云涌，几乎拗断了保险公司的生命线——现金流。

20年走完资本主义100年走的路，中国商业保险创造了奇迹，却也在不经意间走上了歧途。

整个行业热衷于叫卖保障功能极度退化的投资型保险产品，上保费、冲规模，只做大不做强，把实质为委托的投资资产都纳入保险规模的统计。

但是，这样的结构会带来极大的风险。

上海保监局发出了异常严厉的警示："银行保险业务占比过高，而保险公司对银保渠道依赖过深，极易产生保费规模的大起大落；投连险和万能险类产品占比过高，弱化了保险的保障功能；退保率仍居高不下，业务品质亟待提高；销售误导引发的诚信问题及由此产生的行业形象问题继续存在。"

这个矛盾不断积累，至于半年盘点时，保险行业的偿付能力出现险情。

中金公司的研究报告观察到，2008年以来，市场化程度最高的平安寿险与平安产险的偿付能力均出现显著下降。其中，2008年上半年平安寿险偿付能力充足率从2007年末的287.9%降至121.3%，产险的偿付能力充足率也由2007年末的181.6%急速下降至111.8%。偿付能力的下降主要有两个原因：2008年以来股市深幅下跌导致权益部分缩水，以及平安寿险和平安产险业务较快增长。

2008年，上证指数跌幅达60.10%，中国股市全球跌幅第一，导致保险业投资收益大幅下降。截至2008年11月底，全行业实现投资收益930多亿元，比2007年减少近1900亿元。同期13家主要寿险公司的投连险账户收益中，激进型和平衡配置型等与股票市场、资本市场关联度较高的账户全部呈现亏损。

同时，大多数万能险产品的结算利率在大幅下滑。投资型保险的收益全面败退，六七年前席卷全国的投连险退保风波又开始重演！市场开始用脚投票。退保！退保！

2008年国庆前后，退保风潮已经在天津、山东地区蔓延，部分保险公司退保率甚至达到50%。在广东，投连险退保也正呈扩大态势。

中国人寿总裁万峰对于投连险提出了公开的反思，"在目前的市场水平下，中国并不具备发展投连险市场条件"。

同为投资重于保障的万能险，日子也不好过。同期，部分保险公司，其万能险销售占比下调幅度最高达80%左右，部分保险公司甚至初步计划在2009年下半年全面停止万能险的销售。

而大量退保直接威胁到保险公司的生命线——现金流。

希望挽狂澜于既倒。

2008年8月19日、20日，保监会召集各保监局和各寿险、健康保险公司负责人召开寿险工作会议。

会场气氛肃杀，保监会主席助理陈文辉罕见地痛陈寿险行业的问题和风险。陈文辉不客气地指出三大问题："一是速度大起，创10年新高，但可持续性不强，2008年银保业务过快增长，主要依赖于外部环境因素，这些因素在2009年能否延续尚难确定，可能造成2009年业务增长速度的大减；二是业务结构不好，主要是期限短、保障功能弱的趸交投资性业务；三是渠道单一，主要依靠银邮渠道的井喷式增长。"

而这些问题将导致一系列风险："一是行业大起大落的风险，这是当前寿险市场最大的风险；二是大起大落可能引发的偿付能力下降、误导、退保与现金流风险等一系列问题；三是投资性业务过度发展，保障性业务发展滞后，可能偏离行业发展的正确方向。"

非常之时，行非常之法。

会议之后，保险产品结构转型箭在弦上。2008年寿险工作会议总结道："加大产品监管力度、开展银行保险专项检查、压低趸交业务规模、下调万能险结算利率、降低银保业务增长速度，实现寿险'软着陆'。"

宏观经济领域的"软着陆"首次被用于中国的保险行业，说明当时的情势已经刻不容缓！

然而，积重难轻返。保费增长如同掉头向下的A股市场一样，单边下坠，几乎形成"硬着陆"之势。

单月寿险保费自2008年8月以来出现明显下降。其中，10月创2008年单月寿险保费新低。数据显示，2008年10月，保险行业全面环比负增长。七成中资寿险公司原保费收入环比出现负增长，平均负增长达26.39%。

境外投资富通集团：平安的百亿学费

2008年初，号称"黄金十年"最牛股票的平安保险，开始了一场前所未有的疯狂。

1月18日，中国平安召开的董事会会议通过了规模庞大的再融资计划，拟公开增发不超过12亿股A股，发行不超过412亿元的可转换公司债券。以中国平安A股1月18日收盘价98.21元计算，增发A股筹集资金将达1178.52亿元，两项再融资总额将达1591亿元左右。

这一再融资规模远远超过了海通证券所创下的260亿元的最大笔再融资纪录。平安的天量融资，时间是在其上市还未满一年之际，数量是IPO的4倍，更是其净资产的1.6倍。消息一落地，掀起惊涛骇浪。

1月21日，中国平安股价开盘出现暴跌，午后即"躺"在跌停板上；中国人寿、中国太保当天跌幅均超过8%；上证指数暴跌266点。

紧随平安增发7天左右，上市以来已经多次融资的浦发银行，也宣布了400亿元的融资计划。脆弱的市场惊恐万状，夺路狂逃，股指飞流直下，一路暴泻！极短的时间内，沪深市值蒸发17万亿元，而流通市值已经损失近6万亿元！

天量"增发门"仅仅是硬币的一面。

和巨量融资捆绑，引起市场负面情绪的是2007年上市金融企业的天价年薪，尤其以平安董事长马明哲为甚。

平安因为马明哲的6600万元的天价年薪，傲视中国上市金融企业高管群雄，成为众矢之的。

2008年7月17日，中国平安2008年第二次临时股东大会在深圳举行，马明哲正面回应了这份令人咋舌的薪水。

有股东提出："（马明哲）能否也像台湾首富王永庆那样不领工资？"

马明哲称："王永庆不领工资，因为他是老板，而我是打工的。我是职业经理人，肯定是要领薪酬的，最重要的是我的贡献和表现对得起这份薪酬。"

"我不是完全为了收入从事这份工作，20年来我把平安带入世界500强，是我最大的荣耀。"

增发和"高薪门"仅仅是一面。

初尝境外投资的平安，一抬头就撞了南墙，经历了境外投资的富通之痛。

2007年11月27日，平安高调宣布通过旗下寿险公司已从二级市场直接购买富通集团约4.18%的股权，成为富通集团单一第一大股东。

这原本是一场被平安看好的"联姻"。不管是财务角度，还是战略意义，投资富通集团似乎都是一桩好买卖。

从公司策略来看，收购富通投资，这是平安布局全球，完善保险、银行和资产管理"三支柱"的重要一步。巧合的是，2008年，是中国平安成立的20周年。过去的20年中，平安完成了四个"五年计划"。在第四个五年中，平安初步完成了综合金融模块的搭建。非保险的金融业务是平安未来战略的重中之重。

▶ 马明哲眼中的平安20年

第一个五年，1988年到1993年，我们是探索，不知道怎么走。

第二个五年，我们找到了保险发展的方法，那时候开始探索国际化的发展，包括引进摩根士丹利、高盛。

> 第三个五年，我们预测到将来这个市场要开放，将来可以跟外资同台竞争。我们当时提出来，国内的企业国际化，国际的企业本地化，就看赛跑谁快，实际上，前者的难度更大。但是"拿来主义""过桥付费"就是当时的思路，于是我们开始了综合经营的探讨。于是向中国人民银行申请综合经营，保留牌照。
>
> 第四个五年，综合经营的模块形成了。金融业综合经营2002年由国务院批准试点，2003年正式形成。我们觉得保险未来有很大的优势，并开始探索非保险的发展道路在哪里。
>
> 《马明哲：从打破坚冰到突出重围》，《21世纪经济报道》，2008年12月30日

名分上，中国的金融机构将首次出现于全球投资机构面前。2008年4月2日，平安在深圳和富通集团正式签署协议，前者以21.5亿欧元（约合人民币240.2亿元）的价格，收购后者旗下的富通投资管理公司（简称"富通投资"）50%的股权，富通投资更名为"平安富通"。

一个细节惊艳市场：平安采取了现金支付的方式。

在提供给分析师的文件中，平安回答了"为何选择富通投资管理"的四大原因："可观规模"——截至2007年12月，富通投资和荷兰银行资产管理公司共管理2450亿欧元的资产；"可持续增长和优良的业绩"；"独特的分销"；"多元化的业务"。

除此之外，平安还算过一笔小账：富通投资多年以来的内部分红收益率为6%～7%，按照平安保险资产配置的大原则依样画葫芦，平安保险投资富通投资亦是划算的。

马明哲在反思富通投资案例时，曾经将平安的小算盘一一列出："当初投资富通投资的主要考虑是，富通集团是欧洲领先的金融集团，有着良好的公司治理理念、既往业绩及适合公司需求的分红政策，与公司的保险基金久期[①]较为符合。根据富通集团的历史业绩，公司以及财务顾问所进行的财务模型测算，该项投资能为平安带来稳定和长期的回报，与平安寿险的长期负债是很好的匹配。同时，该项投资也可以进一步优化平安资产的全球化合理配置。另外，除了获得财务投资的价值外，平安还可以引进、学习其综合金融、资产管理及交叉销售等方面的领先经验和技术，增强平安在本土的整体竞争力。"

但是，纵观中国大型企业出走境外，无一例外都是铩羽而归，屡败屡战。平安能

[①] 1938年由F.R.麦考莱（F.R.Macaulay）提出。将未来现金流按照现在的收益率折成现值，再用每笔现值乘以现在距离该笔现金流发生时间点的时间年限，然后进行求和，以这个总和除以债券目前的价格得到。

够免俗吗？

彼时，市场的担忧之一在于价格。

中金公司分析，根据富通集团公布的资料整理，富通投资（合并荷兰银行资产管理公司）2007年的净利润约为2.57亿欧元，50%股权的净利润则为1.29亿欧元，那么平安21.5亿欧元对价所对应的2007年静态市盈率为16.7倍。而招商证券估计，动态市盈率可能接近20倍。"（这一）估值是无法说便宜的。"招商证券的报告认为。

更大的担忧在于整合。

汇丰3月底的一份研究报告称，对于平安入主富通投资，至少有四大疑问："本地之外的多元化是不是正确的战略选择？""资本金是否可以更有效地运用到成长中的本地业务上？""公司如何推进国际化战略，如何管理全球风险？""怎样用中国的品牌，留住富通投资、荷兰银行资产管理公司的顶尖管理层和客户？"

汇丰坦言，平安是中国管理最好的公司之一，但是布局境外市场通常都是"知易行难"。

时隔一年之后，所有的担忧都应验了，同时超过了最悲观的预期。

全球经济危机之后，平安和富通集团明争暗斗、纷争不断，所谓整合只是奢谈；而入股价格，不仅是实实在在的天价，更可能粘连一堆可能有"毒"的金融衍生资产。

不过，这在当时并不是主流的意见。

投资富通投资之后的巨大心理满足，激励平安继续境外布局。同时，境外次贷危机导致众多金融机构陷于困顿，并购机会隐约呈现。曾经被市场猜测的并购对象包括汇丰小部分股份[①]、英国保诚集团或英杰华集团的大额少数股权等。

这亦成为年初之时，平安发动天量增发的源头之一。尽管于公开场合，马明哲依然坚持"融资的主要目的之一是为旗下9家金融子公司补充资本金"。

天堂地狱一线牵。

从开始投资富通集团，到为投资损失做减值准备，中国平安经历了10个月的时间。

这10个月，平安交出了一笔昂贵的学费：157亿元。

2008年10月6日，中国平安发布公告称，这157亿元的浮亏将转入公司利润表，并且将在三季报中对富通集团的股票投资计提拨备。平安对自己的投资决策做出了"检讨"，但市场似乎没有理解平安。消息公布后，平安股价连续走低，10月9日下探

[①] 市场曾臆想平安再融资是为了替"东家"汇丰的次贷损失买单，马明哲则正式回应说汇丰不需要平安去救助。

27.40 元的新低。

不过，中国平安的"富通劫"仍未结束。

2008 年 10 月 15 日，平安持股 4.99% 的富通集团复牌后暴跌约 78%，创上市 18 年来纪录新低的 1.205 欧元，平安集团 238 亿元的投资只剩下约 16.44 亿元的市值，浮亏额扩大到 221.94 亿元。

必须有人付出代价。2007 年初上任的平安保险首席投资官皮尔斯，这位外来的"洋和尚"悄然离职。

拯救平安的还有一丝运气。

虽然平安的天量融资方案在一片质疑声中高票通过，不过，迫于市场压力和承受力，平安最终在 2008 年 5 月时表示，将在往后的 6 个月时间里不再考虑 A 股融资方案。

塞翁失马，焉知非福。市场假设，如果平安的天量融资计划得以实施，上千亿元资金将投向境外，全球金融危机之下，可以想象平安的日子将会有多么的艰难！

2008 年底，千万高薪至此或将"作古"。

12 月初，保监会下发"限薪令"，要求国有保险企业加强对薪酬发放工作的监督检查，对于违反规定和程序发放高级管理人员薪酬的，要依照有关规定严肃查处，追究责任。而这一规定，同样需要其他公司参照执行。

新中再，汇金说了算

和马明哲一样，遭遇薪酬危机的还有中再保险的"一把手"刘京生。2008 年 8 月前后，刘京生意外被免，中再沉疴泛出水面。

据《财经》杂志报道，"中再在注资后业绩不振，高管管理能力已受股东质疑，而近期不被认同的一次'奖金事件'，最终成为此次人事地震的导火索之一"。

中再今日之问题并非一人之过，更非汇金公司搅局，究其根本乃是失之战略。

WTO 胶着之时，再保险之法定业务成为谈判筹码之一，约定逐年递减，直至取消。中再以一家公司之力，承载国家政策的转变。因此，中再分家之时，监管部门网开一面，多批了几张牌照，分别成立了中再寿险、中再产险和大地财险，并控股一家保险经纪公司，打造了中再"一拖四"的格局。

战略层面，借此政策东风，中再获得一家直接保险牌照，希望通过直接保险业务，拉动乃至补充再保险业务。

但是该策略有两个不足：一是未囊括值钱的寿险牌照，二是控制的经纪牌照形同鸡肋。中国第一批保险经纪公司大都鲜有作为，例如上海第一家、国内第三家保险经纪公司——东大保险经纪公司，成为股东加速处置的"不良资产"。其挂牌出让的股份，即便价格只求保本，仍长时间无人问津。而保险公司做中介尚无成功的先例，新华人寿在关国亮时代轰轰烈烈地搞过一段，也归于沉寂。

此后的经营，更是一误再误。中再的特点和特色均在于再保险业务，发展再保险业务应该成为重中之重。不幸的是，这两块业务中再都没有做好。寿险再保险首先"遇人不淑"，投资亏空巨大；财险再保险面对原保险的低价竞争，鲜有丰厚的利润空间。

3 张新批保险牌照中，异军突起的反而是大地财险。但是，大地财险乃是传统的产险经营模式，规模越大，资本金饥渴越甚。因为大地保险的业务中，主要还是利润微薄的车险业务。

按照常理，有搞再保险的兄弟公司支持，大地财险应该在大项目、产险大单上所向披靡，至少占得先机。但是，恰恰是这一方面，大地财险并无过人之处。

中再成立之初，资本瓶颈显而易见。

2007 年 4 月，汇金公司注资之后，中再集团注册资本金达到 361.49 亿元。其中，汇金公司注资 40 亿美元，持有 86% 的股份，原股东财政部持有 14.5% 的股权。按照注资日汇率 1 : 7.727 美元计算，40 亿美元的投资相当于 310.8 亿元人民币。

对于新中再，汇金公司显然拥有超人的话语权。中再董事会由 10 人构成，来自汇金公司的董事未超过半数，共有 5 位：原中国人民银行金融稳定局巡视员庞继英（任副董事长）、汇金公司副总经理李笑明、汇金公司保险股权部主任孟兴国、汇金公司外派董事任小兵（原华安财险副总裁）、汇金外派董事刘丰（原中国保监会辽宁监管局局长）。

引"狼"入室，为刘京生个人的离场埋下前因。

汇金公司成为大股东之后，中再提出了整体上市。甚至在刘京生黯然下岗之后，8 月 29 日，中再集团新任董事长刘丰、总裁吴高连首次与该公司干部员工见面时，亦再提"稳步推进公司上市"。

其实，获得汇金公司 40 亿美元之后中再不差钱。一种猜想是上市为完善治理，但是，完善治理应引入战略投资者，中再的战略南辕北辙！

汇金公司注资 2 年之后，2009 年 6 月 17 日，"中再集团党的关系和领导人员管理划转中投公司宣布大会"在中再集团召开。这意味着，中再和保监会之间的最后一点血脉被分割。同时，由中国保监会直管的国有保险公司，减至中国人寿、中国人保、中国信保和太平保险集团（原中保控股）4家。

中再的控股股东汇金公司为中投公司的全资子公司，旗下控股5家银行、2家投资公司、2家证券公司和1家保险集团公司，成为一个超级巨无霸。

作为尾声，赋闲7个月之后，2009年，刘京生重新回归业界，成为人保健康险监事会主席。

AIG 的次贷危机

大洋彼岸，没有格林伯格的日子，国际保险巨擘AIG于2008年经历了一次生死考验。旗下子公司酿造的一剂超级"毒药"，几乎动摇了这家老店的根基。

AIG旗下有四大业务板块，包括财险（通用保险）、寿险与退休金业务、金融服务和资产管理。此番暴露财务坏账黑洞的，恰恰来自收入最少的板块金融服务。

金融服务板块中，主要的子公司有AIGFP、ILFC（International Lease Finance Corporation, 国际租赁金融公司）、AGF和AIGCFG。本次闯祸的就是AIGFP。AIGFP为"AIG Financial Products Corp."的缩写，即美国国际集团旗下的金融产品公司。

AIGFP大量出售了一款名为超高级信用违约掉期（super senior credit default swaps，CDS）的产品，该产品为CDO（抵押贷款债券）提供信用违约掉期合约。不良的CDO为诱发次贷危机的衍生金融产品之一。

这个产品约定，只要购买了AIGFP的CDS之后，AIG就承诺当承保的证券出现违约时，向买家进行赔偿。换句话说，如果有违约，AIG赔钱；反之则是赚钱。

不仅如此，许多CDS合约还规定，如果所承保证券的风险上升，AIG还需要向买家提供现金或国债等抵押品。这后来成为引爆AIG危机的导火索。

过去数年，AIG积极发展这些业务，不仅因为这项创新业务收入颇丰，而且AIG自认为其所保险的许多证券违约风险都不高。于全球流动性泛滥的泡沫之下，所有的风险都被掩藏起来。

事实最终证明，这是一个超级误判，CDS其实是不折不扣的超级毒药，虽然外裹一层薄薄的糖衣。

其实，全美2000余家保险公司中，多数都不会提供CDS产品，就是因为风险太不确定，不符合保险公司稳健经营的一般原则。不过，AIG却逆势而行，不仅涉足

CDS，而且为 CDS、CDO 此类交易设置了相应的投资机构。

这种做法看起来很奇怪。

但是，如果回顾 AIG 的发展经历，却可以发现符合 AIG 的逻辑，这也和 AIG 过去近百年的冒险历程分不开。

AIG 不是起源于现代保险相对发达的英伦三岛、欧洲大陆，或者是北美市场，而是发家于兵荒马乱的远东——1919 年，转道上海淘金的"冒险王"史带创立 AIG 的前身。

从成立之日起，AIG 从来就不是一家墨守成规的公司，它总是在不断地冒险中寻找超高的收益，例如在政治风险极高的国家或者地区拓展自己的保险业务，做别人不敢做的产品（高风险往往意味着高收益）等。

AIG 的产品创新能力曾让同行们歆羡不已，20 世纪 60 年代，在人们普遍认为保险行业不要指望有什么创新时，在格林伯格领导下，AIG 的新险种业务不断——因特网身份被窃险、劫机险、海上油田保险，以及领先同行推出黑客保险业务等。

从 1997 年开始，AIG 开始推销一种所谓的"非传统"保险产品，它具有"损益表滤波器"作用，可以帮助公司把一次性的损失分摊到未来几年中。正是这个险种以及类似的方式使 AIG 卷入了财务丑闻之中。

不过，运气不可能永远眷顾，特别是 2005 年失去"贵人"格林伯格之后。

次贷危机爆发之前，基本无人竞争的 AIG 一直是信用违约掉期市场的主要卖方，该公司向遍布全球的数十家金融机构和公司出售这一衍生产品，买方包括华尔街投行、欧洲银行等。彼时，几乎所有客户们都相信，凭借 AIG 强劲的信用评级和漂亮的资产负债表，能使他们免于债券违约之祸。然而市场错了，AIG 这头恐龙没有想象中强大。

过去一年，由于违约风险上升，AIG 提供违约掉期的许多抵押贷款证券和公司债价值严重缩水。根据条款，AIG 不得不向买家们提供超过 160 亿美元的抵押品。受此影响，AIG 陷入了"流动性危机"，貌似庞大的 AIG 居然也缺钱了。

祸不单行，标准普尔和穆迪几乎同时下调了 AIG 的信用评级。自身评级下调之后，AIG 还需要为买家提供超过 140 亿美元的追加抵押品，这成为压垮 AIG 的稻草之一。

更为恐怖的是，截至 6 月 30 日，AIG 的 CDS 为高达 4410 亿美元的债券提供了信用违约掉期。

显然，如果 AIG 申请破产，其提供的债务保险也会随之消失，从而引发全球金融市场的多米诺骨牌效应——导致很多银行遭受巨额的资产冲减，引起全球信贷市场更为生猛的振荡，给许多投资者带来灭顶之灾。

同时，如果冲销大量资产，欧洲的银行和美国的金融公司，将被迫于短时间筹集天量的新资本填补损失，以维持最低的监管要求。这将导致本已流动性稀缺的全球金融市场陷入更大的混乱和危机之中。

因此，美国政府必须扶 AIG 一把，而可以对百年的雷曼兄弟见死不救。原因很简单，AIG 实在不能倒！也倒不起！

AIG 问题暴露之后，各地子公司纷纷与母公司进行切割，唯恐祸及自己。例如，2 日内共接到约 2000 宗退保的友邦（香港总部）就急忙澄清，自己偿付能力充足，持有次贷投资总值少于资产 2%。同时"未考虑出售资产，未考虑向母公司收购香港公司业务，AIG 出售资产计划未有细节"。类似的撇清做法也传播至中国内地市场。

当然，这种切割不无道理。因为就在美国政府出手之前，为舒缓 AIG 的困境，纽约州保险业监管人迪纳罗（Eric Dinallo）甚至告诉 AIG，可以不顾某些规定，允许 AIG 使用其分支机构约 200 亿美元的资金。

如此这般，还是父子划清界限的好！

都邦保险争夺战

作为一家 2004 年批筹的新公司，都邦财产保险股份有限公司（简称"都邦财险"）内部流传着一个极广的"狮子和羚羊"的故事：羚羊要活命，狮子要不饿死，当草原上的太阳升起时，为了生存它们都必须快跑。

围绕都邦财险的股权，资本方和管理层宛如草原上的羚羊和狮子，都必须吃力地奔跑，直到鱼死网破。

2008 年，围绕都邦财险股权的暗战日渐白热化。

不过，成立之初，资本方和职业团队似乎都表现得心心相印。

2004 年 12 月 31 日，都邦财险获准筹建，历经 9 个月的筹备，于 2005 年 10 月 17 日拿到了获准开业的批文，19 日拿到营业执照，注册地为吉林省吉林市，总部位于北京。都邦财险成为 2004 年批准筹建的 18 家新公司中，第 8 家筹建成功并正式开业的财产保险公司。此后都邦财险迅速拉开全国布局，成为新公司中的一匹黑马。

都邦财险邀请了平安旧将战鹰出任新公司的总裁，而董事长王丽影为吉林省连续三届人大代表，曾获得"全国杰出创业女性""2007 中国十大经济女性年度人物评选活动年度人物成就奖"称号。

战鹰，早年出身中国平安机构发展部，历任平安产险厦门分公司、平安人寿云南分公司、平安人寿广东分公司负责人。2004年离开平安，参与海南航空投资的长江人寿筹备，后于2005年5月被王丽影邀请至北京煤炭大厦，接手之前由原平安产险车险部负责人臧家瑞筹备中途的都邦财险。

开业之初，战鹰接受采访之时，曾经如是评价自己的女"老板"："是董事长王丽影，这位杰出的女性，她强烈的事业心、对保险事业的追求和真诚之心感动了我。"

不仅如此，战鹰认为都邦财险不会重蹈新公司资本方与管理层不和谐导致管理层"猝死"的覆辙。战鹰告诉媒体，"除了董事长王丽影外，还有其他几位股东都有着一样的开明心态。他们提出股东们5年不分红，不求短期回报，而追求和支持都邦财险的长远发展"。

这只是暂时的平静。

2007年3月，中国平安A股IPO（首次公开募股）使得大批持有合股基金的员工一夜暴富。员工持股成为新宠，一大批新成立的民营保险公司更是蜂拥而至。显然，"干得好，不如买得早"，买保险公司的原始股乃是走一条天上掉馅饼的金光大道。

都邦财险亦借鉴此方式。

2006年8月7日，发起人股东将注册资本金从3亿元增加到5亿元之后，员工集资便被管理层提上了日程。

2007年3月18日，在厦门召开的股东大会上，股东们同意了员工持有公司股份的提议，并在4月22日北京的另一场股东大会上，通过了作为管理团队以每股1元、认购1亿元额度的增资方案与针对新股东和员工的增资方案。具体为，认购价格每股1.15元、额度7亿~9亿元，但后者具有优先认购权。

员工和新资本的热情超越预期。

都邦财险在递交中国保监会的《关于公司员工投资权益情况的报告》中表示，"绝大多数机构的实际认购额度均超出了事先约定的上限，同时股东单位代表员工也积极参与认购，汇总后3次共汇集资金7.2亿元"。

几乎与此同时，5家旨在代入股员工行使权益的有限公司在2007年7月5日至9月14日间相继成立，分别为吉林恒正投资管理有限责任公司（简称"吉林恒正"）、吉林金鹰投资有限责任公司（简称"吉林金鹰"）、吉林博智投资有限责任公司、北京中豪群实业有限责任公司（简称"北京中豪群"）与北京财富众合实业有限责任公司，注册资本金分别为1亿元、1.725亿元、1.955亿元、1.38亿元和1.15亿元。

《21世纪经济报道》的调查显示，按中国保监会文件，吉林恒正的1亿股与吉林金鹰、北京中豪群的1.5亿股和1.2亿股分别在2007年10月26日（保监发改

〔2007〕1345号）和2007年12月30日（保监发改〔2007〕1668号），以都邦财险变更资本金的形式被正式确认，但另外2家公司手中的3.1亿元现金，至今仍未进入都邦财险，而进入了吉林省金都集团有限公司、长春长庆药业集团和长春全安综合市场有限公司3家都邦财险大股东的账上，并号称由后三者代持。

这便是员工集资被挪用纷争之初。

员工集资被挪用，只是问题的一面，都邦财险内部还有一场斗争在上演。一方是以都邦董事长王丽影为代表的资方，另一方是以战鹰为代表的职业经理人。

表面上，是资本和职业经理人之间的斗法。实际上，这些职业经理人也代表着新加入的资本，其实还是老资本与新资本的博弈。

2008年下半年，矛盾不用再遮掩了，双方都拉下了道德的底线。董事会成为博弈的主战场，而媒体亦基于不同的观察，加入了这场恶斗。

7月12日，基于一份显著"恶化"的2008年上半年经营业绩报告，都邦财险原总裁战鹰在该公司董事会第一届第九次临时会议上被问责出局。同时，董事长王丽影意外地向董事会请辞，但是被拒。

"就在公司本应站在新起点筹划未来的重要关头，开始出现了不和谐之音并逐步升级。对很多事情，我不想多说。一是庸人自扰之事，无暇顾及；二是关键时刻，自应以大局为重。"王丽影在《致全体董事的一封信》上如此表达辞职的原因。

被逼去职之后的战鹰，并不能脱离纷争。

12月3日上午10点，在浙江萧山召开的都邦财险2008年第二次临时股东大会上，董事长王丽影被罢免，5个月前被罢免的总裁战鹰将重回原位。发起临时股东大会的是来自浙江的3家股东：浙江华瑞集团有限公司、浙江吉华集团有限公司和富可达控股股份有限公司。与会的12名股东及股东代表几乎均来自浙江，代表10.4亿股。但是，作为对立面，具有相当影响力的吉林股东均缺席。

一石激起千层浪。

12月4日，该公司注册地——吉林省吉林市所属丰满区人民法院迅速做出裁定，该会议决议无效。

反击之快，令市场震惊。

12月5日，都邦财险在《中国保险报》上发表公开声明称，少数股东擅自召开临时股东大会，违反了《公司法》和《都邦财险公司章程》，通过的所谓决议无效。

争斗过程中，一些对双方都不利的传言逐渐散开：例如大股东要求保险公司隐性承诺，间接投资商业银行股票，或者将保费转化为议价资源，存放在当地中小商业银行等；同时，管理层插手员工持股计划，意图打造隐性控制力量，布局对付初始投资资本；公司重大赔案中管理层似乎缺少专业和职业的精神；等等。

诸如此类无法核实真伪的说法弥漫于市场间，上演了一幕现代版的"罗生门"！

CHAPTER 14

第 14 章

变卖AIG
（2009）

货币亦疯狂。

2009年，中国金融的主题就是"保增长"。

短短6个月，"老大哥"银行新增贷款7.37万亿元，须臾间注入的数万亿流动性"虚火"甚旺。保险行业显然不能无所作为。

不过，于GDP增长的三支柱——消费、投资和出口中，保险能撬动的只有出口。于是，作为国内唯一的政策性信用保险机构，中国信保接到了2009年完成短期出口信用保险承保规模840亿美元的任务，被称为"840"目标。

按照以往经验，如果实现840亿美元的承保规模，将直接拉动500亿美元的出口，据此测算，将带动和保障1000多万个与出口相关的就业，帮助出口企业创造150多亿元人民币的利润，并使GDP增加0.3个百分点，消费增加5.1个百分点，投资增加5.6个百分点。中国信保"一把手"王毅算了这么一笔账。

截至2009年上半年，短期出口信用保险累计承保额为242.1亿美元，仅占840亿美元的1/3，需要用余下来的半年时间完成剩下2/3的任务。"如果按月划分，完成'840'目标意味着每月承保规模至少应为99.65亿美元。"

既要做到规模，又要控制风险，这是一个两难的命题。实际上，经济危机导致美、日、欧三大经济体陷入衰退，昔日低风险的欧美市场，出口风险渐长。中国信保的数据显示，截至4月底，赔款金额同比增长48.2%。其中，仅短期出口信用保险赔款金额同比增幅就高达122.9%。

2008年的牛市破灭后，留下一地鸡毛，保险行业于2009年开始了疗伤和自新。投资收益大幅回落、投资型产品比重过大引发保费规模负增长，以及行业整体偿付能力下降。保险业务从快车道回到慢车道。2009年的全国保险工作会议上，保监会提出"防风险、调结构、稳增长"的监管思路。

防风险是理所应当。

1月12日，保监会惩戒了三家新公司——人保健康、瑞福德汽车金融有限公司和阳光人寿的违规销售行为。例如人保健康的"常无忧日常看护（B款）个人护理保险"（简称"常无忧B款"），以"满期客户忠诚奖"的名义给客户附加利益。

这种违规可能制造新的"利差损"，以人保健康"常无忧B款"为例。该款银保产品的利率成本为5%左右，加上银行1个点的代销费用，综合成本估计在7%左右，超过了保险资金综合投资收益。

可"调结构、稳增长"是一对矛盾。保增长是"矛"，回归保障却是"盾"。

第一季度之后，保增长的"矛"与回归保障的"盾"出现分化。4月15日，中国人寿、中国平安和中国太保先后公布2009年第一季度保费数据。三大寿险业巨头在第一季度表现迥异：秉持相对激进的业务发展策略的平安人寿发力银行保险和个险，以43.4%的增速居增幅榜第一位；而自2008年第四季度开始进行业务结构调整的中国人寿，较2008年第一季度仅增长1.76%；太保寿险则笃行结构调整，回归保障，以同比减少12.7%位居最末，并在规模上被泰康人寿挤出中国寿险业前三名的位置。

不过，行业认为虽然太保寿险跌至第四名，但其业务结构好于泰康人寿，而泰康人寿由于投资能力较强，成绩一直较好，因而业务结构的调整力度较太保寿险弱。

2月，平安展开艰难的海外投资维权之路。

因为金融危机，2008年9月底，富通集团出现流动性困难，比利时、荷兰及卢森堡三国政府宣布联合向富通集团出资112亿欧元，持有富通集团下属富通银行在三地49%的股权。但风云突变，三国政府随后却并未完全执行这一计划，而是意图对富通比利时、荷兰、卢森堡三地的机构全面实施国有化，引起富通集团股东的强烈反弹。

翻过新年，平安选择抗争。

2009年2月4日，张子欣宣布辞去平安富通集团董事一职。2月8日，富通集团股东大会前夕，平安明确表示反对将三地机构国有化的计划。2月11日的富通集团股东大会上，平安狙击荷兰和比利时政府主导的新协议。该协议包括：荷兰政府购买富通集团在该国的资产，比利时政府收购富通银行，法国巴黎银行拟购买富通集团比利时银行75%的股权及其在比利时保险业务的10%。

经过五六个小时激烈争辩后，富通集团的股东们首先以57.01%的反对票否决了荷兰政府购买富通资产的议案，然后以50.26%的反对票险胜，否决了比利时政府收购富通银行的议案，而第三项则自动被否决。

《华尔街日报》记录下当时的场景：当50.26%反对、49.74%赞成的结果出现在大屏幕上时，富通集团股东大会现场响起了一片欢呼声。

平安海外维权取得小胜。

对于平安而言，2009年还迎来了一个千载难逢的机遇。落败广发银行之后，平安终于等来了深圳市发展银行。失之东隅，收之桑榆。

6月12日，中国平安和深圳市发展银行公布交易方案。首先，深圳市发展银行将向平安寿险定向增发3.7亿股～5.85亿股，发行价格敲定为定价基准日前20个交易日深圳市发展银行股票的交易均价，即18.26元/股，融资约67亿元至107亿元。其次，在2010年底前，深圳市发展银行现股东——新桥投资有限公司有权选择以现金为对价，即以114.49亿元人民币向中国平安转让其持有的深圳市发展银行5.2亿股；或者，以中国平安新发行2.99亿股H股作为交易对价。

交易完成后，中国平安持股将近30%，成为深圳市发展银行第一大股东。

7000亿平安鲸吞5000亿的深圳市发展银行，被认为是一石二鸟的绝妙好棋。马明哲心中谋划的保险、银行、资产管理的金融控股之梦，至此已经行至中盘，同时平安金融控股集团的崛起亦对金融监管提出了挑战。

不过，马明哲在接受《财经》杂志采访时称："平安现有的管控模式完全在现有监管体制框架内。这次投资也算不得什么'混业'的里程碑。"

除了马明哲，还有一保险强人于整合的路径上急速前进，此人便是2007年意外履新人保的吴焰。

2009年以来，人保集团加大了对子公司的股权控制，中国人保集团在各家子公司的持股比例持续获得提升。例如对人保寿险的持股比例由51%增至65.5%，对人保资产的持股比例由41%增至61%，对人保健康保险的持股比例由51%增至83.67%。这成为人保意图集团上市的先兆。保险业内，平安集团上市，高比例持股旗下子公司的发展模式，已经成为保险巨头们经营公司的不二法门。

同时，2008年，人保集团获得了华闻控股55%的股份，并获得财政部划拨的中诚信托32.35%的国有股权。人保集团业务领域已经从原有的保险和资产管理，扩展至信托、基金等非保险金融领域，搭建起保险金融集团架构。

同时，于整合方面，吴焰亦表现出铁腕的一面。特别是对于原所谓"华闻系"，多数老员工悉数被裁。

不过，如果集团上市，寿险业务才是价值的关键。为弥补寿险业务短板，人保超常规发展寿险业务。按人保寿险的统计，截至6月底，公司实现保费收入287亿元，同比增长 75.8%，延续着 2 年来的高速增长。

奇迹并非神话。

圈内的分析认为，人保寿险超常规增长的套路并不神奇，而是来自两块。一是机构外延式扩张：来自媒体的非公开数据显示，2009 年第一季度相对 2008 年底，人保寿险二级机构从 30 个增加到 31 个，三级机构从 203 个增加到 212 个，四级机构则从 509 个增加到 565 个；2009 年第一季度末，人保寿险的个人营销员期末人力大约为 10.11 万人，同比增长超过 120%。二是银保超常发展：非公开数据显示，人保寿险第一季度全部 152.7 亿元的保费收入当中，银保渠道贡献近 126 亿元，占比在八成以上；而在同期，该公司的银保网点数已经有 5.8 万多个，同比增长超过 150%！

显然，大而不强的银保业务的内涵价值值得推敲。诚然，保险公司用保险规模换取发展时间，已有太平人寿的先例。完成规模积累之后，如何腾挪进化人保寿险的个人渠道，这是"魔术师"吴焰面临的终极挑战。

继平安和人保之后，5 月初，太保透过旗下的太保寿险，受让上海国际集团持有的长江养老全部 1.14 亿股，还拟认购长江养老定向增发的 2.19 亿股。交易完成后，中国太保将间接持有长江养老 51% 股份，成为控股股东，并以此获得一张稀缺的企业年金市场入场券。

辗转数年，汇丰终于破解隔靴之痒，获得了一纸寿险牌照，于 2009 年开门迎客。

汇丰人寿是一家合资公司——外方股东汇丰与中方股东国民信托各自持有新公司 50% 的股份；外方汇丰保险集团（亚太）有限公司（为汇丰银行全资子公司）董事长汤德信（David Fried）出任董事长，而中方国民信托的董事长陈裕广担纲副董事长。

明修栈道，暗度陈仓。

中方股东本身就是一张外资的"壳"。

国民信托成立于 1987 年，前身是中国建设银行浙江省分行旗下的信托投资公司，1998 年脱钩更名"浙江信托"。后因炒作二级市场酿成巨亏，公司在 2003 年作价 1.1 亿元卖给了丰益实业、嘉安经贸、上海创信资产管理、恒丰裕实业等 4 家"新世界"背景浓厚的投资公司。新股东进入次年，浙江信托获准重新登记为瑞丰信托，并于 2005 年迁入北京，定名国民信托。按该公司 2008 年报，丰益实业、璟安实业（原嘉安经贸）、上海创信资产管理与恒丰裕实业分别持有该公司 31.73%、27.55%、24.16%

与 16.56% 的权益。

而国民信托的董事长陈裕广在加盟国民信托前，服务于香港富豪郑裕彤之新世界基建。

香港新世界于内地保险布局甚广。继中国平安（中国平安 2009 年一季报中，丰益实业赫然列为第十大流通股东，持有 3102.11 万股）、生命人寿之后，汇丰人寿为其参股的第三家保险公司。

于平安一役的合作中，不管是汇丰，还是新世界，都赚得盆满钵满。

变卖 AIG

"抱歉，兄弟，你还得干这份差事。"

3 月中，AIG 亿元"奖金门"爆发之后，奥巴马在美国哥伦比亚广播公司王牌电视节目《60 分钟》中，半开玩笑地安慰被公众质疑处理不当的财政部部长盖特纳。奥巴马说，如果老盖提出辞呈，将会得到如上的回答。

这之前，AIG 已经四度获得美国政府的美元援助。似乎应了一句话：不怕欠钱，就怕欠得不够多。

3 月 1 日，美国政府同意向美国保险业巨头——美国国际集团（AIG）追加 300 亿美元救援资金。2 日，AIG 公布 2008 第四季度业绩，亏损约 620 亿美元，2008 年全年亏损 993 亿美元，形成巨大反差的是，2007 年 AIG 还盈利 60 亿美元。第四季度的数字创下美国企业史上最大季度亏损，打破了时代华纳公司在 2002 年创下的纪录。

"如果说在这 18 个月内有哪件事让我感到愤怒的话，除了 AIG 我想不到其他的了。"美联储主席伯南克（Ben Bernanke）愤愤地说。

四季报显示，AIG 保险业务亏损 28 亿美元，比 2007 年第四季度多亏损 7 亿美元。第四季度，AIG 由于税收账务变化亏损 210 亿美元，由于按揭贷款支持证券及信用违约掉期（CDS）损失减计导致亏损 259 亿美元。

> "一小撮产品部门的天才在我们下面挖的一个小洞吞噬整个航母。"

设于康涅狄格州南部和伦敦的一个不到 400 人的分支，却动摇了拥有 10.6 万名员工的 AIG 帝国的根基。

这个分支为"AIG 金融产品"（AIG Financial Products，简称"AIGFP"），虽然隶属于 AIG，事后的调查却显示，AIGFP 更像是一个独立王国。

AIGFP 由约瑟夫·卡萨诺在 1987 年一手创建，并一直由其领衔。之前，卡萨诺曾在号称"垃圾债券之王"的迈克尔·米肯领导下的德崇证券（Drexel Burnham Lambert）公司工作。不过，20 世纪 80 年代，德崇证券以破产告终。

AIGFP 成立后不久，卡萨诺即开始进军金融衍生品市场，刚开始时交易简单的利率掉期产品（interest rate swap，IRS）。

直到天才的 CDS 出现。

CDS 的发明，是衍生产品的里程碑事件。1995 年，摩根大通创造了 CDS，好处是这个契约使得抵押贷款债券（CDO）的持有人免于损失。因为 CDO 的持有人认为，即使契约遭到违约风险，也可获得 CDS 卖家所提供的保险；作为买家依然会得到赔付，尤其像 AIG 之类 AAA 评级的卖家。

风险未有暴露之前，卖出 CDS 对 AIGFP 来说就是印钞机，每年净收年保费。AIGFP 在 1999 年的营业额是 7.37 亿美元，到 2005 年达到 32.6 亿美元。营收在 AIG 所占比率由 4.2% 升至 17.5%。到 2005 年，AIGFP 账上的 CDS 交易面额达到 5000 亿美元，成为 AIGFP 的主要业务。

与此同时，卖 CDS 的人"鸡犬升天"。

卡萨诺及其手下员工的薪酬水涨船高，自 2001 年以后，每年的工资加年终奖金开销为 4 亿美元至 6 亿美元。意味着平均每人年收入超过 100 万美元。过去 7 年中的薪酬总数为 35.6 亿美元。

但谎言终究不能持久。

2007 年第三季度，AIGFP 开始对账上资产计提减值准备，减计了 3.52 亿美元。损失越来越大，AIGFP 无力偿还的部分，则由母公司 AIG 承担。

到 2008 年第二季度结束，AIG 资产减值达 250 亿美元。虽然卡萨诺被 AIG 扫地出门，但已于事无补。

内部则爆发争论。

> 格林伯格（虽然在 2005 年前被轰出 AIG，但他仍然是 AIG 最大的股东）联合其他股东向 AIG 管理层发起攻击，要求撤换董事会成员。格林伯格指责 AIG 的风险控制部门严重失责。
>
> AIG 的管理层则反击说，AIGFP 由格林伯格自己点头创建，卡萨诺也是其任命。格林伯格离开 AIG 后，AIGFP 并没有引入新的业务，现在账上减计的资产都是格林伯格在任时担保的。
>
> 不过，格林伯格显然占了上风。
>
> 2008 年 6 月，马丁·苏利文（Martin Sullivan）被轰下台，由花旗原总裁、AIG 董事会主席威勒姆斯特德上任 CEO。但是，势不预时。3 个月之后，9 月，AIG 的股票巨幅下跌，评级下调，"帝国将倾"。威勒姆斯特德成为替罪羊，拒绝了 2200 万美元的遣散费之后，他黯然离场。爱德华·李迪（Edward Liddy）为新任 CEO，担任残局看守者。

与此同时，AIG 的股价跌得"满地找牙"。

2009 年 2—3 月，AIG 股票同比下跌 99%。交易价格曾跌破 1 美元（2 月 27 日 AIG 收盘价为 42 美分），2007 年初则为 72 美元；对应的总市值徘徊于 10 亿美元，而 2001 年初为 2500 亿美元，2007 年初在 1900 亿美元左右。

3 月 1 日的救援是美国政府自 2008 年 9 月以来第四次对 AIG 注资。

此前美国政府先后 3 次出手，向 AIG 提供了总计 1525 亿美元的资金援助——包括美联储提供的 600 亿美元信贷额度；美国政府提供的 400 亿美元注资，以及 525 亿美元购买 AIG 持有或担保的抵押贷款证券。

《华尔街日报》观察到一个细节，与 2008 年 9 月第一次救援时的苛刻态度相比，此次政府姿态几乎出现 180 度逆转，不仅放松贷款条件，还不惜降低贷款利息。

根据这项救助方案，美国政府将向 AIG 注入约 300 亿美元的资金，这笔款项将从财政部 7000 亿美元问题资产救助计划（TARP）中划拨。加上 2008 年 11 月 AIG 获得的 400 亿美元金融救援资金，AIG 将独得 TARP 资金的 10%。

与此同时，根据双方协议，AIG 将比照 3 月期伦敦银行同业拆放利率，向政府支付 1.26% 的贷款利息，这将使它每年节省 10 亿美元。AIG 亦可能将价值 50 亿至 100 亿美元的美国保单证券化，然后把证券给予政府，借以减轻债务。

四度出手，美国政府实属无奈。

据不完全的数据统计，AIG 在全球 100 多个国家和地区开展业务，有大约 7400 万份保险单,并为总价值 3000 亿美元的资产支持证券承保,牵一发而动全身。

作为接受救助的条件,AIG 将把所持的两项最大业务的控股权——美国人寿保险公司和美国友邦保险公司(AIA)的优先权益转让给纽约联邦储备银行,以勾销 260 亿美元的未偿还政府贷款。

90 年来,AIG 作为独立保险集团的历史被终结。因此它不得不尾随花旗集团,推动各类业务分拆上市或者出售转卖。但是,救助行动引发不同的批评意见——政府在用纳税人的钱为私人金融机构提供救助,把更多的金融风险置于纳税人面前。

对于拯救 AIG 最想不通的人就是雷曼兄弟原 CEO 理查德·福尔德。他说自己一直到走入坟墓前都想不通,为什么美国政府会愿意放弃雷曼兄弟,而隔天就接管 AIG。"直到他们把我埋入土的那一天,我都不会理解,"福尔德说,"我每天夜晚醒来都在沉思,我当时是否能走不同的路?这种痛楚将伴随着我的余生,无论今后会发生什么。"

不过,AIG 并不是省油的灯。

2008 年 10 月 7 日的听证会上,国会议员们捅出一件事,就在政府 9 月接管 AIG,并向其注入资金 850 亿美元之后没几日,AIG 的高管们在加利福尼亚州 Monaech 海滩 St. Regis 度假胜地召开了一周的会议,会议期间美酒佳肴,高管们大肆挥霍,一周花费 44 万美元,包括 2.3 万美元的美甲、面膜、按摩服务等。

同期如火如荼进行的奥巴马和麦凯恩的总统竞选人辩论中,民主党候选人奥巴马义愤填膺:"AIG,一个被政府接管的单位,在被帮助了仅仅一周以后,竟然开了一个 40 万美元的豪华公费旅游。我告诉你们,财政部应当要回那些被浪费的资金,那些主管应该被解雇。"

翻过新年,在 AIG 第四次获得救助之后,3 月 16 日,AIG"私下"发放过亿奖金,更引发了一场席卷美国的舆论风暴。

美联储主席伯南克在接受美国哥伦比亚广播公司王牌电视节目《60 分钟》的采访时,掩饰不住怒火:"我已经摔了很多次电话了。"早前,伯南克曾把 AIG 称为一个巨型的对冲基金。

3 月 21 日,美国康涅狄格州总检察长理查德·布卢门塔尔爆"料",AIG 于 3 月 20 日提交文件显示,公司上周共发放 2.18 亿美元奖金,比先前公布数额 1.65 亿元,多了 5300 万美元。其中 5 人超过 400 万美元,73 人超过 100 万美元。

"奖金如节日礼花般撒在 AIG 员工身上。"布卢门塔尔比喻称。

随之,美国 19 个州总检察长 19 日联名致函 AIG,通知后者他们将发起联合调查,以确定公司发放奖金过程中是否存在欺诈行为。

奥巴马在《60分钟》节目中说："他们（华尔街高管）需要花点时间走出纽约，（有）民众会因一年挣7.5万美元而欣喜若狂——不含奖金——那么我想他们将理解民众为何沮丧。"

离开了强人格林伯格的AIG，滑落的速度超过市场的想象。

直到金融危机之前，AIG都是全球最受人景仰的大公司之一。但是这家源自中国的世界保险巨擘，现今却要卖掉其发家的"根"。

友邦保险独立上市，亦是AIG于3月2日宣布的重组计划中的重要一环。AIG主席兼行政总裁爱德华·李迪认为，友邦保险的上市对美国纳税人、保单持有人、员工及销售伙伴来说，都是最佳的决定。

其实，上市乃是不得已的选择。

AIG接受了美国政府约1800亿美元援助，为避免其化身国企而苦思还贷之道。变卖AIA就是手段之一，但能够出高价的机构寥若晨星。2009年2月，AIA尝试出售标价达200亿美元的资产。包括英国保诚集团（Prudential）和加拿大宏利人寿（Manulife）在内的买家都未能企及这个价格，最后流标。

然而，AIA在亚洲地区声名显赫，选择于其影响力最大的中国香港地区上市，是希望散户和一般的投资者能够发现其中的价值。

公开资料显示，AIA是亚洲最大的人寿保险机构之一，拥有2000多万名客户、25万位代理人、超过600亿美元的资产以及分布广泛的分销合作伙伴网络。

不过，坏消息是作为AIA亚洲最重要的市场——中国内地，其业务连续几个季度负增长，并面临前所未有的挑战。

5月18日，AIG宣布，将寻找AIA在亚洲市场上市的机会。之前两天，友邦各家投资银行发出征求建议书。

6月18日，英国《金融时报》披露，AIA于前一日结束了承销商遴选工作，最后选定了摩根士丹利和德意志银行（Deutsche Bank）担任其亚洲寿险业务首次公开发行（IPO）的全球协调人，此次IPO计划募资逾50亿美元，明年第一季度上市。果不其然，AIA上市预计将成为过去2年来全球规模最大的IPO之一。

与此同时，AIG在亚洲地区的其他金融业务也正在被加速出售。例如，台湾远东国际商业银行宣布买下了AIG在中国台湾地区的友邦信用卡业务，预估交易金额在23亿～30亿新台币。

中华联合：巨亏暴雷

3月中旬，又一位强人落幕。

执掌中国第四大财险公司中华联合保险控股股份有限公司（简称"中华联合"）十余年的原董事长兼总经理孙月生被免职，大股东新疆生产建设兵团（简称"建设兵团"）国资委副主任张崇进临危受命，成为这家巨亏国有公司的新任董事长，而总经理一职则由原党委书记、副总经理贾英接任。

根据《中国保险年鉴》披露的数据，2007年中华联合巨亏64亿元，期末所有者权益已降至 –53.5 亿元，折合每股净资产为 –3.57 元。

危机爆发之前，这是一家历史悠久、曾经创造神话的公司。

中华联合总部在新疆乌鲁木齐，始创于1986年7月，是国内少数能够于20世纪80年代就获得保险牌照的企业。

2002年走出新疆，中华联合不到3年就基本完成了全国布局，攻城略地，无往不利。新疆金融企业的豪迈，除了此前金融控股类的德隆之外，无人能够避其锋芒。

数字记录了其中的"疯狂"。2002年，该公司保险业务收入只有6.28亿元，2005年保费收入就超过100亿元，跃居全国第四大财险公司（见图14-1）。伴随业务的10余倍成长的神话，部分分公司总经理以及公司管理层所得奖金颇丰，令业内垂涎不已！

不过，这样的疯狂备受业界质疑。

首先，其扩张路径简单粗放，一靠机构扩张，二靠车险业务。后者既是价格战的红海，又是不赚钱的垃圾保单云集之地。而靠价格战、高手续费吃进的车险业务，甚至包括其他公司不愿承保的劣质业务，让中华联合消化不良。

同时，伴随公司的扩张，鲸吞公司利益的"内鬼"不断。例如监管部门对中华联合重庆分公司渝北营销服务部开出的罚单就披露了"内鬼"们龌龊的冰山一角。

经查，你单位在2007年1月至2008年6月的业务经营中，存在以下行为：

一、通过账外核算和虚挂应收保费方式擅自降低车险费率，金额合计1763万元；

二、制作假赔案，虚假扩大真实赔案的损失金额合计491.68万元；

三、虚列营业费用，套取资金85.68万元账外支付回扣和职工福利；

四、违规注销保单662笔，冲销虚挂的应收保费129万元；

五、垫支保费，10家单位转账或现金交的保费182.3万元垫支给其他单位或个人。

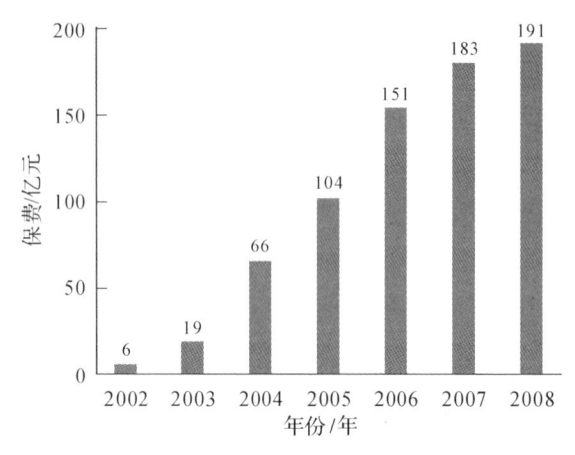

图14-1 "疯长"的中华联合保费规模

资料来源：保监会网站。

其次，准备金计提不严谨。

根据《中国保险年鉴》，2006年中华联合保费收入达到150.6亿元，提取的未到期责任准备金为70.7亿元，未决赔款准备金①只有7.3亿元。

业内普遍怀疑，中华联合的准备金，尤其是未决赔款准备金计提不足。

同样是《中国保险年鉴》披露的中华联合2007年的业绩显示，公司的实际财务情况终于逼近真实——营业收入157亿元，亏损64亿元；未到期责任准备金和未决赔款准备金分别为84亿元和77亿元，未决赔款准备金暴涨10倍！

有观察者认为，从远在边陲、名不见经传的小公司，三年一跃而成全国第四大财险公司，中华联合成为片面追求保费收入、大而不强的受害者。逐年"大跃进"式的发展之后，中华联合低价扩张战略的副作用开始凸显。

救赎之路相当艰难。

2006年6月，中华联合整体改制为中华联合保险控股股份有限公司，资本金由原来的2亿元增加到目前的15亿元，建设兵团、员工持股的公司等19家新疆企业共注资13亿元。其中，建设兵团作为控股股东持有61%股份，建设兵团国资委、乌鲁木齐国有资产经营有限公司等17家单位持股21%，而由员工持股组成的新疆华联投资有限责任公司出资2.7亿元，拥有18%的股份。其中，全系统中心支公司中层以上管理人员必须出资，其余人员可自愿出资。这部分员工持股，几乎全体被套。

---

① 指在每一财务年度决算以前，保险人对已经索赔尚未赔付的保险赔偿或给付，或者已经发生保险事故尚未索赔的保险赔款或给付所提存的资金准备。

中华联合的大股东已经意识到仅靠一己之力扶不起病入膏肓的"阿斗"。引入外资，走深圳市发展银行和广发银行道路或许尚有一搏。

2007年10月，中华联合进行了引入外资的第一轮竞标。德国安联集团、法国安盟、法国安盛集团、英国皇家太阳联合保险集团等数家外资保险集团参与了投标。

但是，面对中华联合的亏损黑洞，外资巨头们胆战心惊！

呼声甚高的法国安盛集团最后成为独家谈判者。不过，法国安盛集团不仅要求绝对控股80%以上，而且以其外资身份依然要求经营法定的车险业务，这与现行政策相悖，外资的救赎暂时落空。

3月中旬，中华联合似乎回到一个原点。

建设兵团国资委和中国保监会已经成立了联合工作小组，进驻中华联合。中华联合一方面重拾引资之路，另一方面"冷处理"，收缩战线、控制规模。

要救中华联合，市场揣测能够出钱的只有汇金公司和保险保障基金。前者曾经大手笔注资中再300多亿元，而后者则于2007年5月斥资27亿元入主深陷内部人控制的新华人寿。

内部的数据估计，截至2008年底，保险保障基金总额约200亿元，其中财产险逾70亿元。不过，保险保障基金的投入是为了先稳定局面，然后选择退出，而不是当股东。

新华人寿近年来业务相对健康，加之寿险业务的价值创造了退出的机会，然而对于积重难返的中华联合而言，退出之路则显得异常艰难，这也使得保险保障基金投鼠忌器。

解植春：写"万言书"，治"合资病"

2009年年中，一个"局外人"解植春进入保险业。

解植春，黑龙江伊春人。伊春市有中国林都和红松故乡之称，位于黑龙江省东北部，与俄罗斯隔江相望，以汤旺河支流伊春河得名。

解植春是故乡的骄傲。他当过林业工人、机关干部，恢复高考后进入黑龙江大学哲学系学习，获哲学学士学位。毕业之后，先从政，然后转到光大银行，20世纪90年代实行分业经营，解植春从银行一脚跨入证券。当时光大集团的当家人是邱晴，前中国人民银行常务副行长，是"亚洲四大经济女强人"之一。

多年后，解植春出任光大证券总裁、党委书记，进入光大集团的核心层。

6月，没有半点保险从业经验的解植春成为光大永明人寿保险有限公司（简称"光大永明"）新一任董事、董事长。

隔行如隔山，出身证券、银行体系的解植春，初到保险行业时很吃惊。他曾用一句"一个深刻的印象，三个没有想到"来形容他对保险行业的最初印象。

一个深刻的印象是，保险业起步比较晚，没有像银行业和证券业那样发生过系统性风险。

"没有想到的是，这个行业的规模还是太小，基本是两个 1/3，一个 1/2——行业总资产相当于整个工商银行的 1/3，净资产相当于工商银行的 1/2，利润也相当于工商银行的 1/3，这个规模是没有想到的。

"结构上没有想到的是，证券业最大的 10 家证券公司占据了整个行业 40% 左右的市场份额。最大的 5 家银行也就占据了 50% 多一点，但是最大的 3 家保险公司几乎垄断了保险行业近 70% 的市场份额。

"以上这都是保险业浅层次的问题。关键的深层次问题是最近 3 年以来，整个行业停滞，大公司面临退保压力，小公司连续 2 年 6% 左右低增长。

"而且行业文化比较差。和我过去在银行、证券做管理不同，保险高管频繁跳槽，管理成本层层攀高，经营起来确实很困难。

"我感觉，现在的中国保险业特别像 10 年以前的中国证券业。"

这个最初的印象一直发酵，到 2013 年，"不太懂事"的解植春还会用"万言书"来进一步呐喊。然而，对于 2009 年的解植春而言，首先需要的是自扫门前雪，解决光大永明"到哪里去"的哲学问题。

解植春尝试用自己的药方破解"合资病"这一困扰中国保险市场十余年的痼疾。

通常而言，合资寿险公司的协议是，董事长中方派，总经理外方选。但是，多数合资协议都会标明一个特别的条款："当董事长与总经理意见发生分歧，董事长要尊重总经理的意见。"

"经过一段时间的调研，我得出了几个结论：第一，必须拿到管理权——当然，拿到管理权只是治标不是治本，真正治本的法子是使治理结构发生变化，使股权结构发生变动；针对这种情况，我当时做的第二件事是搞中资，不搞中资就没有希望，所以光大永明成了第一家谈成这件事的公司。

"第二，在股权设置上，我给外资股东们权力。为什么给他们权力？如果国有企业选对了'一把手'，公司就能发展得快、发展得好；但是万一来了一个不干事、官僚的'一把手'，要想搞垮这个公司也是很容易的。所以我的想法就是，给他们权力。

一旦公司来了个不干事的"一把手",他们有权否决。

"加拿大人特别实在,他们对我们特别信任,双方都是对方需要什么支持就提供什么支持,尤其是资产管理方面。这是中国保险业对外开放过程中的标志性事件,表明中国人在全新层面上跟外国人合作和学习。"

获得股东支持之后,光大永明变"性"为中资公司。注册资本金增加至30亿元,实收资本达到32.77亿元,位列同业第六位。股权结构上,光大集团拥有光大永明50%股权,加拿大永明人寿拥有24.99%,中国兵器工业集团和鞍钢集团各持有光大永明12.505%的股权。

解决了股权问题,破解经营难题成为解植春布局的下一步。

"我接手时,光大永明1年的保费任务达到了12.8亿元,但当时只完成了七八亿元,然后我提出,今后1年的保费必须相当于过去的7年。"

这似乎是一个童话。

但是,解植春的保险观和行业很多老保险人都不同。

传统保险是先做负债,再做资产;先卖出去,然后再做投资。解植春的观点是反过来的:先有资产,再有负债;先解决投资,再主动卖出保单。

"到了保险行业之后,第一时间找光大银行给我卖保险,因为渠道、客户都在银行的手里。但是2012年保监会推出了债权投资计划和项目资产支持计划,有了这两个产品之后,甲乙方关系变了。比如光大银行一个分行找到好的资产,我给发债权投资计划,那么这个银行的行长会非常舒服,未来7年、10年都会非常舒服。因为这个对应的保险产品是7年期、10年期。

"现在的核心问题是保险业没有赚钱渠道,靠死差[①]、费差[②]。现在保险市场最大的风险是资产负债之间久期不匹配,这在西方是大忌。我们卖的都是20年期、30年期的产品,结果长期资产在2006年、2007年以前除了5年期国债以外什么都没有,怎么匹配?

"2005年,是中国资产尤其是银行理财产品行业上升期,如果那时候允许保险行业购买理财产品,即使放开1/3,保险业的盈利哪是现在这种情况?"

市场数据记录了光大永明发生的变化。

[①] 指保险公司的风险发生率低于预计的风险发生率所带来的收益。
[②] 指保险费结构中年度内实际支出的营业费用总额超过当年收入的附加保险费总额。

光大永明自着手重组以来，业绩提升迅猛。在国内全部寿险公司排名中，其保费收入一年内跃升17位。光大永明2010年前5个月保费收入27.4亿元，在所有寿险公司中名列第17位，而其2009年前5个月保费收入仅4.02亿元，名列第34位。

和大多数保险高管不同，解植春对于保险的思考，带有深深的混业经营的烙印。比如，保险行业也可以实施"资产驱动负债"的发展方式，通过扩大投资、资产管理拉动保险规模。加快实施费率市场化，取消预订利率的限制。他甚至认为"保险业改革最佳时机确实已经过去"，但是不改不行。

解植春是一门三杰，其兄弟为中融信托掌门人，中融信托为中国信托行业最生猛的成长者。

好险！神秘资本欲吞南山

2009年10月，香港中策集团与私募基金——美国博智金融，携手击败中国信托金融控股股份有限公司（简称"中信金控"），以21.5亿美元收购台湾南山97.57%股权。

一石激起千层浪。

中策集团是一家"小"公司。

根据2008年报，该公司主营业务为电池制造以及证券投资，截至2008年底的总资产为3.49亿港元。

但是，台湾南山是一家"大"公司。

截至2010年11月底，台湾南山总资产为新台币1.8万亿元，居中国台湾保险业界第二名；股东权益为业界第一；总保费收入名列业界前三；保单总数约810万，拥有400万名保户，在中国台湾市场占有率排名前五。

这似乎是一次"蛇吞象"。如此"蛇吞象"的大戏，历史上曾经上演过一次，首富李嘉诚曾通过旗下资产不到7亿港元的长江实业兵不血刃地控得英资巨企——和记黄埔。

为了此次并购，中策集团拼上了全部家当。

不过，中策集团不是华人首富。貌似神秘的买家组合引发了一系列争议。

中标消息一出，参与台湾南山投标的其他落马对手纷纷跳脚，直指"博智金融"背后资金是在大陆股市赫赫有名的"明天系"实际控制人肖建华。

早在台湾南山案开标前，2009年9月9日，民进党的高志鹏、黄伟哲就在台北召开记者会，指出竞标者博智金融总裁宦国苍有大陆国企从业背景，博智金融资金有来自大陆资金嫌疑。

这一资金来源有违台湾的地方金融监管规定。

市场不仅质疑资金为中资，而且怀疑并购团队的专业经营能力。与此同时，台湾南山业务员还数度上街头抗议！

面对市场的质疑，博智金融董事长麦睿彬、董事总经理等纷纷站出来，否认背后资金来自肖建华。

1年之后，2010年8月31日，由16个部门、机构及台北、高雄两市高层官员组成的投审会审查小组，历时一个多小时，否决了这桩台湾迄今为止金额最大的保险业收购案。

台湾地区金融监管部门给出的理由是："该团队无法证明财务实力足以应对未来增资的要求并作出长期经营的承诺。"

此前，台湾地区金融监管机构审查台湾南山股权的"五大原则"包括：买方必须承诺保障保户及员工权益；买方资金来源必须符合中国台湾地区相关规定及财务健全性；买方必须有专业能力经营保险业；买方必须有长期经营承诺；买方必须有财务能力应未来增资需求等。

最终，台湾南山由台湾"土豪"尹衍梁收入囊中。

2011年1月12日，台湾南山宣布，润成投资控股获得AIG子公司台湾南山97.57%股权，交易金额为21.6亿美元。该并购案创下中国台湾地区保险史上并购案金额之最。

润成投资是为竞标台湾南山而设立的，业务涵盖超市（大润发）、纺织等多个行业的润泰（Ruentex Group）集团持股八成（上市公司润泰创新、润泰全球各持股25%、23%，而集团中汇弘投资、长春投资及宜泰投资3家投资公司共计持有股权32%），同样是上市公司的宝成工业持有剩余20%的股权。

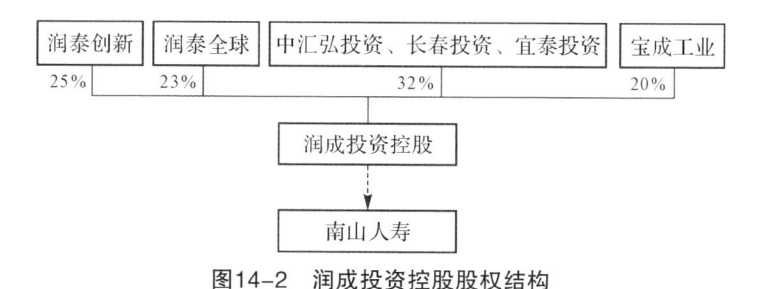

图14-2 润成投资控股股权结构

润成投资背后的老板是尹衍梁。

但是，买台湾南山可能并不是一个有利的买卖。

2010 年末，穆迪资深分析师严溢敏发表了一份措辞犀利的报告，称从财务角度考虑，"购买台湾南山的理由少之又少"。这个时候，台湾南山还有 4 个"追求者"：台湾本地集团国泰金控（Cathay Financial Holding，即台湾国泰金融控股股份有限公司）、中信金控（Chinatrust Financial Holding）、富邦金控（Fubon Financial Holding，即富邦金融控股股份有限公司）以及综合集团润泰（Ruentex）。

作为世界上保险密度最高的地区之一，台湾地区寿险市场也是亚洲竞争最激烈、利润最微薄的市场之一，此前英国保诚集团、荷兰国际集团、荷兰全球集团等多家国际保险巨头都相继出走中国台湾市场。

有分析认为，台湾南山光为维持 200% 的资本充足率，至少要增资台币 300 亿～500 亿元。如果实施"IFRS4"（《国际财务报道准则第 4 号》），增资金额尚需倍增，另外还有充满不确定性的劳工退休金等问题。

不过，市场认为这是尹衍梁的私人投资行为，不是为了增加这家纺织—建设—超市综合集团的业务种类，或是增强其业务运营能力。

2011 年 1 月 13 日清早，尹衍梁接受媒体采访时表态："先稳军心，台湾南山上市一年后再说。"

2011 年的尹衍梁大行鸿运。到年底，尹衍梁干脆来了一个大光头！

尹衍梁自己说："两年前，我就想剃光了，但是没有一位理发师敢动刀。一个多月前，我的理发师在我的'强迫'之下，也只敢将我剪成'十分头'；隔天，我去了另外一家理发厅，他也只敢再剪成'五分头'。当天，我干脆就自己买一把电剃刀，最后就成了你们现在看到的这个样子。"

"男人，头顶上的东西不重要，头皮下的东西才重要。我是打定主意再也不留头发了。"

不过，这个光头价值非凡。

根据《福布斯》杂志的排名，尹衍梁在台湾地区富豪中排名第 19 位，个人净资产价值 11.5 亿美元。

媒体记载，尹衍梁最早接牌触保险业是在 24 年前。1986 年，台湾岛开放外商保险公司，那时安泰人寿便拿到了第一张牌照，而尹衍梁持有安泰人寿股权（后在 2001 年卖给荷兰国际集团）。2005 年，尹衍梁突破所谓的锁岛路线，通过凯雷投资了太平洋人寿，持有 15.39% 的股权。

这两次投资，都让其获利丰厚。

1997 年，身为润泰集团总裁的尹衍梁看准了大陆的零售市场，与上海市闸北区国有资产投资公司、康成投资（中国）有限公司成立了上海大润发有限公司（简称"大润发"）。此后，大润发不断开疆辟土，利用 10 年的时间，发展成为中国零售行业巨头。依据 2009 年中国连锁经营协会公布的连锁百强榜单，大润发以 404 亿元的销售规模挤掉蝉联冠军的家乐福，跃居第一。

成为企业家后，他设立光华教育基金会，和北京大学合办光华管理学院，成为游走海峡两岸的成功商人之一。时至今日，获得光华奖学金的大学生超过 8 万人，而从光华管理学院毕业的学生则数以千计。

尹衍梁 1950 年出生于中国台北，祖籍中国山东省日照市，小名叫"大雕"。

身为企业家二代，尹衍梁的成长过程并非一路平顺。父亲尹书田"棒下出孝子"的严厉管教方式，让他曾经一度变为叛逆少年，直到 1964 年 10 月，14 岁的他被送到彰化进德中学"管训班"读书，经当时老师王金平开导才转性。

其中的一个细节是，在进德中学时，尹衍梁因与校外人士打架而受伤，跑进宿舍向当时的老师王金平求救。王金平帮他包扎后，担心他将遭到处分，刻意隐匿不报，没想到这一做法改变他的一生。后来尹衍梁考取大学、创业后，还一度感念王金平的再造之恩。

CHAPTER 15

第 15 章

1年1万亿
（2010）

2010年末的这一数字已经增长至5万亿元。而2009年末，中国保险业总资产为4万亿元。从1980年恢复国内业务以来，中国保险业用了整整24年才积累了第一个1万亿资产，积累第二个1万亿也用了3年，而积累第五个1万亿仅仅用了1年时间。

尽管如此，保险依然是一个"小弟弟"。

2010年末，中国银行业总资产超94万亿元人民币，在金融机构资产中占比约90%，而保险业总资产仅5万亿元，在全部金融资产中占比不超过5%。

投资的压力随之而来。

2010年动荡的资本市场拖累了保险公司的投资收益率。从公开的数据来看，中国人寿、太保和平安保险业务2010年的总投资收益率分别为5.11%、5.3%和4.9%，分别较2009年末下降0.67%、1%和1.5%。

作为"十一五"规划的收官之年，寿险的成绩单看起来不错。2010年，中国人身保险保费收入1.06万亿元，同比增长28.9%；行业获得总利润654.4亿元，同比增长51.7%。行业整体偿付能力充足，偿付能力溢额1453亿元。

经历两年的"整顿"，同门兄弟财产保险市场开始逆转。

两年前，2008年8月29日，保监会下发了《关于印发〈中国保监会关于进一步规范财产保险市场秩序工作方案〉的通知》（保监发〔2008〕70号，即所谓"70号文"），重拳出击整顿市场，拯救承保巨亏的行业。以2008年1月至8月为例，全国财险业承保亏损高达88亿元，平均每月亏损超过10亿元。

第一步，从数据真实性抓起，让所有的问题浮出水面，资不抵债的、亏钱的，所有的财务数据都要曝光，这就是"打三假"。

第二步，从最基本的市场行为开始抓起，比如说从"理赔差、理赔难、服务效率不高"等行为抓起，改变整个行业形象，然后抓保险中介退费等不规范行为。

第三步，开始抓资本约束、偿付能力、分类监管，关停了一部分机构和公司。

多年后，平安的任汇川对"70号文"给予很高的评价："保监会的监管很有韬略。"

不过，不是每个主体都能够分享到蛋糕。

2010年，人保财险全国保费收入达到1539亿元，超过排名第二和第三的平安财险和太保财险全年保费收入总和，以绝对优势继续领跑中国非寿险市场。但是，过去10年中，人保已失去近半壁江山。2000年底，人保市场占有率一度高达77%。

这些年，平安财险的市场占有率迅猛上升，并在2010年超越太保财险。券商的研究员观察到，平安的强势表现主要归因于公司领先行业打造了以客户为中心的销售渠道优势，特别是在电销以及网销等新渠道建设方面。

财产险还有烦心事。

交强险开办5年来，亏损幅度进一步扩大。2010年交强险经营亏损72.4亿元，其中，承保亏损97.1亿元，亏损面同比大幅扩大，而且看不见扭转的希望。

国际上的交强险经营模式主要包括商业化经营模式、代办模式和社会保险模式3种。中国是"人妖结合"，前端是按代办模式来操作，后端却是按商业化模式来运作，政府、企业、监管机构的责任义务界定不清。

12月28日，保监会主席吴定富告诫行业的"巨头"们："现有的资本、人才等市场要素，支撑不了高投入、高成本、高消耗、低效率的增长模式，不改变和调整，只有死路一条。"

继2009年中华联合之后，天安财险曝出巨额亏损。

媒体记录的数字是，天安财险连续3年累计亏损近46亿元。2007年，天安财险全年净利润-9.55亿元，保险业务实际亏损达23.47亿元；2008年净利润为-15.89亿元，剔除投资收益2.31亿元，保险业务实际亏损达到18.2亿元；2009年营业收入66.9亿元，营业利润为-1.8亿元，净利润亏损近4亿元。

与此同时，天安财险的净资产2007年也首次出现负值，为-1.72亿元。2008年初，老股东集体增资后，天安财险的注册资本金从6.678亿元提高到21.7亿元，但到2008年底，天安财险的总资产却又降至-1.73亿元，2009年上半年为-2.3亿元。仅仅不到1年，16亿元新增注资就消耗殆尽。

天安财险的亏损折射了国内财险业第二阶梯队伍的糟糕现状。

2009年、2010年，中外股东连续"出逃"。

2009年底，中国机械进出口（集团）有限公司、上海陆家嘴（集团）有限公司、上海外高桥集团股份有限公司等8个股东联合"甩卖"天安财险。而外资股东日本东京海上日动火灾保险株式会社也不看好，2010年6月30日将其持有的天安保险总股本 7.65% 的股份全部转让了出去。

2010 年岁末，安联集团亚太区负责人蔡德礼（Werner Zedelius）陈述安联集团的中国市场策略：安联集团正想方设法扩大在中国的资产管理业务，但对安联集团来说，中国保险市场仍然"极具挑战性"。

蔡德礼表示，与中国相比，亚洲另一个人口众多的新兴市场印度，自 2001 年以来一直是安联集团"最成功的一个新开发市场"。2001 年，安联集团与巴贾吉（Bajaj）集团组建了一家合资企业，年保费收入达 20 亿欧元（合 26 亿美元）。而安联集团每年在中国的保费收入约为 2 亿欧元。

作为曾经最被寄予耐心和期望的市场，咫尺天涯的中国市场成为一个伤心地。

"中国市场开放明显较晚，外国公司仍然没有享有全面、平等的市场准入，"蔡德礼说，"而且，中国并非一个欠开发市场。无论在产品、定价还是在抢夺人才方面，中国市场的竞争都十分激烈、动作都非常快，而且咄咄逼人。所以，这并不是一个完全平等的竞争环境。我们有在此种市况下经营的经验，但中国市场的挑战性异乎寻常。"

作为佐证的是一份普华永道的报告。

2010 年，普华永道发布 2010 年度外资保险在中国的调查报告，这是普华永道自 2006 年以来的第四次调查。参与调查的 31 家外资寿险公司高管表示，外资保险过去 5 年来市场份额停滞不前，预计未来 3 年也不会有所提升。

中资保险公司的日益壮大以及银行进入保险业的趋势正迫使外资保险重新审视其商业模式和市场定位。调查还显示，有 10 家外资险企认为，由于并购屡屡发生，未来两三年间，外资险企的数量也将减少。2010 年，外资寿险市场占有率约为 5%，外资产险市场份额仅为 1.1%。

秦晓离职

2010 年 8 月 23 日，"公共知识分子"秦晓离开招商局，这一年他 63 岁。

站在招商局大厦 40 楼，秦晓的背后撒落的是一串数字。

2000 年，秦晓从中信集团总经理一职"空降"到招商局集团担任董事长。刚走出亚洲金融危机的招商局集团的总资产为 496 亿元，年利润 12.91 亿元，尚有高达 73 亿元的不良资产。

2001 年起，秦晓启动大规模的内部结构调整，"再造招商局"，并最终确立交通、金融、地产三大主业板块。截至 2009 年，招商局集团总资产达 2683 亿元，年利润总额 178.52 亿元。

这家由清朝洋务运动领袖李鸿章创办的百年企业迎来第三次辉煌。

不过，执掌招商局期间，秦晓的两桩大买卖却惹来了不少争议——如果仅就数据而言，招商局的确是"贱卖"与"贵买"，做了"亏本买卖"。

所谓"贱卖"，指的是招商局将自己持有的平安保险 13.544% 的股权悉数售出，共收回现金 14.84 亿元。鉴于平安上市后的盛况空前，秦晓的这一行为被认为卖得太早。所谓"贵买"则是指，2008 年，招商局旗下的招商银行以 367 亿港元购买香港永隆银行。鉴于市净率（P/B 值）高达 3.1 倍，这一行为又被认为买得太急。

对于中国保险行业而言，秦晓最大的动作是卖掉平安。

有媒体采访秦晓，回顾当时的情况。对于秦晓来说，卖掉平安股份的原因不外乎以下两点：一是失去了话语权，招商局无法将平安保险纳入它的金融平台；二是集团在财务困境中急需资金，换回的巨额资金已超过当时投资金额的 10 倍。

利用卖掉平安的资金，招商局先解决债务危机，并进入上海港，以 26% 的股份成为其第二大股东，完善了港口体系，走出了蛇口。上海国际港务（集团）股份有限公司 2010 年净利润 54.17 亿元，还有大量的土地储备。

招商局还不断增持招商银行，在招行上市配股之前，招商局购买成本不到 1 元，而且还主导了招行发展方向。这笔钱还用来增持招商证券、扩充油轮船队、强化核心产业，所获收益并不比持有平安保险差。

当然，秦晓曾想过增持平安保险，实现大股东地位，但是当时招商局没有那么多钱，而且作为一家有实业传统的公司，现实条件并不允许秦晓把所有资金用来构建纯粹的金融控股集团。

卖掉平安，以及整理招商局业务，均不是一件容易的事情。

"推动一家企业的变革，一个是理念的问题，一个是利益的问题。可能我是一个比较强势的人，起码我有强势的一面，所以推行起来比较坚定。同时，我也有足够的经验和知识来说服别人。"秦晓说。

2010 年 5 月，秦晓发表的演说被广为流传，触动人心。他在剑桥大学中国同学会论坛上，呼吁新一轮改革，推进市场化进程，转变政府职能。

秦晓退休后人生的下一站是发起基金会——博源基金，该基金以推动中国社会转型为目标，由秦晓担任该基金会的理事长。2007 年，秦晓与何迪在香港成立了博源基金会。何迪是瑞士银行投资银行前副主席，原农业部部长何康之子，也是秦晓的发小。

博源基金会有着显赫的成员名单：吴晓灵、高西庆、李剑阁、史美伦、列昂·布列坦（Leon Brittan）、易纲、王波明、金耀基、金观涛、周其仁、许小年等。

秦晓定位的博源基金，首先是做宏观经济方面的研究；其次是做中国中长期问题的研究，比如说人民币国际化、土地问题等；另外就是社会转型的问题，包括理念、思想、理论和实践，以及其他国家转型案例研究。

当然，这些产品均是"高大上"。

"这些研究产品主要面向圈内的学者和精英，不会大范围传播。"秦晓说。

在秦晓的眼中，一个社会需要三个支柱，第一个是经济，第二个是法治，第三个是精神。这个社会不管是发展还是败落，都要看其价值是否得到弘扬和体现。若败落了，首先是社会价值被摧毁；若发展了，是压抑了价值观的发展，还是推动了价值观的发展？

离开招商局，秦晓正重新起航。

友邦单飞

这是一场意外的邂逅。

3月1日，英国保诚集团公布并购友邦。6月3日，保诚集团宣布交易彻底终止。这场轰轰烈烈的世纪并购走了个过山车。

3个月的时间里波澜壮阔。宣布消息的时候，3月1日及2日保诚集团的股价狂泻19.09%；而当6月1日，AIG表示拒绝保诚集团的降价要求时，保诚集团的股价却于当天上升6.28%。

最初，这是一笔大单。

355亿美元的大账单包括：250亿美元现金，保诚集团将通过供股融资获得200亿美元，通过发行次级债券融得50亿美元；其余105亿美元则包括作价55亿美元新保诚集团股份在供股完成后发行给AIG，以及向AIG发行30亿美元强制性可换股票据和20亿美元永久一级票据。

对于保诚集团来说，面对日趋饱和的欧美保险市场，亚洲才是增长之源。

合并前，保诚集团拥有新加坡、马来西亚、印度尼西亚、越南和印度外资保险市场的市场份额第一的排名；而友邦则在泰国、菲律宾和中国外资保险市场拥有第一名的市场份额。

合并后，新的保诚集团在亚洲的布局将达到空前的规模：拥有中国香港地区22%、新加坡30%、马来西亚28%、泰国25%、印度尼西亚25%、菲律宾29%、越南41%，以及中国内地和印度外资保险市场29%和11%的市场份额，并雄踞上述市场的头把交椅。

事实证明，这或许只是保诚集团管理层的"单相思"。

4月，市场便传出了收购价格过高，并且部分股东打算在6月7日的股东大会上阻止交易的声音。

其中颇具代表性的是持有保诚集团12.04%和6.39%股份的资本研究与管理公司（Capital Research and Management Company）和贝莱德（Black Rock, Inc）集团，以及持有保诚集团0.2%股份的海王星投资管理公司（Neptune Investment Management，简称"海王星"）。

前者放出要在股东大会上投反对票的信号，并且还打算邀请英国其他保险公司分拆保诚集团于欧洲的业务；后者则发起了名为"保诚行动集团"的拉票行动，试图说服25%的股东参与阻止交易。

海王星的首席投资官罗宾·格芬表示："保诚集团的股东用355亿美元去买一个现在每年仅能产生16亿美元利润的公司，实在是太划不来了。"

迫于来自股东的巨大压力，保诚集团无奈，于5月28日与AIG重启谈判，试图削减收购价格至304亿美元，但这一要求在6月1日被AIG明确地拒绝了。

于是，6月2日，保诚集团宣布退出并购友邦的交易，这桩超过300亿美元、保险史上迄今为止最大的并购案最终以失败告终。

交易宣告失败后，海王星的首席投资官，在"保诚行动集团"网页上表示，"交易的终结是常识的巨大胜利"。

交易的失败将使保诚付出惨重代价：保诚集团除了要付给AIG违约金外，还需向中介机构等支付顾问、承销等其他费用，这两部分费用合计约4.5亿英镑（约合7.2亿美元）。然而，2009年整个保诚集团的盈利才6.77亿英镑（合计10.832亿美元），此次并购案流产耗费其上年度净利润超过65%。

除了要支付高昂的成本费用外，收购案的终止表明，保诚公司以亚洲为重心的发展战略遭受重挫。

必须寻找出"替罪羊"。

市场传出大股东认为谭天忠应为这笔失败的交易负责。据英国《泰晤士报》报道，保诚集团的几位大股东已经接触公司前行政总裁杜嘉祺，希望其接替谭天忠。

6月7日，保诚集团在伦敦举行股东大会，面对愤怒的股东，保诚集团主席韩伟民多次致歉，并表示公司行政总裁谭天忠并非如外界所言是并购友邦的始作俑者，并购友邦的计划在谭天忠于2009年10月上任前已经落实。

实际上，内部意见不一的不只是保诚集团，AIG内部也是意见对立，比如时任董事长哈维·格鲁博和首席执行官罗伯特·本默切。

"一山难容二虎"，这两位美国运通公司前总裁和美国大都会保险公司前董事长均在2009年9月任职AIG董事长和首席执行官。然而，自AIG将这两个职位分开之后，仅仅不到一年，两人因为友邦到底是出售还是上市的问题，闹到不可调和。

7月14日，格鲁博在致AIG管理委员会主席的信中称，他将退出公司董事会，原因是本默切此前向董事会表示二人合作效率不高且无法持续。"我辞去董事长职务的理由非常简单，替换董事长比更换首席执行官更容易一些。"

格鲁博支持上市，但是本默切上任后，改变了前首席执行官将友邦保险在港交所上市的计划，转而决定向英国保诚集团出售，以求得更大利益，甚至也曾以辞职相胁。

不过，让格鲁博稍感欣慰的是，他的离开换来了董事会通过友邦再次上市融资的计划，而本默切也不得不承认现实。AIG得出的结论是，友邦上市是最佳选择，而友邦新任首席执行官杜嘉祺拥有上市公司经验。

格鲁博之后，新上任的AIG董事长史蒂夫·米勒已经是自2005年以来，该集团更换的第六任董事长。在AIG陷入金融危机之后，其历经莫里斯·格林伯格、马丁·苏利文、罗伯特·维尔伦斯、爱德华·李迪、哈维·格鲁博5位董事长。而友邦也在2年内更换了3位首席执行官，分别为谢仕荣、麦智信、杜嘉祺。

虽然保诚集团"悔婚"，但是友邦依然是一位"美女"，前赴后继的"追求者"众多。

7月，有媒体报道，有4家财团准备一决高下。

这些财团分别是，由太盟投资集团（Pacific Alliance Group，即PAG）董事长单伟建、中渝置地控股有限公司董事局主席张松桥、复星集团（Fosun Group）董事长郭广昌分别牵头的3家财团，以及由多家香港和台湾投资者组成的第四家财团。

太盟投资集团成立于2002年，目前管理资产规模超过50亿美元，其管理的基金涵盖私募股权、对冲基金、不良资产以及房地产等领域，目前在香港、上海、北京、东京等地设有办事处。

而另一财团的牵头人张松桥，有"重庆李嘉诚"之称，一直热衷于在中国香港和台湾地区进行扩张。除了担任4家上市公司的主席外，张松桥同时还是中策集团的主要股东。而在2009年10月，中策集团与博智金融控股有限公司（简称"博智金融"）

结成的联盟以21.5亿美元的总价,对AIG旗下的寿险子公司南山人寿发起收购。

8月,媒体爆料称,之前真正深入参与友邦股权收购的中资机构主要有3家——中国人寿、中国信达资产管理股份有限公司和复星集团。而且,这3家机构最终似乎还抱团竞价,没有被分化瓦解,组成"中国联合投资体"。

但是,价格最终还是成为障碍。

媒体的信息是,在与中国联合投资体进行谈判的过程中,友邦坚持320亿美元到340亿美元的整体估值水平。如果按照30%的股权转让额度计算,中国投资团将为这次收购付出将近100亿美元。

而中国投资团内的3家企业认为友邦的股权估值过高,最终决定退出收购谈判。

9月,友邦单独上市的信息已然清晰。

9月21日,友邦进行上市聆讯。10月初,友邦开始路演。

最终,友邦以19.68港元位招股价上限,行使20%的发售量调整权,令其全球发售股份总数增加至70.3亿股,集资额已达到1383.29亿港元,成功超越工行2006年集资1249.4亿港元的纪录。

所有资金将由友邦公司AIG用于向美国财政部偿还1800亿美元的救助贷款,AIG持有友邦的股份将降至32.9%,但仍保持大股东身份。

这是一场豪门盛宴。

友邦IPO引入五大基石投资者认购19亿美元,包括郑裕彤旗下周大福及新创建、马来西亚主权基金、马来西亚大亨郭令灿的"国浩系"公司、船王女婿吴光正及科威特投资局。

未在基石投资者中现身的中资机构,通过国际配售认购,包括中国投资有限责任公司、中国人寿、中国平安、泰康人寿等。

以上限19.68港元定价的友邦,对应内含价值倍数(PEV)为1.32倍。以AIG发行67.1%旧股筹集1590.78亿港元计算,友邦的估值约为2372亿港元,即305.7亿美元,与英国保诚集团2010年6月提出的303.8亿美元收购代价相近。不同的是,IPO令AIG既实现了变卖资产还债的目的,又保住了对友邦保险的控制权,虽前后经历几次失败的出售计划,仍可谓完美收局。

此外,友邦此次IPO的承销商数量之最也创下了新股发行史上的新纪录。共有包括巴克莱资本、摩根大通、马来西亚金融服务公司CIMB Group、花旗、高盛集团、摩根士丹利、德意志银行、美银美林、瑞士信贷集团、瑞士银行和中国工商银行旗下的投资银行工银国际在内的11家账簿管理人。

10月29日，友邦在香港挂牌上市。

同日，友邦公布，已经行使超额配售选择权（"绿鞋"），首次公开发售集资总额达1590.8亿港元（205.1亿美元），成截至当时全球第三大IPO。

否极泰来。

友邦上市，站在台前的是杜嘉祺。但是，背后的功勋是友邦非执行董事谢仕荣的。友邦和谢仕荣"血脉相连"。

谢仕荣1961年在香港加入友邦，开始其保险生涯；1970年获派驻AIG在中国台湾地区的附属机构台湾南山，负责开拓当地保险市场；1990年任台湾南山董事长；1983年出任友邦行政总裁；2000年升任友邦董事长暨首席执行官；2001年升任AIG资深副董事长。

在谢仕荣的带领下，友邦在亚太地区的资产规模自20世纪60年代的2500万美元发展到现今的600亿美元，公司网络覆盖13个区域市场，并拥有25万名业务代表和2万名员工，为超过2000万名客户提供服务。

功勋属于谢仕荣！

张峻拿下生命人寿

2010年，有人暗中使劲。

此人为张峻。

2008年，生命人寿实施搬迁工程，将总部从上海搬迁到深圳。身为副董事长的张峻担任总部搬迁工作领导小组组长。

2008年8月，张峻出任董事长。

2008年底，生命人寿原总经理李钢去职。

2009年底，张峻从新华人寿挖来总精算师杨智呈、运营中心总经理赵子良、营销中心总经理高焕利，三人被称为生命人寿的"铁三角"。

"兄弟连"显然有战斗力。

2010年，在赵子良的"导演"下，原来的新华人寿湖北分公司几乎全部"翻牌"，从省公司高管到一线业务员，有几百人从新华人寿湖北分公司跳槽至生命人寿湖北分公司。

此后，生命人寿的规模一路狂奔。其业务收入从2008年的76亿元一路增长至

2012 年的 298 亿元；2012 年底，其总资产突破千亿元大关，达到 1127 亿元，是总部搬迁深圳之前的 10 倍。

不过，故事永远只能猜中开头，而不知道结尾。

2012 年 8 月，为生命人寿快速扩张立下汗马功劳的高焕利和赵子良相继从生命人寿离职，轰动一时。其后，高焕利加盟天安财险，如今担任天安财险总裁一职；赵子良则加盟华夏人寿出任总经理，未料到任职未能通过。

回到生命人寿。

伴随生命人寿规模增长的，是密集的增资扩股，其在短短五年内经历九轮增资，注册资本从搬迁之前的 13.58 亿元，增加到超过 100 亿元。

《新财富》杂志做出了如下的记录：

工商信息显示，2009 年至 2010 年，生命人寿共计进行了四轮增资，注册资本从 13.58 亿元增加至 35.74 亿元。在这四轮增资中，大连实德追加投资 2.76 亿元，首钢集团追加投资 3.18 亿元，日本千禧控股公司追加投资 2.63 亿元。相较于这几家早期股东的增资额，张峻控制的三家"深圳系"股东出资额几乎翻番，洲际通商投资增资 3.36 亿元，国利投资发展有限公司增资 4.6 亿元，铖业投资发展增资 5.63 亿元。

与此同时，郑裕彤家族控制的北京丰利、武新裕福实业有限公司（由武汉武新更名而来），不仅没有跟进增资，反而进行了转股套现，所转让股权悉数由张峻麾下企业接盘。

这一系列增资及股权转让交易完成之后，张峻麾下的三家深圳股东分别持股 20%、19.29%、15.69%，成为生命人寿的前三大股东。

工商信息显示，2011 年至 2012 年，生命人寿继续实施了四轮增资，注册资本从 35.73 亿元增加至 94.36 亿元。在这四轮增资中，大连实德通过关联公司大连东鹏房地产开发有限公司追加投资 4.56 亿元，日本千禧控股公司追加投资 6.41 亿元。张峻控制的三家"深圳系"股东更是巨额增资：洲际通商投资有限公司增资 8.41 亿元；国利投资发展有限公司此时已经更名为富德金融投资控股有限公司（简称"富德控股"），增资额为 11.72 亿元；铖业投资发展有限公司此时已经更名为华信投资控股有限公司，增资额为 11.96 亿元。[①]

值得注意的是，在生命人寿此系列增资中，又出现了一家来自深圳的新晋股东——深圳市盈德置地有限公司（简称"盈德置地"），其出资额更是高达 15.82 亿元，一

---

① 以上数据存在四舍五入的出入。

举获得 16.77% 的股权。

工商信息显示，设立于 2010 年 11 月 1 日的盈德置地，设立之初由张峻控制的新亚洲实业发展有限公司（简称"新亚洲实业"）全资持有。

在此阶段增资中，原发起人股东首钢集团未有跟进，并且在 2012 年将所持股份全部转让。最终，该等股权由深圳市国民投资发展有限公司（简称"国民投资"）按挂牌价拍得，并于 2012 年 6 月 18 日完成工商变更。

《新财富》杂志认为，虽然目前国民投资在股权上与张峻没有关联，但实际依然由其代理人控制。国民投资受张峻控制的一个侧证是，2011 年 11 月 11 日上午，"深圳市国民投资发展有限公司捐建和平县农村中小学校舍建设九项工程落成庆典"的现场，与广东省教育基金会理事长黄丽满一同坐在主席台上的国民投资代表，正是张峻、陶美紫夫妇。

《新财富》还观察到，2013 年，生命人寿又进行了一次增资，工商信息显示的增资时间是 3 月 25 日，注册资本由 94.36 亿元增加至 107.75 亿元。

"此轮增资清一色由张峻麾下的深圳股东完成。截至最后一轮，张峻或明或暗合计控制了生命人寿超过 80% 股权，所对应的出资额为 86.203 亿元，而在 2006 年，其出资额还是 0。"

张峻是谁？

张峻，原名张仲俊，广东普宁人，现为深圳市政协委员。为人低调，有"普宁首富"之称。开始创业是做电子，1990 年后转做房地产，新亚洲花园及华强北的新亚洲电子城都是他名下的企业。早期开发的是位于龙岗区横岗镇的新亚洲广场和新世界广场。

张峻早期的创业，始于深圳一家名为宝安县（现为宝安区）粤宝永发工业公司（简称"粤宝永发"）的企业，发家过程先后经历了粤宝永发—新亚洲实业—国民投资—富德控股四个阶段。

新亚洲实业是张峻自 1996 年开始从事地产运作的核心平台及控股公司，自 2003 年下半年开始，张峻在地产之外，将运作重心逐步挪到了一个新的平台——国民投资。张峻在国民投资平台上做了三件重要的事情：其一，投资生命人寿；其二，入主 ST 中华；其三，从事能源投资。

2010 年之后，张峻又逐渐淡化了国民投资作为控股公司的色彩，再次启用一个新的控股平台——深圳市富德控股（集团）有限公司，张峻也以富德集团董事长兼生命人寿董事长身份示人。

曾经的生命人寿总经理杨智呈对媒体介绍，富德控股已形成了以金融保险、能源化工、基础设施建设、专业市场建设为主，涉及专业市场运营、租赁、物业管理等多个领域的综合性控股集团，机构遍布全国。截至2011年底，集团总资产超过1000亿元，年销售额近500亿元。

掌控生命人寿之后，张峻开始布局其金融地产。

"生命金融城"是生命人寿主打的不动产品牌。其激进策略，让市场瞠目。

2012年7月至2013年上半年，生命人寿分别在吉林长春、湖北襄阳、广东东莞、江苏扬州、陕西西安等地投资建设金融城。金融城中自用、商租部分按一定比例分摊。

据媒体的调查估计，若加上周边附加投资，如医药港、养老社区、物流园等，生命人寿和最大股东富德集团已公开的今后数年不动产投资总额可能在300亿～500亿元。这些项目公司目前的实际出资方主要是生命人寿。

2012年底，生命人寿"投资性房地产"占总资产的比例从5.65%增至9.16%，其投资性房地产规模已经达到103.17亿元，同比暴增182.89%。而同期新华人寿为0.33%，太平洋保险为1.11%，中国平安为0.53%。

尽管发家之后，其家人奢侈的生活为大众所非议，但是张峻的生活中并非只有资本和财富。

2008年7月，生命人寿第三届董事会成立，在拟任董事长闭幕会议上的讲话中，张峻提出了"用科学发展观，构建和谐生命"的战略目标。

"没有好的治理结构，就没有务实高效的企业架构，就不可能产生制度完善、管理科学、高水平的现代保险企业，公司也不可能走上健康发展之路。企业的法人治理结构就是企业的DNA。

"我非常希望生命人寿能够在我们的共同努力下，成为具有卓越品牌的百年老店。"

CHAPTER 16

第 16 章

疯狂的安邦
（2011）

2011年，中国保险的增长神话似乎走到了尽头。

这一年，中国保险业浮现两个征兆：第一个征兆是，保险行业首次出现负增长，这是20世纪七八十年代恢复保险业务以来的第一次。当年7月底，中国保险业总资产为56073.6亿元，较6月减少1396.3亿元，降幅为2.4%！第二个征兆，销售代理队伍第一次出现负增长，这也是1992年友邦进入中国、保险代理人体制引入中国以来的第一次。

负增长为行业敲响警钟。

走红十余年的寿险营销两大法宝——代理人渠道和银保渠道集体疲软。

面对规模下降的压力，保险公司"休假式"放弃期缴，转而运用趸交和银保冲击保费规模。比如，即使四大保险公司（中国人寿、平安、太保、新华人寿）中银保渠道占比最低、最为淡定的平安也于2011年3月和9月悄然推出限时、限额、限量销售的趸交产品"财富一生"和首款趸交终身返还型银保产品"富裕一生年金保险（分红型）"，冲击保费效应明显。

与处在寒冬中顾影自怜的寿险业不同，2011年俨然成为国内财险业的"最好时光"。

2011年，人保财险、平安产险和太保产险三家保费收入分别为1733.72亿元、833.33亿元和616.87亿元，同比分别增长12.63%、34.2%和19.5%。其中，以电销为主的新渠道业务发展渐入佳境，保费占比大幅提升。

·

福无双至，祸不单行。

不仅是承保业务，投资收益也被"股债双杀"折腾，折损过半。

有"好事"券商根据2011年保险上市公司年报数据统计，中国人寿、平安、太保、新华人寿四大上市保险公司累计投资浮亏至少达到了450亿元。而四家上市的险企 2011 年的总利润也不过 489 亿元。

这些公司的年报显示，中国人寿、平安、太保、新华人寿 2011 年总投资收益率分别为 3.51%、4.0%、3.7%、3.8%，分别较 2010 年下降 1.6、0.9、1.6 和 0.5 个百分点。

受资本市场和投资波动的影响，寿险老大中国人寿净利润同比下滑达到 45.5%。市场上的小伙伴们都惊呆了！

2011 年，人来人往。

首先是平安。2010 年 6 月，曾被马明哲赞为"真的很伟大"的梁家驹辞职；2011 年初，平安总经理张子欣辞职。

平安人寿董事长兼 CEO 李源祥出任中国平安副总经理兼首席保险业务执行官。财险方面，孙建平出任平安产险董事长，王新出任平安产险总经理。

最大的变化是平安迎来继任者——平安本土少帅任汇川。

无独有偶，在中国平安外脑纷纷隐退的同时，太平洋人寿的著名外脑——太平洋人寿总经理潘燊昌也于 2010 年下半年请辞，他的接棒者是太保集团常务副总裁徐敬惠。

徐敬惠为太保"老人"，1991 年加入太保，经历内部多个层级、多个岗位的历练，曾主管太保集团 A 股、H 股上市工作。

更早之前，2011 年 5 月，中国人寿总裁杨超退休，原保监会主席助理袁力接任。当然，此时无法预料的是，仅仅不到一年，中国人寿的"一把手"就由保监会副主席杨明生接任，背后的原因据说是"行政级别"问题。因为 2012 年 3 月，中国四大国有保险公司——中国人寿保险集团、中国人民保险集团、中国太平保险集团和中国信保正式升格为副部级单位，其组织关系及人事权也已统一由保监会移至中共中央组织部（简称"中组部"）。

回到 2011 的变化，细翻这些人的简历，更新之后的"三巨头"管理层，60 后的身影越来越多。例如，任汇川，1969 年出生。李源祥，1965 年出生。

2011 年 10 月 29 日，中国保监会主席吴定富退休，保监会迎来继任者项俊波。

此时 54 岁的项俊波，曾主导 2009 年和 2010 年的中国农业银行股改上市，完成了中国四大国有银行收官之作和最后一役。在此之前，他曾担任中国人民银行副行长，更早一些他在审计署有 10 年的工作经历。

再早一些，他还打过仗，当过编剧。更加文艺范的介绍是："川东人士，他当过知青，在老山前线打过仗、负过伤，曾是感情澎湃的诗人、编剧，又是铁面的审计署高官。"

2011 年 12 月 7 日，项俊波上任第 38 天，首度开讲的话题是"如何保护保险消费者利益"。

不过，这只是表疾。

曾是太保寿险"一把手"的金文洪认为：产险是理赔难，这是服务问题；寿险是分红少，是投资问题和系统性误导问题。虽然都是感冒，但是病因不一样。

2010年，中国保费收入达到1.45万亿元，保险业总资产达到5.05万亿元，中国已经成为全球最重要的新兴保险大国。

五大行圈地保险

2月11日，农业银行总行16层阳光大厅，农业银行与嘉禾人寿举行入股签约仪式，一年后正式拿到了保监会的批文。

截至2012年末，五大国有银行通过跨界收购，完成了控股保险公司的布局。和中国银行、工商银行、建设银行相比，农业银行"联姻"保险公司出手最晚，但规模最大。

根据协议，农业银行将出资人民币25.9亿元控股嘉禾人寿，超过其他几大银行收购保险公司的金额，农业银行将持有增发后嘉禾人寿51%的股份。这成为迄今国内商业银行并购保险公司的最大买单。嘉禾人寿彻底"被收购"后，将更名为"农银人寿"。

截至2010年底，嘉禾人寿总资产为176亿元，业务规模大于此前四家银行收购的保险公司。但即便如此，嘉禾人寿2010年保费仍然不到农业银行代理保费规模的5%。收购嘉禾之后，农业银行保费的增长将难以想象。

有果就有因。

2009年11月5日，银监会颁布《商业银行投资保险公司股权试点管理办法》后，商业银行入股保险公司正式拉开序幕。此后，银监会正式放开商业银行投资保险公司的闸门，工商银行、交通银行、建设银行、北京银行成为首批四家试点银行。

第一个尘埃落定的消息源自出手最早的交通银行。2009年，其控股中保康联，并随之将其更名为交银康联人寿保险有限公司（简称"交银康联人寿"），成为第一家获得保险牌照的银行。

中国银行2010年获批收购中银集团保险有限公司持有的中银保险100%股权；建设银行于2011年收购太平洋安泰人寿51%的股权，将其更名为建信人寿保险有限公司（简称"建信人寿"）；工商银行也在2012年7月5日最终完成了对金盛人寿60%股权的收购，并在次日将其更名为工银安盛人寿保险有限公司（简称"工银安盛人寿"）。

对于入股保险公司，银行的定位很简单，保险公司只是开胃菜而已。

工商银行姜建清曾表明："相比工商银行庞大的商业银行业务，这仅仅是一小部分，商业银行永远是工商银行的业务支柱。"

银行、外资股东和原有股东对金盛保险的治理机制有明确规定：工商银行将委任金盛保险新的董事长兼任主席的管理委员会负责重要日常经营事项，由安盛集团委任的总裁牵头负责一般日常经营，中国五矿将继续保持战略投资者地位。

有大树，好乘凉。

例如，截至2012年末，工银安盛人寿的总资产为109.51亿元；净资产为26.91亿元；保费收入47.53亿元，同比增加197%，居合资保险公司第二位。

更为生猛的是建信人寿。2012年，建设银行旗下的建信人寿完成增资57.21亿元，其中建设银行增资28.92亿元，此次增资成功引进了全国社保基金入股。截至年末，建信人寿总资产为177.69亿元，净资产70.53亿元；实现保费收入58.68亿元，同比增长358%；净利润为4964万元。

不仅五大行，几乎与此同时，北京银行、邮储银行、招商银行也纷纷拿下中荷人寿保险有限公司（即原首创安泰，简称"中荷人寿"）、中邮人寿保险股份有限公司（简称"中邮人寿"）、招商信诺股权。截至2012年11月，已有9家"银行系"寿险公司争夺保险市场。

尴尬如中法人寿，同属中国邮政集团公司门下，却是同门不同命。

据保监会统计，截至2011年6月30日，中邮人寿原保险保费收入为33.68亿元；其保费规模已经取代一家成立超过四年半的中资寿险公司，排在中资寿险公司中的第13名。

然而，中邮人寿的同门兄弟，成立已经5年有余的中法人寿，却始终排在外资寿险公司的末尾几名。截至2011年6月底，其保费收入仅为3720.6万元。

中法人寿成立于2005年12月23日，由原国家邮政局（现为中国邮政）与法国最大寿险公司"法国国家人寿保险公司"（CNP）合资设立而成，总部亦在北京，注册资本金2亿元。

2009年8月18日的中邮人寿，是由中国邮政与20个省（区、市）邮政公司共同发起设立的国有全国性寿险公司，总部位于北京，注册资本金5亿元，已拥有包括地处江西、四川、陕西、北京等的8家省级分公司，安徽、宁夏分公司已获批筹。

前者几乎被市场遗忘，后者才是根正苗红。

有新人笑，就有旧人哭。

2010年，银监会下发"90号文"（《中国银监会关于进一步加强商业银行代理保险业务合规销售与风险管理的通知》），对商业银行代理销售保险作出规范，不再允许保险公司人员入驻商业银行网点，同时规定商业银行每个网点合作的保险公司原则上不超过三家。"90号文"严重打压了保险银保渠道。

2012年，五大上市险企（人保、太保、新华人寿、平安和中国人寿）银保渠道保费收入占比无一逃脱下滑命运。

传统保险企业腹背受敌。

变革渠道，尤其是发力网销，成为诸多保险公司突围的梦想。

新华人寿逆天上市

2011年，需要给新华人寿留一笔。

61岁的"老兵"康典于2009年岁末出任新华人寿"老大"。在此之前，他担任深圳发展银行监事会主席，还曾有证券、银行、信托、PE（私募股权投资）等跨界金融背景。

初到新华，康典就被施了一个下马威。包括首席精算师在内的若干核心高管辞职，挂印而去。不仅总部，多地公司陷入混乱，湖北、四川、河南、内蒙古等地诸多分公司相继"起义"。武汉分公司更是上演离职版的"武昌起义"——现场填写两张表，一张是新华人寿的离职表，一张是新公司的入司表。

"走一步一个陷阱，走一步一个地雷。"康典自己回忆称。

康典的到来，开启了新华人寿的第三段历程。

新华人寿在关国亮主政的8年间快速发展，但关国亮擅自挪用资金违规投资、"体外循环"，最终东窗事发。在保险保障基金以27.88亿元接管38%的股份后，新华人寿尚有14亿元的窟窿。

▶ 关国亮的深航债[①]

"我前期是上钩，上钩后被拖着走，后期是想脱钩。"

2005年3月左右，时任新华人寿董事的刘文彪向关国亮介绍认识了一个人，这个人就是李泽源，此时的李泽源正谋划收购深圳航空（简称"深航"）的控股权。

但是，关国亮对李泽源的印象并不好。

2005年5月，深圳产权交易中心公开拍卖深航65%的股权，要求竞拍者必须有15亿元的净资产。拍卖前不足一个月，刘文彪就李泽源的事情（收购深圳航空的控股权），向时任新华保险董事长关国亮求助。

关国亮碍于刘文彪是新华保险董事的情面，就给亿阳集团的董事长邓伟打了电话，请亿阳集团与汇润公司联合竞拍，但只需挂名，无须出资。

邓伟同意了。

拍卖结束后，邓伟给关国亮打电话说，李泽源一定疯了，他竟然在自己没钱的情况下出那么高的价格，还想让亿阳集团自己想办法出资。

关国亮对邓伟说："我让你出面帮忙，出了事不会不管。"然后，他质问李泽源："事先说好了，出面不出钱，为什么竟然要亿阳出钱？"

在交涉的过程中，李泽源提出，未来深航的保险业务可全部给新华保险做。李泽源向关国亮描绘了二者合作的前景，深航一年的旅客将突破1000万人，每人20元航空意外险，一年就是2亿元。公司的财产险和飞机保险，每年也有2亿元。

关国亮盘算，如果为李泽源解决资金问题，夺下深航，不仅可以为亿阳集团解套，也有利于新华保险的发展。于是，新华保险和亿阳集团签订了委托投资协议，新华保险出资4亿元，通过亿阳集团投资深航。亿阳集团代新华保险持有深航10%的股权一年。汇润公司则和亿阳集团约定，一年后汇润公司用4亿元购回相关深航股权。

在收购深航的第一期融资结束之后，关国亮对李泽源的印象有了变化。

当时，作为新华保险董事长的关国亮被公司股东宝钢集团举报挪用公司巨额资金，关国亮不仅想摆平此事，还想把宝钢手里的新华保险股权买过来。

李泽源积极为关国亮奔走，还帮忙调停关国亮和东方集团股份有限公司（新华保险的发起股东之一）控制人张宏伟之间的矛盾。

随着交往的深入，关国亮深陷李泽源收购深航的资金泥潭。

[①] 《李泽源如何"空手套白狼"——深航收购案》，财新网，2014年1月。

> 关国亮自己说，第一期付款时是相信了老李（李泽源）的话，到第二期时已经清醒了。但是，上贼船易，下贼船难。
>
> 2007年，关国亮因涉嫌挪用新华保险的巨额资金被调查。而李泽源闻风而逃，跑到一座庙里待了半年。他事后总结，是关国亮出事导致整个事情的转向。
>
> 2014年1月17日，李泽源站在审判台前。

孙兵在执掌新华人寿的三年过渡期内，勉力维持保费再上新台阶，但代价是投资能力孱弱、销售费用高企。

"我老了，要退休了。" 2009年10月，孙兵接受媒体采访时称。

孙兵是行业老兵，1983年加入保险业，曾任平安保险常务副总经理，1994年参与创办新华人寿，任总经理兼董事。在新华人寿长达八年的关国亮强权时代，孙兵甘愿做二号人物，隐忍不发。

2000年关国亮引入外资股东后，挪用资金违规投资的情况逐渐被股东发现并不容。2006年10月，关国亮被保监会停职并接受司法调查，其工作被移交给孙兵。至2009年底汇金进入之前，孙兵成为新华人寿实际的掌控人。

三年间，孙兵将资源向前台倾斜，保费迅速企稳并实现三年翻番，2009年底保费收入达668亿元，居业内第五。

但与此同时，孙兵也留下了"败笔"。

2009年11月，保险保障基金宣布将自身所持有的新华人寿38.815%的股份一次性转让给汇金。交易完成以后，汇金成为新华人寿最大的股东，而新华人寿也变身为国有控股公司。

2010年初，审计署在对中国人寿进行审计时查出了一份"蹊跷"的保单。这是一份给包括新华人寿前总裁孙兵在内的47名高管购买的补充养老险，由新华人寿总裁办公会议在2009年3月决定购买，本来投保在新华人寿的北京分公司，后于汇金入股之前转到了中国人寿。保单的内容包括：这些高管可在退休之后享受到年金收益及医疗费用的报销，而孙兵一个人在退休后则每月可领取近10万元。

对于已经是国有控股公司的新华人寿而言，这份保单过于厚重。

空悬三年的董事长一位终于落定，康典到位之后，开始了新华人寿修复公司治理的第一步。

和康典搭档的是何志光。何志光出身人保；后成为平安干将，曾为平安集团上海分公司总经理；2001年4月，筹备太平人寿并任总经理；2008年，担任中保控股的副总经理及太平人寿的董事长。

不仅何志光，何志光在太平的搭档郑荣禄当时亦想加盟，不过后来未能成行。何志光和郑荣禄曾开创了太平人寿代理人的"三高模式"，后者还被尊称为"博士"。很多代理人都记得郑的名言："平庸的人在谈论别人，成功的人在谈论自己，卓越的人在谈论未来。"

何志光后来也离开新华人寿，加入一家民营的金融控股公司。

稳住军心后，2010年3月，新华人寿董事会通过"两步走方案"，即"先增发后上市"，同时承诺在2010年12月31日之前完成向现有股东的定向增发，最后募集了140亿元。

这背后是复杂的股权交易和转换。

根据媒体的调查，从1999年到2011年间，关于新华人寿的股权转让就发生了超过30次。公开资料显示，1996年，新华人寿在创立之时，以爱地集团（10%）、中国物资开发投资总公司（10%）、东方集团（10%）、华远集团（10%）、宝钢集团（10%）、神华集团（10%）、新产业投资集团（10%）、龙涤集团（8%）、信泰珂科技发展公司（7%）、锦州港务集团（7%）、大庆石油化工总厂（2%）、中石化金陵分公司（2%）、仪征化纤股份有限公司（2%）、安徽省粮油贸易公司（1%）、铜陵有色金属集团（1%）15家企业为发起股东，总股本为5亿股。

世道变迁，15年之后的2011年，原始股东除宝钢集团等极个别的之外，多数已离开，能够坚守至上市的更少。

2011年12月15日及16日，已经是国有公司的新华人寿相继在香港联交所和上海证券交易所成功挂牌上市，是国内首家以"A+H"方式同步上市的保险公司，并成为登陆内地资本市场的保险"第四股"。

新华人寿董事长康典回首上市路，坦陈募资环境不佳。

新华保险IPO定价为A股23.25元/股、H股28.5港元/股，均接近定价区间底线。而多个老股东临场进入的价格，均高于此价格。

康典在给股东的信中回顾了新华人寿的2011年，并颇有文艺范地引用米兰·昆德拉的话：

"最沉重的负担同时也成了最强盛的生命力的影像。负担越重，我们的生命越贴近大地，它就越真切实在。相反，当负担完全缺失，人就会变得比空气还轻，就会飘起来，就会远离大地和地上的生命，人也就只是一个半真的存在，其运动也会变得自由而没有意义。"

疯狂的安邦：殷鉴不远

上帝欲使之灭亡，必先使之疯狂。

9月，保监会批准安邦财产保险股份有限公司（简称"安邦财险"）增资至120亿元，资本金规模一举超过人保财险，跃居财险业第二位。

对于一家非上市公司而言，这是一个天文数字。

公告显示，联通租赁集团有限公司（简称"联通租赁集团"）持股19.983%，成为安邦财险第一大股东；旅行者汽车集团有限公司持有19.317%，为第二大股东；上海标准基础设施投资集团有限公司持有18.90%，位居第三。原第一大股东上海汽车集团股份有限公司（简称"上汽集团"）此时已退居第六位。

从2004年成立以来，安邦财险的资本就一路狂奔不止。

2004年9月，由上汽集团和中石化等7家企业共同投资成立安邦，注册资本金5亿元。上汽集团是第一大股东，持股20%，由上汽集团总裁胡茂元出任安邦财险董事长。

2005年8月，安邦财险资本金由5亿元增至16.9亿元，次年再增至37.9亿元。2008年，安邦财险进行了第三次增资，注册资本增至46亿元。2009年的第四次增资，使安邦财险的注册资本增为51亿元。2011年将资本金增至120亿元后，安邦财险的资本实力已超过人保财险的111.42亿元，跃居第二位，仅次于平安财险。

整个保险市场都不禁想问，联通租赁集团是谁？从哪里来？

简单的资料是，联通租赁集团是商务部、国家税务总局确立的首批9家内资融资租赁试点企业。

不仅是资本，安邦财险落子之快速，布局之犀利，都令人望尘莫及。

2010年1月，安邦财险与中乒投资集团接手瑞福德健康险，并将其改名为和谐健康险股份有限公司（简称"和谐健康险"），安邦财险持股99%。次月，安邦财险与联通租赁集团、标准基础设施投资集团有限公司等4家企业共同发起筹建安邦人寿保险股份有限公司（简称"安邦人寿"）。

2011年5月，安邦财险与安邦人寿共同发起成立的安邦资产管理公司开业，又与和谐健康险共同设立和谐保险销售有限公司。同年6月，安邦保险集团获批，成为中国第八家保险集团——此时离2008年1月阳光保险控股公司正式更名为阳光保险集团公司、成为中国第七家保险集团已经过去3年多的时间。原安邦财险董事长胡茂元出任集团董事长。安邦亦成为2010年3月保监会发布《保险集团公司管理办法（试行）》

后成立的首家保险集团,可以说是在新一轮保险集团化战争中夺得头彩。2011年6月,安邦财险与联通投资控股集团获批筹建北京瑞和保险经纪有限公司,安邦财险持股51%。

至此,"安邦系"财、寿、健康、资产管理、代理和经纪子公司的构架迅速搭建完成。

升级成为保险集团之后,安邦保险展露出更高的志向。

2011年9月、10月,安邦保险击败对手,斥资50亿元收购成都农商行35%的股权,取得控股地位。成都农商行注册资本金已达100亿元,资产规模位居国内农商行前茅。

12月,安邦保险任命旗下子公司和谐健康险董事长李军担任成都农商行行长,另外,副行长、财务总监、董秘等一系列高层均集体更换,由安邦保险派人担任。

成都农商行一役意义非凡,2013年,银监会正式批准成都农商行与安邦人寿联合筹建金融租赁公司。这是银监会监管下的第22家金融租赁公司,也是首家农商行设立的金融租赁公司。

两年以后,浮出的是一头"恐龙":根据公司2013年首页介绍,安邦保险总资产规模达5100亿元;集团网络遍布全国31个省、自治区、直辖市,拥有3000多个网点、1000多万名客户,以及境外资产管理公司;业务涵盖保险、投资和银行。

至此,志在成为中国第四大金融集团的安邦保险隐隐展现出王者之气,并可能成为金融业首家跨国企业。

12月9日,招商银行大宗交易成交136.78亿元,创A股大宗交易新纪录。一天后,金主浮出水面。

安邦保险通过安邦财产保险传统产品账户增持公司11.33亿股A股,增持后安邦保险持有招行总股本的5.00000002%,持股量首次超过招行总股本的5%。

12月11日,中金公司发表了题为《招商银行:王者归来》的研究报告,其核心观点是安邦保险的"意图"。

中金在研究报告中称,"根据招商银行公告和大宗交易信息,我们判断安邦保险的交易分两步:一是12月9日晚大宗交易11.33亿股,交易完成后,安邦保险持股仍低于5%;二是12月10日在二级市场上买入100股,持股比例恰好超过5%"。中金还预计,安邦保险仍可能进行进一步增持。其理由有两点:一是法律规定持股5%以上股东6个月内反向操作收益归上市公司;二是安邦保险"图谋"招行董事会席位。

留给市场的悬念是:安邦保险和生命人寿是否始终一致行动。因为无论金地集团还是招商银行,安邦财险和生命人寿都如影随形地出现在十大股东的名单中。如果是这样，安邦财险和生命人寿加起来将成为金地集团的第一大股东和招商银行的第三大股东，战略意义非同一般。

不仅在金融领域，安邦保险在地产领域也出手豪气，还在北京CBD（中央商务区）土地争夺战中成为最大的赢家。

2010年7月，保监会制定了《保险资金投资不动产暂行办法》。在同年12月北京CBD中服地块首批六块地的出让过程中，泰康人寿、阳光保险、生命人寿和安邦保险等8家保险公司参与组建的联合体进行了投标。来自北京市土地整理储备中心的信息显示：泰康人寿与标准投资集团联合体、阳光保险和阳光财险联合体参与竞投Z3地块，其中泰康联合体报价最高；生命人寿和联通投资控股集团的联合体竞标Z4地块，报价最高；安邦财险、和谐健康险和标准投资集团组成的联合体竞标Z5地块，并给出最高报价；安邦财险、生命人寿、安邦人寿和标准投资集团组成的联合体在Z6地块的竞标中，报价位居第二。

在综合评标的出让模式下，中服Z3、Z4、Z6地块都并非为出价最高者所竞得。

最终只有安邦保险自己的联合体中标：Z5地块底价为17.34亿元，安邦财险、和谐健康险、标准投资集团报价25.2亿元，成功夺得Z5地块。

实际上，在12月7日的第二轮投标现场，一份所谓的"内定名单"在不少记者和竞标者手中流传。名单上列出的上述六宗地块的"内定"买家，与公布的最终得主几乎完全吻合。

半年之后的2011年7月，在中服地块第二批九块地的出让过程中，各大保险公司主导的几个联合体大获全胜，在九块土地出让中夺得六块，而其中只是一家中型保险集团的安邦保险在这六块地中独占两块：Z9地块——中标者为安邦人寿和北京涛力投资管理有限公司投标联合体，中标价格为22.92亿元，比底价只高出1.6%；Z10地块——中标者为北大方正集团有限公司、联通租赁集团、安邦财险和中信集团投标联合体，中标价格为34.5亿元。

本次地块的出让过程中，最让人关注的便是中信集团的"神仙标"事件。当Z11地块开标时，中信集团报出了与标底价格一模一样的价格：26.32亿元。然而，与Z11地块相似，Z9地块也只有一家联合体参与投标，安邦人寿和北京涛力投资管理有限公司联合体作为Z9地块唯一买家出价22.92亿元夺得该地，溢价率仅为1.6%。统观第二轮招标的其余五幅招标地块，竞标价格的溢价率都在32.4%以上。

这种神力，显然并不是所有企业都具备的。

不过，做生意远比资本运作缓慢。2010年以来，安邦财险保费收入基本没有什么增长，大致保持在 70 亿元。资本进入第一梯队，但是业务依然徘徊在第三梯队。

殷鉴不远。

2001 年 3 月 15 日，曾经是澳大利亚保险市场第二大保险公司的 HIH，进入破产清算程序。研究表明，HIH 公司破产的主要原因有：存在严重缺陷的公司治理结构，利益冲突的问题没有得到解决，离奇的会计方法掩盖了偿付能力问题，缺乏独立的审计以及致命的交易等。

路远，安邦且慢行。

平安造梦"万佛朝宗"

2011 年，马明哲的一记"万佛朝宗"，让市场再度感受到平安综合金融的高度和深度。

"万佛朝宗"计划是平安 2010 年启动的一项新工程，市场上层流传过很多山寨版本，直到"2011 年平安明星会"，马明哲才给出了一个正版。

"万佛朝宗，在佛经里是万佛去灵山听佛祖说法的意思。在武侠片里，代表如来神掌的第九式。它集合了前八式的精髓，融会贯通，是威力最大的一招，练成了就能独步天下。平安的'万佛朝宗'计划，是借用了这一武功的概念。

"所谓万佛朝宗，是一个比喻。'万佛'就是所有业务单位和改革项目与系统；'朝宗'，就是集合公司最好的资源、集合所有团队的力量，共同完成'一个客户、一个账户、多个产品、一站式服务'的目标。

"这两句话说起来很简单，做起来极其复杂。要在统一的品牌和架构下，在最短的时间内，为数千万客户提供标准一致的、高效高质量的全金融服务，我们需要一个庞大的、全方位的系统性改革工程。"马明哲如是说。

为此，平安已经做好了准备。

"（平安）已经集中了全集团最精锐的团队，投入了最强大的资源，同时聘请了国际著名的麦肯锡公司。"

马明哲还有三个挑战：一是综合金融与专业化经营的挑战；二是客户消费理念和行为转型的挑战；三是业务同人技能转变的挑战。

按照计划，在前台，平安根据个人客户与团体客户的分类，成立了综合开拓个人业务管理委员会（"综个会"）和团体业务管理委员会（"综团会"），它们将分别以平安寿险和平安产险为基础，负责统筹管理相应的计划、任务和目标；在中台，寿险的个体综合金融系统已基本完成，2011年下半年MIT[①]二代将上线，将完成对寿险、产险、银行、养老险等各系列首批产品的支持。

而平安给每一个单位、每一个项目、每一个系统都做好编号，用代码表示各个改革环节和主体，最终形成一张清晰的大地图。

马明哲认为，"通过这张地图可以直观地看到，都有哪些改革项目和系统，具体谁在负责，哪些单位在参与，各自将在什么时间完成，进度如何，是否遇到困难和阻力，我们应该在哪些环节或项目上加大投入等"。

马明哲打了一个比方，比如平安陆金所（即上海陆家嘴国际金融资产交易市场股份有限公司）被命名为"红桃A"，金融科技则被命名为"方片K"。

在马明哲的理念中，此前的平安只是1.0版本，即向用户提供自己的产品，是"捕鱼卖"；而综合金融2.0应该是"找鱼卖"，搭建平台卖各家产品。在马明哲看来，金融业的未来将是渠道为王，平安要从以产品为中心转为以用户为中心。

他为平安设计了一个"倒三角"布局，底层是平安自有产品；中间层是开放平台售卖第三方产品；而最上层则是合作连接的外部应用，如婚恋网站、社交网站等，最上的大漏斗状布局用来获取用户，增强黏性，伺机转化。

2011年5月，他又给原先的那副扑克牌加上了两张王牌，将其确定为平安集团最高战略方向，其中"大王"就是综合金融，这是整个平安集团一切战略的总纲领和基础；而"小王"则是"科技改变金融"，意指以IT信息科技、互联网产品和运营方式等对平安的业务进行改造。

虽然私下与马云、马化腾交情甚笃，但马明哲在公司内部毫不讳言：阿里巴巴、腾讯等现代科技企业才是中国平安未来最大的竞争对手！

---

① 即移动展业销售模式，是一种寿险营销展业模式，开创了无纸投保的先河。

CHAPTER 17

第 17 章

投资新政
（2012）

枯木逢春。

"以最大宽容度对待创新",这是监管迟来的声音。

2012年6月,保险投资改革创新闭门讨论会在大连召开。保监会在会上推出了13项保险投资新政征求意见,也就是业界所称的保险资金新政"13条"。

"13条"涉及保险资金管理范围和保险投资渠道两大方向,并由此打开了保险业通往证券、基金、银行、信托等行业的业务通道。

按照业内的估计,以理财产品为主体特征的市场,对于规模较大的寿险公司而言,保费资金的平均获取成本在5%～5.5%,而中小公司和新公司的资金成本普遍在8%～8.5%。显然,大多数保险公司连续多年资金运用收益率不能超过5%,入不敷出,"直接或间接地导致保险产品吸引力低、销售困难以致销售误导等一系列问题"。

传统而言,保险投资重债权轻股权,其中债权投资包括债券投资和银行存款等。但是过去几年,传统的债券投资无法创造足够的回报。

当债权类资产收益率覆盖不了负债成本时,只能赌权益类资产,通过10%或15%占比的资金去博取10%～15%的收益。在没有对冲工具的情况下,保险投资与基金、券商都只得采取高抛低吸的方法进行股票投资,从而不可避免地产生系统性风险。

中国保险投资挑战重重。据《保险研究》的一篇文章显示,保险业投资收益率偏低。2008—2012年,保险投资收益率分别为1.9%、6.4%、4.8%、3.5%和3.4%(见图17-1),2013年上半年的年化收益率是4.9%。

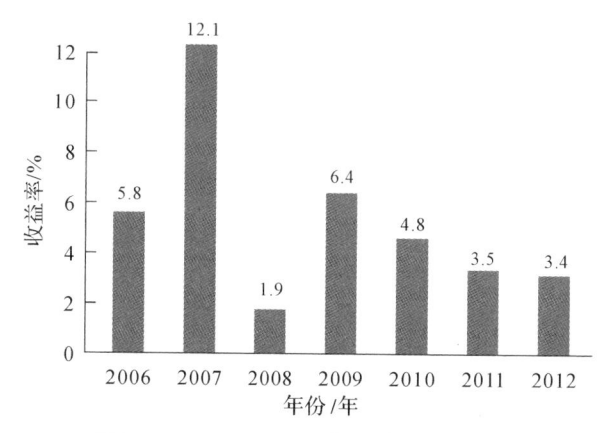

图17-1 2006—2012年保险投资收益率

首先，在国内，保险投资收益率低于社会平均收益水平，大部分年度的收益率都低于5年期定期存款利率，也低于5.5%左右的寿险产品精算假设。

在国际上，很多国家的保险投资在经济高速增长期均实现了较高投资收益。以美国为例，在2001年到2010年的10年中，美国经济年均增长1.8%，年均通胀率2.39%，同期美国保险投资收益率为5.6%，超过GDP增速与通胀之和。20世纪70年代中期至90年代初期，美国、英国、法国的保险投资收益率均超过10%，德国也达到8%以上。因此，当前过低的投资收益水平意味着保险业并没有充分分享到经济社会发展的成果，也直接或间接地导致保险产品吸引力低、销售困难以致销售误导等一系列问题。

其次，是资产负债期限错配。截至2012年末，行业15年以上的资产负债存在较大缺口。从长远发展看，保险资金错配的风险还可能加大。

再次，是权益投资波动大。比如，2007年收益率很高，有的公司达到30%、40%，但近两年亏损较多。固定收益类资产的收益率不能覆盖负债成本，保险机构不得不依靠股票市场投资来获取超额收益。股票市场下行时，又缺少可替代股票的高收益投资产品，无法迅速调整配置结构，往往带来巨大的风险和损失。

2012年，新的保险公司层出不穷。

自2001年中国加入WTO，国内保险业先后迎来三轮扩容潮。第一轮是2001年前后的合资寿险公司。第二轮是2004年、2005年左右，多数是由民营股东组建的中资保险公司。第三轮扩容潮则由地方法人险企担当主角。其特点是：由地方政府牵头，股东多为地方大型国企及上市公司。

地方法人险企扩容潮可以追溯至2010年前后，浙商财险股份有限公司、紫金财险股份有限公司等如今已日渐崛起的保险公司即为其中的代表性险企。2010年全国保险工作会议上，时任保监会主席吴定富透露，待筹的保险公司数量已达到上百家。

此后，各地保险公司的申请呈燎原之势。

2011年保险市场上添丁6员，即长江财产保险股份有限公司、华汇人寿保险股份有限公司、锦泰财产保险股份有限公司、众诚汽车保险股份有限公司、利安人寿保险股份有限公司、泰山财产保险股份有限公司。

2012年这一数字跃升为10家，即华信财产保险股份有限公司、东吴人寿保险有限公司、鑫安汽车保险股份有限公司、弘康人寿保险股份有限公司、珠江人寿保险股份有限公司、吉祥人寿保险股份有限公司、前海人寿保险股份有限公司、诚泰财产保险股份有限公司、中韩人寿保险股份有限公司、复星保德信人寿保险股份有限公司。

2012年，新意颇多。

这一年，出现了第一家地方政府主导的由地方国企和外资合办的合资保险公司——中韩人寿，其为浙江省国资委旗下企业和韩华生命保险株式会社合资成立。

此外，还出现了第一家由民营资本和外资联合成立的地方保险公司，即由民资金融大鳄郭广昌旗下复星集团和美国保德信保险公司联手设立的复星保德信人寿。

值得关注的还有，2012年这一波地方险企成立潮中，出现了由民资主导的保险公司前海人寿，该公司由6家当地民资企业联合设立。

仿佛围城，有人进，就有人出。

12月18日，友邦宣布，AIG将出售其全数持有的13.69%友邦保险股份，总计16.49亿股，每股作价30.30港元，合共套现499.65亿港元。

交易结束后，友邦将与AIG终止长达90多年的股份关系。AIG发布公告称，按配售价每股30.30港元计算，AIG将获得约64.5亿美元收益。

美国政府在2008年金融海啸期间向AIG提供了1800亿美元的援助金，为了偿还此援助，AIG过去一直在出售非核心资产融资，友邦正是其一。

"自从友邦在2010年IPO之后，它已从AIG独立出来。"

友邦从来没让AIG失望。

2010年，友邦从AIG分离出来，在香港上市时，募集金额达1591亿港元。2012年3月，AIG以每股27.15港元出售17.2亿股友邦股份。6个月禁售期后，9月，AIG再次以每股26.5港元出售5.919亿股。本次AIG选择将剩余的股份清仓。1年之内，AIG从友邦的交易中套现超过1000亿港元。

除了友邦，12月9日，AIG还宣布，已经与中方投资财团达成协定，将向后者出售旗下国际租赁金融公司（ILFC）最多 90% 的股权。

12 月 11 日，AIG 主席兼首席执行官罗伯特·本默切在一篇新闻稿中称："我们很高兴偿还了美国政府给 AIG 的投资，而且还使对方获利 227 亿美元。"

除了 AIG，准备清仓亚洲的还有 ING（International Netherland Groups，荷兰国际集团）。

2008 年荷兰政府宣布向 ING 集团注资 100 亿欧元，根据协议，ING 集团要在 2013 年前偿还注资金额的 150% 给荷兰政府。

其中，友邦以现金 13.36 亿欧元收购 ING 在马来西亚从事保险业务的附属公司。如果顺利，友邦在马来西亚市场的排名将从第四位跃升至第一位。

之前 10 月，ING 将所持招商基金 33.3% 的股权以 9800 万欧元（约 7.9 亿元人民币）出售给招商银行和招商证券。

人保集团，老子上市

2012 年 12 月 7 日，中国人民保险集团在香港联交所挂牌，首日收报 3.72 港元。通过此次 IPO，人保集团融资金额为 231.97 亿港元。

对于人保而言，这是惊险一跃。

2006 年以前的人保集团可谓捉襟见肘，眼看同业斥巨资入股银行、电网，人保集团却只能面临财险偿付能力不足、人身险（指寿险和健康险）发展资本匮乏的问题。

2009 年，人保集团改制获得国务院批准。同年 10 月 19 日，人保集团整体转制为股份公司并挂牌。

2011 年 6 月 15 日，全国社保基金出资 100 亿元入股人保集团，入股价格为每股 2.57 元，持股比例达到了 11.28%，成为人保集团唯一的战略投资者。

"熊路"漫漫。

2010 年 7 月，农业银行沪港两地融资 221 亿美元，被视为抓住了金融企业境外上市的末班车。农业银行上市 29 个月后，香港再次迎来中资机构大型 IPO。

挂牌之前，对于这次 IPO 能否成功，这家老牌保险公司的确没底。

回忆过程，"一把手"吴焰坦言不容易。

11 月 19 日，人保集团 IPO 正式路演前 3 天，吴焰一人先行赴港。投行给出的定价信息并不乐观。

"当晚，我没有睡好。"吴焰说，"我预想过困难，但是不敢设想失败，人保失败不起。十八大以后，中国人保作为大型国企走出去，最后铩羽而归，损害的是中国保险行业形象。这也涉及十八大后，全球对中国经济的看法。"

11月20日晚上，人保集团确定了定价区间为每股3.42～4.03港元。决定这一定价区间的过程异常漫长，定价会议和人保集团为此召集的党委会持续了5个小时之久。

围绕人保集团的估值争议有两大源头：其一，两年多来资本市场的低迷令保险行业的总体估值承压；其二，很多投资者对人保寿险的发展模式存有疑虑。作为人保集团整体上市最大的增量，人保寿险近几年来发展速度惊人，但在期缴比例、销售渠道等问题上仍备受市场质疑。

在人保集团整体上市之前，旗下的中国财险（人保拥有68.98%权益）早已登陆香港市场，而财险又是人保的传统优势业务。

"投资者为什么买集团，不买财险？"这个问题始终是人保集团在路演过程中遭遇的最尖锐的问题之一。

人保集团上市，主打的概念是中国第一家国有保险金融集团上市，机构投资人是绝对的压轴力量。17家基石投资者共认购近63.81亿股H股。其中，AIG认购11.13亿股股份，国电集团、中国人寿、中国信保、中国再保险、法国再保险、东京海上日动火灾保险株式会社都认购了1亿股以上的股份。

不过，AIG预留了合作的窗口。

11月22日，在路演前一天才最终确定加入基石投资者之列的AIG宣布，AIG将与人保集团及人保寿险签订无约束力的协议，二者拟于2013年5月底前成立合营公司，在主要城市分销寿险及其他保险产品，以及合作发展再保险业务等。

11月30日，人保集团公布近于区间3.42～4.03港元下限的3.48港元的最终定价。

"再往下定，国有资产股权的价值实现有些问题。往上定，投资者接受不了，利益空间太小，上市会遭遇挫折。从后市的反应来看，市场认为这个定价是公道的。我们自己总结也认为定价是精巧的。"吴焰事后坦陈。

经过6年的艰苦努力，人保集团终于"从穷方丈变成富方丈"，完善了集团层面的资本补充机制，解决了"富儿子，穷老子""儿子长大吃穷老子"的问题。

汇丰功退平安，泰国首富接盘

天下没有不散的筵席。

12月5日，汇丰控股公告称，泰国首富谢国民执掌的正大集团将以总价727.36亿港元收购汇丰控股持有的中国平安15.57%股权。

2002年，作为战略投资者，汇丰以个位数的单价入股，开启汇丰、平安蜜月期。马明哲曾用激情和诗意的语言评价此事："137岁的汇丰与14岁的平安举行入股签约仪式，这不是简单的资本融合，更是睿智与力量的拥抱，是西方科学精神与东方人文精神的结合，我们没有理由不相信她美好的未来。"

在这段长达10年的合作中，平安是学生，汇丰是老师。汇丰之于平安的影响体现在经营模式、治理结构、管控流程、市场网络、后援服务等方面。

10年过后，当初在深圳蛇口的这家小公司已成功破茧成蝶，蜕变成中国的综合金融巨头。与平安综合金融羽翼渐丰相比，金融危机之后，汇丰却在不断抛售境外业务以求"瘦身"。这一次，终于轮到了平安的股份。

这笔买卖，引发了全球关注。

12月7日，152亿港元现金交易第一步完成，约3.5%股权易手。中国平安在当时的权益变动公告中称，接盘汇丰控股的是泰国正大集团的四家附属子公司，名为同盈贸易有限公司、隆福集团有限公司、商发控股有限公司，以及易盛发展有限公司。

12月22日，国内知名媒体人胡舒立领导的财新传媒大张旗鼓刊出《谁买平安》一文，这相当于在中国保险业投放了一颗重磅炸弹。

报道称，在中国平安股权名义上的买家泰国正大集团的背后，"明天系"掌舵人肖建华才是重要推手，而收购资金则主要来源于其掌握的三家地方城市商业银行。

该报道又称："按照交易完成的进展，在股权完成转移后，即可以股权抵押向商业银行贷款，抵押率一般为50%左右。目前上海证交所和港交所均未显示有超过5%的股权在质押中。谁提供了下一步的资金腾挪？有人怀疑资金来源于平安集团的管理层。"

一石激起千层浪。

一天之内，报道涉及的三大"主角"均已做出公开回应。

财新网刊登报道仅仅两个小时后，中国平安迅速回应，重申新股东资料均为正大集团下属子公司，且平安管理层没有参与此事。

23日，正大集团在其官网发布相关声明称："正大集团郑重声明四家买方公司均为正大集团的全资子公司，并且本项目以正大集团有限公司股东或其控制的企业的合法资金购买。"

关于资金来源，正大集团称："在与泰国商业银行协商后，正大集团已经签订协议，购买了汇丰银行持有的平安保险股份有限公司约 15.57% 的股份，大约价值 93.9 亿美元、2880 亿泰铢，部分资金得到了中国国家开发银行（简称国开行）香港分行的金融支持。"

同日，报道中另一"主角"——"明天系"实际控制人肖建华亦发布律师声明称："肖建华先生并未参与媒体所述正大集团与汇丰控股关于中国平安的股权交易，为上述交易提供资金更是无从谈起。"

一方是媒体的猜疑，一方是异口同声地否认。

稍有波折的是，随后国开行总行以风险提示的方式，取消对于此次交易的支持。不过，这并不妨碍正大集团筹备到足够多的钱。因为正大集团根深叶茂，谢氏家族多次荣膺泰国最富有家族称号。

对于平安保险的兴趣，正大的官方声明是："正大集团非常看好平安保险集团的发展。本次重大投资举措，旨在将来与中国平安共同探索与实践在农村金融各领域中适合中国新农村建设的可行性方案。"

农牧巨子上岸投资保险，综合金融下乡实践农村金融，风马牛不相及的事情，还是可以跨界"乱炖"在一起的。

强人王滨，三年再造太平

2012 年，太平来了一位"空降兵"。

3 月 20 日，国寿、人保、中国太平、中国信保四大保险公司升级副部级央企后，中组部在中国太平香港总部宣布了公司新任领导班子。交通银行原副行长王滨空降中国太平。

4 月 13 日，在中国太平保险集团党代表会议上，履新不到一个月的中国太平党委书记、董事长王滨提出"三年内实现保费、利润和总资产等方面再造一个'新太平'"的目标。

出生于 1958 年的王滨，早期曾在黑龙江省人民政府工作，1990 年进入中国人民银行，曾任黑龙江分行办公室副主任、总行办公厅秘书处处长；1993 年出任中国农业发展银行筹备组办公室负责人，中国农业发展银行正式成立后，曾任办公室主任、江西分行行长等职；2000 年进入交通银行，历任北京分行副行长、天津分行行长、北京分行行长，2005 年升任交通银行副行长，后兼任北京管理部总裁，2010 年 6 月起兼任执行董事直至 2012 年初。

"空降兵"的第一把火速度惊人。

在 2012 年，中国太平利用央企优势，不断加大"总对总"战略合作力度，先后与交通银行、农业银行、建设银行三家签订总对总合作协议，又与东风汽车公司、中国航天科工集团公司、中国建筑股份有限公司、国家核电技术公司、中石化财务、招商局集团、中国港中旅集团公司、广东粤海控股有限公司等大企业签约，在一揽子综合保险服务、产融结合的投资平台建设、境外业务等方面进行合作。

每次签约，王滨都会亲自到场。

受益于与银行的密切合作，太平人寿银保业务发展迅猛。2012 年 11 月，其银保业务排名由 7 月的第八名上升至第三名，创下自 2008 年以来月度市场排名的最好成绩；同时，其总保费收入同比增长 14.7%，远超平安、太保等公司。财险业务的增速更高，前 11 个月保费同比增长 33.1%。

除了保费规模之外，王滨表示，要在 3 年内再造一个"新太平"不仅仅是指总规模、总保费和净利润翻番，还意味着"一个客户、一个太平"的综合经营模式基本成形。

太平升级副部级央企意味着一大波的人事变动。离开太平的首先包括太平前任董事长林帆。林帆赴任中国人保集团监事长一职，与担任太平"一把手"的王滨同为副部级。

在主政中国太平保险集团期间，林帆力主推动"一个客户、一个账户、一站式或无站式的综合金融服务"。

另外一个人的离开，更让太平人内心五味杂陈，他就是太平人寿复业的元老之一郑荣禄。

加入太平人寿前，郑荣禄做过老师，曾任平安人寿上海分公司副总经理、平安总公司寿险营销部总经理等职务。

2000 年上半年，郑荣禄离职平安人寿，追随老上级何志光成为太平人寿复业筹备组的负责人。2009 年，何志光转会新华人寿之后，郑荣禄出任太平人寿总经理。

他最早提出创建"三高"团队，即以"高素质、高品质、高绩效"为理念的太平人寿代理人队伍。这支队伍的平均绩效高出同业两至三倍。

2011 年，在营销人员数目下降的情况下，太平人寿个险渠道保费仍然实现 39.6% 的增长。这使得太平人寿 2011 年在保费收入增长 2.4% 的情况下，新业务价值大幅增长 22.8%。

2012 年，张可又回到熟悉的寿险。

这一年 11 月，张可获批出任太平人寿总经理。此次的职位变动对于张可来说，是一种回归，因为在担任太平财险总经理之前，他的保险从业经历都围绕着寿险。

张可，1964年7月生，1985年从四川大学毕业后，留校任教8年；1993年进入保险行业，历任平安人寿成都分公司副总经理、总经理，重庆分公司总经理，太平人寿四川分公司总经理，太平人寿助理总经理、副总经理；2007年7月，原太平财险总经理石福梁"回归"大众保险，张可"跨界"出任太平财险总经理一职。

张可之后，陈锦魁接棒，出任太平财险总经理。

复制巴菲特，复星的保险梦

2012年11月，复星集团和保德信保险公司合资组建的复星保德信人寿开门纳客。

这是国内首家民营与外资合资的保险公司。同时，复星保德信人寿也是近3年来，保监会批准设立的第一家合资寿险公司。

就在多数合资公司陷于"合资病"困局的时候，复星的做法有点"逆袭"的味道。复星集团的当家人郭广昌毫不讳言，要在中国用5到10年的时间复制巴菲特"产业＋保险＋投资"的业务模式。

按照一般的理解，所谓"巴菲特模式"是：以保险集团伯克希尔·哈撒韦公司为平台，利用保险业务提供的大量现金流（浮存金），为其他业务输送源源不断的投资资本。这也使得巴菲特的赚钱效应，如滚雪球般越滚越大。

巴菲特和芒格是投资界的"黄金搭档"，他们传奇的投资经历和充满智慧的投资理念为人们所追捧；他们60多年如一日般的神仙友情被人们传颂。每一年在美国奥马哈小镇召开的伯克希尔·哈撒韦公司的股东大会，都是全球投资人的"朝圣之旅"。

复星集团意图通过保险公司，尤其是寿险公司获取现金流。兼具金融投资性质及有着巨大现金流的寿险公司，可以为向投资转型的复星集团带来中长期优质资本，提升复星集团未来的复合增长率。

不过，复星集团的战略其实更胜一筹。它希望坐拥"寿险＋财险＋再保险"3张保险牌照，基本囊括保险的主要领域。

此前，复星集团已将永安财险收入囊中。

2007年底，永安财险出现严重偿付能力危机，面临被保监会接管的危险。永安财险第一轮增资发生在2008年2月，当时永安财险的注册资本金由3.1亿元骤增至16.632亿元。

当时，陕西省属国企延长石油集团通过参与增发，斥资5.46亿元认购33264万股，以 20% 的持股比例成为第一大股东。复星集团则依托旗下的 3 家公司——复星医药股份有限公司（简称复星医药）、上海复星产业投资有限公司（简称复星产投）和上海复星工业技术发展有限公司（简称复星工发），掌握了永安财险 17.2% 的股权，位列第二大股东——其中，复星医药持有永安财险 8600 万股，占总股本的 5.1708%；复星产投和复星工发分别持有 1 亿股，各占总股本的 6.0125%。

在 2010 年永安财险的第二轮增资过程后，"复星系"持股 19.93%，为永安财险第二大股东。然而，拿下永安的复星，后来过得并不算开心，这是后面的故事。

当然，并不是所有人都拍手叫好复星集团的合资寿险公司。

担忧之一：复星集团和保德信保险公司双方占股比例相当，究竟谁说了算？

担忧之二：此前国际保险"百年老店"与国内企业合资成立的寿险公司，经营状况难言乐观。公开资料显示，2011 年 25 家外资及合资寿险公司中，仅中宏人寿、招商信诺等 8 家盈利，亏损的公司占比近 7 成。而且，已有不少亏损公司因为熬不住变身成为中资。合资公司商业模式的创新是什么？

担忧之三：寿险公司有 5～8 年盈利的魔咒，复星集团和美国保德信保险公司是不是有这个耐心？

不过，在这段"姻缘"中，双方沟通得很彻底。

2009 年 9 月，在纽约参加路演活动的梁信军应美国保德信保险公司副董事长迈克·格里尔之邀，与其共进早餐。这顿早餐，事后被复星集团称为"具有最高含金量"的早餐，因为这顿饭是一家投资 5 亿元人民币险企的起源。

通过这次接触，格里尔了解了复星集团的投资能力、业绩和投资理念，最重要的是，格里尔被复星集团的"中国动力嫁接全球资源"理念打动。

据回忆，格里尔提出和复星集团成立合资公司的提议。

与梁信军接触前，保德信保险公司于 2007 年 5 月联合凯雷，分两次收购了中国太保 15.70%（保德信保险公司）和 4.20%（凯雷）的股权，从而拥有了在中国国内险企市场的经验。

为何选择复星集团成立合资公司，格里尔说，"保德信保险公司和中国本地大的保险公司合作的最大障碍，是中国本地大的保险公司已有的固定战略，而我们也有自己不同的战略，这样一来，双方的合作关系很难协调"。

花开两朵，各表一枝。

获得格里尔的提议后，梁信军同郭广昌做了交流，后者随即飞赴纽约。在纽约，格里尔向郭广昌详细解释了成立合资公司的想法，包括先行者失败的原因、合资公司成立后的突围和发展路径、如何管理合资公司，还做了目标分解。于是继梁信军之后，郭广昌也认为有必要成立这样一家合资寿险公司。

复星集团和保德信保险公司的"联姻"，是郭广昌学习巴菲特"产业+保险+投资"商业模式最实质的动作之一。

梁信军指出，复星集团定位为投资集团，其核心竞争力为投资能力。"在保险业，我们的投资能力可以得到最大限度的货币化。因此，保险业是我们长期发展的领域。"梁信军指出。

当然，复星集团对于50∶50的合资困境也有策略。

复星保德信人寿的做法是：双方首先任命一个人事招聘小组，这个小组的成员由双方指派，之后通过人事猎头招聘合资公司的总经理，最后由该总经理负责筹建整个团队，团队人员并不由双方任何一方指定，而是从市场招聘。

郭广昌认为合作双方的团结，充分信任和透明决策，对管理层在充分沟通基础上的清晰指引，才是最终的解决之道。

精装典藏

迷失的盛宴
中国商业保险史 1919—2023（下）

陈恳 著

天津出版传媒集团
天津人民出版社

CHAPTER 18

第 18 章

互联网+保险
（2013）

2013年，市场破了一个纪录。

2013年8月5日，中国保险业堪称"革命"的市场化改革正式启动。等待了14年，保监会真正意义上的寿险费率市场改革启动，取消了对普通型寿险产品预定利率的管制。

开场仅仅是序曲——普通型人身保险在全部寿险产品中仅占8.2%。

2013年，中国寿险公司保费收入达10740.93亿元，首次超过万亿元。

要评判这个数字，关键要看将它和谁放在一起比较。根据国家统计局的数据，2013年我国的GDP为56.88万亿元，以1.10万亿元的人身保险业的保费收入计算，我国2013年人身险深度为1.93%；按照第六次人口普查所得到的13.32亿人口总量计算，我国2013年人身险密度为826元/人。

放眼全球，2011年全球寿险业的平均深度为3.8%，寿险密度为278美元/人。这说明中国2013年的寿险发展水平还不及全球2011年的平均水平。

2013年，保险行业的互联网热情达到了沸点：各保险公司几乎都建立了"电子商务部""创新事业部"等全新组织架构；提高了官网直销平台和天猫旗舰店在各公司信息系统建设的优先级；发力官网、垂直电商、综合电商、保险服务搜索引擎等。

据艾瑞咨询统计，2012年中国保险电子商务市场在线保费收入规模达到39.6亿元，较2011年增长123.8%，占中国保险市场整体保费收入的0.26%。但对于保险网销而言，这一值得兴奋的数字或许只是一个开始。

2013年，保监会副主席陈文辉预估："互联网金融、互联网保险今后可能会带来一些革命性的变化，包括大数据使得整个风险识别、风险控制、产品创新、价格厘定都有一些大的变化。"

2013年11月，众安保险开业。

再也没有哪家保险公司的开业能有如此"排场"——"三马同槽":马明哲、马云和马化腾三位互联网界和金融界"巨头"的到来,吸引的不仅是金融的目光,还包括互联网的目光。

马明哲预测,互联网金融的发展给金融机构带来的变化将是小型化、社区化、智能化、多元化。他预计,10年内50%~60%的信用卡和现金将会消失;20年后,中小金融机构的前台和后台将没有了。

长远是梦,脚下是路。

"我们初期不会把赚钱、盈利和保费规模作为首要目标,"众安保险首席执行官尹海说,"我们不是在网上卖保险,把线下的保险产品搬到网上销售。"

而在2014年农历新年,"三号马"对"二号马"发起了一次互联网红包的"突袭",使"二号马"成为春节期间全球华人中最为郁闷的一位。

2013年,刘益谦激发了资本对于保险的美梦。

8年前,他"涉险"牵头设立天平车险,累计投入资本6亿元。可如今,这只规模不大的"丑小鸭"却被卖出了"天鹅"的价格。

从上市公司天茂集团发布的公告中可以看出,天平车险7.57%的股份以9.25元/股的价格转让给法国安盛集团的全资子公司。法国安盛集团为收购天平车险50%股份,支付了约19亿元现金和折合人民币约20亿元的原上海分公司的股份。

刘益谦本人声望至于极点,甚至被某些媒体吹捧为巴菲特的中国版本——"刘菲特"。

干8年,挣20亿,刘益谦创造了保险资本的神话。

除了天平车险,刘益谦手上还有一副牌——国华人寿。

2008年,国华人寿第一个完整经营年度获得保费收入8亿元;2009年获得保费收入38.8亿元,增速居中资第一位,市场排名第20位;2010年,国华人寿总资产突破百亿元,且连续2年实现盈利。

但是,受会计准则和扩张的影响,2011年国华人寿亏损了3.96亿元,2012年接力亏损达3.43亿元。

情非得已,2013年初,刘老板再掏腰包,使国华人寿注册资本金增至20亿元人民币。

刘益谦放下豪言,"我今后投资在保险公司里的收益不会比投资任何一家银行差"。现在银行是暴利行业,但随着银行利率的下降,利润肯定也会下降。从全世界来看,没有银行控股保险,只有保险集团控股银行。

2013年9月,传出了这样一个消息:上海人民的老朋友格林伯格拟将上海国际集团及关联公司、上海市城市建设投资开发总公司所持的大众保险27.23%、10.55%的股份收入囊中，从而使其在大众保险的持股比例达到57.78%，实现绝对控股。

而大众保险也将卸下上海市属金融国企的"小红帽"。

这一切早有伏笔。

实际上，2011年7月，格林伯格认购大众保险增发的2.865亿股，持股比例为20%，此时的格林伯格已经成为大众保险最大的单一股东。

作为上海市市长专家咨询委员会元老之一的格林伯格，也是美国史带国际的董事长兼首席执行官。史带国际是一家私有保险控股公司，旗下拥有4家保险子公司、1家劳合社辛迪加以及1个全球投资组合。

格林伯格讲，他2年前就受到上海市市长的邀请，开始洽谈入股大众保险一事。

大众保险仅仅是一个缩影。暮气沉沉，发展保守缓慢，是市场对于上海市属金融机构的普遍印象。

保险接班人

"亚布力是一盏灯，照亮了我们前行的坐标，告诉我们应该往哪儿走；

"亚布力是一团火，点燃了我们许多人思想的火种，绽放出智慧的光芒；

"亚布力是一棵树，记载了中国企业家生长的年轮，同时还会繁衍出一片茂密的森林；

"亚布力是一座碑，镌刻了许多成功与失败、站立和倒下企业家的名字，我们都不会忘记。"

在2013年2月24日举办的亚布力中国企业家年会上，王梓木抒发了这样一段"没有经过大会组委会批准的颁奖词"。

这一届企业家年会的主题是"改革开新局：企业家精神与中国未来"，王石、马云、吴敬琏和张维迎等悉数到场。

而对于一群年轻人而言，"亚布力"更是有特别的意味。他们在其中的"午夜漫谈"青年论坛初次登台，展现他们年轻的活力。此时，他们的父辈无一不在近侧，慈爱的目光汇聚这一干"衔玉而生"的第二代们。

然而，对于他们而言，做"衔玉而生"的第二代颇为不易。

陈奕伦，男，1988年出生在北京。2006年，前往美国读高中，高中毕业后他被哈佛大学录取。2012 年毕业于哈佛大学经济系。

从 2007 年开始，陈奕伦和他的朋友们每年都会到贵州省黔东南苗族侗族自治州麻江县景阳中学支教，并持续进行 PEER（Peer Experience Exchange Rostrum）毅恒挚友计划。

"我去看过他一次。他跟他们乡长晚上 12 点拉着一车白菜到凯里市去卖，从 2 点卖到 5 点，卖了 573 元钱。"陈东升说。

平常在学校，陈奕伦把主要的精力放在"哈佛中国论坛"上。大一的时候，陈奕伦主要负责企业家分论坛；大二的时候成为副主席，负责论坛的运营工作；大三、大四期间，担任主席。

媒体报道说，从陈奕伦上大二那年起，"哈佛中国论坛"的主题都是由他来主导的。2010 年的主题是"六十而顺：新中国的成长与展望"；2011 年的主题是"革命世纪"，纪念辛亥革命百年，追寻百年来中华民族的现代化进程；2012 年的主题是"一起向前看"，展望新的政经格局。

在陈奕伦的心目中，父亲像是朋友，但威严感永远存在。

对于未来接班，陈奕伦一方面觉得压力很大，而且有些烦，好像人生被预设了一样；一方面又感觉有目标、有冲劲。

同样是接班，态势却不同。

任汇川，20 岁从哈尔滨船舶工程学院（今哈尔滨工程大学）本科毕业，1992 年加盟平安，从分公司的电脑技术基层岗位开始，做到集团老总。

"在平安的工作就像在练习弹奏音符，从黑键到白键，从低音到高音，我没有错过任何一个音符，我的每一次提升也只是正常的岗位调整。"任汇川说。

改变其实就在一瞬间。

1992 年 10 月 31 日，任汇川清楚地记得这一天。中午他在海外装饰大厦下了公交车，时间尚早，他摊开报纸，躺在草地上小憩片刻。然后去参加面试。

面试很顺利。因为学历好，会打桥牌、打乒乓球又给任汇川加了分，10 多天后，他收到了平安的录用通知书。彼时创立才 4 年的平安总共只有 400 多人，任汇川入职时的员工编码为 460 号。

按照惯例，员工必须在转正时写一份合理化建议。当时，任汇川递交了一份业务流程改造建议书，建议把业管部与电脑部合并。独到的见解让马明哲第一次对他投来了关注的目光，以至于后来每次马明哲提到任汇川时，都会首先说起他的那篇建议书。

多年后，任汇川自嘲说道："每当这个时候我都在想，是不是因为我再没有其他成绩，才让马总每次都想到那份建议书。"

1994年，任汇川出任平安产险深圳分公司发展改革部经理，参与营销体制改革。1995年3月，因表现优秀，任汇川被调至总公司担任业管室主任；次年，升为车险部总经理助理，成为平安有史以来第一个大B类干部（平安的干部被分为不同等级，A类最高，B、C、D以此类推，大B则介于A和B之间）。

这次是升职不加薪。因为深圳产险和总部的工资标准不一样，任汇川的薪水反而下降了40%。

机遇再度垂青。

1997年，马明哲邀请麦肯锡对平安进行全方位的诊断和流程再造。那时，平安从各个部门抽调了30多人组成集团发展改革中心，负责按照麦肯锡的诊断报告来推动公司的改革。这30多人当时被称为"小麦"，任汇川也是其中的一员，负责组织实施平安第一例产险营销体制改革。离开集团发展改革中心时，任汇川任该中心的主任助理。

事后证明，"小麦"的那段经历让任汇川受益匪浅，增加了他和马明哲之间沟通的机会，使他脱颖而出。

2002年开始，任汇川连升4级，先是晋升为平安产险公司副总经理，接着晋升为中国平安总经理助理兼财务总监。

2007年5月，任汇川被任命为平安财险董事长兼首席执行官。这一年，任汇川仅38岁，是中国保险行业最为年轻的"一把手"之一。整个市场都为此惊诧不已。

任汇川没有辜负马明哲的期许。2007年初，平安产险的保费规模约为100亿元，排在市场第三位；到2010年底、2011年初任汇川离开的时候，平安产险的保费已经增长到了600亿元，市场排名第二。

任汇川回忆，"对此，渠道创新的贡献是很大的，特别是电话销售的渠道"。

这还不是终点。

3年后，2010年11月19日，平安宣布任汇川将从2011年3月19日起接替张子欣成为集团总经理。成为平安的第三号人物，任汇川创造了自己的"深圳速度"。

"任汇川是集团总经理的最佳人选。"平安股肱之臣孙建一在2010年11月22日的说明会上一口气列举了三大理由：他有丰富、完整的职业履历，熟悉全方位金融业务；他经历十多个岗位，在每个重要岗位上都业绩出众；他今年41岁，年富力强，勤奋刻苦，具有出众的协调能力和组织动员能力。

马明哲对任汇川的栽培和器重,在平安集团内部不是什么秘密。他们之间的一次对话广为流传。任汇川告诉马明哲:"平安经常把我放在一个自己还不能很胜任的位置上。"马明哲说:"你现在只能挑 80 斤,但我就给你 100 斤的担子,你会发现挑 100 斤其实挺轻松的,这时你就可以挑 120 斤,所以人是在压力中成长起来的。"

任汇川用这样一段话描述自己的成长:"就我个人来讲,我从我们本地的老领导身上学到了很多。不仅包括马总,还包括张总(即平安集团总经理张子欣)和梁总(即平安集团前常务副总经理兼首席保险业务执行官梁家驹)。我在做麦肯锡项目的时候,就和张总一起工作了一年半时间,后来张总在集团做财务总监时,我又跟了他将近 4 年时间。最近这三年半,我是跟着梁总的。我从他们身上学到很多,也获得了非常大的进步。"

但是,任汇川并不认为这意味着平安放弃了"三外"策略——外脑、外资、外体。

"我觉得平安的用人策略还是看这个人适应战略、适应市场的能力,特别是他的潜力。英雄不问出处,如果在公司内部找不到这样的人,那就从外面找。所以倒不是说我们现在转方向了,不用外籍人才,开始用本土人才了,而是看谁适合。"

值得一提的,任汇川天生一副好嗓子,还曾担任过中国平安年终晚会的主持人。刚来平安的时候,同住公司平安赛格公寓的人几乎都聆听过"小眼睛"任汇川的歌声。

其实,2011 年选择离开的张子欣同样年轻,当年 46 岁。辞职之后,张子欣选择从事私募股权投资(PE),加入背景深厚的博裕基金(Boyu Capital)。有观点认为,张子欣的提前退休,代表平安"老麦"时代的终结。

"明天系"肖建华浮出水面

2013 年 4 月,肖建华被迫走到台前,接受了媒体的采访。

这一年,肖建华 42 岁。

这位或被称为"明天系"的"巨头",几乎从未出现在任何公众视野中。愈是神秘,愈容易引发猜测。

年初,先是被指为中国平安高达 727.36 亿港元股权交易的幕后操盘手,"明天系"涉嫌成为裙带资本主义的典型代表;后又被曝光过去 15 年潜心渗透资本市场,旗下掌控、左右 9 家上市公司,控股、参股超过 30 家金融机构,成为继"德隆系""涌金系"之后的又一大资本市场派系。

面对媒体，肖建华表现得无辜和谦逊："大家现在太高估我的能力和实力了，真是什么都扣在我头上。"

关于"明天系"的崛起历程，媒体判断，2007年太平洋证券的上市是"明天系"发展的分水岭。2007年之前，"明天系"主要通过政策盲点与市场投机获利，而随着太平洋证券的上市，"明天系"转型为"实业+金融"的产融结合体。

但是，肖建华否认自己与和太平洋证券关系暧昧的王益相熟。

不仅如此，媒体梳理出，"明天系"已形成以明天科技、西水股份、华资实业、爱使股份等上市公司和交通、能源、媒体、影视、机场、飞机租赁等为核心的实体产业横轴，以恒泰证券、新时代证券、包商银行、哈尔滨银行、潍坊银行、天安财险、天安人寿、生命人寿、华夏人寿、新时代信托等为核心的金融产业纵轴，确立了产融结合的构架。

肖建华的触角同样也伸向了境外。

据《新财富》等媒体报道，2009—2010年，肖建华通过博智金融和中策集团，以21.5亿美元价格意欲收购AIG旗下的台湾南山。

2012年，中国财团并购AIG旗下的飞机租赁公司、国际金融租赁公司（ILFC）90%股权，总交易价约为42.3亿美元，合人民币超过270亿元，规模仅次于同年的中海油并购加拿大尼克森石油公司的海外并购案。这起并购案由3家中国公司——新华信托、中国航空产业基金以及P3投资公司携手完成，其中，新华信托和P3投资公司均与"明天系"有牵扯。

但在肖建华的眼中，明天集团（不是"明天系"）更代表着一个"创业+投资"的成功故事。

肖建华出身农家，15岁考上北大法律系，18岁成为北大学生会主席。短短20年时间，他从300元人民币起家创业，如今已拥有不下千亿元的资产。

肖建华自己梳理的创业史是：20世纪90年代中期在中关村"做电脑"；到1997—2000年，抓住投资法人股、金融股的机遇，获得"非常大的收益"；再到2000年以后转入PE投资，从2005年转向并购。"我们最大的优势是投资能力。"肖建华称。

"明天集团是由北大、清华的一批大学毕业生白手起家，经过十几年辛苦打拼，经历了许多风风雨雨仍在稳步发展的民营企业集团。

"明天集团高层负责人自创业十几年来，没有一个人受过国家政法部门的调查，所以潜逃、调查一类的言论，基本上都是一些不负责任的猜测。而且，那些认为我们是庄家的人，也都是不懂股票的。

"1997—2000年，中国资本市场正处于高速发展时期，我们抓住了机遇，投资法人股、金融股，取得了非常大的收益。2000年以后，我们主要转入PE投资。

"当国有企业纷纷改制时，我们积极投资，并和地方政府一同把企业经营好、转型好，所以我们投资入股的上市公司利税都大幅度提高，员工待遇都很稳定。

"从1998—2013年，十几年过去了，当地的国有企业有些已破产了，而我们投资入股的企业仍在健康发展，有些过时产业已顺利转型为朝阳产业，有些则正在转型中，前景越来越美好。"

肖建华认为，外界夸大了明天集团的实力，他们"不能因为明天集团投资银行就把银行的总资产看成明天集团的总资产"。

肖建华自称，明天集团对金融机构的投资均是财务性投资，这与史玉柱、刘永好、卢志强投资民生银行类似。

"明天集团是一个PE投资的公司"，肖建华说自己的榜样是沃伦·巴菲特。

肖认为自己是"一个很喜欢自由读书的人"。"因为我不喜欢上班，我有十几年没有去过办公室了，我基本上都是海边散步，宾馆里走走、听听，这就是我的办公方式。我不喜欢程序化的东西。"[①]

---

① 《肖建华的自我辩护：大家太高估我的能力了》，《21世纪经济报道》，2013年5月4日。

CHAPTER 19

第 19 章

新"国十条"
（2014）

这一年，春天的气息依旧温暖浓郁。

2014年9月10日，在当年的夏季达沃斯论坛上，李克强总理第一次提出"大众创业、万众创新"（简称"双创"）。这之后，"双创"星火燎原，如火如荼，期待着能成为中国经济的"新引擎"——激发亿万人的创造力，改变亿万人的命运。

中国保险行业没有犹豫——更开放，更创新，更务实，撸起袖子加油干！无论多少年后回望，2014年都是生机勃勃的一年。

保监会拿到顶层的政策支持，新"国十条"的发布，让整个行业兴奋至沸腾。

政策说：

"要以最大的宽容对待创新。

"保险业走出去既是国家战略需要，也是自身行业发展需要，因此保险业走出去是大势所趋。

"鼓励民营资本进入保险业。

"继续加大对内开放的力度，支持社会资本进入保险业，鼓励民营资本入股，建立混合所有制的保险公司，建立多层次的保险市场。"

政策还说，保险资金可以投资创业投资基金。投连险改为备案制，可以投非标资产。

多年回首，这些话语依然让市场心头一热，振奋开心。

8月，国务院正式出台保险行业新"国十条"。

2011年以来，中国寿险市场保费呈现U形走势，2012年位于U形底部，2013年有所回升。

出人意料，新年伊始，监管率先出手。

2014年1月，保监会和银监会联手整顿急功近利的银行保险，新规于4月1日实施，4月成为银行保险保费的拐点。大多数保险公司4月银保市场期缴保费环比负增长，比如：中国人寿为4.64亿元，环比下滑63.3%；新华人寿为1.83亿元，环比下滑47.5%；太平人寿为1.28亿元，环比下滑43.8%；太平洋人寿为1.2亿元，环比下滑63.9%。

整顿之剑落下，有的公司更受伤。

平安证券的分析师创造了一个名词——"平台类保险公司"，包括安邦、华夏、生命、前海等。平安证券认为，这次整顿对这些公司产生的影响巨大。

因为"这类（平台类）保险公司更加注重资本运作，对保费规模要求较高，过去3年保费迅速增长，对保险产品的价值要求不高。这类公司的产品以高现值、高收益、短期化为主要特点，所承受的退保和现金流压力较大，对投资要求较高，在投资方面比较抢眼。因此，一旦银保出现较大下滑，现金流压力就会增加"[①]，从而使得保险公司作为"不死鸟"的现金流游戏终结。

世道在变。

根据中国保险行业协会统计，2011年至2013年国内经营互联网保险业务的公司从28家上升到60家，3年累计增长了1.14倍；规模保费从32亿元增长到291亿元，3年间增幅总体达到810%；投保客户数从816万人增长到5427万人，3年累计增幅达565%。

互联网和电商平台成为行业的新战场已经势不可挡。

这一年，保险监管的基础工作——第二代偿付能力监管体系（简称"偿二代"）取得重要进展。行业启动了寿险公司"偿二代"的第二轮测试，要求在10月13日之前报送测试结果、数据模板及相关建议。按照保监会的规划，将在2014年底之前出台"偿二代"的全部技术标准。

2012年3月，保监会启动了"偿二代"体系建设，之前产险公司"偿二代"的技术标准已基本成形，寿险"偿二代"进展较慢。2014年5月，保监会就寿险公司"偿二代"关键技术方案在部分寿险公司开展了"样本测试"。

首次测试覆盖寿险行业62家公司，结果显示，大型保险公司的偿付能力在测试下均上升，而中小型寿险公司则有所下降。

[①] 出自平安证券《保险业2015年下半年策略报告：政策渐落地 关注新业态》。

2014年7月1日，保监会启动"以房养老"试点。所谓"以房养老"就是老年人将房屋抵押给保险公司，不仅可以继续居住，每个月还能从保险公司领取一笔保险金。身故后，保险公司再通过处分房屋来获得保费等相关费用。

试点开始之后，在北京、上海、广州、武汉4个城市房屋有完全独立产权的60岁以上老人，可以选择"以房养老"，试点期2年。

因为多种原因，"以房养老"试点推进极为缓慢。保险公司中只有幸福人寿一家开展了该业务，"幸福房来宝A款"是市面上唯一一款住房反向抵押养老保险产品。截至2016年6月30日，共有42户家庭57位老人参与试点并完成了承保手续；参保老人平均年龄为71.6岁，平均每户月领养老金约9071元，最高一户月领养老金2万余元。

2年到期之后，监管又将试点期延长至2018年6月30日，并将试点范围扩大至江苏、浙江、山东、广东等省份，以及各直辖市、省会城市（自治区首府）、计划单列市。

巨灾保险是一个"保险+政府组合风险管理"的领域，行业一直希望有所突破。

2013年9月，保监会批复深圳、云南作为两个先行试点地区开展巨灾保险业务。但是进展并不顺利，云南是因为财政资金不足；深圳主要覆盖巨灾发生时所有在深人员的人身伤亡救助和由灾害引发的核事故风险救助，离真正的巨灾保险还有一段距离。

浙江宁波，意外地主动申请尝试巨灾保险。2013年底，宁波市政府提出建立巨灾保险制度的申请。2014年3月，保监会批复同意，宁波成为继深圳、云南之后国内第三个试点地区。

2014年7月31日，宁波市政府原则通过宁波巨灾保险试点方案。宁波方案针对台风等自然灾害及其引发的次生灾害风险，以辖内自然人的人身伤亡抚恤和居民家庭财产损失救助为主要保障内容。

试点方案显示，宁波市政府拟向人保财险等7家保险机构缴纳3800万元/年的首年保费，覆盖宁波市近1000万人口，每年为宁波市提供6亿元的风险保障，即超过6亿元的损失就由巨灾保险体系之外比如政府财政资金负责。其中对居民人身伤亡抚恤金额最高每人10万元，累计赔偿限额3亿元；家庭财产损失救助额度最高每户2000元，累计赔偿限额为3亿元。

另外，宁波建立了一只巨灾基金，初期由政府拨付500万元设立。并且成立了由民政部门牵头的巨灾基金理事会，负责制定基金使用管理办法及基金筹集、使用、运作等。

按照国际经验，巨灾保险制度包括四重保障机制，包括保险公司建立共保体、引入再保险公司、政府建立保障基金、应急机制。用商业的机制解决社会的风险管理问题，宁波的尝试值得嘉许。

宁波这个城市，为保险行业做了好几件事情。其一，2016 年建成国家保险创新综合试验区；其二，2019 年在宁波老外滩景区建立中国保险博物馆，这是国内首个保险博物馆；其三，2021 年设立保险图书馆。

鲜为人知的是，人杰地灵的宁波亦是近代中国保险发源地之一。

我国保险业曾有"三个半精算师"的说法，其中的"三个"，是指当年获得"庚款奖学金"从清华学堂留美学习精算并回国效力的陈思度、陶声汉、李守坤三人，而"半个"，则是指宁波籍的乌通元先生。

改革开放之后，上海财经大学保险和精算专业的创始人之一许谨良教授是宁波鄞县（现鄞州区）人。1999 年 11 月，保监会公布通过首次"中国精算师"资格考试的 43 人名单，宁波籍的就有包虹剑和娄道永。经过多年保险实务工作之后，娄道永 2019 年回乡创办了一家纯粹的精算科技公司——燕道（宁波）数据科技有限公司，注册于宁波保险科技产业园。

行业中，江湖上，人潮汹涌。

2014 年农历新年的前几天，正式上任约两年的大地保险董事长欧伟、总经理郭敏被中再集团宣布调离现职。这是大地保险三年内第二次核心高管"换血"。从 2012 年初至 2014 年，这家中国再保险集团旗下唯一的财险公司，经历了前董事长兼总经理蒋明出走、高管人事地震不断的考验。

此前，原阳光财险总裁罗海平"告别了在阳光的 1539 个日日夜夜"，跳槽至中华联合保险，尝试为中华联合开启一段新的航程。

人生有时也是旋转门。

李劲夫，2008 年任保监会财险部主任，2011 年"下海"，到太平保险出任副总经理兼任太平财险董事长。任职近一年之后"上岸"，再度调回保监会，出任主席助理一职。2013 年，李劲夫再次"下海"，被调回太平保险集团，出任太平保险监事长。

"下海"和"上岸"的不同语境下，李劲夫为自己书写了别样的体验。

新"国十条"

8月13日，国务院发布《关于加快发展现代保险服务业的若干意见》，这就是保险行业所谓的新"国十条"。之前的2006年，国务院曾发布过《国务院关于保险业改革发展的若干意见》，这是老"国十条"。

新"国十条"提出，"到2020年，基本建成保障全面……与我国经济社会发展需求相适应的现代保险服务业，努力由保险大国向保险强国转变"。根据新"国十条"的要求，到2020年，保险深度（保费收入/国内生产总值）达到5%，保险密度（保费收入/总人口）达到3500元/人。

行业兴奋异常。

8月19日晚间，保监会办公厅发布紧急通知：原定于8月22日召开的新"国十条"培训班，因故提前至8月21日召开。参会人员须于8月21日8：50、14：50入场完毕。这个培训班的对象囊括了整个行业。包括机关各部门、培训中心、各保监局、中国保险行业协会、中国保险学会、中国精算师协会、中国保险保障基金有限责任公司、中国保险信息技术管理有限责任公司、中国保险资产管理业协会（筹）、各保险集团公司、保险公司、保险资产管理公司，以及有关的保险中介公司。

这次培训，由时任保监会主席的项俊波亲自授课，在台上讲了整整3个小时。

他回忆说，从起草文件开始，短短几个月内，其见了几十个部委领导。2014年3月，国家发展改革委和保监会会同有关部门启动了新"国十条"的研究起草工作。经过反复修改完善，形成了送审稿。7月召开的国务院常务会议对新"国十条"进行了审议。8月13日，国务院正式发布了新"国十条"。他认为："必将开启保险业发展的新纪元。"

作为时任保监会的主要领导，他说，新"国十条"的创新之处，第一是提升了保险业的行业地位。新"国十条"首次提出现代保险服务业的概念；明确了保险业的战略目标；在资产负债表的两端做了突破和创新；提出一系列的新措施，涉及税收、财政、用地保证等；深化了保险业的改革开放，明确了对外开放的主要任务等。

他详细介绍道，"新'国十条'中各类政策措施共有58项，根据中央要求结合行业发展，新提出31项，对以往政策重申的有21项，过去没明确但实践中已执行，本次以文件形式明确的有6项"。

"对全行业来说就是一场大考，只能成功，不能失败。"项俊波还谈到，国内逾

170家保险公司中，仍有57家亏损，还面临着五大风险：偿付能力风险、公司治理风险、资金运用风险、高现金价值风险、满期给付和退保风险等。

项俊波以美国考察的体会为例，讲了一个案例。

"前不久，在美国访问时，我们考察了一家专业医疗责任保险公司，他们只在一个州开展业务，老板加上员工只有15个人，其中，市场团队有8个人，每年的保费规模在6000万美元左右，经营稳定，效益也好。反观国内，一些保险公司光老总就有十几个，30多个部门，机构臃肿，效率低下。行业自身不改革，再好的政策和环境也形成不了生产力、提高不了竞争力，自然会在市场竞争中被淘汰。"

"当前对保险业支持力度这么大，外部政策舞台已经搭好，保险公司要把这台戏唱好。"

在新"国十条"以及前后多项"宽松"政策的支持下，保险行业发展迎来了一个小高潮。

从数据上看，2013年保险业投资收益率5.04%，创新高，同时全行业扭亏为盈，利润总额增长112.5%。2014年，全国保费收入突破2万亿元，总资产突破10万亿元，增速达17.5%，达到2008年全球金融危机以来最高的一年；全行业利润总额在2013年的基础上，又激增106.48%，创出新高。2015年，保险资金运用实现收益7803.6亿元，同比增长45.6%，平均投资收益率高达7.56%，再创新高。

▶ 反思项俊波：从宽松到失控

项俊波称自己是"保险业影响力最大的推销员"。

2014年保险业发展年会上，项俊波曾自嘲道："到保险业快三年了，走一处，讲解一处，我成了保险业影响力最大的推销员。"2015年，项俊波在复旦大学校庆时做演讲，幽默地讲述了自己被保险电话推销的经历。"我也接到过保险公司的推销电话。我在电话里说，你就别打啦，我是保监会的。可是小姑娘很敬业、很坚持，在电话里继续问：您是保监会的哪一位领导啊？"

项俊波是认真的，其行动是快速的。

2012年4月，项俊波跟随领导完成上海保险业调研。6月，项俊波于大连召开的"保险投资改革创新闭门讨论会"上，一口气推出13项保险投资新政，几乎囊括保险业所有能预期的投资工具，完全"超出市场预期"。6月13日，受此消息刺激保险板块集体爆发，其中新华保险涨停，涨幅最低的中国平安，涨幅也超过6.54%。

2013年4月，保监会发文修订《保险公司股权管理办法》第四条，允许保险公司单个股东（包括关联方）出资或者持股比例可至51%。

2013年7月，项俊波在保险业深化改革研讨班上提出，保险业要实行三大市场化改革，即定价机制、资金运用机制和准入退出机制的市场化改革。对于保险业存在的瓶颈，项俊波认为根源在于市场化不足。因此他的监管思路是"放开前端、管住后端"，"把权力交给市场，能放开的都放开"。放开前端姑且不谈，"管住后端"的一个重要措施是正在建设中的第二代偿付能力监管制度，保监会将以此为核心，改造和完善符合中国国情的现代保险监管体系。

2013年8月，保监会发布《关于普通型人身保险费率政策改革有关事项的通知》，宣告实行了14年之久的人身险2.5%预定利率制度结束。同时保监会对国家政策鼓励发展的养老保险业务实施差别化的准备金评估利率。2013年8月5日及以后签发的普通型养老年金或保险期间为10年及以上的其他普通型年金保单，保险公司采用的法定责任准备金评估利率可适当上浮，上限为法定评估利率的1.15倍（即4.025%）。"4.025%"作为一个特殊数字第一次出现在中国寿险行业之中。后来，为了"开门红"抢市场，很多公司都推了"4.025%"产品，一直到2019年被监管精准点杀。

2014年，项俊波带领保监会拿到新"国十条"的政策支持。

项俊波认为"（新'国十条'）出台来之不易，全行业一定要倍加珍惜，强化机遇意识和使命担当，抓好政策落实，用好用活用足政策"。

2015年初，万能险费率改革启动。很多公司将最低保证利率提高至3.5%。同期2015年10月24日，银行1年期存款下调至1.5%。两相对比，保底收益为2.5%左右，实际结算利率7%左右的万能险，完胜银行存款。

这之后，存款"搬家"，万能险井喷。部分激进公司的规模保费和市场排名暴涨。

2015年8月，保监会取消了保险代理人的考试和资格证书发放，卖保险的人数井喷——2014年代理人规模为325万人，2018年已经达到870万人。

2015年7月，保监会将投资单一蓝筹股票的比例上限由占上季度末总资产的5%调升至10%，投资权益类资产到30%比例上限的，可以进一步增持蓝筹股票，增持后蓝筹类资产余额不超过40%。原本为股灾救市所采取的措施，却不料诱发了野蛮举牌上市公司的世纪博弈。

通知发布后的3天，7月11日，万科A发布公告称，前海人寿已于7月10日实现对万科A的举牌。3天后前海人寿及其控股股东钜盛华二度举牌，耗资百亿，成为万科的第二大股东。

宽松的政策，让各路神仙对于保险牌照争先恐后。

有媒体统计，自新"国十条"发布以来，保监会分别批筹财、寿和资管公司24家、17家和16家。其中，2016年共有18家保险公司和2家保险资管公司批筹。

过度的宽松政策，引发很多行业的乱象。一部分激进的保险公司违背保险的价值规律，频频"出轨"，钻营政策，最终引来监管的严厉处罚。

不禁要问，到底什么是专业的保险监管？

以美国市场为例，美国的偿付能力监管标准较为统一，简单易于操作，而且经受了金融危机的考验。美国的偿付能力监管分为三个阶段，分别是20世纪70年代前、20世纪70～90年代、20世纪90年代至今。

美国的保险业监管主要包括偿付能力监管和市场行为监管。偿付能力监管主要是确保保险公司有能力履行保险合同的承诺。市场行为监管主要是确保保险产品的定价和销售情况的公平合理。

NAIC（美国保险监督官协会）规定的保险公司风险资本示范法规，适用于财险和寿险公司。美国超过30个州立保险法采用了与该示范性法规基本相同的法令、法规和公告。NAIC风险资本系统是一个与风险挂钩的资本充足率标准。风险资本要求较具弹性且能反映保险公司的整体经营风险，它根据公司规模和风险状况来评估其资本和盈余的充足性。

简单的解释是，做保险是需要资本的，而且风险越大，需要的资本越多。

2008年6月开始，美国开始了偿付能力现代化工程，简称"SMI工程"。SMI项目主要包括如下5个方面：1.资本要求；2.公司治理和风险管理；3.法定会计和财务报告；4.再保险；5.集团监管。SMI工程中特别提到了公司治理。如果是一个内部人治理混乱的公司，不可能满足偿付能力监管的前提。

正所谓，基础不牢，地动山摇。有做法、无章法的宽松，无论跑多快、多远，都会走回头路，最终要回归行业的本质。

2016年12月修订的《保险公司股权管理办法》，将2014年开闸的单一股东持股比例上限由51%降至约33%。再如，2017年1月，保监会将保险机构投资单一股票的比例调回5%，将权益类资产的投资比例调回30%。

中国人寿：变阵和出海

老店有了新掌柜。

这一年 3 月，万峰卸任中国人寿总裁一职，由原副总裁林岱仁接任。同时刘英齐、刘家德亦不再担任中国人寿副总裁的职务，刘英齐赴职国寿财险，刘家德转任国寿养老。

半年之后，国寿提拔了 4 位副总裁人选，分别是首席运营执行官许恒平、业务总监兼河北省分公司总经理徐海峰、总精算师利明光、财务总监杨征。至此，本轮国寿的班子调整告一段落。

林岱仁接任之后，推行"价值优先、适度规模、优化结构、注重创费"的经营思路。同时，针对老对手平安寿险展开反扑和猛攻，"加强城区销售队伍建设，提升城区市场竞争能力"。当年的第三季度，中国人寿的市场份额由 25.7% 上升至 26.3%。

整体而言，对于市场份额的敏感度，国寿正在调整自己的步伐。

8 月中期业绩发布会上，彼时的董事长杨明生说："从今年（2014 年）开始不再提'三分天下有其一'。我们提什么呢？就提要保持市场领先地位，提业务结构的优化、价值优先、适度的规模。"为什么呢？

杨明生解释说："第一，因为寿险业的市场主体的不断增加，竞争也更加激烈。第二，我们长期积累的结构性矛盾也开始暴露，我们也要进行结构调整。"对于国寿结构调整取得的成绩，杨明生如此总结："第一，利润增加，增加了 13.6%；第二，新业务价值增加 6.9%；第三，我们整个内含价值增加了 14%；第四，我们的偿付能力大幅度提高，增加了 15 个百分点。"

在保险的资产端，中国人寿连下大棋。

杨明生认为："在投资政府融资平台的项目上，中国人寿将选择重大、期限长、能市场化运作的项目，不要求高回报，要求中等、稳定的回报，强调安全第一的原则。"

比如，2014 年，中国人寿参与了中石化销售公司的引资，出资 100 亿元认购了 2.8% 的股权。

2016 年 12 月，中国人寿再以 200 亿元投资中石化川气东送管道，持股 43.86% 的比例，创造了单一保险机构直接股权投资规模和持股比例之最。中国人寿成为除了石油公司之外，唯一一家持有长输管道股权比例超过 40% 的投资者。

不仅仅是抓住混合所有制改革的机遇，对于方兴未艾的养老地产，国寿也拿出了自己的计划。

杨明生说："随着中国老龄化的提前到来，中国人寿看好养老地产的领域，已经在苏州阳澄湖通过竞拍得到了一块很好的地。"同时，中国人寿准备在 2～3 年完成重点城市重点区域的养老地产的布局，并且研究配套保险产品。

对于投资海外，中国人寿更是大手笔连连。

2014 年 6 月，中国人寿和卡塔尔控股（一家主权财富基金）售让了伦敦金丝雀码头 10 Upper Bank Street 大楼，金额达 7.95 亿英镑（约 84 亿元人民币）。其中，中国人寿将持有该楼 70% 的股权，卡塔尔控股将持股 20%。

这一年 8 月，中国人寿实施了对美国德太投资（TPG）的股权投资。交易完成后，中国人寿将成为 TPG 最大战略投资者之一。这一交易由中国人寿集团的两家全资子公司中国人寿保险（海外）（简称"国寿海外"）和国寿投资控股（简称"国寿投资"）共同完成。其中，国寿海外作为出资人，国寿投资作为投资管理人。中国人寿将以 2.5 亿美元收购私募股权投资公司德太投资 2% 至 5% 股权。

国寿投资成立于 2007 年，是中国人寿集团的全资子公司，专注于另类投资业务及项目管理，业务涵盖股权投资、不动产投资、养老养生投资以及资产管理等领域，是国内最大的另类投资管理机构之一。

TPG 成立于 1992 年，是一家全球领先的私募股权投资公司，在全球 17 个城市设有办公室，目前旗下管理的资产达 590 亿美元。TPG 的战略投资者还包括科威特投资局（KIA）和新加坡政府投资公司（GIC）。根据《国际私募股权》杂志（*Private Equity International*，简称"PEI"），TPG 在 2013 年被评为全球最大的私募股权投资机构。

饶有趣味的是，2019 年，美国前总统克林顿的女婿马克·梅兹文斯基结束了全职奶爸生活，这位毕业于斯坦福大学和牛津大学的犹太裔学霸时隔 1 年多后重返职场，进入德太投资担任董事总经理和部门合伙人。

2015 年，中国人寿先后完成多个项目的收购。其中，2015 年 9 月中国人寿以 3.4 亿英镑将位于英国伦敦金融城核心区域的甲级办公楼收入囊中。随后的 11 月，中国人寿以 10 亿美元的代价收购了美国的优质核心型物流资产包 IIT。上述资产包物业可租赁面积合计 500 万平方米，分布于美国经济实力排名前 20 的城市。

2016 年，中国人寿继续重仓海外。4 月，中国人寿联合加拿大国际大型资产管理公司 Brookfield，以 3.46 亿英镑收购伦敦金融城一栋大型办公楼 Aldgate Tower；5 月，联合美国不动产投资管理机构 RXR，以 16.5 亿美元的价格收购曼哈顿美国大道 1285 标志性写字楼项目。这栋大楼总规模约180万平方英尺（约17万平方米），楼高39层，地处纽约曼哈顿中城核心区域，距时代广场和中央公园均只有几百米，为曼哈顿地标性建筑之一；6月，收购了日本的核心物流资产包，该资产包囊括约170处成熟物流资产，主要分布在东京、大阪等日本主要大都市圈，租户为汽车工业巨头三菱扶桑集团，出租率100%。10月，喜达屋资本集团表示，其已向由中国人寿牵头的一个财团出售了总价值约20亿美元的数家酒店，被收购资产遍及美国40个州，包括280家全球主要酒店品牌附属精选服务酒店。

2016年11月16日上午，中国人寿纽约代表处在美国纽约洛克菲勒中心举行了庄重简朴的开业仪式。截至2016年底，中国人寿在美国投资已达30亿美元，涉及资产规模超过100亿美元。

平安再推员工持股计划

中国平安计划再次推出员工持股计划。

这一年的10月，平安保险在第三季度业绩交流会上宣布了这一信息。

20世纪90年代初，中国平安就曾率先推出过员工持股计划，而彼时的员工持股计划统称为"员工受益所有权计划"。

公开资料显示，1992年12月31日，经中国人民银行深圳特区出具的《关于同意以"平安职工合股基金"名义申请法人注册的批复》批准，中国平安于1992年增资引入的股东"平安职工合股基金"获得法人地位。1997年12月30日，"平安职工合股基金"经深圳市工商局核准，更名为"新豪时投资"；新豪时的股东为中国平安工会及深圳市正直方实业发展有限公司，分别持有新豪时投资95%、5%的股权。

2006年11月，深圳市正直方实业发展有限公司将所持有新豪时投资5%的股权转让给景傲实业，转让后的新豪时投资的股东变更为：中国平安保险（集团）股份有限公司工会工作委员会和深圳市景傲实业发展有限公司。其中深圳市景傲实业发展有限公司的股东为平安证券有限责任公司工会委员会（80%）和平安信托投资有限责任公司工会委员会（20%）（见图19-1）。

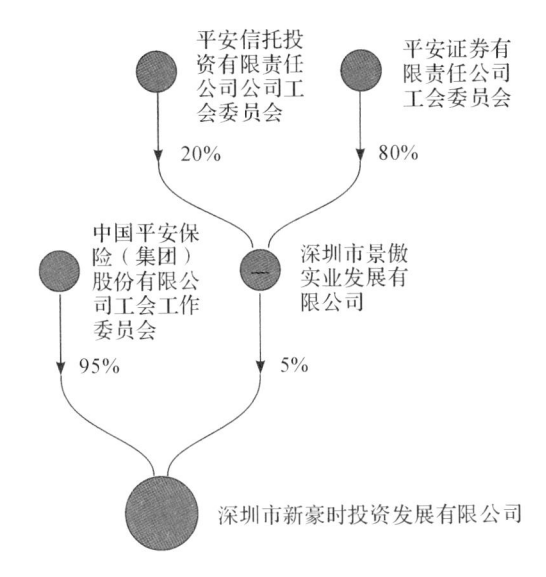

图19-1 中国平安的员工持股计划结构示意

资料来源：根据工商登记资料、公司年报整理。

根据招股说明书，新豪时投资分别在1992年向中国平安出资2236.29万元，占中国平安总股本的10%；1993年出资4196.41万元，认购中国平安1398.80万股，价格为3.0元/股。1996年12月出资9952.53万元，认购中国平安5654.84万股，价格为1.76元/股。截至2007年中国平安上市之前，新豪时投资共持有中国平安股份38959.24万股，占中国平安总股本的6.29%。

平安上市之时，中国平安的"员工受益所有权计划"共有18969名权益持有人，公司及控股子公司共有员工约48200人。其员工持股计划的受益人数占上市公司员工总数的39.35%，超过了员工总数的三分之一。

中国平安的招股说明书显示，平安上市前，公司的投资集合共有18969名权益持有人，共持有43061.94万股，人均持有2.27万股。按当时发行价33.80元/股计算，新豪时投资持有的中国平安股票总市值为209.39亿元，平安每个员工持有的股份市值约110万元；截至2010年9月，中国平安员工持股计划的股份解禁时，该计划的员工人均获得的收益超过200万元。

因此，这一次新推员工持股计划，自然吸引了市场的关注。

根据核心人员持股计划草案，该计划拟覆盖的1000名员工中，超过80%的人员是集团及专业公司部门负责人等中层主管，还包括部分资深的专业技术骨干。计划存续期限为6年，每年一期，锁定期为12个月，锁定期结束后将基于业绩考核，分3次归属计划持有人。

"该计划涉及的公司股份全部在二级市场上购买而来,公司不会新发行股票。"平安宣布设立核心人员持股计划以来,总共实施了三次:

第一次是 2015 年 3 月 20 日至 2016 年 3 月 26 日通过二级市场增持,共有 839 人参与该年度员工持股计划,成交均价为 77.02 元 / 股。

第二次是 2016 年 3 月 17 日至 2017 年 3 月 21 日通过二级市场增持,共有 773 人参与年度员工持股计划,成交均价约为 32.53 元 / 股。

第三次是 2017 年 3 月 23 日至 2018 年 3 月 27 日,此次参与员工持股计划的人数为 1157 人,成交均价为 36.74 元 / 股,锁定期为 2017 年 3 月 29 日至 2018 年 3 月 28 日。

但是,由于二级市场平安的股价并不是单边上涨,上市之后实施的股权持股计划,算下来收益并不算太高。

正德人寿:内外折腾

2014 年 6 月 30 日,这一天,全行业屏住呼吸,等待一场大戏——正德人寿"叫板"监管。

同年,保监会对信泰人寿、正德人寿、新光海航人寿、长安保险 4 家保险公司发出关于偿付能力不足的监管函。新光海航人寿及长安保险被暂停增设分支机构,信泰人寿自 3 月 17 日起停止开展新业务,而正德人寿则是自 6 月 9 日起停止开展新业务,并暂停增设分支机构。

不过,对于这一处罚,正德人寿激烈"反弹"。

其实,从 2013 年起,正德人寿就不太平。2013 年 1 月,杉杉投资控股的子公司——宁波市鄞州鸿发实业受让正德人寿的 20% 股份,成为正德人寿股东之一。之后,郑永刚入主正德人寿,当年 3 月起出任正德人寿副董事长,4 月出任公司的总裁。

半年后,风云起。2013 年 10 月 9 日,正德人寿意外宣布免去郑永刚的首席营运总监职务,并暂停其总裁职务。

2014 年 4 月 19 日,正德人寿再发消息称,"正德人寿党委免去郑永刚同志党委副书记职务"。具体理由令市场啼笑皆非:"郑永刚长期不参加正德人寿党组织生活和党委会议,无故连续 8 个月以上不交纳党费,不执行公司党委决议和不做党委安排的工作,给公司造成了恶劣负面影响。"

但螳螂捕蝉，黄雀在后。

6月6日，正德人寿接到保监会8号监管函，因偿付能力充足率不足而被暂停新业务。保监会同时要求，正德人寿应于6月30日前有效改善偿付能力，否则将视情况采取进一步监管措施。

此后，正德人寿连续发布4份公告"对抗监管"。6月27日，对抗最为激烈的时候，正德人寿放手一搏。

正德人寿发布《关于正德人寿真实状况的几点说明》，其中摘录了保监会检查组约谈正德人寿人员时的部分言语。"我不管什么理由，你立刻让他给我回电！打不通给我上他家找去！少跟我玩这一套，看我怎么收拾你们！"

"劝劝她（指张洪涛董事长），年纪那么大了，何必还要这样干呢？撑着干吗？那么累，年纪这么大了，身体也不好，公司发展得越来越大，是时候要找个年轻点的来接一下班了。"

3天后，6月30日，大限来临。

情理之中，预料之外。傍晚时分，正德人寿宣布上报了统一增资方案，保监会宣布已经收到了材料。

这就是默契！

此事虽然落幕，却远没有结束。治理变形的公司，还得在治理规范化上走很远的路。

阿里巴巴娱乐宝："假"保险，真融资

阿里巴巴"三宝"大闹互联网金融。

这"三宝"分别是余额宝、娱乐宝和招财宝。

2013年余额宝横空出世。底层是货币基金的余额宝，比活期存款收益更高、更灵活，推出即大火。这一年更被认为是中国互联网金融的元年。

余额宝一路狂奔。2017年6月30日，余额宝的规模达到惊人的1.43万亿元，超过了招商银行2016年底个人活期和定期存款的总额，还超过了规模1500亿美元的摩根大通美国政府货币市场基金，成为世界第一大货币市场基金。

2014年3月26日，娱乐宝上线。

娱乐宝是阿里巴巴推出的一款"众筹"产品，称网民出资100元即可投资热门影

视剧作品，预期年化收益 7%。娱乐宝投资首批选取项目分别为：郭敬明导演、杨幂等人主演的电影《小时代3》《小时代4》；冯绍峰、窦骁等人主演，由畅销小说改编的电影《狼图腾》；孙周导演，王宝强、小沈阳共同主演的 3D 奇幻喜剧《非法操作》。作为"福利"，投资人还有机会享受剧组探班、明星见面会等娱乐权益。

娱乐宝自我介绍，"2014 年累计投资 12 部大电影，总投资额达 3.3 多亿元，投资项目整体票房近 30 亿元，接近中国当年票房的 10%。仅在贺岁档期间就有 4 部娱乐宝投资电影上映，并豪取 18 多亿元的票房成绩。娱乐宝已成为全球最大的 C2B（customer to business，消费者到企业）电影投资融资平台"。"全民娱乐，你也是出品人"，"100 元做电影投资人"。娱乐宝，听起来就和娱乐相关，但是阿里巴巴不是编剧，而是将其真真切切做成了金融产品——和互联网众筹不同，娱乐宝是持牌金融机构的产品。

表面上，娱乐宝是国华人寿发行的一款投资连结性保险，用户购买娱乐宝产品后，等于买了国华人寿的投连险——"国华华瑞1号终身寿险A款"，该产品预期年化收益 7%，合规要求不保本不保底；一年内领取或退保收取 3% 的手续费，一年后自动全部领取；每人最大购买金额不得超过 1 万元。

然后，国华人寿把这些资金投给上海爱建信托的一个信托产品，之后再以信托贷款的形式贷款给杭州缪斯客投资电影和游戏。投资人的资金辗转到杭州缪斯客手中，再由杭州缪斯客去投资《小时代3》等电影。杭州缪斯客成立于 2006 年，是阿里巴巴的子公司，旗下主要业务是虾米音乐网。

按照保监会 2012 年的投资新规，保险资金可以投资信托公司集合资金信托计划、证券公司专项资产管理计划、保险资产管理公司基础设施投资计划、不动产投资计划和项目资产支持计划、股权投资基金等金融产品（均为非标产品）。

娱乐宝正是利用险资投资范围宽泛这一优势，借道投连险投资于信托计划。

娱乐宝第一期销售额为 7300 万元，主要投资《小时代》等 4 部电影；第二期于 2014 年 6 月推出，销售额为 9200 万元，投向《老男孩》等 4 部电影。

娱乐宝的第三期，稍有变化。9 月 15 日，娱乐宝第三期开售，合作的保险公司从国华人寿变为中国太平洋人寿。国华人寿因为被保监会叫停网销业务，因此退出了第三期。

娱乐宝第三期总投资额达 1 亿元，全部用于投资《中国梦之声》，每份 100 元，每人限购 20 份，即限额 2000 元，预计的 1 年期年化收益率仍然为 7%，与前两期一样。

从保险产品来看，投连险变为分红险，为一款 5 年期的红利发两全保险（分红型）。投资收益由两部分构成，一是保单年度红利，二是投资《中国梦之声》7% 的预期收益率。

这哪是什么保险，分明就是融资。名为保险，实为给电影娱乐项目融资，娱乐宝绕过了不少现有的监管规则，具有较大的投资风险，引发了争议。

继娱乐宝之后，2014年4月，阿里巴巴再次创新，招财宝上线。

这相当于为普通人提供了一个固定收益的定期理财产品，直接抢夺银行理财的市场。根据当时媒体记录的数据，招财宝的产品很诱人，短期（3～6个月）产品预约利率为4.5%，中期（6～12个月）预约利率5.7%，中长期（12～24个月）6.1%。其他产品（包括万能险、债券、收益权转让、理财计划、基金等）的历史年化结算收益率达到7.92%。

招财宝的规模增长相当惊人，从0元到1000亿元，招财宝用了1年时间。从1000亿元到2000亿元，仅用2个多月。

阿里巴巴"三宝"的创新，引发了监管的两个思考：如何看待互联网平台企业搞金融？如何监管互联网金融业务？

回到保险行业，国华人寿是最早一批进驻阿里巴巴推出网销产品的保险公司。在2013年的"双十一"中凭着投资理财类保险产品，实现了单日销售额破5亿元的业绩。

和国华人寿类似，珠江人寿、弘康人寿等都是网销理财保险的积极分子，这些产品通常具备如下特点：现金价值较高；期限较短，通常在1年；预期收益率较高，通常为5%～6%，有时甚至达到7%等。

不仅阿里巴巴的"三宝"，那几年，很多保险公司都推出过争夺眼球的保险，比如人保财险推出过雾霾险，后被叫停。因为总额2000余元的保费，换了一张50万元的罚单。

由于产品设计过于"神奇"，以至于监管不得不专门规定，"禁止开发带有赌博性质的保险产品"。同年8月，保监会成立互联网保险监管领导小组，研究监管政策、鼓励创新发展等问题，保监会副主席陈文辉任组长，财产保险监管部主任刘峰任副组长。

安邦抢投华尔道夫

一家来自中国的公司，要买下美国政府的指定接待酒店。

这家酒店就是著名的纽约华尔道夫酒店（Waldorf Astoria New York）。

华尔道夫酒店是一家位于美国纽约市曼哈顿中城的豪华酒店。位于曼哈顿中城第49街和第50街之间的公园大道301号，由建筑师舒尔茨和韦弗设计，在1931年完工。

1931 年至 1963 年之间，华尔道夫酒店是全球最高的酒店。

华尔道夫酒店的建筑本身即一件充满活力的艺术品。至今，华尔道夫酒店仍保留着法国艺术家路易斯·里加创作的壁画和名为"生命之轮"（Wheel of Life）的马赛克拼贴艺术，以及其他多位艺术家的壁画及雕塑。

这家酒店，见证过无数的历史。

1912 年，美国国会参议院委员会在华尔道夫酒店举行听证会，调查泰坦尼克号邮轮沉没事件。

1946 年 3 月 15 日，发表了著名的"铁幕演讲"之后的第 10 天，丘吉尔出席了在华尔道夫酒店举行的纽约州州长欢迎宴会。

1949 年，世界和平会议在这里召开，会议讨论了正在出现的冷战和美苏分裂问题。

除了见证重大历史事件，华尔道夫酒店还款待了不计其数的世界各国政要和名人。其中有英国女王伊丽莎白二世夫妇、丹麦国王和王后、比利时国王和王后，以及苏联领导人赫鲁晓夫。

美国总统中，第 31 任总统胡佛与华尔道夫酒店的感情最深。离开白宫后，他以此为家，在这里生活了 30 多年直到去世。

有个小故事是这样讲的，一个华尔道夫酒店的接线员接到有人着急找住在这里的国王。接线员礼貌地问道："请问，您指的是哪一个国王？"

电影《闻香识女人》中有这样一段台词："我们在哪里？""一切文明的焦点——华尔道夫酒店。"

1979 年，邓小平访问美国，参加联合国大会时，在这家酒店和基辛格会晤，商讨中美关系。此后，我国历届领导人在出访美国纽约时，都会入住该酒店。

跨过漫长的 20 世纪，时间来到 21 世纪。

2014 年 10 月 6 日，希尔顿酒店集团（HLT）表示，同意以 19.5 亿美元价格将纽约华尔道夫酒店出售给中国的安邦保险集团。同时，根据与安邦保险达成的长达 100 年的合约，希尔顿将继续经营这家酒店。

根据公告，豪爽的安邦向希尔顿提供了 1 亿美元的现金存款作为保证，该交易将于 2014 年 12 月 31 日之前完成，最晚不能超过 2015 年 3 月 31 日。

但是，这一收购案，却惊吓到了美国政府。

过去 50 多年来，美国国务院官员一直是华尔道夫酒店的重要客户，他们不仅在酒店 42 楼为美国常驻联合国代表租用了一个房间，每年 9 月联合国大会期间，美国政府还会在酒店租用两层作为本国外交官的总部，而总统本人也会在酒店中停留数晚。

据美联社的报道，美国政府审查了收购细节和安邦对酒店设施的长远规划。虽然未来100年酒店经营权仍在希尔顿集团手中，但美国政府担心安邦入主华尔道夫酒店后，威胁美国的国防信息安全。

这一惊世收购，将中国保险行业的财力，推到了全球财富的中心。

给股东写一封长信

有人会买楼，有人会写文章。

新华保险彼时的掌门人康典，就是后者。

2014年3月，发布了新华人寿年度业绩之后，康老爷子莫名冲动，给股东写了一封6400多字的长信，文白夹叙，骈散结合，洋洋洒洒，蔚为奇观。

或许是因为2013年太苦。

"（对于）新华去年第一季度出现的业绩下滑，虽有一定心理准备，从其严峻程度看来，仍是自己处理过的最为棘手的局面：到2月底，新契约保费同比下滑48%，规模保费下滑12.2%——这是新华创立17年来最为艰难的一个'开门红'，对于早已习惯高歌猛进的新华来说，是前所未有的。

"面对这一颓势，我们承受了空前的压力。我至今还记得春节后管理层高强度召开会议商讨对策的一幕幕。按我要求，综合部门每天下班后都要发送核心业务指标；我的手机至今仍存储着从去年2月到年底每天的业务数据。"

苦的原因是，自寻苦吃。不仅是业务调整，还有人事波动。2013年2月，董事长康典下沉担任CEO，原总裁何志光出任COO（首席运营官）。到2013年底何志光去意已决。

"导致下滑的一个原因，是引入新的价值考核体系后，公司需要对新政策进行反复宣导，而队伍更需要时间去理解消化，从而表现出一定程度的不适应。很多分公司的主打产品急速转向高价值健康险产品，而此类产品难以支撑公司的规模体量，到业务员层面则反映为佣金收入不足，使得销售人力亦出现下滑。此外，时逢公司董事会换届，一系列组织架构调整随之展开，因而对于销售业务的筹划、准备和推动工作，一时难以充分开展——在激烈的寿险市场竞争中，一招失了先手，不免就落下风。"

当然，康老爷子认为自己方寸未乱。

"我于2013年2月22日由董事会任命为CEO，这意味着从彼时起，我不唯对经营结果，也要对所有经营过程负责。首先从组织架构着手，新华建立了新的'执委会＋七大区域'的经营指挥架构。与过去以'董事长＋总裁'为核心的决策流程相比，这一调整更为强调管理效率。"

"七大业务区域，将原有的35家二级分公司纳入区域管理，强力推动管理下沉和资源前置。寿险市场带有强烈的地域色彩，此项举措，缩小了总公司管理半径，提升了管理效率。我们的七位大区老总，均是公司身经百战的宿将，他们上任后，七大区立刻呈现出千帆竞渡、各显神通的争先态势。区域管理运作伊始，我于数天内马不停蹄，参加了所有七大区的启动会，目睹了区域管理体现出的活力和效率。

"为了扭转银行保险的颓势，公司于第二季度推出了一款资产导向性产品，通过规模的先止跌、再回升，稳定了销售队伍和渠道网点，并获取了一批优质客户。银行保险火热的业务氛围亦感染并带动了其他渠道奋起直追。"

一年拼搏后，功夫不负有心人，业绩反弹有力。

"过去一年，我们积极推进以服务核心客户群为重心的九大体系建设，包括全生命周期服务体系和与之相匹配的政策体系、机构体系、团队体系、培训体系、产品体系、运营体系、信息体系和风控体系建设；与此同时，大力加强管理能力、投资能力和创新能力的提升。这些举措经过一年的实践，尤其在客户与队伍两方面的持续优化上，均已取得了颇为显著的成效。"

不仅谈了新华，还谈了寿险行业的未来，似乎有一点"乱花渐欲迷人眼"。

"当前，我们面对的是一个信息超载、流量超负荷的世界，各种热点、各种头条、各种畅想呼啸云集。大数据、云计算、SoLoMo［social（社交的）、local（本地的）、mobile（移动的）］、'某某宝''某红包'，凡此种种，使得未来变得令人兴奋莫名。许多人憧憬未来的寿险，或者可以迎来依靠社交网络、大数据算法、非近场支付及其他技术的一场革命——客户按几个键，寿险公司的后台就可以匹配计算出最优产品，谈笑间客户蜂拥，谈笑间保费到账，谈笑间对手'灰飞烟灭'。这样的寿险是否会很快到来？这样可以计算的可预见未来是否真的能完美拟合复杂人性？余生也早，对于尖端科技，仍怀伏枥之志和追慕之心，然而像这样的问题恐怕断然难以附和。"

近处看不清，就看远处。

"回顾人类几千年的商业活动，从古人抱布贸丝，到现代的货币战争，我们看到，总有一些行为、规律和价值观，如草蛇灰线，脉络清晰，一以贯之，串起我们数千年的商业传统，不仅始终未变，也是不能轻易背弃的。这些核心规则，存在于商业社会的每一个层面、每一个角度，高效有序地约束、影响、规范着所有参与者的行为举止和职业操守。敬畏商业传统，遵循商业规律，需要依靠科学——科学的思想和理念、科学的实践和组织；依靠勤奋——勤奋进取、勤奋钻研、勤奋工作；依靠诚信——全体员工包括管理者在内，在各个专业的分野内各司其职，并恪守其职业操守以及对客户、对股东、对社会的承诺。"

当然，康老爷子绝非假谦之辈，偶尔也小小傲娇，自得于运筹帷幄间。

比如，"公司上市曾分两步走，首先通过'彩云'项目定向增发为上市扫清通道，再以'轻舟'项目一举完成A+H同步上市。2010年'彩云'项目启动之时，无人理解我为什么会用这么一个颇为乡土的名字；直到'轻舟'起航，大家才恍然——是在借用李白诗句描绘新华的上市之旅，从'朝辞白帝'直到'过万重山'"。

若比拼咬文嚼字，康老爷子堪为保险行业翘楚。

"从上市前的多少个彻夜不眠、路演时辗转五洲，到这两年的战略实施和艰难转型，看惯云垂海立，自然雨霁风清。此间管理层筚路蓝缕、胼手胝足，凡此酸甜苦辣，颇堪回味。""这是一个躁动的年代，人们像看话剧一样激动地看着新奇的事件一幕幕拉开，剧情尚未了然，便匆忙谢幕。看客们犹自云里雾里，然而眼看他起高楼，眼看他楼塌了，新的一幕又已在别处上演。人们被一个又一个传奇的故事、新鲜的念头刺激、驱使，像浮云一样四处"飞渡"。成功的机会频频鲜活地展现在人们面前，似是唾手可得，而又每每可望而不可即。人们不知疲倦地追逐着形形色色新的构想、新的捷径；学说着其实自己也没搞懂的新名词、新理论；为自己编织着新计划、新梦想。朝菌不知晦朔，蟪蛄不知春秋，朝生暮死的商业模式竟已大行其道。"

这封信的首句："道冲，而用之或不盈。渊兮，似万物之宗。"出自老子《道德经》。

这封信的尾句："慈故能勇；俭故能广；不敢为天下先，故能成器长。"出自老子《道德经》。

CHAPTER 20

第 20 章

买买买
（2015）

2015年是一个劲爆的年份。

这一年，全国保费收入达 2.4 万亿元，同比增长 20%，增长速度创近 7 年新高。全国保险公司利润达到 2824 亿元，同比增长 38%。

保险业总资产达到 12.4 万亿元，较年初增长 21.7%，全行业净资产 1.6 万亿元，较年初增长 21.4%。从 2010 年到 2015 年，中国保险业总资产已从 5 万亿元增长到 12 万亿元，行业利润从 837 亿元增长到 2824 亿元，增加约 2.4 倍。过去几年，中国的保险市场规模先后超过德国、法国、英国，从全球第六跃居第三位，仅次于美国和日本。

放开了手脚的保险资金，在境内和境外两个市场攻城拔寨。

2015 年保险资金运用实现收益 7803.6 亿元，同比增长 45.6%，平均收益率 7.56%，创 2008 年全球金融危机以来的最高水平。2012 年险资投资新政后，2013—2015 年的 3 年间，保险资金投资收益率分别达 5.04%、6.3%、7.5%。

据不完全统计，在国内 A 股市场，2015 年 7 月 19 日到 2016 年 1 月 18 日，保险资金共举牌股票 40 次，涉及上市公司 32 家。

在境外市场，来自中国的保险资金成为超级买家。截至 2015 年 9 月末，保险资金境外投资余额为 319.07 亿美元（折合人民币超过 2000 亿元），占总资产的比例为 1.75%，与 15% 的监管比例上限距离尚远。

2015 年，保险牌照正当红。

各路资本竞相追逐，成立保险公司成为标配，"如果手里没有一家保险公司，你都不好意思和人打招呼"。数据显示，2015 年有 50 多家公司获得增资，超千亿资金净流入保险行业。2015 年保险行业的资本金总量 1.6 万亿元，是 2012 年的 2 倍。同期申请保险牌照的上市公司，如过江之鲫。

因为保险公司很赚钱，赚钱快。

2015年上半年，安邦保险净利润合计303.7亿元。其中，安邦人寿净利润197亿元，在寿险业排名第三；安邦财险净利润92亿元、和谐健康险净利润7.7亿元、安邦养老险净利润7.0亿元。

生命人寿净利润95亿元，位居寿险业第五；前海人寿净利润31亿元，位居寿险第八；国华人寿净利润16.5亿元；华夏人寿净利润14.6亿元；天安财险净利润3.9亿元……

寿险行业，由于"保户投资款新增交费"的增幅高达95%，导致行业大洗牌。

万万没想到，富德生命人寿成为第三大寿险公司，年入保费1652亿元；华夏人寿成为第四大寿险公司，年入保费1572亿元，超越太保、新华、泰康等老牌寿险企业。

不仅如此，安邦人寿、前海人寿也闯入寿险前10，分别揽下951亿元、780亿元保费。和谐健康险、国华人寿也已接近500亿元的保费，行业排名快升。

成立时间不久的弘康人寿、珠江人寿年度保费也超过200亿元。更有新进者恒大人寿保险有限公司（简称"恒大人寿"）和上海人寿保险股份有限公司（简称"上海人寿"）等，同样业绩瞩目。上海人寿成立首年（2015年）规模保费就突破百亿元。

手握巨资的保险公司在A股上市开始爆买，地产、金融、消费等众多上市公司的第一大股东先后易手。

风险如影随形。

12月29日，保监会召开保险行业风险防范工作会议。保监会副主席陈文辉认真"敲打"了某些保险公司。"部分保险公司存在公司治理缺陷和内控不足风险。少数控股股东或内部控制人把保险公司定位为'融资平台'，利用信托计划等各种方式，作为通道为相关企业融资，进行不正当利益输送；内部控制存在缺陷，制度执行难以到位，大股东或董事长凌驾于内控之上；投资管理能力不足。"

这一年1月，保监会打开了相互保险的门。

中国相互制保险的探索起于农村。2011年9月，浙江慈溪龙山镇伏龙农村保险互助社正式挂牌，这是2011年保监会批准的国家级试点项目。经营初期推出了短期健康保险、意外伤害保险和家庭财产保险3种产品。2015年1月，保监会批复浙江瑞安马屿镇试点农村保险互助社，配合温州金融综合改革和新农村建设。当年10月，瑞安兴民农村保险互助社正式挂牌营业，由22家农民专业合作社和2个自然人共同出资设立，注册资本100万元，受益者近3600人。作为商业保险和政策性农业保险的补充，保险互助社的业务范围包含农产品保险、农产品货运保险和农户小额贷款保证保险。

从全球看，相互保险是海外保险市场重要的业态。2013年全球相互保险保费收入达1.23万亿美元，占全球保险市场的26.7%，覆盖人群8.25亿人，相互保险组织总资产超过7.8万亿美元。

这一年2月，保监会正式发布"偿二代"17项监管规则，以及《关于中国风险导向的偿付能力体系过渡期有关事项的通知》，保险行业正式进入了"偿二代"过渡期。过渡期内，"偿一代"和"偿二代"并行，保险公司分别按照"偿一代"和"偿二代"标准编制两套偿付能力报告，保监会以"偿一代"为监管依据。

6月，保监会在5省1市启动试点的商业车险费率改革，试点的目标是保险公司可以根据自己的定价模型，对不同的车和车主定不同的费用。

7月，盛夏股灾。证券市场有难，保险资金火线驰援。奈何四处"买买买"的险资，无意间从"白衣骑士"变成了"门口的野蛮人"。

这一年，深圳推出了首个"惠民保"产品——深圳重特大疾病补充医疗保险。其基本的做法是"政府指导+保险公司承保"，参保对象是有深圳医保的人。报销的范围是社保范围内社保没报的那部分医疗费，扣除1万元免赔额后，报销70%。

这个创新大受欢迎，到2020年已经遍地开花，全国三分之二的城市（地级市）都有了"惠民保"产品。"惠民保"是继"网红"百万医疗险之后，又一个现象级的普惠保障产品。

这一年，政府工作报告中首次出现"互联网金融"的字眼。同时，对于互联网金融的监管，形成了基本的原则——"谁家孩子谁抱走"。2015年8月，十部委下发《关于促进互联网金融健康发展的指导意见》（简称《意见》）。按照传统金融划分，《意见》对不同形态的互联网金融作出了分工：例如银监会负责网络借贷，证监会负责股权众筹、互联网基金销售，而保监会负责互联网保险等，体现了"谁家孩子谁抱走"的原则。

监管明显赶不上市场的疯狂，形形色色的互联网金融如野草般疯长。这一年12月，"e租宝"暴雷。据新华社的报道，"e租宝"通过"假项目、假三方、假担保"集资诈骗500多亿元，涉及投资人约90万人。

这一年11月，中央第十四巡视组正式入驻保监会，保险行业迎来第一次中央巡视。

根据巡视工作条例规定，中央巡视组主要受理反映监管机构党组织领导班子及其成员、下一级党组织领导班子主要负责人和重要岗位领导干部问题的来信、来电、来访，重点是关于违反政治纪律、组织纪律、廉洁纪律、群众纪律、工作纪律、生活纪律等方面的举报和反映。

巡视之前,保监会要求保监会各级党组织和领导干部都进行自我体检、自我剖析,不怕"红脸""出汗",敢于"揭短""亮丑",主动接受中央巡视组的全面检查和监督。

同期,中央巡视组还入驻了中国人寿、中国人保、中国太平及中国出口信用保险公司等保险公司。2012 年 3 月,这 4 家公司正式升格为副部级单位,其组织关系及人事权统一由原保监会移至中组部,成为保险行业级别最高的 4 家机构。级别变动之后,4 家副部级险企的"一把手"分别由杨明生、吴焰、王滨、王毅出任。变动之前,杨明生为保监会副主席,王滨为交通银行副行长。

继 2013 年参与众安保险之后,马云再度出手保险。9 月,蚂蚁金服与台湾国泰金控联手,蚂蚁金服以 12 亿元增资入股国泰金融旗下国泰产险,占股 60%。国泰产险成立于 2008 年,为台资在大陆成立的首家非寿险业务保险公司,成立时注册资本金 6 亿元人民币,2014 年 3 月变更为 8 亿元。

国泰金控为台湾地区排名前 10 的金融控股集团,旗下金融业务涵盖银行、证券、保险等各个领域,根据福布斯中文网的数据,国泰金控蔡氏兄弟以 59 亿美元身家在台湾富豪榜位列第五位。

对于此次入股国泰产险,蚂蚁金服宣称是其"互联网推进器"计划的开始。蚂蚁金服规划,将在渠道、技术、数据、征信及资本层面,与金融机构加大合作,计划将在 5 年内助力超过 1000 家金融机构向新金融转型升级。

2016 年年中,仅仅一年光景,该计划完成近半,蚂蚁金服已与超过 200 家银行、超过 90 家基金公司、超过 70 家保险公司,近 400 家金融机构建立了合作伙伴关系。

互联网巨头的速度令人咋舌!

除了众安保险和国泰产险,2017 年,蚂蚁金服还参与了一家相互制寿险机构——信美人寿相互保险社。在初始 10 亿元的运营资金提供人中,蚂蚁金服出资 3.45 亿元,天弘基金(蚂蚁金服子公司,持股 51%)出资 2.4 亿元,合计出资 5.85 亿元,出资占比达 58.5%。

对标马云,强人王健林不会落后。

2014 年,万达以 1.225 亿元购入国电所持 1 亿股百年人寿股份;2015 年,万达以同样价格受让辽宁时代万恒 1 亿股百年人寿股份。百年人寿总部位于大连,成立于

2009 年，是东北地区首家中资寿险法人机构。

2015 年 11 月，万达集团持有百年人寿 9 亿股股份，占总股本的 11.55%。至此，万达成为百年人寿的第一大股东。

不仅如此，2015 年百年人寿迎来公司成立以来最大规模的一次增资，注册资本金增加 42.6 亿元，达到 77.948 亿元。这次增资，万达是最大出资人。

或许是蚂蚁金服的示范效应，跨界保险之后，万达布局大金融。

2015 年 7 月，万达金融集团在上海成立，旗下拥有保险、投资、资管、网络小贷、私募基金等业务板块。

王健林亲自挂帅，高管团队也堪称豪华：万达集团总裁丁本锡担任副组长，王贵亚担任金融集团筹措组组长，深圳证券交易所前副总经理陆肖马和渤海银行前行长赵世刚担任副组长，组员包括万达文化集团总裁张霖、集团副总裁刘朝晖等。

王健林豪言，"万达金融集团将会是万达未来价值最大的一块"。

对此，王健林是有信心的："如果万达发展到百万商家，每家有 100 万元信贷需求，万达金融就是万亿规模。届时万达广场年客流人次将达到百亿人以上，会员 5 亿人以上，如果 5 亿名会员中 1 亿人有消费贷款需求，每人贷 1 万元，又能创造一个万亿规模的业务。"

春天播种，秋天未必有收获。

当冬天来临的时候，往往有不堪回首的感叹：创业难，守业难，多元化更是难上加难。

安邦上哈佛

2015 年，是安邦保险和创始人吴小晖高光的一年。

这一年的 1 月 13 日，吴小晖站上了哈佛大学的演讲台。借哈佛中国论坛承办安邦集团 2015 招聘会的机会，吴小晖赶往哈佛发表了一次演讲。

当日晴，气温只有零下 17 摄氏度，之前暴雪肆虐了哈佛大学所在的美国波士顿地区。

但是，严寒没有阻挡人们的热情。这场以求贤为名义的招聘会，吸引了在美的中国留学生们，更有人驱车百里赶过去。

这之前，安邦已经不是一家仅仅国内有名的公司。就在一年之前，安邦斥资 19.5

亿美元（约合 120 亿元人民币）拿下纽约地标性建筑华尔道夫酒店大楼，轰动全美。

这一天，哈佛大学科技中心礼堂，一场"与梦想同行"的大型招聘会即将开始。宽敞的阶梯大厅，座无虚席。当一身深灰色西装，脚穿黑色皮鞋的吴小晖出现在众人面前，人们感受到了这位中国商界大亨的激情："安邦至少会在全球各大洲都有自己的企业。"

作为一个 1966 年出生的浙江温州人，今日登上哈佛讲坛，远在千万里之外的温州平阳县萧江镇周宅村，或许依然可以记起那位田野间奔跑的吴姓少年。

在主持人播放完公司视频之后，吴和在场的学生开始了一问一答的沟通。

"各位同学下午好，今天我们的见面是个缘分，这就是哈佛的缘，我们开始互动，我想首先由同学们提问，我来回答。"

"我今天来没有做任何刻意的准备，希望跟同学们分享我内心的想法，答得不好大家给一个及格 60 分，但是都是我真实的想法。"

第一个问题是关于华尔道夫。

吴认为，收购价格一点都不贵。

"这个酒店共 1400 多个房间，16.3 万平方米的面积，19.5 亿美元的投资约合每平方米 7.3 万元人民币，与中国北京金融街拍卖地价每平方米 10 万元且 40 年使用权相比，这个项目获得的是终身产权，每平方米只有约 7 万元人民币，我们觉得有很大的盈利空间。"

在回答问题的过程中，吴适当地展示了自己的幽默。

"今天做招聘会讲华尔道夫有很大的意义，邀请优秀人才跟我们一起共同实现梦想。华尔道夫是美国著名品牌，代表了美国光辉的历史以及美国精神，我们也欢迎至少今天在座的所有同学来华尔道夫免费喝茶（掌声），当然成为员工的话可免费享用一顿晚餐（掌声），员工结婚的时候可免费享用酒店房间（掌声、笑声）。"

吴还回忆了谈判的过程：

"整个管理协议的谈判过程相当艰难，历时 3 天，每天谈判都持续到凌晨 2 点，最后达成一个共赢的结果。商业的精髓就是共赢，只有共赢才能持续。"

"在华尔道夫这个项目上黑石和希尔顿都给了我们很高的评价。"

谈到和黑石之间的渊源，吴说道：

"明天黑石董事长及 CEO 苏世民先生会为安邦的招聘会亲自赶来做一个演讲，他是我们的合作伙伴，也是哈佛的校友。"

一个问题是关于跨国并购之后的整合。吴讲了一个例子：

"比如我们在欧洲收购的一家银行，刚刚上周我们在欧洲给公司举办了一个年会，我看到外国员工比中国员工还激动，我讲话以后很多员工热泪盈眶，其实我们中国人是很开放的。我跟他们讲，我尊重比利时银行的历史，这家银行管理能力非常强，有260年的历史。我跟他们开玩笑，我给华尔道夫是100年的承诺，我给你们260年承诺，永远不退出做你们的战略性伙伴，下面掌声雷动。"

还有一个问题问到了安邦的企业文化。

吴说，"安邦的文化很简单，3句话，水文化、家文化、互联网文化。概括起来就是你坐在家里喝水上网，这就是安邦文化。安邦成立于10年之前，现在有2000多万名客户，能发展到今天，最自豪的就是我们的文化。我们叫人与自然的文化（水文化）、人与社会的文化（家文化）、人与科技的文化（互联网文化）。"

有人提问经历了10年快速发展之后，再过10年的安邦是怎样的。

吴描绘道："10年后的安邦将会完成它的第二个轮回，第一，那时候的安邦至少会在全球各大洲都有自己的企业。第二，它会在世界上很多资本市场上市，是一个全球开放的企业。第三，那时候的安邦将会由不同肤色及不同文化背景的员工组成。"

除了专业方面，有在场学生问道："如果您再年轻20岁，会想干什么？"吴小晖并没有直接回答，他说道："我想，活得快乐就好！"

是的，快乐就好。这或许就是生活最为朴素的真谛。

这次哈佛招聘会，安邦10位高管也悉数现身。安邦计划招聘超过200名候选人，用于填补安邦在全球30余个岗位。工作地点除内地和中国香港地区外，亚洲有日本、韩国，欧洲有英国、比利时和荷兰，北美有美国和加拿大，此外，还包括澳大利亚、新西兰，以及南非。安邦全球落子的雄心可见一斑。

对于中国的企业家而言，哈佛讲坛是一个奇妙的地方，也可能是荣光后的深渊。

2013年，王石60岁上哈佛，然后地产万科为"活下去"进而"节衣缩食"；2015年，王健林上哈佛，然后万达变卖酒店文旅，"断臂求生"；2016年，陈峰上哈佛，然后就是2021年海航集团有限公司（简称"海航集团"）破产重整；2018年，许家印到访哈佛；2023年9月28日，恒大发布公告，公司主席许家印因涉嫌违法犯罪，被依法采取强制措施。万亿恒大最终未能逃出地产大周期的生死局。对于安邦而言，吴小晖49岁上完哈佛之后，（安邦）"然后就没有然后了"。

▶ 安邦：爆买全球的神秘原力

安邦在全球市场豪买。

2014年10月，安邦宣布完成对纽约华尔道夫酒店大楼的收购，收购总价达到19.5亿美元（约合120亿元人民币）。随后一周时间内，安邦又宣布收购比利时拥有百年历史的险企FIDEA，开创了中国保险公司首次收购欧洲保险公司100%股权的纪录。

同年，安邦以2.19亿欧元收购比利时德尔塔·劳埃德银行，并恢复其旧称Bank Nagelmackers。德尔塔·劳埃德银行历史悠久，至今已260多年。

7月，安邦保险以1.5亿欧元全资收购荷兰Vivat保险公司；9月，以12万亿韩元（约合10.4亿美元）收购韩国上市保险公司东洋人寿。

2016年9月，安邦保险以65亿美元收购位于美国芝加哥的酒店和度假公司Strategic Hotels & Resorts；同年，以10亿加元收购加拿大不列颠哥伦比亚省最大的养老连锁机构Retirement Concepts。

安邦是中国险资全球豪买的急先锋。

市场曾经如此疯狂："2015年中国的保险巨头加紧布局海外。中国太平设立的海外投资基金，投资翠贝卡111项目，投资总额约8亿美元；中国人寿和中国平安购入美国波士顿一个地产项目，价值5亿美元；安邦保险花费7500万美元买下加拿大多伦多金融区17层楼的70 York St.；阳光保险集团以2.3亿美元购买喜达屋资本新打造的位于纽约曼哈顿中心的Baccarat（水晶宫）酒店。泰康人寿完成了对伦敦金融城Milton Gate写字楼的投资收购。"

其中，安邦无疑是最为激进的大哥。路透Eikon数据显示，2014年至2017年，安邦的收购规模约为144亿美元。除了资本的狂欢，市场还可以闻到一丝丝"独孤求败"的迷醉。

为这一刻，安邦做了充足的准备。

2014年12月4日，安邦保险集团注册资本增至惊人的619亿元！事实上，这是一年内的第二次。2014年4月10日，安邦的注册资本金由180亿元增加至300亿元。不到8个月，安邦保险集团再度增资，且增资幅度高达319亿元。

对于安邦，钱似乎只是一个数字而已。

这个令人瞠目结舌的数字，远超行业对手。比如，中国人保集团注册资本为424亿元，中国人寿为282.65亿元，中国平安为79.2亿元，中国太保为90.6亿元。

经过2年的快速扩张，安邦保险以超过7000亿元的总资产规模居行业第四位（如果考虑加入2011年收购的成都农商银行，安邦集团的资产规模实际超过万亿元），仅次于中国平安的 3.8 万亿元、中国人寿的 2.12 万亿元和中国人保集团的 8103.6 亿元。

不仅是集团，安邦还为旗下的寿险和财险公司大手笔注资。

2015 年 2 月，成立于 2010 年的安邦人寿注册资本变更为 307.9 亿元。直追注册资本为 338 亿元的平安人寿，全市场第二。短短 5 年，从 37.9 亿元到 117.9 亿元（2014 年 5 月），再到 307.9 亿元，大步流星。

2015 年 3 月，监管同意安邦财险注册资本变更为 370 亿元，增加 180 亿元；距离上一次增资不到 10 个月，2014 年 5 月，安邦财险则增资至 190 亿元。至此，安邦财险力压注册资本 210 亿元的平安，成为当时行业注册资本金最高的财险公司。

或许是已经习惯，抑或是麻木了安邦的阔气，没有人会问：为什么安邦这么有钱？

此时，《财新周刊》提出了自己的疑问："黑马安邦继续在投资上攻城略地，创下业界奇观；安邦保险集团的股东已由早先的 8 家增至 39 家，资本金从 2014 年初的 120 亿元猛增至 619 亿元，背后有何玄机？"

安邦前身为成立于 2004 年的安邦财险，注册资本为 5 亿元。此时有 7 个股东：上汽集团、上海标准基础设施集团、联通租赁集团有限公司、旅行者汽车集团有限公司、嘉兴公路建设集团有限公司、浙江标基投资有限公司、浙江中路基础设施投资公司。2005 年，中石化集团增资扩股加入。

至此，安邦有 8 个股东。

2011 年 7 月，安邦财险升级为安邦保险集团，成为中国保险行业第八家保险集团。2014 年 1 月和 9 月，安邦保险集团分两次将注册资本金增加至 300 亿元和 619 亿元。

"这两次增资后，安邦保险集团的股东由近 10 年未变的 8 家猛增到 39 家"。

《财新周刊》的调查发现，新增的 31 家股东中，有"20 多家此前很少出现在公众视野，且并未有太多相关公开信息，但此番均以每家 20 亿~30 亿元的出资规模一齐出现在股东名册上。这些股东的注册地址主要分布在北京、上海、浙江、成都、新疆、广州 6 个地区。从行业来看，主要包括汽车销售、矿业公司及为数众多、名不见经传的'某某投资公司'"。

更为神奇的是，部分公司"成立时间接近，相同地区公司的注册地点均为同一栋楼的不同房间"。

比如，"有 9 家公司的注册地址均位于四川成都，发起成立的时间均为 2012 年 12 月 10 日，首次股东会的地点均为成都锦江宾馆会议室。它们的验资报告均由四川天仁会计师事务所出具，均在成都农商银行设立验资专户，新增注册资本金的划转也通过成都农商银行"。

万科一战宝能

2015年的最后一个月，A股却上演了一场最为劲爆的杠杆收购大片。

接过安邦的枪，深圳的"宝能系"（钜盛华和前海人寿），对万科发起了一场闪电战，意图控制这家股权分散的地产龙头。宝能系的实控人为姚振华，旗下的关键企业为钜盛华和前海人寿。

第一回，试探虚实。

7月10日，宝能系首次举牌，前海人寿占万科总股本的5%。

7月24日，前海人寿和钜盛华二度举牌，宝能系占万科10%的股份。

8月26日，宝能系首次超越万科第一大股东华润，共持有万科15.04%的股份。

9月4日，华润增持，再次夺回万科第一大股东身份，占股15.29%。

就在宝能系增持万科股份到10%的时候（7月24日前后），王石与姚振华见了一面，在冯仑的办公室谈了4个小时，从晚上10点谈到凌晨2点。

这次难得的见面并不愉快。姚表态"会维护王石这面旗帜""王石还是万科旗手"。但是，王石坚持，投资欢迎，要成为"第一大股东"不欢迎。

第二回，风云突变。

进入12月，宝能系突然加速。12月4日，宝能系合计持有万科A股股票22.11亿股，占公司总股本的20.008%，再次成为万科第一大股东。

12月10日、11日、15日，宝能系三连击。三次加仓合计耗资约75.79亿元。到2015年12月15日，宝能系合计持股25.99亿股，持股占比23.52%，宝能系坐实万科第一大股东。

第三回，万科急眼。

12月17日，王石向宝能系发出战书：不欢迎宝能系成为第一大股东，理由就是你信用不够。

12月18日凌晨，宝能集团官网发"郑重声明"：我们恪守法律，尊重规则，相信市场的力量。

仅有声明还不解气，宝能集团白天二次发帖，针锋相对："万科作为一个品牌企业，其无形资产到底属于企业，还是部分人？"

"一如既往地希望王石能够给新的万科提供战略导向，在股东变化的关键时刻，团结管理层，把更多的精力用在工作，特别是公司企业文化管理工作上来。"

第四回，半路杀出个程咬金。

12月17日、18日，安邦连续买入万科，耗资逾28.32亿元。至此，安邦保险已持万科A至7.01%，约占万科总股本的6.18%。如果安邦和宝能联手，两家合计持股量达到了万科公司章程中规定的30%控股股东地位，便可召集股东大会改组董事会。

安邦成为"万宝之争"的关键先生。

第五回，启动"毒丸计划"。

12月18日中午，万科公司紧急停牌，筹划重组事项。同一时间，万科的高管团队赶赴香港华润总部求援。

万科的拼死自救，似有先见之明。

2015年上半年，宝能系经过数次增持举牌，成为南玻A第一大股东。在宝能系入驻之前，南玻A股权很分散，管理层大权在握。

强势的宝能入主之后，和原来的管理团队冲突不断，团队相继离开。一年之后，2016年11月15日晚，南玻A公告董事长曾南、CEO吴国斌、财务总监罗友明及4位副总裁辞职。次日晚，又公告2名独董与董秘（兼总会计师）也辞职而去。

事情至此还没有画上句号。5年之后，2019年1月26日，南玻A发布公告。因5年前涉嫌挪走公司1.7亿元，南玻A前董事长曾南被立案。

第六回，万科扳回一局。

2015年12月23日晚近12点，万科、安邦分别发表"结盟"声明，万科称欢迎安邦成为万科重要股东，并愿与安邦共同探索中国企业全球化发展的广阔未来，以及在养老地产、健康社区、地产金融等领域的全方位合作。安邦则表态积极支持万科发展，明确希望万科管理团队、经营风格保持稳定。

监管层面，12月23日，保监会出手规范保险资金举牌上市公司股票的行为。而证监会亦开始关注举牌资金来源的问题，比如是保险公司的自有资金，还是保险产品资金等。

反观宝能，市场针对其资金来源的疑问，掀起一阵涟漪。

疑似宝能大金主的浙商银行，于2015年12月24日凌晨发表声明称，该行理财资金投资认购华福证券资管计划132.9亿元作为优先方，仅用于钜盛华整合收购非上市金融股权，不可用于股票二级市场投资，也不作为其他资管计划的劣后资金。

一方急于撇清干系，一方迅速响应。12月28日3时，宝能系深夜回应称，"从未过度使用杠杆融资"。

多年之后，月光如白，水落石出——宝能系不仅用了杠杆，而且手法高超。

"万宝之争"背后有一位关键先生——浙商银行原副行长张长弓。2015年初，张行长从兴业银行跳槽浙商银行，是浙商银行排名第一的副行长，负责资本市场部、金融同业部、金融市场部和资产管理部这4个核心部门。在"万宝之争"中，浙商银行旗下的浙银资本和宝能系关联方浙商宝能资本，通过有限合伙基金的模式为后者输血，张行长时任浙银资本的董事长。

此为万科一战宝能。

险资救市，引火烧身

杠杆牛市，难以为继。

就在监管部门打击场外配置，意图降低杠杆拆弹的时刻，这个预料之中的"灰犀牛"突然发了狂——"两次熔断"后，"杠杆牛"破灭了。

2015年6月15日，沪指自高点5178掉头向下，引发融资崩盘，股灾由此开始。

自6月15日至6月25日，短短8个交易日沪指已累计下跌13%。6月26日，沪指再次下跌7.4%。随后的一段时间，A股经历了千股跌停、千股涨停、千股停牌、熔断等罕见行情。

生死时速。

7月4日上午，来自中信证券等多家券商的数十位"一把手"，抵达证监会所在地——金融街19号富凯大厦，由证监会主席肖钢亲自主持召开了2个多小时的紧急会议。"救市"会议结束1个小时后，证券业协会发布了《21家证券公司的联合公告》，开始救市。

7月4日下午，国务院召集"一行三会"、财政部、国资委及主要央企负责人，推动救市。

救市如同救火。

7月8日和9日，中央部委联手救市。

7月8日，证监会在开盘前表示，证金公司将加大对中小市值股票的购买力度，缓解市场流动性紧张状况。

7月8日，保监会也在开盘前表示，要提高保险资金投资蓝筹股票监管比例。7月8日，保监会方面施以重手。保监会发布《关于提高保险资金投资蓝筹股票监管比例有关事项的通知》，放宽保险资金投资蓝筹股票的监管比例。对符合条件的保险公司，将投资单一蓝筹股的比例上限由5%调整为10%。投资权益类资产比例达30%上限的，可进一步增持蓝筹股；增持后，权益类资产不高于上个季度末总资产的40%。这之前的7月6日，多家大型保险公司召开动员大会，要求旗下投资经理买入蓝筹ETF（交易型开放式指数基金）和成分股。

9点29分，央行首次表态，称将密切关注市场动向，继续通过多种渠道支持证金公司维护股票市场稳定，守住不发生系统性、区域性金融风险的底线。这一举动被看作央行启动了无限货币支持的"平准基金"。

11点45分，国资委发表声明，表示央企要做负责任的股东，股市异常波动期间，不得减持所控股上市公司股票。

16点20分，财政部表态，称不减持所持有上市公司股票，支持国企在股价低于正常估值时增持。

7月9日开盘前，银监会官网发布公告称，支持资本市场稳定发展。

之前几天，万亿级别的国家队救市基金入场。

7月5日（周日），中央汇金公司公告，已于近期在二级市场买入交易型开放式指数基金（ETF），并将继续相关市场操作。这是中央汇金公司成立以来第六次在二级市场进行增持，以此提升市场信心。

7月6日，证金公司火线入市。

证金公司注册于2011年，由上海证券交易所、深圳证券交易所及中国证券登记结算有限责任公司共同发起成立，初始注册资金75亿元。原本证金公司是为券商提供转融通服务的公司，证金公司将钱（或券）借给券商，券商再转借给客户做融资（融券）业务，证金公司从中赚取利差收入。

到8月11日，证金公司在二级市场的持仓规模已近1.5万亿元，其中向商业银行借了1.3万亿元流动性支持。

之前几天，证券行业、基金行业和上市公司都已经全面动员。

7月6日，中午11点前，21家证券公司已经将超过1280亿元资金一次足额划拨到证金公司账户。同时，更多的证券公司响应倡议，表示将主动出资购买蓝筹股 ETF。

7月6日，有58家基金公司发布投资旗下基金公告，拟动用21.97亿元投资旗下偏股基金，其中蓝筹风格基金是自购重点。这是公募基金历史上最大规模基金公司自购潮，平均每家基金投资超过4000万元。

同时，超过500家上市公司"良心停牌"，等待市场稳定。据《证券时报》的不完全统计，自6月29日至7月7日，沪深两市多达651家上市公司发布停牌或停牌进展公告。这意味着，一周之内，A股2808家上市公司中，至少有23%的公司处于停牌状态。

救市是一块试金石，有人为救市而来，有人则举起了镰刀。

"为国救市、为国护盘"的喧嚣中，险资"买买买"。资产驱动负债型保险公司，手握来自理财险——万能险充沛的资金，纵横资本市场。对于地产、金融、科技、医药、商业百货等诸多领域知名上市公司，猎入股权动辄10%、20%甚至30%。

▶ 险资举牌 A 股

"以安邦保险、富德生命人寿、国华人寿、前海人寿等为代表的保险公司掀起举牌潮，被举牌的上市公司大多是银行和地产业的知名企业。"

根据《财经》媒体的观察，早在2014年第二季度末，安邦系共出现在8家A股上市公司的前十大流通股东名单中，其中包括招商银行、工商银行、民生银行、金地集团、金融街、华业地产、吉林敖东等。

进入2015年，险资扫货A股市场的风气日盛。

当时的《证券日报》统计，2015年12月1日至21日，"13家上市公司被举牌，其中有10家涉及险资，而从公司来看，安邦人寿、安邦财险、阳光人寿和阳光财险举牌的动作比较频繁"。

见过大场面的证券媒体被这种海量资金的力量"吓"到了，惊呼"险资年底开始启动'扫货'模式"。

13家上市公司中，房地产公司被举牌最多，分别是万科A和金融街。具体来看，2015年12月7日与12月9日公告，万科A分别被前海人寿、深圳钜盛华公司、和谐健康、安邦养老、安邦人寿、安邦财险等举牌。而金融街在12月12日公告称，被和谐健康、安邦人寿举牌，增持数量为1.49亿股，占总股本比例为6.48%。

表20-1　2015年险资举牌A股上市公司不完全统计

举牌的保险机构	被举牌上市公司
安邦保险	同仁堂、金风科技、万科A、金融街、欧亚集团、金地集团、大商股份
前海人寿	万科A、南宁百货、韶能股份、中炬高新、明星电力、南玻A、合肥百货
国华人寿	东湖高新、有研新材、国农科技、华鑫股份、新世界、天宸股份
阳光人寿	中青旅、京投银泰、凤竹纺织、承德露露
君康人寿	三特索道、东华科技、中视传媒
上海人寿	中海海盛
生命人寿	浦发银行
百年人寿	万丰奥威
华夏人寿	同洲电子
中融人寿	天孚通信

（数据截至2015年12月23日。）

地产，对于中国的险资有魔一般的吸引力。或许每一个保险老板心中都有一个成为"地产李嘉诚"的小小梦想。

2010年，险资获准投资房地产。《保险资金投资不动产暂行办法》规定，保险资金可投资基础设施类不动产、非基础设施类不动产及不动产相关金融产品，不能投资商业住宅，不能直接参与房地产开发或投资设立房地产企业。

于是，在世界各地，中国险资成为全球地产项目或物业最大的买家。

回到A股，既然不能做开发商，那就做开发商的"老板"——保险资金在二级市场频频举牌房地产股票，蓝筹地产股很快成为心中最爱。

"万宝之争"酣战之际，安邦保险力压中国人寿，拿下远洋地产第一大股东宝座。远洋地产12月16日的公告显示，安邦集团两连击，将其持股比例提至29.98%，从而超越之前的第一大股东中国人寿。

第一击，12月初，安邦耗资78亿港元（约合64.5亿元），通过接手香港超级财团南丰集团存货的方式，一举拿下了远洋地产20.5%股权，成为远洋地产第二大股东。南丰集团2010年入股远洋地产，成为后者两大核心股东之一，之前南丰集团持股21.3%。陷入遗产争夺的南丰集团选择卖出所持远洋地产股权。

第二击，半月内，安邦集团对远洋地产第二次大手笔出手。安邦保险增持了约6.5亿股远洋地产，每股平均价5.0港元，耗资约32.5亿港元（折合人民币约27.1亿元），至此安邦系在远洋地产总持股 22.52 亿股左右，占该公司总股本 29.98%。力压持股 29% 左右的中国人寿，安邦成为远洋地产第一大股东。

远洋地产创立于 1993 年，2007 年 9 月在香港联合交易所主板上市。远洋地产在全国 21 个城市拥有 60 余个分别处于不同开发阶段的开发项目，截至 2014 年 12 月 31 日，按建筑面积计算的土地储备已达到约 1988 万平方米，其中约 89% 位于一、二线城市。

此外，安邦还是金地集团和金融街的第二大股东。

在争夺金地集团的战役之中，安邦还和张峻旗下的生命人寿激烈碰撞。2014 年，生命人寿与安邦保险抢筹金地集团，引发业界瞩目，最后以生命人寿与安邦保险分列一、二大股东暂告一段落。

2015 年 7 月，股灾救市加速了险资对于地产股的举牌潮。面对凶悍的保险资金，连保利地产这种超级"物种"都感受到了威胁。

戴德梁行发布研究报告显示，（2015 年）133 家 A 股房企中，被险资进入前十大股东的房企为 21 家，占比达到 15.8%。其中，中国人保入股 5 家房企，安邦保险入股 4 家，中国人寿入股 3 家，生命人寿入股 2 家。

戴德梁行估计，按 2014 年的保险资金总资产规模，保险资金投入不动产类的上限将达 6 万亿元。对于其中的原因，戴德梁行认为，"鉴于保监会放开保险资金投资不动产，且其他投资渠道有限，地产类投资成为保险资金的热点，尤其是优质的地产公司股"。

但是，是做温柔的财务投资人，还是做控制上市公司的"野蛮人"，各家险资各有各的想法。

而"万宝之争"凸显了其中的矛盾，引起了市场和监管的警惕。

面对市场争议和潜在风险，保监会踩下了刹车。12 月 23 日，保监会发布《保险公司资金运用信息披露准则第 3 号：举牌上市公司股票》，意图规范保险资金举牌上市公司股票的行为。

为了这一刻，某些保险资金已经潜伏许久。

第一波铺垫——政策松绑。

2012 年，保监会一口气推出了 13 项保险投资新政，囊括证券、基金、银行、信托等当时所能预期的所有投资工具。

2013 年年中，监管启动了寿险费率改革，放开现行的寿险产品 2.5% 的预定利率上限。

第二波攻击——万能险吸金。

2014 年开始，万能险出现井喷。截至 2015 年底，有 57 家人身险公司卖万能险，增速高达95.2%，在人身险保费中占比约30%。万能险产品普遍的投资收益率从过去的2%～3%提高到5%以上。前海人寿等新兴保险机构的万能险产品利率高达7%～8%，投资者趋之若鹜。

更为扎眼的是，随着万能险的进场，保险业阵营出现分化，原本作为市场主导者的"老七家"市场份额节节败退，安邦保险、富德生命人寿、前海人寿等中小公司迅速冲进"千亿保费俱乐部"。

后来者，愈加生猛，比如恒大集团。

2015年11月，恒大集团以39.39亿元收购中新大东方人寿，并将中新大东方人寿更名为恒大人寿。

11月20日，恒大人寿获批，开启了高速"吸金"模式。恒大集团相继与中国农业银行、中国银行等多家重量级金融机构达成战略合作，为超大规模的银保合作奠定基础；随后，恒大集团又与拥有最大渠道网络的中国邮政集团战略结盟，意图大卖银邮保险。

万事俱备之后，恒大开始了规模保费增长神话。

2016年首月，恒大人寿原保险保费3.6亿元，同比增速290%，保户投资款新增交费49亿元，单月规模保费约53亿元。所谓"保户投资款新增交费"主要就是万能险。

到2016年8月，恒大人寿总保费规模达到301.9亿元。同期原中新大东方人寿规模保费收入仅为18.8亿元。仅一年的时间，恒大人寿的保费同比增长了15倍左右。

▶ 高现价产品的奥秘

不管是传统险、分红险还是万能险，在2014年、2015年、2016年实现了爆发式增长的保险公司，都是依靠一种称为"高现金价值"的产品（简称"高现价产品"）。

保险行业的业内人士王立川深度了解这类产品的特点。作为观察者，王立川从浙江大学毕业，在中国人寿、中国人保寿险历练过，后来进入横琴人寿，出任横琴人寿风控总监。

他认为，这类产品有以下特点：

1. 对客户许诺相对较高的收益率（越是新公司，收益率越高）。

2. 保障功能在这种产品里面几乎可以忽略不计，且其存在的目的根本不是吸引客户，而只是满足监管。

3. 保险合同的实际留存期限不超过3年（越是新公司，留存期限越短），在保监会从严监管之前，保险公司更愿意销售1年期甚至更短期的产品，因为客户更喜欢。

这类产品主要通过商业银行和邮政储蓄分销，原因非常简单：

> 1.这类产品的首年手续费率,对于银行而言比卖基金、理财产品合算多了;对于代理人而言,这样的销售收益实在太低。
> 2.这类产品简单易懂,销售难度极低,尤其适合银行柜面销售——银行已经把消费类金融产品的销售做成了类似于超市里面卖的快速消费品。
>
> 高现价产品的风险在哪里?
> 1.若投资回报无法覆盖资金获取成本,将无法按照约定向投保人偿还销售时承诺的收益,从而使整个模式难以为继。
> 2.若保险产品的销售和保险资金的回报,在现金流管理上未能实现及时匹配,有可能导致出现现金流风险。
>
> 之前,保险资金的特点是"负债久期远远长于资产久期",所以保险资金偏好于长期资产,比如各种重大基础建设(三峡大坝、京沪高铁、高速公路)等。
>
> 现在,由于"负债久期经常短于资产久期",因此巨额买入、短期炒作的习气越来越重,渐成尾大不掉之势。

第三波铺垫——"资产驱动负债"理论准备。

传统保险发展的理论是"负债驱动资产",这一策略更注重资产与负债匹配,包括久期、收益率等。但是,这个理论虽然可以锻造百年老店,但是其缺点就是收益慢。国际市场的规律是,寿险公司需要5~7年才能盈利。对于要弯道超车的保险公司而言,这个时间谁等得起?

于是,"资产驱动负债"成为最好的解药。

本质上,"资产驱动负债"是逆练"蛤蟆功"——"资产驱动负债"策略主要通过高收益万能险获得大量现金流,做大资产端,运用另类投资和权益类投资上的多种方式博取收益。

有国有保险集团公司的专业人士撰文,揭开了万能险快速赚取差价的奥秘:一是投向基础设施债权计划、不动产计划、信托计划等另类投资,并实现资产负债的期限错配。例如一些期限在3年内的万能险产品,平均资金成本超过5%,通过传统的资产负债匹配策略无法开展投资,倒逼资金不得不投向收益高、流动性低、期限在5年以上的不动产、基础设施、信托等另类资产,并通过时间错配、流动性错配的方式博取收益。二是通过激进的权益类投资,以万能险为融资渠道,对上市公司进行大手笔举牌，以达到冲大公司规模，提高投资收益，增加公司价值的目的。

2014年以来，中小保险公司举牌上市公司之风盛行，通过万能险集聚的保险资金对银行、地产等优质上市公司股权进行疯狂收购（见表20-2）。

表20-2　2016年前10个月保费数据，19家万能险占比过半的保险公司

公司名称	原保险保费收入/万元	保户投资款新增交费/万元	规模保费/万元	万能险占比/%
安邦养老	20.96	1314600.60	1314621.56	100
中融人寿	25.15	234373.22	234398.37	100
昆仑健康	18389.72	440932.92	459322.64	96
中华人寿	8775.08	107798.38	116573.46	92
恒大人寿	371629.31	3759234.47	4130863.78	91
复星保德信	9264.42	81729.63	90994.05	90
君康人寿	344806.10	2470753.80	2815559.90	88
瑞泰人寿	39463.44	216966.75	258214.35	84
东吴人寿	83600.66	396366.31	479966.97	83
前海人寿	1781408.31	7214264.09	8995672.40	80
信泰人寿	241552.92	977177.99	1218730.91	80
华夏人寿	3956586.94	12699278.67	16655865.61	76
英大人寿	204893.27	570945.48	775838.75	74
安邦人寿	9998854.87	20685504.06	30684358.93	67
渤海人寿	575541.59	1145657.80	1721199.39	67
北大方正人寿	107582.92	129188.11	236914.66	55
吉祥人寿	268189.49	315659.62	583849.11	54
天安人寿	2740324.97	2983491.31	5723816.28	52
上海人寿	1085963.81	1129415.40	2215379.21	51

数据来源：公开资料整理。

当然，对于这一理论的反思，要更多的时间。

"2017年清华五道口全球金融论坛"上，曾经担任新华保险董事长的万峰提出，所谓"资产驱动负债"不符合寿险发展规律。

"比如，我先去找一个 100 亿投资的项目，跟人签了 8% 的回报，然后我去设计一个 5% 回报产品，拿到银行去卖。这叫保险吗？我认为这不叫保险，这完全是为了你的资金去集聚资金。"

第四波攻击——A 股救市的天时。

意外的救市打开了保险资金入市的阀门，来自银行保险的万能险资金倾泻进入 A 股市场，险资大规模举牌上市公司。据中金的统计数据，截至 2015 年底，沪深两市共有 32 家上市公司遭险资举牌，涉及股权市值达 2464.17 亿元，被举牌涉及市值最高的则是房地产和银行。

这些举牌行动主要由 10 家保险公司发起。其中，宝能系 2015 年共举牌 7 家上市公司，涉及市值高达 753.41 亿元，不论举牌家数还是涉及市值都排名险资第一位。

物极必反。

某些保险资金的野蛮动作，终于引发了市场的反感。有一个尖锐的评论认为："今天在中国，如果控制了一家保险公司，就有了在投资市场上纵横捭阖的资格。这些市场上新来的'野蛮人'，以高成本保单的销售收入为基础，撬动多层杠杆，激进收购上市公司股权，一再举牌，不惜发动敌意收购。"

宝能不小心踩了格力一脚，董明珠这个不好惹的女强人回怼："破坏实业的千古罪人。"

"过去 2 年多少实体企业不做实体，因为搞金融赚钱太快了，造成很多泡沫，对中国经济是一个巨大的伤害。"

倡导"让世界爱上中国造"，作为中国制造业标杆企业之一的格力，其牵动的高层和市场关注远超一家保险公司的想象。

闯了祸的宝能，让整个行业背上了"野蛮人的十字架"。

2 年后，2017 年 1 月，保监会结束了 2015 年因为救市实施的阶段性政策。保监会发布《关于进一步加强保险资金股票投资监管有关事项的通知》（简称《通知》）。《通知》中明确，保险机构投资单一股票的账面余额不得高于本公司上季末总资产的 5%，投资权益类资产的账面余额合计不得高于本公司上季末总资产的 30%。

这也为一段是非争议画上句号。

民生银行的反对票

面对凶悍的"野蛮人",多数人选择沉默,少数人选择坚守,他们成为彼时极为少见的少数派,代表着市场的专业和公道。

2015年6月8日,民生银行召开了一次临时董事会,审议并通过了一项议案——欢迎安邦保险对民生银行的投资入股。对此议案,13位董事中,12票同意,0票反对,1票弃权。弃权的这一票来自王玉贵,他的理由是"议案理由不清晰"。

公开信息显示,王玉贵1951年出生,高级经济师,1977年2月毕业于北京第二外国语学院,主修英文。

这位老先生于1993年至2013年期间担任中国船东互保协会总经理,而中国船东互保协会是民生银行的发起股东之一。自民生银行创立起,王玉贵就一直出任民生银行非执行董事,同时担任该行董事会风险管理委员会和提名委员会委员。

这一票的背后,是2014年、2015年民生银行的暗流涌动。

原董事长董文标辞职,加之从2014年底开始,安邦保险在二级市场(A股和H股)强势增持,成为民生银行大股东。有统计显示,从2014年11月28日至2015年1月中旬,仅2个月时间,安邦保险连续12次增持民生银行,持股比例从5%剧增至22.51%!同期,H股持股比例至5.18%。

2014年12月22日,安邦提名了公司的副总裁、安邦人寿董事长姚大锋出任民生银行的董事。

1996年1月成立的民生银行,成立以来股权一直较为分散,无实际控制人。因此,董事和董事会之争就成为各家民营股东们博弈的罗马竞技场。

面对新贵安邦咄咄逼人的势头,部分民营老股东选择暂且退避。比如郭广昌的复星、卢志强的泛海控股,以及刘永好的新希望等。7月13日晚间,民生银行发公告称,实际控制人为刘永好的新希望投资和南方希望实业,已于7月8日减持民生银行A股近2.62亿股,减持后刘永好还持有该行4.996%的股份。减持之前,刘永好一直是民生银行第一大股东。

之前的1月21日,复星集团的郭广昌已经清空了手里所持的民生银行A股。同一时期,前民生银行十大股东之一的卢志强,也将其持股比例减至3.09%。

饶有趣味的是,6月8日的临时董事会还有一项关于联想集团的议案。本次议案中,民生银行将给予联想控股综合授信额度人民币60亿元,授信期限2年。授信品种包括高收益新兴市场业务品种,以及风险度不高于中长期流动资金贷款的全部授信业务品种。

> 对于这项议案，13位董事中，同意11票，反对1票，弃权0票。反对者为东方集团的张宏伟。张宏伟的理由是，应对关联交易情况进行研究，制定总体方案后再上会审批。
>
> 泛海控股的卢志强因持有联想股份而回避表决。彼时，泛海控股持有联想控股20%的股权，为联想控股第三大股东。卢志强既为民生银行副董事长，也是联想控股董事。
>
> 谁能想，6年之后，曾为中国企业标杆之一的联想集团会陷入一场是事关名节的滔天争论之中，这段和泛海控股的股权变更被"好事者"挖出。

PE 工厂谋金控，九鼎收购富通保险

除了安邦，还有一个新锐机构在国际保险市场崭露头角。

2015年9月，九鼎集团以106.88亿港元收购了香港保险公司富通保险。

富通保险的源头是"小超人"李泽楷旗下的盈科保险。2007年，李泽楷将盈科保险50.5%股权卖给比利时富通集团，套现逾30亿元。同年8月，盈科保险更名为富通保险（亚洲）有限公司。数据显示，截至2014年末，富通保险的投连险占比43%，传统险占比44%，保障险占比12%。

收购富通保险后，九鼎挖来太保集团原董事会秘书方林出任富通保险董事长。

这之前，九鼎就是一个"神奇小子"。

2009年创业板开市，九鼎所投的吉峰农机被列入首批上市的30家公司。这家来自四川郫县（今成都市郫都区）的农机销售公司，在创业板开闸时以20个交易日涨幅翻2倍的速度成为上市第一牛股。

有媒体统计，"扣除2016万元初始投资额，九鼎投资吉峰农机约获利2.78亿元，投资收益高达12.78倍"。

其后，九鼎开始了PE（私募股权投资）黑马之路。

通过标准化PE投资的流程，"募、投、管、退"各自分工，九鼎创造了"PE工厂"的模式。利用"地推"方式系统化（人海）覆盖成长期（PE）和Pre-IPO项目，规模化赚取一级、二级市场间存在的套利空间，九鼎成为中国PE投资领域争议最大的异类。

对于九鼎PE基金的投资人（LP）而言，九鼎的赚钱逻辑是2×2=4，即被投企业利润翻1倍，上市之后估值翻1倍，能够为投资者（LP）带来4倍的回报。

刚起步的九鼎，未曾料想到2012年11月至2014年1月，IPO暂停14个月，PE

退出面对一次大考。

转机出现。

2014年4月,九鼎集团登陆新三板。

九鼎集团在新三板挂牌,首创了"基金份额换取股权"的模式,将原有私募基金投资人转化为九鼎集团的股东。通过这种创新,阶段性解决了投资人LP退出难的问题;通过这种创新,九鼎集团总资产从挂牌前的不足7亿元快速增长到2014年底的131亿元,负债率从90%以上下降到13%。

之前少人问津、少人知晓的新三板,成为九鼎的福地。

挂牌之后的九鼎迅速成为"新三板第一股",高峰时期其成交量占到新三板9成以上。新三板挂牌之后,九鼎开始了"买买买"。

2015年6月,九鼎集团宣布计划收购上市公司中江地产[以约41亿元人民币全资收购上市公司中江地产的母公司中江集团——"(九鼎)坐着直升机飞过来,对其他产业竞购方实施了一次残暴的降维打击"]。

2015年9月,九鼎集团宣布计划收购富通亚洲。

从两次收购开始,九鼎集团开启了漫长的停牌时间。停牌时,九鼎的股价为6.83元/股,总股本为150亿股,总市值为1024.5亿元,位居新三板市值排行榜第一。

与此同时,九鼎开启了一次史无前例的定增。

2015年11月,瓜熟蒂落。九鼎集团公告完成100亿元定增,每股20元,向22名投资者定向发行5亿股。这一金额成为新三板历史上最大规模融资之一,九鼎集团规模也快速升至1100亿元。

从1000万到1000亿市值,九鼎集团仅仅用了5年时间。

此后的九鼎,一路高歌猛进。到2017年底,九鼎已经成为一个小巨人。

在致股东的信中,九鼎集团披露了到2017年底的资产状况,公司424亿元资产主要包括富通保险(100%股权,141亿元)、九州证券(96%股权,35亿元)、九鼎投资(73%股权,53亿元)、优博创等6家小公司控股投资(51%~100%股权,7亿元),以及总部参股投资(143亿元)等(见表20-3)。

表20-3 九鼎集团资产明细

资产项目	持股比例/%	对应净资产/亿元	对应商誉/亿元	对应资产金额/亿元	主营业务/具体内容
富通保险	100	120	21	141	在香港经营寿险业务
九州证券	96	34	1	35	经营证券业务
九鼎投资	73	15	38	53	PE管理及房地产业务
优博创等控股投资	51～100	6	1	7	控股投资6家小公司
总部参股投资	—	143	—	143	主要为PE类基金及项目
总部固定资产类投资	—	10	—	10	南昌紫金城商业地产
总部现金及短期理财类投资	—	35	—	35	
合计		363	61	424	

数据来源：公司年报，截至2017年底。

其实，6家"小公司"并不小。

这6家"小公司"包括优博创（光通信器材，规划2019年初独立申报IPO）、九信资产（不良资产经营业务）、九泰基金（公募基金管理业务，有约500亿元在管资产管理规模）、中捷保险经纪（开展保险经纪业务）、黑马投资（为在校大学生提供类似股权的特殊投资）等，涵盖多个金融牌照业务。

对于2018年，九鼎的团队充满信心："我们拟重点做好如下工作：一是继续推进富通保险可持续的价值增长，并不断完善资本补充机制，保持充足的偿付能力；二是完成九州证券引入战略投资者的工作；三是推进九鼎投资创新发展，做大业务和资产规模；四是推进解决紫金城商业地产项目。"

对于九鼎而言，收购富通保险绝对意义非凡。

完成富通保险的收购之后，九鼎按照"保险+投资"的模式重塑集团架构，又一个中"巴菲特模式"浮出水面。到2018年上半年，富通保险营收达到32亿元、净利润5.12亿元，为九鼎贡献了70%的收入、85%的净利润，已经成为九鼎集团的核心支柱。

然而，时不利兮骓不逝。

经过2017年、2018年一系列变故之后，2018年12月，九鼎集团发布公告，将以215亿港元的价格，将富通保险出售给香港富豪郑裕彤家族下属公司。

根据九鼎的计算，计入2016年收购富通保险的全部成本后，九鼎共支出155亿港元，此次以215亿港元出售，投资盈利约60亿港元，总投资回报率约38.7%，简略计算年化回报约9.7%。

对于当时处于困境且面对监管压力的九鼎而言，这是一笔重要的钱。"据测算，如果九鼎将其中的70%用于还债，资产负债率将下降到20%左右，如果全部用于还债，将清偿所有债务。"

2019年初，这笔并购画上句号。

接盘方为新创建集团（Earning Star），其背后的控股股东为新世界发展和周大福，周大福是香港著名的珠宝首饰品牌之一。

老富豪有新恙。2014年至2018年，周大福的营业额从774.1亿港元下降到了591.6亿港元，下降幅度为23.6%。而作为其核心主战场的内地市场，营业额也是从421.5亿港元直降至368亿港元，下降幅度为12.7%。

由于传统珠宝业务增长乏力，周大福转战金融行业，动作连连。2015年初，周大福以4000万美元参与拍拍贷C轮融资；同年，周大福又斥资6000万美元参与小赢理财A轮融资；2017年底，周大福入股四川锦程消费金融，成为持股25%的第二大股东；2018年6月，周大福又在维信金科赴香港上市时认购新股。

对于接手的富通保险，周大福的期待更高。

"预期目标集团将受惠于香港人寿保险行业强劲的前景，主要受香港高资产净值人口增长、人口老龄化及高储蓄率、中国内地及境外旅客对投资机会及全面性环球金融产品覆盖的需求等因素的驱动。"更为直接的表述是，周大福看到的是内地源源不断的"香港保单"的商机。

愿望美好，现实骨感。珠宝业务"亡的羊"，金融业务"补的牢"也漏了。互联网金融由于内地监管的一刀切政策，业务一落千丈，网贷机构全体归零。

时也，运也。

对于九鼎而言，如果再晚一年出售，富通保险的估值很难预计。

21世纪的第一个10年，创建九鼎集团的几位年轻人：吴刚、吴强、黄晓捷等并不知道命运之神将会给予他们什么——多少机遇，多少挫折；多少荣耀，多少苦难。

吴刚出生于1977年，经历传奇而励志。

参考媒体的记载，他早年毕业于四川省质量技术监督学校，通过自考获得多项学历证书，在短暂的水泥厂财务工作经历后，考取西南财经大学会计系，获得硕士学位的同时，考取注册会计师、评估师和律师资格证书。毕业后在闽发证券担任投资银行项目经理，1 年后以优异成绩考进证监会，先后任职于机构监管部及风险处置办公室，因其精明强干，年纪轻轻就崭露头角升任处级。2007 年吴刚与黄晓捷决定共同创业，租了一间地下室创立九鼎投资。此后，吴刚的弟弟吴强加入，3 人成为创业铁三角。

黄晓捷生于 1978 年，四川人。

参考媒体的记载，在对外经济贸易大学金融学院本科期间，黄晓捷连续 4 年获得专业第一名，并打破学校田径 100 米校纪录；毕业时以第一名的成绩考取中国人民银行研究生部（清华大学五道口金融学院的前身）硕士，以及后续以第一名成绩考取博士，毕业后留校任教。

之后就辞职创业。白手起家，筚路蓝缕。

对于早期的创业，黄晓捷有如下真切的回忆："2007 年我们刚准备募集基金的时候，曾经去绍兴募钱，待了 2 天，费尽口舌，没有募到 1 分钱，准备灰溜溜地回上海。然后我一个朋友觉得我们太可怜，就找辆车送我们去，车程有 3 个小时，我和创业伙伴吴刚就在后面商量我们怎么把 PE 这个事情做好。当我们到上海的时候，那个驾驶员突然回过头来说，你们这个事儿感觉挺好的，要不我就给你们投个几千万块钱吧。"

正所谓，行至水穷处，坐看云起时。

"我们永远期待，一个人或者一个团队的转身，背后留下的是理想主义的光芒。

亚洲第一，中再香港上市

2015 年 10 月 26 日，中再集团成功登陆香港资本市场，成为内地首家上市再保险公司。根据 A. M. Best（贝氏评级）的数据，以 2014 年再保险保费规模计，中再集团是亚洲最大、全球第八大再保险集团。

这次上市，吸引了众多基石投资者的关注。

中再的全球发售吸引了 15 家高质量的基石投资者参与认购，包括国内知名企业长城国际、国网英大、中广核，与其业务合作关系密切的保险行业龙头企业中国人保和中国人寿，以及国开金融、Prudential（保诚）、惠理香港等境内外知名投资机构。

中再的招股气氛热烈。

招股首日（10 月 13 日）便已足额，后持续升温，16 日截至认购时全港 10 多家券商共借出逾 233 亿元保证金，相对公开集资超购近 29 倍，冻资 739 亿元，成为香港资本市场当年第四大"冻资王"。

上市之日，中再集团李培育董事长为公司 H 股上市鸣锣，送了一头"牛"的雕塑给交易所，寓意"托起大牛"。上市首日，开盘为 2.77 港元，以 2.7 港元收盘。

惋惜的是，上市之日，即大牛之时。

此后中再保险股价一路下跌，股价长时间于 1.5 港元左右徘徊。作为过去 5 年中再改制上市的功臣，曾经获得过孙冶方经济科学奖（论文奖）的李培育本人在 2016 年 3 月，于中央巡视组进驻 5 个月后，意外辞任，告别一个小时代。

相当长的时间，中再公司是市场上的唯一。作为保险的保险，再保险是保险业的"安全阀"和保险市场的"调控器"。

鲜为人知的是，在举国冰封的年代，再保险是少数联系国际市场且为国家挽回巨大损失的金融市场工具之一。

1963 年 4 月，新中国制造的第一艘万吨级远洋货轮——"跃进轮"出师不利，从青岛到日本门司港航行途中触礁沉没，再保险仅用 65 天即从英国劳合社摊回 104 万英镑赔款，为国家挽回 83% 的财产损失，赔款相当于当年我国外汇储备的 3%。

保险行业的长者王恩韶老先生曾经回忆此事的几个细节：

细节一，"跃进轮"保额 120 万余英镑，中国人保自留 20 万英镑，其余 100 万英镑通过 Willis（韦莱）公司在伦敦市场分保。

细节二，韦莱公司回电：我方收到分保申请后，即去劳合社安排，因时间所限，只分出 80 万英镑，并已通知你方，这 80 万英镑没有问题，本当继续安排所余 20 万英镑的分保，但日前我方一进劳合社，劳合社的"卢丁"钟就响了，报告了沉船的坏消息，所以非常抱歉，20 万英镑未能再行分保。

劳合社是伦敦海上保险的交易所，"卢丁"钟是交易所内的一口钟，敲一下代表好消息，敲两下代表坏消息。

细节三，1963 年 11 月，"跃进轮"赔款陆陆续续都摊回，总共 104 万英镑，涉及 20 多个国家的 90 家保险公司。耐人寻味的是，为何会超过 80 万英镑，因为时间久远，已经成为一个小小谜团。

细节四，周恩来总理就此事专门听取汇报，"（'跃进轮'沉没）其他相关部门有这样那样的问题，唯有保险公司立了功，挽回了经济损失"。

有统计显示，1961 年至 1966 年，中国人民保险公司再保险办理远洋船舶分保业务共付出分保费约 35 万英镑，出险后摊回分保赔款 125 万英镑，两者轧差相抵，对外分保外汇收入 90 万英镑。

或许因为如此，在周恩来总理关心下，1972 年保险重回到央行系统，成为央行的一个部门。

3000 亿中保投落户上海

又一个国家队机构投资人诞生。

6 月 24 日，国务院常务会议首次提出设立中国保险投资基金（简称"中保投"），以期对接国家重大战略和市场需求。

根据国务院批复的《中国保险投资基金设立方案》：基金总规模预计 3000 亿元，首期 1000 亿元；基金主要向保险机构募集，保险机构出资不低于基金总规模的 80%。

中保投采用有限合伙制，设普通合伙人一名、有限合伙人若干。由保险资产管理公司等机构出资设立中保投资有限责任公司，担任普通合伙人；有限合伙人则由保险机构等合格投资者担任。

之前，投资界的国家队是中国投资有限责任公司，设立于 2007 年 9 月，是第一只主权财富基金，属国有独资公司，总部设于北京，注册资本 2000 亿美元，2014 年底总资产规模超过 7400 亿美元。

而民间有民生银行前董事长董文标发起的中国民生投资股份有限公司，简称"中民投"。中民投由全国工商联发起，59 家民营企业联合设立，有"民营版中投"之称，2014 年 5 月注册成立于上海，注册资本 500 亿元。

按国务院所批方案，中保投将围绕国家产业政策和发展战略开展投资，主要投向"一带一路"倡议，京津冀协同发展、长江经济带等战略项目，棚户区改造、城市基础设施、重大水利工程、中西部交通设施、新型城镇化等基础设施建设，以及国际产能合作和"走出去"重大项目等。

中保投筹备组组长为段国圣，时任泰康人寿执行副总裁兼首席投资官、泰康资产总经理兼首席执行官，54 岁；副组长为中国人寿财险执行董事杨华柏，57 岁。

2015 年 12 月，中保投落地上海自贸区，注册资本 12 亿元，股东单位 46 家，包括 27 家保险公司、15 家保险资产管理公司及 4 家社会资本，单一持股比例不超过 4%。

开业之后，段国圣担任第一任董事长和法人代表，直到 2017 年 3 月。段国圣明确表示，中保投公司主要做项目投资，不做二级市场，遵循"安全性、收益性"原则。

对于投资回报，"正常情况下会有6%的分红"。

2016年初，中保投投出了首单。

中保投（一期）基金规模达400亿元人民币，直接投资境外项目，支持招商局轮船股份公司进一步通过收购和绿地建设方式，在亚洲（斯里兰卡科伦坡港）、欧洲（土耳其昆波特码头）和非洲（吉布提国际自由港）投资建设港口项目；通过增资中国液化天然气运输项目（Liquefied Natural Gas，简称"LNG"）对接俄罗斯亚马尔液化天然气运输项目，加大中国及"一带一路"沿线国家的能源保障，支持国家能源储备计划以及"国油国运"政策。

到2016年上半年，中保投已签约项目700亿元。到2016年底，中保投落地项目总规模逾2000亿元（见表20-4）。

表20-4　中保投基金项目一览

时间	基金名称	合作方	基金规模	投资方向说明
2015年12月	招商局轮船股份股权投资计划	招商局资本投资有限公司	400亿元	支持其服务"一带一路"倡议
2016年4月	上海中保浦东城市发展股权投资基金	上海浦东发展（集团）、陆家嘴（集团）	300亿元	助力上海城市基础设施建设，协助推进上海城区协调发展，优化城市发展格局
2016年7月	中国煤炭发展基金	中国中煤能源集团有限公司	首期100亿元	助力煤炭企业兼并重组，促进行业调整转型
2016年8月	中保投双创上海城市发展投资基金	上海双创投资管理有限公司	150亿元	主要投资方向包括上海市和有关区县重大基础设施、重点民生工程、产业升级、生态治理、科技创新等领域
2016年10月	中保投中国建材产业发展基金	中国建材集团	800亿元	期限10年，首期100亿元资金将于2016年底前到位
2016年11月	中保投中燃（深圳）清洁能源发展基金	中国燃气控股有限公司	100亿元	我国首只燃气产业发展基金，主要投资于清洁能源领域的股权、债权等项目
2016年11月	中保投陆上丝绸之路（西安）建设发展基金	西安市人民政府	1000亿元	首期500亿元，将主要为西安市城乡基础设施、生态文明及历史文化等项目建设提供资金支持
2016年11月	中保投招商国协清洁能源股权投资基金与中保投招商国协仓储物流股权投资基金	与招商局共同发起设立中保投招商国协清洁能源股权投资基金和中保投招商国协仓储物流股权投资基金	100.16亿元	清洁能源基金规模50.08亿元，拟投向已建成并网发电的光伏电站资产；仓储物流基金规模50.08亿元，拟投向国内重要节点城市的仓储物流项目

资料来源：公开资料整理。

成立之后，中保投的投资方法论不断迭代。6年之后，中保投参与失败金融机构的救助。

例如，2021年，中保投发起了中保融信基金，参与对于华融资产的重整。

公开的信息显示，中保融信基金成立于2021年11月29日，注册资本为148亿元，注册地位于上海，法定代表人、董事长为贾飙。

中保融信基金来自国内18家相关保险机构，基金管理人为中保投。其中最大的股东是中国人寿，出资29亿元，持股比例19.5946%；平安人寿、阳光人寿紧随其后，分别出资20亿元，持股比例均为13.5135%；太保寿险出资15亿元，持股比例10.1351%；太平人寿、泰康人寿、大家人寿、新华人寿、中邮人寿分别出资10亿元，持股比例均为6.7568%；中信保诚人寿出资5亿元，持股比例3.3784%；民生人寿出资3亿元，持股比例2.027%；人保寿险出资2.7亿元，持股比例1.8243%；人保财险、中保投分别出资1亿元，持股比例均为0.6757%；华泰人寿出资5000万元，持股比例0.3378%；人保健康、华泰财险分别出资3000万元，持股比例均为0.2027%；华泰资产出资2000万元，持股比例为0.1351%。

董事长贾飙来自中保投，为中保投总裁。

之前，贾飙为南开大学经济学博士，曾任原保监会保险资金运用监管部副主任、银保监会人身保险监管部副主任。

根据华融的重整方案，陷入困境的中国华融拟发行内资股不超过392.16亿股，发行H股不超过19.61亿股，募集资金不超过420亿元人民币，募资净额用于补充公司核心一级资本。

内资股方面，中信集团认购不超过188.24亿股、中保融信基金认购不超过145.10亿股、中国信达认购不超过39.22亿股、工银投资认购不超过19.61亿股；H股方面，中国人寿认购不超过19.61亿股。

2023年11月15日晚间，华融发布公告改旗易帜——公司正式更名为"中信金融资产"（全称为中国中信金融资产管理股份有限公司），司徽换为中信集团的司徽。至此，彪悍一时的华融正式落幕，成为历史。

CHAPTER 21

第 21 章

野蛮人
（2016）

2016年1月1日，保险行业正式进入"偿二代"时代。

所谓"偿二代"全称为中国风险导向的偿付能力体系（China risk oriented solvency system），简称"C-ROSS"。"偿二代"的体系建设于2012年3月启动，历时4年修筑完成。2015年2月发布并进入实施过渡期。2016年1月1日起正式全面实施。

"偿一代"按照保费规模、赔款或准备金的一定比例确定资本要求，不能衡量保险公司的风险管理能力、资产结构、承保质量。

"偿二代"相对"偿一代"而言，更加注重保险公司的风险大小及风险管理能力，整体监管框架可分为三支柱。其中，一支柱为"资本充足要求"，二支柱为"风险管理要求"，三支柱为"信息披露要求"，分别从定量、定性、市场约束三个方面对保险公司偿付能力进行监管。

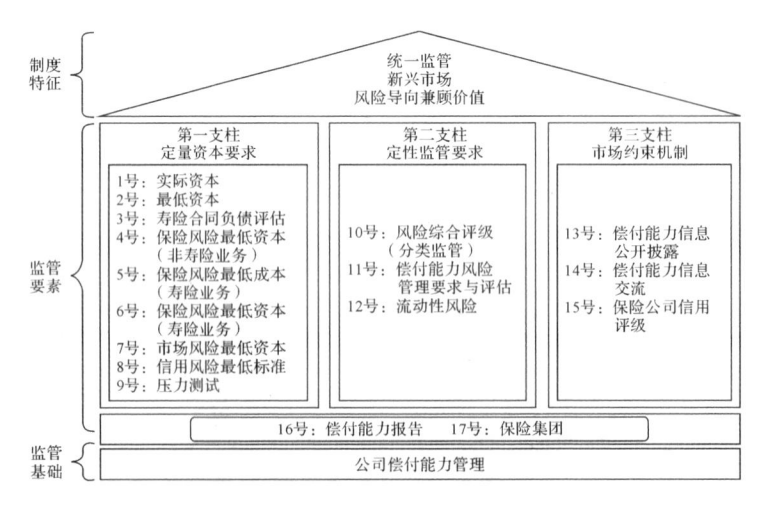

图21-1 "偿二代"监管框架

资料来源：公开资料整理。

根据之前"偿二代"试运行的测试结果，如果一家保险公司高现价产品多、投资激进、资产负债严重错配，那么其资本金的要求就会更高。根据保监会的数据，2015年末，有1家产险与5家寿险公司"偿二代"试运行结果不达标。

"偿二代"的实施，构建了一套与美国RBC（risk-based capital，基于风险因素的资本金）、欧盟Solvency II（欧盟偿付能力II）三足鼎立且具备中国特色的监管制度体系。但是，"一个好的监管体系要真正落地发挥好作用，还需有两个基本条件，一是数据要真实，二是资本要真实。解决假数据的问题，保监会有比较强的能力和经验；但解决假资本的问题，往往需要相关监管机构和政府部门的联动"，时任保监会财务会计部副主任赵宇龙曾对媒体说。

"偿二代"上线仅仅是第一步，"两会"整合之后的银保监会于2017年启动了"偿二代"二期工程，计划2020年上半年规则定稿，2020年下半年试运行，于2021年正式实施。

2016年4月，中央纪委国家监察委员会网站公布了对中国人寿、中国人保两家公司巡视整改情况的通报。通报显示，中国人寿对办公室超标、公务接待和公务出国（境）交通住宿超标准、滥发福利补贴等问题进行了整改；中国人保则对违规用人、违规超标准领取薪酬等问题进行了整改。其中，中国人寿仅用45天便改造完成2589间办公用房——2月启动，到3月15日即整改完毕，可谓风驰电掣！

同样在4月，监管启动了国内系统重要性保险机构监管制度建设。国内系统重要性保险机构（domestic systemically important insurer，简称"D-SII"），是指对金融保险体系有重要影响的保险集团（控股）公司、保险公司及其附属机构，其内部经营活动可能会导致系统性风险。之前，在金融稳定理事会（FSB）2013年公布的首批9家全球系统重要性保险机构（G-SII）名单中，中国平安成为发展中国家及新兴保险市场中唯一入选的保险机构。

4月，蚂蚁金服B轮融资收官，金额高达45亿美元，成为当时全球互联网领域最大的一笔私募融资。

对于这一机遇，手握巨资的保险资金自然不能错过。

2014年4月，蚂蚁金服完成建信投资和人保资本的战略融资；中国人寿与太保寿险一起参与了蚂蚁金服2015年、2016年的两次增资扩股；新华人寿参与了蚂蚁金服2015年的A轮融资。其中，2015年与2016年，太保寿险曾分别出资约9亿元和10亿元，参与了蚂蚁金服此前的融资。

到 B 轮融资时，"蚂蚁"已经不是蚂蚁，而变成了大象！

B 轮融资的新增战略投资者包括中投公司全资子公司中投海外，以及建设银行下属子公司建信信托等。在本轮增资扩股后，全国社保基金理事会仍持有 5% 股份，中投海外领衔的投资团持有约 3% 股份。距离上一次近 18.5 亿美元（约合 120 亿元人民币）的 A 轮融资，虽然只有短短 10 个月，但是市场对蚂蚁金服的估值已由 A 轮的近 450 亿美元升至 600 亿美元。

这一年，还有一家独角兽公司吸引着保险资金的目光。6 月，移动出行平台滴滴完成了 45 亿美元的股权融资。投资方包括苹果公司、中国人寿、阿里巴巴、蚂蚁金服及腾讯、软银等。除了股权融资，滴滴还获得了招商银行安排的 25 亿美元贷款，以及中国人寿安排的 20 亿元（约合 3 亿美元）的长期债权投资。

融资完成之后，滴滴的估值在 270 亿美元到 280 亿美元之间，较半年前的 165 亿美元大幅提升。随后，滴滴出行将完成对 Uber 中国区业务的收购，其中 Uber 中国价格接近 70 亿美元。简单计算，合并完成后，新公司估值接近 350 亿美元。

5 月 13 日，监管突然向各地保监局发文，要求查处非法在境内销售境外保单的行为。

香港保险业监理处（即香港保监处）规范管理保险公司的数据显示，2015 年内地客户赴香港投保保费的总额达到 316 亿港元，约占当年香港个人业务的总新增保单保费（1309 亿港元）的四分之一；而在 2010 年，这个数字还仅为 44 亿港元，当时香港向内地访客发出的新增保单，仅占当年个人业务的总新增保单保费的 7.5%。投保额在 5 年间增长了 6 倍多。

2016 年初，受外汇管制要求，内地相关部门就开始收紧赴港购险通道。2 月初，国家外汇管理局和中国银联对银联卡持卡人在境外的保险类商户单笔交易金额进行限制。

这些"限令"无异于扬汤止沸，因担心外汇政策的进一步收紧，内地客户更加趋之若鹜，千万大单频出。

香港《南华早报》3 月 30 日报道，香港一位保险代理人在当月为一名内地客户刷信用卡 800 多次，购买价值约合 2342.2 万元人民币的保单。

北美精算师聂方义在《香港保险真相》一文中表示，如果"只谈预期收益，不谈潜在风险"，砸的可是整个"香港保险"的牌子。

这一年，保险行业是激进者们的盛宴。

2016 年，资产驱动负债型的玩家们几乎霸占了市场的盘。资产端，险资依旧"凶悍"，举牌不断：年初至年末的"万宝之争"；年中阳光保险举牌伊利股份，引发担忧；年末宝能"血洗"南玻 A 事件；等等。

一时间，保险牌照引发资本抢筹。数百家上市公司发起、设立保险公司，地方国资、大型实业、知名民营企业、互联网巨头，均奔涌而来。

监管的人士曾讲述："在中国保监会的内部名单上，目前共有 130 多家公司正排队申领牌照。"

数据显示，2016 年，保监会共对 24 家保险公司及保险资管公司的筹建申请作出批示，其中有 21 家获得了予以筹建的批复。其中，综合性的保险公司共 10 家，包括 8 家寿险公司和 2 家财产险公司；另外 11 家的保险主体类型，包括 3 家专业险公司（2 家健康险公司、1 家科技保险公司）、3 家相互保险、2 家再保险公司、2 家保险资管公司、1 家自营保险公司。

情势急转直下。12 月开始，监管部门对激进者落下了铁拳。

同样在 12 月，保监会启动了对网络互助平台的专项整治。保监会认为，网络互助平台存在风险：

一是以互助计划名义通过多种形式向社会公众承诺赔偿给付责任……违规开展保险运营活动；二是违规使用保险术语，将互助计划与保险产品进行对比和挂钩，混淆保险产品与互助计划的区别；三是打着"保险创新""互联网＋保险"等名义进行虚假、误导宣传……五是以互助计划名义收取保险费并非法建立资金池。

干金融，必须持牌，逐渐成为监管的主流意见。

从 2013 年的余额宝开始，喊着"颠覆性"的互联网金融日趋式微，最终全面归零。从零开始，又回归到零。"落了片白茫茫大地真干净"，"苦"了这一路的创业者和参与者。

争议的 51%

51% 的持股意味着大资本（含关联方）可以绝对控股一家保险公司。这一举措，引发了行业关于风险和公司控制权的争议。

之前，2004 年实施的《保险公司管理规定》，对中资保险公司股东设置了 20% 持股比例的限制。原来设置 20% 的比例限制，是担心"一股独大随意调配使用保险资金，造成风险"。

但是，由于股权平均，出现另外一个情况——"三个和尚没水吃"。

"当每家股东都占比 20% 的时候，谁也不愿意往里投入更多的资源，公司无法健康壮大起来，有的公司停滞不前甚至出现股东矛盾无法解决的局面"，也会引发风险。

选择制衡，还是选择发展？

两难之下，2013 年，保监会选择了发展，希望在发展中解决问题。

一方面，放开限制，最高持股可以到 51%，以推动保险公司的快速发展。

另一方面，对要持股的股东提出要求："包括最近 1 年末总资产不少于 100 亿元人民币、净资产达到总资产的 30% 以上、累计对外长期股权投资不超过净资产；设定了投资经验标准，要求投资保险行业 3 年以上，且具有持续出资能力和管理能力。同时，监管层还适当增加了持股 20% 以上股东的义务，包括 3 年内不得转让、关联交易的比例限制和披露报告等，对其实施更严格的监管。"

中国的保险市场还是一个特别稚嫩的市场，监管的善意，不一定收获善果。

当一个政策出台的时候，最早行动的人，往往最为激进，最善于抓住政策红利。

亡羊补牢。

2016 年 12 月 29 日，保监会发布《保险公司股权管理办法（征求意见稿）》，一剑封喉，目标是解决激进险企一股独大、关联方代持、虚假出资、家族控制、公司治理缺陷等问题。《保险公司股权管理办法（征求意见稿）》明确：保险公司单一股东最高持股比例上限由 51% 降至不超过三分之一，关联股东持股的，持股比例合并计算。

按照分类监管原则，保监会将保险公司股东分为财务类、战略类、控制类股东，分别设立不同的约束标准进行分类监管。

财务类股东，具体指持有保险公司股权不足 10%，对保险公司经营管理无重大影响的股东。战略类股东，指持有保险公司股权 10% 以上但不足 20% 的股东；或者持有的股权虽不足 10%，但足以对保险公司经营管理产生重大影响的股东。控制类股东，是指持有保险公司股权 20% 以上，对保险公司经营管理有控制性影响的股东；或者持有的股权虽不足 20%，但足以对保险公司经营管理产生控制性影响的股东。

快刀斩乱麻。

监管部门征求意见的时间仅留一个月，反馈截止时间为 2017 年 1 月 31 日。

2013年8月，启动寿险费率改革——普通型人身保险（包括人寿险、健康险和意外伤害险）费率改革启动，长达14年之久的人身险2.5%预定利率上限从此成为历史。当时有测算认为，如果预定利率从2.5%调至3.5%，传统人身险费率可以下降10%～40%。

2016年，监管的升级版——"偿二代"，正式上线。"偿二代"采用"三支柱模型"，即分别从定量资本要求、定性监管要求和市场约束机制3个方面对金融机构的风险和资本进行监督和管理。

短短数年，保险行业蔚为大观。

"中国保险业已从当初寿险保费增长乏力和总投资收益率低迷的两大困境中走出。农业保险、大病保险、巨灾保险、费率改革、险资运用松绑、'偿二代'监管体系等一系列改革的相继落地，使得无论是保险监管还是行业发展，都在朝着更加市场化的方向迈进。"

数据可以印证。

"从2010年到2015年，中国保险业总资产已从5万亿元增长到12万亿元，行业利润从837亿元增长到2824亿元，增长了2.4倍。2015年，经济下行压力只增不减，保险业却以38%的利润增速创历史新高。2012年险资投资新政后，2013年到2015年3年间，保险资金投资收益率分别达5.04%、6.30%、7.50%。"

客观地讲，从发展的角度，保监会对于行业的贡献功不可没！

对于争议中的高现价产品，项俊波表示，"总的来说，保监会对高现价产品的监管将保持'总量控制、适度发展'的原则"。

保监会数据显示，2015年，人身保险业共有57家公司销售高现价产品，累计实现保费收入6468亿元，占人身险总体保费收入的27%。2015年，高现价产品退保金3742亿元，现金净流入2726亿元，人身险年末整体偿付能力充足率为296%，行业现金流和偿付能力整体充足，高现价产品总体风险可控。

对于这类产品的监管，项俊波还是从偿付能力的角度出发，抓住资本金的"牛鼻子"。

"将进一步强化资本约束和偿付能力管控，'偿二代'对高现价产品的最低资本要求约为10%，高于'偿一代'下对高现价产品4%～6%的最低资本要求。"

"同时，保监会将要求销售规模超过限额的公司必须限期增资，进一步强化资本约束力度。在即将出台的进一步规范高现价产品文件中，可能会限制3年以内产品的销售，但也会给险企3～5年的缓冲期。"

有市场观点认为，现在来看，保监会还是低估了此类产品以及背后资本的破坏性，但是其解决问题的思路，依然是专业的解法。

这之前，对于这类产品，保监会已经有所行动。2015年底，保监会发布《关于进一步规范高现金价值产品有关事项的通知（征求意见稿）》（简称"征求意见稿"），意在进一步收缩高现价产品的规模。

征求意见稿要求，自2016年1月1日起，保险公司高现金价值产品年度保费收入应控制在公司资本金的2倍以内，其中预期产品60%以上的保单存续时间在1年及1年以下的高现金价值产品的年度保费收入，应控制在公司投入资本的1倍以内。

保险行业的火热，吸引了各路资本。

彼时，"在排队申领牌照的公司中，发起筹建各类寿险公司的数量在50家左右，财险公司略少于寿险公司。此外，保险资管公司超过10家，以及几家再保险公司，还有新的保险机构组织形式，即相互保险公司"。

对于牌照这个资源，保监会表示，在保险牌照审批方面，保监会遵循三条原则：第一，要服务国家战略；第二，兼顾区域平衡；第三，要支持专业创新发展。

对于保险行业的"供给侧结构性改革"，时任保监会主要领导认为，"包括服务民生的大病保险、税收优惠健康保险、巨灾保险、商业车险改革等"。

保险行业，最终还是要"姓保"。

万科二战宝能

第一回，引入深铁。

2016年3月12日，万科宣布引入"白衣骑士"——深圳地铁（简称"深铁"），双方签署了战略合作备忘录。万科将以定向增发股份的方式购买地铁集团的资产，收购标的预计交易对价介于人民币400亿至600亿元之间。

交易完成后万科管理层、华润以及深圳地铁集团三方的持股比例将超过40%，远超于宝能系。

市场乐观地预计，"万宝之争"最终或和1994年那场"君万之争"一样，都以万科引入国企而宣告胜利。

3月17日，万科召开临时股东大会，表决一件小事——因为引入深铁，股票继续停牌的事宜。

这是一次面对面的冷战。现场的媒体记录了如下画面：

3月17日14时，万科深圳总部，临时股东大会召开在即。14时32分，宝能集团高级副总裁、前海人寿监事会主席陈琳现身，在一楼签到处简单登记后，随即被引至六楼会场。15时许，万科董事长王石、总裁郁亮等一众高管先后坐定。

股东大会正式开始。万科集团高级执行副总裁谭华杰，为股东介绍本次重大资产重组背景、进展情况，以及申请延期复牌的原因。

谭华杰介绍结束后，王石主持股东提问环节。郁亮回答了万科与深圳地铁合作缘起等问题，并插播了一个致歉："绝对欢迎民营企业在混合所有制中扮演主要角色。"

股东提问环节结束后，王石宣布进入本次股东大会投票表决环节。现场的媒体看到，陈琳拿出笔，在一张股东投票表格上的"赞成"栏上打了勾，随后宝能系员工纷纷投出赞成票，并将表格投入投票箱。

16时许，董秘朱旭宣布投票结果：万科A股继续停牌的议案，获得97.13%高票通过。

获知结果后，宝能系等一众人等迅速走出会场。整个大会期间，代表第一大股东出席的陈琳与万科董事长王石、总裁郁亮始终未有直接交谈。

第二回，后院起火。

就在股东大会结束后4个小时，此前宣称"全力支持万科"的华润却意外地提出了程序异议。

一件小事，一场大风波。

华润集团表示：万科和深铁合作方案的公告，没有经过万科董事会讨论通过，是管理层自己的一个决定；万科董事会在3月11日召开了董事会会议，当天有21项细项，但是完全没有提到12日将要签署备忘录。

华润还表示，华润派驻万科的3位董事已经向深圳和香港的监管部门反映了上述问题。目前监管机构在处理反馈中。

万科颇感委屈地回应称，（因为）"合作备忘录不具备法律约束"，因此"公司签署合作备忘录，无须事先通过董事会审议，符合公司治理的相关规定"。

对此华润显然不满意。

深夜，华润集团再度发声：（既然）公司以公司董事会名义（"承董事会命"）

发布公告,且公告涉及公司重大资产交易及股价敏感信息,公告就必须先经董事会讨论。

过去多年一直信任支持万科管理团队的大股东华润集团,为何会生气呢?谜底即将揭晓。

第三回,万科落单。

6月23日,宝能率先发难。

23日晚间,宝能发表声明:"我方自2015年成为万科第一大股东以来,一直保有巨大的耐心,真诚地希望万科能够实现更好的发展。由于6月17日召开的董事会引发的各种问题和巨大纷扰,作为重要股东,我方有责任、有义务明确表达立场和意见。

"本次预案将大幅摊薄现有股东权益和上市公司收益,我方明确反对万科本次发行股份购买资产预案。"

根据重组预案,万科拟以发行股份的方式购买深圳地铁集团持有前海国际100%股权,初步交易代价456.13亿元人民币,股份发行价格为每股15.88元人民币。若交易完成,深圳地铁将成为万科第一大股东,持股比例为20.65%;华润持股比例由15.24%降为12.1%,"宝能系"持股比例由24.26%降为19.27%。

不仅如此,宝能还反戈一击:万科董事会未能均衡代表股东利益,独立董事丧失独立性,未能诚信履职;万科监事会对董事会出现的种种问题未能尽到监督及纠正的职责;万科已实质成为"内部人控制"企业,违背公司治理的基本要求,不利于公司长期发展和维护股东权益。

就在宝能系发表声明之后的一个小时,华润也发布了如下三点声明。

一、华润支持万科与深圳地铁在业务层面的合作,反对万科管理层提出的拟发行股份购买资产的重组预案。

二、华润对万科董事会在审议及表决重组预案过程中所存在的问题,已发函向两地监管机构反映,并质疑议案审议过程的合规性及议案通过的有效性。

三、华润支持万科持续健康发展,高度关注万科存在的"内部人控制"等公司治理问题。华润将继续致力提升万科企业管治水平,维护全体股东和投资者的权益。

实际上,早在6月18日下午,华润集团官方微信公众号"华润"发表公开声明,明确质疑万科董事会通过的重组方案。前一天的董事会上,华润集团派驻万科董事会的3名董事均投下反对票,反对重组预案。

至此,前两大股东均反对此次万科和深铁的重组预案,万科进退维谷。

第四回，鱼死网破。

6月24日，宝能出手。

宝能系提出罢免王石、郁亮、乔世波等在内的7名董事，张利平、华生、罗君美3位独立董事，以及解冻、廖绮云2位监事。宝能提出了罢免的5宗罪："审议重大资产重组预案中违背《公司法》规定、万科管理层越过股东大会行权、未披露高管相关薪酬、万科成为'内部人控制'企业、王石脱离岗位领取报酬这五大要点。"

其中特别指出王石于2011—2014年担任董事期间，前往美国、英国游学，长期脱离工作岗位，依然获取现金报酬云云。

奇怪的是，宝能系的罢免名单中包括了乔世波、魏斌、陈鹰这3名有华润背景的董事。其中乔世波是华润（集团）有限公司董事总经理，魏斌是华润（集团）有限公司总会计师，陈鹰是华润（集团）有限公司首席战略官。

果然，6月30日，华润通过其官方微信公众号发表声明称，不同意对王石等的罢免议案。

7月1日下午，在深圳市盐田区大梅沙环梅路33号万科中心，宝能系"请求召开2016年第二次临时股东大会的议案"被万科董事会11票全票否决。

宝能系没有放弃。

7月4日，万科复盘。7月5日，宝能系再度买入万科股票，持有万科比例增加至24.972%。纷争不止，加仓不停。

万科正式向宝能"宣战"。

7月19日，万科向证监会、证券投资基金业协会、深交所和证监会深圳监管局提交了一份《关于提请查处钜盛华及其控制的相关资管计划违法违规行为的报告》，共提出12点质疑，举报宝能资管计划违法违规。

万科方检举称：9个资管计划未按照一致行动人格式要求完整披露信息、9个资管计划合同及补充协议未作为备查文件存放上市公司、9个资管计划披露的合同条款存在重大遗漏。

对此，万科要求，监管部门应对钜盛华和9个资管计划之资产管理人上述行为进行核查，对查实问题责令改正。在改正之前，不得行使表决权。

万科报告同时显示，宝能已经持有万科股份25.4%，即在万科复牌后增持股份至25%后，又再次增持了0.4%股份。

情势已经非常危急。

第五回，三发雄文。

7月8日凌晨，权威媒体新华社连发三文讨论"万宝之争"。

第一篇文章《审视万科事件之一：起底宝能系资金链》中，新华社拿到一份独家数据，这份数据来自监管部门聘请专业机构所做的核查报告，数据截至2015年12月万科停牌前。

数据显示，宝能系自有资金62亿元，杠杆撬动资金262亿元，杠杆倍数4.23，总耗资约430亿元，购入占比24.27%的万科股票，账面浮盈超230亿元。

第二篇文章为《审视万科事件之二：该不该管？怎么管？——万科股权之争绕不过的监管有哪些？》。

这篇文章点出了两个问题：

第一，业内普遍认为只要市场行为合法合规即是中性的，但是购股资金背后的合法合规性、杠杆风险等问题，则难以绕开监管。

第二，就银行、证券、保险等单一行业的角度而言，万科股权之争的确符合现行监管规定。但从跨行业、跨市场的整体角度观察，其交易结构复杂导致风险底数不清，暴露出现行监管体制仍有漏洞。

第三篇文章《审视万科事件之三：争夺和博弈应在制度和规则下进行——万科事件当事人王石、姚振华谈争端》。记者分别访谈了两家的当家人，就三个敏感问题发表各自的意见。

第一个问题：关于增持。

"我们投资万科既是去年股灾时响应国家号召的救市行动，又是新'国十条'背景下保险资金对接实体经济的内在要求"，姚振华说，"我们投资万科股票是希望分享投资回报，做万科的战略投资人。"

"我刚开始接触姚振华时，他说宝能是想做财务投资者。"王石说，但明显宝能是想控制公司，做一些"想做的事"。

第二个问题：关于引进深圳地铁。

"引入深圳地铁既能解决万科的股权之争，又符合万科的战略转型需求。具体的增发价格还可以谈，是个技术问题。"王石说，从长远利益看，由于获得了深圳地铁优质项目的"优先权"，所有股东几年后的收益就足以覆盖摊薄产生的成本，合作能得到资本市场的最大认同。

"该重组方案严重违背上市公司和股东利益最大化原则。"姚振华说，经测算，万科对深圳地铁增发后，现有股东的权益将被摊薄约5%。

第三个问题：关于罢免万科董事监事。

姚振华这样解释宝能的想法：我们作为万科的第一大股东，投入最多，迫切希望万科能够健康发展。但本届董事会无视股东利益行事，强行要引进深圳地铁，我们这才提议罢免董事会和监事会，符合条件的人选依然可以通过选举重回岗位，这并非外界所说的"血洗"董事会。

王石则认为，宝能在资本市场兴风作浪不是个案，举牌过南玻A、韶能股份等公司，都是强行进入，然后改造董事会。"宝能成为大股东才几个月，就要罢免整个董事会、赶走整个管理层。他们真有能力管好这家公司吗？这像一般投资者的想法吗？"

其中，第三篇文章的第一作者署名为徐金鹏，其身份为新华社广东分社社长。

第六回，五上哀牢山。

场外，"万宝之争"引发了中国的经济学界和企业界巨大的关注和讨论。

企业家们担心自家企业成为下一个"万科"，成为金融资本"野蛮人"的猎物。而经济学家则看得更为宏观和长远。

比如著名经济学家周其仁说过："我曾研究过科龙、健力宝、红塔山等公司的案例。说来不免令人唏嘘，这几家在转型中诞生的公司，在市场上都取得过耀眼的成功。客户、消费者、市场没有淘汰它们，问题都出在公司的股权和治理结构，常常是大股东与创业企业家发生冲突，最后这些企业家个人命运悲惨，而公司的辉煌也烟消云散。"

"科龙案例之后，我写过一篇《可惜了，科龙》。这次真不希望再写一篇《可惜了，万科》。"除了学术研究，周本人还是2010—2012年央行货币政策委员会委员。

或许是为了换个心境，2016年11月5日，王石带队上哀牢山褚橙基地，看望、拜访褚时健和马静芬两位老者。

对于王石，这就像一次家常的串门。从2003年第一次上哀牢山，到2016年已经是第五次。从果树只有膝盖高，到硕果累累，时光不经意已经过去了13年。

13年前，王石52岁，第一次登顶"珠穆朗玛峰"，万科业绩行业第一，人生高歌猛进。对于褚时健，那一年他76岁，年近古稀。刚出狱并没有多久，"躲到"哀牢山来承包果园，昔日的"烟草大王"从头再来。

2015年，两人都遇到一些不顺利的事情。2015年12月，因为橙子的口感不佳，褚时健在《北京晚报》上道了歉：今年的确没做好。

而王石的麻烦更大，2015年底的"万宝之争"，让王石和万科管理团队面对了新世纪的一次大考。

风口浪尖之时，褚时健让外孙女任书逸带了一段录音给王石，"王石老弟，这件事让我比较焦心，但我相信你能把它应对好"。

2016 年，为了保持褚橙的品质，89 岁的褚时健做了一个果敢的决定：砍掉 3.7 万棵果树。砍掉 3.7 万株树，其实就是砍掉了两三千万元的收入。

当晚"褚园夜话"上，有企业家问，"褚老，今年为什么要砍 3 万多棵树？"

褚时健回答："我这个人，别人占我便宜可以，但我不占别人便宜。做企业最重要的就是做人。无论对于我自己还是我的后代，我只有一个要求，别让别人吃亏。"

保险牌照值万金

保险牌照正在成为豪门的标配。

1 月，风头正劲的贾跃亭准备筹备一家保险公司。

这家保险公司暂定名为"新沃财险"，拟于大连市金普新区注册，注册资本 10 亿元。股东包括新沃资本、乐视网、欧菲光、科陆电子、上海世茂、卡达普投资、柏年康成、江西济民可信集团等。其中，新沃资本、乐视网各自出资 1.7 亿元，各占 17% 股权；其余 6 家企业各自出资 1.1 亿元，各自占股 11%。

这一项业务由乐视控股高级副总裁王永利负责。王永利为中国银行原副行长，离职加入乐视之后，负责乐视新兴互联网金融业务。

这一年，除了北京的贾跃亭，有 3 位区域富豪进入保险行业，分别是东北的忠旺集团（简称"忠旺"）、江苏南京的三胞集团和来自西南贵州的中天城投。

这一年，东北首富刘忠田出手保险行业。

2016 年，忠旺通过旗下子公司，以超过 300 亿元的代价，从杉杉系手中拿下君康人寿股权，君康人寿实控人变更为忠旺集团创始人刘忠田。

忠旺曾经是全球第二大、亚洲及中国最大的工业铝型材研发制造商。

2008 年全球金融危机中，忠旺借"4 万亿"的东风，接连签下首都机场扩建、北京奥运会、上海世博会等十几个国家级重大工程，年营收高达 256 亿元。2009 年 5 月 8 日，忠旺在港交所上市，募资 13 亿美元，成为当年全球融资规模最大的上市公司。

忠旺的创始人刘忠田以 240 亿港元登上福布斯全球亿万富豪榜，被称为"亚洲铝王"。2014 年至 2017 年，连续被福布斯和胡润富豪榜评为辽宁首富与东北首富。

产业发达之后，忠旺投资了多家金融机构，所谓"产融结合"。忠旺先后投资了吉林银行、大连银行、大庆商业银行、龙江银行等多家银行股权。同时，忠旺还持有辽阳银行31.46%的股权、抚顺银行20%的股权，为上述两家银行的第一大股东。

君康人寿是一家"折腾"的公司。

该公司成立于2006年11月，曾用名昭德人寿、正德人寿。公司命途多舛，10年内经历了三四次激烈的股权斗争，业绩一直徘徊于行业倒数。

2014年9月郑永刚出任正德人寿董事长。2015年7月，郑永刚将公司更名为"君康人寿"。

杉杉集团系接手公司之后，曾经邀请老将何志光拔刀相助。2015年3月何志光就任君康人寿总裁后，其旧部武军、陆万春同年6月被提为副总裁；另外一位常务副总裁严锋于2015年9月就职。

忠旺的入股，解放了杉杉控股集团，帮助杉杉集团老板郑永刚高位脱手。随着忠旺的进入，郑永刚和何志光等都先后离开公司。

但是，忠旺的加入并没有给君康人寿带来好运——入主君康人寿仅约1年之后，君康人寿即收到保监会的监管函，被点名在股东股权、"三会一层"运作、内部管控机制、关联交易等方面存在问题。

▶ 忠旺君康的东北"后"事

忠旺的好运，被海外的做空机构打断了。

2015年，著名做空机构浑水公司（Muddy Waters Research）出具报告，列出多项问题，剑指忠旺财务造假。问题主要围绕着隐瞒关联交易，虚增收入，侵占巨额投资款，如"自2011年以来，至少有62.5%是通过关联交易实现的虚假收入"，"通过夸大机器采购的金额，虚报预付款"，"从事庞氏土地融资等方式夸大资本开支"等。

海外的麻烦接二连三。

2021年8月23日，美国司法部发布文件指控称，忠旺创始人刘忠田以及6家与其相关的南加利福尼亚州华人公司，被认定走私铝材和洗钱罪名成立，逃税18亿美元，这是美国司法史上最大的一起关税案。8月24日，忠旺公司发布了澄清公告，予以反驳。

不管怎样，忠旺的经营的确遇到了大麻烦。10月15日，忠旺发布公告，下属公司辽阳忠旺精制铝业、辽宁忠旺集团出现严重经营困难，已无法依靠自身力量解决问题。

> 环顾行业，2021年铝产品价格大幅上涨，居高不下，带动多家上市铝业公司业绩增长超50%。曾经的老大哥，倒在了新一轮赚钱周期之前。
>
> 遭遇危机的忠旺，动了君康人寿的心思。
>
> 根据《财新周刊》报道，2020年12月17日下午，银保监会相关监管人士来到北京市望京的忠旺大厦，当场宣布了两项人事任免决定：一是免去路长青君康人寿董事长职务；二是免去陈岩的董事职务。路和陈，均来自忠旺。
>
> 《财新周刊》此前的调查显示，"从2019年开始，融资现金流持续为负的忠旺集团，以各种形式从君康占用的保险资金余额达数百亿元"。
>
> "比如，忠旺将君康人寿大量资金以存款名义存入关联银行，但是其中相当一部分通过第三方或者质押的方式被忠旺相关的企业挪用。其次，通过购买忠旺制定的资管计划，将险资存入银行，再以存款质押的方式变相套取资金。再者，还有通过股权投资的方式，将大量资金投资于忠旺关联企业，或是通过把控君康人寿设立的子公司，将大量资金转移给无任何业务往来的第三方。"
>
> 根据2020年第三季度偿付能力报告，君康人寿第三季度保险业务收入为48.40亿元，环比下滑52.39%；净利润由上季度的3.01亿元，降至-1.99亿元，而去年同期其净利润为13.9亿元；偿付能力充足率仅为102.47%，最近一期风险综合评级为C类。
>
> 时至今日，君康人寿的官网再无偿付能力的信息披露更新。
>
> 无论如何，保险的钱，是真不好拿。

这一年的8月，总部位于南京的三胞集团宣布，与美国利宝互助保险集团达成协议，三胞集团受让利宝互助全资子公司利宝中国51%的控股权。转让完成之后，利宝互助的持股比例降至49%。

创建于1912年的利宝互助保险集团，总部位于美国波士顿，是美国第五大、全球第六大财产险公司。2003年，美国利宝互助在中国重庆设立分公司，成为重庆地区唯一的一家外资财产保险公司。2007年，该分公司正式改建为在中国的全资子公司——利宝中国。

山城重庆和三胞集团老板袁亚非有点渊源。

这位江湖神人出生于重庆沙坪坝，父亲是一名工程兵，自小袁亚非就跟随家庭不断搬家，最后落脚江苏南京。

1993 年，袁亚非辞职下海，从南京珠江路开始练摊，创立三胞集团。

2015 年、2016 年是袁亚非的高光时刻。2015 年 3 月 4 日，作为唯一的中国企业家代表，袁亚非陪同访华的威廉王子前往云南野象谷探望野生大象。当年的 10 月 21 日，在英国威廉王子官邸肯辛顿宫，袁亚非与威廉王子共同设立野生动物保护基金，正式签署合作谅解备忘录。

2016 年 3 月 25 日，美国史带全球金融集团资深董事总经理钮小鹏（Rick Niu），特意到南京访问三胞集团。

此时的三胞集团，在全球有表有里。这是练摊之时的袁亚非远远不能想象的人生奇遇记。

这一年，来自多彩贵州的中天城投，成为中融人寿的新东家。

12 月，中天城投全资子公司贵阳金控，通过北京产权交易所竞拍获得清华控股持有的中融人寿 1 亿股股份，以及清华控股对中融人寿的新增股份认购权，交易总额为 20 亿元。

认购完成后，公司通过贵阳金控及其全资子公司联合铜箔，间接持有中融人寿 7.65 亿股，持股比例为 51%。

这是一年之内，中天城投第三次大举受让和增资中融人寿的股份。

2015 年 9 月，中天城投子公司贵阳金控以 20 亿元的价格受让联合铜箔 100% 股权，从而间接持有中融人寿 1 亿股的股份。

2016 年 9 月，贵阳金控及联合铜箔一起参与中融人寿的增资，分别以 5 元每股的价格认购 2.47 亿股和 1.26 亿股，投资额分别为 12.35 亿元和 6.283 亿元。

简单估算，从 2015 年 9 月开始的一年多时间内，中天城投累计投入了约 68 亿元，最终成为这家寿险公司的新主人。

此时的中天城投风头无二。2015 年底，公司高溢价入主海际证券，此后将其迁址贵阳，成为贵州省第一家民营证券公司；2016 年 7 月，中天城投宣布，拟通过旗下的贵阳金控发起设立贵州省首个民营银行——贵安科技银行股份有限公司；此外，公司还拟设立中天友山基金管理公司、华宇再保险股份有限公司，等等。

中天城投虽然叫城投，但并不是国企。

罗玉平是中天城投的老板，公司的介绍称，中天城投集团成立于 1980 年，是贵州省第一家上市公司中天金融集团股份有限公司（000540.SZ）旗下核心企业，根植贵州的房地产企业。

罗玉平是贵州首富，曾开发了半个贵阳，包括中天花园、中天世纪新城等"神盘"。因为"手握半个贵阳市的房地产开发项目"，罗被媒体称为"罗半城"。

有意思的是，罗并不是贵州人，他的祖籍在四川，在重庆完成大学教育之后，开始承揽工程，随后进入房地产行业。

拿下中融人寿，并不能满足"罗半城"的胃口。

2017年，"中天城投"更名为"中天金融"，上市公司的证券随之变更。改名后的中天金融在金融板块启动了"推土机式"的并购。

2017年，中天金融展开了一场"蛇吞象"的并购计划——中天金融宣布拟以不超310亿元的现金，收购北京中胜世纪和北京千禧世豪合计持有的华夏人寿21%～25%股权，为此支付了高达70亿元的定金！彼时的华夏人寿净资产高达3500亿元，而中天金融净资产在200亿元左右。

对于中国特色的地产"推土机"和"挖掘机"而言，推动的都不是泥土，是太行、王屋二山般的财富——钱就是数字，关键是有没有想象力！

逆流溯源。

2015年起，跟随贵州提出"引金入黔"战略，中天城投（中天金融）确立了"以保险、证券、银行为主体，基金、资管、多元金融为辅翼，地产实业为基石"的发展路径。

真是一步错，步步错。

多年以后，这些企业和企业老板不约而同地遇到各种问题或者危机，甚至是身陷囹圄，令人感叹！

至少在当时，资本青睐保险是有道理的，尝到甜头的资本，持续大规模加仓保险行业。当年的5月，注册资本10亿元的新疆前海联合财险获准开业。公司住所位于新疆乌鲁木齐，营业场所位于深圳，法定代表人为姚振华。至此，"宝能系"手握财险、寿险牌照。而姚本人成为宝能集团董事长、前海人寿董事长。

当然，反思要在多年以后。如同宫崎骏《千与千寻》的动漫电影中，"远处飘来食物的香味，（千寻的）爸爸、妈妈大快朵颐，孰料之后变成了猪"！

这一年，"明天系"和并购狂人海航集团也有大动作。

6月，监管部门核准郭予丰担任天安财险董事长一职。郭予丰曾任西水股份董事长兼总经理，而西水股份被认为是"明天系"的投资平台。

天安保险是成立于1994年的老公司，但是首任董事长之后，公司一直动荡不已。2011年首任董事长陈剖建离职，裘强接过帅印；2012年范小清取代裘强担任天安财险董事长；2013年范小清辞职，洪波任董事长。从2011年开始，仅5年时间，天安财险已更换5名董事长及多位高管。此次，郭予丰任天安财险董事长，将成为天安财险第八届董事长。

11月，和"明天系"同一量级的"大玩家"海航集团重新启动了保险的战略。

7年惨淡经营之后，海航集团终于选择放弃——两大股东新光人寿与海航集团，将分别把持有25%与50%的股份转让给新的股东。与此同时整合旗下控股的华安财险、华安资管及渤海人寿，意图打造自己的保险集团。

此时的海航集团手握多张保险的牌照。

海航集团通过旗下的渤海金控、海航资本和海航投资，持有华安财险34.414%的股份，成为第一大股东，而华安财险旗下有一家保险系资产管理公司——华安资管。

不仅如此，海航集团通过渤海金控持有渤海人寿20%的股份，同为第一大股东。此外，旗下还有两家保险中介机构——扬子江保险经纪有限公司和海南通汇保险代理有限公司。

此时的海航集团在并购的路上一路狂奔。

仅仅20多年，海航集团已从单一的地方航空运输企业成长为全球产业界不容小觑的"产业+金融"大鳄，产业覆盖航空、物流、金融、旅游、置业、商场、生态科技、机场管理等，总资产逾6000亿元，参与控股上市公司12家。

除了新锐和大鳄，这一年，传统的产业资本大亨亦有斩获。

8月，保监会同意复星集团全资附属公司上海复星产业投资公司（简称"复星产投"），与其他独立第三方，在广州市筹建复星联合健康保险股份有限公司，注册资本为人民币5亿元，其中，复星产投出资1亿元。

这将成为复星集团旗下的第八家保险公司。多年以来，复星一直坚持"保险+投资"双轮驱动的核心战略，接二连三将境内外的几家保险公司的全部或部分股权收入囊中，包括内地的永安财险、复星保德信寿险公司，香港的鼎睿再保险公司，以及葡萄牙保险集团 Caixa Seguros、美国特种险公司 Ironshore、专注于劳工险的美国财险公司 MIG、以色列凤凰控股有限公司等。

经过一系列的收购动作之后，复星保险板块总资产规模已经超过集团全部资产的三分之一。

当然，中国的互联网巨头也不会错过船期。

继众安保险之后，腾讯再入一张保险牌照——和泰人寿。

7月，根据监管的批复，和泰人寿由中信国安有限公司、北京英克必成科技有限公司、北京居然之家投资控股集团有限公司等8家公司共同发起设立。公开信息显示，北京英克必成科技有限公司为腾讯的子公司，中信国安为中国中信（集团）公司之全资子公司——原中信国安总公司发起设立的高科技上市企业。

此时，BAT（百度、阿里巴巴、腾讯）这三大互联网巨头均已谋划进军保险行业。

相对而言，阿里巴巴的入局最早，布局最广。其旗下的蚂蚁金服，除了与腾讯在2013年联合设立众安保险之外，还发起组建了信美相互保险社，增资了国泰财险。

2015年11月，百度曾经宣布，将联合德国安联保险和高瓴资本共同发起成立"百安保险公司"，开拓"互联网+保险"业务。百度创始人李彦宏提出，希望百安保险规模未来可以"超过高瓴、超过百度、超过安联"。

不过，百安保险未能获得监管部门的筹备批复。

接管生命人寿

这年2月，在农历春节前，生命人寿的实控人张峻被带走协助调查，引发了一次行业小震。

到4月18日，中央纪委监察部网站（现中央纪委国家监察委员会网站）显示被调查的该官员已被移交司法机关。但是，协助调查的张峻没有同期归来。

5月3日，保监会派出一个小组去生命人寿调研，带队人为海南保监局副局长易细纯，成员还包括保监会人身险监管部、资金运用部、发展改革部和财务会计部人员。针对生命人寿的情况，调研组已形成一份调研报告，内容涉及股东关联持股、资金运用、关联交易、现金流状况等多项问题。

这次意外的事件，对于生命人寿影响甚大。

3月到5月，生命人寿的万能险销售出现大幅度缩减，保户投资款新增交费分别是83.06亿元、9.02亿元、4亿元。

2016年上半年的数据显示，富德生命人寿是上半年保险行业中亏损最严重的保险公司，达到–29.14亿元。根据生命人寿第二季度偿付能力的报告，生命人寿综合偿付能力充足率仅为106%，濒临100%的监管红线。在2016年第一季度分类监管评价中被评定为D类，即偿付能力充足率虽然达标，但为操作风险、战略风险、声誉风险和流动性风险严重的公司。

情况不容乐观，监管及时出手。

虽然在 8 月底，张峻结束了失联的状态，但在 9 月 8 日，保监会还是正式成立了生命人寿专职工作组，任命保监会财产险监管部主任刘峰为专职工作组组长，海南保监局副局长易细纯、江苏保监局副局长刘昇任副组长。

这之前，监管接管过好几家出了事情的保险公司。影响比较大的是接管新华人寿和中华联合。新华人寿是一家股份制公司，涉及外资股东、国企股东、民企股东等多元股东的利益之争，其"一把手"出风险之后，保监会进行了接管。而中华联合本身是一家国企，由保险保障基金接手，梳理矛盾相对简单。

生命人寿又是一个新情况，这家公司的股权几经腾挪之后，已经成为一家"家族式"操盘的公司。

2006 年，张峻接手生命人寿股权。

2014 年起，"富德系"开始打造保险控股集团——富德保险控股股份有限公司，注册资本金 28 亿元，总部设在深圳。生命人寿更名为富德生命人寿且成为富德保险控股旗下公司之一。

这一年 8 月，张峻辞去生命人寿董事长一职，转为担任富德保险控股董事长，生命人寿董事长一职由方力接任。方力为少数的女性董事长，之前在监管部门工作，是一位专业人士。

2015 年 7 月，保监会正式批准富德保险控股开业。此后，富德保险控股先后将寿险、财险、保险销售公司及资产管理公司等收入囊中。除保险之外，张峻还将商业版图扩张到能源化工、基础设施建设、专业市场建设等需要大量资金投入的重资产板块。

2012 年，张峻猛挖新华人寿的"墙脚"；2013 年、2014 年以后，生命人寿借万能险风生水起。

2013 年，生命人寿因"狙击"房地产上市公司金地集团在二级市场上名噪一时。一番增持之后，生命人寿稳坐第一大股东位置，持有金地集团 29.9% 的股份。

2015 年，生命人寿保费冲破 1600 亿元，同比增加 133.7%，按规模保费收入计算，排名已进入前三名，仅次于国寿、平安。

2015 年 8 月，生命人寿看上上海本地股——股票代码为 600000 的浦发银行。耗资超过 600 亿元，四度举牌之后，持有浦发银行 A 股总股本 20%，与第一大股东上海国际集团仅有 2.56% 的差距。

2016年1月，张峻失联之前，1月1日，生命人寿银保渠道总代理保费超过115亿元；1月2日保费持续飙升，银保渠道累计保费达成158亿元；截至1月3日，银保渠道累计保费已逼近200亿元。

就在这次失联之前，市场一度认为，张峻还在图谋两张保险牌照，一张为吉林的都邦财险，一张为拟注册地在西藏、提交筹备的厚德人寿。

但洞中方一日，世上已千年。

2016年上半年，市场环境和监管要求发生重要变化——"偿二代"启动，要求更高；3月保监会出台关于万能险的规定，整治中短期存续产品，已然让某些激进的公司难受不已。

▶ 处罚前海和恒大人寿

或许是巧合，年初是生命人寿，年末是前海人寿和恒大人寿。三位岭南兄弟皆被点名，激进者都需要渡劫。

12月5日深夜，保监会发文，针对前海人寿万能险业务经营存在问题、整改不到位的情况，停止开展万能险新业务，并且责令其在3个月内禁止申报新的产品。

对于"买买买"的宝能而言，停万能险业务无异于断了粮草。公司董事长姚振华紧急在深圳与北京之间往返，意图救火。

前海人寿也在第一时间发声,（公司）第一时间成立了整改小组，已严格按照监管要求，暂停万能险新业务，并安排了专项工作组负责万能险账户分拆的整改落实工作，力争在12月30日前完成。

这之前，对于万能险这类业务，监管连续出拳。

2016年，保监会连发多道监管金牌，对万能险的规模、经营管理等进行了限制和规范。

其中，对中短存续期业务超标的两家公司下发监管函，采取了停止银保渠道趸交业务的监管措施；累计对27家中短存续期业务规模大、占比高的公司下发了风险提示函，要求公司严格控制中短存续期业务规模；针对互联网保险领域万能险产品存在销售误导、结算利率恶性竞争等问题，保监会先后叫停了前海人寿、恒大人寿等6家公司的互联网渠道保险业务。

除了年初、年末，年中的5—8月，保监会组织7个保监局对万能险业务量较大，特别是中短存续期产品占比较高的前海人寿、恒大人寿等9家公司开展了万能险专项检查，并对发现问题的公司下发了监管函。

> 监管风暴愈演愈烈。
>
> 12月6日晚,保监会宣布将派出检查组入驻前海人寿和恒大人寿。
>
> 12月9日,保监会暂停恒大人寿委托股票投资业务,并责令公司整改。这意味着恒大人寿暂时不能进行任何股票投资业务。
>
> 同日晚间,前海人寿知难而退。前海人寿宣布,不再举牌格力电器,并将择机退出已持股份。之前截至11月28日,前海人寿经一再增持,已为格力电器第三大股东,持股逼近5%。

老爷子康典：进退识潮流

接手的时候,很困难。走的时候,很潇洒。

此人就是康典,作为文青,抑或是"老炮儿",这样的落幕很简单,很完美。中国保险行业,应该有两个人可称为诗人,一位是康老爷子,一位是平安人寿的丁当。丁当作为诗人,出版过诗集《房子》。

2月,康典卸任新华人寿董事长。在这家公司,康典经历了不同寻常的5年。

2009年12月28日,康典出任新华人寿董事长、执行董事,并自2010年1月起兼任新华资产管理公司董事长。

之前,2009年11月,中国保险保障基金将所持有的新华人寿38.815%的股份,以每股8.71元的价格,一次性整体转让给中央汇金投资公司,"深藏身与名"。

"闲赋"深圳发展银行监事会主席的康典,空降而来。

康典,1948年生人,1982年毕业于北京钢铁学院(1988年更名为北京科技大学),1984年获得中国社会科学院研究生院经济学硕士学位。

老爷子出道很早。从1984年开始,先后担任过中国国际信托投资公司副处长、处长,农村信托投资公司副总经理,中国包装总公司副总经理,香港粤海企业(集团)有限公司董事和副总经理,粤海金融控股公司董事长兼总经理,粤海证券有限公司董事长等等。

康典是经历过风浪的人,他回忆自己曾经担任"香港粤海集团副总经理,负责集团债务重组。该重组涉及5家香港上市公司、499家子公司,全球200余家银行债权人,50多亿美元债务"。

2005年，57岁的康典担任深圳发展银行监事会主席。履新新华人寿的时候，康老爷子已经61岁。有人退休，有人上岗，而有人在退休的年龄，再度上岗，真所谓老当益壮。

老爷子来了，老班子却走了。

以总裁孙兵为首，总精算师兼产品中心主任杨智呈、销售中心主任高焕利、运营中心主任赵子良等一众高管集体离职。其中，高、赵、杨及部分中层管理人员先后跳槽至张峻旗下的生命人寿。随后，生命人寿对新华人寿展开凶狠的"挖角"。从湖北开始，某些省份是全体"转会"，人去楼空。

商场真如战场！

除了反击"挖角"，新华人寿还需要解决偿付能力缺口的问题。2009年底，新华保险的偿付能力充足率仅为34.99%，低于保监会100%的监管红线。到年底，经过痛苦的谈判过程，新华人寿完成了新华保险140亿元增资计划——原有股东每持有12股认购14股的比例，共发行14亿股，每股价格为10元。

稳住阵脚之后，康典开始推动对新华业务的改造。

2010年，康典推动公司"以客户为中心"的战略转型。

2012年开始，康典牵头起草《财富规划手册》，参与新华培训体系建设，进行架构调整，建立大培训体系。康典提出以"客户全生命周期服务体系"为核心的十大体系，以及健康和养老两大协同产业。

康典勾勒出这样一幅战略蓝图："以客户为中心体现新华的战略制胜，全生命周期服务体现服务制胜，极致的客户体验体现细节制胜……"

2011年，新华人寿如期启动A+H上市。

拿到国务院的批文后，2011年8月新华人寿开始了寻找基石投资者的全球路演。

路演团队先后拜访了100多家机构，全部一对一。"（康典）亲自上场，背着双肩包一家一家走。"

2011年12月7日，新华人险确定H股的发行价格为28.50港元，A股发行价格为23.25元。A+H股融资金额共计132亿元。新华保险在中国香港和上海同步上市，成为内地第四家上市的保险公司。

康典香港路演之时，诗兴大发，作诗曰："百战疲师，力竭身残，功毕一役，持锐披坚。关山万里，波诡云谲，迷雾千重，滩急流湍。将军受命，谁知其苦，壮士辞行，不胜不还。肩负之重，难眷私情，人老江湖，梦断南山。"

至此，新华保险实现了从监管接管到上市公司完美逆袭的梦想。

上市之后，2013年3月，康典蝉联董事长，同时兼任CEO和执行委员会主任，而原总裁何志光改任首席运营官。这一年，新华推出新的管理模式"执行委员会＋七大区域"，"执行委员会"为公司最高决策机构，强化科学决策机制；全国39家分公司根据区域市场发展特点划为七大片区，由总公司委派公司高管担任各区域"一把手"进行督导指挥——所谓"七剑下天山"，旨在督战新华转型。

2013年底，何志光因个人原因辞职。2014年8月，资深的保险人，原中国人寿总裁万峰加盟，接任公司总裁一职，新华实现了二把手的更换。

2016年1月，康典出差赶往机场途中，心生感触，遂作诗一首。诗云：

"我本江湖客，时作北冥游。一把浑铁剑，两斤二锅头。置身寻常事，亦为庙堂忧。出入问良知，进退识潮流。水激三千里，静观云起浮。百年只一瞬，不负此白头。"

转眼，2016年2月，康典正式卸任，万峰接棒成为董事长。

客观地讲，新华人寿迎来自己的一个小高峰。数据显示，2009年至2015年，总保费收入从650亿元到1119亿元，增长72%；总资产从2066亿元增长到超过6500亿元，增长2倍多，偿付能力充足率从36%提升至200%以上，增长近5倍；公司市值从近110亿元到1370亿元，增长11倍。

更难得的不是业绩，而是豁达和情义。

2016年9月6日，北京延庆培训基地举行新华保险20周年庆典。在这次庆典上，原总裁孙兵、原董事长康典、原总裁何志光从时任新华保险董事长万峰手中接过历史贡献奖。

这样的一幕，对于一家几经波折的保险公司而言，能绝处逢生再上市，弥足珍贵；这样的一幕，对于一家经历多次高管更迭的寿险公司而言，能相逢一笑泯恩仇，弥足珍贵。

当然，就任新华人寿期间，康典认为也有遗憾的事情。

其一是错失与马云和阿里巴巴的合作机会，对于互联网保险，有心无力；其二是错过了慈铭体检，在布局大健康战略的时候失去了先手棋。慈铭体检在最终一刻，做出了与美年大健康合并上市的选择。

后来，2015年新华健康通过增资引入爱康集团作为战略投资者，2016年2月，新华健康和爱康集团的自有体检中心合在一起，已经覆盖了32个城市，拥有100家体检与医疗中心，算是补上这个断点。

> ▶ **康典和桂馨基金**
>
> 2008年"5·12"汶川地震之后，康典和家人一起成立了一家名叫"桂馨"的慈善基金会，致力于帮助乡村教师、孩子，扶持乡村教育。
>
> 2018年是桂馨基金的10周年纪念。
>
> 康典自己撰文："10年的筚路蓝缕，尽管经历了无数的艰难曲折，面对了各种各样的质疑和诱惑，我们秉承'至善至诚、如桂斯馨'的精神，坚守初衷，埋头耕耘。从200万元的注册资金开始，到今天累计接收383家捐赠机构、2927个捐赠人，累计捐赠超过1亿元，在中西部73个县实施公益项目484个，为258所乡村学校建立图书馆，657所小学配备科学教学实验设备，为12740名乡村教师提供指导，受益乡村学生累计达114万。桂馨还连续6年在全国数千家基金会组织中获得'基金会透明指数（FTI）'满分的评分。"
>
> 十年辛苦，善始善终，难能可贵。

证监刘士余，发飙"妖精论"

2016年12月3日，证监会主席刘士余引爆一个惊天大雷！

在中国证券投资基金业协会第二届第一次会员代表大会上，放下讲稿的刘士余，讲了一段暴风骤雨般的话。

"这里我希望资产管理人，不当奢淫无度的土豪、不做兴风作浪的妖精、不做坑民害民的害人精。最近一段时间，资本市场发生了一系列不太正常的现象，你有钱，举牌、要约收购上市公司是可以的，作为对一些治理结构不完善的公司的挑战，这有积极作用。但是，你用来路不当的钱从事杠杆收购，行为上从门口的陌生人变成野蛮人，最后变成行业的强盗，这是不可以的。这是在挑战国家金融法律法规的底线，也是挑战职业操守的底线，这是人性和商业道德的倒退和沦丧，根本不是金融创新。"

"妖精论"一出，立刻在全市场引发了轩然大波。

虽然刘未有点名，但是明眼人都心照不宣地迅速指向了保险行业，不管是在"万宝之争"中，还是频繁的举牌潮，保险资金都被市场称为"野蛮人"。

根据《财新周刊》的不完全统计，"2013年1月到2016年11月，在A股市场上安邦有 19 次举牌行为和 11 只达到或接近举牌线的股票，宝能以 10 只达到或接近举牌线的股票持有数居第二（见表 22-1）。在被举牌的 A 股中，以万科 A 为代表的地产类和以招商银行为代表的银行类上市公司最受青睐"。

表21-1　已经举牌或所占股比接近举牌线的股票数

安邦	宝能	恒大	国华	阳光	杉杉	生命	华夏	人保	泰康
11	10	7	6	6	4	3	2	1	1

统计区间：2013 年 1 月到 2016 年 11 月。
数据来源：《财新周刊》根据上市公司公告统计。

▶ 欧阳辉：举牌的经济学分析

欧阳辉是长江商学院金融学杰出院长讲席教授，他曾经专门撰文分析"保险公司举牌的现象、原因与影响"。他的研究结论如下。

从资金运作看，中金公司研报显示保险资产平均久期为 5～7 年，而负债端的万能险可分为高现价万能险与非高现价万能险，其中高现价万能险是指万能账户在保费进入账户后的第二年就已高于投保人交纳的保费，使得投保人在第二年退保也可以获得收益，投资属性强，预期收益率高，实际久期较短，为 1～2 年，负债久期小于资产久期。故险企在进行资产配置时面临流动性约束，对资产流动性要求较高。二级市场中股票市场的流动性大于非标资产，尤其是市值较高的蓝筹股，变现速度较快，变现成本较低，成为资产配置的选择之一。

从会计操作上看，根据现行会计核算准则，险资持有上市公司股份比例占上市公司总股份的 20%～50% 时，可以将该比例股票计入"长期股权投资"，用权益法记账。被投资公司在持有期内发生市场价值波动，持有期内不做账，可减少股票市值波动对公司业绩的影响；同时，险企可按照持股比例将上市公司净利润确认为投资收益，分享上市公司业绩，调节资产负债表。

从负债端看，负债端较高的收益率压力决定了保险公司追求高收益的权益投资策略。部分保险公司万能险业务收入占总收入比重较大，例如前海人寿万能险业务收入占比近 78%，国华人寿万能险业务占比达 48%。万能险本质上是一种保险类金融理财产品，其结算平均利率为 5%～6%，甚至更高。

负债端收益压力较大，资产端投资渠道匮乏，资产端与收益端的双重压力构成险企举牌背后深刻的行为逻辑与内在动力。

市场猜测，刘士余的讲话，绝对不是一时兴起，随感而发。

果不其然。

2016年12月14日至16日，中央经济工作会议召开，本次中央经济工作会议抓住了中国经济的要害，明确了供给侧结构性改革的理论基础，确定了房地产长效机制框架，创造性提出了农业供给侧结构性改革和农村土地流转问题，等等。

除了这些，本次会议把对实体经济的重视提高到了前所未有的高度。包括"稳定民营企业家信心""着力振兴实体经济""保护企业家精神,支持企业家专心创新创业"等。

中央的意图非常明确：实体才是经济的根本，金融不能偏离服务实体的本质。金融如果变成野蛮人，损害实体经济，这是不能允许的。

格力电器董明珠的话应验了。

不仅如此，12月19日，《财新周刊》第49期社评中，主编胡舒立撰写评论《防止银保沦为家族"提款机"》——"金融机构一股独大以致沦为大股东融资平台，已成公司治理积弊，必须强化监管，切不可养痈成患。"

"如果股权过度集中，治理结构扭曲，监管难以到位，则极易沦为私人控制的'提款机'。这种情况将引致系统性金融风险，国际上已不乏教训。"

证监会话音未落，保监会立即行动起来。

12月5日，保监会发出监管函，暂停前海人寿的万能险新业务，责令前海人寿三个月内禁止申报一切新产品。

12月6日晚，保监会宣布将派出检查组入驻前海人寿和恒大人寿，检查重点包括公司治理规范性、财务真实性、保险产品业务合规性及资金运用合规性等。

12月9日，保监会再发狠招，宣布暂停恒大人寿委托股票投资业务，并责令公司整改。这意味着恒大人寿暂时不能进行任何股票投资业务。

同日晚间，前海人寿突发声明，宣布不再举牌格力电器（000651.SZ），并将择机退出已持股份。截至11月28日，前海人寿经一再增持，已为格力电器第三大股东，持股逼近5%。

12月13日，保监会召集专题会议。

保监会在坚持"保险姓保""保监会姓监"的基础上，"要以壮士断腕的决心和勇气，打赢从严监管和防范风险攻坚战"。

▶ 万能险：最后的疯狂

12月，保监会的统计数据描绘了万能险最后的疯狂。

2016年1—11月，48家中资寿险公司保户投资款新增交费已突破1万亿元，达1.05万亿元，较10月增长623.23亿元。全部寿险公司保户投资款新增1.12万亿元。其中，寿险公司保户投资款新增交费主要来源于万能险。

万能险是生猛者的乐园。

安邦人寿、前海人寿、生命人寿、华夏人寿等以万能险猛然崛起的新兴险企，前11个月保户投资款新增交费规模继续增长。

前11个月，安邦人寿保费规模为3161.66亿元，仅次于国寿股份、平安人寿，居于第三位。而同属安邦旗下，2010年成立的和谐健康保险，位居寿险公司规模保费排名第六位，保费规模为1530.64亿元。

其中保险保户投资款新增交费保费收入分别为2108.44亿元、465.92亿元，代表万能险规模的保户投资款新增交费占比分别为66.69%、30.44%。

前11个月，华夏人寿、前海人寿、生命人寿、恒大人寿4家险企保户投资款新增交费保费收入分别为1323.72亿元、775.87亿元、658.79亿元、491.75亿元，保户投资款新增交费占比分别为75.53%、79.95%、39.98%、92.59%。

稍有不同的是，华夏人寿、前海人寿、生命人寿较前10个月有所降低，恒大人寿的这一比例则比前10个月有所提高。

显然，这场豪门之宴中，恒大是后来者中最为饥渴的。

万能险的好日子不多了。

第一个中枪的是宝能旗下的前海人寿。因万能险业务经营存在问题且整改不到位，前海人寿已于12月5日被保监会采取暂停其开展万能险新业务的监管措施。

恒大人寿、华夏人寿等也被要求在"12月份整改完毕并递交整改报告"。

12月13日，保监会召集各保险公司主要负责人及保监会机关正处级以上干部召开专题会议，狠狠敲打行业的生猛者。

浙商财险踩雷侨兴债

这一年，年轻的浙商财险摊上大事。

2016年12月20日，蚂蚁金服旗下的理财平台招财宝发布公告称产品违约，涉及侨兴集团的两家子公司于2014年12月开始发行的14期私募债，第一批无法兑现的2期产品金额共计3.12亿元。

市场瞬间爆炸。

这一款产品是有保险公司的履约保证保险的。按照产品设计，应该是浙商财险先行赔付。但是，保险公司未能按约履约。

事情并不复杂。

2年之前，2014年12月，总部位于广东省惠州市的侨兴集团旗下2家企业侨兴电讯、侨兴电信，通过广东金融高新区股权交易中心（粤股交）备案发行2年期私募债，各分7期、共计14期，合计本金10亿元。之后粤股交与蚂蚁金服合作，在招财宝平台挂牌销售。作为在招财宝挂牌的条件，浙商财险为此提供履约保证保险，侨兴集团实际控制人吴瑞林提供保证担保，广发银行惠州分行出具履约保函。

侨兴集团早年风光一时。20世纪90年代起步、发家于珠三角，创始人吴瑞林曾有"电话机大王"之称，1992年在惠州创建侨兴品牌，3年后组建侨兴集团，主营业务为电话机等终端通信产品的生产及销售。侨兴集团与步步高、TCL集团一样，在电话机年代曾获利颇丰。

为什么浙商财险不愿意履约？

因为提供履约保函的广发银行掉了链子——广发银行总行自曝保函造假及"萝卜章"问题。12月26日，广发银行官网挂出公告正式发声，宣称有不法分子假冒该行惠州分行名义，出具虚假银行履约保函。经该行鉴定，相关担保文件、公章、私章均系伪造。

这种情况下，保险公司如果先行赔付，将无法从银行拿到履约回款，因为银行也被诈骗了，出具的履约保函无效。

对于2009年开业，原始注册资本只有10亿元的浙商财险，这笔钱是赔不起的。

银行和保险公司都选择了报刑事案件。

广发银行、浙商财险已分头向广东省惠州市公安局、浙江省公安厅报案，均获立案调查。侨兴集团董事长吴瑞林作为此案嫌疑人之一，已被惠州警方要求配合调查。

这个案件，波及面甚广。数据表明，14 期侨兴债的原始投资者合计约有 2.1 万人，其中，首批违约 2 期债券合计本息 3.12 亿元，投资者约有 8000 人。

第一次涉及涉众风险，监管和市场都很慌乱。

2016 年 12 月 26 日和 27 日，广东省、浙江省、保监会先后召开协调会议，总体精神为维护市场稳定，保证投资者权益，依法追究违法违规者责任。

压力之下，浙商财险不得不先拿出钱来。

2016 年 12 月 27 日晚间，浙商财险发布公告，以"为履行保险企业的社会责任"为名，宣布对到期产品的投资者进行预赔付，同时启动追偿程序。

赔付容易，追偿难。

按照产品链条设计，浙商财险就侨兴债违约事件进行了 11.46 亿元预赔付。

当保险公司去找银行履行履约保函之时，广发银行自曝的保函造假，以及"萝卜章"问题，使追偿变成罗生门。其中的悖论是，若广发银行惠州分行保函伪造，浙商财险赔付前提条件将会失效，但是之前的预赔款也难以追回。

就真假保函问题，浙商财险和广发银行惠州分行各执一词，浙江省杭州市公安局和广东省惠州市公安局分别对此立案。

至此，成立不久的浙商财险背了一口大锅。

一笔保单赔付 11 亿元之后，浙商财险的偿付能力被拦腰一斩。2016 年，浙商财险核心偿付能力充足率和综合偿付能力充足率分别为 96.15%、157.06%。

2017 年，因第二季度偿付能力不达标，该公司于 9 月 20 日收到保监会的监管函。

迫不得已，浙商财险的股东们只能被动拿出钱来，将注册资本由 15 亿元增至 30 亿元，弥补偿付能力的亏空。

2017 年底，浙江省政府同意由浙江省国资委将其持有的浙商集团 100% 股权无偿划转给浙江省交通投资集团有限公司（简称"浙江交投"）。浙商集团成为浙江交投全资子公司，浙江交投将对合并后浙商集团相关资产分板块实施产业重组。

经过此次巨额赔款之后，浙商财险一直都在亏损中渡劫，2016 年至 2019 年的 4 年间累计亏损约 21 亿元。此后高管不断更迭，业务多次被罚，浙商财险困难重重。

> ### ▶ 处罚浙商保险
>
> 因为侨兴私募债违约以及造假事件，2017年12月8日，银监会开出了中国金融监管历史上最大的罚单——对广发银行总行、惠州分行及其他分支机构的违法违规行为罚没合计7.22亿元。其中，没收违法所得17553.79万元，并处以3倍罚款52661.37万元，其他违规罚款2000万元。
>
> 而广发银行的大股东是中国人寿。2016年2月29日，广发银行原持股20%的股东中国人寿保险（集团）公司，斥资233亿元接手花旗和IBM Credit所持股份，成为持股43.686%的控股股东。9月29日，广发银行正式发布公告，宣布该行董事长杨明生、行长刘家德及副行长尹矣的任职决定，此3人均为中国人寿高管，分别是中国人寿董事长、副总裁、副总裁。
>
> 2018年1月11日，保监会跟随银监会，对涉侨兴私募债一案的浙商财险进行了处罚。
>
> 机构方面，保监会做出责令浙商财险停止接受保证保险新业务1年，并处以121万元罚款的行政处罚。
>
> 人员方面，保监会对时任浙商财险董事长高秉学、总经理金武等多人做出警告及合计罚款81万元的行政处罚。
>
> 一张保单重创一家保险公司，浙商财险不经意间创了一个行业纪录。

浙商财险爆雷，揭开了信用保证保险的风险一角。

两年之后，网贷暴雷。据网贷之家不完全统计，2018年6月共出现63家问题P2P（peer to peer lending，点对点网络借款）平台；7月上旬，问题平台已有23家。从2015年开始，能正常运营的平台逐年大幅减少（见表21-2）。

表21-2　2010—2018年正常运营的P2P平台数量

年份/年	2010	2011	2012	2013	2014	2015	2016	2017	2018
数量/家	10	50	150	586	2290	3437	2470	1931	1021

数据来源：网贷之家。

P2P行业爆雷，波及了保险业。其中为网贷平台提供信用保证保险的保险公司损失惨重。公开的信息显示，人保财险、长安责任保险、安邦财险、太平财险、阳光财险、华安财险等10余家险企先后与网贷平台有过业务合作。

其中，长安责任保险受伤最重。

有数据显示，2018年12月初，长安责任保险被曝因遭遇P2P爆雷潮，其前期销售的履约保证保险赔款累计支出已接近20亿元。"压力山大"的长安责任保险偿付能力"断崖式"下跌。根据2018年第三季度偿付能力报告，该公司核心偿付能力充足率、综合偿付能力充足率分别由上季度末的76.1%、152.3%降至–41.5%、–41.5%。

面对巨额的赔付压力，很多保险公司选择了"赖账"——拒绝赔付，选择民事或者刑事手段来规避责任。比如，安心财险和"米缸金融"。

并非所有的保证保险都无法做好。有一个反例是众安在线财产保险股份有限公司（简称"众安在线"）和深圳市小赢科技有限责任公司（简称"小赢科技"）。

众安在线披露的2017年报显示，其消费金融生态保费收入为10.33亿元，增速高达225%。消费金融生态主要就是提供信用保证保险产品及解决方案。2018年上半年，众安在线在所谓消费金融生态的保费收入已经达到14.84亿元，超过去年全年，同比增加4.78倍；在消费金融生态服务承保的在贷余额高达323亿元，成为众安在线最赚钱的业务之一。

在双方的合作中，众安在线赚到保费利润，小赢科技降低了资金成本，在风险可控的大前提下，实现了双赢。

从这个角度，"妖魔化"保证保险或者信用保险，不一定是正解。能不能做好小额信贷的风控，有没有掌握业务本质，是真保险，还是假担保，可能才是分析问题的关键。想赚银行信贷的钱，但是又不愿意学习小额信贷经验，扎实构建业务的风险系统，这种依托网贷平台反担保的"躺赢"式的经营方式，本身就有巨大的风险。

鉴于信用保证保险背后的高风险，监管的鞭子越抽越紧。2017年7月，监管部门下发《信用保证保险业务监管暂行办法》，对经营信保业务保险公司的偿付能力充足率、承保金额、承保业务范围都有了更加严格的要求。2019年，上海的监管部门叫停上海地区P2P履约保证保险新单，并对辖内险企摸底排查。

走出车险，一心希望通过创新找到出路的财产保险公司，对于传统银行熟悉的担保业务欠缺专业性，为此付出了很大的代价。

CHAPTER 22

第 22 章

监管拆弹
（2017）

"绝不能把保险办成富豪俱乐部,更不容许保险被金融大鳄借道和藏身。"

作为对证监会"野蛮人"的回应,这一年2月22日,国务院新闻办公室(简称"国新办")新闻发布会上,保监会主席负责人表态,"对个别浑水摸鱼、火中取栗且不收敛、不收手的机构,依法依规采取顶格处罚",要引导保险资金坚持价值投资、长期投资、稳健投资原则。

5月,保监会披露保险行业的风险家底。

5月19日,保监会披露的170家险企第一季度风险综合评级结果显示,A类公司94家,B类公司71家,C类公司3家,D类公司2家。

其中,第一季度风险综合评级列入C类、D类的保险公司家数较上季度有所增加。2016年第四季度,风险综合评级列入C类和D类的保险公司共3家,其中C类1家,为恒大人寿,D类2家,分别是新光海航人寿和中法人寿。

值得注意的是,就第一季度的数据,前海人寿的核心偿付能力充足率逼近50%的监管红线,恒大人寿的综合偿付能力充足率逼近100%的监管红线,生命人寿的核心偿付能力充足率和综合偿付能力充足率均逼近50%和100%的监管红线。

2017年9月,保监会启动了"偿二代"二期工程建设工作,对现行"偿二代"监管规则进行了全面修订升级,以提升偿付能力监管制度的科学性、有效性和全面性。一是引导保险业回归保障本源、专注主业;二是促进保险业增强服务实体经济质效。

平地起惊雷。

2017年4月9日下午,中央纪委国家监委网站发布消息称,保监会主席项俊波涉嫌严重违纪,目前正在接受组织调查。

4月11日,临危主持工作的副主席陈文辉在"保险业偿付能力监管工作培训班"

上表示，当前保险业存在偿付能力不足风险、流动性风险、公司管控不到位风险，以及外部传递风险这四大突出风险。

对此，保监会下一步将按照"强监管、补短板、治乱象"思路进行风险防范和偿付能力监管。陈文辉特别点名，要防范少数经营激进公司存在的较大流动性风险隐患，以及个别保险公司治理失效、管控无力所带来的风险。

从4月开始，保险监管全面从严。

第一，暂停新批保险牌照。对于已批筹但尚未开业的牌照加强了监管，提高了保险公司开业验收门槛。

第二，对于资本系控股的保险公司态度负面。2016年12月底，保监会出台《保险公司股权管理办法（征求意见稿）》，拟将险企股权持股比例由51%降至三分之一。

第三，行业发展上，回归"保险业姓保"，从理财型保险向保障型产品回归；监管定位上，由发展为先，转变为风险监管为先，"保监会姓监"。

第四，对于保险资金的投资更为慎重。2017年上半年，保险资金未发生非理性举牌、境外收购等激进投资行为。

第五，严控长险短做。2017年5月，保监会下发了《关于规范人身保险公司产品开发设计行为的通知》（简称"134号文"）。"134号文"要求：不能长险短做，保险公司不得以附加险形式设计万能型保险产品或投资连结型保险产品。从10月1日起，不符合"134号文"的已审批或备案保险产品，将面临停售。

10月11日，保监会一连发布5封监管函，点名批评渤海人寿、君康人寿、珠江人寿、上海人寿、阳光人寿。

保监会指出，上述5家险企在股东股权、"三会一层"运作、内部管控机制、关联交易管理等方面存在问题。君康人寿被禁止与辽宁忠旺集团、杉杉控股及上述公司的关联方开展关联交易；上海人寿被点名禁止与览海控股（集团）及其关联方开展关联交易；阳光人寿被点名禁止该公司、集团及集团内其他保险子公司直接或间接与北京阳光融和置业有限公司、深圳东方藏山资产管理有限公司、诚泰融资租赁（上海）有限公司等开展关联交易。

监管函要求，上述5家保险公司应于11月30日之前将整改报告书面报至保监会。

2017年前8个月，表面上风平浪静。

前8个月，保险业共实现原保险保费收入2.77万亿元，同比增长20.45%；其中，寿险公司原保险保费收入2.08万亿元，同比增长22.59%；产险公司原保险保费收入0.69

万亿元,同比增长 14.44%。截至 8 月末,保险业总资产 16.26 万亿元,较年初增长 8.23%;资金运用余额 14.46 万亿元,较年初增长 8%。

但是,风险暗流涌动。前 8 个月,代表万能险的保户投资款新增交费及代表投连险的投连险独立账户新增交费均遭"腰斩"。前者同比下降 55.10%,后者同比下降 52.72%。

由于万能险、投连险等理财险负增长,部分公司的资金可能断流。早在 5 月,监管部门已经注意到,个别激进保险公司在经营中没有资产负债匹配概念,短钱长配,盲目投资,一旦遇到产品停售、非正常退保和满期给付等情况,现金流容易出问题。

之前的第一季度,部分公司的季度现金流为负(见表 22-1)。

表22-1　10家以万能险为主的寿险公司横向比较

寿险公司	2016年保户投资款新增交费在规模保费中占比/%	2017年第一季度规模保费同比增长/%	2017年第一季度末核心偿付能力充足率/%	2017年第一季度末综合偿付能力充足率/%	2017年第一季度末综合流动比率(未来1年内)/%
中融人寿	99.99	-55.97	139.31	139.31	197.70
恒大人寿	92.23	7.43	104.65	108.25	297.55
中华联合人寿	89.94	-56.09	639.68	639.68	62.00
复星保德信	89.61	-64.21	377.80	377.80	99.97
君康人寿	87.84	-20.39	160.83	160.83	67.84
瑞泰人寿	82.05	-33.78	105.33	105.33	120.31
前海人寿	78.02	-70.17	60.52	121.04	198.00
信泰人寿	77.91	-64.55	177.68	177.68	64.53
华夏人寿	75.19	-35.77	86.72	120.19	191.26
英大人寿	74.38	49.51	263.03	263.03	204.77

数据来源:第一财经根据保监会和保险公司披露数据整理。

寿险公司中,2017 年第一季度,有 17 家人身险公司净现金流为负。其中,排名靠前的有前海人寿、阳光人寿、安邦人寿等,第一季度净现金流分别为 -124.41 亿元、-69.82 亿元、-57.04 亿元。

财险公司中,2017 年第一季度,有 35 家财险公司净现金流为负。其中,天安财险和安邦财险第一季度净现金流出绝对值最大:天安财险为 -318.93 亿元,安邦财险为 -191.02 亿元。

尽管短期可能没有问题，但是评级公司穆迪预警称，2015年及2016年万能险销售较快，通常这些保单的期限在3～5年，预计在2018年及2019年会出现退保和到期赔付高峰。

11月，时任央行行长周小川发表题为"守住不发生系统性金融风险的底线"的署名文章，特别点名这几年的金融乱象："各类金融控股公司快速发展，部分实业企业热衷投资金融业，通过内幕交易、关联交易等赚快钱"，"交易场所乱批滥设"，"少数金融'大鳄'与握有审批权、监管权的'内鬼'合谋，火中取栗，实施利益输送，个别监管干部被监管对象俘获"等。

就整个金融行业而言，一场更大的监管排雷行动悄然启动。

11月17日下午，央行、银监会、证监会、保监会和外汇局联合发布了《关于规范金融机构资产管理业务的指导意见（征求意见稿）》。至此，资管新规揭开了神秘的面纱。

资管新规影响巨大。央行数据显示，截至2016年末，银行表内、表外理财产品资金余额分别为5.9万亿元、23.1万亿元；信托公司受托管理的资金余额为17.5万亿元；公募基金、私募基金、证券公司资管计划、基金及其子公司资管计划的规模分别为9.2万亿元、10.2万亿元、17.6万亿元、16.9万亿元；保险资管计划余额为1.7万亿元。

资管新规要解决的问题特别棘手，比如非标资金池、产品多层嵌套、过度杠杆、影子银行、刚性兑付、非金融机构无序开展资产管理业务，等等。未来，资管新规会深刻改变资管行业的格局和走势。

一句话，"非标"的大时代一去不复返了。

老路走不通，新路怎么走？

寿险方面，重回保障核心，解决"生、老、病、死、残"的问题。比如中国人寿2017年中报显示，健康险保费同比增长21.3%，实现利润17.4亿元，同比大增190%；平安寿险上半年健康险规模保费、保费收入同比增长233%和213%，增速远超其他险种。

车险方面，启动了"二次费改"。6月9日，保监会发布《关于商业车险费率调整及管理等有关问题的通知》，决定进一步扩大保险公司自主定价权，下调商业车险费率浮动系数下限，通过市场化手段进一步降低商业车险费率水平。商业车险改革的终极目标是"一车一人一价"，即对车、驾驶者进行合理评估，彻底扭转保险公司难以直达客户、不了解客户的现状，从而有效设计产品，获得合理利润。

作为财险公司的当家产品，车险业务能否赚钱，决定了财险公司的整体业绩。1年之前的"一次费改"，并未带来承保利润。2016年只有14家财险公司有承保利润，8成财险公司仍然亏损。

这一年，招商局新添保险牌照。

6月30日，仁和人寿在深圳蛇口开业。半年前，2016年12月1日，招商局仁和人寿保险公司获保监会批准筹建，注册资本50亿元。招商局集团为发起人，招商局集团为四大驻港央企之一。

"仁和"二字历史源流，可溯至100多年前招商局创办的"仁和保险公司"。

19世纪下半叶，北洋大臣李鸿章上奏清政府，要求自建保险公司。1875年，轮船招商局公开募股设立了保险招商局。这是首家民族保险企业，标志着中国民族保险业的起航。

1876年，招商局募股设立了仁和保险公司。

1878年，招商局又设立了济和水火险公司，并于1886年与仁和保险公司合并为仁济和保险公司，资本金为100万两白银。但由于时局动荡，20世纪30年代，仁济和保险公司业务急剧收缩，市场影响力不断下降，最终于20世纪50年代初被公私合营。

因为这个历史渊源，招商局将仁和人寿开业视为"仁和"复牌。

正因如此，百年之后的招商局集团，特别重视这个百年品牌——61岁的招商局董事长李建红，亲自担纲仁和人寿董事长。总经理为51岁的彭伟，曾任中国太平保险集团副总裁。

除了招商局，股东还有中国移动和中国航信两大央企，以及深圳市地方国企和3家民营企业。仁和人寿表示：将发挥股东资源优势，以保险、投资、医疗养护产业为三大业务支柱，将自身打造为综合保险服务商。

招商局是中国现代化历程的见证企业之一。改革开放以来，更是多次创造第一。1979年，招商局独资开发中国第一个对外开放的工业区——深圳蛇口工业区，之后相继创办中国第一家商业股份制银行——招商银行，以及第一家企业股份制保险公司——平安保险。

仁和人寿的开业，让另外一家同门公司感觉颇有压力。

招商银行旗下已经有一家寿险公司——招商信诺人寿。招商信诺人寿于2003年正式成立，其初始股东为招商局金融集团旗下公司深圳鼎尊投资和美国信诺北美人寿，2013年，深圳鼎尊投资将其持有的招商信诺人寿50%的股份转让给招商银行。

依托招商银行的资源和网络，招商信诺人寿开展了银保和电话销售业务。2016年，该公司委托招商银行代理的保险业务收入达到了95.47亿元，而同期招商信诺人寿的保险业务收入为119.86亿元。

新开业的仁和人寿同样提出，将积极借助股东资源开展业务，包括招商银行、中国移动众多客户、员工及遍布全国的网点。

对外开放既是国家的目标，也是行业转型的机遇。

11月10日，财政部原副部长朱光耀在中美首脑会晤后的新闻发布会上表示，决定扩大金融开放。例如3年后将单个或多个外国投资者投资设立经营人身保险业务的保险公司的投资比例由50%放宽至51%，5年后投资比例不受限制。

这是中国金融业对外开放的又一个新的里程碑。

万科三战宝能

"万宝"胶着之时，闯入一位新的商界大亨。

第一回，恒大入局。

2016年，8月4日恒大公告称，买入万科4.68%的股份，耗资超过91亿元。恒大持股进入万科前十大股东名单，并仅次于安邦，位列第四，逼近万科举牌线。

与此同时，万科的H股有香港"巨头"悄然抢筹。

香港中央结算有限公司的数据显示，香港券商鼎佩证券（VMS Securities Limited）8月1日起增持万科H股，至17日合计持有万科H股约1700万股，持股量升至1.29%。与此同时，私募基金Nexus Capital从8月9日至11日共买入万科H股9531万股，平均价为20.5港元，持股量上升至8.84%。

香港的媒体点穿，鼎佩证券是香港新世界郑裕彤家族的御用券商，而私募基金Nexus Capital背后的领袖，则是曾号称"重庆李嘉诚"的中渝置地主席张松桥。

而坊间一直传言，因为郑裕彤喜欢"锄大D"（一种扑克牌玩法），物以类聚、人以群分，形成了所谓"大D会"，成员包括郑家人士、许家印、张松桥，还有香港华人置业主席刘銮雄等。许家印和这些香港"巨头"们，既是牌桌上的牌友，在生意场上同样交易频繁。

比如2015年，个别香港资本开始从内地房地产市场撤出，而恒大则胃口大开，快速接盘了这些一、二线的黄金地段的项目，交易金额高达数百亿元。

此后，恒大持续买入万科。

到2016年11月29日，恒大持股达到14.07%，累计耗资超362亿元，位居万科第三大股东，直逼第二大股东华润的持股份额。此时，宝能系持股25.4%，华润持股15.31%，恒大持股14.07%，万科管理层实际控制的金鹏、德赢1号两个资管计划共计持股7.12%，安邦持股约为6.18%。

至此，万科基本被机构锁盘，而恒大成为各方博弈的关键。

第二回，峰回路转。

由于大股东的反对，原来的重组方案陷入僵局。

2016年12月18日，万科董事会同意停止与深圳地铁的重组方案。但是，万科、华润和深圳市政府就另外一项股权转让安排展开秘密协商。

继而柳暗花明。

2017年1月12日，华润转让万科股权，深圳地铁接盘。华润股份和中润贸易拟以22.00元/股的交易价格，将所持有的全部万科股份转让给深圳地铁集团，价格约372亿元。

对于华润而言，政治上，做到了"央企不与地方争利"；经济上，投资万科也是一笔好生意。2009年以来，万科给华润的分红超过30亿元，加上此次转让约372亿元，累计获得收益或超过400亿元。

1月13日晚，宝能表态，"欢迎深圳地铁集团投资万科……作为财务投资者，支持万科健康稳定发展"。

此时，只剩恒大。

没有意外，2017年3月16日，恒大宣布将持有的万科14.07%的股份表决权委托给深圳地铁行使，期限一年。深圳地铁拥有29.38%的表决权，成为真正的第一大股东。

不仅如此，恒大还向深圳市政府书面表态，愿将所持股份悉数转予深圳地铁。

6月9日晚，恒大公告将以292亿元人民币的价格，将其持有万科A的14.07%股份全部出售给深圳地铁。由此，深圳地铁以29.38%的股份，超过宝能的25.4%，成为万科第一大股东。

2017年6月21日，万科董事会换届，郁亮接替王石。历时近2年的"万宝之争"，或者说"万科股权大战"正式落幕。

对此，王石在微信朋友圈写道："从当初我们放弃股权的那一刻起，万科就走上了混合所有制道路，成为一个集体的作品，成为我们共同的骄傲。未来，万科将步入一个崭新的发展阶段。今天，我把接力棒交给郁亮带领的团队，我相信这是最好的时候。"

第三回，余波未了。

好人恒大，成全了深圳地铁的美事。

这笔交易362亿元买入，292亿元转出，恒大净亏超过70亿元！

恒大不是活雷锋。恒大用万科换取了深圳市政府支持其资产重组事项。2017年5月13日，同为深圳市国资的深深房A公告称，预计将在6月14日前披露重大资产重组预案或报告书。深深房A是深圳国资上市房企中仅剩的"5朵金花"之一，由深圳市投资控股有限公司（简称"深投控"）直接持有63.55%的股权，而深深房A正是恒大A股上市所要借助的"壳公司"。2016年和2017年，恒大高调引入700亿元战略投资，回归A股上市，志在必得。

同时恒大还将总部从广州搬到深圳，深圳则拥有了中国两家巨大霸的地产公司。

世事难料，4年之后，恒大借壳失败，附带回购义务的1300亿元战略投资炸雷，恒大更因为"经营管理不善、盲目多元化扩张"陷入惊天的债务危机之中。

可叹的是，曾经位居亚洲第一的广州恒大足球队，因为资金链断裂，球员逼近失业，成为绿茵场上的弃儿。

另外一位主角宝能，最终也是黯然离场。

风光的宝能万万没有想到，自己也会有缺钱的一天。仅仅4年之后，宝能因为房地产行业的宏观调控和自身的盲目扩张，陷入空前的债务违约危机中。没有了理财险资金和杠杆资金的加持，宝能告别野蛮，回到了初始的模样。

"万宝之争"能画上句号，并非万科抑或王石、郁亮之力。

市场认为："万科股权之争局势扭转，始于2016年12月初以来，金融监管部门出手整顿股市'野蛮人'。金融监管、国资监管，以及地方政府三方任何一方力量缺失，万科的僵局都难以打破。"

看得见的手，有时候比看不见的手，要更有力量。

▶ 黄奇帆评"万宝之争"

"金融市长"黄奇帆在其《结构性改革：中国经济的问题与对策》一书中，分析了中国资本市场最大的商战事件。他的观点如下。

"宝能举牌万科，其中大部分资金来源于万能险，而不是通过宝能自身保险公司提供的正常保费。万能险提供的理财资金是半年、一年或者一年半的保险资金，其实就是高息揽储，并且通过银行柜台销售给各种各样到银行储蓄的人。

"万能险有三个问题：第一，高息揽储；第二，通过银行发放，让老百姓把保险公司信用和商业银行信用混在一起，产生刚性兑付错觉；第三，资金池高比例错配。

"万能险不是中国人发明的，在美国、欧洲早就出现了，但是国外保险公司有一个规定：一个保险公司一年的保费余额中，万能险的保费余额不能超过公司总保费余额的15%……但我国此前并未控制万能险保费比例，至少在过去几年，我国六七家民营保险公司的万能险保费余额占整个保险公司保费余额的70%～80%。

"在宝能收购万科股权的事件中，收购资金的最底层原始资产有70亿元万能险。宝能只能买几亿股万科股票，杠杆不够。于是，它就和两个私募基金合作，通过几个通道形成嵌套，将70亿元放入银行，利用银行'存一贷二'业务从银行获得贷款200多亿元，再加上万能险的70亿元，就得到了约280亿元资金。宝能购买了万科十七八亿股，占18%，变成万科第一大股东，然后通过股权质押、融资融券等融资杠杆工具，将收购资金增至450多亿元，占万科2000多亿元市值的近25%。随后，宝能登堂入室，向万科提出了董事会改组。

"法理上讲，该事件违反了几个法规：一是保险公司万能险占比70%以上是有问题的；二是多通道叠加嵌套，形成高杠杆融资是穿透式违规行为；三是短期资金可以通过购买股票方式进行理财，但将万能险作为股权资本购买长期法人股权，试图改组董事会，违反了国际资本市场规则。"

需亡羊补牢。

黄奇帆认为："这个案例从更深层次警示我们：要加强监管，特别是跨领域的综合性监管；要加强法制建设，特别是金融产品创新中的负面清单，法律制度的建设要加快、加大、加强。"

安邦不"安"

2017年，地球人都无法阻挡的安邦，日子到头了。

一颗小石头，绊倒了一个巨头。

4月28日，《财新周刊》封面刊登了来自特约作者、注册金融分析师（CFA）郭婷冰的一篇研究长文——《穿透安邦魔术》。此文从研究工商资料、公司年报等公开资料入手，还原了2014年安邦2次巨额增资的真相和手法：如何通过相互投资来放大资本，如何通过多层有限合伙公司的形式，实现用安邦的资金来注资安邦。

看一看小标题，"钱从哪里来""股东结构迷阵""吴小晖家族控制安邦""'幼蛇吞巨象'式的控股""'左手倒右手'虚增资本""自我循环注资的真相"。

每一个质疑都是直接而生猛，直指安邦的命门和软肋：对于白手起家的安邦，究竟是从哪里赚到近500亿元来注资保险公司，让集团的注册资本短短3年光景就增加到619亿元。

从2013年开始，安邦保险是《财新周刊》持续调查最深、追踪时间最长的异类保险公司。不知不觉之间，《财新周刊》完成了中国新闻行业的一个惊天纪录，这份坚守尤为难得。

一石激起千层浪。

文章落地之后，4月29日安邦集团随即发表声明，并声称"决定起诉"。

4月30日晚间，财新传媒称，"自创立始，始终坚守媒体公信力原则，设立严格的防火墙机制，经营与采编完全分离，确保新闻独立性不受商业利益的干扰。对安邦声明之诬蔑行为，财新传媒称予以强烈谴责，并保留法律追诉的权利"。

5月3日，安邦集团发布《致胡舒立女士的公开信》，"我们希望能与你就财新传媒发表的一系列抹黑和污蔑的文章对簿公堂"。

财新传媒总编辑胡舒立女士，被市场称为"中国最危险的女人"。据公开的信息，胡舒立女士毕业于中国人民大学新闻系，曾经担任《财经》杂志主编。2009年12月，创立财新传媒，担任财新传媒总编辑。

5月31日，安邦集团再度把矛头指向胡舒立女士。困兽犹斗，何况安邦。

短短半个月之后，安邦未战先溃。

6月14日凌晨，安邦集团发布公告称，"董事长兼总经理吴小晖先生，因个人原因不能履职，已授权集团相关高管代为履行职务，集团经营状况一切正常"。

安邦神话至此跌落。

绊倒安邦的"小石头"、注册金融分析师郭婷冰，公开的信息并不多。有专业类新闻报道的内容显示，她是一位来自厦门的才女。留学之后，定居加拿大。2003年开始，她进入加拿大最大的民营银行——加拿大皇家银行，就任专业分析师。6年的时间，郭婷冰便在加拿大金融圈崭露头角，被评为2004年度该国第七大选股师（stock picker），位列当年度能源设备与服务类（包括石油、天然气等）盈利预测师第二名，以及工业产品类选股师第二名等。

安邦跌倒之前，行业内的另外一位老板已经出局，被行业禁入10年。

2月24日，因存在编制提供虚假资料、违规运用保险资金、股权投资基金管理人资质不符合监管要求、未按规定披露基金管理人资质情况和部分项目公司借款未提供担保等问题，保监会对前海人寿罚款80万元，对6名相关责任人员做出警告及罚款8万~10万元的处罚。

对于公司的实控人，保监会做出了撤销任职资格及行业禁入10年的处罚。

前海人寿和前海财险3月13日分别发布公告称，姚振华已于3月1日分别向前海人寿和前海财险递交书面辞职报告。在董事长职位空缺期间，前海人寿董事长职位由前海人寿副董事长张金顺暂代，前海财险董事长职位由前海财险董事黄炜暂代。

安邦的跌落并非没有先兆。

2016年4月1日，安邦放弃了与万豪酒店争夺喜达屋酒店集团的并购竞争。因为"安邦未能展示出支持其收购喜达屋的融资能力"。

之前，安邦牵头的财团（安邦保险集团、美国J.C.弗劳尔斯投资公司和春华资本集团等3家机构组成的投资联合体）与万豪三次交手，竞相提价收购喜达屋。安邦财团的第一次出价为128.4亿美元，连续加价之后，最后的报价是141.5亿美元。

喜达屋成立于1980年，旗下拥有包括喜来登（Sheraton）、瑞吉（St. Regis）、W酒店（W Hotels）、威斯汀（Westin）、艾美（Le Meridien）、豪华精选（the Luxury Collection）等在内的10个酒店品牌，在95个国家共拥有1297间酒店及度假村，房间数达37万个。就房间数来看，喜达屋是全球第七大酒店集团。

安邦在美国的另外一个并购，最终也因为无法提供股权和实控人的信息而作罢。

2015年11月10日，安邦保险宣布以每股26.8美元的价格收购美国信保人寿（Fidelity & Guaranty Life Insurance Company）。

2016年5月底，安邦因未能提交纽约州监管部门所要求的全部资料，导致交易延期。其中，纽约州金融服务局一直要求安邦对其股权结构与实际控制人的关系进行说明，但是安邦一直无法提供充足的信息。此后纽约州金融服务局还专门要求中国监管部门对安邦的股权结构与实际控制人情况进行说明，中国监管部门也没有提供有关材料。

2017年4月，这项并购最终未能成行。

保险"F4"换将

保险"F4"是指四大副部级险企，分别是中国人保、中国人寿、中国太平和中国出口信用保险。经历了近6年的平稳期之后，自2017年第四季度开始，四大副部级险企"一把手"开始进入调整期。

2017年，人保先动。

这一年4月1日，中国人寿集团原总裁缪建民赴任人保集团，接任总裁一职。到了11月，吴焰调任全国社保基金理事会副理事长。

此时，吴焰已在人保度过了10年。2007年1月，吴焰由中国人寿集团副总经理转任人保控股公司总经理。同年6月，中国人保控股公司复名为中国人民保险集团公司。此后吴焰一直推动人保集团整体上市——H股上市业已完成，A股上市尚处于冲刺的阶段。

2017年10月，中国人民养老保险有限责任公司（简称"人保养老"）在雄安新区完成工商注册。此前的2月，人保再保险获批开业。就在人保养老的揭牌仪式上，回顾人保金服、人保再保险和人保养老的开业运营，吴焰讲道，"（2017年）重新构建了中国人保集团完整的保险产业链"。

12月，缪建民接任人保董事长、党委书记。

缪建民不简单。2017年10月24日，中国共产党第十九次全国代表大会选举产生204名中央委员会委员，其中有2名来自金融系统；大会另外选出中央委员会候补委员172名，有7名来自金融系统。其中，保险系统的代表仅有1位，就是缪建民。

缪建民当选中共中央委员会候补委员，是保险行业唯一之人。彼时市场认为，缪建民可能会走得更远，甚至走出保险圈。

1989年，缪建民毕业于中国人民银行研究生部货币银行学专业，随后进入保险行业工作，历任香港中保集团副总经理、中保国际控股有限公司总裁、太平保险董事长等职。2006年调任中国人寿集团，出任集团副总裁、中国人寿资管董事长，2013年升任中国人寿集团副董事长、总裁。

接任吴焰之后，缪建民提出了实施"3411"工程。其中，"3"是推动财险、寿险、健康险3家子公司转型，并制定明确的转型目标和要求；"4"是实施四大战略，包括创新驱动发展战略、数字化战略、一体化战略和国际化战略；两个"1"分别是打好1场中心城市攻坚战，以及守住1条不发生系统性风险的底线。

到任人保后，缪建民接着干，最终实现了人保集团于A股上市的重任——2018年11月16日，人保集团正式登陆A股市场。

"老大哥"人保得偿所愿，完成了A+H股上市"马拉松"，成为除中国平安、中国人寿、中国太保、新华保险外，第五家A+H股上市保险企业，同时也是A股市场近7年来的首只保险新股。

2018年，中国人保内部迎来新一轮人事调整。集团层面原有的22个部门被调整为18个部门，原有的93个处室被调整为80个，主要目标就是"在有效控制总量的基础上，优先向重要的业务领域重点发展倾斜，同时也为未来的发展预留一定的编制空间"。

3年多一点，缪建民再获晋升。

2020年7月10日下午，中央组织部到招商局集团宣布，缪建民同志任招商局集团董事长，免去其中国人民保险集团公司董事长职务。

果然出了圈。

招商局集团是中央直接管理的国有重要骨干企业，总部设于香港。2019年，招商局集团实现营业收入7144亿元、利润总额1631亿元、净利润1266亿元；截至2019年底，集团总资产9.1万亿元。其利润总额、净利润和总资产在央企中均排名第一。

次年，中国人寿和中国太平同步迎来人事调整。

2018年9月，王滨转战中国人寿，任职中国人寿集团董事长、党委书记。1958年出生的王滨，转战中国人寿之时恰逢60岁。

之前的6年，2012年至2018年王滨主掌太平保险集团。

2012年3月，从交通银行跨界保险公司，担任中国太平保险集团董事长后，王滨提出"三年再造一个新太平"的目标。

经过3年的发展，截至2015年12月31日，中国太平保险集团旗下子公司太平人寿、太平财险和太平养老保费总收入达988.37亿元，是2011年集团总保费的2.3倍。

2015 年中国太平在港交所的总市值突破千亿港元，股价比 2012 年最低时期增长 3 倍。

从规模增长的角度，"强人"王滨实现了对于太平保险的再造。

"三年再造"战略完成后，王滨又提出了"打造最具特色和潜力的精品保险公司"的目标，所谓"精品战略"。截至 2018 年 6 月末，太平保险集团实现总保费收入 1058 亿元，总资产首次突破 6000 亿元大关，管理资产规模首次突破万亿元，并于 2018 年 7 月首次进入《财富》世界 500 强。

到任中国人寿之后，11 月，王滨正式接任中国人寿保险股份有限公司董事长，原董事长杨明生因年龄较大辞去公司董事长及执行董事职位。

对于杨明生而言，从 2012 年 3 月进入中国人寿——从原保监会空降至中国人寿保险集团，到 2018 年退休，他度过了人生中精彩的 6 年。6 年时间，杨明生曾先后担任国寿集团总裁、党委书记、国寿股份总裁，此后还兼任国寿资管董事长、国寿财险董事长、国寿海外公司董事长、广发银行股份有限公司董事长等职位。

工作的最后几年，杨明生特别关注金融科技的发展，大力实施"科技国寿"战略，并和百度等科技公司密切交流合作。

生活中，杨本人也有诗雅喜好。2016 年的最后一个工作日，受工作的触动，其填词曰《蝶恋花·拥抱智能移动互联》：

万物互联接广宇。宽带无边，网络风云起。指点乾坤千万里，云端妙算谁堪比？移动风光真旖旎。幻美真情，掌上知音觅。携手扬帆沧海济，智能破浪潮头立。

中国人寿是中国最大的保险公司。

横向数据显示，中国人寿 2018 年上半年实现净利润 164.23 亿元，同比增长 34.2%；保费收入人民币 3604.82 亿元，同比增长 4.2%；总资产 30431.78 亿元，同比增长 5.0%。纵向看，2006 年中国人寿在寿险市场上的份额为 49.4%；至 2011 年末，下降至 33.3%；至 2018 年 6 月 30 日，市场份额为 22%。这些年，中国人寿的市场份额不断下滑，与第二名平安保险的差距已经越来越小。

接任 10 个月后，2019 年 1 月，王滨描绘了一个国寿的新蓝图：重振国寿，建设国际一流金融保险集团；实施"两步走"的战略部署，力求 3 到 5 年实现转型突破。

当然，谁也没有预料到，数年之后，王滨会以落马被查的方式结束自己的保险生涯。

暂时按下不表。

2018 年 9 月，王滨转战中国人寿之后，罗熹接任履新太平保险集团党委书记、董事长一职。罗熹为原华润集团总经理，出身于银行系统，毕业于有着"中国金融黄埔军校"之称的中国人民银行研究生部。

职业生涯分为两段，第一段在银行，1987年12月，罗熹加入中国农业银行；2004年3月，任中国农业银行副行长。在农行系统工作20多年后，2009年12月，罗熹调任中国工商银行副行长。

第二段在保险。2013年12月，罗熹从工商银行调任中国出口信用保险公司副董事长、总经理。2016年，罗熹离开保险行业加入华润集团，直至本次调整。

人保、国寿和太平完成"一把手"调整之际，保险"F4"还有几个重要的人事变化。2017年5月，光大证券原董事长袁长清调任中国人寿，接替缪建民担任副董事长、总裁。赴任中国人寿集团总裁前，袁长清担任中国农业银行监事长。1961年出生的袁长清此前主要在银行、证券领域任职，并无保险相关从业经验。

2018年1月，中国人寿原副总裁王思东调任至中国太平，担任副董事长、总经理，此前担任这一职务的李劲夫到龄退休。

2018年6月，中国投资有限责任公司原副总经理、中央汇金投资有限责任公司总经理白涛调任至中国人保，担任总裁，此前这一职务空置了半年有余，白涛在2014年6月到2016年10月曾任中国人寿副总裁。

2018年7月，中国太平原副总经理兼太平养老董事长王廷科调任至中国信保，担任副董事长、总经理，而中国信保的这一职务已经空置了一年半，他的上一任是时任中国太平"一把手"的罗熹。

保险"F4"中，最后一家完成"一把手"更换的是中国信保。2019年1月7日，宋曙光接替王毅担任中国信保的董事长和党委书记。宋曙光是保险业老兵，2000年至2014年担任太平保险的高管，2014年成为交通银行监事长。

2017年，远在上海的太保集团也完成董事长的更换。

同年4月，太保和浦发同时发布公告。孔庆伟接替高国富担任中国太保党委书记，同时高国富调任浦发银行党委书记。

中国太保正式迎来了"孔庆伟时代"，之前孔庆伟担任上海国盛集团党委书记。

对于高国富的离开，中国太保表达了感谢，"推动本公司完成A+H股股票首次公开发行，构建持续资本补充机制，优化公司治理；实施战略转型，实现公司价值和价值创造能力提升"。

2007年12月，高国富担任中国太保党委书记、董事长后第二年，中国太保成功登陆A股市场。2009年12月，中国太保登陆港股。2011年，高国富率中国太保正式开启"以客户需求为导向"的战略转型之路。

年报显示，2016 年中国太保集团实现营业收入 2670.14 亿元，其中保险业务收入 2340.18 亿元，同比增长 15.1%，净利润为 120.57 亿元；集团总资产首次超过万亿元，达 1.02 万亿元。

平地惊雷！项俊波被查

54 岁到保监会，60 岁任上落马。

项俊波这一生的底色，就像朝天门码头的水一样，一半是清，一半是浊。

1957 年，项俊波出生于重庆。年轻时曾经参军入伍，参加过对越自卫反击战。工作之后，长期在审计署系统历练。

2004 年 7 月，因为在审计署时期的突出表现，项俊波从审计署转任中国人民银行党委委员、副行长，曾兼任彼时刚刚成立的中国人民银行上海总部主任，可谓平步青云。2007 年 6 月，项俊波转任中国农业银行党委书记；2010 年，农行以全球最大 IPO 的方式逆势上市。至此，农行成为最后一家上市的国有大行，亦是上一轮国有银行改革上市收官之作。

2011 年 10 月，项俊波被擢升，出任保监会第三任党委书记和主席。这个时候的项俊波 54 岁，风华正茂。

项俊波本人不是一个刻板的官员，生活中更有多才多艺之处。中国作家网显示，项俊波笔名"纯钢"，1984 年开始发表文学作品，2005 年加入中国作家协会，著有长篇小说《审计报告》，电视剧剧本《紫剑传奇》《曾国藩》等，其作品《裂缝》获全国电视剧飞天奖一等奖。而 1986 年至 1987 年，项俊波创作的国内第一部反映审计工作的多集反腐电视剧《人民不会忘记》，由田壮壮执导，李雪健出演，项俊波本人担任制片人和编剧。

人生如戏。

昔日的屠龙少年，最终变成恶龙。

不能否认，项俊波时期，中国的保险行业有着史无前例的巨大发展。保险业总资产从 2011 年末的 6 万亿元增长至 2017 年 2 月的 15.96 万亿元。

按照项俊波当年在国新办新闻发布会上发布的数据，"2016 年，全国保费收入达到 3.1 万亿元，同比增长 27.5%，有望超过日本跃居世界第二位。保险业为全社会提供风险保障 2373 万亿元，赔付 1.05 万亿元，在助力实体经济发展、脱贫攻坚战略、保障改善民生等方面发挥了积极作用"。

"到2016年末，保险资金运用余额13.39万亿元，通过基础设施投资计划、未上市股权、信托等方式服务实体经济和国家战略超过4万亿元；债券4.3万亿元，证券投资基金和股票1.78万亿元，为资本市场的稳定发展提供了有力支持。"

为搞活保险行业，项俊波行的是"放"这一招。

放开资本，让更多的资本进来，允许资本实现51%的绝对控股；放开牌照，允许更多机构申请保险牌照；放开保险产品，启动费率市场化改革；放开保险投资，可以投资更多的领域；放开定价，突破之前的预定利率限制；放开理财险，让万能险变保险为存款，进而实现保费规模增长。

媒体统计，项俊波时期，保险公司从120家增至161家，5年间合计新增41家保险公司，平均每年新增约8家保险公司，其中人身险公司由2011年底的61家增至2017年2月的79家，财险公司由2011年底的59家增至82家。

但"放开"，就是打开潘多拉魔盒。

放出来的不一定是"好人"，有可能是"魔鬼"。比如，放开资本，率先进来的几乎都是地产大鳄或者资本大鳄，其本身没有保险的经验和审慎经营的习惯，反而是口水滴答，充满着对保险资金的渴求。

比如，控股51%本来是解决"三个和尚没水吃"的问题。通过设计51%的机制，希望大股东投入，同时公司又有其他股东制衡。哪能想到，某些资本认为51%也不能满足其胃口，继而通过关联持股、一致行动人等手法，实现100%的掌控，让所谓公司治理形同虚设，"保险公司沦为大股东的提款机"。

不仅如此，某些资本自身没有真实力，忌惮偿付能力的要求，于是挪用保险资金，"左手"给"右手"注资。

再如，放开保险产品后，某些激进的保险公司创设高现价的万能险，通过银行保险渠道，实现万亿存款"大搬家"。被监管点过名的有"明天系"旗下的天安人寿、华夏人寿、天安财险等，安邦人寿、安邦养老、和谐健康、安邦财险，张峻旗下的生命人寿，姚振华旗下的前海人寿，许家印旗下的恒大人寿等，这些公司均依靠所谓理财险异军突起，将老牌保险公司打得落花流水。

以生命人寿、前海人寿、安邦人寿为例，依靠理财险规模保费收入分别由2013年全年的707.89亿元、143.08亿元、95.76亿元井喷至2016年全年的1702.87亿元、1003.10亿元、3304.87亿元，保费3年期间增长率分别达1.4倍、6.01倍、33.51倍。同期中国人寿、平安人寿等老牌保险公司的增长率分别为73.51%、66.81%。

再比如，放开投资后，中国险资在全球"买买买"，成为最大的并购豪客；在国内A股市场频频举牌上市公司，甚至血洗上市公司管理团队，冲击着证券行业的边界和规范。

更有其者，一直有市场传言，保险行业存在所谓"特殊公司"，可以直达监管中枢，不用通报，直接"推门而入"。这些太过于特殊的公司，显然会破坏监管的严肃性和权威性，污染行业的环境和生态。

有市场分析认为，客观地讲，这些问题并不是只有项俊波时期才有，只是这个时期表现得特别突出而已。预防这些风险，早发现，早处理；出现风险，果断出击，毫不留情，本身就是监管工作的价值和意义。

只有放，没有收的项俊波，最终铸成大错。

项俊波到保险行业的时候，保险行业还是一个小行业，"银、证、保、基、信"五大金融机构，当时保险行业的活累、形象差、人均收入很低，少有人愿意自己的小孩去从事保险行业。

项俊波无疑想尝试改变。但是，由于对保险和保险监管的专业认识不深，对资本逐利的残酷性认识不透，解决行业问题的方案过于急功近利，最后导致行业越来越疯狂。其本人后亦因贪腐而身败名裂。

混改的大机会

国企层面，最大的机会——混改全面铺开，保险公司成为其中最受欢迎的机构之一。

中国联通是一个标准案例。2016年9月，中国联通与东航集团、南方电网、哈电集团、中国核建等一道被纳入国企混改试点企业。作为央企整体混改的第一单，联通混改被赋予了标杆性的示范意义。

"进则寒尽春生，松则一退千寻。"

历时11个月，2017年8月16日，中国联通的混改终于落下大幕。根据混改方案，联通将以每股6.83元价格向中国人寿、腾讯、百度、京东、阿里巴巴等企业发行90.37亿股A股新股。通过"发行新股+转让老股"形式引入投资者，同时施行核心员工持股计划，总共募集资金约779.14亿元。

根据路演材料，14家参与混改的投资者中，互联网和IT企业占到8家。投资者中，

TMT（technology，media，telecom，科技、媒体、通信）行业公司包括两类：一是腾讯、百度、京东、阿里巴巴四大互联网公司，二是苏宁云商、滴滴、网宿科技、用友、宜通世纪IT等和运营商相关的垂直行业公司。

其中，中国人寿为最大的投资人，出资217亿元。而民营战略投资者中，腾讯拟投资110亿元、百度拟投资70亿元、阿里巴巴拟投资43.3亿元、京东拟投资50亿元、苏宁拟投资40亿元等。

中国联通在混改的同时，还向核心员工发了一笔股权激励"红包"。中国联通拟向核心员工授予约8.5亿股限制性股票，价格为每股人民币3.79元。这个价格低于中国联通A股停牌前股价（7.47元）。

通过混改之后，中国联通A股公司出现重大董事会重组，预计中国联通集团在董事会的席位将会减至2人，民营企业增加3人，国有企业加1人，而国家亦会派出3人；另外亦设有独立董事，而整体人数亦比现时增加。

到年底，中国人寿再次拿下混改大单。

这一年12月，中国铝业共挂出18条公告，公司拟引入8家国有投资者对其4家全资子公司增资126亿元，其中现金增资偿还债务70亿元，债转股56亿元。

8家投资者分别为中国人寿、太保寿险、中银金融、工银金融、农银金融、华融瑞通、招平投资和中国信达，均为国有资本投资者。

拟混改的4家公司为中铝山东、中州铝业、包头铝业和中铝矿业，从事氧化铝、电解铝及铝土矿生产业务，是中国铝业旗下优质资产。

除了国企混改，中国人寿还是互联网巨头重要的投资人和合作伙伴。

6月，阿里巴巴"联姻"中国人寿。这个月，阿里巴巴旗下的物流科技公司菜鸟网络，与中国人寿共同设立85亿元人民币物流仓储基金。菜鸟网络出资同时将作为此基金的普通合伙人（GP），统一运营、管理基金资产，并在未来陆续注入部分物流地产项目。

这是菜鸟网络设立的首只物流仓储基金，基金设立由摩根士丹利担任独家财务顾问。2013年成立的菜鸟网络，目标是搭建"中国骨干物流网络"。基于此，菜鸟网络在全国拿地，建立起基本覆盖全国的仓配体系"地网"。

12月，百度牵手中国人寿，这一次的手笔更大。

12月15日，百度与中国人寿宣布已签署人民币基金合伙协议，基金规模为140亿元人民币，重点投资互联网领域的中后期项目。本基金将由百度资本负责日常运营。该基金将重点投资泛互联网领域，包括移动互联网、人工智能、互联网金融、消费升级、

"互联网+"等。

百度资本核心团队于 2017 年上半年搭建完成。百度战略副总裁金宇将转任百度资本合伙人，集团原 CFO 李昕晢转岗百度资本，担任 CEO。

除此之外，百度资本还招募了小米原副总裁张金玲担任首席财务官（CFO），携程原 CFO 武文洁为首位管理合伙人。

回看整改行业，由于持续的低利率，短短 5 年间，以另类投资为主的其他投资已占据险企资产配置的近 4 成，成为险资配置"新宠"。

保监会的统计显示，2017 年 1 月至 6 月，险资固定收益类资产占比降至约 49%；而"其他投资"占比正逼近 40%。所谓"其他投资"，主要指另类投资，具体包括私募股权、基础设施股权及债权计划、不动产投资计划、集合资金信托计划、项目资产支持计划、商业银行理财产品、券商基金专项资产管理计划等。

当然，"其他投资"统计口径中，还包括以上市公司为投资标的的长期股权投资部分。

众安高价上市

9 月 28 日，众安保险在香港上市，成为互联网保险第一股。

9 点 30 分，鲜少露面的众安保险董事长欧亚平以及总经理兼 CEO 陈劲，身着文化衫敲响港交所的开市铜锣。

欧亚平是一位刻意保持低调的人，众安保险其实是他的第三家香港上市公司。欧亚平的第一家香港上市公司是百仕达控股，于 1998 年夏天在港股上市。后来，欧亚平将百江燃气从百仕达控股中分拆出来，2001 年 4 月，百江燃气上市香港创业板，融资 5000 多万港元。2002 年，和记黄埔入资 1.25 亿港元向百仕达购入百江燃气 6.4% 的股份，同期和黄埔旗下全资附属公司 Option Perfect 购入总值 1.25 亿港元的百江燃气 2 年期可换股债券，和记黄埔成为百江燃气第二大股东。透过和记黄埔，欧亚平借道进入香港本土富豪圈。

2013 年 10 月，欧亚平被马云、马化腾、马明哲"三马"共同推荐为众安保险企业法人。2019 年 10 月 10 日，"2019 年胡润百富榜"揭晓，欧亚平以 70 亿元人民币财富排名第 573 位。

定位为一家金融科技公司，而非传统的保险公司，这显然是众安保险希望传递的信息。因此，众安保险股票简称并非"众安保险"，而是"众安在线"，希望强调其金融科技的属性。

众安在线的上市代码为06060.HK，这个代码花费100万港元——在向公益机构捐款100万港元之后，众安保险获得了选择幸运数字作为上市代码的特权。

由于标的的稀缺性，其在资本市场上受到热捧，公开发售部分接近400倍超额认购，全球最大私募基金——软银愿景基金（Soft Bank Vision Fund）也成为其基石投资者。

值得一提的是，众安保险股东"三马"并没有达到现场，虽然他们分别都派出了代表参与，包括中国平安总经理任汇川、蚂蚁金服副总裁尹铭等，颇有一点分分合合的味道。

众安保险发行价59.7港元，开盘价69港元，开盘后，一度冲高至70港元。截至港交所收盘，众安保险股价65.2元，众安保险市值938.8亿港元。

近千亿的估值，让人咋舌——这会不会是一个超级泡沫？

9月28日，众安保险的市盈率为1050.96，而同在香港上市的财产险巨头中国财险市盈率仅为9.470，另外一家当红的科技巨头腾讯控股，市盈率也不过52.439。

从市盈率的角度出发，9月28日，众安保险市净率12.54，中国财险仅为1.39。

真是天壤之别！

高估值，是有一定的道理的。

2013年，"互联网+"逐渐成为一种共识，众安保险衔玉而生。从2014年第一个完整经营年度开始，到2016年，其保费收入分别为7.94亿元、22.83亿元、34.08亿元，2015年至2016年同比增速分别达到187.5%、49.3%。进入2017年，其保费增速依然迅猛，前7个月，保费收入30.08亿元，同比增速82.6%。

成长性令其在国内4家持牌互联网保险公司当中一骑绝尘，传统保险公司更是难以望其项背。从成立到上市短短的4年中，众安保险已经累计服务用户5.43亿人，生成超过82亿张保单，大数据让人赞叹。

但是，围绕众安保险，除了高估值，还有多个挑战。挑战一，业务过于依赖股东；挑战二，碎片险能否转化为高价值，过去3年，单个客户的保费贡献仅分别为3.9元、7.2元和9.3元；挑战三，是科技公司还是保险公司？

截至2017年上半年，众安保险的总保费收入为89.71亿元，稳居互联网保险业第一。

2014年至2016年，众安保险3年保费规模的复合增长率为108%。但同时，这3年众安保险通过投资股东的生态系统售出的保险产品分别占同期总保费的99.8%、

97.9%、86.5%，对股东的业务依赖程度由此可见。此外，从 2014 年至 2016 年，众安在线一直处于亏损的状态，运营亏损分别为 0.62 亿元、5.12 亿元和 1.53 亿元。

不出意外，上市之后，股价一路阴跌。

上市才是起点。这之后，众安保险不断升级迭代自己的业务。

通过"保险＋科技"双轮驱动的形式，到 2021 年，众安保险服务超 5 亿名用户，并首次实现承保盈利。

保险方面，2021 年总保费突破 200 亿元，达到 203.7 亿元，同比增长 21.9%，并实现了成立以来的首次承保盈利，综合成本率逐年下降至 99.6%。科技方面，2021 年众安保险出具了 77 亿张保单，众安保险的科技输出收入达 5.2 亿元，同比增长 42%，服务保险产业链客户 109 家。

医疗健康是众安保险保费增长的一大引擎。2021 年，众安保险为 2586 万名被保用户提供了健康保障和医疗服务，健康生态总保费约 77 亿元。

医疗健康服务方面，众安保险的王牌是百万医疗险产品"尊享 e 生"。这些年众安保险积极拓展健康生态闭环，从住院、重疾等严肃医疗场景，延伸至用户日常需求的门诊、急诊、重疾治疗、慢病治疗、康复管理、消费医疗等场景。此外，众安保险积极开拓数字生活的新场景，例如电商退货运费险、宠物险、碎屏险等。

金融科技出海方面，众安保险服务的客户从日本、新加坡、马来西亚、印度尼西亚等国扩展到越南、泰国、菲律宾及欧洲。例如，众安保险为友邦保险集团搭建了下一代分布式保险核心系统 Graphene，帮助友邦保险加速数字化进程。

众安国际旗下虚拟银行 ZA Bank 作为香港首家正式开业的虚拟银行，不到 2 年时间里，用户数量到 2020 年底就已经突破 50 万人，存款余额达 70 亿港元，贷款余额同比增长约 4 倍，至约 25 亿港元，目前是香港本地产品最齐全的虚拟银行之一。

作为保险科技企业，众安保险持续在人工智能、区块链、云计算、大数据和生命科技等前沿技术领域探索。公司披露，2021 年众安保险的研发投入达到 11.3 亿元，同比上升 24.5%，占总保费比例达到 5.5%，工程师及技术人员共计 1836 名，占公司员工总数达 48%。

中植系再添保险

这一年，资本强人解直锟收获了保险公司一枚。

新年伊始，1月18日，恒邦财险变更股东事宜，同意南昌施必得实业发展有限公司（简称"南昌施必得"）将持有的5280万股股份、江西翔麟矿业有限责任公司（简称"翔麟矿业"）将持有的4620万股股份转让给中植集团。

转让后，中植集团持有恒邦财险36420万股股份，占总股本的16.8%。

恒邦财险于2014年12月30日成立，注册资本20.6亿元，总部位于江西南昌，大股东江西省行政事业资产集团有限公司持有20%。此次转让股权的南昌施必得和翔麟矿业均为民营企业。

截至2016年第三季度末，恒邦财险核心偿付能力充足率和综合偿付能力充足率为1544.24%，净资产为20.41亿元。恒邦财险自成立以来，一直处于亏损状态。2014年亏损额为1121.91万元，2015年亏损6998.42万元，2016年第一季度、第二季度、第三季度亏损额分别为3145.30万元、27.54万元、2619.12万元。

除了财险牌照之外，中植集团还是横琴人寿的发起人股东。

2016年5月30日，保监会批复同意横琴人寿筹建请示，同意由珠海铧创投资管理有限公司、亨通集团有限公司、广东明珠集团深圳投资有限公司、苏州环亚实业有限公司、中植集团5家公司共同发起筹建横琴人寿，注册资本人民币20亿元，注册地珠海市，拟任董事长谢伟，拟任总经理勇浩。

2016年12月27日，保监会已正式批复同意横琴人寿开业，横琴人寿成为2017年保险牌照大门关闭之前，最后几家开业的幸运公司。

背后的推手——中植集团创建于1995年。

公开统计显示，中植集团战略控股或参股6家持牌金融机构，包括中融信托、中融基金（中植集团旗下公募基金，规模达726亿元）、横琴人寿、恒邦财险、中融汇信期货和天科佳豪典当行，同时还备案了数百家私募基金。其中中融信托为旗下核心企业。

4家财富管理公司，分别为恒天财富、新湖财富、大唐财富、高晟财富，目前资产管理规模均超过千亿，其中恒天财富规模破万亿。

5家资产管理公司，包括中海晟融、中植国际、中新融创、中植资本、首拓融盛。

在A股市场上，中植集团旗下持股5%以上的上市公司数量达19家，其中实际控制9家（不含中植国际）。具体为美吉姆（持股比例30.02%）、宇顺电子（持股比例29.19%，拥有32%表决权）、准油股份（持股比例30%）、美尔雅（持股比例20.39%）、中植资本（港股，持股比例68.41%）、康盛股份（持股比例27.63%）、融钰集团（持股比例25.6%，拥有23.81%表决权）、凯恩股份（持股比例17.59%，拥有

25% 表决权）、宝德股份（持股比例 10%，拥有 28.17% 表决权）。

解直锟是中植集团创始人。

在"非标"汪洋恣肆的黄金时代，中植集团旗下的中融信托是当之无愧的"非标之王"，中植集团是中国最大的金融财团之一。2021 年，解直锟以 260 亿元人民币身价，登上胡润百富榜第 241 名。

但天有不测风云。

2021 年 12 月 18 日，61 岁的解直锟意外离世。正如朗费罗的《生命礼赞》中所说：

"在世界辽阔的疆场上，在生命露宿的营地上，别做默默无声、任人驱使的羔羊，要在战斗中当一名英勇无畏的闯将！"

这是解直锟生前最喜欢的诗句，诗如其人。

CHAPTER 23

第 23 章

银保监大整合
（2018）

中共十九大指引方向。

十九大报告明确提出，要深化金融体制改革，增强金融服务实体经济能力，健全金融监管体系，守住不发生系统性金融风险的底线。

严字当头。

1月22日，保监会提出，"力争用三年时间，有效防范化解处置保险业各项风险"。之前的1月17日，保监会已下发《打赢保险业防范化解重大风险攻坚战的总体方案》，方案明确了未来3年险企股权、资本、资金运用风险的防范处置任务，"聚焦重点领域、重点公司、重点环节"。

股权方面，要针对股东背景、资质、关联关系进行穿透性审查，严查违规代持、关联关系不实等，强化股权转让审核；资本方面，要强化资本金真实性审核，强化增资审核，集中整治入股资金不实等问题；资金运用监管方面，要重点防范保险资金违规投资风险，重点防范非理性并购、炒作股票、通过金融产品嵌套违规开展不动产投资、短钱长投等激进投资风险以及投资失败导致大额损失的风险等。

2018年被确定为保监会系统的"作风建设年"，以"重塑风清气正的政治生态和监管形象"。

无独有偶。

1月29日，保监会副主席陈文辉在厦门召开的行业培训会议上直接指出，个别激进险企存在十个方面的问题：

一是股权结构复杂及公司治理失效，实际控制人凌驾于公司治理和内部控制之上；

二是资本不实和股东占款，实际控制人挪用占用保险资金，自我注资、循环使用、虚增资本；

三是激进经营和高风险偏好，把保险公司异化为融资平台，脱离保险保障功能；

四是资产负债管理理念缺失；

五是违规关联交易和利益输送；

六是非理性举牌和大肆跨境并购；

七是将保险资金投向层层嵌套产品，放大杠杆，形成资金池，底层资产不清，具体投向模糊；

八是对财务投资和控股投资认识不清，不顾保险资金运用规律，为实现控制权不惜成本、不计代价；

九是守法合规意识淡漠，打"政策擦边球"，甚至违规投资；

十是考核激励机制扭曲。

2018年，保险行业的日子不好过。

"开门红"就出现了熄火。根据保监会1月统计数据，保险业原保险保费收入6851.92亿元，同比下降19.89%；其中寿险公司原保险保费收入5600.41亿元，同比下降25.50%。除了少数大公司，中小险企处境艰难。与2017年1月同期可比的78家寿险公司中，共有32家寿险公司原保险保费收入同比出现负增长，负增长幅度最高近100%。

2018年全年原保险保费收入3.8万亿元，同比仅增长3.8%。作为对照，2017年保险增幅18.2%，2016年则为27.5%。

除了业务，保险行业的偿付能力整体下滑。根据3月6日保监会的数据："保险行业综合偿付能力充足率连续8个季度持续下降，从2016年第一季度的277%下降到2017年第四季度的251%，个别保险公司偿付能力长期不达标"；"保险公司偿付能力存在较大压力，2017年第四季度有16家公司综合偿付能力充足率处于100%到150%的区间，有的公司濒临不足。"

这一年，更难的是保监会的监管人士。

中国的金融监管体制酝酿重大的变化——撤销保监会，新成立银保监会；原来"一行三会"的格局，演变为"一委一行两会"。

3月13日，国务院机构改革方案揭晓，在26个被撤销的部委中，"15岁"的银监会整合了"20岁"的保监会。一夜之间，存在20年的保监会不存在了。

国务院机构改革报告显示，将组建中国银行保险监督管理委员会（简称"银保监会"），并将原来的银监会和保监会整合，作为国务院直属事业单位。巧合的是，银监会、保监会恰好分别坐落在金融街 15 号鑫茂大厦南、北楼。

名义是整合，但是市场更多的理解是，"大哥哥"银监会兼并了闯了祸的"小弟弟"保监会。

根据当时的数据，银监会系统人数近 2.5 万人，保监会系统人数 3000 余人；前者监管超 240 万亿元的全球第一大的银行业资产，后者监管 20 万亿元左右的保险业资产。

这次机构改革的力度很大，之前已经有蛛丝马迹可循。自 2017 年 4 月后，主席一职一直悬空。而同期央行、银监会、保监会甚至证监会，都先后冻结了人事调整。

从专业的角度讲，虽然监管的主体和业务不一样——银行业务是存贷差，利润来源于"加减法"；保险业务是概率论，利润来源于"乘除法"。但是，两者的监管逻辑和理念是一致的：有多少资本，做多少业务——银行用的办法是《巴塞尔协议》（Ⅰ、Ⅱ、Ⅲ）；保险业走的道路是偿付能力框架"偿一代""偿二代"，核心皆为基于资本充足与否的监管。

但是，从历史发展的角度看，两个行业的监管风格是不一样的。保险行业因为弱小，更多的是发展。多数时间里，监管为发展服务，为金融开放先行先试服务，为创造庞大就业人群服务，为保险代理人服务。而我国金融市场的现状是，间接融资远远大于直接融资，银行是现代金融的核心，规模巨大，更多的是审慎监管，警钟长鸣。当然，就资金来源或者基础业务场景而言，传统观点认为，拉存款的比卖保险的，要"高尚"得多。

因此，可以预见的是，监管机构"物理合并"可以一夜之间达成，但监管理念和文化的建立和重塑，需要 3 年、5 年、10 年甚至更久的时间。

3 月 21 日下午，原保监会的干部们在北京金融街 15 号鑫茂大厦北楼门口集合，出发去南楼银监会会场开会。

会议上，中组部宣布了郭树清出任中国银保监会党委书记、主席的任命，以及李欣然担任首任中国银保监会纪检组组长的任命。同时银监会副主席王兆星、曹宇、周亮、祝树民和保监会副主席陈文辉、黄洪、梁涛等一共 7 位副主席暂无调整。此时，银保监会的党委班子形成"一正七副一纪检"的格局。

当天上午，银监会、保监会门口排起了长龙，很多人在最后时刻争相跟门牌合影，给自己的人生留下珍贵的记忆。

4 月 8 日上午，新成立的银保监会正式挂牌。挂牌时，国务院副总理刘鹤提出，银保监会干部队伍要"忠、专、实"，为市场展示一个全新的监管机构形象。

挂牌半年之后，11 月 14 日，银保监会职能配置、内设机构和人员编制规定发布，即所谓"三定"。根据银保监会"三定"方案，编制 925 人，司局级 107 名，"65 后""70 后"成主力。"三定"确定的"26+1"个部门中，由原保监会的人士担纲的部门有 12 个，由原银监会人士担纲的部门有 15 个，基本是一半对一半，各得其所。

改革落地不久，一位监管老将到点离开。

8 月 31 日，原保监会副主席陈文辉告别新成立的银保监会，以及之前工作了 20 年的原保监会，正式赴任全国社保基金理事会副理事长。1998 年，时年 35 岁的陈文辉由中国人民保险（集团）资金运用部总经理助理的岗位，调任保监会保险中介监管部负责人。此后 20 年间，陈文辉便一直在保监会任职，历任人身保险监管部主任、主席助理、副主席。

业内的评价是，"陈文辉专业能力强，懂业务、懂监管、善协调"。在原保监会主席落马后，身为副主席的陈文辉临危受命，负责起原保监会全局工作。

这一年，A 股市场遭遇上市公司股票质押流动性风险——2018 年 A 股市场持续深度调整，一批上市公司股票面临质押爆仓的风险（见表 23-1）。

Wind（万得）数据显示，截至 10 月 17 日，沪、深两市共有 2422 家上市公司大股东存在股权质押未解押的情况，占全部 A 股的 68.2%。市场持续下跌的 6 月至 10 月，共有 688 家公司发布了 1753 份有关补充质押的公告，无论是公司数还是公告数都翻了 2～3 倍。

进入 10 月，市场千股跌停，哀鸿遍野，上市公司股权质押、债务违约更趋频繁。各地纷纷开始救助，包括深圳、山东、福建、四川、河南等 10 余个省份的国资企业，加速入场接手民营上市公司股权，提供流动性资金支持。

表23-1　A股市场质押规模

单位：%

占所有质押公司数	占所有上市民营企业数	占A股所有公司总数	总规模4.6万亿元左右，占总股本数
81	75	56.4	10

注：沪、深两市共有 2008 家上市公司在一年之内进行过股权质押，其中民营企业 1637 家。
数据来源：Wind 资讯，截至 2018 年 11 月 27 日。

此时，保险资金成为助力化解危机的"白衣骑士"。

10 月 19 日，银保监会开了口，允许保险资金设立专项产品参与化解上市公司股票质押流动性风险，不纳入权益投资比例监管。

10月29日，保险业首只化解股票质押流动性风险的专项产品完成登记手续。该产品由中国人寿资产管理公司发起设立，名曰"国寿资产—凤凰系列产品"。产品目标总规模200亿元，将按照市场化原则，以股权和债权投资等方式，向有前景、有市场、有技术优势但受到资本市场波动或股权质押影响，暂时出现流动性困难的优质上市公司提供融资支持。

国寿资产先行之后，包括人保资产、国寿资产、阳光资产、新华资产等公司的5个保险纾困专项产品落地，另有9家保险资管公司设立了专项产品并在中保保险资产登记交易系统有限公司完成登记，总规模超过1000亿元。

余额宝之后，杭州马云动了保险行业的奶酪。

10月16日，蚂蚁金服旗下的"相互保"在支付宝App横空出世，上线第一天加入人数就突破百万人次，上线1个多月已有2000万人加入，成为"全球最大的互助社区"。

这是一家小型保险公司的客户量。

继余额宝之后，相互保掀起了一阵旋风。如同余额宝对传统货币市场基金的颠覆，相互保亦让保险公司后背一凉、如坐针毡——保险居然还可以这么玩！

相互保介绍称，"根据'一人生病，众人分摊'的理念，符合条件的成员加入后，如遭遇重大疾病（99种大病+恶性肿瘤+特定罕见病），可申请获得30万元或者10万元的互助金，费用由所有成员分摊，共担大病风险"。

这不就是原生的保险理念之一吗？

凭着支付宝的巨大流量，以及不用预先付钱，事后分摊的创新玩法，相互保成为爆款互联网金融产品——上线7天时间，相互保加入用户超过1000万人。"相互保让广大用户拥有了一种更低成本获得大病保障的机会。"

相互保的发展速度，让传统的保险行业和保险监管都始料未及，监管调整随之而来。

11月27日，相互保突然宣布，自当日中午12点起，改为"基于互联网的互助计划"，并更名"相互宝"。

同一天，之前作为保险承保公司的信美人寿发布公告称，近期监管部门对"信美人寿相互保险社相互保团体重症疾病保险"业务开展情况进行现场调查，指出该业务涉嫌违规，要求公司停止销售。

相互保改名为相互宝，割席保险产品，转身为网络互助计划，以适应监管的要求。

当然，相互保对外称此次变化为产品升级。"11月27日，拥有2000多万名用户的'相互保'升级为'相互宝'，从保险转变为网络互助平台，已加入原相互保的用户保障权益保持不变，'相互宝'管理费从10%降至8%，新'相互宝'不再由信美人寿相互保险社承保，而是由蚂蚁集团独立运营。"

一年之后，监管开出了罚单。

2019年4月12日，银保监会公布对信美人寿及相关当事人的行政处罚决定，指其存在欺骗投保人、被保险人或受益人的行为。

银保监会在处罚决定书中表示，"相互保"采用后付费的方式，导致分摊金额存在不确定性，向消费者传达第一年参与成员分摊金额仅需一两百元的信息存在误导。此外，信美人寿通过产品参数调整的方式，改变了产品费率计算方法以及费率计算所需的基础数据，该行为不符合《健康保险管理办法》有关规定，不适用《关于促进团体保险健康发展有关问题的通知》相关规定。

更名之后，相互宝一路狂奔。

2019年8月9日，相互宝成员数已经超过了8000万人，成为全球最大的互助保障平台。

2019年11月27日，全国已有超1亿人加入了相互宝。相互宝的数据显示，这1亿人在获得保障的同时，累计救助了1万多名身患重病的成员，其中近一半是"80后"和"90后"。

相互宝之后，互助计划在国内市场遍地开花，几乎成为互联网巨头的标准配置。

但是，围绕互助计划，保险业内和监管的争议不断。

第一，有没有资金池的风险？特别是前期一些预先收费的互助计划。

第二，有没有混淆保险产品和互助计划？例如以保险之名，行招揽流量之实，过度营销。

第三，涉及人数众多的互助计划是否需要持牌经营，究竟该谁来监管，如何监管？

第四，是否存在逆选择的风险，即风险越大的人，越愿意参加互助计划，导致互助计划的风险越来越大，体现在分摊的金额越来越高，以及分摊的门槛越来越高。

第五，对于网络平台而言，互助计划究竟是定位流量业务，还是定位金融业务？

2020年9月，一篇文章引起互助平台的广泛关注。银保监会打击非法金融活动局发布的《非法商业保险活动分析及对策建议研究》中提及，相互宝、水滴互助等网络互助平台会员数量庞大，属于非持牌经营，涉众风险不容忽视，部分前置收费模式平台形成沉淀资金，存在跑路风险，如果处理不当、管理不到位还可能引发社会风险。

对此，相互宝曾经回应称，上线之初就实行实名制、无资金池、全程风控、公开透明这四大准则，确保互助社区的平稳、健康、可持续运行。相互宝"期待监管更多的指导，相信这将是行业健康发展的又一个重要里程碑"。

巨变！超级金融监管

话说合久必分，分久必合。

首先是分。

1997年，第一次全国金融工作会议确定，银行业、证券业、保险业实行分业经营、分业监管原则。

这之前，1992年，对证券市场的监管转到国务院证券委和中国证监会；1995年，对证券公司的监管移交给中国证监会。这之后，1998年，对保险业的监管移交到保监会；2003年，银行业监管职能移交银监会。

由此，"一行三会"的分业监管体制成形。

但是，随着混业趋势下金融机构的不断交叉经营，混业经营突破，"铁路警察各管一段"的分业监管模式滋生不少套利空间，监管体制改革势在必行。比如，分业监管的体制下，各监管部门无法监测真实资金的流向，易导致危机跨市场、跨行业传染，引发系统性风险。

此外，市场上出现了很多新兴的金融业态，例如网络小额贷款、P2P、移动支付等，由于对这些新兴金融业态的行为和风险监管长期缺位，导致出现不少金融风险事件。

然后是合。

2012年，第四次全国金融工作会议指出要加强和改进金融监管，切实防范系统性金融风险。2013年，国务院设立金融监管协调部际联席会议，成员包括"一行三会"和外汇管理局等金融监管机构。联席会议的主要工作职责是加强成员间监管协调、政策实施合作以及信息交流。

因为联席会议并不具有强制性，所以联席会议在监管政策统一、监管协调方面发挥的作用有限。

国务院从2015年开始酝酿金融监管体制改革，有三种参照方案：一是美国的多头监管，银监会回归央行，证监会、保监会不变；二是澳大利亚的"双峰"模式，区分审慎监管和行为监管；三是英国模式，在"双峰"基础上强化央行职能。

2016 年末，中央经济工作会议定调"监管姓监"后，银、证、保"三会"已经陆续开展了一系列纠正监管定位的措施。

时机到，改革方案出炉。

2017 年 7 月，在第五次全国金融工作会议上，决策层最终拍板：设立国务院金融稳定发展委员会（简称"金稳会"），强化中国人民银行宏观审慎管理和系统性风险防范职责。金稳会的主要职能是统筹金融改革发展和监管，统筹协调货币政策、财政政策、产业政策等，增强监管协调的权威性和有效性。而作为落地的机构，中国人民银行要"履行好国务院金融稳定发展委员会办公室职责，加强金融监管协调"。

2018 年，更进一步，合并了银监会和保监会两大监管部门。与此同时，将拟订银行保险业重要法规草案（立法权）和审慎监管基本制度（规制权）的职责划归中国人民银行。

这样调整是为了防范监管空白和监管套利，同时加强监管部门之间的相互制约。同时，由于保险行业的体量和银行完全不在一个档次，合并银保监会无疑是改革成本最小的一种方式。

金稳会的雷厉风行，使各监管机构协调性大幅提高，规章统一性大幅加强。

10 月，周小川直接指出，未来国务院金融稳定发展委员会将重点关注互联网金融、金融控股公司、资产管理行业和影子银行四大问题。

第一，互联网金融方面，"许多科技公司开始提供金融产品"，但是"有些没有任何牌照却仍然提供信贷和支付服务、出售保险产品，这可能会带来竞争问题和金融稳定风险"。

第二，金融控股公司方面，"一些大型私人企业通过并购获得各种金融服务牌照，但其并非真正意义上的金融控股公司，其间可能存在关联交易等违法行为，而对这些跨部门交易尚没有相应的监管政策"。

第三，对于资产管理行业，"由于银监会、证监会和保监会三家分业监管的监管机构针对同一资产管理行为可能有不同的监管规定，金融稳定理事会会根据相关建议，理顺和精简对资管行业的监管"。

第四，对影子银行方面则关注比较早，取得了一定的成果。"针对影子银行这一问题，两年前已经开始着手，目前已取得积极进展，许多影子银行业务已回归银行部门，被纳入商业银行资产负债表。"

▶ 从严监管

银保监会成立之后，打响了从严监管的第一枪。

4月16日至17日，银保监会召开中小银行及保险公司的公司治理培训座谈会，剑指公司治理。这次会议邀请了12家全国股份制银行的"三长"（指董事长、行长、监事长），以及部分城市的商业银行、农村商业银行、保险公司董事长参与。

银保监会认为，"我国银行业和保险业公司治理还存在明显不足，特别是中小银行和保险机构的问题表现得更为突出"。

主要体现在"一些机构的股权关系不透明不规范、股东行为不合规不审慎、董事会履职有效性不足、高管层职责定位存在偏差、监事会监督不到位、战略规划和绩效考核不科学、党的领导和党的建设迫切需要进一步加强等方面"。

这之前，原保监会已经对"野蛮人"控制的保险公司进行了精准监管。

3月7日，保监会正式发布新的《保险公司股权管理办法》（见表23-2）。新办法将单一股东持股比例上限降至不超过注册资本的1/3，并对股权实施穿透式监管和分类监管。该办法自2018年4月10日起实施。

此前，2016年12月29日和2017年7月20日，保监会两次对办法公开征求意见。此次新修订的《保险公司股权管理办法》在2010年的版本上，将条款从原来的37条修改完善到了94条，针对性地建立事前披露、事中追查、事后问责的全链条审查问责机制。

《保险公司股权管理办法》根据持股比例、资质条件和对保险公司经营管理影响划分四类股东：财务Ⅰ类、财务Ⅱ类、战略类和控制类。特别突出的是，《保险公司股权管理办法》将单一股东持股比例上限由51%降低至33%。

但是，对于外资保险公司和作为开放窗口的保险行业而言，《保险公司股权管理办法》是留下空间的——"对外资保险股东占比25%以上的保险公司，参照适用本办法管理规定，具体办法由相关部门另行制定"。

表23-2 《保险公司股权管理办法》的修订变化对照

对照内容	《保险公司股权管理办法》保监会令［2018］5号	《保险公司股权管理办法(第二次征求意见稿)》	《保险公司股权管理办法（征求意见稿）》	《保险公司股权管理办法》2014年修订
发布时间	2018年3月7日	2017年7月20日	2016年12月29日	2014年4月15日
单一股东持股比例	不超过注册资本的1/3	不超过注册资本的1/3	不超过注册资本的1/3	符合条件且持股满三年股东最高持股比例51%
股东分类	财务Ⅰ类股东：持股不足5%	财务Ⅰ类股东：持股不足5%	财务类股东：持股不足10%且无重大影响	无
	财务Ⅱ类股东：持股5%~15%	财务Ⅱ类股东：持股5%~15%		
	战略类股东：持股15%~1/3，或产生重大影响	战略类股东：持股15%~30%	战略类股东：持股10%~20%，或产生重大影响	
	控制类股东：持股1/3以上，或产生控制性影响	控制类股东：持股30%以上，或产生重大影响	控制类股东：持股20%以上，或产生控制性影响	
股东资质	财务Ⅱ类股东：净资产不低于2亿元人民币等	财务Ⅱ类股东：净资产不低于2亿元人民币等	无	持股15%以上，或不足15%但直接或间接控制公司的主要股东：净资产不低于2亿元人民币等
	战略类股东：净资产不低于10亿元人民币等	战略类股东：净资产不低于10亿元人民币等	战略类股东：净资产不低于2亿元人民币等	
	控股类股东：总资产不低于100亿元人民币、最近一年末净资产不低于总资产的30%等	控股类股东：总资产不低于100亿元人民币、最近一年末净资产不低于总资产的30%等	控股类股东：最近一年末总资产不低于100亿元人民币、净资产不低于总资产的30%等	

续表

对照内容	《保险公司股权管理办法》保监会令〔2018〕5号	《保险公司股权管理办法(第二次征求意见稿)》	《保险公司股权管理办法(征求意见稿)》	《保险公司股权管理办法》2014年修订
入股资金	应当使用来源合法的自有资金；自有资金以净资产为限；保监会可以对自有资金来源向上追溯认定	使用来源合法的自有资金；自有资金以净资产为限；保监会可以对自有资金来源向上追溯认定	保证来源合法	来源合法的自有资金，不得用银行贷款及其他形式的非自有资金，保监会另有规定的除外
	不得直接或者间接使用以下资金：①与保险公司有关的借款；②以保险公司存款或者其他资产为担保获取的资金；③不当利用保险公司的财务影响力，或者与保险公司的不正当关联关系获取的资金；④以中国保监会禁止的其他方式获取的资金	不得直接或者间接使用以下资金：①与保险公司有关的借款；②以保险公司存款或者其他资产为担保获取的资金；③不当利用保险公司的财务影响力，或者与保险公司的不正当关联关系获取的资金；④以中国保监会禁止的其他方式获取的资金	不得直接或者间接使用以下资金：①与保险公司有关的借款；②以保险公司存款或其他资产为质押获取的资金；③以保险公司投资信托计划、私募基金、股权投资等获取的资金；④不当利用保险公司的财务影响力，或者与保险公司有不正当关联关系收得的资金	
	严禁挪用保险资金，或者以保险公司投资信托计划、私募基金、股权投资等获取的资金对保险公司进行循环出资	严禁挪用保险资金，或者以保险公司投资信托计划、私募基金、股权投资等获取的资金对保险公司进行循环出资	无	
股东行为	控制类股东五年内不得转让所持股权	控制类股东五年内不得转让所持股权	控制类股东三年内不得转让所持有的股权	无
	战略类股东三年内不得转让所持股权	战略类股东三年内不得转让所持股权	战略类股东两年内不得转让股权	
	财务Ⅱ类股东两年内不得转让所持股权	财务Ⅱ类股东两年内不得转让所持股权	财务类股东一年内不得转让所持股权	
	财务Ⅰ类股东一年内不得转让所持股权	财务Ⅰ类股东一年内不得转让所持股权		

资料来源：公开资料整理。

股权集中与否，存在一个两难命题。

对保险公司来说，股权过于分散，会出现股东出工不出力，"搭便车"等问题，制约公司发展。但是如果股权过于集中，容易导致"内部人控制"，容易产生损害小股东利益的问题，甚至有可能进行不正当的利益输送，对保险资金安全性和保单持有人利益构成风险。

毫无疑问，最终的选择，风险和监管诉求高于发展诉求的《保险公司股权管理办法》显著提高了保险公司股东的门槛，51%绝对控股成为往事。

围绕保险公司股权和控制权的公司治理问题，一度非常突出。早在2016年7月，原保监会副主席陈文辉在成都保险资金运用座谈会上就曾经指出，公司治理问题是激进经营行为的先天"基因"。

近年来，少数保险公司股权结构复杂，往往通过股权代持等形式，形成"一股独大"，缺少有效制衡，大股东完全掌控公司运作。在这种情形下，尤其是在一些民营保险公司中，少数控股股东一开始就把设立公司定位为"融资平台"，随之而来是激进的产品和激进的销售，这必将倒逼出激进的资产配置和投资风格。

为此，《保险公司股权管理办法》对症下药。

以问题为导向，《保险公司股权管理办法》本着"让真正想做保险的人进入保险业"的原则，利用各类措施防范不正当、存在利益输送等问题，让保险业也真正变成"保险人"的行业。

除了公司治理，5月4日，银保监会开始进行人身保险产品专项核查清理工作。

"与以往相比，此次核查清理工作之范围，全面彻底、不留死角。" 4种行为被严查：一是违规开发产品、挑战监管底线的行为；二是偏离保险本源、产品设计异化的行为；三是罔顾公平合理、损害消费者利益的行为；四是以营销为噱头、开发"奇葩"产品的行为。

同时，银保监会还发布了《人身保险产品开发设计负面清单》，约定了52条禁令，涉及产品条款设计、产品责任设计、产品费率厘定、产品精算假设、产品申报使用管理5个环节。

根据当时媒体的统计，截至12月，银保监会（含各地方机构）共开出行政罚单1302张，合计罚款超过2亿元，远超去年全年的1.5亿元，无论是罚单数量还是罚款总额，都创历史之最！

"从严监管"已然成为2018年的关键词。

接管安邦

2月23日，保监会对安邦集团实施接管。这是一个重磅信息。

依照保险法的有关规定，保监会正式接管了安邦，期限一年。之前的2017年6月，保监会已经派出工作组进驻安邦集团，开展现场检查，强化公司现场监管，督促公司改善经营管理。

5月28日，安邦接管工作组发布进展公告称，自接管以来，接管工作组正在对安邦集团资产进行全面的梳理和评估。

被接管后，安邦旗下公司持有的股票资产进行了大规模内部划转，向安邦人寿集中。6月、7月，安邦旗下和谐健康保险将万科A、欧亚集团、同仁堂等持股转让给安邦人寿。9月底，金地集团公告称，安邦财险持股将由安邦人寿接手。10月，安邦财险、安邦养老、安邦资管持有的万科A股票，安邦集团、安邦养老持有的大商股份股票的接盘者同样是安邦人寿。9月、11月，安邦人寿又接过了和谐健康保险、安邦集团、安邦财险持有的全部民生银行股票，安邦财险持有的部分招商银行股票。

接管之后，处置安邦资产的整体思路是，除保留安邦人寿、安邦财险2张主营业务牌照外，其余资产都需要处置——尤其是非保险业务如银行、地产的牌照或股权，原则上均按期剥离。

剥离开始之后，安邦非保险主业的资产着手出售变现。5月10日，远洋集团公告称收购安邦集团间接全资子公司（邦邦置业）的半数股权；5月22日，安邦接管工作组在北京证券交易所以355924.80万元转让底价，挂牌转让安邦保险集团旗下世纪证券91.65%的股权。

在安邦保险约3万亿元资产中，有一块特别巨大——成都农商行。2011年11月11日，安邦保险集团旗下的安邦财险以56亿元买下该行定向增发的35%股份，一举成为最大股东，但这笔"蛇吞象"的交易当时就引发了很大争议。

2018年底，安邦保险接管工作组以168亿元的转让底价，在北京金融资产交易所（简称"北金所"）挂牌转让成都农商行35%股权，要求一次性现金交付，挂牌时间到2019年1月9日结束。不过，一个月后，北金所发布公告称，收到工作组对这一项目终止的申请。

对于安邦庞大的境外资产，进展相对慢一些。安邦接管工作组的考虑是，"安邦将充分考虑所在市场情况、战略发展需要，在与当地监管机构有效沟通前提下，综合考量后做出最优的发展方案"。

除了资产，股权部分的调整同步展开。

被接管后，6月22日，新成立的银保监会公布对安邦保险集团变更股本结构的批复。批复显示，安邦保险的总股本为619亿股，中国保险保障基金持有安邦保险集团6080400万股，占总股本的98.23%。原股东中，仅剩上海汽车工业（集团）总公司持有75800万股，占总股本的1.22%；中国石油化工集团公司持有33800万股，占总股本的0.55%。上述两股东股权占比与2014年持平。

啃骨头，清理违规股权

清理保险行业的违规股权，是在啃硬骨头，因为这是监管的深水区。

1月16日，保监会开出了2张罚单——对长安责任保险和利安人寿下发撤销行政许可决定书，分别撤销了其违规股东的增资入股行政许可，并要求2家保险公司限期3个月内完成变更手续。

根据保监会1月16日下发的罚单，长安责任保险的违规股东是泰山金建担保有限公司（简称"泰山金建"）。泰山金建违规的具体问题是违规代持股份、以非自有资金出资。公开资料显示，泰山金建为长安责任保险第四大股东，持有长安责任保险1.56亿股股权，占比9.62%。

其中的故事是，2012年3月30日，泰山金建与天津中方荣信签署了《股权收益权转让协议》，约定泰山金建及其指定方代为认购长安责任保险股份，股价款由天津中方荣信承担；后续处置认购股权的决定权及款项接收方亦是天津中方荣信。

保监会要求，撤销泰山金建在2012年7月长安责任保险增资扩股环节认购1.05亿股股权的行政许可，约占长安责任保险6.50%的股权。

而利安人寿的违规股东为雨润控股集团有限公司（简称"雨润控股"），问题是违规代持股份。保监会撤销了其2015年11月增资入股利安人寿的行政许可。公开资料显示，成立于2011年的利安人寿总部位于南京，由江苏省6家国有企业和4家民营企业合建，成立之初雨润控股为最大股东。到2016年，公司的总保费达到128亿元，总资产为279亿元。

雨润控股到底为谁代持？

一纸判决书揭开了其中的奥秘。根据江苏省高级人民法院民事判决书（2017苏民终66号）：2015年9月18日，保培投资公司与雨润控股签署《股权代持协议》，约定由保培投资出资 1.41 亿元入股利安人寿，雨润控股受保培投资委托代持股份。该代持期限暂定为 6 个月，届时雨润控股将代持股份转让给保培投资。

话分两头。

雨润控股违规代持之日，正是企业困难之时。雨润控股的实控人是南京的企业家祝义才，由于雨润控股爆发债务危机，利安人寿通过信托计划与雨润控股等股东发生十余起关联交易，并因此收到监管函。

媒体查到的公开信息是，利安人寿通过购买"华润信托·鼎盛 57 号雨润农产品集团信托贷款项目集合资金信托计划""上信雨润控股 2 号信托贷款集合资金信托计划""江苏雨润肉类产业集团有限公司贷款集合信托计划""长安信托·雨润集团流动资金贷款集合资金信托计划"等，和雨润控股的关联交易金额达 10 亿元。

2017 年底，保监会下发的监管函指出，2017 年 3 月 1 日至 4 月 24 日，对利安人寿进行了公司治理现场评估，查实利安人寿在关联交易管理方面存在两个问题：一是关联方档案不完整，管理不规范；二是现有关联交易存在损害保险公司利益的风险。

▶ 图什么？信托公司投资保险

信托公司投资保险公司，也是一个有意思的现象。

2018 年 7 月 7 日，江苏国信公告称，公司的控股子公司江苏省国际信托有限责任公司（简称"江苏信托"），以自有资金分别受让江苏苏汇所持利安人寿 1.5 亿股、凤凰传媒所持利安人寿 1.62 亿股和紫金集团所持利安人寿 2.19 亿股。交易完成后，江苏信托对利安人寿的持股比例上升至 22.79%，将成为利安人寿第一大股东。在这之前，深圳市柏霖资产管理有限公司以 18.96% 的持股比例，曾经暂居第一大股东之位（见表23-3）。

表23-3　利安人寿股权转让前后对照

股东	受让前		受让后	
	股数/股	持股比例/%	股数/股	持股比例/%
江苏省国际信托有限责任公司	512026733	11.18	1043443656	22.79
深圳市柏霖资产管理有限公司	868366493	18.96	868366493	18.96
雨润控股集团有限公司	816000000	17.82	816000000	17.82
江苏交通控股有限公司	645096311	14.09	645096311	14.09
南京紫金投资集团有限责任公司	455610079	9.95	236610079	5.17
月星集团有限公司	418209432	9.13	418209432	9.13
江苏苏汇资产管理有限公司	250000000	5.46	100000000	2.18

续表

股东	受让前 股数/股	持股比例/%	受让后 股数/股	持股比例/%
江苏省信用再担保集团有限公司	200000000	4.37	200000000	4.37
江苏凤凰出版传媒集团有限公司	162416923	3.55	0	0.00
江苏汇鸿国际集团股份有限公司	101900000	2.23	101900000	2.23
红豆集团有限公司	94411225	2.06	94411225	2.06
远东控股集团有限公司	55347513	1.20	55347513	1.20
合计	4579384709	100.01	4579384709	100

数据来源：公开信息整理。

除了江苏信托投资利安人寿，截至2017年末，有6家信托公司参股7家保险公司。

其中，国民信托参股汇丰人寿，持股比例为50%；安信信托参股渤海人寿，持股比例为3.85%；安信信托还参股大童保险销售服务公司，持股比例为35%；爱建信托参股天安保险，持股比例为0.12%；中泰信托参股都邦财险，持股比例为19.07%；吉林信托参股中融人寿，持股比例为6.15%。

信托公司为何会青睐保险行业？究竟是赚股权的钱，还是赚保险现金流的钱？

显然，要赚保险公司股权增值或者利润分红的钱不容易，因为保险公司一般都需要5年至8年才能稳定产生盈利。但是由于保险公司有充沛的现金流，假设将其中的一部分买成信托产品，远比赚保险公司分红来得快得多。

从这个狭隘的意义讲，信托公司参与保险公司，和房地产公司或者其他资金饥渴股东投资保险的逻辑是一样的。

然而，随着监管的严厉，以非标和表外融资为特色的信托公司，逐渐从黄金时代转入白银时代甚至黑铁时代，进而影响到其对外投资的保险公司，能善始善终者寥若晨星。

这场风暴，一年之前就开始酝酿。

对于资本不实的问题，保监会副主席陈文辉在2017年财新峰会上曾表示，"虚假出资可能会使得偿付能力监管、资本约束成为保险行业的马其诺防线，未起到实际作用而被绕过去。虚假增资严格来说就是一种犯罪"。

2017年12月，保监会对昆仑健康保险的违规股权开出了罚单。根据监管下发的撤销行政许可决定书，昆仑健康共有7家股东的股权存在违规。

其中，深圳市宏昌宇企业管理咨询有限公司（简称"深圳宏昌宇"）、深圳市正远大科技有限公司（简称"深圳正远大"）、深圳市泰腾材料贸易有限公司（简称"深圳泰腾")和深圳市正莱达实业有限公司(简称"深圳正莱达")等4家股东在变更股东申请中，提供虚假财务报告，作出资金来源为自有资金的不实陈述，存在编制、提供虚假材料行为。

而另外3家——福信集团有限公司(简称"福信集团")、西藏恒实投资有限公司(简称"西藏恒实投资")、福建清科投资有限公司(简称"福建清科投资")等在增资申请中，作出资金来源为自有资金、和佳兆业集团无关联关系的不实陈述，存在编制、提供虚假材料行为。

针对以上的违规行为，保监会下发撤销有关股东和注册资本变更的行政许可，并责令昆仑健康3个月内引入合规股东，在引资完成前不得向违规股东退还入股资金，其间限制违规股东参会权、提案权、表决权等相关股东权利。

上述7家股东中，西藏恒实投资、福建清科投资已在2016年清退所持昆仑健康30.16%股权，接盘的正是深圳宏昌宇、深圳正远大、深圳泰腾、深圳正莱达4家公司。另一股东福信集团一直在昆仑健康股东之列，持股比例为19.04%。

其实，昆仑保险早已经进入监管的关注名单。

之前的2月份，针对媒体报道的昆仑健康实际控制人指向"佳兆业集团郭英成家族"，保监会向昆仑健康发问询函，了解其4家股东是否与"佳兆业集团郭英成家族"有关、入股资金是否来源于"佳兆业集团郭英成家族"下属企业或其关联方等。

在得到否认回复之后，2017年3月，保监会二度问询昆仑健康，要求其进一步说明4家公司股东入股昆仑健康的资金来源，以及4家公司股东各自的资金来源等。

除了前述3家之外，根据保监会下发的系列监管函，更多涉及股权违规的保险公司浮出水面。其中就有君康人寿、华汇人寿和华海财险等。

君康人寿存在违规股权代持等问题；华汇人寿存在违规股权代持、超比例持股等问题；而华海财险存在的问题是，股东青岛神州万向文化传播有限公司（简称"青岛神州万向"）、青岛乐保互联科技有限公司（简称"青岛乐保互联"）在2016年增资申请中隐瞒关联关系、提供虚假材料。

公开资料显示，华海财险成立于2014年12月9日，注册地山东烟台。2014年成立时，注册资本为10.2亿元，股东包括10家，均为民营企业，其中7家股东分别持股11.76%，剩余3家股东分别持股5.88%。

这远不是个案。

2017年12月，原保监会发展改革部主任何肖锋在接受央视采访时说道，存在违规股权的险企合计有10家。除昆仑健康保险外，"接下来还有9家保险公司的违规股权要被处理，已经开始在走程序"。

分化：冰火两重天

一边是火。

蚂蚁金服开启 C 轮融资，资本蜂拥而至。

仅两个月，蚂蚁金服就完成 140 亿美元融资，公司估值超过 1500 亿美元，成为全球私募市场最贵公司。截至 2018 年 6 月 12 日，阿里巴巴、腾讯市值分别为 5362 亿美元和 6105 亿美元，而蚂蚁金服在 C 轮融资后，"阿里系"这两家"母子公司"总市值已超越腾讯。

这是一个改变格局的变化。

传统互联网三巨头 BAT（百度、阿里巴巴、腾讯）中的百度，市值已被蚂蚁金服（M）的估值超越，新的中国互联网三巨头简称"ATM"。巧合的是，ATM 也是一个银行术语——"自动取款机"（automatic teller machine）。

蚂蚁金服本轮融资引入的新投资人包括：新加坡政府投资公司、马来西亚国库控股、华平投资、加拿大养老基金投资公司、银湖投资、淡马锡、泛大西洋资本集团、T. Rowe Price 旗下基金、凯雷投资集团、Janchor Partners（建峤实业投资）、Discovery Capital Management 和 Baillie Gifford 等机构。其中，新加坡政府投资公司、马来西亚国库控股、华平投资 3 家出钱最多。

过去 3 年，蚂蚁金服在私募市场估值飞涨。2015 年 7 月，蚂蚁金服完成 A 轮融资，融资额近 18.5 亿美元，估值 450 亿美元；2016 年 4 月宣布 B 轮融资，融资额增至 45 亿美元，估值增长并不明显，为 600 亿美元。

这场"盛宴"之中，少不了保险资金。

在蚂蚁金服超豪华的股东名单里，有中国人寿、国寿集团、新华保险、人保资本、中国太保等保险机构。

2014 年 4 月，中国人保旗下的人保资本战略入股；2015 年 7 月，新华保险、人保资本、太平洋保险、中国人寿一齐参与蚂蚁集团 A 轮融资；2016 年 6 月，中国人寿再次入股蚂蚁集团 B 轮融资；2018 年 6 月，太平洋保险入股蚂蚁集团的最后一次战略投资。

根据 2020 年蚂蚁集团冲刺上市前的数据，这 5 家险企先后合计出资 7.07 亿元，分别持有蚂蚁集团 1.06%、0.24%、0.42%、0.54%、0.74% 的股份，合计持有 3% 的股权。

其中中国人寿无疑是最大赢家，在蚂蚁金服2015年A轮融资中就战略入股，2016年B轮融资中又追加投资。数据显示，中国人寿系通过中国人寿保险集团和港股的中国人寿保险股份合计持股1.3%，位列第七大股东。

这一年，另外一个被追捧的互联网项目是京东物流。

作为京东集团的核心资产之一，京东物流开放股权投资之后，市场火热。

2月14日，春节前夕，京东物流完成具有约束力的最终增资协议。融资总额约为25亿美元，是中国物流行业最大单笔融资之一。

主要投资方包括高瓴资本、红杉中国、招商局集团、腾讯、中国人寿、国开母基金、国调基金、工银国际等多家机构。其中，中国人寿投资控股有限公司代表中国人寿保险集团参与了此次交易。交易完成后，京东集团仍持有京东物流81.4%的股权。

京东是国内最大的电商公司之一，自2007年开创了B2C的物流模式，并于2017年4月宣布成立京东物流集团。京东物流是全球唯一拥有中小件、大件、冷链、B2B、跨境和众包（达达）六大物流网络的企业，服务覆盖了全国99%的人口。在全国运营近500个大型物流中心，物流基础设施突破1000万平方米。

对于中国人寿而言，这不是第一次。作为国内最大的机构投资者之一，中国人寿先后投资过顺丰速运、京东商城、普洛斯等热门项目。

对于京东而言，2018年其在保险行业还有大动作。4月16日，安联财险宣布将注册资本从8.08亿元增至16.1亿元。京东以5.37亿元拿下其中33.33%股权，仅次于德国安联保险集团，成为第二大股东。

这一年还有一个神奇的项目。

36天"闪电"过会上市，富士康旗下的工业富联创造了一个奇迹。

6月8日，工业富联上海A股上市。工业富联此次IPO发行价格为每股13.77元，上市首日大涨44.01%，收盘于19.83元/股，总市值超过3900亿元，成为当时上交所市值最高的科技股。同时，271亿元的募资规模创下A股自2015年重启IPO以来的最高纪录。

工业富联的战略投资者亦是豪华，包括几类："国家队"，即国家开发投资集团、全国社会保障基金理事会和国投创新、中央汇金、国调基金、中国人寿等；产业界投资方，包括中国移动、BAT悉数入局；还有IDG（美国国际数据集团），IDG此前也投资了富士康寄予厚望的8K产业布局。

根据工业富联在上交所公告 IPO 战略配售结果，20 家战略投资者合计配售 5.908 亿股，约占发行总数量的 30%。

其中，中央汇金资产管理、中国铁路投资、中国国有企业结构调整基金、中国人寿、中车资本等成为战略投资者，其持股均为 50% 锁定 12 个月，50% 锁定 18 个月；阿里巴巴、腾讯、百度、东方明珠等各获配 2178.6 万股，锁定期均为 3 年。

"工业互联网"是工业富联的主要上市故事。

工业富联描绘的蓝图是，互联网是"人与人的通信"，而工业互联网则是"物+物的通信"。中国的工业制造超过了大多数国家和地区，因此中国的制造业升级转型是从产业开始。实体经济和数字经济的结合，会带动新一波生产制造的改造和升级。

工业富联脱胎于鸿海科技，是宝岛台湾的商业巨子郭台铭旗下企业。

工业富联 A 股挂牌前夕，6 月 6 日至 8 日，富士康正在深圳举办为期 3 天的司庆。2018 年是改革开放 40 周年，亦是鸿海科技投资建厂 30 周年。

郭台铭以"走进历史转折中的富士康"为题，回顾富士康的过去 30 年，并展望下一个 30 年。在这次演讲中，郭台铭提到，从 2010 年到 2017 年，富士康的出口占全中国出口的 3.9%，进口占 3.6%。30 年来，富士康集团累计创造外汇 2400 亿美元，占中国外汇存底的 7.8%。贡献很大，也很有机缘！

一边是冰。

为生存，海航集团不断甩卖资产。

7 月 31 日，新光海航人寿披露，其主要股东之一海航集团决定全面退出。新光海航人寿成立于 2009 年 3 月，由海航集团和台湾的新光人寿共同出资设立，注册资本 5 亿元，二者各出资 2.5 亿元，分别持股 50%。

2016 年 11 月，海航集团就曾宣布拟全面退出新光海航人寿，转让其持有的 50% 股权。这一版的方案是，深圳市柏霖资产管理有限公司将持股 51%，新光人寿持股 25%，深圳光汇石油持股 14%，深圳市国展投资发展有限公司持股 10%。柏霖资管一举拿下控股权。

7 月 31 日，新光海航人寿再次发布公告，海航集团和新光人寿二者持有的全部股权由深圳市前海香江金融控股集团有限公司、上海冠浦房地产开发经营有限公司、柏霖资产管理有限公司、深圳市国展投资及深圳市乐安居商业有限公司分别接手（见表 23-4）。

表23-4 新光海航人寿股权转让前后对照

序号	股东名称	原有股权结构 出资额/万元	原有股权结构 比例/%	本次股权转让结构 转出出资额/万元	本次股权转让结构 转入出资额/万元	本次增资结构 认购出资额/万元	转让及增资完成后股权结构 出资额/万元	转让及增资完成后股权结构 比例/%
1	海航集团有限公司	25000	50	25000	0	0	0	0
2	新光人寿保险股份有限公司	25000	50	12500	0	18750	31250	25
3	深圳市柏霖资产管理有限公司	0	0	0	7500	17500	25000	20
4	深圳市前海香江金融控股集团有限公司	0	0	0	19000	6000	25000	20
5	深圳市国展投资发展有限公司	0	0	0	5000	12500	17500	14
6	深圳市乐安居商业有限公司	0	0	0	0	13750	13750	11
7	上海冠浦房地产开发经营有限公司	0	0	0	6000	6500	12500	10
8	合计	50000	100	37500	37500	75000	125000	100

数据来源：公开资料整理。

这背后是，遭遇债务危机的海航集团，不断地卖出资产，断臂求生，陆续出售了华龙证券、广州农村商业银行（简称"广州农商行"）、永安保险等金融资产。

3月8日，海航创新股份有限公司称，已将持有的华龙证券0.23%股份转让给甘肃省现代服务业创业投资基金有限公司，转让价格为人民币4998万元；4月10日及4月16日，海航集团子公司Aerial Wonder Company Limited以每股5.12港元出售所持广州农商行股份，套现约15.12亿港元，海航集团在广州农商行的持股比例降至零；5月31日，陕国投A（000563.SZ）公告称，拟以自有资金受让海航旅游集团有限公司持有的不超过1.478亿股长安银行股份，暂定价格每股2.22元，以此计算交易总作价约3.28亿元；6月25日,海航集团旗下新三板挂牌企业皖江金融租赁股份有限公司(简称"皖江金租")公告称，控股股东天津渤海租赁有限公司正与安徽省交通控股集团有限公司磋商，拟转让其持有的皖江金租35.87%控股权，交易价格尚未公布；7月17日，陕国投A又公告称，拟受让海航凯撒旅游集团股份有限公司持有的全部永安财产保险股份有限公司股份，约占永安财险总股本的0.75%，交易总价约5808.2万元。

海外资产部分，最引人注目的是德意志银行的股权。

2017年2月至5月，高歌猛进的海航集团，在二级市场耗资约34亿欧元购入德意志银行约10%股份，声名大噪。

但2018年以来，该公司已经数次减持套现手中德意志银行股份。4月23日，海航集团在提交给美国证券交易委员会（SEC）的监管申报文件中表示，其在德意志银行的持股比例降至了7.9%。此前的2月中旬，海航集团已经将其股权比例从约9.9%降低至8.8%。若按2次出售时的市值计算，海航集团套现至少超过4亿欧元。

除了出售金融资产，物流、地产业务此前也已多番出售。比如，2月13日和3月9日，海航集团旗下港股公司香港国际建投相继出售了其2016年11月至2017年1月购入的三宗香港住宅地块，共计回笼资金223.2亿港元。5月9日，海航集团宣布已与美国基础设施投资商I Squared Capital达成协议，将出售旗下总部位于荷兰的欧洲拖车租赁公司TIP Trailer Services，交易对价约为10亿欧元。

来得快，去亦快。

这一年，万达集团的日子也不好过。

年底，圣诞节之前的12月17日，绿城中国公告称，其全资附属公司绿城房产拟以27.18亿元的价格，从一卖方公司处收购百年人寿9亿股股份，占百年人寿总股本的11.55%。

虽然绿城没有披露卖家的名字，但是市场猜测就是万达集团。因为翻开百年人寿的股东名单，持股达到11.55%的单一股东，只有大连万达集团，其余股东持股比例均小于11.55%。

如果收购能够完成，绿城中国将持有百年人寿11.55%的股份，成为第一大股东。

百年人寿曾是万达金融集团的重要组成部分。2015年10月，万达集团董事长王健林接受媒体采访时曾表示，商业、文化、金融是万达的三大支柱产业。

时移世易。万达集团于2017年年中突陷流动性危机后，公司开始频频甩卖资产，地产、文旅、酒店类项目被陆续出售。2017年7月，万达旗下大连万达商业管理集团（简称"万达商管"）向融创中国、富力地产分别出售438.44亿元的文旅城资产包和199.06亿元的酒店资产包。10月底，万达将文旅板块彻底出售给融创中国。

海外部分，2017年6月以来，万达商管旗下万达酒店发展相继卖出了5处海外项目，其海外地产项目只余芝加哥万达大厦一个。

只要"活下去"。2018年1月,王健林在公司年会上毅然决然称,将采用一切资本运作手段,降低企业负债,计划用2～3年时间,将负债降至绝对安全水平。

追随万达的战略,万达金融亦是"买买买"。如果与绿城中国的交易成功,万达将不再拥有保险牌照。此前,万达金融集团旗下拥有保险、投资、资管、网络小贷、私募基金等业务板块,保险板块即指百年人寿。

而接盘方绿城中国等众多地产商,正是好日子的时候。

绿城中国认为,百年人寿与绿城中国可形成战略协同及业务互补关系,双方约定将在保险产品、健康管理、养老服务和投融资等方面开展战略合作。进入养老资产,以及与寿险公司展开深度的合作,是众多地产商青睐的下一个方向。包括远洋地产、保利地产、恒大、万科、绿地控股、越秀地产、绿城中国、泰禾集团、新城控股等多家大型地产公司均进驻了养老地产行业。其中,恒大、泰禾集团、新城控股已拥有自己的保险公司,绿地控股自然不会落后。

这样的好日子,美好而短暂。率先出危机的万达,第一个翻转,全力自救。后来房地产全行业危机来临,万达反而能够独善其身。

真所谓塞翁失马!不得不说,或许老王是(有)高人。

这一年,乐视危机全面爆发,而中国人寿参投的乐视体育,遇到大麻烦。被乐视危机牵连的乐视体育,让两个行业的人士很着急,一个是投资圈,一个是娱乐圈。

乐视体育,一个出身不凡的公司。

2015年5月,乐视体育宣布完成A轮8亿元人民币融资,估值28亿元,万达集团、普思投资、东方富海和云锋基金参与其中。万达集团和普思投资,分属于王健林和王思聪;云锋基金,是以阿里巴巴集团创始人马云和聚众传媒创始人虞锋的名字命名的私募基金(见表23-5)。

表23-5 乐视体育投资人(截至2015年5月)

单位:%

投资人	投资主体	持股占比
贾跃亭	乐乐互动体育文化发展(北京)有限公司	38.97
乐视体育核心团队	北京鹏翼资产管理中心(有限合伙)	21.26
乐视网	乐视网信息技术(北京)股份有限公司	10.63
马云	上海云锋新创股权投资中心(有限合伙)	7.82
万达集团	万达金粟投资管理有限公司	7.56

续表

投资人	投资主体	持股占比
阚治东	萍乡市东方汇富投资中心（有限合伙）	5.28
王思聪	北京普思投资有限公司	3.52
其他	其他	4.96

资料来源：公开资料整理。

在乐视和各路资本的加持下，乐视体育发展驶入快车道。2015年5月，乐视体育已获得17类运动121个项目的转播权，其中75个为乐视独家播出。一年后的2016年4月，乐视体育拥有的体育赛事转播权增至310项，可直播1万场次以上的比赛，其中72%是独家播出。

2016年3月，乐视体育完成B轮80亿元人民币融资，估值达215亿元，海航集团、中国人寿、建银国际、联想集团、中金公司前海发展基金、新天域资本等大型机构纷纷进入。

好景不长，2016年下半年，乐视系财务危机爆发。

乐视体育不可避免地卷入其中。2018年末，乐视体育未能上市。于是，乐视体育的股东纷纷向乐视网进行追债。但是，此时的乐视网和贾跃亭本人都已经有心无力。

对于中国人寿而言，乐视并不是其第一个踩雷的项目。

几乎所有的国家级项目投资中，都有中国人寿的身影；几乎所有市场顶热的项目，只要中国人寿愿意，皆有可能参与其中。比如"国家队"项目，2018年国家融资担保基金在京注册成立，首期注册资本为661亿元，此基金由财政部联合其他20家金融机构共同组织发起设立。最大股东财政部出资300亿元，出资比例为45.39%；其他20家股东包括国有银行、股份制银行、2家政策性银行和1家开发性银行，以及邮储银行、中国人寿保险公司和北京金融街资本运营中心等。

比如市场化项目，从蚂蚁金服到工业富联，中国人寿都是参与的投资机构。

作为中国最大的机构投资人，其投资逻辑和投资战略是什么？

可以查询到的信息是，"作为金融央企，（中国人寿）逐步形成'1+5+N'的投资重点任务体系，具体为：'1'指服务实体经济总要求，'5'个重点领域包括发展绿色投资、支持现代产业体系发展、支持社会民生领域建设、支持国家区域协调发展、支持'一带一路'倡议，'N'项重点任务涵盖了支持战略性新兴产业发展、乡村振兴等20多项具体内容"。

2021，中国人寿的顶流投资

截至 2021 年底，中国人寿存量投资规模超 3.4 万亿元。

【投资关键词：大国工程】2021 年 6 月 16 日，乌东德水电站最后一台机组正式投产发电。6 月 28 日，白鹤滩水电站首批机组正式投产发电。在川滇交界的高山峡谷中，中国人寿投资数十亿元支持乌东德水电站、白鹤滩水电站等大国工程建设，为"西电东送"国家重大战略提供了支持。

【投资关键词：ESG】2021 年 1 月 20 日，中国人寿与华能集团合作的首只清洁能源投资基金实现首笔放款，投向东部沿海地区的海上风电项目。基金总规模 100.01 亿元，中国人寿认缴 50 亿元。

【投资关键词：区域发展战略】2021 年 12 月 24 日，国寿铁工基础设施专项投资基金设立，签约总规模 300 亿元。中国人寿将通过该基金重点聚焦契合长三角一体化、粤港澳大湾区、成渝地区双城经济圈等国家区域发展战略的 PPP（public-private partnership，政府和社会资本合作模式）、BOT[①] 等基础设施投融资项目，预计可撬动基础设施投资项目总投资额约 3000 亿元，服务国家区域发展战略。

【投资关键词："一带一路"】2021 年，中国人寿参与"一带一路"高质量发展，对中国远洋海运集团出资 50 亿元，用于其旗下 APLNG 运输项目的运营支出等。APLNG 运输项目涉及 8 艘液化天然气船舶的建造，是海上能源走廊的重要组成部分，有利于 21 世纪海上丝绸之路向东延伸。

【投资关键词：现代物流业】2021 年 12 月 16 日，中国人寿作为主要投资人的供销普洛斯现代物流产业基金一期设立，规模近 30 亿元，聚焦环北京、大湾区及中西部枢纽城市的冷链、中央厨房等现代物流设施。

【投资关键词：新型基础设施】2021 年 8 月，中国人寿旗下国寿科创基金成功领投国内领先的工业互联网平台海尔卡奥斯 B 轮融资。工业互联网平台是"新基建"主要领域之一，海尔卡奥斯连接了化工、模具、能源等 15 个垂直行业近 80 万家企业，服务企业 7 万余家，其中包括许多中小企业。

【投资关键词："双碳"目标】2021 年 12 月 7 日，中国人寿战略投资华电福新发展，投资规模 20 亿元。华电福新发展是落实国家"双碳"目标的骨干央企中国华电集团旗下唯一新能源发展和整合平台。

---

① 指国家或地方政府通过特许权协议，授予签约方的外商投资企业承担公共性基础项目的融资建造、经营和维护。

> 【投资关键词：城市更新】2021年6月2日，上海城市更新基金正式成立，总规模约800亿元，是国内落地规模最大的城市更新基金，将促进上海城市功能优化、民生保障、品质提升和风貌保护。中国人寿是上海城市更新基金的基石投资人。
>
> 【投资关键词：乡村振兴】2021年第一季度，中国人寿通过国寿投资—云南交投基础设施债权投资计划出资20亿元，用于昭会高速债务结构调整。昭会高速是云南昆明通往四川凉山州的必经高速，可以巩固凉山州脱贫攻坚成果同乡村振兴有效衔接。

保险和AMC：共生共荣

保险行业和资产管理公司（AMC），建立了跨界的联系。

7月26日，长城资产总裁周礼耀表示，长城资产引战成功。据其披露，本次引战共涉及4家战略投资者，合计拟注资121.21亿元。其中，全国社保基金理事会拟投资70亿元，中国财产再保险公司是28亿元，中国大地财险是22亿元，原有股东中国人寿增资1.21亿元。

数据显示，2018年前6个月，长城资产合计收购不良资产1006亿元，其中金融不良资产761亿元；合计处置不良资产362亿元，其中金融不良资产260亿元。以母公司口径统计，不良资产主业占比从年初的54.22%提高至6月末的60.12%，较年初增长5.9个百分点。

2017年末，银监会出台《金融资产管理公司资本管理办法（试行）》，对AMC公司提出了比商业银行更高的资本充足率要求，资本充足率不得低于12.5%，并且对其附属非金融机构提出了资本要求。

补充资本，成为AMC的重要工作。自2016年末完成股改以来，长城资产按照"引战—上市—强化主业"的路线图，逐步推进上市工作。

四大资产管理公司中，华融资产和信达资产均已在香港上市，具有更多元化的资本补充途径。2018年4月，东方资产获得全国社保基金理事会、中国电信、中国国新资本有限公司、上海电气4家战略投资者合计入股180.37亿元，资本充足率达到14.3%。

此番长城资产引入保险资金，为AMC引战画上句号。

过去10年，中国保险行业和中国的四大资产管理公司，好比DNA双螺旋结构，你离不开我，我也离不开你。

1999年，中国仿照美国解决储贷危机的RTC[①]的模式，成立四大国有金融资产管理公司（AMC）——信达资产、华融资产、东方资产和长城资产，收购了银行业1.4万亿元不良资产。

具体而言，第一家AMC信达资产，承接中国建设银行3730亿元的不良贷款。随后，华融资产、长城资产和东方资产也相继成立，分别承接中国工商银行、中国农业银行和中国银行4007亿元、3458亿元和2674亿元的不良贷款，加上此前信达资产承接的中国建设银行不良贷款，4家AMC合计接收了1.4万亿元的不良贷款。

美国RTC在完成历史任务后即告解散。

在中国，随着2006年国有商业银行陆续上市，AMC本应完成其使命，但是经过7年的发展，从机构到人员均已发展起来，最终打通决策层，拿到了商业化转型的"船票"。

先行者是信达资产。

信达资产在2012年3月引入中信资本、渣打集团、瑞士银行和全国社会保障基金理事会4家作为战略投资者。2013年12月12日，信达资产挂牌港交所，融资25亿美元。作为首家登陆资本市场的AMC，信达资产在全球IPO发售过程中引起热烈反响，在香港市场获得161倍的超额认购。

"改制—引入战略投资者—上市"是信达资产走出来的路，成为其他AMC的学习的样本。

在改制或者引入战略投资者过程中，保险资金登场，成为AMC背后的投资人之一。

第一个案例是华融资产。华融资产改制之时，中国人寿成为发起人。2012年9月，华融资产整体改制为股份公司，注册资本258.36亿元人民币。其中财政部持有98.06%的股份，中国人寿集团持有1.94%的股份。

华融资产引战之时，中国人寿再度出手。2014年8月，快速发展的华融资产引入华平集团、中信证券国际、马来西亚国库控股公司、中金公司、中粮集团、复星集团、高盛集团7家战略投资者，并向现有股东中国人寿集团增发股份，出售20.98%股份，集资145亿元人民币。

华融资产是最为凶猛的AMC。

2009年，华融资产的总资产不到千亿元，是四大AMC里面总资产规模最小的一家；

[①] RTC指美国资产重组托管公司，是世界上最大的临时性金融机构，于1989年8月根据《金融机构改革、复兴和实施法案》设立，主要职能就是对破产储贷协会所有的资产和负债进行重组清理。

而到了 2017 年，其资产规模 1.87 万亿元，成为四大 AMC 里面总资产规模最大的一家。

狂飙猛进的华融资产在短短的 8 年时间成为一家"金控"集团。

华融资产 2017 年报显示，营收为 1144 亿元，同比增长 37%；净利润 220 亿元，同比增长 12%，达到历史巅峰。旗下设有 31 家分公司，拥有华融证券、华融金融租赁、华融湘江银行、华融信托、华融期货、华融融德、华融置业、华融国际、华融消费金融等多家营运子公司。

第二个案例就是长城资产。

除了保险公司投资 AMC 之外，AMC 本身亦大举收购保险牌照，成为控股保险公司的大金主。

东方资产先行一步。早在 2012 年，东方资产控股中华联合。中华联合下设中华联合财产保险、中华联合寿险公司及中华联合资产管理公司等。

其中，获得东方资产注资的中华联合财产保险，注册资本金 146.4 亿元，偿付能力充足率 177%，达到偿付能力充足 II 类公司标准。该公司 2014 年保费收入近 350 亿元，市场规模位居国内财险市场第五，承保利润额位居行业第三，农险业务规模位居全国第二。

不仅如此，东方资产一度制定了"资产管理+保险"的战略定位。即以保险资金支持资产管理业务发展，以资产管理高收益回馈保险，实现优势互补和业绩共赢。国际上对标"太平洋投资管理公司（PIMCO）+安联"的成功案例。

一系列股权布局之后，东方资产成为一个庞然大物——业务涵盖了资产管理、保险、证券、信托、租赁、投融资、评级和境外业务等。

长城资产则在上海拿到一张寿险牌照。

2009 年，长城资产"收"入一家寿险公司——广电日生人寿保险有限公司（简称"广电日生"）。这家公司的前身是 2003 年 9 月由日本生命保险相互会社与上海广电（集团）有限公司在上海共同设立的。

2009 年 9 月，长城资产完成对上海广电集团 50% 股权的收购，成为广电日生新的中方股东。10 月，广电日生更名为长生人寿。

2015 年 7 月，长城资产实现了对于长生人寿的控股——长生人寿注册资本金从 13 亿元人民币增至 21.67 亿元人民币。长城资产持股 51%，日本生命保险相互会社持股 30%，长城国富持股 19%。到 2015 年，长城资产入主德阳银行之时，长城资产已经集齐信托、保险、基金、租赁、证券、银行 6 张金融牌照。

这一年，四大 AMC 最为震惊的信息是，4 月 17 日，华融资产"一把手"在被通知到银保监会开会时，当场被宣布接受组织调查。4月20日，香港上市的华融公司公告复牌，董事会拟提名原广东银监局（现广东银保监局）局长王占峰担任执行董事、董事长，东方资产管理公司原党委副书记、监事长李欣接任执行董事、总裁。

刘益谦大赚天平

这一年，资本强人刘益谦换了一下保险的仓位。出清财产险公司安盛天平，同时大手笔增资寿险公司国华人寿。

4月7日，国华人寿控股股东天茂集团公告称，监管同意国华人寿注册资本变更为48.46亿元。公告显示，国华人寿本次增资系以9.08元/股的价格发行10.46亿股，以现金方式增资95亿元，创下彼时保险行业最大金额增资纪录。

天茂集团股东中，刘益谦通过其个人和新理益集团、妻子王薇等一致行动人，共计持有天茂集团65.53%的股份。

这次增资，天茂集团出资48.45亿元，占增资后国华人寿总股本的51%；湖北宏泰以自有资金现金出资40.55亿元，占增资后国华人寿总股本的9.22%；武汉地产以自有资金现金出资5亿元，占增资后国华人寿总股本的1.14%；江岸国资以自有资金现金出资1亿元，占增资后国华人寿总股本的0.23%（见表23-6）。

表23-6　国华人寿增资后的持股比例

股东名称	持股数量/万股	持股比例/%
天茂实业集团股份有限公司	247158.75	51.00
海南凯益实业有限公司	72925.62	15.05
上海博永伦科技有限公司	67402.95	13.91
宁波汉晟信投资有限公司	45871.43	9.47
湖北省宏泰国有资本投资运营集团有限公司	44658.35	9.22
武汉地产开发投资集团有限公司	5506.58	1.14
武汉市江岸国有资产经营管理有限责任公司	1101.32	0.21
合计	484625.00	100

数据来源：公司的年报信息。

国华人寿成立于 2007 年，天茂集团为其创始股东。2016 年 7 月，国华人寿进入上市公司天茂集团，天茂集团变身为保险股——由化学原料及化学制品制造业变更成保险业。天茂集团 2018 年三季报显示，前三季度营业总收入为 40.41 亿元，其中保险业务收入 23.88 亿元，占比达到 59%。

到年底的时候，传出刘益谦拟出清旗下安盛天平股份的消息。

11 月 26 日，天茂集团及其他售股人与法国安盛（AXA）签订《股份出售和购买协议》，各售股人将共计 50% 的安盛天平股份出售给安盛。交易总对价 46 亿元，安盛将以现金的方式支付。

交易完成后，安盛将持有安盛天平 100% 的股份。其中，天茂集团售出 7828.41 万股，交易对价为 8.51 亿元。天茂集团持有安盛天平的成本为 2.28 亿元，因而此次交易预计实现投资收益 6.23 亿元。

这次交易之前，安盛天平有 6 家股东，除了大股东安盛集团外，还有上海益科创业、海南华阁实业、天茂集团、海南陆达科技和上海日兴康生物 5 家公司——持股比例分别是 14.8898%、10.1033%、9.2511%、8.3109% 和 7.4449%，所谓"其他售股人"即这 5 家公司。

这已经是第二次交易。

2014 年初完成的首次天平股权收购交易中，安盛耗资 39 亿元，持有天平股份的 50%。

收购方法国安盛集团是世界知名保险集团，在约 60 个国家和地区服务 1.07 亿名客户。以国际会计准则计算，安盛于 2016 年全年的收入达 1000.2 亿欧元，核心盈利达 57 亿欧元。截至 2016 年底，法国安盛集团管理的资产总值达 1.43 万亿欧元。

这笔交易是中国金融业进一步对外开放后，外资对中国保险市场的最大一笔股权投资之一。

刘益谦为何会出售天平车险？

对比安盛天平和国华人寿的经营情况，就可见一斑。

两家公司的经营一减一增。

安盛天平自 2016 年以来的盈利呈现明显下滑态势，2017 年由盈利转为亏损 2084 万元。根据银保监会的数据，2018 年前 9 个月，安盛天平保险收入 44.63 亿元，总保费在财险市场占比 0.51%。而国华人寿则刚好相反，近年来经营表现优异，自 2014 年进入盈利期后，每年净利润均超 10 亿元，2017 年净利润达 27.33 亿元。

高价转手，天平车险一役，不仅让刘益谦大赚，而且赚得体面。

CHAPTER 24

第 24 章

安邦变大家
（2019）

新年第一周，实体经济迎来利好。

1月4日上午，国务院总理李克强接连考察中国银行、中国工商银行和中国建设银行的普惠金融部，并在银保监会主持召开座谈会。他强调，要加大宏观政策逆周期调节的力度，并再次提出支持民营企业和小微企业融资。

除此之外，总理还强调"运用好全面降准、定向降准工具"。

话音刚落，1月4日傍晚，央行官网发布信息，为支持实体经济发展，决定下调金融机构存款准备金率1个百分点。其中，2019年1月15日和1月25日分别下调0.5个百分点。

研究机构预测，央行降准1个百分点，预计释放资金约1.5万亿元，净释放长期资金约8000亿元。

2月2日，春节前，市场期盼很久的中国人民银行新"三定"方案，即《中国人民银行职能配置、内设机构和人员编制规定》出炉，距离上一次央行"三定"方案的发布已过去10年。

弱央行变身强央行。新方案中，新设金融委办公室秘书局，细化设在央行的金融委办公室的职责，加强央行对金融行业的风险监测与预警、监管协调的牵头和统筹的作用；设立宏观审慎管理局，加强央行宏观审慎管理职能；同时强化了宏观审慎管理局、金融市场司、金融稳定局等核心部门在防范化解金融风险方面的职能。

对比机构职责，中国人民银行原共有18项职责，现在增加为20项，并在第20项中明确提出职能转变。最为重要的是，从"参与评估重大金融并购活动对国家金融安全的影响并提出政策建议，促进金融业有序开放"，更新为"牵头国家金融安全工作协调机制，维护国家金融安全"。

随着中国人民银行"三定"方案敲定，于2018年初启动的金融监管体制大改革"一委一行两会",继完成银保监会新设之后,迎来重磅收尾。

2019年是一个里程碑。

这一年的11月末,国内保险业资产总额达到了20.12万亿元,首次突破20万亿元关口。数据显示,国内保险业突破10万亿元规模用了10年,但从10万亿元增至20万亿元仅用了5年时间。

截至2019年底,保险业资金运用余额18.53万亿元,较年初增长12.91%;总资产20.56万亿元,较年初增长12.18%。

按全年算账,全行业原保费收入逾4.2万亿元,同比增长12%;其中人身险保费收入超3万亿元,同比增长13.76%,较2018年出现明显好转,主要受益于寿险的回暖和健康险的持续增长;财产险方面,2019年财产险原保险保费收入11649亿元,同比增长8.16%。

2019年保险公司预计利润总额3133亿元,其中产险公司635亿元,增长34.11%。赚钱的原因有三,一是减税,二是股权赚钱,三是车险控费。

由于监管加强了对车险市场费用竞争的管控,手续费的降低导致车险综合成本率有所改善。2019年,车险的承保利润为103.60亿元,相比上年同期10.53亿元大幅增长了883.86%,承保利润率由0.14%增至1.36%。

之前的2018年,车险承保利润10.53亿元,相对于2017年,减少63.36亿元,下降85.75%,承保利润率仅为0.14%,与费用率的大幅攀升有关系。

2月并不都是早春。

2月22日,安邦集团被接管一年之际,银保监会决定再延长一年接管期限,这"是为了巩固接管取得的成果,积极推进安邦集团转入正常经营"。

接管安邦是一件大事,接管小组都是最强人选。组长由原保监会发改部主任何肖锋担任,副组长则包括太平洋保险(集团)常务副总裁徐敬惠、原保监会发改部副主任罗胜、中国保险保障基金风险处置与法律事务部总监符飞。

这一年,还有一家金融机构被接管。

5月24日,央行、银保监会发布联合公告,即日起对包商银行实行接管,接管期限一年,并委托建行托管包商银行业务,一家银行被央行、银保监会接管,这是20年来第一案。

包商银行被接管后,会不会刚兑迅速成为市场关注的焦点。

从监管的准备来看，个人业务、存款、贷款甚至包括理财，都是全额兑付，但是对公业务，监管则选择定向爆破，意在打破刚兑神话。

5月26日下午，央行、银保监会发布答记者问，指出"5000万元（含）以下的对公存款和同业负债，本息全额保障；5000万元以上的对公存款和同业负债，由接管组和债权人平等协商，依法保障"。

媒体了解到了更多细节：对公债权人先期保障比例不低于80%，同业机构不低于70%，其余部分允许继续保留债权，依法参与后续受偿。

不怕接管问题机构，打破刚兑预期，以市场化＋法制化方式，监管走出了关键的一步。

这一年，监管雷霆万钧，取消了4.025%的年金产品，防范新的利差损风险。

监管对预定利率4.025%的长期储蓄型年金险产品异常警惕，担心在低利率环境中，因为过高定价导致保险公司出现新的利差损损失。11月12日，银保监会召集13家保险公司总精算师进行窗口指导，要求从12月开始停止销售预定利率4.025%的年金险产品。

这是这一年的第三次点杀。

第一次是1月，银保监会对人身险公司进行窗口指导，暂停备案预定利率4.025%的年金险产品。

第二次是在8月30日，中国银监会办公厅发布《关于完善人身保险业责任准备金评估利率形成机制及调整责任准备金评估利率有关事项的通知》。保险公司开发设计的普通型养老年金或10年以上的普通型长期年金预定利率超过3.5%就需要经过监管审批。

第三次即本次，11月12日银保监会召集13家保险公司总精算师开展风险提示约谈会，叫停4.025%的年金险产品。这13家公司包括中德安联人寿、天安人寿、华夏人寿、君康人寿、信泰人寿、国华人寿、恒大人寿、百年人寿、弘康人寿、大家人寿、上海人寿、复星联合健康险和信美人寿。

随着低利率成为常态，且进入下行周期，寿险业的利率风险越来越受到关注。一旦保险资金投资运用收益率低于有效保险合同的平均预定利率，保险公司就会形成利差损。

这一年，监管对保险公司提出新的要求，希望能够区分出"好孩子"和"坏孩子"，因材施教。

7月下旬，银保监会正式向各保险集团、保险机构和资产管理公司等下发《保险资产负债管理监管暂行办法》（简称"32号文"）。银保监会将依据资产负债管理能力评估和量化评估评分，对保险公司实施差别化监管。

此次正式文件，将保险公司分为"好""较差"和"差"三类。对于好的，监管将适当给予资金运用范围、模式、比例，以及保险产品等方面的政策支持，鼓励经营审慎稳健的保险公司先行先试。

保险圈内，人来人往。

这一年，银保监会资金运用部主任任春生同样离开监管。2月18日下午，银保监会组织部在上海宣布，任春生履新中国保险投资基金、中保投资有限责任公司党委书记。

50岁的任春生，历任大连保监局副局长、原保监会财务会计部（偿付能力监管部）主任、资金运用部主任等职。在原保监会资金运用部期间，任春生亲历了对险资股权投资的政策大放松、取消保险资金开展直接股权投资的行业范围限制、赋予保险机构更多的投资自主权等大事件，也经历了后期市场从乱象到治理的全过程。

这一年，国内"BIG 5"的寿险公司先后更换了"一把手"和"二把手"的搭配。其中，中国人寿从"杨明生+林岱仁"搭班子，转为"王滨+苏恒轩"配。

新老更迭。平安寿险首席执行官从丁当变为余宏，太保寿险从徐敬惠到了潘艳红，新华保险从万峰到了"刘浩凌+李全"，太平人寿则从"王滨+张可"变为"罗熹+张可"。

除了前述"五大家族"，泰康也有人士调整，2019年12月，刘挺军接替刘经纶，成为集团总裁兼首席运营官。刘经纶因年龄原因不再担任该职务，转任公司监事长。

这一年，太保集团为上海地方金融输出了一位高管。

9月，太保集团总经理贺青转任国泰君安证券公司的党委书记，后续在完成相关程序后，担任国泰君安董事长。47岁的贺青是一位年轻的70后。2015年11月加入中国太保，任职党委副书记，2016年5月起任中国太保副总经理，2017年7月，被提拔为太保集团总经理。

来太保之前，贺青曾经担任上海银行行长助理。由此，毫无疑问，经过银行、保险和证券三个行业的历练之后，贺青是上海市属金融系统中值得关注的中生代代表。

除了老公司更新换代之外，新公司亦出现第一波人事大调整。

7月18日，互联网保险公司众安在线发布公告，陈劲因个人工作安排，辞去总经理及联席CEO的职务。陈本人曾经担任中信银行信用卡中心总裁，更早之前在招商银行、招商证券和招商基金工作。

"这次转变，是我个人内心追求与众安发展到今天水到渠成的结果，"陈劲在朋友圈写道，"从春暖花开，到星辰大海。"

同时，原副总经理兼联席 CEO 姜兴，拟任总经理兼联席 CEO。42 岁的姜兴是后起之秀，1999 年毕业于湖南财经学院（2000 年并入湖南大学）计算机及应用专业。他与陈劲分别于 2014 年 4 月和 6 月加入众安在线，担任众安副总经理兼联席 CEO 及众安科技执行董事兼法人代表，主要负责众安的健康生态、电子商务生态及保险业务。

众安拥有全行业最为年轻的管理团队。众安在线披露的 13 位高级管理人员名单中，有"75 后"5 人、"80 后"3 人。"（众安）看起来像是个科技公司，而非保险公司"。

众安成为新一代互联网保险的"黄埔军校"。3 月末，众安在线子公司众安科技 CEO 陈玮离职前往泰康在线，负责泰康的科技服务板块；4 月，众安保险汽车事业群总裁王禹离开赴任华农保险，同时众安在线原副总裁吴逖也传出加盟合众财险的消息。

保险是中国金融开放的试验田。

3 月 27 日，监管批准了中英合资的恒安标准人寿筹建专业养老保险公司。这是内地第九家养老保险公司，第一家合资养老保险公司。恒安标准人寿的中方股东为天津市国有控股的天津泰达集团，外方股东为英国最大的主动型资产管理公司标准人寿安本集团（Standard Life Aberdeen plc），双方各持股 50%。

标准人寿安本集团是英国养老金及长期储蓄市场的老牌参与者。100 多年前，标准人寿安本集团在英国推出了首个养老金计划，在英国管理的资产达 3460 亿英镑，拥有客户近 450 万人。

中国的养老是一个大市场。世界银行曾经预测，至 2030 年，中国企业年金总规模将高达 1.8 万亿美元，成为世界第三大企业年金市场。

1 年之前，2018 年 4 月 10 日，习近平主席在博鳌亚洲论坛开幕式的主旨演讲中指出要"加快保险业开放进程"。

随后，中国人民银行行长易纲宣布了进一步扩大金融业对外开放的 11 项措施，其中涉及保险业的包括将人身险公司的外资持股比例上限放宽至 51%，3 年后不再设限；允许符合条件的外国投资者来华经营保险代理业务和保险公估业务；放开外资保险经纪公司经营范围，与中资机构一致；全面取消外资保险公司设立前需开设 2 年代表处要求等。

5月，银保监会公布银行保险业对外开放12条具体的新措施，取消了外资机构进入中国相关金融领域的总资产规模限制，强调在金融业对外开放中内外资一致的原则。

10月，国务院修改《外资保险公司管理条例》，取消"经营保险业务30年以上"和"在中国境内已经设立代表机构2年以上"的外资保险准入条件。

接着，银保监会11月29日签发《外资保险公司管理条例实施细则》，将合资人身险公司的外资股东比例放宽至51%。12月6日，银保监会法规部发布新的通知：从2020年元旦起，正式取消经营人身保险业务的合资保险公司外资比例限制，外资持股比例可达100%！

11月，安联（中国）保险控股有限公司开业。

多年的耐心付出终于有了收获，安联成为在中国首家批准开业的外资独资保险控股公司。根据批复，安联（中国）注册资本为27.18亿元，其中德国安联保险集团出资人民币20亿元，公司选址上海。

开放，期待带来新风。

靠天吃饭，投资多收了三五斗

2018年，证券市场股债双杀。

数据显示，2018年保险资金运用余额为164088.38亿元，同比仅增长9.97%。其中，银行存款大幅增加，占比由2017年的12.92%增长至14.85%。

作为对照，投向债市、股市、非标的资金占比均出现回落。

投资债券的资金余额占比由2017年的34.59%下降至2018年的34.36%；投资股票和证券投资基金的资金占比由12.3%下降至11.71%；其他类投资占比由40.19%下降至39.08%。

引人注意的是，2018年险资投股票和证券投资基金是4年以来的最低点。之前的2015年，这一比例是15.18%，为历史最高。

面对保险资金的谨慎心态，监管喊话其入市投资，"鼓励保险公司使用长久期账户资金，增持优质上市公司股票和债券，并将适当拓宽专项产品投资范围"，以帮助陷入流动性风险的上市公司。

市场这头"牛"，有时候很奇怪的——监管好说歹说赶不动，但是市场一有赚头就会"自奋蹄"。

对于有着巨大能量的保险资金，监管的心态如同恋爱中的年轻人——有时候怕对方不来，有时候又怕对方乱来。

否极泰来，熬过了2018年的黑暗时间，剧情突然反转了。受益于国家减少税负政策，以及2019年证券市场的反转，保险行业尤其是寿险，在这一年的年中迎来了难得的好日子。

2019年10月，5家A股上市保险公司披露三季报业绩数据，在减税红利和投资收益的带动下，5家上市险企净利润2445.54亿元，同比大增85.63%。其中，中国人寿实现归母净利润增长190.4%，至577.02亿元，增幅最大。

老天爷赏饭吃。

一是受惠于上半年出台的手续费及佣金减税优惠政策。5月末，财政部、税务总局宣布将险企的手续费及佣金支出在企业所得税前扣除比例，提高至当年全部保费收入扣除退保金等后余额的18%，并允许超过部分结转以后年度扣除。

二是受益于2019年上半年股票市场回暖，投资收益提升。国寿、平安、人保、太保和新华在前三季度实现的总投资收益率分别为5.72%、6.0%、5.1%、5.1%和4.7%。

2019年2月1日，国家税务总局发布了保险营销员佣金收入个税预扣规则，保险业务员个税税率从20%下调到3%，佣金收入按照不含增值税的收入减除20%的费用后的余额计算，享受每月5000元的累积减除费用，年佣金收入在10万元以下的免征增值税。

繁华之中也有隐忧。

12月1日举办的"2019保险资产管理高峰论坛"上，银保监会保险资金运用监管部副主任郄永春，点出了问题所在："保险公司和保险资金运用也面临收益率降低、投资收益不确定性上升和盈利能力分化等突出问题。"

一是固定投资收益率明显下行、股权投资收益率不确定性增强。保险资金中占比超三分之一的债券投资，前三季度的综合收益率从2018年4.36%降到2019年的3.44%，降幅超过20%。

二是大中小公司盈利状况分化严重，利润进一步向头部公司集中。以寿险公司为例，前三季度，资产规模6000亿元以上的公司实现税前利润1942亿元，同比增长53%。资产规模占行业比重61%、税前利润占比高达83%，这从侧面说明中小保险公司的盈利更加艰难，部分公司存在较大经营性风险。

三是中小公司对投资收益的依赖性加大。寿险行业资产规模超过6000亿元的公司，投资收益与净利润的比值仅为1.28；资产规模100亿～6000亿元的公司，这一比值上升到3.76；资产规模小于100亿元的公司，这一比值则高达34.4。公司规模越小，负债端的承保利润越低，净利润对投资收益的依赖性越强。而小公司资金规模有限，难以吸引有较强投资能力的专业人才，面临突出的发展瓶颈。

郁永春认为，"利率持续下行对保险资产管理提出了严峻的挑战"。

"过去10多年，受益于宏观经济形势良好和资产价格持续上涨的趋势，保险资管形成了以固定收益投资为主、追求绝对收益的安全投资理念。但在经济下行压力加大、无风险利率不断降低、高利率融资的企业债务违约多发，以及资产价格有可能不再继续上涨甚至出现拐点的新形势下，面临较大挑战。"

此外，"当前人身险公司的长钱短配现象突出，负债久期长达12.44年，资产久期只有5.77年"。

靠自己，靠运营，饭碗端在自己手中，中国保险行业的转型、升级或者蝶变，还有很长很长的路要走。

门庭冷落，保险牌照降温去火

对于保险牌照，市场的热情降至冰点。

2019年，银保监会批复新开业或批准筹建的保险机构共计6个，其中保险公司的新牌照仅恒安标准养老保险有限责任公司一家获新批筹。2019年成为自2016年以来保险牌照收紧后新批筹最少的一年，唯一拿到牌照的还是一家外资养老险公司。

根据之前的数据，2018年共有4家新批筹保险机构，2017年共有6家，2016年共有20家。

严格监管之后，牌照发放收紧，很多保险牌照的追捧者打了退堂鼓。

这一年的7月6日，上市公司上海二三四五网络控股集团股份有限公司公告称，全资子公司退出发起设立华商云信用保险有限公司（简称"华商云信保"）。退出的理由简单，"筹建进度慢于预期，目前尚未取得中国银行保险监督管理委员会的设立批准"。

之前的2016年9月，保险牌照大受追捧之时，上海二三四五网络科技有限公司与万丰奥特控股集团有限公司、永兴特种不锈钢股份有限公司、物产中大集团股份有限公司等7家公司签订了《发起人协议书》，参与发起设立华商云信保，注册资本20亿元，其中，上海二三四五网络科技有限公司作为发起人，将投资不超过4亿元的自有资金（见表24-1）。

表24-1 华商云信保发起人认购股份数、认缴股权款及持股比例

序号	发起人全称	认购股份数/万股	认缴股权款/万元人民币	持股比例/%
1	万丰奥特控股集团有限公司	40000	40000	20
2	上海二三四五网络科技有限公司	40000	40000	20
3	物产中大集团股份有限公司	40000	40000	20
4	永兴特种不锈钢股份有限公司	36000	36000	18
5	浙江荣大招标有限公司	27000	27000	13.5
6	中颐财务咨询集团股份有限公司	11000	11000	5.5
7	义乌市国有资本运营中心	6000	6000	3
	合计	200000	200000	100

数据来源：公开资料整理。

这不是个案。

仅仅3年之前，保险牌照还是大受追捧。

2016年，是市场争抢保险牌照最为炙热的时刻。截至2016年12月31日，保监会共批筹了18家保险公司筹建（见表24-2），否决了3家，另有2家保险资管公司获批。数据显示，2016年保险公司的批筹数量是2011年以来的最高（见表24-3）。

表24-2 2016年监管批筹的18家保险公司

单位：亿元

序号	监管批筹的保险公司名称	注册资本/亿元	注册地
1	瑞华健康保险股份有限公司	5	陕西
2	中远海运财产保险自保有限公司	20	上海
3	招商局仁和人寿保险股份有限公司	50	深圳
4	黄河财产保险股份有限公司	25	甘肃
5	汇邦人寿保险股份有限公司	10	西藏
6	和泰人寿保险股份有限公司	15	山东

续表

序号	监管批筹的保险公司名称	注册资本/亿元	注册地
7	爱心人寿保险股份有限公司	17	北京
8	复星联合健康保险股份有限公司	5	广东
9	华贵人寿保险股份有限公司	10	贵州
10	汇友建工财产相互保险社	1	北京
11	信美人寿相互保险社	10	北京
12	众惠财产相互保险社	2	广东
13	太平科技保险股份有限公司	5	浙江
14	横琴人寿保险有限公司	20	广东
15	三峡人寿保险股份有限公司	10	重庆
16	建信财产保险有限公司	10	宁夏
17	前海再保险股份有限公司	20	广东
18	人保再保险股份有限公司	10	北京

数据来源：公开资料整理。

表24-3　2011—2019年保险牌照批筹数量不完全统计

年份/年	2011	2012	2013	2014	2015	2016	2017	2018	2019
批筹数量/家	13	7	6	16	14	20	6	4	6

数据来源：公开资料整理。

据不完全统计，2016年共有70家上市公司参与成立保险公司。除了上市公司，等待获取保险牌照的企业更是超过200家。

为了拿到牌照，各个筹备组绞尽脑汁。

锦囊一，将注册地放在保险机构较少的地区，比如中西部地区。华贵人寿落户贵州，成为贵州本土第一家法人保险公司；汇邦人寿登上雪域高原，成为西藏首家寿险公司；而仅用半年时间就快速拿到牌照的黄河财险更是深谙此道，成为甘肃省第一家财险公司。

锦囊二，深耕细分领域，走专业小众路线。例如黄河财险宣称"公司致力于成为国内第一家以工程保险为特色的财险公司"；或者响应监管的指引，成为第一批相互保险牌照的试水者。

锦囊三，服务国家战略。例如前海再保险无疑拥有前海自贸区的支持和便利。以至于 2017 年 4 月，设立雄安新区之时，市场穿凿附会称，会规划设立"中国雄安财产保险公司、中国雄安人寿保险公司、中国雄安健康保险公司、中国雄安保险资产管理公司等"，用以支持国家战略。

此时真可谓"热钱滚滚"！

2017 年，稍有凉意。有 31 家上市公司公告投资险企，其中公告退出发起的有 4 家上市公司，有 7 家上市公司参与发起设立的 3 家险企（爱心人寿、信美人寿、华贵人寿）获批开业。

时移世易，2018 年正式实施新版《保险公司股权管理办法》，该办法进一步严格股东准入、强化股权结构监管、加强资本真实性监管、加强穿透监管、加大对股东的监管和问责力度。

知难而退，上市公司和各路资本的热度迅速降低。

2018 年，只有 5 家上市公司公告参与发起设立保险公司，退出参与发起的数量更多。2 月，金发科技、中谷农业等 6 家发起人决定撤回设立中合信保的申请；4 月，正平股份终止参与发起设立人寿保险公司；9 月，国元证券明确全资子公司国元股权终止参股国元农村人寿保险；10 月，太保产险与百度鹏寰资产管理（北京）有限公司终止发起设立一家股份制财产保险公司。

更早之前，2015 年由九鼎投资、易联众、金杯电工、众信旅游、中化岩土、济民制药、飞天诚信 7 家上市公司共同发起的九安人寿，在 2017 年由于等待无望，金杯电工、飞天诚信等相继宣布退出。

当然，这一年也有之前筹备的保险公司幸运开业。但无一例外，迎接这些新公司的都是亏损。

成立于 2018 年 7 月的融盛财险，其年报显示，2018 年公司净亏损 8623 万元。成立于 2018 年 5 月的海保人寿，其年报披露，2018 年公司净亏损 5715 万元。

2019 年，上市公司对保险的热情降至冰点。终止设立险企的上市公司数量首次超过了欲进入者。

但是，监管部门对于保险牌照的监管没有一刀切，而是内外有别，内紧外松。

例如，2019 年批复新开业或批准筹建的 6 家保险牌照中，有 4 则批复与外资有关。其中，安联（中国）保险控股开业、工银安盛资产开业、交银康联资产开业、恒安标准养老保险筹建。

这背后是保险开放的门，越开越大。

一系列松绑的政策之后，12 月初，监管进一步明确，取消合资寿险公司外资持股的限制，规定自 2020 年 1 月 1 日起，正式取消经营人身保险业务的合资保险公司的外资比例限制，合资寿险公司的外资比例可达 100%。

长期来看，更有耐心的"好孩子"，最终会得到市场的奖励。

内地"高"客踩雷香港投连险

2019 年上半年，一封控诉信在网上流传——《四亿安盛保险一夜亏空》。

200 多位以内地高净值客户为主的投保人购买了香港安盛保险发行的投连险"Evolution"（英文译为"进化"）。2018 年年中，这些投资人发现 Evolution 净值一夜之间暴跌 95% 以上，在后续扣除账户建档费、管理费等费用后，保单的净值为负数——苦主们不仅血本无归，还倒欠保险公司一笔账户管理费。

这个大雷，让公众对过去几年火爆的香港保险，打上一个大大的问号。

通常而言，内地投保人购买香港保险的路径是，香港保险经纪 A 公司与保险公司签订代理合同，内地的中介 B 公司找到投保人 C 后向香港保险经纪 A 公司转介，最后是投资人 C 与保险公司签订保险合同，而代理人一栏写的是香港保险经纪 A 公司。由于是投连险保单，此后投保人 C 的保险合同（或保单账户）由投保人 C 自行管理，或者投保人 C 可以委托内地中介公司或香港保险经纪公司进行管理。

投资人认为，安盛有责任。

其一，投资人认为，自己在持有该保险产品期间，安盛从未主动寄送过该保险产品运行情况的相关资料。其二，投资人认为，该产品在没有通知投保人的情况下，变更了投资方向，投资于金融衍生工具，导致巨亏；此前投保人得到的产品宣传是，这款产品主要用于投资香港物业的租售和二手房屋买卖过程中的增加按揭贷款额度服务，收益稳定，资金安全。

安盛觉得自己很冤枉。

安盛先后两次澄清：产品不是它卖的，投资不是它做的。

在 2019 年 6 月 16 日的公司声明中，安盛称，"Evolution"是一种投连险产品，投资风险需由客户自己承担。"Evolution"主要由一家叫 Asia One（宏亚资产管理有限公司）的独立保险经纪公司分销；出问题的 HKIF（Hong Kong Investment Fund SP，香港投资基金）由东航国际金融（开曼群岛）有限公司（简称"开曼东航"）管理，这个开曼东航和上海的东方航空公司以及安盛保险都没有关联。

法国安盛 HKIF 基金
（又名香港物业基金、香港地产基金、香港投资基金）

（1）低认购起点：100万港元

（2）低认购期：1—3年

（3）低赎回时间：第4年

（4）封闭期：2年

（5）推出公司：法国安盛集团（AXA），打包给新加坡 Megatr8 Inc 基金公司出品。

（6）功能：人寿保单功能，身故赔偿账户价值105%，合法免税、免债。

（7）基金过往实际表现：2014年15.92%，2015年7.66%，实际平均年化收益率12.4%，预期平均年化收益率12%。

（8）投资标的：30%投资香港旧物业改造。香港不再允许开发新楼盘，旧物业改造成为手段，且香港酒店业价格高昂但仍供不应求；70%资金用于香港银行合作的信贷业务（香港居民注重个人信用度，且小贷业务直接受香港警署监管，无风险）。

资料来源：产品营销材料。

"'Evolution'是一种非保证联系式寿险产品，主要由独立保险经纪分销。该产品由专业投资者自由及独立地选择与其保单挂钩的资产，当中法国安盛并没有参与任何意见。"

"产品为 Worldwide Opportunities Fund SPC 旗下之 Hong Kong Investment Fund SP，该基金由东航国际金融（开曼群岛）有限公司管理，为约200位'Evolution'客户提供服务，客户要求将该基金纳入其保单中。该基金价值近月经历显著跌幅并进行清盘。大部分投资该基金的客户由独立保险经纪公司 Asia One 代表。"

当然，安盛亦注意到，这个产品可能存在欺诈的风险。

"安盛现正积极协助香港警方商业罪案调查科就该基金涉嫌欺诈活动进行刑事调查。"

过去几年，香港保险非常火爆，去香港买保险成了内地富裕人群的一种新风尚。2018年，由内地访客带来的新保单保费为476亿港元，占香港个人业务总新造保单保费的29.4%（见表24-4）。

但是，这次巨亏95%的惨案，无疑给内地赴港投保的人泼了一桶冷水。

图24-4 2011—2020年内地访客带来的新保单保费

年份/年	2011	2012	2013	2014	2015	2016	2017	2018	2019	2020（新冠疫情）
新保单保费/亿港元	63	99	149	244	316	727	508	476	434	68

数据来源：公开资料整理。

当然，赴港买香港保险的内地客户最青睐重疾险等保障型产品，参与投连险的人数并不算多。

就投连险而言，安盛是香港推投连险活跃的公司。

根据香港投资者及理财教育委员会的定义，香港投连险分为高保障型、保本身故赔偿型和105%型（即身故赔偿为账户价值的105%）三大类，其中，第三类即香港所称的"105"投连险的寿险保障程度低，其投资表现欠佳时，身故赔偿额可能会很低。

和内地投连险最为重大的区别是，内地投连险由保险公司负责产品发行和投资运作，客户只需根据自己的喜好选择相应的投资账户即可。而香港投连险则由保险公司提供一个全球性公募基金池，由客户自行选择所投资的基金，由持有1号、4号和9号牌照（即资管资质）的独立金融顾问公司（IFA）进行投资管理。

"Evolution"属于高风险投连险，该产品的全称为"Evolution for Professional Investors"（英文译为"专业投资者的进化"），意味着这是一款仅向专业投资者发售的保险，未获得香港证监会认可，并不面向公众销售。

在香港《证券及期货（专业投资者）规则》中，专业投资者指机构专业投资者、法团专业投资者以及资产超过800万港元的个人专业投资者，即所谓高净值客户。

一年半之后，真相浮出水面。

2020年12月8日，香港警方以串谋诈骗和洗黑钱的罪名拘捕24名诈骗集团骨干成员，包括13男11女，年龄在28岁至64岁之间，其中3名为集团主脑，包括1名执业律师，另11人属保险代理。

警方在行动中还冻结了约4.2亿港元的资产，包括5000万港元银行存款和3.7亿港元物业。

这次拘捕行动的代号为"峭锋行动"。

香港警方查明，2013年12月至2018年5月期间，诈骗集团向263名投资者推销一个名为"香港投资基金"的投资产品，致投资人损失达4.75亿港元。这些投资者包括250名内地人，他们各自的损失在20万至2000万港元之间。

香港警方介绍，诈骗集团控制一家保险经纪公司，亦在开曼群岛成立一款诱使受害人的投资基金，在2013年底通过操控保险公司的10多名保险经纪人的方式，向内地和香港200多名受害人讹称产品来自跨国保险公司，以博取信任，但介绍产品期间则会推广另一只基金，亦会利用"伦敦金""保本回报"等投资术语令受害人放下戒心购买基金。

香港警方调查发现，基金会定期发放产品资讯给投资者，但不是以月结单形式。由于受害人通过投连险平台投资，基金会将有关资讯发给保险公司让其转发受害人，而保险经纪人刻意填写错误资料令保险公司不能联络受害人，故只有少部分人收到相关资讯。

关于资金的去向，香港警方调查出的真相是，受害人将保费投资于诈骗集团操控的基金后，保费并非用来运作基金，而是转到诈骗集团主脑和成员的银行和证券账户来运作集团的借贷生意，也会购买物业、赎回楼宇按揭、偿还楼宇贷款，以及用作内地中介分红。

2019年2月，基金宣布破产，当时基金方解释因投资高风险资产而破产，其后警方深入调查，发现诈骗集团偷窃了基金的资产。

安邦保险是大家的

安邦的身后事不少。

2019年2月，监管宣布，安邦的接管延长一年。

4月，安邦大比例减资。一共减少注册资本203.61亿元，注册资本将由619亿元变更为约415.39亿元。早在2018年4月，因安邦资本金不实，保险保障基金向安邦增资了608.04亿元，补足了安邦保险此前被法庭认定虚假出资的部分。这之后，原39家股东37家出局，新进入的保险保障基金持股98.23%、上汽持股1.22%、中国石化持股0.55%。

减资2个月之后，安邦的重组有了最大的进展——设立大家保险集团（简称"大家保险"）。

2019年7月，中国保险保障基金、中国石油化工集团、上海汽车工业（集团）总公司共同出资设立大家保险集团，注册资本203.6亿元。大家保险的注册金，恰好与安邦保险集团2个月前减资的金额相同。不仅金额相同，3家公司的股权占比亦保持一致。保险保障基金认缴200亿元，持股近98.23%；上海汽车工业（集团）总公司认缴近2.49亿元，持股近1.22%；中国石油化工集团认缴近1.11亿元，持股近0.55%。

根据工商信息，大家保险的法人是原保监会发改部主任、安邦接管组组长何肖锋。监事为原保监会发改部处长、安邦接管组成员赵鹏。

7月，在国新办新闻发布会上，银保监会副主席梁涛介绍了安邦接管工作的进展以及监管处置的思路。

"安邦保险集团超过1万亿元的各类资产已经或正在剥离，公司资产规模有了明显下降。下一步……加快推进资产处置、业务转型、拆分重组等各项工作，稳妥有序处置安邦集团的风险，打赢安邦集团风险处置的攻坚战。"

自接管安邦以来，监管采取的措施可概括为"保稳定、'瘦身'、纠偏、推动重组"。

'瘦身'方面，"通过公开挂牌等形式，坚决处置出清与保险主业协同性不强的境外资产，还有非核心的金融牌照，目前已经有超过1万亿元的各类资产已经或正在剥离"。

纠偏方面，"原来安邦主要是发行了一些中短期理财型产品，通过采取措施……到今年底，（中短期理财型产品）预计占比不会超过15%，推动公司全面回归保险主业"。

梁涛还指出，"安邦是公司治理乱象的典型案例……主要表现为股权关系不透明、不规范，比如说股权代持的问题；还有关联交易管理粗放，存在着利益输送问题；发展战略盲目追求粗放扩张，内部管控与发展速度不相匹配"。

到8月，大家保险报告了公司最新的进展。

大家保险旗下有4家保险主体：大家财产保险有限责任公司（简称"大家财险"）、大家人寿保险股份有限公司（简称"大家人寿"）、大家养老保险股份有限公司（简称"大家养老"）、大家资产管理有限责任公司（简称"大家资管"）。

根据监管的安排，大家保险集团依法受让安邦人寿、安邦养老和安邦资管股权，并设立大家财险，依法受让安邦财险的部分保险业务、资产和负债。其中，新设的大家财险注册资本40亿元。同期，大家财险36家省分公司同步获准筹建。

安邦保险变为大家保险之后，多家上市公司发布公告，其持股的股东名称发生变化，例如招商银行、民生银行、长春欧亚集团等。

同时，通过将股份转化为交易型开放式指数基金（ETF）的方式，大家保险还减持了部分上市公司的股权。例如，9月20日万科A发布公告称，大家人寿将持有的1.96亿股万科A股股份换购了平安中证粤港澳大湾区发展主题ETF的基金份额，占公司总股本的1.73%。换购前，大家人寿持有万科A股流通股6.80亿股，占公司总股本的6.02%。本次认购完成后，大家人寿持有万科A股流通股4.85亿股，占公司总股本的4.29%。

同样是9月，中国建筑集团有限公司（简称"中国建筑"）发布公告称，大家保险以同样的方式，通过分别换购三只不同的ETF，曲线减持了中国建筑2.47%的股份，持股比例从11.06%降至8.59%。

这种方式（赎回ETF基金份额）的减持，对市场影响较小且不用公告。通过2次换购，大家保险减持股票回款100亿元。

到年底，安邦旗下最大资产——成都农商行，再次被摆上"货架"。

12月30日，北京金融资产交易所挂牌成都农商行股权转让项目，合计转让55.5亿股，底价为261.78亿元。包括安邦持有的35亿股股权，挂牌价165.08亿元；安邦接管工作组受上海市第一中级人民法院委托处置的约20.5亿股股权，挂牌价约96.7亿元。

据普华永道会计师事务所审计，截至2019年9月末，成都农商行总资产5499.93亿元，总负债5067.28亿元，所有者权益432.64亿元；实现营业收入90.76亿元，净利润39.87亿元。

成都农商行总股本100亿股，由此，截至2019年9月末，成都农商行每股净资产为4.32元。本次两个股权挂牌转让价均为4.72元/股，相当于估值在1.09倍PB(市净率)。

这是安邦对成都农商行股权的第二次转让。

最终，还是成都的国企拿回了成都农商行的股权。其中，成都兴城投资集团有限公司拟受让该行35亿股股份。成都武侯产业发展集团、成都高新投资集团联合受让该行20.5亿股股份。

万峰：老将 + 新公司

2019年，老将万峰空降到一个小公司，带着激情，带着理论。

这一年的 1 月 18 日，在一家小公司新光海航人寿的董事会上，老将万峰当选为董事和临时负责人，同时这家公司还决定更名为"鼎诚人寿"。

这是一个好剧本：老将＋新公司，专业人士＋年轻资本。仿佛武侠萧峰，少室山一人力战群雄。

无论如何，好戏已经开场。

万峰是中国寿险行业的标杆人物之一，是改革开放后第一批大学生，亦是中国保险复业后的第一批寿险专业人才。

"大三时，一个偶然的机会，我接触到保险，我一个发小转业进了保险公司，我想这保险公司是干什么的？把整个吉林财贸学院（今吉林财经大学）图书馆翻遍了，找到了一本关于苏联国家保险的书，我就借来了，再也没还。"（欠了学校一本书！）

1982 年，国内恢复人身险业务。这一年，24 岁毕业于吉林财贸学院金融系的万峰，进入老人保吉林分公司人身险处。

"我进保险公司也是非常执着，当时'吉财'147 个毕业生，就 1 个保险公司名额，我主动要求去的。"

但突生变故。

"我们一批人 147 个全被分配到吉林人行，人事处把我扣下了，因为我是党员，还是班长。我一听就着急了，后来拿了 2 本我发表过关于保险的文章的杂志，找了人保吉林分公司丁总丁宪章，和他说'你看我很喜欢保险，我也研究过保险，我想上你这儿来'。"

最后，经过一番大吵，我才如愿以偿。"后来去找人事厅协调，我是最后被'协调'的——多给了一个名额进了保险公司。"（此处欠了一个人情！）

1982 年 9 月至 11 月，人保在西安（小寨饭店）举办首期人身保险讲习班，为期 2 个月。因为在人身保险讲习班中表现出色，第二年万峰被公派到美国友邦香港总部学习精算实务。

1983 年，万峰、王永昌一起被派到美国友邦保险公司香港总部学习精算实务，在友邦保险公司总精算师李达安的指导下学习了半年精算。短暂的香港之旅，打开了万峰的眼界和上升的通道。此后数年，万峰连升数级，31 岁升任人保吉林分公司副总经理。

1989 年，万峰调往老人保香港系统，历任中国人寿香港分公司助理总经理、太平人寿香港分公司高级副总经理等。

万峰将自己的讲义整理成书——《寿险基础数理》，这是国内最早的精算教材之一。

除了《寿险基础数理》，万峰还主编了《寿险公司经营与管理》、寿险教育训练系列教材，编译了《日本寿险数理与实务》《日本寿险会计》。

2012年，在中国精算师协会举办的"'偿二代'建设和精算师使命"研讨会上，万峰被授予中国精算事业杰出贡献奖。

这是后话。

1997年，39岁的万峰回到深圳，成为中保人寿深圳分公司总经理。在深圳，有胆有识的万峰偷偷停售了预定利率10%以上的利差损产品"福寿安康"。

1999年，中保人寿更名为中国人寿，何界生出任总经理。在深圳一战成名的万峰，得到了何界生的赏识，此后北上总部，踏上职业生涯快车道。

41岁的万峰成为中国最大寿险公司的副总经理。2007年，国寿股份A股IPO，49岁的万峰升任总裁。此后7年，直至2014年离开国寿，万峰历经杨超、袁力、杨明生3任国寿董事长。

2014年万峰"转会"新华保险。

到新华保险之后，万峰依然是寿险价值派的拥趸，即"续期保费越大，保费收入稳定性越强；续期保费久期越长，公司持续发展能力越强；续期保费占比越高，业务结构越好"；"保险产品的结构，以保障型产品为主，理财产品（要）逐渐减少"。

他给新华保险设计的路径是：未来5年新华保险将实施"两步走"战略，第一步是2016—2017年的转型期，将以期交和续期保费增量逐步替代趸交保费，初步建立期交和续期拉动业务发展的模式；第二步是2018—2020年的收获期，形成续期拉动发展的模式，着重发展长期期交业务，加大业务结构调整。

60岁离开新华时，万峰亦有留恋。

"新华保险是我职业经理人生涯中最难忘、最充实、最有成就感的一段时光。寿险业新时代的大幕已经拉开，今天的新华保险已经成为寿险市场的中坚力量。我相信，拥有实力雄厚的股东、科学完善的机制、日渐强大的机构、专业优秀的队伍，新华保险的未来一定会更加美好。"

股东、机制、机构、队伍，一个都不能少！然而，怀揣梦想的"老炮儿"，非要和这个世界较劲。

在万峰空降之前，新光海航人寿就是一个"残疾儿童"。2009年3月，海航集团和新光人寿共同出资设立新光海航人寿，注册资本5亿元，二者各出资2.5亿元。

2009—2018年，新光海航人寿合计亏损高达近8亿元。5亿元的注册资本金很快亏损殆尽，需要股东注资续命。

2012年4月，该公司股东双方曾同意增资5亿元。其中，新光人寿增资款项2.5亿元于2014年6月到账，但海航集团不仅爽约，而且"移情别恋"，斥资成立了渤海人寿。因偿付能力充足率过低，原中国保监会（从2015年11月起）暂停新光海航人寿增设分支机构、停止开展新业务并要求其尽快增资。

新光海航人寿则从此一蹶不振，常年"垫底"。

直到2018年10月，公司才迎来转机，注册资本由5亿元增至12.5亿元，原股东海航集团退出股东之列，新加入柏霖资管、香江金融等5家地产系新股东。2019年5月，万峰获批出任董事长。2019年6月，新光海航人寿更名为鼎诚人寿，接着开启复业工作。

曾有关联人士表态："公司各家股东都致力于将鼎诚人寿打造成百年老店，不追求短期利益……"

但仅仅1年之后，万峰就选择离开。

2020年9月1日，万峰便提出申请退休，并且向董事会申请辞去公司董事、董事长兼首席执行官职务。此时距离2019年1月其加入鼎诚人寿不过才1年多时间。一起离开的，还有万峰的旧部。与万峰一起加盟鼎诚人寿的还有一直追随他的旧将刘起彦和王文祥等。二人均跟随万峰由中国人寿转投新华保险，后又来到鼎诚人寿，分别出任鼎诚人寿总经理和董事会秘书兼合规负责人。

市场猜测，或与鼎诚人寿股东、管理层之间难以协调的事情有关。

对于万峰而言，经历多少风雨之后，能够安享退休生活，保持当年向往保险的单纯之心，坚持一份简单的寿险价值论理念，在这个浮躁的市场中，难能可贵！

▶ **柏霖鼎诚：自己的路**

失去万峰的鼎诚人寿，将会走上自己的路。

2020年5月，鼎诚人寿公告称，公司董事会决议增资7.5亿元。增资完成后，鼎诚人寿注册资本将从12.5亿元增至20亿元。其中，新光海航人寿出资1.875亿元，持股比例保持25%不变；香江金融出资2.5亿元，持股比例由20%升至25%；柏霖资管出资2.5亿元，持股比例由20%升至25%；深圳乐安居出资6250万元，持股比例由11%降至10%（见表24-5）。

表24-5 鼎诚人寿股东结构

序号	股东名称	原有股权结构 出资额/万元	比例/%	本次股权转让结构 转出出资额/万元	转入出资额/万元	本次增资结构 认购出资额/万元	转让及增资完成后股权结构 出资额/万元	比例/%
1	新光人寿保险股份有限公司	31250	25	0	0	18750	50000	25
2	深圳市柏霖资产管理有限公司	25000	20	0	0	25000	50000	25
3	深圳市前海香江金融控股集团有限公司	25000	20	0	0	25000	50000	25
4	深圳市乐安居商业有限公司	13750	11	0	0	6250	20000	10
5	深圳市国展投资发展有限公司	17500	14	0	0	0	17500	8.75
6	上海冠浦房地产开发经营有限公司	12500	10	0	0	0	12500	6.25
7	合计	125000	100	0	0	75000	200000	100

资料来源：公开信息整理。

增加资本之后，柏霖资管的话语权显著提升。

2020年9月7日，鼎诚人寿选举李建成为公司拟任董事长资格。同年11月，李建成的董事长资格获得监管核准。资料显示，此次新上任的董事长李建成，还是柏霖资管的董事和总经理。李建成曾任中国工商银行江苏省分行公司业务部、投资银行部副总经理，中国工商银行总行个人金融业务部处长等职务。

意外的是，这份增资方案未获监管放行。

穷困之时，2021年4月，鼎诚人寿伸手要钱，分别与柏霖资管、国展投资签订协议，并获得两家股东现金捐赠4.5亿元、0.5亿元，而捐赠资金计入资本公积。

这真是一份特别慷慨的捐赠！由此可见，柏霖资管对于鼎诚人寿爱之切。

好事的媒体挖出旧账。

早在2016年11月，当时尚未更名的新光海航人寿发布公告，柏霖资管联合光汇石油集团和国展投资2家公司，欲从海航集团、新光人寿手中接下75%的股份。其中，柏霖资管欲持有51%股份成为控股股东。

但不巧的是，2018年3月，原保监会发布的《保险公司股权管理办法》落地后，将单一股东持股比例上限由51%降为三分之一，此次股权转让最终因此落空。

山不转水转。

2021年7月30日，鼎诚人寿公告称，公司股东新光人寿拟将其持有的25%股权全部转让给红豆集团。同时，公司另一股东香江金融也拟将其持有的20%股权全部转让给江苏永钢集团。

不仅如此，鼎诚人寿还决定增加注册资本金25亿元，增资后，该公司注册资本将由12.5亿元增至37.5亿元。

若上述股权变更及增资方案最终获批，鼎诚人寿股权结构将出现重大变化，由柏霖资管持股32.8%，成为该公司第一大股东，永钢集团持股25%为第二大股东，红豆集团持股16.53%为第三大股东，深圳物资集团持股14%为第四大股东，其余三家股东因不参与增资，股权相应被稀释，持股比例均不足5%。

这意味着，鼎诚人寿将从一家合资险企变身为一家中资险企。

柏霖和红豆，并不陌生。

在2016年的利安人寿股权博弈中，红豆集团就曾助柏霖资管"一臂之力"。2016年初，柏霖资管通过参与利安人寿增资，获得利安人寿5.52%的股权。同年的10月，利安人寿股东红豆集团和远东控股集团分别将持有的2.23亿股（股份比例约为4.73%）和3.85亿股转让给柏霖资管，柏霖资管持股比例随即增至18.39%，一跃成为利安人寿的第二大股东，离第一大股东之位仅一步之遥。

柏霖资管是谁？

柏霖资管的单一股东为深圳市柏霖控股有限公司。资料显示，柏霖资管成立于2006年，此前名为深圳市鸿荣轩物业管理有限公司。2015年7月，柏霖资管发生股权变更，由鸿荣源置业集团有限公司100%控股变更为深圳市柏霖金融投资控股有限公司100%控股的子公司。

柏霖资管和柏霖金融的董事赖柏霖系鸿荣源掌门人赖海民次子，主要负责集团金融业务。

截至目前，柏霖资管已持有利安人寿和鼎诚人寿2家险企股权，其中柏霖资管在利安人寿的持股比例为18.96%，位列第二大股东，仅次于第一大股东江苏国际信托。除了布局险企，柏霖资管还投资了银行。2017年3月，柏霖资管入股广东华兴银行，持有华兴银行9.88%股权，位列第四大股东。

据坊间的信息，鸿荣源老板赖海民，是深圳最早进入房地产开发领域的企业家之一，目前涉足住宅地产、商业地产、金融投资等各领域。

赖海民，生于1965年，祖籍广东省普宁市麒麟镇径水村。创立鸿荣源时，赖海民年仅26岁，1996年，赖海民率领他的揭阳建设总公司从普宁走出去，在深圳宝安34区开发弘雅花园二期，当时的赖海民也才31岁。早期赖海民在宝安开发时，那时的宝安仅是

"二线关"之外的荒地。2019年胡润百富榜上，53岁赖海民的上榜身家是105亿元。

赖海民有两位兄长：大哥赖海宏，二哥赖海文，皆为富豪。其中赖海宏、赖海民分别创办的宏发和鸿荣源，被业内称为深圳的"宝安双雄"。

赖海民三兄弟是普宁人，普宁是一个神奇的地方。除赖海民三兄弟外，像康美药业前掌门人马兴田、搜于特老板马鸿，还有星河地产黄楚龙、鹰君罗康瑞、瑞安房地产罗嘉瑞、立白陈凯旋、富德系掌门人张峻等，都是从普宁走出去的"潮商"富豪。

潮汕商人，兄弟帮比比皆是。

除赖海民三兄弟外，在深圳的潮商群体中，还有茂业黄茂如兄弟，宝能姚振华、姚振辉兄弟，龙光地产的纪海鹏、纪建德兄弟，等等。

新时代浪潮滚滚向前，应该是一浪高过一浪。潮汕商人，一代又一代，薪火相传，接力而行。

像鸿荣源二代，赖海民的两个儿子赖俊霖、赖柏霖，已都被推上事业舞台。长子赖俊霖，生于1989年，现为鸿荣源集团总裁，颇有"子承父业"的味道。而次子赖柏霖，是柏霖资管的实控人，在金融及股权投资领域"攻城略地"，从接班布局上来看，属于"分工分业不分家"模式。

民企新光：保险抵债，绝地自救

百年人寿的股权突遭冻结。

2019年5月，百年人寿第二大股东新光控股债务危机升温，申请破产重整，新光控股所持有的百年人寿8亿股股权（占比10.26%）已全数冻结。

百年人寿公司不大，但是却先后折进去两家著名的民营企业。2019年1月，曾经的巨无霸大连万达集团已将持有的9亿股百年人寿股份转让给绿城房地产集团。

然后就是新光控股。2009年3月，新光集团子公司新光饰品以发起人的身份，参与出资设立百年人寿，当时为第一大股东。新光集团是知名浙江民企，由义乌商人虞云新、周晓光夫妇创办。白手起家后成为浙江首富，随后遭遇债务危机，破产重整。

这曾是一个传奇故事。

周晓光，1962年生于浙江诸暨，是家里的大女儿，下有5妹1弟，家境贫苦。

从16岁开始，周晓光为了全家生计，开始踏上了四处讨生活的经商之路，最初是贩卖刺绣花圈、绣针以及刺绣图案等。

1985年，周晓光嫁给了同样做刺绣制品的虞云新，两人拿上几年来的积蓄在义乌第二代小商品市场租了个摊位。

1995年7月，周晓光夫妇拿出700万元投资办饰品厂，并以夫妻俩姓名最后一个字取名为新光饰品公司。历经20多年发展，成为全球规模最大的流行饰品生产基地，占领了流行饰品行业龙头地位。

随着生意越做越大，和所有早期成功的民营企业家一样，周晓光夫妇的目光开始转向别处，陆续涉足贸易、房地产、金融投资等领域。2016年4月，新光集团通过借壳方圆支承，实现房地产板块上市。

2017年，周晓光夫妻以330亿元的身家排名胡润百富榜第65位；2018年3月，周晓光在"胡润全球白手起家女富豪榜"上排第26名，成为浙江女首富。因为特别励志，周晓光夫妇的创业故事曾被改编为电视剧《鸡毛飞上天》。

顶峰的时候，除了新光饰品，新光旗下有一家上市公司，近百家全资子公司及控股公司，近40家参股公司，拥有近800亿元资产。

新光集团的财报显示，新光集团的饰品及贸易包括饰品、百货、有色金属、红木家居等；房地产主要分布在义乌、东阳、金华等地，运营主体为万厦地产和新光建材城；旅游板块则以"新天"为主体，要把新疆的天山天池打造成中国的"小瑞士"；农业板块主要是浙江森太农林果开发公司经营的香榧种植；金融板块主要是持股百年人寿保险、南粤银行、宁夏新光小额贷款公司等。

盛极而衰。

耗资巨大的地产开发，成为吞噬新光集团的黑洞之一。巨额债务、以债养债，以及信贷宏观环境的变化——宏观降杠杆、银行信贷收缩、民营企业融资困难等多重因素影响等，最终压垮了新光集团。

2018年9月，新光集团的债务危机开始爆发。9月25日，新光控股集团出现债券违约——旗下的"15新光01"公司债券不能到期兑付本金和利息。据披露的数据，2015年末、2016年末、2017年末及2018年6月末，新光集团的总负债分别为215.37亿元、399.55亿元、448.67亿元、468.98亿元。

2019年4月，ST新光发布公告称，新光控股及其下属3家子公司分别收到浙江金华中级人民法院出具的《民事裁定书》及《决定书》，受理了新光控股及其下属3家子公司的破产重整申请，并已根据法律程序指定管理人。

从无到有，要奋斗30年；而从有到无，只需要3年。中国民营企业创业不易，守业更难。

面对危机，周晓光夫妇选择了勇敢面对。

8月26日夜晚，新光集团举办了一场罕见的誓师大会。在数百名集团员工的注视下，虞云新、周晓光夫妇签下军令状，并宣读了誓词："竭尽全力给债权人、合作伙伴、新光集团和各级政府及社会一个诚恳的交代。"

誓师大会之后，意犹未尽的周晓光还在朋友圈发了一段长长的文字："债务危机发生以来，我一直在拷问自己，这些年在创业道路上的得与失，在重大战略判断上的成与败，在许多关键问题处理上的对与错；危机发生以后，各种艰难、困苦、责问、非议铺天盖地而来，我也曾经被压得喘不过气，也曾经失落和迷茫。这次重大的挫折，对于我，对于我们全家以及整个企业，都是一次深刻至极、痛彻心扉的历练和洗礼。

"我们从社会的最底层奋发崛起，就像一棵小草，在岩石的重压下倔强地生长。作为新光的当家人，我选择坚强地站起来，完成自己的使命，竭尽全力给债权人，给合作伙伴，给我们的新光家人，给上级政府和全社会关心支持我们的朋友一个诚恳的交代。……新光饰品板块是我和先生的初心，也是新光浴火重生的根据地，我和先生会全力以赴回归饰品板块，和大家一起拼搏、奋战。"

回归主业，绝地奋起。无论结局如何，每一个实干企业家的挣扎和呐喊都应该被看见。

高盛和中国保险的大时代

对于中国保险，高盛是长情的，默默爱得深沉。

曾经，高盛是专家和预言者。2003年，人保财险上市不久，高盛发表了一篇非常有远见的研究报告《中国保险业——成长前景、创造价值的关键在改革》，在这份报告之中，高盛提出了一个预言："中国保险业正展现出创造价值式的快速增长，有望在2010年时跻身全球五大保险市场行列。"

保险行业总资产首次突破20万亿元，实现了一个里程碑。银保监会的数据显示，2019年11月末，保险业资产总额201188亿元（见表24-6）。其中，人身险公司总资产16.48万亿元，财险公司总资产2.31万亿元。"10～15年内，中国将成为全球第一大保险市场。"

表24-6 中国保险行业20年总资产和年度保费增长情况

年份	期末总资产/万亿元	同比增速/%	年度保费/亿元	同比增速/%
1999	0.26	—	1393	—
2000	0.34	29.56	1596	14.54
2001	0.46	36.08	2109	32.18
2002	0.65	41.44	3053	44.74
2003	0.91	40.48	3880	27.10
2004	1.19	29.93	4318	11.28
2005	1.52	28.45	4927	14.11
2006	1.97	29.59	5641	14.49
2007	2.9	46.99	7036	24.72
2008	3.34	15.22	9784	39.06
2009	4.06	21.59	11137	13.83
2010	5.05	24.23	14528	30.44
2011	6.01	19.13	14339	-1.30
2012	7.35	22.29	15488	8.01
2013	8.29	12.70	17222	11.20
2014	10.16	22.57	20235	17.49
2015	12.36	21.66	24283	20.00
2016	15.12	22.31	30959	27.50
2017	16.75	10.80	36581	18.16
2018	18.33	9.45	38017	3.92
截至2019年11月	20.12	9.75	39620	11.86

资料来源：公开信息整理。

回到高盛。

对于那时市场普遍担心的利差损问题，高盛首先"预计中国人寿、平安和太平洋三大寿险公司的潜在利差损是320亿~760亿元人民币"。

针对利差损，高盛提出了四种解决方案：分别是国家财政买单、消费者买单、股东买单，或是通过拓宽保险资金投资渠道实现共赢局面。第一种方案，剥离利差损保单，由国家财政提供支持。第二种方案是降低保单预定利率，即由消费者买单。第三种方案是，公司保留利差损负担，通过新利润来消化历史亏损，让公司股东买单。第四种方案则是拓宽投资渠道，提高保险资金的投资收益，使监管机构、保险公司和消费者三方均成赢家。

不仅是专家，高盛也是中国保险市场初期重要的投资人和最大收益的获取者之一。

第一个案例是中国平安。

高盛在中国保险行业的第一单投资是中国最为市场化、最为成功的保险公司——中国平安。1994年，美国摩根大通和高盛两大财团参股中国平安，出资3500万美元取得平安约10%股份。2005年，汇丰银行出资81亿港元收购高盛、摩根大通手中9.91%的中国平安股权，10年投资收益增数10倍。

第二个案例是泰康人寿。

2011年4月，高盛再得良机，收购泰康人寿12.02%的股权，而陈东升领导的泰康人寿是中国保险2.0模式之后，转型升级最为成功的保险公司。这部分股权，现在看是价值连城！

根据监管的信息，这笔交易的细节是，法国安盛人寿将所持泰康人寿1.33亿股股份分别转让给中国嘉德国际拍卖有限公司、新政泰达投资有限公司和高盛。转让后，上述3家公司分别持有泰康人寿14.98%、10.90%和12.02%的股份，高盛为泰康人寿第二大股东，安盛人寿全身退出。市场估计，此次交易最终金额为8亿~10亿美元。

这背后的推手，除了创始人陈东升之外，另外一个外国人不能忽略——一个加拿大人，迈克·埃文斯（Michael Evans）。

要讲述高盛和中国保险的故事，埃文斯不能缺席。投资完泰康人寿之后，时任高盛全球副董事长兼亚洲董事长的埃文斯称赞："泰康人寿优异的成长业绩和创新能力给我们留下深刻印象。我们非常高兴能有机会入股泰康人寿，参与到中国保险业的蓬勃发展中，并支持泰康人寿实现其宏伟目标。"

陈东升则表示："我很高兴高盛成为泰康的股东。我期待泰康人寿在致力于深耕中国寿险市场并逐步国际化的道路上，与高盛这样的世界一流的金融机构开展密切合作。"

这仅仅是埃文斯的一个案例。

"迈克·埃文斯在金融和投行领域从业超过30年，1993年加入高盛，第二年即成为高盛合伙人并持续了20年。埃文斯历任高盛副主席、新兴市场负责人、亚洲区主席、投行与证券部高管等职位。"

埃文斯缔造了高盛的"亚洲奇迹"。他助力多家大型中国企业完成了走出中国、向全球市场融资的历史性IPO，这个长长的名单包括中国移动、中石油、中国银行（香港）、平安保险、中兴通讯等。由埃文斯主导、高盛领衔的中国农业银行历史性IPO，是在阿里巴巴之前的史上最大IPO。

在埃文斯推动下，高盛长期投资了多家中国企业，包括对工商银行、双汇集团、中国平安、泰康人寿等集团的投资，合资组建高盛高华证券等，一系列资本运作让高盛成为对中国市场参与度最深的国际投行。

他被市场冠以高盛的"亚洲之王"称号。在高盛内部，埃文斯曾被认为是下任总裁兼CEO的热门候选人，将执掌"高盛帝国"。

或许是仲永之叹。

2013年12月，埃文斯出人意料地宣布从高盛退休。翌年，阿里巴巴在纳斯达克上市，随即便聘请埃文斯担任独立董事一职。这也是投桃报李，在阿里巴巴的早期，1999年以高盛为首的一批投行曾向阿里巴巴投资了500万美元，缓解了阿里巴巴在创业初期的燃眉之急。

2015年，埃文斯加入阿里巴巴，担任阿里巴巴集团总裁兼执行董事，全面负责阿里集团全球化业务，向阿里集团CEO张勇汇报。

工作之外，埃文斯有着丰富多彩的人生。

谁能想到，埃文斯曾经是奥运会冠军。1984年的洛杉矶奥运会，加拿大国家队获得了10枚金牌，位列金牌榜前10。其中有一块男子皮划艇项目的金牌便来自埃文斯和他的队友们。

埃文斯自称，在纽约拥有多处"可供歇脚的地方"。有媒体称，其中一个在曼哈顿最负盛名的黄金第五大道上。埃文斯狂掷2700万美元购买了一幢豪华复式公寓其中的一整层，位列大都会艺术博物馆的正对面，占地776平方米，光浴室就有九间半。

不过，豪宅不完全是因为富有，毕竟埃文斯有8个孩子，的确需要住得宽敞一点。

除埃文斯之外，高盛还有一人进入中国另外一家互联网巨头腾讯公司——刘炽平。

刘炽平第一次见到马化腾是2003年。当时，他是高盛亚洲投行部的团队负责人，负责腾讯在港IPO的业务。

2005年，刘炽平从高盛被挖到腾讯，成为腾讯的首席战略投资官，负责3件事：战略、并购、维护和投资者的关系。2006年2月15日，刘炽平出任腾讯公司总裁，协助马化腾负责公司的日常管理和运营。2007年3月，刘炽平被任命为腾讯公司执行董事。2017年12月，刘炽平位列《彭博商业周刊》2017年度全球50大最具影响力人物榜单第48位。

招行痛斥：银保"小账"惹大麻烦

一个内部讲话，掀起一场风暴。

"我最不能容忍的一件事，就是员工收取保险公司的回扣。据我所知，这不是个别现象，对这个问题必须采取果断措施，对内、对外都必须坚决果断，对内谁收取回扣就开除谁，甚至是移交司法处理；对外取消相关保险公司准入资格，哪怕会影响到中收（银行的中间业务收入），也在所不惜。"

7月22日至24日，在"零售之王"招行年中工作会议上，行领导愤怒地揭开了银行保险顽疾的一角。

银行、保险合作，有两笔账，一笔"大账"，一笔"小账"。

保险公司借银行渠道卖保险，都会签订合作协议，明确写着相关费率或佣金，称之为"大账"，是银行中间业务收入的主要来源之一。

所谓"小账"，是"大账"之外的灰色收入，一般是银行员工在销售保险公司保险产品时，由保险公司或其员工私下向银行员工支付的、跟保费销售金额挂钩的费用，是银行员工正常中间业务收入之外的额外收入。

由于不合规，"小账"一般不会转账支付，而是以现金收付，因此很难检查。"小账"问题存在十余年，涉及商业贿赂、财务造假、不正当竞争等乱象。

"小账"问题害人害己，但是屡禁不绝。这背后的深度原因有两个：第一，对于保险而言，银行是强势渠道。第二，保险产品多数为替代存款的理财险，两者简单而且同质，银行支行网点和理财经理的引导是影响消费者选择的决定因素，普遍的消费观念是相信银行，不相信保险。

除了银行保险，车险领域的"小账"问题也是非常突出的。

"一般来说，趸交银保产品的'小账'费用水平在千分之一至千分之二之间；而车险领域的'小账'水平则较为夸张，普遍在百分之十以上，甚至达到百分之二三十。"

对于这一恶疾，监管亦出手相助。

8月，监管发文要求，商业银行对取得的佣金应当如实全额入账，加强佣金集中管理，合理列支其保险销售从业人员的佣金，严禁账外核算和经营；要求保险公司按照财务制度据实列支向银行支付佣金，保险公司及其人员不得以任何名义、任何形式向商业银行支付协议之外的任何利益。

> **王晴[①]：银保 25 年，机遇和问题**
>
> 第一阶段：2004 年之前，起步阶段。2002 年银保业务开始起飞，当年总保费达到 388 亿元，占寿险总保费的 17%。2001 年底太平人寿成立，公司从一开始就十分重视银保渠道，很快就在工行卖期交产品。
>
> 早期的银保发展也不是一帆风顺的。以平安人寿为例，因为银保的手续费上涨，例如 5 年趸交产品的手续费从最早的 1% 上涨至 2.5%，导致银保产品的新业务价值低，因此平安从 2004 年就开始压缩银保保费的规模，从 2003 年的 104 亿元降到了 2005 年的 53 亿元，下降了 50%。
>
> 第二阶段：2005 年到 2012 年，正常增长。
>
> 第三阶段：2013 年到 2016 年，投资驱动。
>
> 第四阶段：2017 年到 2019 年，去短期化产品。
>
> 第五阶段：2020 年以后，长期期交产品贡献价值。
>
> 银保的六大问题：趸交保费逐渐萎缩；产品同质化竞争，高价值业务占比很低；手续费上涨，对银保外勤人员的收入形成压力；增额终身寿险的退保风险；"双录"不鼓励保障类和分红类产品；未来长期期交产品卖得越多，公司的资产负债久期匹配问题就越严重。
>
> 未来的五大机遇：市场潜力巨大，10 到 15 年之内期交保费市场将达到 1 万亿元人民币；银行系公司机会更大；银保渠道将成为健康险、普通终身寿险和信托连接产品的主要销售渠道；各家银行的手机 App 有广阔前景，特别是客户已经熟悉了保险产品以后；所有寿险公司更加注重银保渠道。

平安陆金所割席 P2P

这一年，平安开始为陆金所寻找新出路。

陆金所曾经为中国最大的网贷平台，高峰时期占据网贷余额的小半壁江山。政策

[①] 王晴为农银人寿总精算师、北美精算师（FSA）。早年曾任职于美国林肯国民公司、美国 CNA 保险公司、韩国三星人寿。归国后曾任太平洋保险集团资产管理中心副总、太平人寿首席风险官、合众人寿和瑞泰人寿总精算师等职。

的大门彻底关上之后，陆金所率先开始网贷业务的清零。

这一年的7月11日，平安集团内部成立了陆金所网贷业务转型专项工作组，由平安集团常务副总经理兼CFO姚波担任组长，平安集团党委副书记黄宝新担任副组长，该工作组已经确定了陆金所网贷业务的退出方案：不再新增P2P业务，将存量P2P业务划转给平安产险，积极申请消费金融牌照。

之前，陆金所主要通过上海及前海两家金交所开展网贷业务。截至2019年6月末，上海的陆金服贷款余额984亿元，前海的前金服贷款余额681亿元，余额共计1665亿元，是P2P行业中的巨头。

8月23日，当陆金所将存量网贷业务划转给平安产险之后，前述网贷余额就不纳入网贷行业的统计数据了。此前，陆金所已有多个P2P项目逾期，均由平安产险兑付。平安产险为所有陆金所存量网贷业务提供信用保证保险。

平安产险扛得动这么大规模的网贷资产吗？平安集团给监管的承诺是：如果平安产险出现压力，则将由平安集团其他子公司来解决网贷业务的兑付问题。

11月21日，监管同意平安筹建平安消费金融公司。显然，这家新成立的消费金融公司，与陆金所的P2P业务整体转型有关。

至此，平安的网贷业务落幕。

对于P2P行业而言，显然没有平安那样的家底，于是转入了极为痛苦的清退期和清零期，时至今日。

从2016年初至2019年，P2P行业风险整治持续了近4年。

从银保监会公布的数据看，4年间，全国正常营业的P2P机构从整治开始时的约3000家，下降超过85%，至2019年10月末仅剩427家。整个行业的借贷规模，截至2019年10月末余额约5900亿元，较高峰时期的1.3万亿元下降了55%。

这期间，一家又一家P2P平台退出了舞台，或因爆雷被查，或经营困难，或主动清盘。比如团贷网因涉非法吸收公众存款被立案，以大额标的著称的红岭创投宣布清盘；"先锋系"网信普惠实控人张振新突然"病逝"，留下烂摊子；又如信而富和点融网，前者濒临退市，后者经营困难。

上海头部平台拍拍贷，改名为"信也科技"，到2019年第三季度，其新增资金99%来自机构而非个人投资者，P2P模式已然不再。

所谓P2P网贷，原意是指个人借款人与个人出借人通过第三方网络平台直接对接，完成借贷。P2P网贷模式发端于英国，2007年被引入中国，2013年开始爆发式增长，但也迅速异化，比如"e租宝"。

2016年8月，原银监会制定发布《网络借贷信息中介机构业务活动管理暂行办法》，明确将P2P定位为信息中介，并设定借款上限、强制第三方存管。此后，大多数平台都在整改，并希望能达到要求获准备案。但2018年下半年的"爆雷潮"成为重大转折。在此之后，"清退"成为P2P唯一出路。

最终，一个曾经超过万亿的行业全部归零。

网贷只是第一枪。网贷之后有次贷，次贷之后有"非标"。正所谓"网贷蹲完，金交所蹲；金交所蹲完，私募蹲；私募蹲完，信托蹲；信托蹲完，开发商蹲"。

这一轮声势浩大的金融领域的去杠杆，是一场巨大的财富生死劫。

这个痛苦的过程中，有句话让人印象深刻。

"理财产品收益率超过6%就要打问号，超过8%很危险，超过10%就要做好损失全部本金的准备"。这是银保监会主席郭树清于2018年6月14日，在上海陆家嘴金融论坛上发出的警示。

正所谓，"好一似食尽鸟投林，落了片白茫茫大地真干净！"

有意思的是世界第一个P2P公司，英国的Zopa，居然还活着。Zopa成立于2004年，至今依然健在，还比较健康，但是没有做大，也没有上市。2020年6月，英国的金融市场行为监管局FCA（The Financial Conduct Authority）授予了它一张银行牌照，所以现在它有两个板块，一个是Zopa P2P，一个是Zopa银行。

CHAPTER 25

第 25 章

保险抗疫
（2020）

一场疫情，突如其来。

2019年12月8日，武汉首例不明原因肺炎患者发病。

最早报告疫情的城市武汉，是千万人口的大都市，九省通衢，加上恰好赶上人员大幅流动的春节假期前，疫情呈指数化蔓延之势。

疫情之下，从武汉开始，全国各地以及各行各业都投入了和病毒做斗争的"战疫"工作中，保险行业亦是快速行动。

参考之前处置"非典"的经验，保险行业抗疫的措施有三类：一是针对疫情开辟理赔绿色通道，确保应赔、尽赔、快赔；二是捐赠保险，加大一线人员的保障力度；三是扩展保险责任，将意外险等产品的保险责任范围扩展至新冠肺炎。

据不完全统计，当时有超过80家保险公司宣布开辟绿色通道。自1月26日以来，包括泰康、平安、国寿、新华、交银康联、阳光保险、富德生命人寿、长城人寿等险企均已完成多例相关理赔，从受理到结案最短的不超过一个小时。前期的出险赔付主要以寿险为主，即因投保人身故或全残达到出险条件，少部分是医疗险赔付的门诊费用。

据不完全统计，有30余家险企和互联网平台为参与一线救援工作的医务人员和疾控人员、媒体记者等捐赠专属保险保障计划。这些专属保险保障计划主要包含身故、医疗和意外等保障，保障额度10万～100万元不等。

扩展保险责任方面，主要是将意外险的保险责任扩展至因新冠肺炎导致的身故或伤残。

除此之外，有险企选择扩展重疾险责任。

与意外险以死亡或残疾为赔付条件相比，重疾险以确诊为赔付条件。换句话说，投保人无须达到身故或伤残的条件，只要确诊就能获得赔付，赔付门槛更低。据不完全统计，有天安人寿、富德生命人寿、阳光人寿、弘康人寿、招商仁和人寿、恒大人寿、北京人寿、汇丰人寿和君康人寿等公司进行了重疾险责任的扩展，确诊新型冠状病毒肺炎的，最少能够获赔基本保额的30%。

除了保险机构，如相互宝、微保、水滴互助、360互助、轻松筹、水滴筹等这类互联网互助平台也加入进来。比如相互宝上线的"相互宝新冠肺炎特殊保障"，保障上限10万元，保障范围是确诊罹患新冠肺炎并因此不幸身故。颇有暖意的是，该特殊保障金不需要用户分摊，最后支出的所有保障金都由蚂蚁金服承担。

疫情对于保险业务本身也有影响，特别是寿险营销员，因为无法约访客户，从而影响自己的业绩。

对此，监管及时提出善意的建议："疫情防控期间，不得设定硬性面拜任务和业绩指标，不得以未达到业务考核标准解除代理合同或扣减相关既有固定报酬。""引导从业人员通过电话、邮件、短信等形式灵活开展业务活动。"

这次保险抗疫中，监管是十分清醒的。为防范保险公司过度"蹭热点"，监管要求保险公司不能过度宣传，不能开发所谓"专属新冠保险产品"。

为何如此？

专业的分析是：第一，产品定价缺乏基础，所以很难科学合理地定价；第二，新冠疫情中政府承担了绝大多数的医疗费用，所以开发专属产品比如医疗费用类的产品意义不大，保险公司也不会有多少赔付；第三，借鉴2003年"非典"的教训，当时确实有个别公司推出专属产品，销量也挺大，但是最后赔付并不是太多。

4月8日，"封城"76天之后，武汉"解封"！

"解封"之后，各行各业逐步回归正轨。

4月初，银保监会迎来成立2年后第一轮厅局级干部大调整。这次的人事调整共涉及8位厅局级干部、7大部门和1家会管机构。调整的不仅是监管干部，更强调了专业分工明确、强制轮岗交流等人事政策取向，确保金融业"守夜人"队伍的廉洁与效率。

7月30日，银保监会、中国人民银行就《保险公司偿付能力管理规定（征求意见稿）》，公开向社会征求意见。准备对已实施12年的老规定（保监会令〔2008〕1号）作出修订。这次的征求意见，吸收了"偿二代"2016年实施以来的成果。

保险公司的偿付能力究竟几何？

根据5月召开的偿付能力监管委员会工作会议，2020年第一季度末，纳入审议的178家保险公司平均综合偿付能力充足率为244.6%，较上季度末下降3.1个百分点，核心偿付能力充足率为233.6%，较上季度末下降3.2个百分点。

其中，财产险公司、人身险公司、再保险公司的平均综合偿付能力充足率分别为288.1%、237.3%和290.3%。公开信息披露，第一季度包括百年人寿、中法人寿、君康人寿3家寿险公司，以及长安责任保险、渤海财险2家财险公司偿付能力未达标。

半年过去，情况稍有变化。

到2020年第四季度末，纳入会议审议的178家保险公司平均综合偿付能力充足率为246.3%，平均核心偿付能力充足率为234.3%。

其中，人身险公司、财产险公司、再保险公司的平均综合偿付能力充足率分别为239.6%、277.9%和319.3%。100家保险公司风险综合评级被评为A类，71家保险公司被评为B类，3家保险公司被评为C类，3家保险公司被评为D类。

如果聚焦寿险公司，有70家寿险公司披露了第四季度偿付能力，其中核心偿付能力A级35家，B级30家，C级3家，D级1家，富德生命人寿无评级。

这70家寿险公司上一季度的评级中，A级31家，B级34家，C级3家，D级1家，富德生命人寿无评级（见表25-1）。

表25-1　评级连续为C和D的保险公司

序号	公司名称	第四季度平均综合偿付能力充足率/%	第三季度平均综合偿付能力充足率/%	最近一次评级	上一次评级
66	百年人寿	129.07	122.25	C	C
67	前海人寿	95.30	83.89	C	C
68	渤海人寿	215.72	215.50	C	C
69	中法人寿	46820.80	-24408.67	D	D
70	富德生命人寿	102.00	102.00	无	无

数据来源：根据公开资料整理。

中法人寿引入宁德时代等股东后，偿付能力明显改善，由负转正。2020年12月18日，中法人寿28亿元增资方案获批，宁德时代、青山控股、贵州贵星汽车销售3家新股东入股。此次增资完成后，中法人寿注册资本从2亿元增至30亿元。

宁德时代，这家被称为"宁茅"，在A股市场呼风唤雨的巨无霸公司，终于收获一张保险牌照。

携手宁德时代的青山控股，是一家极为低调的大公司。1988年起家于温州，现已是全球最大的镍铁和不锈钢生产商之一。2019年至今，青山控股连续3年入围《财富》世界500强。2021年，该公司以424.481亿美元的营收位列榜单第279名。与此同时，它在 2021 年中国企业 500 强榜单钢铁相关企业中排名第六，在民营钢企中位列第一。其掌门人项光达，是浙江最低调的富豪之一。

这一年的 8 月，银保监会下发《推动财产保险业高质量发展三年行动方案（2020—2022 年）》（简称《行动方案》）。

这是银保监会成立以来，首次对财险业的发展和监管出台规划。

《行动方案》明确："推动行业从以车险为主向车险、非车险发展并重转变；从销售驱动向产品服务驱动转型；从传统经济补偿向风险管理和增值服务升级；鼓励互联网保险、相互保险、自保等创新发展；支持财产保险公司制定数字化转型战略，并实现 2022 年财产险主要业务领域线上化率达到 80% 以上。"

总体目标，"到 2022 年，财产保险业保持平稳较快增长，保障水平、服务能力和资本实力进一步增强，基本实现财产保险公司偿付能力充足率均达标、风险综合评级均在 B 类以上，推动形成结构合理、功能完备、治理科学、竞争有序的财产保险市场体系"。

就监管职责方面，银保监会对财产保险公司、再保险公司的监管主体职责进行了划分，将 87 家财产保险公司和 13 家再保险公司划分为银保监会直接监管和银保监局属地监管两类。

达成这个目标是不容易的。此时的财产保险行业，已经进入承保利润为负的阶段，换句话说，保险公司如果要赚钱，只有靠投资，保险本业是无法赚钱的。

这一年，监管依然"瞪大"从严监管的眼睛。

8 月，在非现场监测中，监管发现部分寿险公司万能险账户财务收益率低于实际结算利率，存在利差损等风险隐患。

监管发现的问题包括：万能账户实际结算利率未根据万能账户单独资产的实际投资状况科学合理地确定，存在刚性兑付的情形；万能单独账户资产负债严重错配，对可能存在的利差损风险和流动性风险未制定可行的应对措施；万能单独账户的资产未单独管理等。

立即行动。

8 月 11 日，银保监会的人身险部，紧急约谈了阳光人寿等 12 家人身险公司的总经理和总精算师。

12 月，互联网保险新规征求意见来了。之前 2015 年开始施行的《互联网保险业务监管暂行办法》，已经超期运行 6 年。

这份新规中，银保监会提出互联网保险销售必须"机构持牌、人员持证"，非保险机构"五不得"——不得比较产品、提供咨询服务、试算保费、设计投保方案等。

这一年，车险和重疾险都有大动作。

9月，银保监会发布《关于实施车险综合改革的指导意见》，启动车险新一轮改革。与2015年和2017年两次商业车险改革不同，此次车险改革定位为综合改革，涵盖交强险和商业车险、条款和费率、产品和服务等。

其中，交强险是中国第一个法定强制保险。2019年，机动车保费收入为8188亿元，其中超过四分之一来自交强险。2005年末至2018年末，机动车投保率从36%提高到78%；累计处理赔案2.5亿件，累计赔付成本1万亿元。根据改革方案，调整后的交强险总保额从12.2万元提高到20万元。

很多车主担心，改革就是涨价。对此监管给出了原则——短期内对消费者可以做到"三个基本"，即"价格基本上只降不升，保障基本上只增不减，服务基本上只优不差"。

行业是否会因为政策调整，而出现承保亏损？

根据统计，2015—2018年，我国车险综合成本率处在盈亏平衡点附近。2019年经过重拳整治，车险综合成本率下降至98.6%。如果市场主体不够理性，配套监管措施又跟不上，短期内市场有可能"一放就乱"，导致行业性承保亏损。

"重疾险老产品将全下架"，保险业内开启一次饥饿营销。

11月，《重大疾病保险的疾病定义使用规范（2020年修订版）》终审方案审核通过，新定义正式发布。即日起至2021年1月31日为产品过渡期，2021年2月1日，重疾险新规正式执行。新规新增了3种重疾和轻症，从25种重大疾病变为28种，以及不再允许用病种来凑数——过去那种号称保障数百种疾病的重疾险，将被挤掉水分。

在"新规+停售"的政策下，保险公司又抓住机会营销了一波。"1月31日后新规重疾产品大概率涨价10%～20%，现在是投保重疾险的黄金时间，费率最优。"

如此宣传，加之赶上传统的保险公司"开门红"，旧版重疾险一度十分热销。

这一年，保险公司的储蓄保单，还遇到一个正在崛起的对手——基金。

"炒股不如买基金"，2020年公募基金利润水平达到惊人的1.9万亿元。2019年这一数字高达1.18万亿元。连续两年，基金都为"基民"赚到了钱。赚钱的基金，将保险产品的收益率瞬间秒杀。

面对基金的崛起，如果还是继续比拼收益，保险产品是没有出路的。

不幸的公司，各有各的不幸。

2020年7月17日，华夏人寿被银保监会接管，接管期限为一年。

"从接管之日起，被接管机构股东大会、董事会、监事会停止履行职责，相关职能全部由接管组承担。接管组行使被接管机构经营管理权。"

华夏人寿成立于2006年12月，曾被视作保险市场一匹黑马。华夏人寿2019年全年保费总收入排名前四，仅次于中国人寿、平安人寿、太平洋保险。2020年华夏人寿第一季度偿付能力报告显示，华夏人寿保险业务收入421.85亿元，相比2019年同期的842.44亿元，减少了420.59亿元，下降幅度高达49.93%。

除了华夏人寿，还有天安财险、天安人寿、易安财险、新时代信托、新华信托等6家机构同一时间被监管部门接管。

依据相关法律，银保监会委托6家机构进行托管，负责公司的日常经营，其中，国寿健康产业投资有限公司托管华夏人寿、中国太平洋财产保险公司托管天安财险、新华人寿托管天安人寿、中国人民财产保险公司托管易安财险、中信信托托管新时代信托、交银国际信托托管新华信托。

同一天，证监会出手，接管了新时代证券、国盛证券、国盛期货3家公司。证监会分别委托中信建投证券托管新时代证券、中航证券及招商证券托管国盛证券、国泰君安期货托管国盛期货。

有媒体统计，一起被接管的9家金融机构，总资产规模逾万亿元，其中3家保险公司总资产合计8000亿元，2家信托公司资产规模超4500亿元，新时代证券和国盛证券合计500亿元左右。

之前的2019年5月，央行和银保监会依法接管了窟窿巨大的包商银行，经过一年多的时间，包商银行被新成立的蒙商银行及徽商银行收购承接。

随着泰安银行、潍坊银行、哈尔滨银行等原"明天系"控制的银行股权转让给当地国资，"明天系"直接控股的银行牌照已经基本处置完毕。

3年前的2017年1月底，"明天系"实际控制人肖建华离开香港"望北楼"，回到内地配合调查，其曲线控制的多个金融资产风险暴露，最终不得不由监管部门依法委托机构接管。

华夏人寿被接管之后，贵州中天金融发起的并购案件受阻。

2017年11月，中天金融公告称拟以310亿元购买华夏人寿21%～25%股权。中天金融成立于1978年，1994年在深交所上市，主营业务为房地产开发，是贵州省第一家上市公司。之前直接或者间接参与投资多家金融机构。比如其直接控股中天国富证券，同时以贵阳金控为主体，控股友山基金并成为中融人寿第一大股东，分别进入了保险、证券及基金3个领域。

在公司被监管接管之前，4月20日，华夏人寿内部曾下发《关于鼓励管理干部停薪留职自行创业的通知》，鼓励B类及以上干部（尤其是年满45周岁以上的），经批准可选择停薪留职自行创业，期限不超过3年。停薪留职后，根据职务年限，公司支持3到6个月标准工资，作为自行创业基金和这期间的生活保障。

"事业不顺可以倦鸟归巢，聚是一团火，散是满天星。"再美的文字抵不过现实的冰冷。员工们认为，这其实是变相裁员。

这一年，上海人寿终于解决了股权违规的事情。

4月8日，上海人寿发布公告称，上海和萃实业、上海洋宁实业拟转让其分别持有的13.75%上海人寿股权，受让方为第一大股东览海控股集团和上海中静安银投资等3家新股东。此次股权转让后，第一大股东览海控股集团持股比例将由20%提升至32.80%（见表25-2）。

表25-2 上海人寿股东变更前后对照表

股东名称	转让前 股份数/万股	转让前 比例/%	转让后 股份数/万股	转让后 比例/%
览海控股（集团）有限公司	120000	20.00	196800	32.80
中海集团投资有限公司	96000	16.00	96000	16.00
上海电气（集团）总公司	84000	14.00	84000	14.00
上海洋宁实业有限公司	82500	13.75	—	—
上海和萃实业有限公司	82500	13.75	—	—
上海中静安银投资有限公司	—	—	30600	5.10
福州宝龙商业经营管理有限公司	30000	5.00	30000	5.00
上海银润控股（集团）有限公司	—	—	29400	4.90
大连迈隆国际物流有限公司	—	—	28200	4.70
上海城投资产管理（集团）有限公司	28000	4.67	28000	4.67
上海外高桥资产管理有限公司	20000	3.33	20000	3.33

续表

股东名称	转让前 股份数/万股	比例/%	转让后 股份数/万股	比例/%
上海幸连贸易有限公司	18000	3.00	18000	3.00
上海陆家嘴金融发展有限公司	12000	2.00	12000	2.00
上海俪铭投资发展有限公司	11000	1.83	11000	1.83
上海国际集团资产管理有限公司	8000	1.33	8000	1.33
上海国际信托有限公司	8000	1.34	8000	1.34
合计	600000	100	600000	100

数据来源：工商登记信息整理。

2015年2月，览海控股联合中海集团投资有限公司、上海电气（集团）、上海城投资产管理（集团）有限公司等共同发起设立了上海人寿，览海控股持股比例20%，为上海人寿单一最大股东，公司初始注册资本20亿元。上海人寿还是保险业新"国十条"颁布后第一家获批筹建的保险法人机构，而且借了上海自贸区的东风。

2016年，经原保监会批准，上海人寿变更注册资本至60亿元。通过此次增资扩股，上海人寿引入3家新股东——洋宁实业、和萃实业及上海幸连贸易有限公司，增资后3家股东持股比例分别为13.75%、13.75%、3%。

但之后，上海人寿被曝出洋宁实业、和萃实业在2016年的增资申请中隐瞒与控股股东览海控股的关联关系以及超比例持股，提供虚假材料，在2018年4月被银保监会要求清退违规股权。

2年之后，这个问题终于画上句号。

上海人寿的大股东览海控股，其背后老板是一位70后的上海人密春雷。上海人寿成立不久，密春雷就任公司的董事长。2019年10月10日，2019年胡润百富榜揭晓，密春雷以60亿元人民币财富排名684位。

密春雷为人低调，几乎没有接受过外部的采访。但是，上海人寿一役之后，密春雷暴得大名。

有媒体记者探访了密春雷老家——风景秀丽的崇明岛。1978年12月，密春雷出生在上海市崇明区的一个村的农民家庭，家中独子，邻里称呼他为"小牛"，密春雷曾就读于同济大学土木建筑专业。

花无百日红。

2022年1月29日，密春雷旗下览海医疗发布一则公告称，近日收到董事长密春雷的授权书，授权公司董事倪小伟代为履行董事长职责，代行期限3个月。据《财新周刊》的报道，密春雷2021年12月底被公安机关带走。

保险抗疫：平凡亦英雄

疫情重击了股市和经济。

2020年1月29日港股新春开市，上午9点半一开盘，香港恒生指数裂口低开848点，跌幅超过3%，全日收跌2.82%，蓝筹股全线尽墨，港股市值最大的上市公司阿里巴巴下跌3.36%。这一天，港交所主席史美伦和行政总裁李小加分别戴着口罩参加开市仪式。

为稳定市场信心，2月1日，央行、财政部、银保监会、证监会、外汇局五部委联合发布《关于进一步强化金融支持防控新型冠状病毒感染肺炎疫情的通知》，出台30条举措，重点加大货币信贷支持力度，保持流动性合理充裕。

金融监管部门要求金融机构对小微企业，不得盲目抽贷、断贷、压贷，受疫情影响严重的企业到期还款困难的，可予以展期或续贷。

保险行业责无旁贷。

1月21日，泰康的创始人陈东升致电武汉市政府领导，当即捐赠1000万元，并为武汉医护人员赠送特别保险，驰援武汉抗击疫情。

"我是湖北人，是武汉大学毕业的，所以武汉也算是我的家乡。这座城市是英雄的城市，做了巨大的牺牲，我作为一个湖北人，每每看到那些镜头，都会流下眼泪。"陈东升如此说。

对于武汉大学和武汉这座城市，陈东升是有感情的。30多年前，即将大学毕业的陈东升，在武汉大学珞珈山山顶搞了一个"小破坏"，花3天刻下一个"始"字。

"我回到天门，找到一家石匠铺，学了半天，花了10多块钱买了一堆刻石头的工具，从天门坐公共汽车4个小时到了武汉，再从江汉路转车到武昌码头，我记得很清楚，1毛2分钱，坐12路公共汽车到武大附近，再走到宿舍，第二天和宿舍同学上山顶刻字，花了整整3天的时间在一块石头上刻下了一个大大的'始'字，寓意'千里之行，始于足下'。"

这次抗疫，陈东升出了力。

1月27日，这笔1000万元的善款就通过泰康溢彩公益基金会拨付给武汉慈善总会；同时，为缓解医疗物资短缺的燃眉之急，泰康紧急采购防护物资，分批运至武汉及湖北省其他地市级医院。

2月13日，陈东发布《发动泰康力量支持一线抗疫的动员令》，号召整个集团的全体干部员工，发动一切力量和资源，驰援同济医院、驰援武汉、驰援湖北。

不仅如此，陈以其个人的声望，在亚布力中国企业家论坛、武大校友企业家联谊会、楚商联合会等各大微信群里，轮番"奔走疾呼"。

在保险行业的抗疫中，一些平凡的英雄，亦让人感动。

片段一，逆行雷神山。

沈欢欢，1988年出生，平安人寿东莞中心支公司的一名保险代理人。

1月27日，大年初三中午，武汉封城第五天。沈欢欢提前结束了自己的春节假期，和同乡好友毅然选择"逆行"，奔赴雷神山医院建设一线。

"那时在家里不能出门，就想出去做点事，看到武汉雷神山医院建设需要人手，就报了名。"成为代理人之前，他有6年多的家装水电工经验。

沈欢欢的决定遭到了父母、妻子的反对，他的儿子再过几天就要过10岁生日。

最终，沈欢欢说服了家人，1月27日下午3点，沈欢欢到达了雷神山医院工地。

当天晚上7点多，沈欢欢接到任务，赶到工地现场熟悉工程进度和工种情况，并配合做一些杂活，一直到1月28日早上7点多，沈欢欢才回到宿舍。

刚闭眼一个多小时，来自恩施的另一支建设团队抵达了工地现场，需要尽快熟悉现场情况，前一晚看了很多现场图纸的沈欢欢正是合适人选，于是他又马上赶往工地现场为工友们介绍情况。

沈欢欢在给工友们介绍完情况后，又主动加入工地建设中，这一待又是一天一夜。直到1月29日晚上9点半，沈欢欢才结束工作回到宿舍。从1月27日至1月29日整整2天，沈欢欢仅睡了1个小时，其中有30多个小时处于连轴工作状态。

"那时并不觉得累。"沈欢欢说，大家的热情特别高涨，特别感恩那支恩施的团队，他们开了三四十个小时的车到达武汉，一到工地就开始了解工作内容，开始干活。

武汉火神山医院和雷神山医院的建设时间紧，任务重，工人们都是每天两班倒，人歇工不歇。由于工地事务繁重芜杂，沈欢欢不仅做了水电工种，还参与铺设管道、填挖坑洞、卸货等工作。

"武汉的冬天到了深夜就开始打霜，湿冷浸到骨子里，那种情况下最害怕感冒，所以一刻不敢停下来，一停会犯困。"

后来由于参与雷神山医院建设的工友越来越多，基本上每天都能有6小时左右休息时间，沈欢欢回忆。

2月2日下午，沈欢欢和小伙伴们结束雷神山建设任务后返回了湖北随州。

"我只是做了一点小事，感觉挺不好意思的。"接受媒体采访的时候，沈欢欢谦虚说道。

片段二，空城出行办保险。

2月1日下午，中邮保险向武汉市参与一线抗疫的医护人员捐赠新冠肺炎病毒保险的方案确定了，按照要求必须在当日完成保险承保工作。

中邮保险市场经营部的庞鑫接到了这个任务，告别家中可爱的孩子，离家赶往公司。

"街上空荡荡的，看不见车辆，除了风中飘来的若有若无的电子喇叭声，不断重复播放要求居民在家抗疫隔离的广播，路上看不到一个人影。"

到达之后便开始干活，一直到深夜。

"晚上11点45分，随着最后一笔承保信息输入系统，收工！回到家，已是第二日凌晨，大宝、二宝都已经睡着了，手机里传来一条好消息：仅用10天时间，火神山医院，完工！"

片段三，保险医院火线揭牌。

武汉抗疫的关键时候，一家保险系医院战地揭牌。2月14日，泰康同济（武汉）医院（简称"泰康同济"）正式揭牌。之前的2月10日，泰康同济开始接收首位新冠肺炎患者。

如果按照原定计划，这家医院要到当年4月才会正式投入运营。彼时，湖北新冠疫情进入攻坚期，医护人员与治疗床位均存在较大缺口，泰康保险集团通过多种渠道，主动向武汉市委市政府请战，终于获得批准，泰康同济提前投入使用。

泰康同济与军队援鄂医疗队一起齐心协力，共抗疫情。直到4月5日，泰康同济新冠患者全部清零，在不到两个月的时间里，该医院一共收治2060名患者，军、地、民携手打了一场抗击疫情的胜仗。

这家医院是由泰康保险集团投资近40亿元，与华中科技大学同济医学院附属同济医院合作管理，按照三甲标准和国际一流水平建造的大型高品质医疗中心。

根据不完全统计，在抗疫过程中，保险行业有超过 70 家保险公司向抗击疫情的医护人员及家属、疾控人员赠送意外险、定期寿险等多种保险保障，总保额约 9 万亿元。还有超过 35 家人身保险公司在不增加保费的情况下，将 400 余款意外险和疾病险责任范围扩展至包含新冠导致的身故、伤残和重疾的赔付。

根据监管的统计，"（保险行业）充分发挥保险保障机制作用，适当延长湖北地区交强险和商业车险保单期限，将意外险、健康险等产品保险责任范围扩展至新冠肺炎，适当降低受疫情影响严重区域、行业和企业工程履约保证险等保险费率，保险业疫情专属保险理赔金额达 4.9 亿元"。

至此，可为保险行业的抗疫工作和贡献画上一个分号。

武汉"解封"之后，4 月 27 日，陈东升带领亚布力中国企业家论坛的 14 名代表抵达武汉，成为疫后最早一批到访武汉的中国民营企业家组织。同年 8 月 12 日，2020 亚布力中国企业家论坛·武汉特别峰会召开，陈东升与刘永好、郭广昌等民营企业家为湖北经济发展再添助力。

服务"一带一路"，再保"拼团"共同体

服务"一带一路"的国家倡议，保险行业能够做什么？"一带一路"再保险共同体给出了一份答卷。

2020 年 7 月，经过 3 年多的酝酿，"一带一路"再保险共同体正式成立。"一带一路"再保险共同体由中再集团、中再产险、人保财险、人保再保险、太保财险、平安财险、国寿财险、中华联合、太平财险、中银保险、华泰财险 11 家机构共同发起设立。其中，中再集团总裁和春雷担任"一带一路"再保险共同体主席。

"一带一路"沿线国家中，中等风险级别国家占绝大多数，区域绝对风险水平处于相对高位。"一带一路"涉及的大型基础设施建设项目，往往存在政治风险、经济风险、巨灾风险、法律风险与信用风险等多重风险因素。承保难度大，单一公司风险大，国际再保险分保困难，"无人可保""无人敢保"的现象时有发生。

再保险共同体的成立，尝试解决这个问题。

11 月，共同体扩容。11 月 18 日，共同体召开第二次成员大会。此次会议上，又有 9 家保险机构加入共同体，包括大地保险、阳光财险、华安保险、永安保险、紫金保险、永诚保险、鼎和保险、太平再保险（中国）、汉诺威再保险股份公司上海分公

司等，兼容了各种类型的机构。

12月，共同体承保了首单政治暴力险业务——三峡巴基斯坦第一风力发电项目，提供运营期政治暴力风险保险保障。该项目是"中巴经济走廊"能源项目合作的典范，是巴基斯坦国内首批建成投产的风电项目和标杆项目。

政治暴力保险是共同体经营的4个险种之一。根据中国企业参与"一带一路"项目风险管理的需求，共同体推出了政治暴力保险、含延期完工责任的建筑安装工程保险及附加险、含延期完工责任的工程项目货物运输保险及附加险、恐怖主义险。

截至2021年6月30日，共同体已经为10余个中国境外利益项目提供了风险保障，保障境外资产总规模超100亿元人民币。

除了中资再保险抱团出境之外，外资纷纷加大了在中国市场的投入。

这一年的5月，德国汉诺威再保险股份公司上海分公司将注册资本由25.45亿元增加至41.05亿元。不到一年时间内，该公司连续增资。2019年9月，该公司曾将注册资本由15.45亿元增加至25.45亿元。

2020年4月，瑞士再保险公司北京分公司注册资本由3亿元增加至13.55亿元。

之前的2019年12月，大韩再保险公司上海分公司开业，境内外资再保险公司达到7家，超过中资再保险机构。2019年11月，德国通用再保险公司上海分公司注册资本由3亿元增加至4.39亿元。

赶在业务监管之前，抢先储备好资本的弹药——外资公司还是有预见性的。

翌年，再保险业务迎来监管的调整。2021年5月，银保监会发布《再保险业务管理规定（征求意见稿）》，公开征求意见。

《再保险业务管理规定》诞生于2005年，其后几乎保持了每5年修订一次的频率，2010年、2015年各自修订一次，如今迎来第三次修订。2015年版本最大的变化之一，就是增加了对于再保险业务的战略管理内容："保险人应当制定再保险战略，明确再保险在公司风险和资本管理战略中的作用。再保险战略应包括再保险安排的目的、自留政策、分保政策、风险管控机制等内容。"

作为全球第二大的自保市场，再保险业务的春天或许才刚刚开始。

险资梦断蚂蚁上市

这一年，一家公司的上市牵动金融市场的神经。保险公司股东们（国寿、人保、太保和新华等）纷纷翘首以盼一次巨大而成功的私募股权投资！

7月20日，蚂蚁集团，这家中国最大的金融科技公司，宣布在科创板及港股同步上市。8月14日，蚂蚁集团提交材料在浙江证监局进行上市辅导，7天后蚂蚁集团就向证监会提交了H股发行上市材料，这意味着上市辅导基本完成（见图25-1）。

"此前中芯国际（688981.SH）的上市速度是非常快的，但是其辅导期也有一个月。"

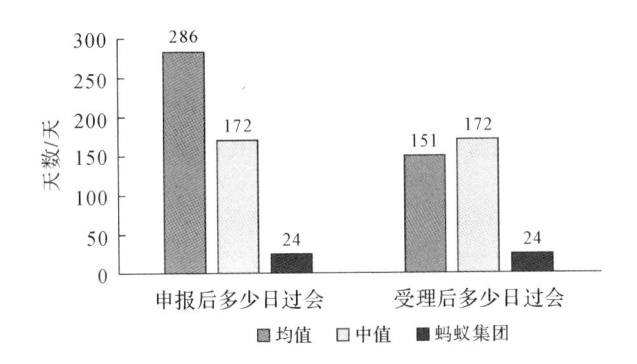

图25-1　蚂蚁集团vs科创板173家上市公司上会速度

数据来源：公开资料整理。

8月25日，沪、港交易所同时公布了蚂蚁集团首次公开募股（IPO）的招股书。这样的进展再次刷新A股发行纪录。

根据招股书，这家超级独角兽公司，2020年上半年的收入和利润数据好得惊人，让金融机构和互联网巨头望尘莫及！蚂蚁集团2020年上半年实现营收725亿元，同比增长38.0%，其中95.6%来自中国内地。2019年实现营业收入1206亿元，同比增长40.7%；净利润为170亿元。收入主要来源于数字支付与商家服务、数字金融科技平台、创新业务及其他收入三部分，其中第一和第二最为重要。

第一，数字支付与商家服务。收入主要为公司在交易过程中按照交易规模比例收取服务费用。2019年平台支付交易规模达到111万亿元，同比增长22.4%，使公司实现数字支付业务收入519亿元，同比增长17.0%。

第二，数字金融科技平台。包括微贷科技平台、理财科技平台和保险科技平台三部分。微贷科技平台收入主要为公司按照金融机构等合作伙伴相应获得利息收入的一定比例收取技术服务费，2019年底平台促成的信贷余额为2.01万亿元，同比增长92.6%，实现微贷科技平台业务收入419亿元，同比增长86.8%。理财科技平台收入主要为公司按照金融机构合作伙伴实现资产管理规模的一定比例收取技术服务费，2019年底平台促成的资产管理规模为3.40万亿元，同比增长25.4%，实现理财科技平台业务收入170亿元，同比增长22.1%。保险科技平台收入主要为公司按照平台促成金融机构合作伙伴相应收取保费的一定百分比获得技术服务费，或按照相互宝项目参与用户支付的分摊金额的一定百分比获得技术服务费。2019年底平台促成的保费及分摊金额为375亿元，同比增长158.6%，实现保险科技平台业务收入89.5亿元，同比增长107.4%（见表25-3）。

表25-3　蚂蚁集团特色的业务数据

10亿人以上 支付宝App年度活跃用户	8000万家以上 支付宝App月度活跃商家
7.11亿人 支付宝App月度活跃用户	7.29亿人 支付宝App数字金融年度活跃用户
2000家以上 金融机构合作伙伴	200个以上 接受线上支付服务的国家和地区
118万亿元 数字支付总支付交易规模	1.7万亿元/0.4万亿元 微贷科技平台促成的消费信贷/小微经营者信贷余额
4.1万亿元 理财科技平台促成的资产管理规模	518亿元 保险科技平台促成的保费及分摊金额

数据来源：蚂蚁集团招股说明书。

如果蚂蚁集团能够上市，市值将突破2000亿美元。国内互联网公司之中，这一体量仅次于阿里巴巴和腾讯两个超级巨头。而且这是一家2014年才组建的新公司！

2014年10月，起步于支付宝的蚂蚁金融服务集团（后去金融化，更名为蚂蚁集团）正式成立，布局消费金融、征信体系、保险产品以及AI（人工智能）、区块链等前沿技术（见表25-4）。

表25-4　蚂蚁金服的特色业务

支付	理财	保险	借贷	信用
支付宝	余额宝 蚂蚁聚宝	蚂蚁保险服务 相互保（宝）	网商银行 蚂蚁花呗 蚂蚁借呗 招财宝	芝麻信用

数据来源：蚂蚁集团招股说明书。

其成长脉络如下:

2004年成立支付宝,2014年组建蚂蚁金服,2020年更名为蚂蚁集团。蚂蚁集团历史上曾经有3次重大融资(见表25-5),公司实际控制人为马云。

表25-5 蚂蚁集团历次融资和估值(不完全统计)

日期	轮次	交易金额	投资方	估值	比例
2014年4月15日			建信投资、人保资本		
2015年5月1日		2.19亿元人民币	海尔资本		
2015年7月6日	A轮	120亿元人民币	云锋基金、中国太平洋人寿保险股份有限公司、全国社保基金、中邮资本、新华保险、春华资本Primavera、中国人民保险集团、金浦投资、中国人寿、国开金融	450亿美元	
2015年9月5日	战略融资	未披露	中邮资本		
2016年4月26日	B轮	45亿美元	中投公司、中邮资本、汉富资本、天岑投资、中金甲子、春华资本、国家开发银行、易方达资产管理、建信信托、中国人寿、国开金融	750亿美元	6%
2018年2月1日	战略融资	未披露	阿里巴巴		33%
2018年6月8日	Pre-IPO	140亿美元	Temasek淡马锡、加拿大养老基金CPPIB、马来西亚国库控股、GIC新加坡政府投资公司、General Atlantic泛大西洋投资、银湖资本、凯雷投资、华平投资等	1555.56亿美元	9%
2018年6月23日	战略融资	16亿元人民币	太平洋人寿		
2018年7月5日		未披露	中金祺智投资		

数据来源:天眼查、公开数据整理。

支付宝创立初期主要是为了服务淘宝电商平台，解决消费者和商家之间线上交易的信任问题。后续通过布局线下扫码等拓展支付场景、扩大支付规模及业务范围，截至 2020 年 6 月末，支付宝月活跃用户数 7.11 亿人，为仅次于微信和手机淘宝的第三大应用产品。

当时市场普遍预计，如果市场条件有利，蚂蚁集团此次 IPO 有望超越全球最大石油生产公司沙特阿美 2019 年创下的 256 亿美元的融资纪录。

如果按照这个预期上市，蚂蚁集团的市值（约 2000 亿美元甚至 2500 亿美元，这个数字和杭州市年度 GDP 相差无几）可能超过美国银行（约 2000 亿美元），并达到花旗集团（900 亿美元）的两倍多。

根据彭博数据，在此次 IPO 后蚂蚁集团有望成为仅次于 J.P. 摩根、工商银行、美国银行的第四大市值的全球金融上市公司。

这是一场超级财富盛宴！

国内机构股东方面，蚂蚁集团囊括多家重要国有背景投资机构，包括全国社会保障基金理事会、中国投资有限责任公司、国家开发银行、中国邮政集团、中国人寿保险（集团）公司、上海国际集团公司、易方达基金等。

其中，全国社会保障基金理事会、中国人寿等多家国资股东均是在 2015 年 A 轮融资时引进，全国社会保障基金理事会还获得了 20% 的特殊折扣价入股 5%。

另有 5 家上市的国有控股金融机构也是蚂蚁集团的股东，分别是：中国建设银行、中金公司、中国太平洋保险、中国人民保险和新华保险。

如果成功上市，蚂蚁集团是全球最大规模的 IPO 之一，将会为投资其中的保险资金带来巨额回报！

不仅是机构，普通人也希望参与其中，分享这场国民盛宴。

机会终于来了。

9 月 23 日，5 只战略配售蚂蚁基金正式获批。易方达、汇添富、华夏、鹏华、中欧 5 家基金公司与蚂蚁集团签署了战略投资者认股协议，将推出以发行价认购蚂蚁股票的新基金，封闭期 18 个月，每只产品限额 120 亿元，并将于 9 月 25 日发行。5 只新基金将顶配 10% 的蚂蚁股份，投资者可 1 元打新。

特别的是，上述 5 只基金仅在蚂蚁集团旗下的第三方基金销售机构——支付宝和基金公司的直销平台上进行销售。只此一家，别无分店。

1 元就参与蚂蚁打新，多么诱人！抢购是预料之中，网民的热情还是超越了预期。

9 月 25 日凌晨，基金刚开卖就遭疯抢，2 分钟就卖出 10 亿元。仅 1 小时，5 只基金合计卖出 102 亿元。零点刚过，支付宝中的五大基金公司重磅新发主界面上正式显示累计关注人数的滚动数据，不到 1 分钟时间，累计关注人数就已达到 4.9 万人次。10 分钟左右的时间，已经有超过 30 万人购买。

9 月 25 日上午 9 时 45 分左右，支付宝平台上关注该批基金的人数接近 200 万人。截至下午 4 点，支付宝平台显示关注人数已经超过 300 万人，5 只产品中，易方达创新未来基金已经售罄，其余 4 只仍在热卖中。

由于发售渠道仅限于基金公司直销和支付宝平台代销，而作为传统理财产品销售主力的银行被排除在了销售渠道之外，这一做法引发了银行强烈的不满。银行纷纷在内部微信群里，打响了所谓"资金保卫战"！

万事俱备，只欠东风。

2020 年 10 月 21 日晚，证监会同意蚂蚁集团科创板 IPO 注册，随即蚂蚁集团刊登招股意向书并启动了超密集的路演发行上市时间表。

2020 年 10 月 24 日晚，蚂蚁集团确定发行价为 68.80 元，如果全额行使超额配售选择权，A+H 股募集资金总额将达到 1321.86 亿元，是全球史上最大规模的 IPO。

上市挂牌指日可待。

然而，反转突然出现。

10 月 24 日，中国金融四十人论坛（CF40）在上海举办第二届外滩金融峰会，邀请了马云出席并发表演讲。这场 21 分钟的演讲未来将改变很多事情。

外滩金融峰会之后，至少蚂蚁集团的上市被紧急踩下了刹车。

11 月 2 日，中国人民银行、中国银保监会、中国证监会、国家外汇管理局对蚂蚁集团实际控制人马云、董事长井贤栋、总裁胡晓明进行了监管约谈。

11 月 3 日晚，蚂蚁集团发布暂缓上市公告，上交所发布暂缓蚂蚁集团科创板上市的决定。

11 月 5 日晚，本是蚂蚁集团计划上市的时间，蚂蚁集团发布暂缓发行公告，并于 11 月 6 日启动退款程序，退还全部募集资金，蚂蚁集团 IPO 正式暂缓。

余波未了。

2021 年 3 月 12 日，蚂蚁集团 CEO 胡晓明辞职。

2021 年 4 月 2 日，同为金融科技概念的京东数科撤回了科创板 IPO 申请。

2021年4月16日，证监会修订科创板科创属性评价指引，上交所修订了科创板发行上市申报及推荐暂行规定，进一步明确科创属性相关要求，并将金融科技、模式创新企业列为限制类范围。

对于普通的基民而言，一场打新盛宴没有了，日子又回到平常，该喝喝，该吃吃。

▶ 黄奇帆评蚂蚁金服

蚂蚁集团到底是怎么回事？

全市场有一个明白人能够把蚂蚁的故事讲得清楚，这个人就是黄奇帆。

阿里巴巴能在重庆设立网络小贷公司（花呗和借呗业务的持牌主体），和被称为"金融市长"的黄奇帆有直接的关系。

在其所著《结构性改革：中国经济的问题与对策》一书中，黄奇帆讲了如下的故事。

2013年的时候，我遇到马云，他在我办公室跟我说，他想成立一家网上小贷公司。但是由于当时浙江省小贷公司在民间贷款中坏账很多，全省正在清理整顿小贷公司，他的网络贷款商牌照批不下来。我跟他说，互联网贷款公司只要不做P2P业务，而是利用互联网产业链的场景，获取企业信用信息，以自有资本金和规范的融资资金对客户提供小额贷款，重庆市就能批准。

阿里小贷在重庆注册以后，腾讯、百度等中国前十家互联网公司的小贷公司也相继在重庆注册。目前中国互联网小贷贷款余额有1万多亿元，重庆注册的这一批公司形成的余额近5000亿元，约占全国互联网小贷余额总量的50%。

2017年9月、10月，由于业务发展过快，资本金没有及时跟上，阿里小贷遇到金融资管整顿。

（这个）问题出在ABS（资产支持证券）发行上，证监会没有规定ABS的贷款资产可以循环多少次，蚂蚁金服把30多亿元资本金通过2.3倍的拆借融资形成了90多亿元网上小额贷款，又利用一个金融工具ABS，将贷款余额拿到证券市场，发行成为ABS债券，就可以循环发放贷款，往往几年里这样循环了40次，造成了30多亿元资本金，发放3000多亿元网上小贷，形成了上百倍的高杠杆。（因为）证交所之前没有规定ABS循环的次数，企业也没有违规。

老规矩遇到了新问题。

怎么办？黄奇帆提出了自己的解法。

基于此，我提了三个建议，一是网贷公司的ABS不应无限循环，可以约定周转次数不超过4次；二是贷款资本金放大2.3倍不变，两个环节叠加杠杆比在10倍左右，30亿元资本金也就能放300多亿元贷款；三是蚂蚁金服在重庆的贷款公司，资本金分3年从30多亿元增加到300亿元。

2018年底，蚂蚁金服的花呗、借呗两个小贷公司的资本金已注入充实到了300多亿元，贷款余额也达到了1600多亿元，年利润达到40多亿元。

这件事的结局是皆大欢喜的，监管部门健全的体制机制，解决了高杠杆风险，重庆地区增加了几百亿元金融企业的资本金，蚂蚁金服贷款公司得以恢复运转。

对于金融本质的认知，黄奇帆遥遥领先。

他用"三句话归纳金融本质"，这三句广为流传的话是"为有钱人理财，为缺钱人融资""信用、杠杆和风险""为实体经济服务"。

2018年7月，在上海交通大学上海高级金融学院举办的"2018年毕业典礼暨学位授予仪式"上，他解释了这三句话。

解释第一句话时，黄奇帆认为，金融归根到底是中介服务，比如银行，一头揽储、一头放贷，赚取的是利差，分散的是风险，充当的是桥梁。再如保险，人在健康、安全时购买，遇到意外时救急，实际是构筑了一种财务平衡，保险公司则运用保险资金为企业提供融资。又如证券，上市公司发行股票筹集资金，广大股民购买股票博取收益，也是为资金的供需双方搭建通道。

对于第二句话"信用、杠杆和风险"，黄奇帆表示，信用是金融的立身之本，是金融的生命线。金融机构本身要有信用，向金融机构融资的企业也要有信用，没有信用就没有金融。信用是杠杆的基础，一旦有信用，就有透支，透支就是杠杆，银行存贷比、期货交易、股票市场融资融券等，都是一种杠杆比。一切金融创新的本质都是放大杠杆比，但杠杆比过高就会产生风险，而防范金融风险、解决金融危机就要"去杠杆"。"信用、杠杆、风险"三者之间相互作用、相互影响，信用高的风险就低，杠杆比一般也不会太高；杠杆比高的信用就低，风险也会相应较高，金融的精髓就是把握好三者的"度"，设计一个信用可靠、风险较小、不容易坏账的杠杆比。

> 对于第三句话"为实体经济服务",黄奇帆认为,这是所有金融工作的出发点和落脚点。实体经济是金融发展的"母体",金融在现代经济中的核心地位只能在服务实体经济的过程中体现出来,如果不为实体经济服务,金融最终就会成为无源之水、无本之木,所谓"百业兴,则金融兴;百业稳,则金融稳"。
>
> 这次毕业典礼上,黄奇帆还分享了一个关于邓小平同志的故事。
>
> 1991年2月18日,大年初四,小平同志到浦东视察。在听取时任上海市委书记朱镕基同志汇报时,老人家讲了一段振聋发聩的话:"金融很重要,是现代经济的核心,金融搞好了,一着棋活,全盘皆活。上海过去是金融中心,是货币自由兑换的地方,今后也要这样搞。中国在金融方面取得国际地位,首先要靠上海。(实现)这个要好多年以后,但是现在就要做起。"
>
> 黄奇帆真是一个明白通透的人。离开政府岗位之后,他重新回到市场,对于从政和治学,黄奇帆也是豁达通透的,"市长只是个职务,经济学者是终身的"。

安邦接管回头看

2020年2月22日,银保监会依法结束对安邦集团的接管。

根据监管的信息,截至2020年1月,基本完成世纪证券、邦银金融租赁、和谐健康保险等非核心金融牌照处置。

其中,世纪证券是安邦被接管后最早剥离的资产,2018年5月,其91.65%的股权被挂牌转让,转让底价约35.6亿元,最终由厦门国贸和前海金控全面接盘。

2018年11月,邦银金融租赁30亿股股份在上海联合产权交易所挂牌转让,占总股本的100%,作价47.35亿元。最终,这块金融租赁牌照由中原银行拿下。

2020年3月,和谐健康保险变更股东。受让方共有5家,分别为福佳集团、南京扬子国资投资集团、珠海大横琴投资、金科地产集团、良运集团。其中,福佳集团持股51%,成为最大股东。

有媒体的信息称,福佳集团是以190亿元的报价,击败碧桂园等多路竞争者,最终成为和谐健康保险的控股股东。福佳集团是辽宁纳税贡献最大的民营企业之一,是辽宁省民营企业前五强。福佳集团的老板王义政军人出身,而后转业从商。2008年,王义政以20亿元身家位列胡润百富榜第406名。但是对于这次股权变化,监管似乎有所保留。因为王义政的任职资格长期未能获得监管部门核准，和谐健康保险的董事长、总经理职务长时间处于空缺状态。

实施接管近两年来，监管部门和接管小组排雷卓有成效。其中最敏感的风险之一是，安邦集团在 2015 年至 2017 年上半年期间，销售了超过 1.5 万亿元的中短存续期理财保险产品，2018 年至 2020 年初出现满期给付和退保高峰。

承接安邦保险主体业务的大家保险，成为处置这一风险的责任人。

"大家保险指定专门责任人，成立独立团队，专项开展存量保单的兑付工作。通过 95569 短信、电话、官网、微信、柜面、定向对合作机构出具告知函等途径，完成近 600 万有效客户的全覆盖告知，主动向客户提供信息提示、保单满期提醒等累计 1250 万人次，接受退保咨询 13 万人次。针对由于客户自身原因而未完成给付的，公司成功与 1039 位长期失联客户取得联系，并快速简化操作流程，方便客户线上提交资料、申领满期金。"

安邦落幕，大家新生。

2019 年 6 月，中国保险保障基金有限责任公司、中国石油化工集团、上海汽车工业（集团）总公司共同出资设立大家保险集团，注册资本 203.6 亿元。新生的大家保险拥有寿险、财险、养老险、保险资产管理牌照和不动产基金牌照，还拥有保险销售代理、保险经纪以及支付等牌照，集团分支机构网点众多，横向覆盖到全国 31 个省（区、市），纵向延伸到各级县域机构。

大家保险成立后，坚定回归保险保障定位，彻底摒弃原安邦集团投资型公司的发展模式，持续推动业务转型。

第一，寿险公司保障期限 5 年及以上的产品规模占比提升到 75% 以上，较原安邦人寿以中短期产品为主的负债结构明显改善，银保期交长期型业务从零起步，2019 年实现保费收入 55.7 亿元。

第二，财险公司 2019 年实现保费收入 43.4 亿元，承保质量持续改善，综合成本率大幅下降 12 个百分点，经营性现金流转正。

第三，养老险公司专注个人养老保障业务，2019 年业务规模累计达到 445 亿元。

第四，资管公司 2019 年实现总投资收益率 8.62%，投资结构持续改善。

公司的发展方向上，大家保险确立健养、创新、不动产三大赋能板块。其中，健养板块布局健康、养老、医疗领域，以城市核心区高品质养老机构为主，辅以特色化的城郊持续照料退休社区（CCRC），打造多层次的康养产品线，提供"康养服务 + 医疗服务+保险服务"的一站式健康生活解决方案。

大家保险计划率先布局京津冀、长三角、珠三角等老龄化程度高的地区，通过3至5年初步完成覆盖全国重点城市的多层次健康产业生态布局。

伴随业务的转型，大家保险的高管团队集结完毕。

5月29日，大家保险集团提名推荐，原保监会发改部主任、安邦集团接管组组长何肖锋为大家保险集团董事长人选，银保监会办公厅副主任孙先亮被推荐提名为集团监事长人选。

随着何、孙二人的拟任到位，大家保险集团及其下属的产、寿、养老、资管四大业务子公司管理层已基本配齐。

集团层面，太保寿险原董事长徐敬惠出任大家保险集团总经理，太保集团原首席数字官杨晓灵、太保寿险原副总经理兼财务负责人王莺任集团副总经理，同时王莺还兼财务负责人，集团总精算师则由光大永明人寿产品精算部原经理邹辉担任。

业务公司层面，大家人寿的总经理系集团副总经理杨晓灵。公开资料显示，杨晓灵1991年加入太保，历任太保寿险上海分公司部门经理、总经理助理、副总经理，太保寿险总公司核保核赔中心副主任，太保寿险北京分公司总经理，太保集团战略企划部总经理。2011年3月任太保寿险副总经理，后任太平洋人寿常务副总经理，集团首席数字官。

大家财险总经理由施辉出任。公开资料显示，施辉曾任中国人保云南分公司国际部总经理，华泰财险云南分公司总经理、广东分公司总经理，华泰财险总公司个险总监，电子商务事业部CEO，总经理助理，合众财险总经理等。

大家资管总经理则由公募老将、民生加银基金管理有限公司原总经理吴剑飞担任。平安医疗健康原副总经理贺宁毅也在近期拟任大家养老总经理。

处置安邦集团的风险，可以归结为"三步走"：资产"瘦身"、业务重整、"引战"（引进战略投资者）重组。此时，已经走到了最后一步，战略投资者基本锁定。

"2019年下半年以来，在中金公司、瑞银集团两家财务顾问的协助下，大家保险集团按照市场通行流程和标准，广泛征询潜在投资人意向。"

"经过市场推介、尽调反馈、多轮投标等程序，已基本锁定社会投资人，将在交易协议签署后，报送银保监会审批。"

对于安邦海外资产部分，大家保险亦给出处理的框架。

"卖一部分。"部分需要战略出售的海外资产，本着公开透明、公平竞争的原则，采取聘请专业机构公开出售的方式进行处置。

"接一部分。"部分可以协同集团保险主业的资产，本着长期持有的原则持续对国内保险业务进行赋能。如集团拥有的加拿大 RC 养老项目，在加拿大拥有 23 家养老院，拥有世界领先的养老与保障经验，无论是从养老体系认证培训，还是精细化操作管理上都能够为集团的健养板块建设提供有力借鉴。

"特别对待一部分。"例如具有标志性意义的纽约华尔道夫酒店改建工程正按计划稳步推进，项目各项建筑工程施工业务已全面铺开。新的纽约华尔道夫酒店将拥有 375 套全新豪华客房，并于 2021 年年中预营业。与此同时，375 套纽约华尔道夫公寓现已开盘销售，集团聘请了美国当地地产经纪公司道格拉斯·艾丽曼（Douglas Elliman）和国际销售地产经纪公司莱坊（Knight Frank）共同为项目寻找全球高资产净值买家。

安邦落幕之际，《财新周刊》的值班主编凌华薇写了一篇评论，回顾和反思了安邦事件。

> 凌华薇写道：
>
> 2017 年 6 月，决策者决定着手处置安邦乱象，拨乱反正。当监管人员随特警一起突破吴小晖令下的保安人墙，进入位于建国门外大街的安邦保险大厦时，恐怕并没有预料到，在 2018 年 2 月 23 日正式接管安邦后，会遭遇更多的复杂和困难。
>
> 凌华薇认为：
>
> 吴小晖在安邦主事期间，不仅自我放大所谓背景来压制交易对手，巧取豪夺资产和项目，搅乱正常的市场秩序，更重要的是无视金融发展的基本规律，高度依赖银保渠道吸纳巨额短期公众资金，再以并不专业的手法，投资海内外的长期项目，购入大量股票、土地、海内外金融机构股权、海内外房地产项目，造成了严重的期限不匹配和巨大的风险累积。由于缺乏分散化、安全投资的基本理念，投资往往过于集中，无法应对近年来的市场波动，造成账面严重浮亏，反而变成了缺乏流动性的有毒资产。
>
> 对于安邦的风险，中国人民银行原行长，中国金融学会会长周小川，在其"防范和化解金融风险"研究课题中，对于"公司治理和金融稳定的关系"提出了自己的研究观点（文章发自《中国金融》2020 年第 15 期）。

周小川认为：

关于挪用其他资金作为资本金，安邦系做得非常明显。它通过掌握的成都农商行等几家金融机构，把其他的资金包括存款资金、信贷资金设法转为资本金。此外，正好保险业有一个特点，就是保费可以用于投资，于是这些资金也在集团内部交叉投资，最后也变成资本金了。资本金增加以后继续加大杠杆，膨胀进一步加快。华信集团也有类似的做法。至于明天系，可能是一个规模更大、更加系统的实体经济和金融机构混合在一起的模型。

周小川分析：

如果观察这几个出问题的公司，明天系、华信系、安邦系等，也包括正在"瘦身"的海航集团，从公司治理的角度看，它们的高速膨胀明显存在巨大的缺陷：公司管理上没有公司治理的基本架构，或者有也不发挥作用，很多都没有正常决策程序，都由少数人、家族中几个人或领头人说了算；财务上没有内审机构，也没有正常外部审计，各种会计科目随意挪用或乱用等等。总之，距离我国《公司法》以及相关监管部门对上市公司、金融机构要求的公司治理原则和准则都差得很远，与国际实践、2015年我国赞成的《二十国集团／经合组织公司治理原则》也相去甚远。

最终，旧的安邦集团将依法注销，清洗干净的资产与牌照，将在新成立的大家保险走向重生，迎来新一波多元化的合格股东。……而"安邦—大家"模式，已成为当前处理问题金融机构的重要模板之一。

凌华薇最后写道："这，应该就是答卷。"

任汇川、李源祥：追寻第二人生

3月，一个年轻的老将离开了平安。

这个人就是任汇川。3月16日，中国平安发布公告称，任汇川因个人身体原因辞去公司执行董事、副董事长职务。

"作为一名28年司龄的老员工，能参与和见证平安自深圳起步到屹立世界的历程，我感到无比自豪。长时间奔跑后，我希望歇一下，用一段时间休养调理，拿出更多时间陪伴家人。"

任汇川是平安年轻的老将。如果将其人生分两半，一半属于平安，一半属于未知的新世界。

1992年，任汇川加入中国平安，在平安产险、平安信托和集团等多个岗位担任管理职务，并先后出任集团公司副总经理、总经理、副董事长等。2011年3月至2019年12月，任汇川担任中国平安总经理一职。

离开，开启的是第二人生。无论苦难或者辉煌，皆不负少年！

2018年、2019年，平安集团连续调整最高层架构。

2018年12月，借鉴全球公司治理最佳实践，平安在执行委员会"执行官负责制"基础上，增设三个联席CEO岗位（即董事长和总经理之间，增设三大联席CEO），由李源祥、谢永林、陈心颖担任，并分管个人客户综合金融业务、公司客户综合金融业务及科技业务。

这背后，平安正逐步进入"金融+科技""金融+生态"战略改革，以及模式转型的深水区和无人区。

2019年12月24日，谢永林接替任汇川出任中国平安总经理。对此，平安的解释是，谢永林出任集团总经理，兼任联席CEO，对公司而言，可有效解决总经理岗位与联席CEO机制之间存在的职责交叉和重叠问题，符合"联席CEO+职能执行官"集体决策机制运作需要。

公开资料显示，谢永林自1994年加入平安，曾先后在保险、银行、投资等业务线担任重要职务，拥有跨系列专业水平、经营能力和经验；陈心颖则在2013年1月加入公司，毕业于麻省理工学院，现任集团联席CEO，统筹管理平安的科技业务。

如果不计算创始人马明哲担任、兼任总经理的时代，谢永林是平安第三任总经理。

谢永林生于湖北新洲农村。1994年，26岁的谢永林南京大学硕士毕业，放弃留校任教和继续读博的机会，进入平安产险江苏分公司。"听说平安底薪高，每月500元，我当时就看中了这个。"

2000年，平安总部董事长办公室招秘书，马明哲想招一位有基层经验的年轻人，亲自面试，给半小时答辩时间。

这是谢永林第一次和马明哲面对面接触。最终，他以3年基层业务员、3年中基层管理经历，以及出色的经营业绩，被选中担任马明哲秘书。

"有一天他开了13个会，我就写了13个会议纪要。"虽然只有两个月，但谢永林对这段短暂的秘书经历极为珍视。

此后，一路奔跑的谢永林连续闯了两大事业关：进入平安证券和平安银行。

2012年9月，平安证券保荐的创业板上市公司万福生科因涉嫌欺诈发行股票被证监会立案调查。平安证券因此被暂停保荐资格3个月，处罚金7665万元，业务陷入困境。

2013年，谢永林空降平安证券任董事长。铁腕治下解旧账，业务创新互联网。此后3年，平安证券利润及营收大幅提升。2015年净利润达到24.8亿元，创历史新高。

马明哲内部评价称，"平安证券打了一场翻身仗"。

2016年，平安银行行长邵平，完成阶段性使命之后辞职，以邵平为核心的民生银行系高管先后出走。

这一年的10月8日，是个周末，谢永林接到马明哲的电话。随后，谢永林再度空降，出任平安银行董事长。

谢永林掌舵平安银行2年之后，在2018年平安集团年中业绩发布会上，马明哲认为"平安银行2年多的转型做得非常好"：第一是业务结构的调整，从对公业务超过三分之二，到零售业务超过三分之二，很不容易；第二是业务质量和品质提升，整个资产质量有了根本性的好转；第三是战略更加清晰，利用科技赋能提升银行经营能力。

这一年，平安银行净利润248亿元。

2018年之后，谢永林步入人生的高峰期，距离那个隐约的高光时刻，似乎越来越近。

对马明哲，他说"做规划和战略，马总超乎常人，别人难以企及"。

对自己，他认为"在执行层面，我还是有一套，我知道如何调动队伍积极性，把大家拧成一股绳干事业"。

作别平安之后，6月5日，任汇川找到了新工作，成为腾讯集团高级顾问。据媒体的报道，"任汇川将在腾讯参与探索发展互联网保险业务"。对比阿里巴巴，腾讯的保险业务，已经落后一个身位。

任汇川跳槽腾讯，是近年来互联网巨头们挖角传统保险公司的一个缩影。

除了任汇川，腾讯还在2014年挖角平安集团原副总、平安数科董事长顾敏，让其出任微众银行董事长；在2017年挖角平安个人健康事业部原总经理尚教研，让其出任腾讯微保副总经理；在2019年挖角平安集团陆金所控股的原首席风控官杨峻，让其出任腾讯FiT（financial technology，金融科技）线风控负责人。

阿里巴巴曾在2015年挖角平安财险团车部副总、个人产品部原总经理李冠如，让其出任蚂蚁金服保险事业群总裁。

在中国，不仅是阿里巴巴和腾讯，几乎每一家互联网公司都有一个金融梦（见表25-6）。

表25-6　新兴互联网公司的金融业务布局

金融业务	网易	百度	小米	360	美团	京东	拼多多	滴滴
支付	网易宝	百付宝	捷付睿通		钱袋宝	网银在线	上海付费通	北京一九付
小贷		上海满易小贷	重庆小米小贷	福州三六零小贷	重庆三快小贷	重庆京东同盈小贷西安京汇长安小贷重庆两江新区盛际小贷		重庆西岸小贷
银行		中信百信银行（持股30%）	新网银行（持股29.5%）、香港天星银行（90%）		吉林亿联银行（持股28.5%）	Livi VB Limited（持股36%）		
消费金融		哈银消费金融（持股30%）	小米消费金融（持股50%）		晋商消费金融（持股25%）			
保险经纪			北京小米保险经纪	广东众康永道保险经纪	重庆金诚互诺保险经纪	天津津投保险经纪		
保险代理								中安风尚（北京）
基金销售		度小满基金销售		和耕传承基金销售（持股90%）		北京肯特瑞基金销售		
财险						京东安联		现代财险（持股37.65%）
保理			小米商业保理（天津）、重庆小米商业保理			上海邦汇		深圳北岸

数据来源：《财新周刊》根据公开资料整理。

在任汇川奔赴第二人生之前，平安已经出走了一位核心高管。

2019年11月，平安联席CEO、首席保险业务执行官李源祥，被"同行"友邦保险挖角。李源祥，这位新加坡英才毕业于剑桥大学，拿到了财政金融硕士学位。

根据友邦的公告，李源祥将由2020年3月1日起任职，友邦保险具有与其续订往后3年服务合约的选择权。李源祥2020年的薪酬将包括846.6万港元的年度基本薪金、198万美元的短期奖励目标及396万美元的长期奖励目标，年度目标总薪酬为702.53万美元，合计4942.2283万元人民币。

除了年薪之外，友邦为了补偿李源祥因为离开平安而失效的长期奖金等，还补偿了2815.11万美元，合计人民币近2亿元。

而平安2018年的年报显示，李源祥的税后收入为840.11万元，缴税617.77万元。

能人有高薪，这是市场化的要义。

2020年6月1日，李源祥担任友邦保险首席执行官兼总裁职务。

16年前，2004年，梁家驹受邀担任平安保险业务首席执行官，李源祥作为梁家驹的爱将一并加入。加入中国平安之前，李源祥曾在英国保诚集团历练多年，先后在中国香港、台湾地区等分公司任职，从2000年起任原信诚人寿总经理。

进入平安之后，李源祥历任平安人寿董事长特别助理、总经理、董事长兼CEO、集团副总经理兼首席保险业务执行官。2013年进入平安集团董事会，任执行董事，2018年底任联席CEO。

2008年，时任平安寿险董事长兼CEO的李源祥即提出"5年超人"计划，并分解为个险新单保费、个险规模保费、总保费分别超越的"三部曲"。到2010年5月，其个险首年规模保费首次超过了中国人寿。

国寿开始反击。

2014年，国寿发生了一件大事——掌舵7年的老将万峰离开，投奔新华保险，林岱仁继任国寿总裁。林岱仁上任后发布一纸军令状——推进个险渠道发展，复兴大中城市。圈定全国100家大中城市作为重点城市，确定个险期交业务与个险人力的"双领先"战略，加大资源倾斜。

2年后，2016年国寿个险反超平安个险。

随后2017年3月的"国寿2016业绩发布会"上，林岱仁宣布：经过2年的努力，当前国寿在全国36个省市分支机构中，已经有18家分公司在市场上实现了个险期交业务与个险队伍的双领先，另有5家已实现单领先。100家大中城市中，有超过50家大中城市实现个险双领先。而未取得领先的一些城市，与竞争对手的差距也在缩小。

2015 年，趁寿险营销员资格考试取消契机，两大寿险巨头上演人力大战。

同年中国人寿营销员增长到 98 万人，一举摆脱多年人力规模停滞的局面，2016 年达到 150 万人、2017 年高达 190 万人。同期平安人力规模分别是 87 万人、110 万人、140 万人。

两家有着百万人力规模的公司，在 2018 年实现开门红，迎来巅峰对决。

这一年开门红首月，国寿负增长两成，保费收入 1268 亿元，平安人寿逆势增幅两成，收入 1152 亿元，两者差距 116 亿元。平安与国寿保费之比为 91∶100，仅差 9 个百分点。12 年前，这个差距是 67 个百分点。

泰康止损阳光城

这一年，泰康保险抓住了一次特殊机会。

2020 年 9 月，泰康人寿、泰康养老与阳光城第二大股东上海嘉闻投资签订《股份转让协议》。前者则取得了阳光城 5.547 亿股、13.46% 的股权，成为第二大股东。转让单价 6.09 元/股，转让价款合计约为 33.78 亿元。

背后的故事是，自 2019 年，中国最大的大型民营投资公司中民投出现流动性危机起，阳光城花了 1 年多的时间为原中民投控股企业上海嘉闻投资所持股份找接盘方，最终这个特别的机会被泰康保险抓住。

泰康投资 33.78 亿元战略投资资金的同时，要求阳光城签下一份超过千亿元的利润对赌协议——阳光城须在 2020 年至 2024 年实现不低于 15% 的归母净利润年均复合增长率，且累计归母净利润不低于 340.59 亿元。2025 年至 2029 年要实现 5%～10% 的业绩增长，归母净利润数分别达到 101.72 亿元、111.90 亿元、123.08 亿元、129.24 亿元和 135.70 亿元。

如业绩未达标，阳光城须对泰康保险进行相应现金补偿。同时，双方还约定，泰康保险和泰康人寿入股后，阳光城每年至少进行一次现金分红，且分配比例不低于 30%。

对于双方而言，这似乎是一场世纪豪赌。为做好这笔投资，泰康方面非常重视，选定陈奕伦亲任阳光城董事。

泰康参股的阳光城是闽系房地产开发商中的佼佼者。1995 年，27 岁的林腾蛟从新加坡留学归来，在福州投资创办了阳光集团。2002 年，林腾蛟收购上市公司石狮新发，阳光城实现借壳上市。

2012年，阳光城把总部从福州迁到上海。之后阳光城迎来了高速发展时期，销售规模从2012年的20亿元迅速增长至2015年的200亿元，3年时间增长近9倍，位列中国房地产企业销售第29名，成功跻身并领跑房企第二梯队。

2016年，阳光集团凭借236.57亿美元营收首次跻身《财富》"世界500强"，位列榜单第459位。2017年6月，阳光集团收购了全球最大的大气环保装备制造企业——龙净环保。而闽商一直在争取的民营银行——华通银行也在2017年开业，林腾蛟正是银行的发起人之一。

至此，林腾蛟掌控下的阳光集团旗下已完整布局阳光金控（银行、保险、证券全牌照）、阳光教育（幼教连锁、K12学校连锁及福州大学阳光学院）、阳光医疗（综合性医院及专科医院）、阳光物产（能源、国际贸易、大宗商品）、阳光城以及环保集团六大产业集团。

鲜衣怒马，风光一时。

大额投资阳光城之前，中国房地产行业在疫情之后V形反转，气势如虹。

受到疫情影响，整个第一季度，房地产行业都在经受巨大冲击。第一季度50个代表城市商品住宅月均成交面积约1410万平方米，为近10年来同期最低水平。

进入4月，房企销售从低谷爬升，并于上半年末完成V形反转，此后行业销售规模维持高增长态势，8月百强房企销售金额同比增长近30%，市场迎来年度黄金节点。

楼市复苏的力度，超出市场预期！

为抑制楼市过热的现象，杭州、沈阳、西安和宁波等19个城市相继升级调控，涉及升级限购、升级限贷、升级限价、升级限售和增加房地产交易税费五方面内容。其中，深圳政策力度最严苛，宁波两度政策加码。

这些都只是扬汤止沸。

真正的大杀器是监管出台的"三道红线"。下半年，监管部门设置"三道红线"，即剔除预收款后的资产负债率大于70%、净负债率大于100%、现金短债比小于1，并分档设定房企有息负债的增速阈值，倒逼房企去杠杆、降负债，行业迎来颠覆性变革。

此时的监管认为，房地产相关贷款占银行业贷款的39%，已是金融风险方面最大的"灰犀牛"。

"三道红线"的压力之下，闽系开发商福晟集团成为率先"倒下"的房企。11月19日，福晟集团发布公告称，公司尚未支付"18福晟02"利息及回售本金，共计6.31亿元。

这仅仅是开始。

谁也没有预料到，"宇宙房企"恒大会因为这一次调控遭遇滔天的危机，黯然离开深圳，满身伤痕。2020年9月，网上流传着一份恒大集团向深圳市政府求援的报告："公司需在2021年1月31日前偿还战略投资者1300亿元本金并支付137亿元分红。1300亿元由权益变为负债，资产负债率将大幅攀升至90%以上。如果恒大地产不能按时完成（借壳'深深房'回归国内A股）重组，可能导致其现金流断裂，从而引发恒大集团在相关银行、信托、基金等金融机构及债券市场的交叉违约，进而产生金融系统性风险。"

城门失火，殃及池鱼。很多由房地产开发商参股或者控股的保险公司，由此受到波及。

回到泰康案例。

甜蜜的日子很快被现实打破。阳光城2021年第三季度财报显示，该公司实现营业收入114.01亿元，同比减少18.24%；实现归属上市公司股东的净利润9.19亿元，同比减少11.57%；实现归属上市公司股东的扣非净利润-17.52亿元，同比减少274.27%。

围绕阳光城2021年第三季度报告的审议，公司董事会罕见出现两张反对票。董事陈奕伦、姜佳立投出反对票，并称"对于公司第三季度所表现的公司经营恶化，需要得到管理层合理解释"。

意识到问题的严重之后，泰康果断选择了止损。

首先12月21日，董事陈奕伦书面辞职。随后12月27日晚，阳光城发布公告称，泰康保险通过大宗交易和协议方式，合计减持9.41%的股份。本次股份转让完成后，泰康人寿与泰康资产持有阳光城3.997%股份，泰康养老不再持有阳光城股份。

此次股份转让的单价均为3.05元/股，刚好"腰斩"。按照合计减持3.9亿股计算，泰康保险这笔交易亏损了11.86亿元。如果算上剩余的3.99%股份，泰康保险总计浮亏将近17亿元。

对于年轻的陈奕伦而言，虽然首战未捷，但是这笔"学费"的未来价值不可限量。

泰康止损之后，阳光城在债务危机的路上越走越远。

2022年2月18日，阳光城集团回复深交所就其债务情况关注函称，虽然货币资金有271.8亿元，但实操中可灵活动用资金还不足1%，基本等于公司可动用现金流接近枯竭，存在金融机构要求提前偿还的可能性，甚至"挤兑"。

面对业绩恶化导致出现巨额亏损—战略股东撤退—核心高管争相逃离—流动性危机爆发—股价持续承压，实际控制人林腾蛟有心无力，只能看着自己的股权数次被动减持或被轮候查封。

造化弄人。

2021年12月至2022年1月，监管机构对房地产行业的暖风政策频出，"政策底"已出现。但是，"重病缠身"的阳光城、闽系开发商，以及更多的民营房地产开发商能否抓住机会，起死回生？

有些人可能还在幻想，但是"当时代抛弃你时，连一声再见都不会说"。

人保百亿黄金骗案

奇闻，保险公司承保的超百亿元黄金居然是假的！

2017年以来，一家湖北的公司——金凰珠宝，采取"黄金抵押+保单增信"模式融到了超过百亿元的钱。这家公司向以信托为主的金融机构提供标志Au999.9黄金的质押物，同时投保中国人保湖北分公司等保险公司的保险。5年间，金凰珠宝在保险公司开出74笔共300亿元保单，从9家信托公司及银行、小贷等15家机构融资200亿元（见表25-7）。

表面上，金凰珠宝是一家美国上市公司。这个公司成立于2002年，2010年8月在美国纳斯达克上市，实控人为贾志宏。上市之后，股价基本无人问津。

表25-7 金融机构金凰珠宝融资存量

单位：亿元

机构	金额	机构	金额
民生信托	40.74	天津信托	6.00
东莞信托	33.70	中航信托	2.90
安信信托	19.19	恒丰银行	38.94
四川信托	18.10	张家口银行	1.80
长安信托	8.00	湖北中经贸易	3.00
北方信托	6.00	湖北融资租赁	2.00
昆仑信托	3.00	湖北永泰小贷	—

数据来源：公开资料整理。

这种融资的方式，非常有欺骗性。

"黄金抵押+保单增信"，通俗地说就是双保险。黄金是硬通货，可作抵押；再加上投保保险，保险公司为黄金做保证；最后由美国上市公司的董事长承担无限连带责任。

2019年，金凰珠宝经营情况开始恶化，多期信托计划出现逾期。

第一家开箱验货的是东莞信托。2020年2月，东莞信托处置黄金时，随机抽检一根一公斤的金条，发现黄金居然是假的——金条表面是镀金，内部是铜合金，而非Au999.9足金！

5月中旬，民生信托着手处置抵债黄金，由法院组织评估检测机构，将存放于工行武汉水果湖支行保险箱的2990公斤黄金随机抽检十几块，送检后发现为"表面镀金、内部铜合金"。

一石激起千层浪。

随后，包括民生信托、东莞信托、恒丰银行等机构在对仓库中的黄金质押物开箱检测后都发现，武汉金凰珠宝提供的黄金为假，检测结果为"铜合金"。

东窗事发之时，金凰珠宝尚有存量融资余额约160亿元，对应质押的黄金83.03吨。80吨是一个天量。2019年，中国黄金产量最大的公司为紫金矿业，其黄金产量为约40吨，而金凰珠宝拿出来抵押的是紫金矿业年产量的两倍。

这是一个罗生门。

信托公司的观点是："这个业务当时审批的逻辑或者最大的风险抓手，就在于有大型央企保险公司的保单，而且保单内容清晰、简单。"

"如果没有人保保单，根本就不会给金凰放贷，毕竟只是抽检了质押物。"

为武汉金凰珠宝黄金承保的保险公司，包括人保财险、大地保险及一些再保险公司，其中人保财险承担了绝大部分的保额。

2019年下半年，武汉金凰珠宝的风险暴露之后，2019年12月5日，人保财险湖北省分公司停了武汉金凰珠宝的保险业务。截至2020年6月，仍有未到期有效保单和涉诉保单60笔，保险金额229.4亿元，涉及贷款160.65亿元，质押黄金标的83.03吨。

人保财险的观点是，武汉金凰珠宝投保的险种为企业财产基本险，没有也不需要承担黄金真假的责任。

人保财险认为，人保财险武汉市分公司与武汉金凰珠宝订立的保险合同条款为在银保监会正式备案的《财产基本险条款（2009版）》，其中第5条明确约定："在保险期间内，由于下列原因造成保险标的的损失，保险人按照本保险合同的约定负责赔偿：（一）火灾；（二）爆炸；（三）雷击；（四）飞行物体及其他空中运行物体坠落。"

不仅如此，"因武汉金凰利用虚假黄金来投保，涉嫌保险诈骗等刑事犯罪，保单合同无效，可以撤销，人保不需要承担赔付责任"。

但是，信托公司对此不予认可。

因为保险公司的保单中有《特别约定清单》，对保险人的保险责任范围进行扩展补充，对黄金质押物的质量和重量做出保证："本保单项下所涉及保险标的是Au999.9足金黄金金条。保险标的黄金的质量和重量由保险人承保，在受益人需要处置标的黄金时，保险人有义务对受益人予以配合，保险人交付给受益人的标的黄金应全部经过双方认可的具有黄金鉴定资质的第三方检测机构检测合格，如果质量和重量不符合保单及特别约定清单约定（包括但不限于黄金掺假、纯度不足、重量不够等），视同发生保险事故，由保险人对受益人承担全部赔偿责任。"

除此之外，黄金的鉴定由保险公司人保财险负责："保险人受理投保前负责对黄金质量和重量进行鉴定"，且"发生保险事故时，保险人（指保险公司）不得以投保人在投保前未如实告知黄金质量和重量情况而拒绝承担保险责任"。

有市场人士分析："人保保单中的特别约定，属于具备财产险和保证信用保险两种功能的'创新'保单条款，这种特别条款'非常诡异、隐藏玄机'，实质就类似于'抽屉协议'，突破了银保监备案的财产险基本条款。"

各执一词，自然对簿公堂。

2020年10月12日，陕西省高级人民法院发布的一则《保险合同纠纷二审民事裁定书》显示，支持一审判定。根据一审的（2020）陕01民初149号民事裁定，人保财险武汉分公司、人保财险需共同赔偿长安信托8.21亿元。

陕西省高级人民法院二审判决中明确提及"案涉保险合同的《特别约定清单》中明确约定：本保单项下涉及的保险标的是足金黄金金条，长安信托是《财产基本险保险单》项下单一受益人，约定如果保险标的黄金的质量和重量不符合保单及特别约定清单约定，即视同发生保险事故，由保险人对受益人承担全部赔偿责任。一审裁定将人保武汉分公司的保险责任表述为提供担保，该表述有误，应予纠正"。

如果这些诉讼全部被法院支持，这将是人保财险史上最大的一起赔案。

截至2020年6月，武汉金凰案中人保财险未到期有效保单和涉诉保单共60笔，涉及保险金额 229.4 亿元。而根据公司财报，人保财险 2019 年的净利润为 249.31 亿元。

一单可能赔掉整个人保一年的利润。

2020 年上半年，人保财险湖北省分公司党委书记、总经理刘方明被免职。同时，2020 年以来，金凰珠宝作为被执行人已达 22 次，累计执行标的达 102.57 亿元。

CHAPTER 26

第 26 章

友邦的野心
（2021）

这一年，养老成为国家议题。

2021年5月，第七次人口普查的数据发布，截至2020年11月1日，我国60岁及以上老年人口达到2.64亿人，老年人口占比达到18.7%；65岁及以上老年人口1.9亿人，占比13.5%。

国家的"十四五"规划提出，要发展多层次、多支柱养老保险体系，提高企业年金覆盖率，规范发展第三支柱养老保险。

"基本养老保险参保率提高到95%"，成为"十四五"时期政府工作的主要目标。截至2021年11月，保险公司在全国34个城市布局养老产业，累计超过13万张床位。保险公司通过轻、重资产多种模式布局养老机构、社区和居家养老等领域。

不仅保险，银行、基金公司等都发挥各自优势，推出特色的养老理财或者养老基金。

9月，银保监会批复同意筹建养老的"国家队"——国民养老保险股份有限公司。12月，银保监会发布了《关于规范和促进养老保险机构发展的通知》，为养老保险公司和养老金管理公司的发展正本清源，即回归到"专业化养老金融机构"。

这一年，"惠民保"成为顶流。

根据银保监会政策研究局发布的数据，截至10月，惠民保投保人数已经超过7000万人。

所谓"惠民保"，是介于医保和商业保险之间的新型补充医疗保险，多数是由地方政府部门指导，保险机构商业运作，与基本医保衔接的城市定制型商业医疗保险。在产品设计方面，惠民保产品有政府背书、价格低、投保门槛低，且允许带病投保，比商业医疗险更加亲民，不少产品没有年龄、职业限制。

之前受市场热捧的保险是2015年推出的网红险——"低保费，高保障"的百万医疗险。众安联合艾瑞咨询发布的《2021年中国百万医疗险行业发展白皮书》显示，百万医疗险2019年用户规模已达6300万人，2020年用户突破9000万人，保费规模也从2016年的10亿元增至2020年的520亿元，5年时间百万医疗险保费增长超过50倍。

但是，百万医疗险也遇到了瓶颈。

百万医疗险的名义保额高达百万元甚至数百万元，但实际理赔金额远低于保险保额，产品同质化现象严重，竞争加剧，内卷严重。

保险行业资深人士、茶道燕梳创办者谢跃，给百万医疗险和惠民保分别算了一本账。

百万医疗险赔付率20%左右，平台渠道费用40%左右，再加上30%左右的营运成本，可以看出平台渠道费用占了大头。一份1000元的1年期保单，分作12期缴费，首期零元，客户蜂拥而去，第二期5元，第三期10元，客户会继续缴费，但到了50元、100元保费时，客户开始退出，最后大约只有20%的人缴完1000元保费。但网络平台需要在一开始就拿走400元左右的渠道费用，这就必然内卷。

相对而言，"惠民保"由政府主导推广，通道费显著不同了；再允许用医保个人账户支付本人及家庭成员的保费，客户参保积极性也显著不同了。特别重要的是，"惠民保"具有普及和教育职能，参与保险公司还有再次获客的机会。

"惠民保"成为保险行业顶流，背后是有道理的。

这一年，A股首例集体诉讼带火了一种保险。

2021年11月，康美药业证券虚假陈述责任纠纷案件一审结果出炉。根据判决，除康美药业以公司主体承担赔款之外，其实控人、时任"董监高"（董事、监事、高级管理人员）也被追责。其中5名曾任或在职的独立董事，需要承担连带责任，合计赔偿金额最高约3.69亿元。

独立董事无风险赚闲钱的时间过去了。随即上市公司掀起独立董事"辞职潮"，董责险再次被推到台前。董责险全称为董事、监事、高级管理人员及公司赔偿责任保险，是对上述岗位人群在行使其职责时所产生的错误、疏忽、不当行为进行赔偿的保险合同。之前的2020年，瑞幸咖啡爆雷事件已经让董责险火热过一阵。

据不完全统计，2020年和2021年1月至10月分别有170家和180家A股上市公司公告其购买董责险的计划。特别是2021年10月底，在全国4300家左右的A股上市公司中，已经超过650家投保董责险，投保率超过15%。

这一年，曾经火热的网络互助，正式告别市场。

12月28日，互助平台相互宝公告表示，将于2022年1月28日24时停止运行。此前，百度灯火互助、美团互助、腾讯投资的轻松互助、水滴互助等已经先后关停，相互宝成为最后一家宣布关停的大型网络互助平台（见表26-1）。

至此，继网贷行业之后，又一个互联网金融的尝试——网络互助行业迎来了落幕时刻。

告别时刻，相互宝公告说："2018年底相互宝上线以来，1亿多成员互帮互助，在自身获得保障的同时救助了179127名患病成员，给了他们战胜病魔的希望和勇气。"

根据相互宝关停方案，最后三期分摊金均由平台承担。按照12月第二期分摊金约5.6亿元估算，在这一项上，相互宝平台就至少要掏出16亿元的成本。

表26-1 互助平台关停情况

互助计划	成立时间	关停时间	最高参与人数	理赔人数	关停前人数
相互宝	2018年10月	2022年1月28日	10131万人	17.9万人	7118万人
轻松互助	2016年4月	2021年3月24日	8000万人	8934万人	1700万人
水滴互助	2016年5月	2021年3月31日	4300万人	2万人	1250万人
美团互助	2019年6月	2021年1月31日	3400万人	近400人	1500万人
360互助	2019年6月	2021年5月20日	未知	逾100人	未知
滴滴"点滴守护"	2018年12月	2021年10月11日	未知	逾400人	未知
百度灯火互助	2019年11月	2020年9月9日	未知	未知	少于50万人
小米互助	2020年6月	2021年5月14日	未知	未知	未知
悟空互助	2019年5月	2021年4月30日	未知	未知	未知

数据来源：公开资料整理。

同时，相互宝承诺，1月28日停止运行后，符合互助规则的重病成员依旧可按规申请互助金，关停前确诊的成员，于医院初次确诊之日起180天内可以申请。按照相互宝平均一个月的新增报案量，粗略预计，相互宝还需付出10亿元互助金。

最后，对于有延续保障需求的成员，相互宝也提供了自主选择全新保障方案的选项。1月28日24时前，相互宝成员选择转投相关保险的，无须重新计算等待期，无须重新告知健康状况，并且有3个月的免费期，如果7500万人之中有1000万人转投商业保险，预计免费期成本在4亿元左右。

因此，相互宝平台需要承担的关停成本将至少达到30亿元。

2011年，国内诞生第一家网络互助平台"抗癌公社"，到现在最后一家宣布即将关停，中国的网络互助正好走过了 10 年。

门槛低，价格低，以及"先保障、后分摊"的后付费模式，让网络互助找到了自己的客户群。相互宝公开数据显示：1 亿名成员中有 3 成来自农村和县城，有 6 成来自三线及以下城市。某种意义上，网络互助完成了国民健康保险意识的启蒙和普及。

网络互助具有类资金归集的金融属性，但是没有明确的监管归属，面对不断长大的"巨婴"，可能隐藏涉众风险。2020 年 9 月 8 日，银保监会发布的《非法商业保险活动分析及对策建议研究》中，点名了"相互宝""水滴互助"等互助平台的风险隐患，表明其属于非持牌经营，涉众风险不容忽视，部分前置收费模式平台形成沉淀资金，存在"跑路"风险，如果处理不当、管理不到位还可能引发社会风险。

另外，潜在的逆选择风险不可忽视——逆向的选择导致只有高风险人群参与，低风险人群逐步退出。原来的低成本变成高成本，最终计划可能陷入困境。

这一年，有约 130 万名代理人离开了保险行业。

数据显示，2020 年在册的拥有执业登记的代理制保险销售人员为 971.2 万人；然而在 2021 年上半年统计中，这一数字大幅下滑至 842.8 万人。

这意味着，一年中，"跑掉了"128.4 万名保险代理人。

2015 年，原保监会发布了《关于保险从业人员管理有关问题的通知》，取消了保险从业资格考试。此后，保险代理人队伍急速扩张。保险代理人从业人数由 2014 年的 325 万人增长到 2019 年的 973 万人。2014 年到 2019 年间，保险业连续增员了 648 万人。

然后就是加速下降，几家大公司减少的绝对人数最多。

数据显示，截至 2020 年末，中国人寿的销售总人力约为 145.8 万人，较去年的 185 万人减少了 39.2 万人，同比下滑 21.2%；中国平安个险销售人力 102.4 万人，同比减少约 12.3%；太保寿险代理人数量为 74.9 万人，同比下滑 5.2%。

卖保险的人少了，保险公司的保费增长和新业务价值都进入了调整期。

2020 年的年报显示，太保寿险的一年新业务价值为 178.41 亿元，同比下滑 27.5%。中国平安代理人渠道新业务价值为 429.13 亿元，同比减少 37.1%。

2020 年，国寿、平安、太保等五大保险公司总保费收入达到了 1.59 亿元，与 2019 年相比只增长了 3%。

从保险公司的角度而言，原来简单拉人头的粗放经营难以为继，变法势在必行。培养高素质的代理人队伍、优化代理人质量，成为寿险公司的共同目标。

从代理人的角度，离开可能是新的出路。2020 年底，银保监会首次提出"独立个人保险代理人"概念。未来,保险代理人可以与公司签订委托代理合同,不参加营销团队,自主独立开展保险销售。

这一年,保险股的股价持续探底。截至12月27日,保险板块(申万二级行业分类)年内跌幅超过37%,已创出2011年以来最大年度跌幅(31.17%)。Wind数据显示,截至12月27日收盘,中国平安、新华保险、中国人保、中国太保、中国人寿的年内股价跌幅分别为40.41%、32.99%、26.06%、24.61%、20.82%。

券商的研究认为,2021年保险行业资产负债两端均显著承压,估值及机构持仓均处于历史底部。

养老布大局

中国人口老龄化速度明显加快。

全国超过一半的保险公司把参与健康、养老领域,深度打造产业纵深和服务生态圈作为突破口。其中,全国遍地开花的"泰康之家",成为行业突围的优等生,被竞相模仿和学习。

这里先了解一下我们国家的养老结构。

中国养老"三支柱"的概念,最早是在1994年由世界银行提出来的。其中第一支柱是由政府管理的强制参与待遇确定型公共养老金制度,第二支柱是雇主发起的职业养老金制度,第三支柱是个人自愿参加的养老储蓄计划(见图26-1)。

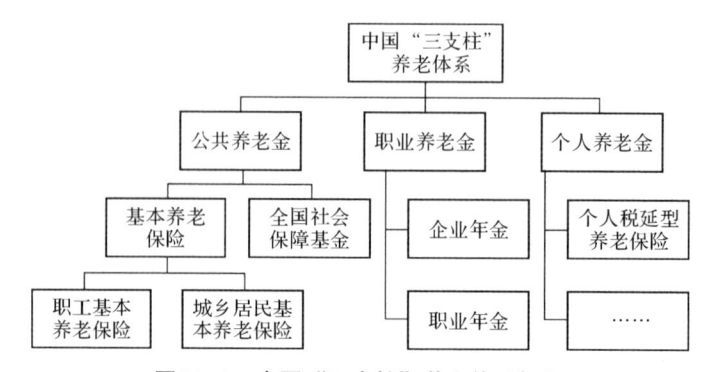

图26-1 中国"三支柱"养老体系框架

资料来源:公开资料整理。

经过将近30年的发展，我们国家还是依赖第一支柱，第二支柱发展缓慢，第三支柱更是才刚刚起步。按照2020年中国保险行业协会发布的《中国养老金第三支柱研究报告》预测，未来5～10年，中国预计会有8万～10万亿元的养老金缺口。

如何解决中国人的养老问题，成为国家政策的焦点。

9月，银保监会批复同意筹建养老的"国家队"——国民养老保险股份有限公司。

从8月18日公告拟设立到9月2日获批筹建，仅用了12个工作日，堪称神速！"国家队"养老公司的注册资本达111.5亿元，发起人共17家，其中包括10家银行系理财子公司，2家券商系投资公司。拟任董事长为叶海生，曾任国家外汇管理局资本项目管理司司长；拟任总经理为黄涛，曾任上海银行副行长。

国民养老保险衔玉而生，股东极为"华丽"，主要包含以下四类。

银行系：工银、农银、中银、建信、交银理财分别出资10亿元，分别持股8.97%；中邮理财出资6.5亿元，持股5.83%；信银、招银、兴银理财和民银金投分别出资5亿元，分别持股4.48%；华夏理财出资3亿元，持股2.69%。

券商系：中信证券投资、中金浦成分别出资3亿元和2亿元，分别持股2.69%、1.79%。

保险公司：泰康人寿出资2亿元，持股1.79%。

国资背景资本：北京市基础设施投资、北京熙诚资本、国新资本，分别出资10亿元、5亿元和10亿元，分别持股8.97%、4.48%和8.97%。

稍微让人意外的是，除了泰康一家保险公司，其他保险公司没有一家入围。猛一看，这基本是一家银行特色鲜明的养老保险公司。

银行系可谓"鲇鱼入海"了。

成立了银行系的养老保险公司之后，银行理财子公司上线了养老理财。9月，银保监会下发《关于开展养老理财产品试点的通知》，并选定"四地四家机构"试点。即工行理财在武汉和成都进行养老理财产品试点，建行理财和招银理财在深圳进行试点，光大理财在青岛进行试点。试验期为一年。试点阶段，单个试点机构养老金融产品募集资金总规模限制在100亿元以内。随后，四家机构推出了首只养老理财产品。由于业绩比较基准做到了5%～8%，销售火爆，其中光大理财和招银理财的产品在发行首日上午就已售罄。

不仅银行理财，公募基金行业在2018年也开始发行养老目标基金。截至2020年底，养老目标基金共117只，规模达526.77亿元。

单就养老产品的收益或者规模而言，保险行业无疑很难和银行或者基金公司比拼。

面对竞争，保险行业怎么办？

拼资本，拼品牌，拼客户，自然银行胜。市场上已有的9家专业养老保险公司，注册资本在2亿元至50亿元不等。这9家公司为国寿养老、平安养老、人保养老、新华养老、太平养老、泰康养老、大家养老、长江养老，以及首家合资公司恒安标准养老。

破题竞争的话，保险公司可以有三种武器，分别是做理财、做保险、做服务。

理财就是养老资金的保值增值，比如养老理财。但是拼产品收益，保险产品未必能胜过银行，更遑论专业投资的基金公司。

保险就是提供有杠杆的保障服务，例如传统的养老金保险。之前的一些试点没有达到预期，例如2018年5月，人社部牵头在上海市、福建省（含厦门市）和苏州工业园区实施税收递延型养老险试点。截至2020年末，共有23家保险公司参与试点，19家公司出单，累计实现保费收入4.26亿元，参保人数4.88万人。内在的原因是税优吸引力有限，而且操作相对烦琐。

服务就是提供养老所需要的养老社区、养老社区服务，以及医养服务等。做服务，"泰康之家"走在了行业的前列。业内估计，泰康保险30%的保费来自养老社区所带来的流量和营销体验——泰康之家吸引客户体验，下单保险，客户拿到了未来入住的期权，保险公司收获了保费。

不约而同地，保险公司用"保险＋康、养服务"参与第三支柱，作为业务升级转型的突破口，希望实现业务发展的"第二曲线"。

关于第三支柱养老金体系，人社部2021年2月召开新闻发布会称：我国将建立以账户制为基础、个人自愿参加、国家财政税收支持、资金形成市场化投资运营的个人养老金制度。

2021年6月，专属商业养老保险开始试点。6月1日起，包括中国人寿在内的6家保险公司在浙江省（含宁波市）和重庆市开展专属商业养老保险试点，试点期限暂定1年，积极探索"服务新产业、新业态从业人员和各种灵活就业人员养老需求"的道路。

这样，包括网约车司机、快递员、淘宝店主和新市民等灵活用工人员，可以通过专属商业养老保险，为未来储备养老金。

以重庆为例，7月12日，从事快递员工作的刘先生作为第一批客户，投保了人保寿险一款专属商业养老保险产品"福寿年年"。这款产品采取稳健型投资组合账户（保证利率为年利率3.0%）和进取型投资组合账户（保证利率为年利率0.5%）灵活搭配的方式。到2022年2月，"福寿年年"累计实现保费9439.52万元，保单29870件。除了快递员，还有网约车司机、餐饮行业领班、售货员、务农人员等，甚至有律师、公司白领、企业负责人等投保。

根据重庆试点的统计，投保群体中灵活就业人员占比高达60%，其职业涵盖快递、司机、保安、家政等等，年龄多为40～50岁，多数人选择按月缴纳保费，每月缴费100～200元不等。

根据试点公司的统计，2022年1月底，6家试点公司累计承保保单近5万件，累计保费4亿元，其中快递员、网约车司机等新产业、新业态从业人员投保近1万人。

产品收益方面，根据试点公司的统计，专属养老保险产品稳健型账户2021年的年化结算利率在4.5%至6%之间，进取型账户结算利率则在5%至6.1%之间，表现稳而好。

试点10个月之后，政策提前放开了。

2022年3月1日起，专属商业养老保险试点区域扩大到全国范围，在原有6家的基础上，允许全部养老保险公司参加试点。

这个市场的需求是巨大的。有数据显示，我国从事快递和外卖行业的灵活就业人员超1000万人，再加上300多万名网约车司机以及数万名家政、安保人员，灵活就业群体数量庞大。专属商业养老保险一定程度上填补了此类空白。

白马平安失蹄

2021年的平安保险，大白马变小瘦马，股价持续下跌，距离高位超过一半。平安股价的下跌，打破了一个神话——白马保险价值不败；惊醒了一个美梦——买平安股票，实现以股养老。

2021年以来，受到寿险业务表现不佳、代理人队伍调整、华夏幸福投资大额计提减值等一系列因素影响，中国平安股价"跌跌不休"（见图26-2）。截至8月26日，平安A股股价为50.30元/股，总市值跌破万亿至9289亿元，累计跌幅超41%。

这背后一次失败的地产投资，更直接拖累了公司的业绩。

数据显示，平安2021年半年度对华夏幸福相关投资进行减值计提、估值调整，以及其他权益调整金额合计359亿元，减少公司2021年半年度税后归母净利润金额208亿元，减少2021年半年度税后归母营运利润61亿元。

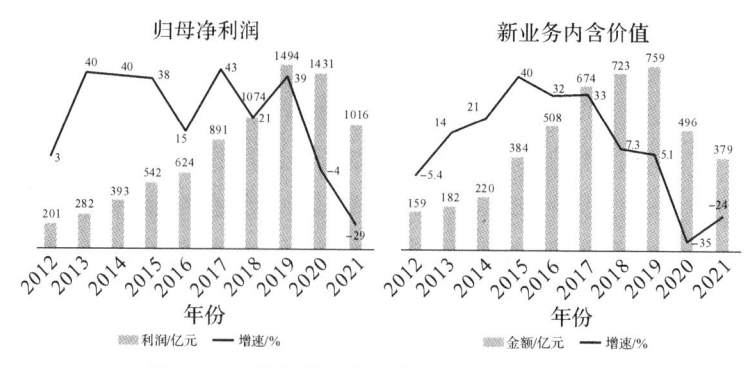

图26-2 平安的历年利润和新业务内涵价值

数据来源：公司2021年报，券商研究报告。

2018年7月，华夏幸福的控股股东华夏控股将其19.7%股权转让给平安集团，平安集团成为华夏幸福第二大股东。此后，平安集团对华夏幸福累计投资了540亿元，其中包括股权投资180亿元和表内债券投资360亿元。

为何会大手笔投资地产公司？

平安集团总经理谢永林的解释是，"当初投资华夏幸福，是因为它并非传统的地产公司，而是一个产业新城运营公司，其基本模式是一、二级联动开发一块地方，并引进产业，支持地方政府的发展。我们当时投资主要是看中其商业模式与险资的投资秉性契合"。

作为商业投资，平安给自己预留了对赌协议，来锁定风险。

平安入股华夏幸福的时候约定：以华夏幸福2017年度归属于上市公司股东的净利润为基数，2018年至2020年，华夏幸福的净利润增长率分别不低于30%、65%和105%，即2018年、2019年、2020年净利润分别不低于114.1亿元、144.8亿元和180亿元；若任一年度的实际净利润小于承诺额的95%，华夏控股需向平安资管进行现金补偿。

2018年和2019年，华夏幸福"踩线"完成对赌协议。到2020年之后，华夏幸福无力坚持，陷入了"流动性困难和债务危机"。

谢永林认为，华夏幸福的危机主要受以下方面影响：环京津冀的严格调控，使环京住宅成交量和成交价齐跌，影响公司回款达千亿量级；新拓展区域的效果不及预期，扩张太快，管理不精细。

对此，华夏幸福董事长王文学认为，"2016年以前，公司的投资布局集中于环京区域。市场销售及回款占比达90%以上。由于对形势误判，后期继续加大环京产业新城的投入和配套住宅投资，但环京住宅市场量价齐跌，规模遭到腰斩"。

"2017年环京形势发生重大变化后，公司加大了对长三角、长江经济带、粤港澳大湾区等外部区域的投资力度，但船大难掉头，调动效果不够显著。

"2014年到2017年提出了'三年百园''三年百城''三年百镇'等计划，超出公司自身能力，有限资源难以满足众多产业新城的开发建设需求。

"经营管理不精益，如TOD（以公区交通为导向的发展模式）轨道交通、医疗等业态没有取得显著成效，消耗和占用了公司大量资金；考核机制不够健全，曾经过分强调规模指标，忽视效益指标。"

对于这些问题，王文学的反思是，"最近一段时间，我不断深刻反省，认识到了突出问题是在公司取得成功后个人有所膨胀"。

如何解决问题，王的言语也很有意思，"我也不跟大家讲理想，也别讲情怀，咱们就讲讲哥们义气。……今天我干到这，愿赌服输，我早就说过。享受得了过去的好，我也能忍受现在的煎熬。但是作为员工，作为每个弟兄，我们也应该讲点义气"。

这么多年，经历这么多的调控，吃了那么多周期的亏，中国房地产开发商们，还是停留在"贼挨打，贼吃肉""江湖不是打打杀杀，江湖是人情世故"的阶段，基本没有看世界的眼光，也缺乏专业操盘的能力，令人错愕。某种意义上，之前习惯了赚快钱，赚杠杆钱，囤地赚钱，现在是积重难返。

面对2021年的困境，平安开始财务自救。

谢永林介绍，平安半年报发布前夕，平安内部就三件事情达成一致：一是分红与营运利润绑定，使中小股东分享到公司内含价值的增长。上半年中国平安营运利润同比增长10%，因此分红水平也同步增长10.0%。

二是拟在未来12个月通过自有资金，实施50亿～100亿元的A股回购计划。

三是高管增持计划。马明哲、谢永林、陈心颖、蔡方方、孙建一、王志良、陈克祥、黄宝新、张小璐、胡剑锋等均表示要增持公司的股票。

8月26日，平安公告称，实施A股股份回购，回购价格不超过82.56元/股。与此同时，公司"董监高"也将同步进行增持。

9月22日，董事长马明哲当日增持6.4万股公司A股股票，每股平均价格47.69元，耗资约305.2万元。此前，马明哲分别于9月3日、9月7日、9月14日增持公司A股股票合计14.4万股，累计耗资736.456万元。马明哲亲自下场在二级市场买股，自平安2007年A股上市以来，尚属首次。

财务自救只是治标不治本。

面对经营上的深度问题，平安寿险的改革亦同步展开。

马明哲介绍，平安已经酝酿了2到3年，寻找到一条新旧动能转换的寿险发展之路。

这次寿险改革从2018年开始萌芽，2019年11月启动，当年11月23日平安成立寿险改革领导小组，马明哲本人亲自挂帅。

其中的背景是寿险市场正在发生颠覆性的变化。"随着国内人口红利衰减，寿险行业人力发展明显放缓，代理人专业技能不足、收入水平不高、增员难及留存难等问题凸显，传统大进大出的粗放发展模式不可持续。"

谢永林称，平安先于同业主动启动寿险改革，整个改革需要至少3年时间，改革主要是"4+3"，即4个渠道，3个产品，聚焦在渠道和产品升级。

作为镜鉴，券商的分析师从另外一个角度分析了平安的改革。"公司持续推动'4渠道+3产品'的改革战略，通过多渠道（代理人、社区网格化、银行优才、下沉渠道）的共同转型发展来不断做大公司市场蛋糕，同时通过对3种核心产品（保险+健康管理、保险+居家养老、保险+高端养老）的改革来打造'保险+服务'的差异化体系。"

"公司将汲取多年深耕保险和医疗行业运营管理经验，创新探索以'HMO（健康维护组织）+家庭医生+O2O（线上线下）'为核心的集团管理式医疗模式，打通供给、需求与支付闭环，提供最佳性价比、全生命周期的医疗健康服务，反哺金融主业，打造'中国版联合健康'。"

但改革不容易，必然会经历阵痛。

"2021年末公司代理人数量为60万人，较年初下滑42.4万人，下滑幅度高达41.4%（Q1、Q2、Q3分别为98.6万人、87.8万人、70.6万人），随着代理人持续的'优胜劣汰'，公司队伍质量预计有所改善（年底大专以上代理人占比较年初提升2.4个百分点），但代理人的收入仍处于下滑态势且吸引力不足，将不利于代理人的留存和增员。"（见图26-3）

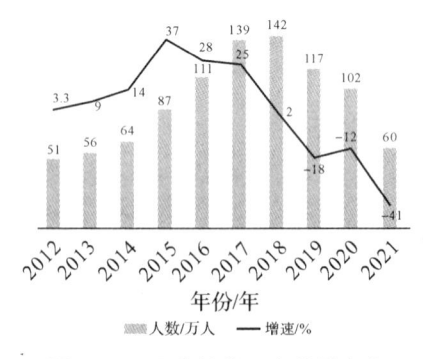

图26-3 平安的代理人数量变化

数据来源：公司2021年报，券商研究报告。

对标联合健康，打造第二增长曲线——平安大手笔参与方正集团的破产重整。

2019年末，曾经辉煌而今内祸不断的方正集团，因为一笔20亿元的超短期融资券违约，拉开了危机序幕。2020年2月，方正宣布申请破产重组。

"经过多轮竞争性选拔，从29家意向投资者中，敲定了3家重整投资者——珠海华发、中国平安、深圳特发。"

方案显示，平安人寿与代表珠海国资的华发集团将按7∶3比例受让新方正集团不低于73%股权，不超过27%的新方正集团股权将抵偿给选择以股抵债受偿方案的债权人，重整主体持有的方正微电子全部权益由深超科技方面单独承接。

重整投资者最终支付对价金额及持股比例取决于债权人受偿方案选择情况，其中平安人寿将以370.5亿～507.5亿元对价受让新方正集团51.1%～70%股权。平安人寿参与本次重整的资金来源为自有资金。

"平安参与北大方正集团司法重组初衷是为了通过医疗资源协同，打造平安集团独有的更有温度的金融保险服务，而北大医疗集团的资源在市场上非常稀缺。接下来平安只会保留医疗等与平安核心主业相关的板块，其他部分正在按照预定计划，按部就班以市场化方式对外转让或出售。"谢永林称。

根据公开的资料，方正集团的医疗资源主要以北大医疗产业集团有限公司为主体，依托于北京大学和北京大学医学部，拥有以北京大学国际医院为旗舰医院及10余家医疗机构组成的医疗服务体系、国内首家从事医疗信息化的企业北大医疗信息技术有限公司、中国医药重点骨干企业上市公司北大医药和占地220余亩（约14.67公顷）、孵化100余家创新型生物医药企业的北京大学医疗产业园。在深圳，北京大学深圳医院是综合竞争力最强的医院之一。

券商的研究员们认为，"公司当前处于开拓'第二增长曲线'的初期，随着公司寿险改革的持续推进，有望在不久后迎来经营的拐点"。

▶ 公募基金低配保险

"优等生"平安遇到的困难，其实反映的是整个保险行业的困境。

2021年前三季度，A股五大险企合计净利润同比下滑7%。其中，中国人保、中国人寿、中国平安、中国太保、新华保险的归母净利润分别为207.75亿元、485.02亿元、816.38亿元、226.86亿元、119.5亿元，与上年同期相比增长10.9%、3%、-20.8%、15.5%、7.6%。

从全行业看，保险公司三季报中，就有 68 家险企出现亏损，较上季度增加 19 家。行业整体的偿付能力有所分化。

2021 年第三季度，有 120 家保险公司的综合偿付能力充足率均较 2021 年第二季度有所下降，占比近 7 成。其中有 63 家财产险、50 家人身险和 7 家再保险公司。

截至 2021 年第三季度末，披露第三季度偿付能力报告的 176 家保险公司平均综合偿付能力充足率为 297.18%；平均核心偿付能力充足率为 285.27%；披露风险综合评级结果的 175 家公司中，A 类 93 家，B 类 76 家，C 类 5 家，D 类 1 家。

据 2021 年 3 月 1 日银保监会施行的《保险公司偿付能力管理规定》，要求保险公司同时满足核心偿付能力充足率 ≥ 50%，综合偿付能力充足率 ≥ 100%，风险综合评级 ≥ B 类这三个要求，才能称之为"偿付能力达标公司"。

从披露的数据来看，合众人寿、渤海人寿、渤海财险、安心财险、阳光信保等保险公司偿付能力不达标。其中，偿付能力最不达标的当属安心财险，该保险公司的 3 项监管指标均未达标。

业绩不佳，保险股票成为资本市场的弃儿。

伴随保险业第三季度业绩的下滑，保险股也持续走弱。机构对于保险股的态度急速转变。截至 2021 年 9 月末，公募基金持有 11.2 亿股保险股，环比减少 4.7 亿股，下降 35%；较 2021 年初减少 10.5 亿股，减幅为 48%，近乎腰斩。

随着公募基金减持及股价下跌，截至第三季度末，公募基金对保险板块的持仓市值为 466 亿元，环比缩水 307 亿元，缩水幅度达 40%，保险板块仅占公募基金总持仓市值的 0.4%，呈"超低配"状态。

回主业，AMC 出清保险牌照

这一年的 4 月，四大 AMC（资产管理公司）的长城资产，准备出售手中的保险公司。

4 月，上海联合产权交易所披露了长生人寿股权转让的消息，转让方分别为长城资产（股权占比 51%）和其全资子公司长城国富置业（股权占比 19%）。如果转让完成，长城将完全退出长生人寿。

这已经不是第一例 AMC 出售旗下的保险公司。

曾几何时，保险公司曾经是 AMC 追求"全牌照"、集团"金控化"的标配。

2009 年 9 月，长城资产通过收购的方式，将长生人寿收入囊中。2012 年 9 月，东方资产通过债转股的方式，向中华联合保险注资 78.1 亿元，取得了保险牌照。信达资产通过投资入股的方式，取得了 2 张保险牌照。其一为 2007 年创立的幸福人寿，信达资产是其原始股东之一；其二为 2009 年 8 月成立的信达财产保险，信达资产持股51%。

跨界保险行业，AMC 基本赚了一个"寂寞"。

长城资产自 2009 年接管长生人寿至今还未实现盈利。2012 年至 2020 年，长生人寿分别实现净利润 –0.81 亿元、–0.9 亿元、–0.34 亿元、–0.56 亿元、0.02 亿元、–1.34 亿元、–2.6 亿元、–1.66 亿元和 –0.45 亿元。2021 年前三季度，长生人寿净利润亏损 0.55 亿元，亏损规模超去年全年。

保费收入方面持续低迷，2012 年至 2020 年，长生人寿分别实现保费收入 3.31 亿元、2.71 亿元、2.45 亿元、2.47 亿元、19.32 亿元、18.53 亿元、23.16 亿元、14.84 亿元、18.98 亿元。2021 年前三季度，长生人寿保费收入 17.88 亿元。

2019 年以及 2020 年前 3 个季度，长生人寿季度综合偿付能力充足率分别为 201%、191%、186%、177%、154%、135%、130.2%，偿付能力充足率持续下滑。

东方资产控股的中华联合财险，2017 年至 2019 年分别实现净利润 13.03 亿元、11.26 亿元、5.81 亿元，净利润逐步走低。2019 年，中华联合财险营业利润亏损 4.24 亿元，得益于税费优惠才勉强扭亏为盈。这期间，中华联合财险高层频繁变动，7 年时间换了 5 任总经理。

幸福人寿自 2007 年成立以来，连续亏损 7 年之后，终于在 2015 年扭亏为盈。年报显示，2015 年至 2017 年，幸福人寿稍微有点利润，分别盈利 3.35 亿元、1802 万元、4938 万元。

好景不长。因为股票市场下跌，保险资金投资不佳，2018 年，幸福人寿巨亏 68.28 亿元，成为中小公司的"亏损王"。

根据媒体捕捉到的数据，截至 2018 年第三季度，通过幸福人寿保险股份有限公司的万能险账户，幸福人寿共出现在 4 家上市公司的前十大流通股股东中，分别为苏宁环球、精工钢构、三鑫医疗和科士达。4 家公司 2018 年都呈现下跌之势，其中苏宁环球和科士达跌幅均超过 50%。同年 6 月，幸福人寿领到罚单——公司收到了针对其保险资金运用情况的监管函，责令其进行全面整改，建立健全保险资金运用的管理制度和内控机制，整改期间不得新增股权和集合资金信托计划投资。

信达资产旗下的信达财险也没有赚到钱，2009 年至 2019 年分别实现净利润 –1.2

亿元、–1.06 亿元、–2.45 亿元、–3.7 亿元、305.20 万元、2135.09 万元、2328.04 万元、–2.31 亿元、–2.70 亿元、–1.71 亿元、0.15 亿元。

保险的钱不好赚，政策的变化来得更快。

2018 年 4 月，华融腐败案爆发之后，四大 AMC 就开始聚焦主业，进入"瘦身阶段"。

2020 年 8 月，监管要求各 AMC 转变依赖监管套利、多元化经营的老路，立足主业定位。

2020 年 7 月，信达资产出清所持幸福人寿 51% 的股权——以 75 亿元价格分别转让给诚泰保险和东莞交投集团。更早之前，2016 年 12 月，信达资产通过北京金融资产交易所，转让信达财险 12.3 亿股股份。信达已将其持有的 41% 股权转让，只留下 10% 的股权。之后信达财险更名为国任财险，经过多次增资扩股之后，信达资产持股被稀释为 7.487%，成为小股东。

硕果仅存的是东方资产持股的中华联合财险。2020 年，中华联合财险实现保险业务收入 529.04 亿元，同比增长 8.88%；净利润 6.14 亿元，同比增长 5.68%；投资收益 33.76 亿元，同比增长 7.55%。

从前五大险种来看，车险是第一大险种，其保费收入 280.09 亿元，占比 52.94%，承保利润亏损 1.54 亿元。农险是第二大险种，农险业务实现保费收入 106 亿元，承保利润 3.96 亿元，是前五大险种中唯一实现承保盈利的险种。

从偿付能力来看，2020 年末，中华联合财险综合偿付充足率为 220.23%，较 2019 年末下降 42.77 个百分点。2020 年 12 月，中华联合财险获批发行了 20 亿元资本补充债，为偿付能力补了一点"血"。

中国缘，百年安联的耐心

多年以前，安联集团的高管告诉彼时的笔者，安联集团对于中国市场的投资是长期的，是有耐心的。

这一份单纯的耐心，在 20 年之后收获了巨大的回报。2021 年 11 月 17 日，中德安联人寿公告称，中信信托将其所持有的中德安联人寿 49% 的股权转让给安联（中国）保险控股有限公司。

转让后，安联（中国）保险控股持有中德安联人寿 100% 的股权。中德安联人寿成为中国首家合资转外资独资的寿险公司，同时是第二家外资独资的寿险公司。

1910年开始，安联和中国结缘，在中国沿海城市提供火灾和海上保险，从此便根植亚洲市场。世界范围内，作为世界领先的金融集团之一，安联集团为全球超过9200万的个人及企业客户提供保险和资产管理服务。

1999年1月25日，中德安联人寿在上海正式开业，是中国首家获准开业的中欧合资寿险公司。转眼，20多年过去了！

之前安联一直在寻找机会。2019年10月15日，国务院公布了新修订的《中华人民共和国外资保险公司管理条例》，一是取消了设立外资保险公司的两大条件，二是增加了"外国保险集团公司可以在中国境内设立外资保险公司"和"境外金融机构可以入股外资保险公司" 2条。

2020年起，寿险公司中的外资持股比例提高到100%。

政策允许之后，受益于中德两国融洽的政经关系，安联在中国喜事连连。2020年1月16日，安联（中国）保险控股有限公司在上海正式开业，成为中国首家外资独资保险控股公司。时任上海市市长的应勇和安联集团董事会主席兼首席执行官奥利弗·贝特（Oliver Bte）共同为安联（中国）保险控股揭牌。

除安联（中国）控股和中德安联人寿外，德国安联集团在中国还拥有财险公司和保险资管公司，分别为京东安联和安联保险资管。

在中国，安联还布局了资产管理公司国联安基金管理公司、健康险公司太保安联健康保险公司、旅行保险和救助公司安联全球救援等。

至此，安联保险集团已经拥有了包括寿险、非寿险、信用保险和基金管理等业务在内的全部金融核心业务（见表26-2）。

表26-2 安联中国布局

业务	布局公司
寿险和健康险	中德安联人寿保险有限公司
财产险和责任险	京东安联财产保险有限公司
资产管理	国联安基金管理有限公司
旅行保险和救助	安联全球救援
健康险	太保安联健康保险股份有限公司

资料来源：公开资料整理。

对于中德安联人寿，安联集团董事、安联（中国）保险控股有限公司董事长塞尔吉奥·巴尔比诺特（Sergio Balbinot）表示："中国是安联集团的重要战略性市场。因此，自

2019年中国宣布进一步向外资开放寿险行业以来，安联一直积极寻求全资控股中德安联的机会。"

塞尔吉奥·巴尔比诺特是一个中国通，之前就职于意大利忠利保险集团（Assicurazioni Generali），曾担任忠利保险有限公司及忠利集团副总经理、总经理。2007年4月，出任中意财产保险有限公司副董事长。

安联的本地化——启用中国本土高管，实现本地生根，成效卓然。

典型的案例是中德安联人寿之前的执行董事、首席执行官陈良。

"用3年时间使公司扭亏为盈，在2013年实现公司成立15年来的首次盈利，2014年实现2个会计年度下的双盈利。"

1955年出生的陈良，自2010年3月起任中德安联人寿副总经理，2011年11月起，陈良接替原首席执行官柏思安，成为中德安联人寿代理总经理。2012年1月起，陈良任中德安联人寿保险有限公司总经理。中德安联人寿在2013年实现扭亏为盈，2014年实现2个会计年度下的双盈利。

更早之前，陈良1985年毕业于上海财经大学，此后留校担任讲师，1987年赴美国学习。在华尔街工作了10多年之后，陈良回国到上海国有企业工作，曾担任太平洋人寿副总经理及董事会执行董事。

"我回国是2001年12月11日，是我们中国入世的第一天。我有一个感觉，入世以后中国要向世界开放，有很多的规则跟国际接轨，像我这样了解国外情况的人回国后会很有发展。

"很多人问我，为什么到国企去工作？"

陈良坦言，相对而言，国企有一些优势。"第一是人才优势。这几年，大型国企吸引了一大批重点高校的优秀学生。第二，到大型国企工作，会有更多机会，像我所在的太平洋寿险，目前有寿险、养老金、健康险等，这会产生很多空间，给想做事的人一些机会。第三，国企有很大的客户群。太平洋寿险有2000多万名客户，每年的保费收入为500多亿元。第四，中国的大型国企和跨国公司有很多相似之处。"

2021年，陈良离开寿险业务一线。

2021年6月1日起，陈良将不再担任中德安联人寿董事、首席执行官，继续担任安联（中国）保险控股副总经理和首席运营官，同时拟任已获批筹建的安联保险资产管理公司的董事长。

徐春俊接替陈良出任中德安联人寿董事、首席执行官；徐春俊此前为京东安联财险总经理。同日，广东银保监局批复毛伟标任京东安联财险董事长。

徐春俊是一位老兵。公开资料显示，2016年5月起，徐春俊担任京东安联财险副总裁，全面负责京东安联财险保险业务工作。徐春俊是一位拥有20年寿险、健康险、财险经营管理工作经验的保险老兵，曾在国内三大保险机构人保、平安、太平洋工作过。

对于"80后"的保险"后浪"们，新的故事才刚刚开始。

比如"80后"毛伟标，曾被马明哲寄予厚望并委以重任，担任过平安人寿副董事长，同时拟牵头成立平安互联网寿险公司。加入中国平安前，毛伟标曾担任埃森哲咨询公司全球高级合伙人、董事总经理，主要负责大中华区金融保险业的咨询业务，同时还是穆迪亚太区董事、保险及资产管理行业负责人。

毛伟标之后，京东安联财险又从众安在线挖来1979年出生的向雷，从泰康在线引入左卫东。左卫东在泰康在线分管车险期间，3年泰康车险累计保费超过了30亿元，承保客户超过了80万人，经营区域从3个省、市扩展到了全国20个省、区、市。车险综改之后，新能源车险条款势在必行、UBI（基于使用量而定保费的保险）等将在未来成为主流，这恰给互联网车险提供了土壤。

> ▶ **外资财险抢机遇**
>
> 外资财险在中国，经历了三次迭代。
>
> 第一代，拿牌；第二代，单干；第三代，拉着互联网公司一起干。
>
> 2000年，中国加入WTO之后，外资财险迎来了一波扩容潮。2011年达到21家后，再无新外资保险进入中国市场。直至2020年，安达入主华泰，合资变外资，始成22家外资财险公司格局。
>
> 拿牌照只是第一步，业务层面，外资财险很多年都没有突破，直到引入中国的互联网巨头，形成独特的"互联网＋外资"。典型案例是，阿里控股国泰财险，京东和安联联手，滴滴收购现代财险，以及腾讯收购三星财险。
>
> 2016年，阿里控股国泰财险后，依靠互联网场景，保费实现大幅飞增，成功在第二年挤入前五，并在2018年至2019年稳坐行业第二。
>
> 而京东安联财险从2018年开启了加速模式（见表26-3），同样是依靠股东互联网场景所带来的流量，第二年就将保费规模做到外资财险第三。
>
> 2020年，华泰因为股权转让变身外资，成为中国最大外资财险公司，京东安联财险下降一位，列居第四（见表26-4）。

表26-3 京东安联财险历年原保费收入

	年份/年	原保费收入/亿元	增速/%
安联保险	2011	4.04	33.77
	2012	5.75	42.33
	2013	6.56	14.09
	2014	8.96	35.59
	2015	8.16	-8.93
	2016	8.29	1.59
	2017	9.13	10.13
京东安联财险	2018	10.49	14.90
	2019	23.56	124.61
	2020	35.12	49.04
	2021年前2个月	7.38	30.92

表26-4 2020年外资财险保费收入排名

排名	公司	原保费收入/亿元
1	华泰保险	70.20
2	安盛天平	60.61
3	国泰财险	60.33
4	京东安联财险	35.12
5	利宝保险	23.67
6	中航安盟	23.06
7	美亚保险	15.19
8	三星财险	8.88
9	中意财产保险	7.58
10	安达保险	6.91

数据来源：公开资料整理。

徐春俊曾提出"第三代互联网保险公司"的概念，结合京东安联的做法，他描绘了一个新的元宇宙场景："通过商业场景沉浸式模式，形成一个保险服务的生态和服务链，即让保险+技术+服务沉浸在商业场景中，产生线上和线下的生态化结合，从而彻底改变保险原有的逻辑和业态。"

率先模仿，泰康"双创"25 年

中国的民营企业，能够存续超过 20 年，已经实属不易；要有一番作为，更是难能可贵。

8 月 22 日是泰康保险集团 25 周年大庆。

上午，泰康集团大厦入驻仪式正式开始，随后是泰康向武汉大学捐赠 10 亿元的捐赠仪式。下午，泰康保险集团举行 25 周年庆典。庆典的高潮是，"25 盏明灯代表着泰康 25 周年的辉煌历程，在大家的注目下，陈东升董事长及股东和董监事代表、全体管委会领导共同捧起象征着初心与梦想的明灯，点亮新未来，开启新征程"。

自 1996 年创业，25 年来，泰康保险已经成长为一家涵盖保险、资管、医养三大核心业务的大型保险金融服务集团，连续 3 年跻身世界 500 强之列。截至 2020 年底，泰康管理资产规模超过 2.2 万亿元，在全国布局 22 家高品质泰康之家养老社区，构建了大健康生态体系。

从"一张保单保全家"到"幸福有约终身养老计划"，从商业保险到养老产业，从轻资产的金融到重资产的泰康之家，从虚拟保险到实体服务，泰康一路探索中国商业保险的进化之路。

居民长寿时代，对于超前布局养老健康产业，陈东升是这么讲述的。

有时候商业的原点是"羡慕"。"2007 年一个偶然的机会，我产生了进入养老服务业的想法。我知道沈南鹏把全国各地的闲置厂房、办公楼简易装修做成连锁经济型商务酒店，几年就上了市，我受到启发，全国那么多养老院，管理水平、信息化水平和专业化水平都不够，就想尝试轻资产式托管的连锁型养老社区，所以泰康在 2007 年就开始布局养老，后来扩展到医疗康复。"

2007 年，陈东升考察了日本松下、和民旗下的养老机构；2008 年，他考察了美国埃里克森、晨曦、万柳养老社区；2009 年，他再次考察了埃里克森和万柳养老社区；2010 年，他考察了美国太阳城养老社区；2016 年，他考察了英国保柏（Bupa House）总部和法国欧葆庭（Orpea）养老院；2017 年，他考察了美国佛罗里达州"群村"（退休小镇）。

"创新就是率先模仿"，这曾是陈东升的口头禅。

"我先去考察了日本，那里的养老社区大部分是小规模的，感觉上就没有大产业的那种震撼和刺激。2008 年，我去了美国北卡罗来纳州的一家中型养老社区，半小时就把我彻底征服了，当时就决定要把这种商业模式搬到中国来。"

这个养老社区就是晨曦社区，晨曦社区是一个只有 400～500 户居民的中型连锁社区，但它拥有一流的环境与设施，社区为居民配备了餐厅、健身房、活动中心，老人们在这里过着怡然自得的生活。

陈东升看到，95 岁的老爷子还在跑步机上锻炼身体，旁边一群老太太在练站姿、跳芭蕾，而且他们都衣着整洁、打扮入时，有的还西装革履、系着领带，好像是要去赴一场盛宴。

在这个社区待了半个小时之后，陈东升被彻底震撼了。

对于新战略，一开始理解的人不多。内外沟通，达成共识，成为必要条件。"2007 年，泰康开始进军养老产业，我就特别重视共识的达成。"

对于监管，"我 2008 年初去美国，一直到 2009 年，保监会才批准我们试点养老社区，我们花了半年时间去跟监管部门沟通"。

对于股东，"2010 年，我带公司董事们参观了美国养老社区，让大家认可医养战略的正确性。但养老和医疗分不开，又要战略转移，从传统寿险养老社区进入综合的医养和健康路线。泰康要进军健康保险、进军医院，董事会其实很担忧，跨界跨得太大可能有风险，所以 2016 年，泰康又在香港开了次董事会，高管们做了一天报告，向董事会详细阐述医养战略，打消了大家的顾虑"。

对于泰康进入养老产业，市场一直有两个质疑。保险行业内的人质疑，养老产业属于重资产、慢回报，短期除了卖保险的场景营销、流量价值，长期公司赚不到钱；保险行业外的人质疑，泰康是拿保险的钱，做房地产、炒地皮。

对于保险业内人士的质疑，陈东升认为"养老产业的重资产、慢回报和寿险是天然匹配的，真正实现了商业模式上的'长坡、宽道和厚雪'。保险公司到哪里找这么契合需求的投资标的？能吸收大量、长期的资金，不受经济周期影响，有稳定的现金流回报，但肯定不是高回报"。

对于保险业外人士的质疑，陈东升认为"泰康把寿险主业做好，然后进入资管，进入养老和医疗，不是在跨界，是深耕寿险产业链"。

陈东升看重战略，在其文章《战略决定一切》中，陈东升总结泰康发展史上的三次战略调整。

第一次是做加法，地域上实现全国化，开设 2000 个县域网点，业务上倚重银保，年收入增至 600 亿元；第二次是做减法，针对扩张过快引发的问题，主动调整、放弃规模、回归价值，回归中心城市；第三次是做乘法，基于寿险资金的属性进军养老和医疗，打造大健康产业链。

"我做企业就是写文章。先想好结构，如何开篇和结尾，中间不受任何诱惑，不做没想好的事情。泰康走到今天，我最深刻的体会就是战略决定一切，所有领域都要服从战略。"

"加、减、乘、除之间，泰康先后经历了快速扩张、转型阵痛和理性调整，业绩先增后减再反弹，最终确立了坚定寿险核心不动摇，立足寿险做大健康产业的基本战略。"

泰康的康养战略有两个支点。

其一，"泰康之家"以连锁方式在北京、上海、广州、成都、武汉、杭州等地量化布局。

其二，与"泰康之家"建设同步，泰康在 2012 年推出与养老社区配套的"幸福有约终身养老计划"险种，凭保单可以入住"泰康之家"，保险利益可用于支付社区居住和服务费用。

在《战略决定一切》中，陈东升把这个模式阐释为活力养老、高端医疗、卓越理财、终极关怀四位一体。实现了"养老险与养老社区、健康险与医疗体系、养老金与资管"三大闭环，既保证了寿险保费的复利增长，又完成了保险实体配套和用户长期财富规划，可谓一石三鸟。

对比马明哲治下的平安，陈东升认为，"与平安的'金融宽带'模式相比，泰康走的是链式生态，一人一险一生，覆盖从摇篮到天堂的全生命周期保障，以支付和服务陪伴一个人的生老病死"。

"做大企业很难，但成为细分领域的专家，你就是一个伟大的企业家。"

关于上市，"泰康发展到现在的规模，没上市，没再融资，没出现偿付能力问题，这是我觉得自己做得最牛的事"。

关注上市的不仅有股东，还包括参与了泰康股权激励计划的高管和员工。

值得一提的是，2015 年，原保监会发布《关于保险机构开展员工持股计划有关事项的通知》（简称《通知》），对开展员工持股计划的基本原则、条件、程序等进行了规范。《通知》发布后，包括泰康人寿、阳光保险、众安保险在 2016 年展开了员工持股计划。

根据泰康人寿年报，截至 2015 年 12 月 31 日，泰康人寿核心骨干员工持股计划参与员工共计 4612 人，均为泰康人寿及其子公司领取薪酬并签订劳动合同的正式员工，参加持股计划的员工认购员工持股计划份额的款项来源于其合法薪酬、自筹资金及其他合法的资金获取方式。员工持股计划持有的股份约为 1.28 亿股，占公司股本比例约为4.69%。

插一句题外话，在中国保险行业，牌照是监管批的，资本金是股东（或老板）给的，活儿是职业经理人干的。如何建立健康的公司治理结构，把职业经理人变成事业经理人，进而克服急功近利的玩法，避免一股独大或者内部人控制的风险，这是中国保险业的"斯芬克斯之谜"。期待落到实处的员工持股计划，能够春风化雨，建立长期的价值观和事业共同体。

关于误解，"误解那就多了，有人说我是靠关系，还总有人认为我们是在搞房地产，还有说我是政府人员下海。我都能理解，所以我'两耳不闻窗外事，一心只读泰康书'，这就是我的人生"。

值得记录一笔的是，2016年前后，各路资本纷纷把寿险公司当成圈钱平台、野蛮举牌的时候，泰康在陈东升带领下"靠低调，靠专业，靠做事硬"，成为业界的一股清流。

颠覆！特斯拉搞车险

特斯拉车险的涨价，让粉丝们很惊愕。

有特斯拉粉丝晒图，特斯拉Model Y在2021年12月23日投保的费用为8278元，27日投保费用暴涨到1.4万多元，涨幅高达69%。

12月27日，恰好是新能源汽车专属保险正式上线之日。新能源专属车险改革之后，很多"电车宝宝们"反馈，不同的车型，涨幅在20%～80%不等。有热心的"电车粉丝"发布了部分新能源车保费的新旧对比图，发现涨价的部分主要是车损险。其中，特斯拉车型的车险基本上涨超100%，而小鹏汽车的车险最高上涨54.98%，最低上涨24.77%，总保费上涨16%～37%。理想、蔚来汽车的保费涨价幅度也相差无几。

当然对于涨价，保险公司认为理由充分。

和传统燃油车的车险相比，此次发布的新能源专属车险，更适应新能源车的特点，不仅考虑到新能源车存在的自燃风险，还考虑到"三电"（即电池、电机和电控）的损坏风险。相比传统车险的使用过程，新能源汽车专属条款的主险责任，还增加了充电过程。

这样，新能源汽车及核心"三电"在行驶、停放及充电时发生事故（包括自燃），可享受商业险的赔付。

保险公司的观点是，新能源汽车的保单成本主要体现在两方面，一是维修偏贵，二是出险率相对高。当前新能源车险的赔付率普遍超过 85% 时，行业面临较大承保亏损压力。

为何特斯拉的涨价幅度最高？因为特斯拉采用的全铝一体式车身，碰撞后不易钣金修复，只能一体更换，出险后的赔付金额要较其他车型更高。

不用争辩，市场自有道理。"钢铁侠"马斯克颠覆了传统车商的好日子。

10 月 7 日，2021 年度股东大会上，马斯克宣布，特斯拉保险将于下周在得克萨斯州上线，希望 2022 年在美国大部分地区都能有特斯拉保险。

马斯克说："保险将成为特斯拉的主要产品之一。"特斯拉的车险，让保险行业看到了另外一种可能。

那么，什么是特斯拉车险？

本质上，特斯拉车险是一种 UBI 车险。UBI（usage based insurance，基于使用量而定保费的保险）车险，指主要根据车辆的使用时间、里程、驾驶者习惯等信息进行设计，针对不同车主给出个性化定价的新型车险产品。

传统车险定价主要还是保险公司根据车型价格、车主年龄、性别、出险次数等信息计算得来。这种定价体系其实就是针对同类群体规定了一个价格区间，并不能很好地识别出不同车主的差异。

在 UBI 车险模式下，车主的保费支付方式更灵活。比如车主可以按月支付保险费，无须支付其他费用，如果车主不满意，可以随时取消或变更保险条款。

在 UBI 车险模式下，更为关键的是所谓精准定价，基于驾驶大数据，根据车主的实时驾驶行为，以车主的驾驶记录（包括车辆的使用时间、里程、驾驶者习惯等信息）为基准进行定价，针对特斯拉车主群体可以做到"千人千价"。

有细心的观察者发现，9 月底，特斯拉的"完全自动驾驶 10.1 测试版本"上线，同时还绑定推出了车险计算器。特斯拉车险将通过车内传感器收集驾驶者行为，从而来影响车险定价。未来特斯拉车主驾车过程中的行驶习惯，都会影响到自己的车险保费。

按照 UBI 车险的模式，特斯拉的车险定价可以比目前车险低 30% 至 40%，这笔节省费用将为特斯拉买车之外的超额利润。

特斯拉对于保险业务关注已久。早在 2016 年，特斯拉就在澳大利亚和中国香港地区启动了 Insure My Tesla（我的特斯拉车险）计划，以保险经纪的模式，通过与保险公司合作进入保险领域。2017 年，该业务扩展至北美地区。2019 年 8 月，特斯拉在美国加利福尼亚州推出了内部保险计划。在 2020 年的第三季度财报说明会上，马斯克就曾表示，保险将成为特斯拉的主要产品之一，并且其业务价值将占到整车业务价值的

30%到40%。

"目标是到2030年实现年销量2000万辆，全球员工人数超过10万人。"这是特斯拉搞保险的底气。

值得注意的是，2010年8月，特斯拉已经在上海注册成立特斯拉保险经纪有限公司，并且取得了经纪牌照，这表明特斯拉已经计划在内地开展"车＋保险"的服务模式。该公司由特斯拉汽车香港有限公司100%持股，登记地址为中国（上海）自由贸易试验区临港新片区江山路5000号二楼，即特斯拉上海超级工厂所在地。

这个时候的传统保险公司，很有可能正在某个角落瑟瑟发抖。

不真心变革，就没饭吃。

友邦的野心

2021年6月29日晚间，友邦保险公告，将投资120.33亿元人民币认购中邮人寿24.99%股权。交易完成后，友邦保险集团将成为中邮人寿的第二大股东。

于无声处听惊雷。

这是抢购蚂蚁集团之后，市场好久未见的大手笔。

中邮人寿是中国邮政集团的"亲儿子"，成立于2009年9月。引入友邦之前，中国邮政集团持股50.92%、北京中邮资产管理持股20.00%、中国集邮持股16.25%、邮政科学研究规划院持股12.83%。和友邦的交易达成之后，中邮人寿资本金将增至286.63亿元，超越中国人寿的282.65亿元，跃居第三位，仅次于平安寿险与大家人寿。

中国邮政拥有全市场最大的分支机构。中国邮政集团的渠道覆盖22个省（区、市）、296个地级市、1690个县级市、32571个网点。

更为冠绝的是，邮储银行为中国内地网点数目最多的银行，拥有约4万个金融网点，高于网点数排名第二、第三银行之和；覆盖6.2亿名零售客户，零售客户存款占比约88%。中邮人寿与邮储银行的分销合作密切，中邮人寿在其中21个省份销售产品，覆盖邮储银行分销网络的80%。仅此一项，2021年前三季度，中邮人寿轻松囊括799.63亿元保费，实现投资收益124.21亿元，实现净利润15.11亿元。

投资中邮人寿，相当于拿到打开中国邮政庞大银邮渠道的钥匙。自2010年转型以来，友邦一直专注于发展精品化个险渠道，2019年个人代理渠道总保费占比91%、银保渠道占比不足8%。本次"入股中邮保险，有望在银保市场和下沉渠道两方面与友邦中国形成互补，帮助友邦进一步挖掘中国内地寿险市场"。

拿下中邮人寿之前，2021年3月，友邦斥资50.7亿港元从东亚银行收购东亚人寿100%股权，并与东亚银行达成15年的独家保险分销协议。

根据协议，东亚银行将向其零售银行客户独家分销友邦保险的人寿保险及长期储蓄产品。双方于2021年7月起，在上海、北京、深圳、广州、珠海及苏州建立独家分销伙伴关系，未来合作范围有望进一步拓展至东亚银行（中国）在内地的其他地区网点。

对于内地市场，最为野心勃勃的友邦，终于"摊牌了"。

友邦的内地业务近年来快速增长，逐渐成为集团的战略中心。除去2020年，友邦中国10年来新业务价值均保持超20%高速增长，中国内地以32%的占比成为2020年友邦集团新业务价值的第一大来源。

2020年6月，友邦人寿获批成为内地首家外资独资险企，之后网点扩容提速明显。2021年3月友邦人寿四川分公司获批开业，2021年10月友邦人寿湖北分公司获批开业。2022年2月友邦人寿天津营销服务部改建升级为分公司、友邦人寿石家庄营销服务部改建升级为中心支公司已拿到批准。目前，友邦人寿已在上海、北京、广东、深圳、江苏、天津、河北、四川、湖北设有分支机构，展业范围覆盖全国9个省市。

除了机构扩张，友邦还下重金邀请了平安保险原执行董事、联席首席执行官及首席保险业务执行官李源祥。

2020年6月1日，这一天，55岁的李源祥接任黄经辉，正式成为友邦保险集团首席执行官兼总裁。

"李源祥在亚洲保险市场的卓越成绩，使其成为在友邦保险史上这一重要时刻接替黄经辉的理想领导人选。我很高兴友邦保险将会受益于李源祥在亚洲人寿保险行业无可比拟的丰富经验。"友邦保险独立非执行主席谢仕荣对其高度赞赏。

饶有趣味的是，友邦偏好"保诚系"高管，集团连续两任CEO杜嘉祺、黄经辉都曾拥有长达十余年的保诚工作经验。李源祥也不例外，在加入平安前，他曾担任英国保诚台湾分公司资深副总裁（见表26-5）。黄经辉曾介绍，他与李源祥早在20多年前同在保诚任职时就相识，可谓知根知底。而在平安保险工作的十几年，不仅体现了李源祥本人的能力，而且完成了内地市场高端资源的积累。

表26-5 友邦三任集团CEO履历

集团CEO	任职时间	委任时履历
李源祥	2020年6月至今	北美精算师协会资深会员，拥有超过30年的保险业经验：2013年至2020年担任中国平安保险（集团）股份有限公司执行董事，曾任公司联席首席执行官及首席保险业务执行官。加入平安集团前曾于英国保诚集团担任多个高级职位。
黄经辉	2017年6月至2020年5月	北美精算师协会资深会员，拥有超过37年的亚洲寿险行业经验：2005年至2017年曾任中国（香港）英国保诚集团亚洲有限公司保险业务的董事总经理、大东方控股有限公司的集团行政总裁兼董事、友邦集团区域首席执行官，委任前负责中国大陆及台湾地区、泰国、印度尼西亚、新加坡及文莱业务及集团代理分销渠道。
Mark Tucker（杜嘉祺）	2010年10月至2017年5月	拥有特许会计师（ACA）资格，1986年加入英国保诚，1987年至2009年曾任英国保诚集团首席执行官办事处助理董事、英国保诚保险有限公司（香港）总经理、美国Jackson National Life Insurance Co. Lansing（杰信人寿保险公司）营运副总裁、中国（香港）英国保诚集团亚洲有限公司的创始人及行政总裁、英国保诚集团董事、HBOS plc集团财务董事、英国保诚集团首席执行官。

资料来源：方正证券。

友邦保险扩张背后有2张王牌支撑。

一是品牌。

友邦一直向快速增长的中产阶层和富裕客户群体提供高质量的保障和长期储蓄产品，拥有了一定的口碑。近2年的友邦聚焦高净值人群的四大核心需求：健康守护、品质生活（教育/养老）、财富保障和财富传承，深化"致精英"品牌价值。

友邦已经成功搭建起了覆盖客户健康管理、财富保障以及财富传承等核心需求的产品矩阵："传世"系列产品"传世无忧"（高端医疗保险）、"传世如意"（重疾险）、"传世金生"（年金保险），以及2022年全新推出的"传世经典2021"（终身寿险）。

友邦于2020年成立"传世"家族办公室，整合内、外部资源，通过携手在财富筹划、家族事务、文化探索等各领域富有专长的机构伙伴，从而为客户提供包括家族财富传承、家族事务管理、家族文化传承在内的一体化创新解决方案。

二是高素质代理人团队。

"'最优秀代理'模式下的高质量增长",高质量代理人策略构建的"高质量+高产能+高收入"的正反馈闭环,在中高净值客户市场中具有明显优势。

2010年,公司推出卓越代理人渠道及代理人2.0策略,主动清退兼职代理人,全面聚焦全职代理人,同时提升招聘标准,全面打造高质量的销售队伍。

2010年至2013年友邦经历了渠道改革阵痛期,在友邦中国代理人队伍转型期间,代理人数量由2010年的2.3万人降至1.5万人,降幅达35%,但本科及以上学历人员占比保持上升态势。截至2019年,本科及以上学历人数占比达51.2%,高出保险公司整体平均水平33.2%。

友邦连续6年蝉联全球MDRT(百万圆桌会议)会员数最多的公司,2019年集团会员数达11636人,占会员数排名前100家公司总数的19.8%。友邦中国人均保费及佣金持续增长,2019年代理人渠道人均保费64万元,为2010年水平的2.3倍;人均总佣金为12.6万元,为2010年的4.21倍,远高于内地上市保险公司。

几乎是一骑绝尘。

放眼市场,太平人寿的"三高"模型稍有钝化,平安寿险的调整尚未到位,唯一能够和友邦精兵比一比剑的,是泰康人寿依托"泰康之家"和养老保险练出的一个新部队——泰康人寿健康财富规划师,截至2022年2月末,泰康人寿健康财富规划师(HWP)从业人数已接近8000人,3年复合增长率达152%。

于投资端,友邦保持稳健。

自2010年上市以来,友邦集团保险资金中固收类资产占比保持在整体资产规模的85%左右,近年来稍有下降,2020年占比83%,主要配置公司债券及结构证券、政府债券,二者占固定收益资产比重分别达53%、28%;权益类资产占比保持在10%左右,近年来略有提升,2020年达13%。固收类资产收益率相对稳定,实际投资收益率略有波动,二者近6年年均收益率分别为4.7%、5.2%。

换一个角度看战略投资与公司发展战略。

寿险持续的现金流入和长久期负债优势正是公司投资端最大的优势。借用这个优势,友邦通过寿险投资撬动上下游资源。例如通过投资香港的Blue Cross和Blue Care来丰富公司的医疗保险及服务能力;投资东亚人寿和中邮人寿,分别撬动了东亚银行、邮储银行庞大的银行网点资源。

偿付能力方面,友邦综合偿付能力充足率基本维持在400%左右,远高于内地上市险企。近6年来,除2019年综合偿付能力充足率降至362%,其他年份均保持在

400%以上，2020年升至489%，高于6家内地上市险企平均水平的224%。

2021年，友邦的业绩抢眼。

友邦2021年新业务价值同比增长18%，远超内地上市同业公司。各主要市场的新业务价值均超过或接近2019年水平，其中中国内地同比增长10%、中国香港同比增长37%、泰国同比增长34%、新加坡同比增长6%、马来西亚同比增长26%、其他市场同比增长1%。公司内含价值营运利润为79亿美元，增长7%，内含价值营运ROEV（即内含价值营运利润÷年初内含价值）为12.1%；税后营运利润为64.1亿美元，增长6%，税后运营ROE（净资产收益率）为12.8%。

不仅业绩好，而且还有彩蛋，公司董事会批准了未来3年内100亿美元额度的回购计划，超出市场预期。

友邦有一个独特的优良的公司治理结构。

不仅是钱给到位，集团CEO动辄亿元年薪，更为重要的是专家治司且规矩到位。有一个赞誉的观点是，"友邦是一家真正做到全面照顾客户、员工（代理人）、管理层、股东及合作伙伴等利益相关方的公司"。

有意思的是，友邦集团并没有所谓控股股东。

上市之前，友邦（AIA）属于美国国际集团（AIG）；上市后，2012年AIG把AIA清空了——通过出售友邦保险共套现约350亿美元，拿去还了美国市场的债。

2012年12月18日，友邦宣布，AIG已经签订代理配售协议，出售全数其持有的友邦保险股份。交易结束后，友邦保险将与AIG终止长达90多年的关系。

AIG撤出后，友邦保险的股权集中度并不高。港交所数据显示，截至2012年12月18日，除AIG外，友邦保险的最大股东是花旗集团及其旗下公司，持股比例约8.92%，其他超过5%总发行股数的大股东还有摩根大通、美国资本集团（The Capital Group Companies, Inc.）和贝莱德集团（BlackRock, Inc.），分别持股7.02%、6.26%和5.09%。

这中间有一个插曲。

2009年3月27日，友邦保险宣布，美国国际集团高级副主席及董事会成员、友邦保险主席暨首席执行官谢仕荣将在2009年5月13日举行的AIG年度股东会议上正式退休。谢仕荣将继续担任友邦保险荣誉主席及南山人寿和Philam life（菲律宾友邦保险）的非执行董事。

之后2010年10月29日，AIA在香港主板上市，代号1299。友邦上市时曾创造了3个纪录：全球保险业有史以来最大规模的IPO、全球有史以来第三大规模的IPO、中国香港历史上最大规模的IPO。

不过，退休未果，谢仕荣再度出山。2010年12月21日，友邦保险宣布，将委任现任名誉主席、非执行董事及AIG附属南山人寿主席谢仕荣任非执行主席，2011年1月1日生效。

至此，带领友邦走向新时代的人，由格林伯格变成了谢仕荣。

没有所谓"老板"的友邦，构建了一个高水准的公司治理结构。

第一，高手云集。2020年董事会9名独立非执行董事中有7人曾在国内外政府相关部门担任职务，拥有多元化的市场洞见。历任集团CEO均拥有丰富的保险行业经验（见表26-6）。

表26-6　2020年友邦集团董事会非执行董事履历（部分）

姓名	履历
谢仕荣	集团非执行主席，为集团及前身效力近60年，为香港金融学院会员事务委员会委员及院士，曾任集团主席兼首席执行官、总裁兼首席执行官、人保财险非执行董事，对香港保险业发展作出了杰出贡献。
苏泽光	曾任香港与内地经贸合作咨询委员会主席、中国人民政治协商会议全国委员会委员、香港上海汇丰银行有限公司非执行董事、香港贸易发展局执行董事等职位。
周松岗	为香港特别行政区第四届行政会议成员、廉政公署贪污问题咨询委员会主席，授勋英国爵位、香港大紫荆勋章。曾任香港铁路有限公司行政总裁、渣打集团非执行董事、香港交易所主席等。

资料来源：方正证券。

第二，规则公允清晰。

"集团管理层薪酬结构完备，长短期激励增强管理层与股东利益一致性，形成以NBV（新业务价值）为主导的短期考核机制和以NBV、内含价值权益及股东总回报为核心的长期考核机制，有效深化集团价值主导策略，叠加雇员持股计划提升绩优人员留存率，助力集团可持续发展。

"集团管理层薪酬由基本薪金、短期奖励、长期奖励、福利及津贴、雇员购股计划5部分组成（见表26-7）。完善的激励机制有效保持了管理层与公司股东在短期、长期利益的一致性，有助于集团可持续发展，实现业绩突破。"

表26-7　友邦集团管理人员薪酬政策（部分）

薪酬组成	授予形式	涵盖内容	确定标准
基本薪金	现金	薪酬的固定现金部分。	根据职位的规模及性质、地理位置、范围及相关个人经验确定。
短期奖励	现金	根据表现情况以现金形式支付，用以激励、肯定及奖励达成集团目标及个人贡献。	根据个人职务及责任、可变及总体薪酬待遇的竞争力确定，支付时考虑个人的表现及贡献。
长期奖励	受限制股份单位及购股权	结合管理人员与股东的长期利益，奖励、激励集团本期及未来预计将作出重要贡献的内地参与者。	授出价值依据个人的职务、责任、表现、潜力、可变及总体薪酬待遇的竞争力厘定。
福利及津贴	—	包括相关法规及（或）当地市场惯例可能规定的福利及津贴，是总体薪酬价值的组成部分。	确保整体薪酬的市场竞争力，确保符合当地法规。
雇员购股计划	股份	为雇员提供购股及获得相应配送股份的机会。	除非地方法规禁止，已通过试用期的所有雇员均可参与雇员购股计划，最高出资额为基本薪金的某一百分比或计划的最高限额。

资料来源：方正证券及公司材料。

除了高管，合格的雇员还可参与友邦集团设立的雇员购股计划。股份认购的单位归属方面，相关员工需仍属于集团雇员。计划有效期为10年，目前友邦集团分别于2011、2021年开设了2期雇员购股计划。

发端于上海，2010年实现独立上市的友邦保险，已经成为亚太地区领先的保险集团，业务覆盖亚洲18个国家及地区。截至2020年，友邦已经拥有超过3800万张个人保单及超过1600万名团险计划成员。

CHAPTER 27

第 27 章

金融豹变：总局挂牌
（2022—2023）

强人落马。

2022年1月8日，中国人寿保险（集团）公司董事长王滨涉嫌严重违纪违法，被中央纪委国家监委纪律审查和监察调查。

王滨成为2022年第一位被查的"金融虎"。生于1958年的他已过63岁，按照惯例，马上就到副部级干部退休的年龄。

中国人寿成为王滨的最后一站。2018年来到中国人寿之后，王滨提出"重整国寿"，推动"三大转型"，即推动公司从销售主导向销售与服务并重转型、从人力驱动向人力与科技双轮驱动转型、从规模取向向价值与规模有机统一转型。

之前的2012年3月至2018年9月，王滨曾担任中国太平保险集团董事长。谁也没有预料到，"再造太平"背后最大的推手，会以这样一种方式离开行业。

进入保险行业之前，王滨一直从事银行工作。2010年6月至2012年3月，其先后担任交通银行执行董事、副行长、北京管理部总裁。

《财新周刊》的调查发现，王滨的问题主要出在担任太平保险集团董事长时期，作为强势的"一把手"，王滨的权力是失控的，而香港市场又是一个大染缸，各色人等都有，更何况有缝的蛋。

人间正道是沧桑啊！

这一年，国内第88家财险公司中国融通财险正式开业。

中国融通财险注册资本30亿元，出资人是特别年轻、特别不同的央企——中国融通集团。

中国融通集团于2019年筹备，2020年3月正式成立。2020年3月底，国务院国资委网站发布公告，将中国融通集团列入央企名单，名列第10位。"一出生就排在'三桶油'（中石油、中石化、中海油）之前"，可见其影响和地位。

中国融通财险的法定代表人和董事长为李耀，李耀为中国融通集团党组成员、总会计师。董事、监事成员不乏多名保险业老将，比如谢跃、蒋明、高立智等。

可谓"保险大叔"创业。

这位"保险大叔"就是陆敏。2021 年，陆敏在平安集团荣誉退休。从 1997 年加入平安担任集团发展改革中心常务副主任算起，陆敏在平安的工作经历超过 20 年。在平安保险期间，他还跨界做过"汽车之家"董事长兼 CEO。

陆敏创业的平台叫作"懂保汇"，"成为保险行业一个第三方、客观的，能够站在帮助消费者立场上的保险信息服务平台"。

2022 年 1 月 6 日，陆敏写过一篇文章《我创业不是冲动的》，来论证自己的创业不是源自冲动。

他写道："在筹划创业的阶段，我问了自己下面 4 个问题：1. 我为什么要创业（初心）；2. 能做出多大贡献和价值（目标）；3. 模式是否能支撑上述的目标（模式）；4. 我能带领团队实现目标吗（能力）？"

虽然有无数的保险英雄、保险老兵都折戟在新保险公司或者新创业项目上，甚至有的人一世英名却马失前蹄，留下遗憾。但是大半辈子都是为各种老板活着的人生，总要为自己吼一嗓子。

这一年，王和博士当了中国精算师协会的"班长"。

2022 年 1 月 26 日，中国精算师协会第四届代表大会在北京以线上方式召开，王和被推选为第四届理事会会长，张晓蕾为执行副会长兼秘书长。中国精算师协会成立于 2007 年 11 月，现为国际精算师协会（IAA）正式会员。截至 2018 年 4 月底，国内有精算师 978 名，准精算师 1123 名，精算从业人员共 3843 人。

当选会长的当天，王和的发言即不同凡响。他说要让中国精算和中国精算师"走出去"，外面"海阔天空"。他呼吁"跳出精算看精算"，不要把自己的视野局限在保险的"一亩三分地"，而应当学会把精算这篇"大文章"写在祖国的大地上。

王和是中国保险行业的一位大神。不是因为他做过人保财险的副总裁、监事长，而是因为其为人和文章。

其笔耕之勤奋，属于行业 1% 的少数。

其涉猎之宽广，属于行业 0.1% 的极少数。

比如他研究过保险和元宇宙，"保险与元宇宙具有一定的'基因相似性'"，"元宇宙给保险的另一个启示是'去中心化'"。

比如他说，"数字化给保险业带来的最大影响是助推保险从等量管理走向减量管理"。他认为，"对于保险而言，数字化是一种回归"，"保险的数字属性是与生俱来的"。行文至此，请问各位看官，什么是"等量管理"，什么又是"减量管理"？

比如他研究"保险未来的演化逻辑与路径"，撰写著作《保险的未来》。其"第一章科技变革：未来已来"的内容如下："第一节'奇点临近：重新定义'；第二节'集合：不仅是效率，更有可能'；第三节'预测：从预测到预知'；第四节'信用：从中心到算法'"。这是一本讲风险管理的保险书吗？这分明是一本保险人讲科技的"天"书。

再如研究民法和保险，他可以引用孟德斯鸠的名言："在民法慈母般的眼神中，每个人就是整个国家。"

听王和博士的神仙课，喝谢志刚教授的普洱茶，到茶道燕梳去"布道"，实乃行业三件乐事。

干公益，因为热爱，所以简单。

这年头，真正干公益的机构不多，茶道燕梳就是其中一个。2018年，茶道燕梳由多位热爱保险并坚信保险业有美好未来的保险业者发起。两位创始人，一位是保险行业的创新模式设计大师谢跃，一位是中国最懂茶的精算学教授谢志刚。

看一看这些主讲人，就知道中国保险的思想精英皆汇聚于此。所谓"谈笑有鸿儒，往来无白丁"，或许就是这个味道和腔调。

课程的安排如下：

第1讲：守护思想，构建未来。（人保原副总裁王和）

第2讲：无问西东说车险。（华农财险总裁张宗韬）

第3讲：守住保险本质，实现价值成长。（华泰财险集团董事长王梓木）

第4讲：微信"九宫格"，保险的秘密听我说。（腾讯微保总经理及首席运营官谢邦杰）

第5讲：保险公司是否真的保险？155岁瑞再的长寿秘诀。（瑞士再保险中国区总裁兼北京分公司总经理陈东辉）

第6讲：众安，如何赋能中国保险科技？（众安科技首席执行官陈玮）

第7讲：寿险样本，友邦秘籍！（友邦中国首席执行官张晓宇）

第8讲："量子保们"对保险行业的赋能与耗散？（"量子保"首席保险官施辉）

第9讲：互联网如何赋能传统保险？（腾讯微保总经理及首席运营官谢邦杰）

第10讲：解密百年慕再创新战略，看老树如何发新枝。（慕尼黑再保险大中华区副首席执行官常青）

第11讲：聚焦"相互保"——保险回归互助？（原保监会副主席魏迎宁）

5年回首，茶道燕梳"小荷才露尖尖角"。

外国有咖啡和咖啡馆，所以诞生了劳埃德咖啡馆与伦敦劳合社，成为国际海上保险的交易平台。劳合社大厅里有一个"卢丁钟"，1857年，从荷兰一艘沉船上打捞上来的。劳合社用这个钟来告知大家生意的成败："小钟一响，黄金万两；小钟两响，人心惶惶。"

中国有茶和茶馆，然后进口了"燕梳"［燕梳者，保险（insurance）的粤语音译］，所以诞生了茶道燕梳。

"十几年前的一个下午，高管谢跃在谢志刚教授家里，一边喝着茶，一边聊保险，茶意微醺中形成一个想法，继而约定退休后办家茶馆，店名'燕梳茶馆'。设想中的燕梳茶馆，中式装修，明式家具，墙上挂着高仿的老保单，博古架上摆放几个不怎么值钱的保险'文物'。"

中国版的劳埃德咖啡馆——燕梳茶馆没有办成，但是茶道燕梳办成了。从此，中国的商业保险行业多了一个道场。

"来吧，今天喝'老茶头'。"

保险业务，有喜有忧。

这一年1月的保费数据显示，上市寿险公司1月单月保费同比下降0.2%，新单期交增速仍然面临较大压力。具体来看，平安人寿、中国人寿、太保人寿、新华保险、人保寿险1月单月保费同比分别下降 –0.6%、–5.3%、–1.1%、3.6%、30.2%。

券商认为，1月份的寿险业务整体负增长符合市场预期，原因如下。一是2022年"开门红"筹备时间较2021年明显延后；二是2021年1月因新旧重疾定义的切换导致旧产品出现销售小高潮，基数较高；三是2021年代理人的环比下降对新单有负向反馈；四是疫情导致居民收入预期悲观，预防型储蓄造成保障性产品的需求有一定的延后。

而上市产险公司1月单月保费合计同比上升11.9%，自2021年10月以来持续提升。其中，人保财险、平安产险、太保产险、众安在线1月单月保费同比分别提升13.8%、8.2%、12.7%、12.4%。

海通证券认为，2022年，其车险业务增速已经逐步回到正常水平，此外1月份增速较高与2021年1月受春节影响，签单数量减少亦有一定关系。

不管是寿险还是产险，海通证券认为，长期来看互联网保险市场仍有较大发展空间，预计新规影响下部分中小险企或将退出互联网业务，利好头部险企与专业互联网保险公司进一步提升市场份额。

时隔 14 年之后，保险保障基金迎来新规则。

2022 年 1 月，监管启动了对于《保险保障基金管理办法》的修订。

保险保障基金于 2005 年启动，原本是由保险公司按所收取保费的一定比例缴纳，用于在保险公司被撤销、被宣告破产，以及在保险业面临重大危机、可能严重危及社会公共利益和金融稳定的情形下，向保单持有人或者保单受让公司等提供救济。2006 年底，基金规模已达 80 亿元。

2008 年 9 月，保监会、财政部、中国人民银行共同制定颁布了新的《保险保障基金管理办法》，同时设立中国保险保障基金有限责任公司。

保险保障基金由此走上了市场化、专业化管理的轨道。2008 年，保险保障基金的余额为 149 亿元。约 14 年之后，截至 2021 年 12 月 31 日，基金余额 1829.98 亿元（汇算清缴前）。其中财产险基金 1130.89 亿元，占 61.80%；人身险基金 699.09 亿元，占 38.20%。

市场化运作 14 年来，保险保障基金共"救助"了 3 家保险公司——新华保险、中华联合保险和安邦保险。

救助新华，是首次出手。

2007 年，保监会首次动用保险保障基金接管新华人寿，先后购买了隆鑫集团、海南格林岛投资有限公司等所持的新华人寿股权，接手价格为 5.99 元/股，持股数约为 4.6 亿股，持股比例为 38.815%，位居第一大股东。

2009 年 11 月，保险保障基金"功成身退"，把新华人寿 38.815% 的股权整体转让给中央汇金公司。此次交易中，新华人寿每股 8.70 元，比保险保障基金接手时的每股 5.99 元，高出了 2.71 元，整个交易对价约为 40 亿元。简单计算，保险保障基金在本次交易中盈利 12.5 亿元。

救助中华联合，属于分期投入，两次退出，收益可观。

2010 年 4 月，保险保障基金受托管理中华联合保险 75.13% 股份，持有约 8.6 亿股。

2012 年 3 月，保险保障基金向中华联合保险注资 60 亿元（获得 60 亿股），对其持股的比例由 57% 上升至 91.5%。

其间，2012 年 9 月，中华联合保险引入战略投资者东方资产注资 78.1 亿元，东方资产以 51.01% 股份成为第一大股东，妥善解决了中华联合保险偿付能力不足问题。

2016 年 2 月，辽宁成大、中国中车和富邦人寿以总价格 144.05 亿元受让保险保障基金持有的中华联合保险 60 亿股股份，各自竞得 30 亿股、20 亿股、10 亿股，分别以 19.60%、13.06%、6.53% 的持股比例成为中华联合保险第二、第三以及第四大股东。

60 亿元变 144 亿元！

转让之后，保险保障基金还持股 8.6 亿股，持股比例降至 5.6%。这部分股票为无偿所得。2017 年 11 月，保险保障基金将这最后的一笔也挂牌转让，挂牌价 16.82 亿元。最终老股东富邦人寿接手，保险保障基金再赚 16.82 亿元！

而为救助安邦，保险保障基金几乎投入了一半的家底。

2018 年 4 月，保险保障基金为救助安邦保险，投入了 608.04 亿元。注资之后，维持安邦原 619 亿元注册资本不变。

2019 年 4 月，安邦发布公告称，注册资本将由 619 亿元变更为约 415.39 亿元，减少近 203.61 亿元。2019 年 6 月，大家保险成立，注册资本恰为 203.61 亿元，股权结构和安邦一致。

关于保险保障基金的退出，安邦接管工作组曾表示，将积极引入优质社会资本，完成股权重整，保持安邦的民营性质不变。

2022 年底，一个人带领一个创业团队，实现了一个梦想。

曾经是保监系统内最年轻局级干部的张维功，旗下的保险公司终于上市了——12 月 9 日，阳光保险在香港挂牌上市，成为国内第十家上市保险公司。阳光保险的资本之路，一如创业之初，一路磕磕绊绊，先要拿到监管部门的"小路条"和"大路条"；解释过往的股权变化；最后到香港市场，闯过了估值承压、上市破发等关口。

值得记叙的是，谦称"农民心态"的张维功，提出"在北京建一座中国保险业一流的博物馆"。从 2013 年开始，历经 8 年沉淀，阳光保险于 2021 年建成了中国保险博物馆。博物馆总占地面积超过 3000 平方米，包括世界保险史、中国近代保险史、新中国保险史、保险史教育 4 个展区。这家博物馆是国内保险史料最珍贵、最丰富的保险博物馆之一。

就在中国保险博物馆的同一个园区内，有一组名为"创业"的雕塑，记录了阳光保险创业团队最初的艰难。雕塑一共 7 位人物，其中居中而坐的喻指张维功本人，但是他却是 7 位人物像中最小的，高不过参观者的小腿，反差巨大。这一小细节可见张维功当时的大心态。

2023年3月，中国的金融监管体制迎来重磅改革。

这一年3月，依据中共中央、国务院印发的《党和国家机构改革方案》，涉及金融监管领域的改革有：组建中央金融委员会，组建中央金融工作委员会，组建国家金融监督管理总局，深化地方金融监管体制改革，中国证券监督管理委员会调整为国务院直属机构，统筹推进中国人民银行分支机构改革等。

其中根据改革方案，"国家金融监督管理总局在中国银保监会基础上组建，统一负责除证券业之外的金融业监管"。

具体而言，国家金融监督管理总局将"全面落实服务实体经济、管控金融风险、深化金融改革三大任务。依法将各类金融活动全部纳入监管，努力消除监管空白和盲区，大力推进央地监管结果，牢牢守住不发生系统性金融风险底线……"

组建国家金融监督管理总局之后，中国的金融监管格局正式进入中国人民银行、国家金融监督管理总局和证监会——"一行一局一会"为主线的全新时代。

从分业监管到统一监管，穿透监管，中国的金融行业和金融监管皆应时而变。

3月28日，银保监会官网首次以"国家金融监督管理总局"名义发布《2023年度国家金融监督管理总局（银保监会）部门预算》方案。

5月10日下午，国家金融监督管理总局召开领导干部会议，根据中央的决定，李云泽担任国家金融监督管理总局党委书记。

5月19日，国务院任命李云泽为国家金融监督管理总局局长，首任总局局长到位。李云泽是首位正部级的"70后"，1993年7月本科毕业后，即加入建设银行工作，从基层做起，有建行、工行两家大行25年的金融业务和管理经验，后在四川担任5年"金融副省长"。

2023年5月18日上午10时许，国家金融监督管理总局揭牌仪式在北京金融街15号鑫茂大厦南门举行。鑫茂大厦南门石狮子身后挂了逾5年之久的"中国银行保险监督管理委员会"牌子更换为"国家金融监督管理总局"。

之前的一天，5月17日晚21时左右，公众号"中国银保监会"更名为"国家金融监管总局"。

饶有趣味的是，北京金融街15号——这座被中国银行业监督管理委员会和中国保险监督管理委员会共用了12年、被中国银行保险监督管理委员会用了5年的大楼，迎来了新的"时代"——国家金融监督管理总局。

总局挂牌之后，一家遭遇困境的互联网保险公司迎来真正的新生。

5月24日，总局网站批复，易安财险正式更名为"深圳比亚迪财产保险有限公司"（简称"比亚迪保险"）。

周亚琳成为首任董事长。1977年出生的她，44岁的时候就实现了人生的逆袭，成为比亚迪集团财务的掌舵人。1999年，周亚琳毕业于江西财经大学，毕业（1999年3月）即加入比亚迪，奋斗20多年后，2021年3月起担任集团副总裁、财务总监。

新生的比亚迪保险创造了好几个行业第一。

——第一家通过破产重整获得新生的保险公司。

2020年7月，"明天系"旗下9家金融机构被监管接管，易安财险为其中之一。接管两年之后，原银保监会于2022年7月15日原则上同意易安财险进入破产重整程序。中国新能源汽车的"一哥"比亚迪最终入围，成为最后唯一的重整投资人。

——第一家民营单一股东100%控股的保险公司。

不过，这并不违反监管的规定。一般而言，保险公司的单一股东持股上限为33.33%，但外资公司和参与风险处置的公司除外。

根据之前媒体披露的信息，比亚迪为易安财险7家原股东100%股权支付的对价为700万元；此外，比亚迪提供5.4亿元，以保证重整费用和各类债权债务的清偿，并填补易安财险的净资产缺口；承接所有员工；计划在后续增加30亿元资本金。

——第一家跨界布局"互联网+新能源汽车保险"的保险公司。

易安财险是国内第一批4家互联网保险公司之一。2017年，互联网保险风头正劲时，"明天系"曾为易安财险喊出估值百亿的转让高价。

多年以来，因车企与车险的业务协同，包括上汽、广汽、一汽、东风等大型汽车厂商都已成立或入股了财产险公司。比如一汽入股鑫安汽车保险，广汽入股众诚保险，以及吉利入股合众财产成为第二大股东等。

但是比亚迪不一样。

比亚迪是中国新能源汽车行业的传奇公司，此番布局比亚迪保险之后，它剑指方兴未艾的新能源汽车保险业务，将要逐鹿未来财险行业的主战场。

以中国人保为例，2022年其总营收为6209亿元，车险营收达2711.6亿元，占总营收的44%。因此，车险是财产保险大公司的必争之地。

另根据市场的统计，2022年全年，中国新能源汽车零售销量为567.43万辆，同比增长90%。而比亚迪2022年全年共计销售新能源汽车186.9万辆，市场份额由2021年的19.5%提升至31.7%。这意味着市场上每售出10辆新能源汽车，就有3辆是比亚迪。

根据申万宏源证券的预计，到2025年，新能源汽车保费规模将达1543亿元；2030年将达12790亿元，占车险总保费的31.3%。

面对万亿级的新能源车险，面对成为保险巨子的机会，比亚迪自然怦然心动。

3 万亿榜样：联合健康

"我们要成为中国的联合健康。"

"我们要做商业闭环，做联合健康的模式。"

在中国保险行业，如果你还不知道联合健康，你已经落伍啦。努力寻找道路的中国保险，似乎又看到一条新路。

联合健康是谁？

2020年4月，美国最大的商业健康险公司联合健康集团（United Health Group，简称"联合健康"）发布了2019年报，全年收入2400亿美元，净利润140亿美元。以同期年度营收为对比，联合健康约等于1个苹果公司、2个微软、4.5个阿里巴巴、168个茅台。受益于强劲的业绩表现，公司股价10年接近翻10倍，静态PB估值高达6.23X，远远高于同业。

2020年8月，联合健康集团名列2020年《财富》世界500强排行榜第15位。

这是一家高速成长的公司。

1974年，联合健康在美国明尼苏达州成立。

1984年10月，联合健康在纽约证券交易所上市，上市时股价大约4.4美元。从上市到现在，联合健康的股价整体呈一路上升的趋势，走出了一条漂亮的曲线。尤其是过去10年，联合健康的股价从2011年初的40美元左右一路涨到了近460美元。

仅仅40年，联合健康从一个创业公司，变成了市值和年度营收皆超过万亿元的商业巨头。神话是如何创造的？

1973年，美国国会通过了《健康维护组织法案》，鼓励健康维护组织（HMO）的快速发展。该法案的颁布推动了美国管理式医疗的发展。

联合健康的前身是Charter Med Incorporated。1974年，Charter Med Incorporated由一群医生和其他医疗保健专业人员创立，其中包括理查德·伯克（Richard Burke），他们希望扩大消费者的健康保障范围。该公司旨在在医疗保健领域进行创新，创建药物处方集、入院预认证流程和医生办公软件。

随后在1977年，理查德·伯克和首次提出"HMO"一词的医疗政策专家保罗·埃尔伍德（Paul Ellwood）博士创立了联合医疗保健公司（United Healthcare Corporation），并收购了Charter Med Incorporated，正式开始了联合健康的征程（见表27-1）。

表27-1　联合健康的发展历程

年份/年	事件
1977	United Healthcare Corporation（联合医疗保健公司）成立并收购Charter Med Incorporated。
1979	推出了第一款针对老人的健康保险，试图替代联邦老人医疗保险(Medicare)。
1984	在纽交所上市。
1987	推出Ever Care，旨在帮助协调疗养院个人护理计划。
1988	首次推出PBM业务，通过用药目录管理和集中采购，重新分配产业链各方利益，通过其子公司将福利设计与零售药店网络联系起来，并提供药品邮寄服务，利用规模经济与药厂谈判获得更低的处方药成本。
1989	推出移植网络，帮助患者匹配到高水平的医生和医疗机构，提高生存率，降低移植费用。
1995	16.5亿美元收购Mentra Health，一家整合了旅行者保险公司和大都会生命的团体健康险业务的公司，这是其发展的关键一步。
1996	推出了AI智能系统Adjudi Pro，可自动化大部分索赔审查流程。
1997	与美国退休人员协会（AARP）达成合作，成为其成员健康险的供应商。
1998	United Healthcare Corporation更名为United Health Group（联合健康集团），并进行一系列重组，设立了5个业务板块：United Healthcare、Ovations、Uniprise、Specialized Care Services和Ingenix。
2000	推出网页myuhc.com，允许个人客户在线访问相关的健康信息，以及查看患者的健康福利资格、提交和审查理赔。
2009	与思科合作，建立了美国第一个远程医疗网络。
2016	Optum RX与CVS Pharmacy合作，双方利用共享药房平台，为客户开发新的药房和健康解决方案。
2018	联合另外两家健康保险公司Humana、Multiplan，以及医疗信息技术供应商Quest Diagnostics，推出了合作试点项目，应用区块链技术提高数据质量，并降低与保险公司获取最新人口统计数据相关的管理成本。

资料来源：公开资料整理。

某种意义上，联合健康是一家有并购雄心的公司。

联合健康早期只是一家区域型公司，在它做大、做强的过程中，收购发挥了重要作用。据不完全统计，从成立到现在的40余年间，联合健康共完成了几十次并购。这些被收购公司按照被收购目的分为四大类：保险客户开拓、医疗健康服务、药品福利管理，以及数字化/研究支持。

2010年之前，联合健康主要收购目的是"获客"、打开更多的区域市场，收购了很多Medicare Advantage（联邦医疗保险优良计划）、Medicaid（医疗保险）等业务的服务商，增加了自己的客户数量，快速进入一个个新的区域市场。

2004年以来，联合健康的收购重心围绕Optum业务展开，大量收购药品福利管理公司以及医疗健康服务商，还有各类与技术相关的企业。

Optum是联合健康旗下的健康服务业务板块，旨在实现医疗卫生系统现代化并改善整体人口健康状况。该部门服务于广泛的医疗保健市场，服务对象包括支付方、医疗供应商、企业雇主、政府、生命科学公司和消费者。迄今为止，Optum服务了1.27亿个人用户、美国90%的医院、90%的《财富》100强企业、80%的健康保险公司、90家生命科学公司，以及美国24个州和特区政府。

简单概括，联合健康采取了"保险+健康服务"的双轮模式（见图27-1），打通了各种类型的健康险客户、医疗机构、药企、技术公司、政府部门，相当于在内部进行了又一次分工：United Healthcare板块负责"获客"，Optum板块负责整合各类资源，提供健康服务，包括健康管理、药品、数据支持。

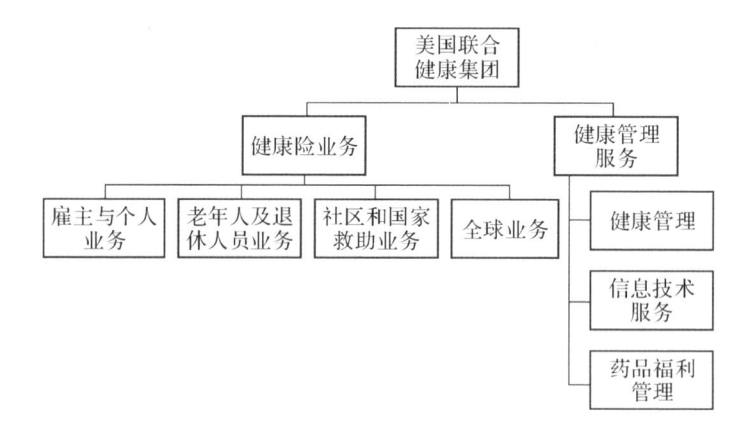

图27-1 联合健康的健康险业务和健康管理服务相互补充、相互促进

资料来源：广发证券刘淇、陈福《联合健康公司深度解析及对我国的借鉴意义分析》。

在健康险及服务体系中，联合健康扮演的不仅仅是保险销售和资金赔付的角色，实际上，它同时还是医疗服务和药品服务的提供方、行业的技术服务方、决策支持方，而且对患者的价值从疾病发生后的诊疗，逐渐提前到疾病预防阶段。

因为集合了大量的医疗资源，可以自成体系地完成健康险从产品到完成体系的全流程，所以联合健康可以更多地把保费等收入留在内部，例如联合健康掌握了大量的药店，可以提供药品服务，所以保险业务相关赔付支出的一部分也会成为 Optum 板块的利润。

券商的研究员们总结出了联合健康的模式，具体如下。

联合健康发展背景：高昂的医疗成本催生管理式医疗发展。2020 年，美国公共/商业医疗保险覆盖 34.8% 和 66.5% 的人口，2020 年人均医疗费用高达 1.16 万美元，"看病贵"是美国医疗体系的核心痛点，1973 年颁布的《健康维护组织法案》，意在鼓励 HMO 发展。

健康险：采用收购 + 医疗服务，保费与盈利能力"齐飞"。

健康险包括老年人及退休、社区和州救济业务，雇主及个人业务，全球业务，2006 年至 2020 年保费收入中 CAGR（复合年均增长率）为 8.2%。公司优势在于：丰富的医疗资源，2020 年，公司医疗网络包括 140 万名医生和 6500 家医疗机构，为客户提供更好的健康医疗管理；医疗成本低于同业，2020 年医疗赔付率为 79.1%，低于哈门那公司（83.1%）、安森（84.6%）和信诺（79.4%），主因公司凭借 Optum 降低医疗成本；强大的客户资源，与美国退休人员协会签署排他协议，2020 年，公司来自 CMS（医疗补助服务中心）的保费占比高达 36%。

健康管理服务发展迅速：Optum 是公司健康管理与服务子公司，主要分为 Optum Health（健康管理业务）、Optum Insight（信息技术服务）、Optum Rx（药品服务管理）3 个板块，随着业务范围的扩大和技术对外的输出，Optum 贡献的收入比重由 2006 年的 12% 提升至 40%，营业利润率由 2010 年的 4.8% 提升至 2020 年的 7.4%，其中信息技术服务的营业利润率高于其他两个板块。

联合健康的成功，不仅是金融的成功，更是思想者的成功。

保罗·埃尔伍德是联合健康的创始人之一，他是美国医疗保健领域的杰出人物，被称为"管理式医疗之父"。在 1970 年 1 月《财富》杂志的一篇文章中，保罗·埃尔伍德创造了"HMO"一词，给美国医疗保健系统带来了结构性改变，这一用预付费的综合护理取代按服务收费的方式，能够同时控制成本和促进健康。同时他提出了健康结果监测方法，以便患者、供应商和支付方根据治疗和医疗供应商的有效性，作出医疗保健决策。

1970 年，保罗·埃尔伍德受邀与尼克松总统的工作人员协商，旨在对国家健康政策进行改革，在当时他提出了一个想法，即让健康计划在价格和质量上进行竞争，让消费者从中选择。保罗·埃尔伍德认为，创建一个由许多相互竞争的 HMO 组成的系统，将激励医疗服务提供者降低医疗保健成本，同时让患者更健康。这一提议最终促进了1973年《健康维护组织法案》的通过。

联合健康能给中国的创新者们带来什么启示？

"健康保险+健康服务"理念已成行业共识，健康管理服务成为重头戏之一。银保监会的数据显示，截至2021年底，商业健康保险有效保单件数11.43亿件，覆盖7.48亿人。其中，疾病险有效保单件数6.36亿件，覆盖人数3.91亿人；医疗险有效保单件数6.52亿件，覆盖人数6.6亿人。

2013年至今，中国健康保险产业一直保持30%以上的高增长，其中，2016年的增幅甚至一度高达68%。

虽然增速凶猛，但中国健康保险服务的潜力仍然相当可观——从密度来看，美国人均消费保费4200美元，日本是3700美元，而中国只有337美元，未来如果比肩美、日水平，中国市场还有10倍上升空间。

保险行业里，老公司中国平安、新公司众安保险，以及新业态水滴保险等公司都在学习联合健康，希望成为中国版本的"门徒"。

有观察认为，中国平安是最接近实现健康管理服务全流程应用以及与医药险产业链融合共赢的保险公司，核心在于其2015年起布局的医疗生态圈体系。

白雪烈焰，梓木退休

2022年，老将王梓木退休。能"上"又能"下"，既是幸福，又是智慧。

这代表着一个时代的逝去。

这个时代代表着创业、守正、坚持，代表曾经的青春，当然也代表着老去。

不仅是王梓木一个人，那一代的保险人，有公司高管、保险学者、监管领导、内勤员工，还有寿险代理人、保险业务员等等。如果1992年这些人是30岁，那么到2022年已经60岁了；如果2000年这些人是30岁，那么到2022年已经52岁了。

想一想，时间过得真快！

马永伟，1942年出生，2022年80岁；

吴定富，1946年出生，2022年76岁；

唐运祥，1946年出生，2022年76岁；

杨超，1950年出生，2022年72岁；

马明哲，1955 年出生，2022 年 67 岁；

王国良，1950 年出生，2022 年 72 岁；

陈东升，1957 年出生，2022 年 65 岁；

王梓木，1953 年出生，2022 年 69 岁；

谢仕荣，1938 年出生，2022 年 84 岁；

梁家驹，1947 年出生，2022 年 75 岁……

此处应该有音乐——来，配上爱尔兰诗人威廉·巴特勒·叶芝创作的诗歌《当你老了》（When you are old）。

王梓木是"92 派"治司，有传统知识分子的腔调。

华泰财险的公司文化经历了 4 个发展阶段。

第一阶段：制度文化（1996 年至 2000 年）。制度文化是平等文化、择优文化和长远文化。"领导者的主要责任不是打造个人权威，而是构建制度，建立制度权威。"

第二阶段：责任文化（2000 年至 2006 年）。2000 年华泰财险香山会议后，公司的经营理念发生深刻变化，逐步确立"集约化管理、专业化经营、质量效益型"发展方针。

第三阶段：绩效文化（2006 年至 2010 年）。效益是企业的生命线和社会责任，保险公司做到高效益的并不多，长期亏损的公司在市场经济的周期中必定退出。

第四阶段：合作文化（2010 年）。合作产生协调、带来共赢、和谐，创造新的生产力。

进入 2020 年，王梓木已经开始思考另外一种企业经营哲学：

"进入新商业文明时代——建立企业与社会的命运共同体。

"传统商业文明时代企业以股东和自我利益为核心，新商业文明时代兼顾所有利益相关者。

"企业从竞争逻辑（零和博弈）转向共生逻辑（一起将'蛋糕'做大）。善于合作的企业，路越走越宽；单打独斗的企业，路越走越窄。

"伴随新商业文明时代的到来，美好企业应运而生，但仍是少数。"

所谓美好企业，"是通过将所有利益相关者群体的利益纳入其战略一致性考虑，从而使自己受到利益相关者喜爱的公司。利益相关者包括客户、员工、股东、合作伙伴和社会。美好企业有一个共同的价值观，认同一个不同于赚钱、超越赚钱的使命"。

"多年以前我曾讲过如何把华泰办成一个'客户青睐、员工喜爱、股东满意'的企业，现在还要加上一句'社会尊重'。"

作为实践，2021年4月，王梓木曾自行出资2000万元，委托中航信托成立"王梓木——华泰创新发展基金"，并将受益人范围定为华泰财险全体员工。

公司经营上，华泰财险非常稳健，每年都为股东赚钱。创业26年之后，华泰从一家财产保险公司"内生式"发展成为一家拥有财险、寿险、资产管理和公募基金的金融保险集团。

从经营数据来看，截至2021年9月30日，华泰财险集团资产总额为604.10亿元，净资产173.07亿元，归属于母公司股东净资产160.19亿元。2021年1月至9月营业收入124.07亿元，净利润9.71亿元，归属于母公司股东净利润8.75亿元。

模式创新上，华泰也有尝试。比如开创了"EA门店模式"，该模式是指保险代理人只代理销售一家保险公司产品并提供相关服务的商业模式。

这一模式在国外有先例，包括美国的State Farm（州立农业）和Allstate（好事达）。2008年前后，华泰财险将EA门店模式引入中国。经过10年探索，2019年华泰财险已在全国设立了5000余家EA门店，EA模式已发展成为华泰财险的战略主渠道，EA门店保费收入占华泰财险保费的50%。

当然，由于"前期投入大、揽客困难、人员流动性大"等，关于EA门店模式，一直存在所谓在中国"水土不服"的议论。

对于这些问题，王梓木认为：

"EA门店模式在中国还是一个新生事物。华泰财险希望EA门店能够销售大量非车险产品，但中国个人家庭非车险市场还不够发达，人们对非车险投保意识不够强烈。"

因此，"EA门店模式的发展是一个长功夫、慢功夫，客户对EA门店的信赖和依赖需要长时间建立"。

接棒王梓木的，是华泰财险的另一位创始元老赵明浩。

赵明浩拟任董事长后，集团总经理由李存强接任。李存强是"安达系"派驻在华泰财险最高级别的高管，其自2002年起加入美国万通金融集团，2012年，受安达委派回归内地，加入华泰人寿，历任公司总经理、董事长，并担任华泰财险集团常务副总经理。2017年，李存强又被安达保险委任为安达人寿首席运营官。2020年，再次回归华泰财险集团，出任华泰财险集团常务副总经理兼首席战略官。

除了集团总经理，起家的华泰财险亦由"安达系"高管王俊建执掌。王俊建曾先后在安达保险担任香港地区公司高级核保人、北亚区总监、亚洲区总监、亚太区总监，以及中国香港、台湾和澳门区总裁等职。

华泰财险的资本往事

有保险的地方，就有资本的故事。

作为全国首家股份制财险公司，华泰财险在创立之初，股东多达 63 家，创下国内保险机构股东最多的纪录。

因为股权分散，华泰财险一度成为各路资本竞相追逐的对象。

它的"初恋"是安达。

2002 年 7 月，3 家"安达系"公司通过受让老股的方式拿下华泰财险集团 22.13% 股权，成为其第一大股东，华泰财险由此成为外资参股的保险公司。

但半路杀出程咬金。

2014 年，华润股份有限公司、华润（集团）有限公司、宝钢集团有限公司、宝钢集团新疆八一钢铁有限公司、宝钢集团上海五钢有限公司和中海石油投资控股有限公司等 6 家公司，将其所持的华泰财险共计 15.3% 的股权，作价 25.1 亿元挂牌转让。

拟拍的股权分成两批，分别在竞拍日上午和下午开拍。上午 10 点，先挂出 9.1136% 股权，以 14.95 亿元底价起拍。在 1 小时零 5 分的时间里，报价高达 298 次，最终以 26.35 亿元成交，溢价率达 76.25%。

竞拍之激烈，溢价率之高，创下保险公司股权之最。

下午场的竞拍同样激烈。在 4 小时 21 分里，第二批 6.1815% 股权以 10.14 亿元底价起拍，报价次数多达 302 次，最终以 18.69 亿元成交，溢价率高达 84.32%！

当天晚上，神秘买家的身份揭晓：发家于内蒙古的君正集团发了一则公告，称其与君正化工耗资约 45.04 亿元，成功摘得华泰财险的股权，比起初始转让价 25.08 亿元，溢价率达 79.6%。

君正集团的实控人是杜江涛，被称为"内蒙古首富"。除了华泰财险，杜江涛另外一个投资案例是参股天弘基金，并在这个案例上与阿里巴巴激烈碰撞。颇有喜感的是，2020 年，蚂蚁集团准备上市前夕，君正集团居然被游资视为"蚂蚁第一概念股"，在 14 个交易日里拉出 12 次涨停板的奇葩行情，从 2.5 元一度拉升至 11.36 元。

此后，君正集团寻找各种机会一路增持华泰财险，距离成为第一大股东，仅一步之遥。

2018 年，君正集团遭遇变故；2019 年，不得已选择放手。

此时，政策利好外资股东。

2019年7月，国务院金融稳定发展委员会办公室宣布推出11条金融业对外开放措施，取消了外资保险公司30年经营年限的准入条件要求，而且将外资股比不再设限的过渡期时间由原定的2021年提前到了2020年1月1日。

到2019年11月，默默努力的"安达系"持股比例已达30.9%。

这一年的11月25日，君正集团及君正化工与安达天平签订《股份转让协议》。该协议约定，"君正系"拟向安达天平合计转让所持华泰财险15.3068%股权，其中，君正集团拟转让11.7398%，君正化工拟转让3.5670%。交易总价为73.87亿元。

同日，三方还签订了《股份购买意向性协议》，待首次转让获批后，"君正系"再以34.02亿元转让剩下的7.05%，其中，君正集团拟转让0.55%，君正化工拟转让6.50%。

"安达系"与"君正系"签约的4天后，2019年11月29日修订后的《外资保险公司管理条例实施细则》发布，并自公布之日起施行。此次修改删除了此前规则中有关外资股比的限制性规定，外国保险公司或者外国保险集团公司作为外资保险公司股东，其持股比例可达100%。当月，安联（中国）保险控股公司开业，成为中国首家开业的外资独资保险控股公司。

外资"安达系"的春天来了。2020年6月22日，君正发布公告称，银保监会已批准其转让华泰财险集团15%股份给"安达系"公司，并在2021年1月27日公告称完成股权交割，"安达系"持股增至46.2%。

待两次转让完成后，拿到108亿元的"君正系"，将全面退出华泰财险。同时"安达系"的持股比例将达到53.2568%，成为华泰财险绝对控股股东，华泰财险也将成为继安联之后，第二家外资控股的保险集团。

但是，这样的交易方案，引起了武汉"当代系"等中小股东的不满。

因为根据华泰财险的公司章程，单一股东如持股超过50%，需经五分之四以上的股东同意。正因为此规定，"君正系"分成了两批转让股权，且第二批实施的先决条件是第一批获得监管部门批准。

2019年12月18日，合计持有华泰财险12.17%股权、实控人为艾路明的武汉"当代系"提出了异议。

"当代系"提请召开临时股东大会，理由是"根据公司章程规定，应当由股东大会以超过五分之四（不含本数）表决权的特别决议通过"。

几番来回之后，天平偏向了"安达系"一边。2022年1月20日，监管部门核准了华泰财险对章程做出的修改。这也意味着，"安达系"第二笔股权转让的障碍得以扫清。

交割只是时间问题。

最新的进度是，2022年3月18日，华泰财险集团公告，君正集团（及其子公司君正化工）、重庆砾石、天风天睿、龙净实业、人福医药、武汉当代、浙江福士达等股东拟转让股权，合计转让股权比例为27.6%，股权受让方均为安达北美洲保险控股公司。若以上转让均获批，"安达系"对华泰财险的持股比例将超过70%。

如此，华泰财险集团将成为"安达系"外资控股的保险集团。

最惠保创始人陈文志曾将市场上中资财产保险公司，按照"80后公司"和"90后公司"，做过一个有趣的分类：

"1995年以前中资财险公司只有4家——人保、太保、平安、兵团保险，它们是综合性保险公司，财险、寿险都可以经营，可以算'80后公司'。

"1995年至1996年成立了5家——天安保险、大众保险、华泰财险、华安财险、永安财险，可以算'90后公司'。"

2000年之前，大家都赚钱，是美好时光。

2020年，当年的九大公司稳居前五的还是"80后公司"人保、平安、太保、中华联合（即兵团保险）。而"90后公司"排名全都退步了，退步最大的是当年距离上市一步之差的大众保险。

哲学老师张可，蝶变保险通才

猛将必发于卒伍。

太平人寿的张可就是这样一位从兵到将，最后到帅的猛人。读的是哲学，成的是保险，最后的归属是私募股权基金（PE）合伙人。

20世纪90年代，辞去四川大学教师公职的张可开始卖保险，是那个年代少有的高素质代理人。

"卖保险"这份营生，意外打开了张可的人生快车道。他先是在平安担任平安成都分公司副总经理、重庆分公司总经理。

2001年，张可跳槽到新公司，开始筹备太平人寿四川分公司。

太平人寿是张可的福地。从零做起，组建团队，挖掘渠道，张可带领太平人寿四川分公司快速跻身当地保险市场的第一阵营，至今仍是太平人寿系统内的标杆之一。

张可带出来的四川分公司，培养了多位业务明星，比如文菊田。1999年和2001年，文菊田分别签下两单千万保险大单，轰动一时。值得一提的是，文菊田还是保险业唯一来自基层营销团队的十八大代表。

2004年，业绩优秀的张可调往太平人寿总部，先后担任助理总经理、副总经理。

意外的调整是，2007年一直干寿险的张可，被转换赛道到太平财险担任总经理。当时，产险公司的状态并不好。上任之后，他率先在业内实施体制改革：业务推行"前后分开、左右分开"集中管控；财务推行全面预算管理和决策单元管理模式；绩效考核从大包干变KPI（关键绩效指标）奖金模式等。改革卓有成效，太平财险扭亏为盈，其增长速度、综合成本率等，皆有明显提升。

2012年，又发生了一次改变。

这一年，张可成为救火队长，重回太平人寿出任总经理。2011年，太平人寿总保费下降4%，市场份额萎缩、排名下滑。

张可拿出"二次创业"的劲头，大刀阔斧改革产品开发、销售支援和后援服务体系，强调市场化机制的打造；同时通过专业分解指标，重构"权、责、利"分配机制，并重塑企业文化等。最终成功实现了总保费、总资产、净利润3年翻番，创造了一个行业奇迹。

2019年9月，张可调任太平集团首席战略顾问，兼任太平人寿副董事长，太平人寿原副总经理程永红接任总经理。7年时间，太平人寿保险业务收入从300多亿元跃升至1400亿元，增长超3倍，跻身国内寿险公司第一梯队。

对于自己的这两段经历，张可有一个总结："回想当年从太平人寿副总经理的岗位接手太平产险总经理岗位的时候，产险连年亏损，并且基础管理相当薄弱；后来重回太平人寿接任总经理的时候更是内忧外患，行业首次负增长，公司排名持续下滑，好像所有不好的事情都让我给碰上了。但回过头来看，环境越是艰难，却越是能让我们成长得更快。"

到了集团之后，张可能操盘的事情不多。

思前虑后，第二年，2020年9月，猛人张可选择离开，成为云锋基金投资合伙人，同时兼任云锋金融CEO、万通保险行政总裁。云锋基金成立于2010年，是阿里巴巴集团创始人马云和聚众传媒创始人虞锋发起的私募股权基金。旗下的云锋金融集团拥有证券经纪、投资研究、企业融资、资产管理、保险业务、员工持股、金融科技7大业务板块。

2019年，云锋金融收购美国万通保险亚洲有限公司（简称"万通亚洲"），并将万通亚洲改名为万通保险，储备了一张保险牌照。履新万通保险CEO之后，张可很快进入了角色:"理赔不仅要不惜赔,还要赔得早、赔得好,才能真正帮助客户,赢得信任。"基于这个理念,(万通保险)所有理赔只需一部手机、一次申请即可完成,最快以秒计时就能赔付到账。

从保险人到 PE 基金投资人,张可的"破圈"为业内诸多"大咖"的转型升级,提供了另外一种思路和可能。

张可并不是"破圈"的第一人。同年 2 月,友邦保险集团区域原首席执行官蔡强出任微医集团董事会副主席兼 CFO(首席财务官);同年 3 月,平安集团原副董事长任汇川加入了腾讯。

不过,不到一年,2021 年蔡强重回保险行业,转投太保寿险。在友邦期间(2017 年至 2020 年),蔡强推动了友邦中国营销员体系的改革和区域寿险价值业务的快速发展,5 年时间内带领友邦中国的新业务价值翻了 3 番。

同期的太保寿险(2019 年至 2020 年),不断有干才流出:太保寿险原董事长徐敬惠出任大家保险集团总经理,太保集团原首席数字官杨晓灵任大家保险集团副总经理、大家人寿总经理,太保寿险原副总经理郁华任大家人寿副总经理,太保寿险分管个险的原副总经理王润东出任阳光人寿总经理,等等。

可以说,太保寿险的转型升级到了关键时间,而蔡强来得正好。

对于从友邦到太保的感受,蔡强说:"太保三十年如一日地做保险,沉淀下来的管理干部从上到下,从内勤到外勤都给我留下了非常深刻的印象——务实、正直、勤奋,和我原来传统印象中的国企完全不一样。"

陈东辉的再保马拉松:从 1.0 到 2.0

保险行业能跑马拉松的高管不多,陈东辉就是其中一位。

2022 年 1 月,瑞士再保险中国总裁、瑞士再保险北京分公司总经理陈东辉正式退休。距离他 2016 年 6 月加入瑞士再保险,过去了 6 年。之前,陈在人保财险担任精算总监及执行委员会委员、人保财险产品开发部总经理及原中国保监会偿付能力标准委员会委员。

生活中,陈东辉是一个长跑达人。

"5 年前(2014 年)我体重最重的时候是 80 公斤,然后各方面的亚健康信号就来了,体力差、精力差,各项指标也不好,跑步之后最瘦的时候 67 公斤,如今恢复到了 70 公斤。"

开始时，"（陈东辉）掌握了一个小窍门，晚上有应酬，喝了酒以后 10 点钟出去跑跑步出出汗，酒精通过汗液就都散掉了，第二天工作不受影响。否则应酬完了喝完酒就睡觉，第二天状态特别差"。

陈东辉先跑 5 千米、10 千米，再跑'半马''全马'，然后逐渐习以为常。

"跑步以后，遇到一些比较难处理的问题或者烦心事的时候，心态容易保持得好。我觉得跑步能够提高人的韧劲。"

专业上，陈东辉是标准的行业专家。对于车险费率改革，以及财险公司的偿付能力监管，是见证人，也是推动者。

因为见多，所以识广。

陈东辉对于很多事情的判断，颇有自己的特色。比如车险，陈东辉认为，"车险是一个劳动密集型的、偏重服务的、没有多少金融属性的、经营比较稳定的、在金融行业里相对偏低端的行业。"

对于商业车险改革，陈东辉认为：一是商业车险改革没有想象中复杂，因为车险在金融领域占比很小（车险保费是小钱）；二是商业车险改革曾有一个非常合适的时机，即总量快速增长的时候最容易进行改革（现在可能已经错过）。

对于热炒的 UBI 车险，陈东辉认为，可能在某一特定人群中快速增长，但不会成为主流业务，即便在国外也是小众业务。

再如健康险，陈东辉认为，如果保险公司最终将健康险做成了车险，即"没有特色，全靠打折"，整个价值链自己无法控制，只是出单、报销的主体，没有和医院、健康管理第三方服务（TPA）、药厂实现良性合作，这样的产品是没有生命力的，对客户的价值贡献有限。

对于再保险公司和直保公司的关系，陈东辉认为，传统业务模式 1.0 的阶段已经过去了。传统阶段，直保公司将"吃不下"的业务分给再保险公司，赚取手续费。目前是所谓 2.0 时代，即和直保公司共同开发产品，分担损失。未来 3.0 阶段是帮助直保公司来提高资本使用效率，因为终究有一天资本会成为稀缺。

对于中国的市场，"我现在经常到瑞士总部去讲'Chinese story'（中国故事），主题是'一定要搭上中国高速前进的这班列车'"，陈东辉说。

或许受他的影响，瑞士再保险已经不再把中国定位于新兴市场，而是上升为"至关重要的战略市场"。同时，瑞士再保险北京分公司大幅度增加资本，2020 年 4 月，将注册资本由 3 亿元增加至 13.55 亿元。

安心财险：初心第一，业务第四

也有好心未必能够办成好事的公司。

这家公司叫安心财险。安心财险成立于2015年，注册资本10亿元。2015年最后一天的下午5点钟，安心财险拿到了开业批文，成为国内第三家开业的互联网保险公司，排在众安保险、泰康在线之后。

安心的初心很好。

创立之初，公司的创始人、董事长黄胜给公司立下目标：以"简单的保险"为发展理念，坚持以"工匠精神"做产品和服务创新。

有意思的是，黄胜也毕业于武汉大学——1991年本科毕业，学的是世界经济，之后到北京工作。1999年，北京市推出"跨世纪干部培训培养计划"，选派优秀的年轻干部出国培养。由于英语好，黄胜被选中公派到美国留学。

从美国留学归来后，黄胜再次回到武汉大学攻读博士学位。

2009年的一次同学聚会上，黄胜遇见了大学时候的同学钟诚。此时就职于人保财险的钟诚，建议他投资一家财产保险公司。因为"得车险者得天下"，如果车险做得好，冲击的就不是中小公司，而是中国人保、中国平安、中国太平洋这三家巨头。经过2个月的慎重思考，2010年2月，黄胜下决心发起创立一家保险公司。

筹备过程并不是一帆风顺。

黄胜回忆，筹备经历了5年漫长的时间，筹备组很多合伙人失去了耐心，但是黄胜坚持下来了。"这整个过程像什么呢？就像一个人在一条漆黑的隧道里头，只有你自己相信你能到达光明，没有任何人给你帮助。"

终于，在5年4个月后，安心财险拿到了开业批复。

开业之后，黄胜出任安心财险董事长，并邀请钟诚成为安心财险第一任总裁。这之前，钟诚曾担任人保财险广东分公司副总经理、人保集团业务发展部总经理、人保集团旗下子公司中人保险经纪有限公司董事总经理。

互联网保险是一个新生事物，需要自己找饭吃。

幸运一点的，先吃股东给的饭；没有大树可靠，就需要自己打拼。安心财险无疑是后者，要靠自己养活自己。

彼时，疯狂发展的网贷业务，自然吸引了安心财险的注意。安心财险先后和多家网贷平台合作信用保证保险，但是由于网贷被全行业"一刀切"，合作的平台先后爆雷，给安心财险留下巨额亏损的风险，需要做好计提大额坏账的准备。

比如，2017年7月，安心财险与"米缸金融"达成履约保证保险合作。2016年至2018年，安心财险保证保险保费收入分别为1051.95万元、2.02亿元、4408.34万元；赔款支出则分别为0元、115.77万元、1.75亿元。

2018年8月，后者出现大面积逾期。2019年报显示，截至2019年12月31日，安心财险会计准则下再保后未到期责任准备金2.49亿元，再保后未决赔款准备金3.53亿元。

本质上，信用保证保险是一个担保的业务，是一个信贷的业务。如果没有风险定价和小额不良资产处置的能力，仅仅依靠网贷平台的反担保或者回购承诺，风控的底线是容易被刺穿的。更何况，假如网贷平台爆雷"猝死"，更无法落实反担保或者承诺了。

2018年开始，安心财险全面退出信用保证保险业务，保证保险从第二大险种退至第五大险种；2019年，保证保险的保费收入减少为负数，为-1354.39万元，完全退出前五大险种之列。

到2019年，安心财险保费收入前五的险种分别是健康险、机动车辆保险（含交强险）、意外伤害险、责任保险、家庭财产险。这5种险种中，只有车险有承保利润243.27万元，余下4种险种均承保亏损。

公司的年报显示，2016年至2019年，安心财险分别实现营业收入5988.29万元、3.67亿元、7.99亿元、10.74亿元，归母净利润分别为-7309.72万元、-2.99亿元、-4.95亿元、-1.06亿元。加上2020年上半年的亏损额，累计亏损超过10亿元。

至此，仅从数字上讲，公司成立时的注册资本已经所剩不多。

2019年，安心财险尝试自我拯救。

黄胜让出大股东的位置，且不再担任安心财险董事长。2019年1月，安心财险注册资本由10亿元增加至12.85亿元，中诚信集团成为安心财险的第一大股东，持股比例由14%上升至33.074%。

更换大股东之后，中诚信集团副总裁、财务总监韩刚，成为新的董事长。

自救之后，安心财险进一步调整了业务方向。

2019年，安心财险收缩了车险规模，首次扭亏为盈。同时发力健康险，健康险的原保险保费收入则同比增长2.8倍，但是这一年健康险承保利润为-1.12亿元，已连续2年亏损超1亿元。

2019年的业务调整并不算成功。

2020 年 7 月 30 日，安心财险第二季度偿付能力报告显示，2020 年第二季度，安心财险净利润为 –3641.73 万元，较第一季度扩大亏损；净资产为 3.1 亿元，较第一季度末减少 3788.63 万元。

截至 2020 年第二季度末，安心财险的核心偿付能力充足率为 123.9%，和 2019 年末持平，较 2018 年末的 240.79% 大幅下降 116.89 个百分点，且远低于银保监会披露的第一季度末财产保险公司的核心偿付能力充足率均值（255.5%）。

只有引入新的战略投资。

2020 年 9 月，黄胜拟将自己的持股公司转让给水滴保险。此时还没在美国上市的水滴保险，势头正好。2020 年 8 月，水滴公司宣布完成 2.3 亿美元的 D 轮系列融资，由瑞士再保险集团和腾讯公司联合领投，IDG 资本、点亮全球基金等老股东跟投。

同时，安心财险计划引入新股东正大制药（青岛），增加注册资金 2.15 亿元，增资完成后正大制药持有安心财险 14.33% 的股权。

2021 年 6 月，安心财险再次拟引进新的投资人——江苏华远投资集团、威达高科技控股，计划分别增资 6.1 亿元、0.9 亿元。若成功，江苏华远投资集团将持有安心财险 30.730% 的股权，威达高科技控股则持有 4.534% 的股权。

截至 2022 年 2 月，上述引资计划尚未获得监管的批复。同时，到 2021 年末，安心财险已连续 6 年持续亏损，亏损额度累计达 17.46 亿元。

永安宫斗：不争业务争口气

2022 年 2 月，永安财险迎来了一位新的董事长常磊。

自从前任董事长被查之后，这家财险公司长时间没有董事长和总经理。之前的 2021 年 8 月 5 日，永安财险前任董事长陶光强涉嫌严重违纪违法，被陕西省纪委监委带走，接受纪律审查和监察调查。

距离陶光强出任这一职位，仅仅过去 5 年。拜持股 20% 的第一大股东——陕西延长石油集团所赐，之前毫无保险行业经验的陶光强，于 2016 年 2 月成为永安财险的"一把手"。

陶光强到任之后，内祸不断。

因为监管的一张罚单，永安财险的内斗细节浮出水面。2017 年 12 月，永安财险的内斗达到一个高潮，斗争激烈，以至于监管部门召开的检查确认会，都不如这一次对决要紧。

当年12月4日下午，监管的检查组按照检查流程将现场检查事实确认会（简称"检查确认会"）时间定为12月6日上午9时，并通知永安财险，要求总裁蒋明和统计负责人顾勇参加会议。此时，检查组才得知，永安财险将于同一时间召开董事会临时会议，并拟解除总裁蒋明的职务。

12月4日晚，检查组临时变更检查计划，约谈董事会秘书，检查组建议适当调整董事会的会议时间。

12月5日下午，检查组约谈董事长陶光强，要求适当延后董事会临时会议。但是陶光强拒绝接受检查组的建议。

12月6日上午9时，永安财险召开董事会临时会议，审议并通过《关于解聘蒋明同志公司总裁（总经理）职务的议案》。

形式上，陶光强赶走了公司总裁，赢得了这场"内斗"的胜利。

同一天上午，监管召开的检查确认会上，永安财险董事长和总裁均缺席。监管部门认为，时任永安财险董事长陶光强作为永安财险主要负责人及董事会临时会议召集人，对上述问题负有直接责任。事后，就永安财险拒绝或者妨碍依法监督检查的行为，银保监会决定对永安财险罚款30万元，对陶光强处以警告并罚款5万元。

不仅监管不满意，对于蒋明的解聘，股东复星集团也是持保留意见的。

12月21日，复星集团发表声明称，永安财险董事会审议并通过解聘总裁蒋明的议案，主要是蒋明同志年龄原因。复星集团高度肯定蒋明的工作，并聘任蒋明担任集团副总裁，并继续作为永安财险的董事。

余波未了。当时就流传出一个消息，就在董事会临时会议的同一天，还有一份"关于罢免陶光强担任永安财产保险股份有限公司董事长职务"的议案在会议上提出。

根据公开的信息，永安财险最大的单一股东为延长石油，持股20%。延长石油及其子公司等合计持股30.98%。根据永安财险偿付能力报告，陕西省国资委是永安财险的实际控制人；永安财险第二大股东为复星集团，复星集团和关联公司合计持有永安财险40.68%的股份。董事会层面，永安财险设有3名执行董事和5名非执行董事。其中，4名来自陕西省国资委旗下，4名来自复星集团。

被提前解聘的蒋明，是行业的一位"功勋教练"。2012年6月，大地财险原董事长兼总裁蒋明受邀加盟复星，任复星集团副总裁，一个月后加入永安财险任总裁。2017年9月1日，本是蒋明退休的时间。

蒋明是创建大地财险的元老。

大地财险于2003年成立，时任中国再保险公司上海分公司总经理的蒋明走马上任，成为首任总经理。2010年11月，蒋明晋升为大地保险董事长。

2004年，大地财险保费收入只有15.35亿元。创业之初，蒋明要求高效、省钱："每家分公司的筹建时间限定为2个月，筹建小组控制在4～5人内，筹建一家分公司的投入不超过200万元。"

短短7年间，大地保险的保费规模增长10倍。2011年，大地财险保险收入是162.85亿元，净利润7.4亿元，年末偿付能力充足率提高至154%。

风云变化，谁能料想保险行业少有的开司元勋，会在职业生涯的下半场遭遇不堪回首的"内耗"。

三国时，有"二士争功"、两败俱伤的故事。

现如今，永安财险的内斗，显然也不会有赢家。

2020年3月26日，根据银保监会的《现场检查意见书》，永安财险在4个方面存在问题：一是股东股权及公司章程方面；二是关联交易方面；三是"三会一层"运作方面；四是治理评估整改及专项自查方面。

这之后，永安财险的业绩长期徘徊。

2016年至2020年，永安财险的收入分别为90.65亿元、84.86亿元、104.66亿元、118.24亿元和105.81亿元，同比增速分别为–6.39%、23.33%、12.98%和–10.52%。

2016年之后，永安财险净利润大幅下降，仅仅2年时间，就从2016年的6.03亿元下滑至2018年的1.81亿元。之后的2019年与2020年有所反弹，分别为2.89亿元和2.83亿元。2021年，永安财险净利润仅为2.1亿元，同比下降25.8%。

作为一家超过20年的老公司，保费规模徘徊在100亿元左右，实属惨淡。

致　谢

大时代、奋斗者和世纪保险的未来猜想

时代是大齿轮。

企业是小齿轮。

时代的一粒沙，落在个人头上就是一座山。

然则一个人可以改变时代，比如邓小平同志。千千万万的微光者更可以照亮一个新时代，比如成千上万的从事保险行业的诸君。

明星很少，星星很多。但这不妨碍，在某一个时刻，或者某个夜晚，一颗星星闪耀了整个世界。正如 1792 年 4 月 25 日，阿尔萨斯省国民自卫工程兵上尉鲁热·德·利尔创作了神曲《马赛曲》，这位"一夜天才"的上尉，在这之前没有激动人心的作品，在这之后也毫无建树。

不是他们不优秀，而是世界太苛刻。

或许，恰恰是我们组成这个世界的大多数，要学会包容和接纳这个并不完美的世界。

百年保险的未来猜想

一百年之后，中国商业保险的百年品牌，是国际品牌，还是本土品牌？

我们期待的答案是，兼而有之。

我们期待的故事是，本土品牌，从无到有，从小到大，从本土走向世界。但是我们大概率会看到的现实是，绝大多数保险公司都无法成为百年品牌，或者不断改换门庭，成为"流寇"公司，甚至成为失败公司。

那么，追问一句，孕育百年本土品牌的土壤有吗？基因有吗？种子有吗？更进一步追问，"小苗苗"是否已经出现？

曾经一代的保险人必然老去，希望新一代保险企业可以薪火相继，险业长青。

保险的出路是投融资，还是大产业？

保险和银行是不一样的。

如果走成一样，那就是走歪了，比如资产驱动负债。

银行或信托公司是围绕融资的"加减法"，赚的是利差或者服务费。保险是围绕风险的"乘除法"，赚的是风险误差或者长期投资的钱。

寿险的基础是生命表，产险的基础是风险发生概率。

寿险解决生老病死残。产险解决风险补偿和风险分担。风险在主体之间和周期之间分担：丰年多储一点，灾年时分一点。

那么，保险的未来在于大产业？这是一条充满诱惑、荆棘和陷阱之路。

大产业是资产池，吸纳长期的保险资金；大产业也是服务器，通过产业创造、整合出新的服务或者服务的升级，例如养老、医疗等。

保险进大产业，万万不可落入俗套，套利赚钱，走弯路、歪路。

从消费升级看保险的增长空间

坏的保险穷途末路，好的保险方兴未艾。

以笔者为例。笔者是一个理性的保险消费者。不容易被"营销"，但只要是东西好，有价值，讲得清楚，所谓下单是一件简单的事情。

笔者在20年前买过一家大公司的长期健康保险，缴费到60岁，保障到101岁。

产品是有卖点的，但是可以改进的地方不少。

其一，后续服务是缺乏的，签单的代理人早就离职不知去向。

其二，客户深挖是没有的。20年过去，笔者的保险需求早已升级，而这家公司只做了这一笔小小的生意。

其三，保障金额的实际购买力，贬值是惊人的。这一点特别要命，过去 20 年，买保险远不如囤房子保值增值。

其四，保险公司后来做了移动 App，然而除了第一次下载安装，基本没有再次打开的场景。

仅从消费者的角度，中国保险的存量和增量都非常大。

牌照、资本和职业经理人

牌照是监管的。

资本是股东的，或者老板的。

但是事情是人干的。

多数人，都是打工人，"打好这份工"；少数人，能够打工人变接班人；个别人，生下来就是为了接班和传承。

打工人，想要变合伙人，好比登天。理想丰满，现实骨感。一难在自身修为，能不配位；二难在公司治理，天不假时。倘若理想幻灭，身份固化，实乃人间不平之事。明清晋商，尚有"银股"和"身股"一说，更何况当今之世界。

换一个角度，说一说李约瑟之问。

英国学者李约瑟，在其著作《李约瑟中国科学技术史》（15 卷）中提出此问题："尽管中国古代对人类科技发展做出了很多重要贡献，但为什么科学和工业革命没有在近代的中国发生？"

对比近现代中国，尽管中国很早就开始尝试用纸币支付，汇通天下，开办当铺、钱庄，实现了银本位，但是为什么现代科学金融体系没有在近代中国甚至现代中国发生？

真正的朋友

物以类聚，人以群分。世间朋友至少有以下三种境界。

第一境：同过窗，扛过枪。

第二境：A friend in need is a friend indeed.（患难见真情）

第三境：始于志趣，合于性情，敬于人品，久于岁月。

真正的朋友，例如伯牙和子期的高山流水，再如"竹林七贤"的风雅酣畅，实为可遇不可求矣。创始茶道燕梳的两位谢先生，能见贤思齐，有魏晋遗风。人生难得一知己，品一壶普洱，话一段古今，过几天悠然时光。

实践者和观察者

彼者皆实践者，千人万人行保险之路，宛如玄奘西行路，难免有苦难、诱惑，甚至误入歧途，行业诸君宜勇毅，百折不挠。

为中国保险的实践者加油，向百年保险的奋斗者致敬！

我是观察者，一人一笔看世间万事。横看成岭侧成峰，难免有笔误、疏漏，行业诸君多见谅。笔者文责自负，如蒙赐教，请发邮件至 abcking202209@163.com。

这是我第三次写作中国保险的商业史。第一次写的是从 1919 年到 2009 年，第二次是从 1978 年到 2014 年，这一次是续写上 2014 年到 2023 年。第一次写作的时间是 2008 年至 2009 年，岁月如梭，转眼 14 年过去！

人来人往，多少青丝变华发；物是人非，是非成败转头空。

要看淡。花无百日红，是规律。拿得起放得下，是淡然。

要看重。莫等闲，白了少年头；长江后浪推前浪，各领风骚数十年。

要看透。商业的成功，宏大也渺小；诚心与正念，平凡亦光彩。

感恩和感谢

感恩时代和行业。不管是困难时代还是改革年代，无论是高管抑或是普通一员，是中国保险人创造了中国商业保险的历史，影响着世界商业保险的进程。

感谢师长和友人。人生总有高潮和低潮，师长的关爱和友人的关心，是冬日暖阳，是夏日清风。感谢伙伴，风雨同行，不离不弃，一路辛苦。

感谢家人。人生好比远航，无论走了多远，无论荣光窘迫，家是永远的港湾，感谢家人！冷峻的哥哥，乐天的妹妹，期待 20 年再回首——逝者如斯夫，不舍昼夜。